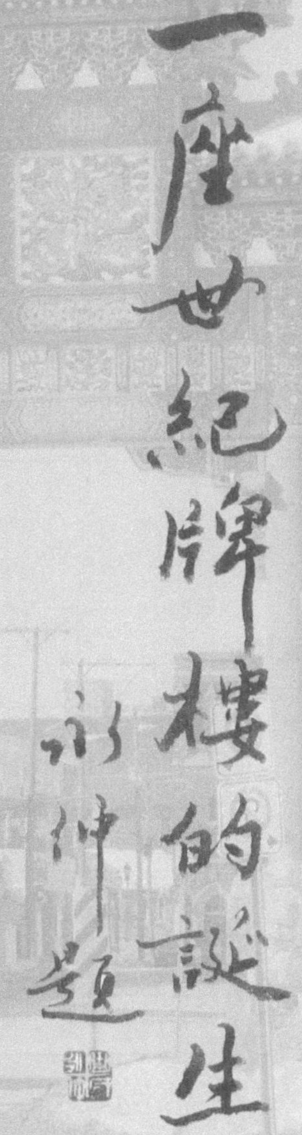
华埠
唐人街
渥太华
一座世紀牌樓的誕生

**笑言简介**

渥太华中文作家协会会长
渥太华历史学会会员（The Historical Society of Ottawa）
加中友协会员（The Canada-China Friendship Society）
加拿大华裔作家协会会员
加拿大中国笔会会员
加拿大加华艺术协会会员
加华笔会首届理事
法华作家协会副主席
北美中文作家协会会员

出版《香火》《没有影子的行走/落地》《蓝调·非卖品》《匏壶》……
策编《渥太华中文作家协会文选》（卷一、卷二）
主编《笑言天涯28人自选集》《行走天涯》

网站：xiaoyan.com

# Beneath the Archway: Overseas Chinese in Ottawa Since 1892

By Jeff Wang

# 一座世纪牌楼的诞生

# 渥太华华人百年纪实

笑言　编著

加拿大 comefromchina.com 中文网资助项目

张瑞文　策划

北方出版社

书名：渥太华华人百年纪实——一座世纪牌楼的诞生

作者：笑言

策划：张瑞文

责任编辑：夏晨

书名题字：曲永仲

装帧设计：笑言

出版：北方出版社

电子信箱：northpublishinghouse@gmail.com

网址：www.northpublishing.com

开本：15.24厘米×22.86厘米

印张：26.5

字数：46万字

版次：2025年4月第2版

印次：2025年4月第1次印刷

中文版书号 ISBN：

978-1-7781413-1-7（平装），978-1-7781413-4-8（电子），978-1-7781413-5-5（精装）

英文版书号 ISBN：

978-1-7781413-2-4（平装），978-1-7781413-3-1（电子）

平装中文版定价：$29.99CAD, $22.99USD, ￥129.99人民币

精装中文版定价：$36.99CAD, $25.99USD, ￥159.99人民币

电子书定价：$9.99CAD, $9.99USD

# 特别鸣谢

comefromchina.com
张瑞文先生

# 序

加拿大是一个移民众多的国家，不同文化不同种族的人们来到这里，不仅是出于热爱加拿大美丽的自然环境，更是被其自由、宽容的多元文化环境所吸引。经过历史的磨合，从世界各地迁徙而来的人们，通过相互沟通，学会了互相尊重。今天，加拿大的各民族和种族，不仅为本民族的文化而自豪，同时也为加拿大兼容并蓄的多元文化而自豪。

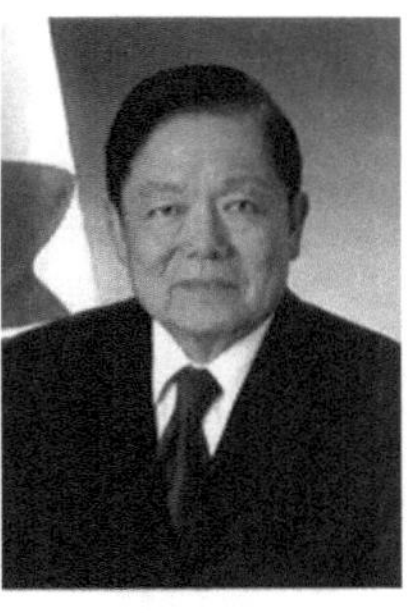

今年，当我们庆祝加拿大150周年国庆的同时，也请毋忘另一个重要周年纪念。2017年5月14日标志着废除《华人移民法》亦即"排华法案"70周年纪念。该法案是加拿大历史上唯一禁止特定人种入境加拿大的法律。

排华法案的执行日和加拿大国庆日相同，所以当时的在加华人都称当天为"耻辱日"。每年7月1日，一些在加华人都会关闭生意并联合抵制加拿大自治日（加拿大国庆日的前身）的庆祝，抗议活动一直持续到排华法案被废除。这个曾经帮助建立加拿大联邦的关键核心的族群，却不得不拒绝庆祝国庆日。

直到1947年联邦政府才废除排华法案。2006年6月22日，斯蒂芬•哈珀任总理的加拿大政府最终针对排华法案发表了正式道歉声明。这是迈向和解的重要一步。声明重申了加拿大华人是完全和平等的加拿大社会成员，加拿大华人对加拿大的发展做出了宝贵的贡献。

笑言先生所著《渥太华华人百年纪实》一书生动鲜活地记述了这段历史，加拿大华人身上鼓舞人心的坚定决心帮助塑造了我国的历史和文化，应该得到公认和颂扬。此书对于加中两国友谊的发展，以及文化的交流，将起到积极的促进作用。我谨代表加拿大联邦参议院，对于此书的出版，表示诚挚的祝贺。并希望加中关系能够迈向更加美好的未来！

加拿大联邦参议员  Senator

胡子修  The Honourable Victor Oh

# 鸣谢

加拿大参议员胡子修阁下及其助理 Bonita Zhu 女士

周树邦先生

渥太华众多华人及各界受访者

受访华人社团、学校及各组织机构

加拿大图书档案馆

安大略省档案馆

渥太华市图书馆

我的家人

xiaoyan.com

# 目录

# 引子——孤独的汤姆墓

从渥太华市中心向南行进五十六公里，越过美丽的丽都河继续向南行进两到三公里，有一个安静的小镇叫做坎普特维尔（Kemptville）。这里大部分地区被森林覆盖，尖顶的谷仓点缀在一眼望不到边的农田，间或出现一两座高尔夫球场。清风绿野，溪流潺潺，真是如诗如画。

这个镇子边上有一片很大的墓地，称为坎普特维尔公共墓地，又叫坎普特维尔联合墓地，里面密密麻麻竖满了墓碑。这种景象在加拿大原本随处可见，但这里却有着惊人的不同：一座墓碑极其刺目地远离整个墓群，茕茕孑立，形影相吊于旷野之上，墓群中离它最近的墓碑曾有百米以上的距离。

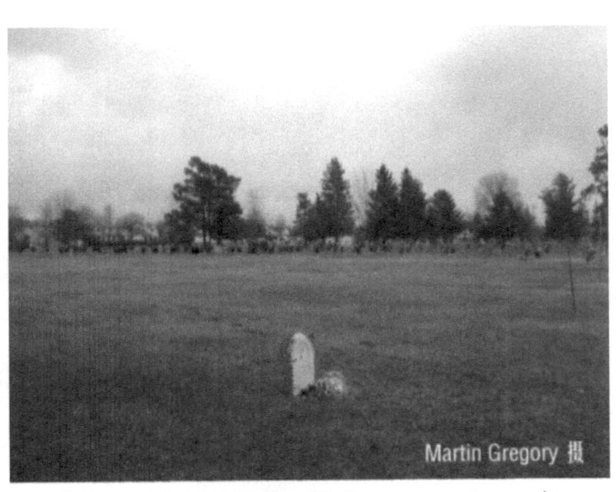


图片 1 孤独的汤姆墓（摄影：Martin Gregory）

埋在墓碑下面的是一位华人。墓碑上简单地写着：TOM CHU, CHINA, 1873–1948。译成中文便是：汤姆·朱，中国，1873-1948。当然墓主也可能姓楚或者姓褚，但依照历史上的拼音方式，姓朱的可能性很大。这块白色的墓碑十分简单，上面的信息也同样简单，简单到出生地只写了"中国"。墓碑已从接近地面处断裂，所幸被人在两侧用两块钢板固定修复。

一座孤坟遥对一整片墓群的奇特景象，实在无法不抓住人的眼球。1996年，渥太华市郊的一份小报提到有一位华人被安葬在坎普特维尔镇公墓，但该墓远离墓群，墓碑断裂，无人照料，更无人知晓墓主的生平。当时在安省卫生部（Ontario Health Laboratory）工作的周树邦先生偶然读到这则消息，心绪难平，很想了解这位前辈何以为生，经历过怎样的磨难，获得过怎样的成功。同年夏天，周树邦利用加京华人联合教会组织郊游之机，找到了这座孤零零的坟墓，献上花圈，表达了对逝者的认同和敬意。2013年8月3日，周树邦先生又会同天津大学的刘福祺教授及夫人再次借加京华人联合教会郊游的机会，一起凭吊了这位"故人"。

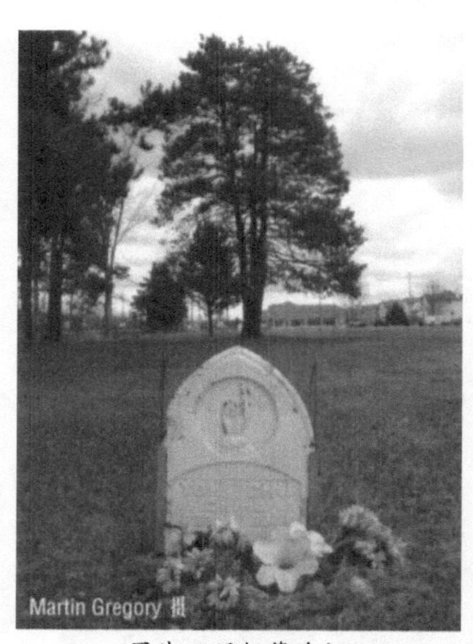

图片 2 *汤姆墓碑文*
（摄影：Martin Gregory）



而在此之前，2012年春，一位来自蒙特利尔的加拿大人马丁·格雷戈里（Martin Gregory）前往坎普特维尔，在那里短暂工作，寻找树苗建立自己的苗圃。他在午间休息散步时见到了这座孤坟，感到十分惊讶，于4月19日上网在 WordPress 自己的博客"反文化（Counter-cultured）"[1]中贴了一篇短文《独孤的汤姆·朱之墓》（The lonely grave of Tom Chu），文中充满了对墓主的好奇。马丁将拍下的三张照片一并发到网上，照片上的石碑前插有一簇人造花，显然这墓并非无人照看。

马丁对汤姆不同寻常的墓位很是疑惑，这里到底发生过什么故事？汤姆墓为什么会与主墓群之间存在着如此明显的隔离？他是坎普特维尔唯一的中国人吗？加拿大和美国有那么多拥有华人社区的城市，他为什么偏偏选择了这座小镇？他生前从事什么职业？他在这里有亲人吗？如果有，为什么墓碑上的出生地仅仅只写"中国"这个国家名称呢？这就像马丁在自己的墓碑上写他出生于加拿大一样空泛。于是马丁猜测，这座墓碑或许并非汤姆的亲人所立，而是当地教会所为。

这个贴子得到了两条有价值的回复。第一条回复者的网名为 leeniedevinity。本文作者后来有幸联系到 leeniedevinity，并获得她的很多帮助。她的真名叫厄琳·迪瓦恩（Earleen Devine），她对历史和墓地颇有研究，是一位拥有艺术史学位的作家。迪瓦恩女士在跟贴中对汤姆的墓碑进行了相当专业的评论。她说，从符号象征学来看，墓碑上半部圆圈内向上指的手，显然意味着"通向天国"。汤姆1948年去世，享年75岁，但石碑却呈现出更早的年代特征，而不是1948年应有的风格。因此迪瓦恩女士推测这是一块19世纪"剩余的"碑石，汤姆去世时，被顺手拿来做了他的墓碑。

后来作者与迪瓦恩女士继续通信时，她讲到大约在1920年代到1940年代，她父亲所在的肖维尔（Shawville, QC）小镇也曾搬去过两个做餐馆生意的中国人。肖维尔隶属魁北克省，距离渥太华大约一小时车程。她父亲认识这两位中国人并与之保持着良好的交往。她说这种现象在偏远的小镇并不罕见，早期中国男人只身来到加拿大做工，由于经济条件的制约以及后来排华法案的出台，在加拿大组建家庭简直就是天方夜谭，因而中国男人孤独一生的情况非常普遍。

这些华人把赚到的钱几乎全都寄回老家接济贫困的家人，但通常他们根本没有机会再见到任何一个他们资助过的人。汤姆很可能就像那两位华人一样，独自在坎普特维尔生活，做一点小生意。当他去世的时候，当地人不

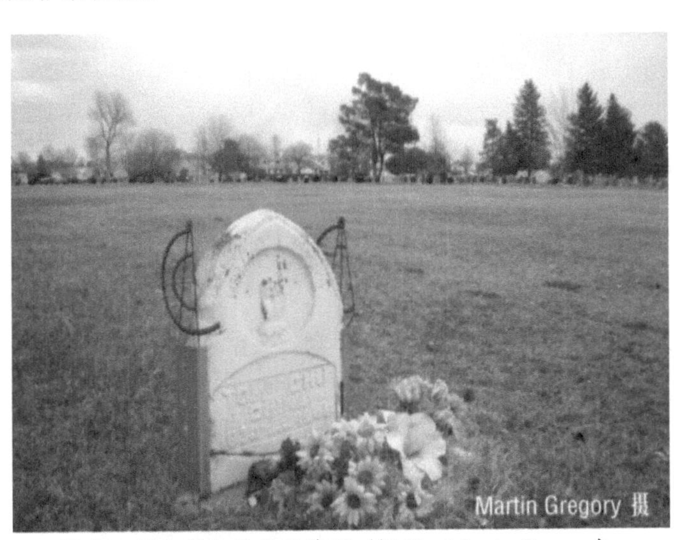


图片 3 汤姆墓与远处的墓群（摄影：Martin Gregory）

知道如何去联系他远在中国的家人，只好把他埋在了小镇的公共墓地。事实上，非基督徒总是要葬得离主流信徒们远一点。在英国，即便是浸信会和其它基督教教会的信徒也要葬得远离英格兰教会信徒所在的区域。

厄琳·迪瓦恩最后指出，查阅当地的旧报纸或许会获得多一点线索。但这也仅仅是一个"或许"，因为并不是任何人的消息都有机会发表到报纸上。

第二条回复者的网名为 mudhooks。几经周折，作者也联系到了这位mudhooks。她叫安妮卡（Anneke），三至六岁的童年时光是在坎普特维尔度过的，如今她虽然生活在渥太华，但有空就会回家看看。她说显而易见有人在墓前献了花，大部分是人造花，但也有一些新鲜的剑兰。

回家时她经常会在路边的甜品店（Dairy Barn）吃点东西，与相熟的店主玛丽亚（Maria）聊聊天。汤姆墓与甜品店一路之隔，玛丽亚说她看

到那座孤坟心里就不好受，而安妮卡也有同感。

汤姆墓前那些花是玛丽亚送去的，并适时更换。

作者联系到安妮卡时是大雪纷飞的冬天。安妮卡与作者约好，下一个春天回家的时候，会带作者一道去看看汤姆，同时找玛丽亚聊一聊。希望能找到知情人了解汤姆的生平，让自己对这座孤坟长期怀有的遗憾得以释怀。

安妮卡在渥太华从事法律相关的研究与文档管理工作，她轻车熟路查了1901年至1911年之间坎普特维尔的人口普查结果以及几本地方志。地方志记载了开洗衣店的李奇（Kee Lim），而1911年的人口普查列出了另外两名中国人，厄尼·查理（Urny Charlie）与胡·查理（Who Charlie）。厄尼是李奇的堂弟，但没有记载胡与其他人的关系。安妮卡猜测厄尼与胡也是堂兄弟。除了这些资料，安妮卡找不出更多的记载。在公布的人口普查结果中，这三名华人的出生地均显示为"中国"，肤色为"Y"，代表黄色。他们的洗衣店建于河流的西南一侧，"悬于河上，可直接取水洗涤。"

在加拿大政府人口普查网从1825年到1916年共16项年度普查数据库中，作者输入各种查询条件，均未查到汤姆·朱的记录。于是作者直接给汤姆墓所在的安大略省家谱学会利兹与格伦维尔分会（Leeds and Grenville Branch）写信询问。该会研究所的莱恩·切斯特（Len Chester）先生[2]在回信中写道：

"家谱在近代包括二十世纪最后三分之二的记录特别差，这是因为许多纪录由于隐私的缘故被关闭。我没有在加拿大国家图书档案馆（Library and Archives Canada）的中国移民名单中找到汤姆·朱的名字，但如果我们知道更全的名字，还是有可能的。华人姓名音译十分混乱，假如'汤姆'只是一个用于英文场合的名字，那么他很可能以其它纯粹的中国名字出现在记录上。加拿大选民名单上也没有显示他，而据我所看到的，很多地方有不少姓朱的选民。当然也可能汤姆·朱没有投票权。既然有人为他选了一块墓碑，还有人在献花，那么也许会有死亡通知书公布在什么地方。我无法找到那时期坎普特维尔的报纸，但也许有人知道当地人读哪些报纸。我也查过1921年的人口普查，看是否有机会他在坎普特维尔生活过四分之一个世纪，但还是没有找到他，倒是有另外几位汤姆·朱出现在别的地方。

在1948年，安大略省人的死亡应该已经记录在案。这些记录或许包含了更多的信息。你可以试试付费查询这些信息。

属于利兹与格伦维尔分会的墓葬专家也许可以帮上忙。

公墓对公众开放，管理人并不一定知道什么人在扫墓。据我们的信息，坎普特维尔公墓是由独立机构管理的。我猜想，分立的英国圣公会和天主教墓地是由这些教派管理的。"

后来周强安老先生同作者讲，他认为 Tom Chu 这个名字中 Tom 才是姓，在渥太华便有姓谭的华人以 Tom 为姓，而那个年代渥太华只有谭、周、黄等几个大姓。

历史容易蒙尘，而掀开尘封的历史并不是一件容易的事。马丁这篇短文引发的讨论以及更深入的研究，印证了郑霭玲（Denise Chong）在《家庭生活——命运与环境的故事》[3]一书中所描述的早年华人生活情形，也与老华侨们的口述相吻合。沿渥太华河谷分布着许多小镇，许多早期华人定居在那里谋生，布鲁克维尔（Brockville）、珀斯（Perth）、艾尔默（Aylmer）、史密斯瀑布（Smiths Falls）、卡尔普（Carp）、卡尔顿之地（Carleton Place）以及魁北克的一些邻近小镇，如厄琳·迪瓦恩提到的肖维尔等都是华人赖以生存的地方。他们从洗衣店做起，逐渐发展为新兴的小业主，不少华人在渥太华地区开了餐馆。黄家开的"广东"（Canton）、谭家开的"顶好"（Ding Ho）以及周家开的"国泰"（Cathay）都是当时在渥太华非常成功的中餐馆。20世纪50年代，班克街（Bank St）与阿尔伯特街（Albert St）交叉的街角处开着好几家华人家庭经营的小生意，包括餐馆与便利店。

附：
汤姆墓地址：King St at Hwy 43, Kemptville（312号附近）
GPS 坐标：45.02458, -75.64473

按照惯常分类，移民可分为古代海外移民（公元前-1840年）、近现代海外移民（1840年-1949年）和当代海外移民（1949年至今）。

本书将尽可能真实地还原在历史的长河中，渥太华华人移民在各个历史阶段的生活状况。

# 渥太华的特殊地位

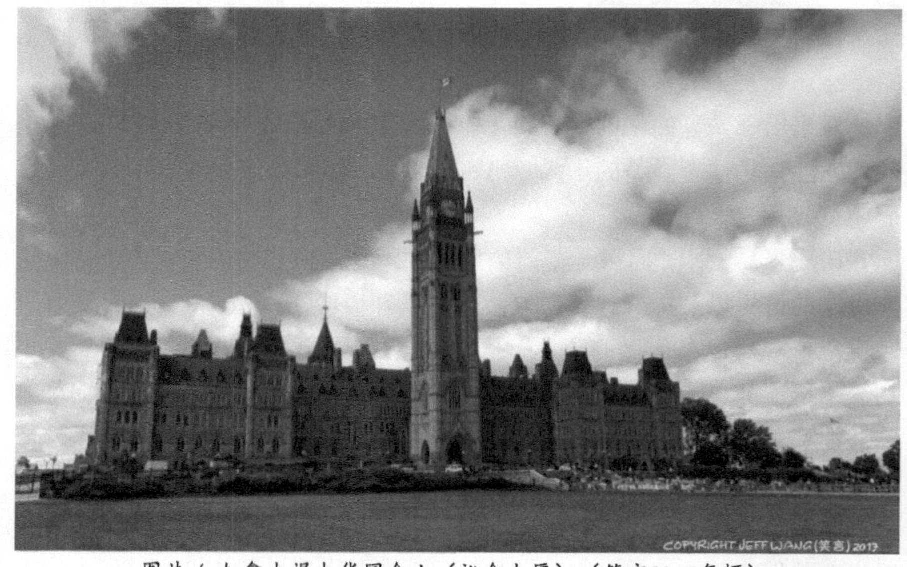

图片4 加拿大渥太华国会山（议会大厦）（笑言2017年摄）

渥太华为加拿大首都，隶属安大略省。中文名：渥太华，英、法文名：Ottawa。这个词是原住民语言中"贸易"的意思。而"加拿大"则是"村庄"或"定居"的意思。

行政区类别：首都
所属地区：加拿大
地理位置：安大略省东南部与魁北克省交界处
面积：2778平方公里
首都地区人口：123万（2011年人口普查）
语言：英语、法语
气候条件：大陆性寒温带
时区：北美东部时间
海拔：80米

加拿大"国家首都地区（National Capital Region, NCR）"也被称为"首都地区"或"渥太华—加蒂诺"，是一个官方联邦称谓，包括首都渥太华市（安大略省）与隔河相望的加蒂诺市（魁北克省）以及周边郊区和远郊区。"首都地区"并非独立的政治或行政实体，其中的城市仍然分属安大略省和魁北克省。

作为首都，渥太华市历来是加拿大政治、文化和经济的中心。它是各国使馆的所在地，也是各国文化经贸团体访问加拿大的首选地，更是海外华人重点选择的移民城市之一。

历史从来不是井井有条按部就班的，它繁复而庞杂，将不同的人物、地点与事件用时间关联在一起。百年之前，李鸿章、康有为、梁启超、孙中山等相继访问渥太华。1908年，清朝政府首次代表中国在渥太华设立领事馆。1928年梁思成与林徽因在渥太华成婚。1943年，加拿大政府迎来了中华民国第一夫人宋美龄女士。

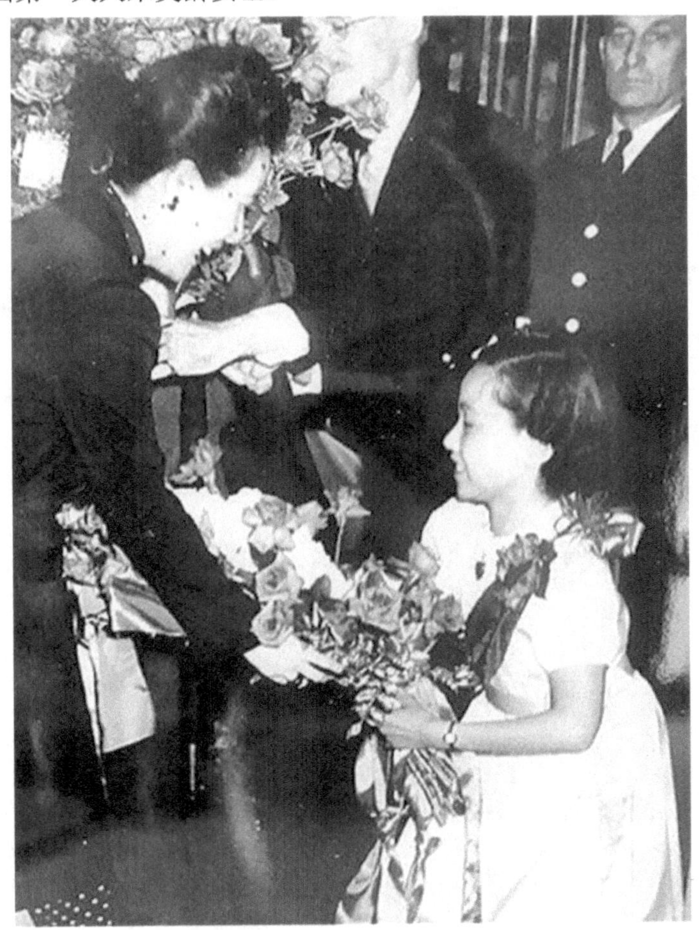

图片 5　1943年6月15日黄新珍（Isobel Wong）向访问渥太华的中华民国第一夫人宋美龄女士献花（黄新珍提供）

1941年，渥太华还只有300名华人的时候，伍英才带着三岁的女儿伍冰枝来到这里。1999年金秋时节，伍冰枝在为加拿大国家传媒机构服务多年后回到渥太华，荣任加拿大第26任总督。她是第一位不在加拿大本土出生而担任这一要职的加拿大人，当时两万名与她有着相同华裔背景的渥太华华人见证了她的就职盛典。从百年前的三百人到1999年的两万人，再到2011年的近五万人，从苦力到"中国佬"再到加拿大总督，真是沧海桑田，翻天覆地。

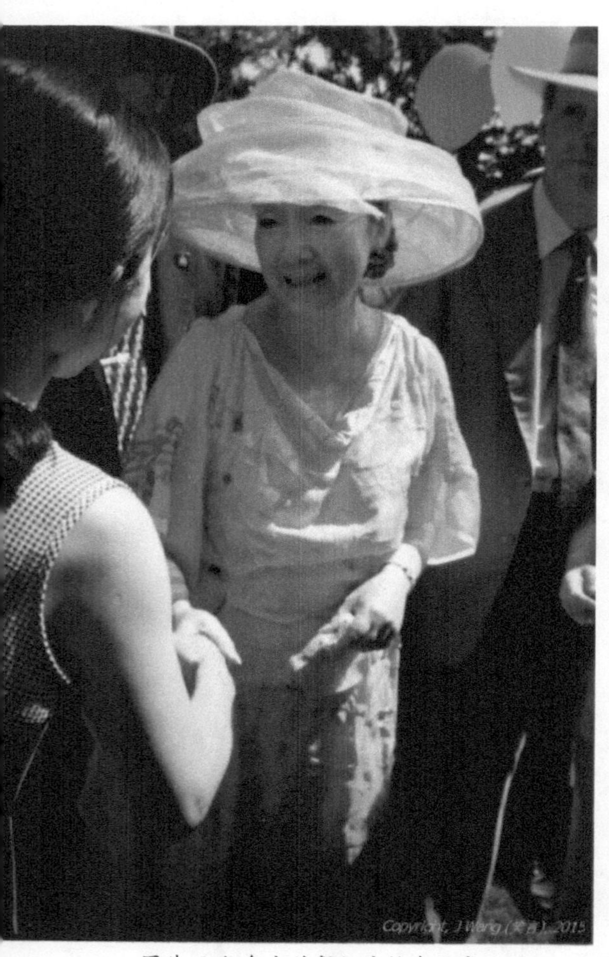


图片6 加拿大总督伍冰枝会见市民，
（2001年，朱敏提供）

对华人移民的全国性政策都是在渥太华联邦议会大厦制定的，其中包括三次针对华人的人头税法案：1885年50加元、1897年100加元、1903年500加元。

1923年7月1日，排华法案在这里通过，造成加拿大华人与国内亲属长达24年的隔离。

1947年5月14日，排华法案在这里废除，华人直系亲属终于获准来加团聚。

1962年1月19日，新的来源国配额制度取消，华人不再受到特别限制。

1967年7月1日，实施打分制，华人移民终于与世界各地的移民被一视同仁。

1970年10月13日，中国与加拿大建交。

2006年6月22日，加拿大联邦政府在这里就过去征收华裔"人头税"向华人道歉。

从清朝起，中国与加拿大的外交往来都离不开渥太华。两国在政治、经济、文化、科技、教育等各个领域的交流也日益广泛和深入。

2010年10月7日，渥太华唐人街（Somerset Street West）建起一座金碧辉煌的中式牌楼。这座牌楼完成了渥太华华人期待了长达一个世纪的心愿，同时它也将华夏文明深深烙印在这片土地上。

# 加拿大早期华人

## 谁是第一位来到加拿大的华人？

追溯加拿大华人史，不得不提一位两百多年前名叫约翰·米尔斯（John Meares）的英国人。他1756年出生于爱尔兰都柏林，1809年逝世于英国巴斯。米尔斯曾加入英国皇家海军，维基百科称他为航海家、探险家与海上毛皮贸易商，而史料中也有人称他为骗子和非法商人。他足迹遍布全球，经常出没于中国南方各地。在澳门与广州之间，没有运营执照的米尔斯为他的船只挂上葡萄牙国旗并私造文书，以便在澳门和广东海关免交关税。

1788年1月22日，当时属于葡萄牙殖民地的澳门码头上，一群中国木匠和造船工人登船离岸，人数约30到40人之间，也有资料记载为50到70人。他们告别故土，登上了约翰·米尔斯任船长的弗利斯冒险号（*Felice Adventurero*）。同时出发的还有一艘伊菲革涅亚·努比亚纳号（*Iphigenia Nubiana*）。这两条大船照例挂着葡萄牙国旗扬帆启航了。

两艘海船于当年五月抵达加拿大的努特卡湾（Nootka Sound）。努特卡岛位于温哥华西南的太平洋海域，由不列颠哥伦比亚省负责管辖，面积534平方公里，海岸线长187公里。中国工匠们下船后在努特卡岛安营扎寨，开始工作。他们建起了居所和堡垒，也建起了著名的努特卡贸易基地[4]。

米尔斯曾坦承引入中国劳工最初仅仅是一种尝试。然而他很快发现，中国劳工既勤劳刻苦又聪明灵巧。他们比欧洲工人干活更卖力，报酬却可以付得更少。同年九月，努特卡湾的中国劳工建造出太平洋西北地区第一艘非原住民建造的单桅帆船。

有资料记载，这批中国劳工后来被西班牙人抓获，并送往墨西哥。更多资料表明，这批中国人有的设法返回中国，有的失踪，有的娶努特卡女子为妻迁往加拿大内陆生活。总之这些最早的加拿大华人像谜一样消失了，他们曾在这片土地上出现，曾参与建设加拿大这个国家，但却从未载入史册，姓名也无从考证，一两代人之内便完全下落不明[5]。

几十名黄皮肤黑眼睛的中国年轻男子，就这样在加拿大西岸如昙花一现，再无消息。直到七十年之后，在淘金热潮的推动下，才有新的中国人再次登陆英属北美大陆。

## 滞留国外者斩

在中国，1788年是清朝第六位皇帝高宗弘历在位的乾隆五十三年。那一年林爽文抗清失败，被凌迟处死，台湾局势终于安定下来。

在此之前，大陆沿海地区社会动荡、民不聊生。明末清初，由于反清复明斗争的失败，成千上万不服满人统治的抗清志士纷纷流亡海外。此外，多年的战乱致使人民"尽失故业"，而清初又颁布了海禁"迁界令"，不准流离失所的沿海人民移居海外，但事实上那时从大陆和台湾冒着生命危险流向海外之人相当多。清廷十分担心海外华侨与国内反清力量联合对抗清政府，康熙五十一年（1712年），清廷九卿在商议禁止南洋贸易一案时曾议定："凡出洋久留者，该督行文外国，将留下之人令其解回立斩。"也就是说，那时出国不归者是要被抓回国砍头的。当然这项闭关锁国的法令并没有得到真正意义上的贯彻执行，更没有收到什么效果。

1712年还发生了一件对推动中国农业影响深远的大事。1712年4月4日，清廷下诏宣布："承平日久，生齿日繁。嗣后滋生户口，勿庸更出丁钱，即以本年丁数为定额，著为令。"清廷废除了中国沿袭千百年的人头税，改为"摊丁入地"，即将征收人头税改为征收土地税。这项政策直接导致了人口猛增，十九世纪中叶的中国南方，大量农民无地可种。而当时中国又没有产业化，失去土地的农民不得不外出谋生。这样看来，1788年中国劳动力严重过剩，沿海地区招募劳工远赴加拿大讨生活也就顺理成章了。

同一时期在欧洲，奴隶交易制的消亡使欧洲殖民者迫切需要为其殖民地寻找新的劳工。清政府在洋枪洋炮的轰击下，被迫开放商埠。大批劳工随即被输出海外，其中不乏中外勾结的非法手段。为了遏制非法贩卖劳动力，英法政府制定了苦力劳工（Coolie Labour）移民法，试图规范广东沿海的劳工移民，但绑架和欺骗仍然成为当时中国南方沿海劳动力输出的主要途径。[6]

## "拜城"与"渥太华"

1826年9月26日，安大略省东南部、渥太华河与丽都运河的交汇处建成一个小镇，在修建运河时期，称之为"拜城"（Bytown）。小镇不断扩大，于1854年改名为渥太华（Ottawa）。1858年维多利亚女王将其选为加拿大联合省（United Provinces of Canada）的首都。

1867年渥太华成为刚刚成立的加拿大联邦首都。

在渥太华市中心，丽都运河的船闸傍，风景如画的国会山与费尔蒙特劳瑞尔城堡酒店之间，有一座拜城博物馆（Bytown Museum）。博物馆被联合国教科文组织列为世界遗产，里面陈列了很多历史文物，讲述了拜城与渥太华的城市发展，以及市民建设城市的历程和事迹。

2000年这里曾经展出过一些早期渥太华华人的照片和资料。作者曾经通过邮件联系博物馆的负责人询问情况，并两次亲自前往该博物馆寻找资料。遗憾的是，当时的展品早已不在拜城博物馆了。

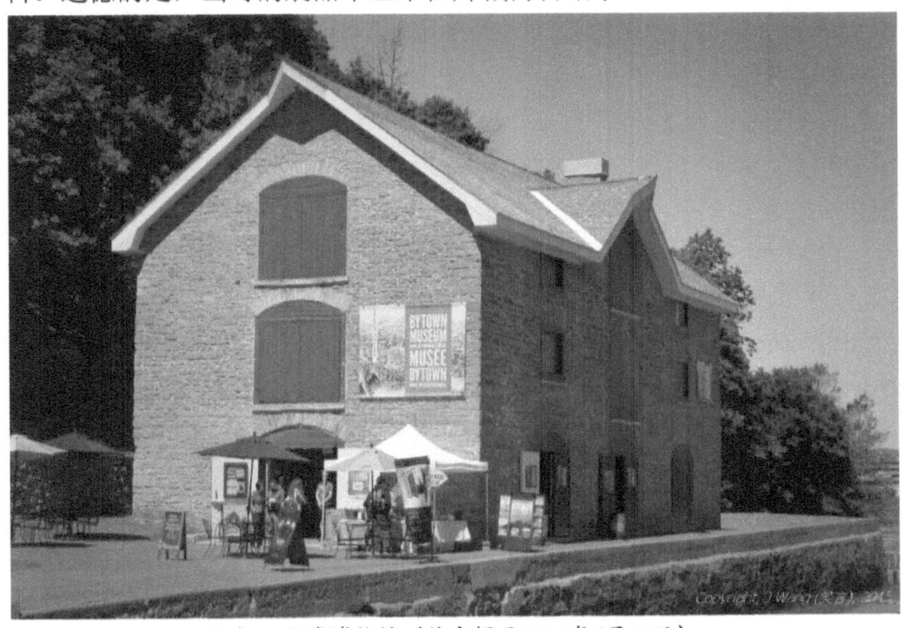

图片 7 拜城博物馆（笑言摄于2015年6月15日）

# 淘金潮

加利福尼亚、不列颠哥伦比亚和澳大利亚的淘金热刺激了大批中国沿海居民向海外迁移。1850年的头8个月中，就有5万华人来到加利福尼亚。到1858 年，不列颠哥伦比亚的弗雷泽河谷发现金矿之后，成千上万的华人从加利福尼亚北上进入不列颠哥伦比亚。不列颠哥伦比亚后来成为加拿大重要的西部省份，但那时，加拿大还不是一个完整的国家。

在不列颠哥伦比亚，当个体淘金者离开后，淘金热本该跟着冷下来，但往往却会有采矿公司随后跟进，继续在个体采矿者离开后的现场开采，其中不乏华人。这是由于当时的殖民地当局对华人淘金制订了歧视性的行业规定，华人只被允许在白人离开后的矿场淘金。同时许多华人进入了采矿营地的后勤服务行业，维多利亚成为华人移民在北美的大本营。

当时华工尽管遭受歧视，但和白人居民享有同等的法律权利。《1861年外国人法案》（Aliens Act of 1861）规定，居住在殖民地三年以上并宣誓效忠英国国王的外国人，均可享有英国属民的权利。1860年伦敦的《泰晤士报》这样报道："对他们并没有区别对待，指在这些殖民地的中国人……绝大多数人很高兴看到他们来到这个国度。"1861年的《维克多利亚英国殖民者》的署名文章写道，"我们有足够的房屋让成千上万的中国人居住……毫无疑义，他们从事的行业为我们自己的经济贡献了相当的份额。"

不过，当不列颠哥伦比亚的经济处于严重低迷之时，反对华工的势力开始抬头。到1866年，已经没有更多金矿可以挖掘，华工普遍被认为出于竞争而愿意接受低于白人矿工的工资。

1871年7月20日，不列颠哥伦比亚成为加拿大联邦的一个省。在加入联邦之后的第一届议会上，该省通过了一项"投票人资格法案"（Qualifications of Voters Act），剥夺了华工和印度人的投票权，但华人直到1875年才真正从投票人名单中去除。1873年1月，纳奈莫（Nanaimo）的投票站禁止华人前往投票。《殖民者报》拍手称快，盛赞该法案顺应潮流，将华人称为异教徒奴隶（Heathen Slaves），无权与其他加拿大人并肩投票。这一年，第一位出生在加拿大的华裔加拿大人已经13岁了。也就是说，十多年过去了，华人的境遇非但没有改善，反而更加恶劣。

1873年5月，第一个反华社团在维多利亚成立。

截止到1870年代末期，联邦政府并没有听从不列颠哥伦比亚的反华请愿。当时的联邦政府总理麦克唐纳爵士告诉不列颠哥伦比亚的议会议员，如果他们想要铁路，他们就必须接受中国建筑工人。反对党领袖亚历山大·麦肯齐（Alexander MacKenzie）也声明："认为有些人类家庭不适合成为居民的观念……是危险的，这与《国际公法》和统治加拿大的政策是相违背的。"

加拿大那时十分依赖于中国的廉价劳动力，因为华工日薪不到白种工人的一半。

为了避开敌视环境，华工辗转流离，只求找一份得以糊口的工作，包括投靠偏远的亲友，让自己能在异国的土地上幸存下来，打工或经营华人的生意。在当时如此艰难的情况下，中国人吃苦耐劳的传统美德发挥了巨大作用，华人终于度过难关在加拿大这片排异的土地上顽强地生存下来并繁衍生息，逐渐适应了环境。

## 弗雷泽河谷长眠的华工

　　不列颠哥伦比亚在1871年（同治十年）同意加入加拿大联邦的条件是要求联邦政府在十年内建成一条连接加拿大东部和西部的铁路。有资料表明，1880年（光绪六年），加拿大太平洋铁路公司在中国广东省雇用了5,000名劳工，又从美国加利福尼亚州招募了7,000名华工。

　　加拿大作为大英帝国的一部分，迅速建立起交通体系，英国人称之为"全红色道路"，因为当时英国人把其殖民地和占领区都标记为红色，凡是红色的区域全都是大英帝国畅通无阻的地方。新建的加拿大从东到西的铁路，运输速度要比其它地方更快，目的是要使从加拿大东部城市到西部的温哥华，经横滨、再到中国的交通运输比任何地方都快。

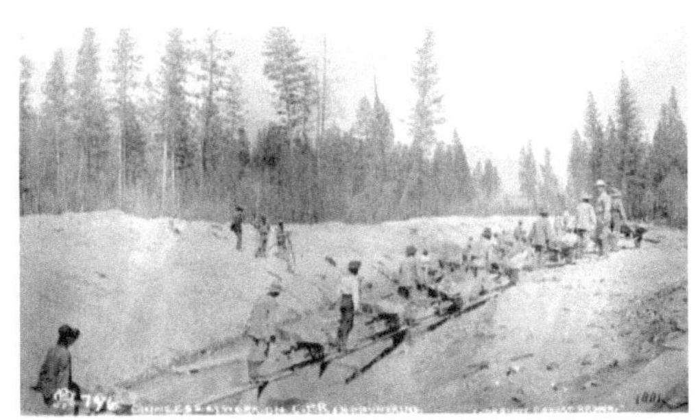

图片 8　1884年在崇山峻岭中修筑加拿大太平洋铁路的华工（来源：加拿大国家图书档案馆，Online MIKAN no. 3194432）

　　这条横贯东西大铁路的建设却成为一个充满腐败的巨大工程。当时修筑铁路的主持者雇用了16,000多名华工来承担工程中最艰苦的工作，修筑从落基山到温哥华山地崎岖的路程[7]。

　　据加拿大首位华裔参议员利德蕙女士（The Honourable Dr. Vivienne Poy）所言，从1881年到1884年间，1,700名华工来到加拿大，补充了完工阶段劳动力的严重短缺。铁路建造商将华工从大陆、香港和美国招来，报酬仅为白人劳工的

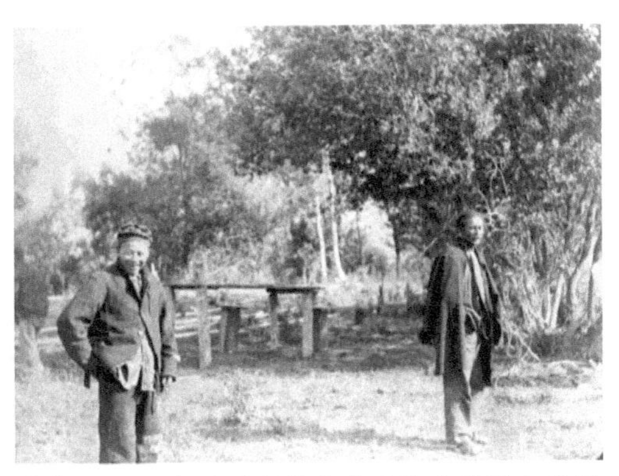

图片 9　1886年不列颠哥伦比亚坎卢普斯太平洋铁路华工（来源：加拿大国家图书档案馆，Online MIKAN no. 3243528）

一半。一位当时任加拿大太平洋铁路公司的测量工程师说华人是"训练有素的铁人，从未见如此能干的人。"

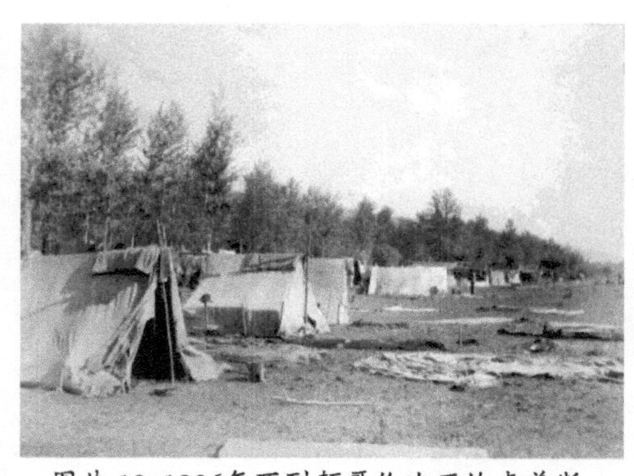

图片 10 1886年不列颠哥伦比亚坎卢普斯太平洋铁路工棚（来源：加拿大国家图书档案馆，MIKAN no. 3391158）

根据1885年皇家委员会的调查显示，华工对于不列颠哥伦比亚的经济建设做出了不可或缺的贡献。正如当时不列颠哥伦比亚的首席法官贝格比爵士（Sir Matthew Begbie）所说，"没有华工，我无法想象这里所取得的一切成就。白人妇女不能做的，白人男人不想做的，华工都可以做，而且做得很好……在铁路建设工程中，他们的重要性尤其突出。[8]"

然而，不列颠哥伦比亚的政客们还是不断给联邦政府施加压力，要对威胁白人生存的华工采取行动。麦克唐纳总理于1883年十分坦白地告诉众议院："如果我们能够用白人劳工取代华人劳工的话，那就换掉他们好了。做不到之前，与其没有劳工，还不如先用华工。"麦克唐纳的话语意味着只要太平洋铁路竣工，立法排斥华工已经不可避免。

很多华工因修建铁路而捐躯于崇山峻岭之中。虽然铁路华工只是负责大约350英里的工程，但这350英里却是加拿大太平洋铁路工程中最为艰巨的一段，它是不列颠哥伦比亚连接加拿大内陆的必经之地。因为这段铁路要穿过险峻的落基山脉，白人大都不愿意去冒险。仅仅在这350英里的铁路沿线，就有700多名华工死亡，有人形象地说，差不多每英里的铁轨下面就躺卧着两具华工的尸体。

不仅工地上事故频发，而且华工的生存环境也异常险恶。生活变为恶梦，华工们无医无药只能自求多福。尽管有人懂一些粗浅的中医药针灸疗法，但也只能做些简单治疗，而且身边并无中药可用。对于来自中国南方的劳工来说，加拿大的冬天格外严酷，上百名华工死于瘟疫和坏血病。而当弗雷泽河谷地带的铁路建设完工之后，幸存的华工立即遭到解雇。他们像抹布一样被丢弃在铁路沿线的镇子里。

虽然还剩一部分路段未被连接起来，但加拿大太平洋铁路（CPR）在开工四年后终于宣告完工了。这条横贯加拿大的铁路全长两千八百九十三公里，总耗资三千七百万加元，工期提前了五年。1885年11月7日，太平洋铁路公司董事长唐纳德·史密斯（Donald Smith）在枕木上砸下了象征性的最后一枚道钉。

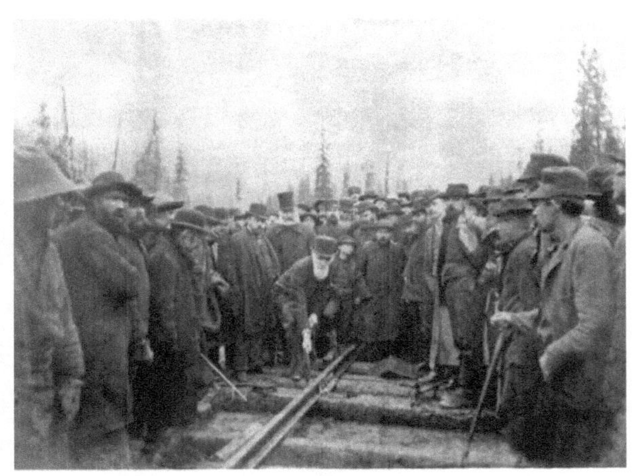

图片 11 史密斯砸下最后一枚道钉
（Online MIKAN no. 3624692）

铁路建成后，按照合同华工应当被送返中国，但事实并非如此。再加上铁路修筑完成的三年之前，即1882年，美国颁布了《排华法案》，使得这些华工被禁止转往美国，所以修完铁路的华工不得不聚集在加拿大最西部不列颠哥伦比亚省（老华人习惯上称之为卑诗省）的一个狭窄地区，其数量达到当地人口的10%。在极端民族主义影响下，白人想方设法促成当地政府颁布了使华人遭到多方面排斥与限制的新法案。华人处境维艰，而基于自身利益，当地白人却大都支持排斥华工的主张。

加拿大的第三任总理麦克唐纳（John A. Macdonald）（也是加拿大的第一任总理）在1885年这样讲道：

> "华人是外国人。他们来这个国家住满三年，如果选择留下，那么可以入籍。但我们知道，即便中国佬来到这里，他们仍然打算返回自己的国度。他们没有带来家人，他们是陌生人，是陌生土地的寄居者，只是为了自己的目的暂时停留而已。他们与我们没有共同利益，他们为我们劳动，我们付钱，这都是有代价的，如同一架脱粒机或任何其它农具，我们可以从美国租赁然后还给国界线南侧的拥有者。中国人为我们劳动并获得报酬，但这些钱并未在加拿大消费。如果他们不能返回中国，他们的遗嘱执行人或他们的朋友也会送他们的遗体回到那片绚丽的土地。但他们没有英国人的本能、感受或愿望，因此不应该拥有投票权。[9]"

# 征收人头税（1885）

残酷的事实是，随着太平洋铁路全面竣工，在加拿大人的举国欢庆声中万名华工却惨遭解雇。除了一千人返回中国外，大多数华工滞留在维多利亚，也有一部分人向东前往草原地区和加拿大东部。华工愿意留在加拿大接受低工资和恶劣的工作环境，比其他非华裔劳工具有更强的竞争力。这愈加激怒了白人，不列颠哥伦比亚政客要求，向每名华人移民征收50加元人头税。

同年，即1885年，加拿大政府通过了一项"华人移民法案"，开始向进入加拿大的华人征收50加元的人头税。法案全名为《限制及规管中国人移民至加拿大的法案》，英文为 An act to restrict and regulate Chinese immigration into Canada。当时华人是唯一一个被迫缴纳人头税的族裔。这也是加拿大以法律形式歧视华人的开始。50加元在当时是相当可观的一笔钱。另一方面，加拿大的一些生意人、资本家又迫切需要廉价劳动力，所以一定程度上提高了华工的工资，这又使得华工能够勉强支付这笔人头税。

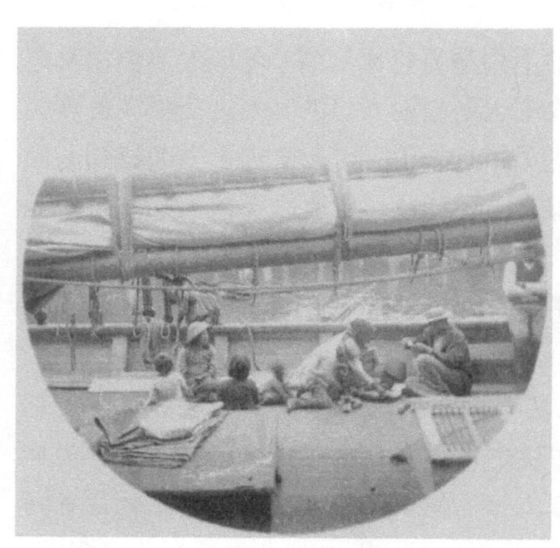

图片 12  1889年左右前往温哥华的华人
（Online MIKAN no. 3193369）

尽管人头税对加拿大华人来讲是巨大的经济负担，但它并没有关死华人进入北美的大门。随着进入加拿大的华人不断增多，加拿大相应的对策是在1900年将人头税提高到100加元。尽管华人移民数量明显减少，但100加元仍然无法彻底限制华人流入，前往加拿大的华人依旧前赴后继。

据1909年年底统计，由于巨额的人头税，当年仅有467名华人进入加拿大，比前一年减少近一半，共收入人头税233,500加元，其中不列颠哥伦比亚省占了一半。由于难以在加拿大居留，这一年共有4,464名华人途径温哥华前往其它国家[10]。

渥太华一位台山来的熊姓老华侨讲述其曾祖父曾经到加拿大做过劳工，随后乘木船回中国。在漫长的航程中他不幸染病，竟然死于途中。这些往事熊先生是听长辈讲述的，具体日期不详，但大约是在清朝李鸿章当政时期。

## 李鸿章访问加拿大

清政府与日本在1895年4月17日签订马关条约之后，直隶总督兼北洋大臣李鸿章于1896年开始出访俄国、德国、比利时、法国、英国、美国和加拿大等欧美诸国。所到之处皆受当地元首接待，他在美国接受纽约时报采访时抨击了美国的排华法案。

李鸿章访问加拿大时，与加拿大政府和不列颠哥伦比亚地方政府商谈了加拿大向华人征收人头税的问题，但并未取得积极成果。

中国当时国力羸弱，根本没有与列强谈判的筹码。

1900年6月5日《渥太华新闻报》（Ottawa Journal）刊登了一篇发自上海题为"危机降临中国"[11]的文章，称中国皇帝纵容义和团驱逐洋人，导致八国联军出兵中国。1900年6月10日，由英、美、德、法、俄、日、意、奥八个国家组成的三万多名联军入侵中国，镇压义和团运动。中国战败，联军攻占首都北京，清廷政府逃往陕西西安。清廷派出奕劻和李鸿章与联军和谈，最终中国付出白银4.5亿两，并于1901年9月7日签署了《辛丑条约》。

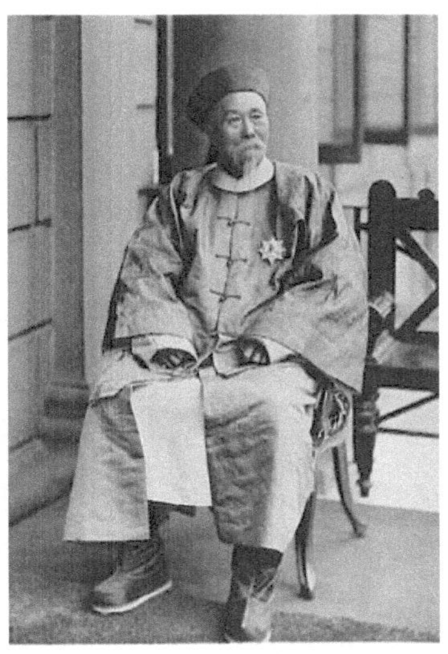

图片 13 1896年的李鸿章
（来源：维基百科）

## 梁启超，华人组织与《日新报》

1903年2月20日（光绪二十九年正月廿三），31岁的梁启超应美洲"保皇会"的邀请，前往美洲游历，调查华侨在海外的情况，发展保皇会组织并考察新大陆的政俗。"保皇会"是康有为和梁启超等人创建的政治团体，全称为"保救大清皇帝会"。其英文名称为"Chinese Empire Reform Association"，简称"Chinese Reform Association"。

这个组织不但中英文名称不对应，而且连中文名称也有很多不同的叫法，比如保皇

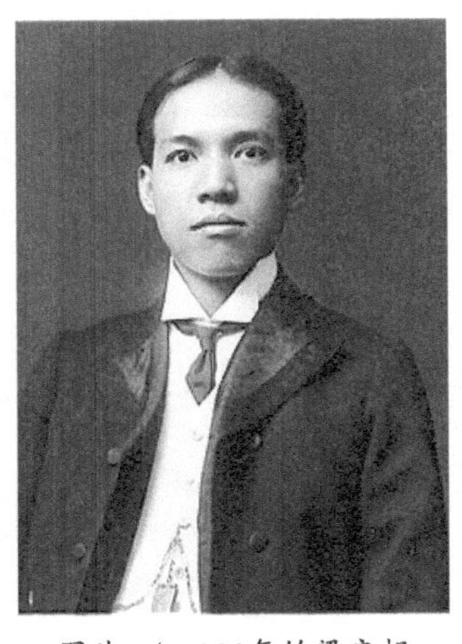

图片 14 1903年的梁启超
（来源：维基百科）

会、保皇党、立宪会、宪政会等等。其实都是一回事，本质就是在新的国家体制中要保留皇帝，借鉴英国的君主立宪制。为叙述简便，本书采用另一个常见且不易混淆的名称"中国维新会"或"维新会"。

梁启超抵达渥太华时，很多华人停工停市相迎，以期一睹其风采。梁启超访问加拿大国会之后，渥太华建立了维新会的一个支部，这也是渥太华最早期的华人组织之一。大约在1958年，渥太华第一家华人杂货店"永安"杂货店中还挂有一幅老华侨的团体照，团体的名称是"加拿大保皇党"。

1903年3月4日至4月29日以及11月28日至30日，梁启超在加拿大温哥华逗留。在此期间，他做过演讲并创办了中文报纸《日新报》。他注意到即便同为亚裔，日本侨民以捕鱼为生，而华人则以制鱼为生，采鱼每日每人工价优于制鱼者数倍。他指出种族歧视造成的不平等："然此地西人限华人非已入英籍者不得采鱼，故虽以此区区之利权，亦不得与他族竞。"[12]

1903年11月11日，梁启超回到日本。他随即撰写了《新大陆游记》，对比中美两国历史和国情，认为中国不适合美式共和制度，期望中国像英国那样通过君主立宪，逐步过渡到民主宪政，最终实现民主共和制度。

# 中加开始建立关系

### 非官方关系

加拿大与中国的关系可以追溯到1754年，当时位于纽芬兰省新法兰西地区的耶稣会（Jesuit）从中国进口人参，年贸易额达到十万加元。1889年加拿大皇后邮轮公司开始提供加拿大与中国之间的邮政服务。1893年，Sun Life保险公司在上海设立了办公室，并在1905年起用中文名称"永明"保险。到1930年代早期，加拿大保险公司控制了中国保险业90%的业务。

1906年，加拿大在上海设立商务处Department of Trade and Commerce (DTC)。

### 清廷首次设立领事馆

1908年（光绪三十四年）12月18日清廷批准在英属加拿大首都渥太华设中国总领事。1909年2月10日的《渥太华新闻报》刊登了一则消息，称自治领政府经过几个月讨论，乐

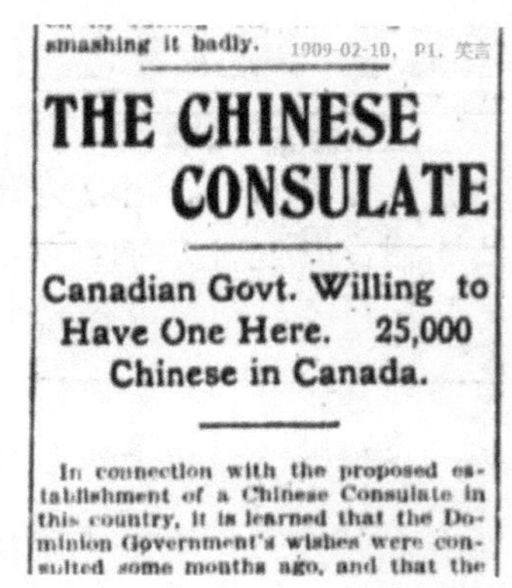



图片 15 开设中国领事馆消息
（《渥太华新闻报》
1909年2月10日）

于支持中国在加拿大建立领事馆，以代表当时在加拿大的约两万五千名华人。

加拿大劳工与移民部长麦肯齐·金（后当选为总理）也在这一年作为加拿大的高层官员首次访华，参加了在上海举行的国际鸦片会议（International Opium Conference），访问期间希望与清政府就中国移民达成协议[13]。

第一任中国驻加拿大总领事为龚心钊，字怀希，亦呼怀西，号仲勉，安徽合肥人。龚心钊19岁中举人，26岁中进士，是清代最后一任科举考官。光绪年间出使英、法等国，清末1909年出任加拿大总领事，加拿大媒体称其为龚博士（Dr. Kung）。同时龚心钊又是一位著名的收藏家，晚清以来，收藏文人器玩之大家，南北有两位，时称南龚北徐。北为徐世章，民国总统徐世昌之胞弟，南龚即瞻麓斋主人龚心钊。

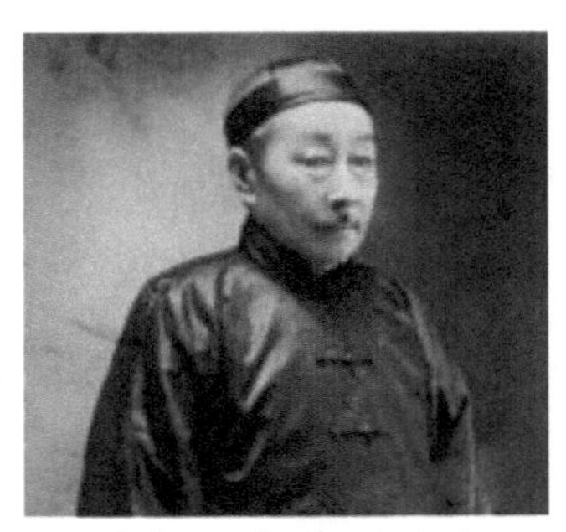

图片 16 中国驻加拿大首任总领事龚心钊
（来源：china.com.cn）

尽管中国在渥太华设立了领事馆，但是华人遭受歧视的事件还时有发生。1910年4月1日，《渥太华新闻报》报道，一个"缺心眼儿（Hair-brained）"的男子在国会山附近的运河街（Canal Ln）侮辱了中国总领事龚心钊的秘书萧博士（Dr. T. K. M. Siao）。该男子名叫大卫·莫里根（David Mulligan），事件发生后，他自以为可以逃脱惩罚，但舆论认为他很可能会遭受重罚，从而给那些违法者一个警示。在4月6日的庭审上，该男子向治安法官奥基夫（Magistrate O'Keefe）申诉说自己并未侮辱萧秘书，但他的说辞无法取信于人。

萧秘书提供了莫里根挑衅的证据。萧秘书指认莫里根在运河街挥舞手臂威胁并侮辱他，期间使用了侮辱性的语言。萧秘书说："当我问他的名字，他说了一个假造的，并说自己住在布朗森大道（Bronson Avenue）。他说他认识我，并且说'你是中国总领事'，又说'你是中国领事馆的'。他说他可以打倒两个像我这样的。当他握紧拳头意图攻击我时，我用双手控制住他的身体，并将他交给警察。"

此案最终以罚款了结。莫里根被罚10加元，并须再交2加元或在监狱里服刑两周[14]。当时普通劳工的日薪大约在0.6加元。

## 领事开始换届

1910年10月14日，龚心钊总领事离职途经温哥华乘船返回中国。新任总领事王斯沅（Wang Seyuen）当日到任，王斯沅此前在日本长崎担任了三年领事[15]。

1911年2月13日，王斯沅在多伦多发表讲话，称中国将于两年内实施宪法并建立国会。海外华人可以选出两名代表向政府提出议案，但他们并没有在议会投票的权利。参加集会的约有500人，王总领事的陈秘书也讲了话。在返回渥太华之前，王总领事还正式会见了总督吉布森（Gibson）、詹姆斯·惠特尼爵士（Sir James Whitney）以及多伦多市长吉瑞（Geary）。

王斯沅不仅是一名出色的外交官，还是当时知名的英语翻译，在施友忠教授九十寿庆论文集中，罗青的一篇文章将王斯沅列在梁启超和严复之后的第三位[16]。

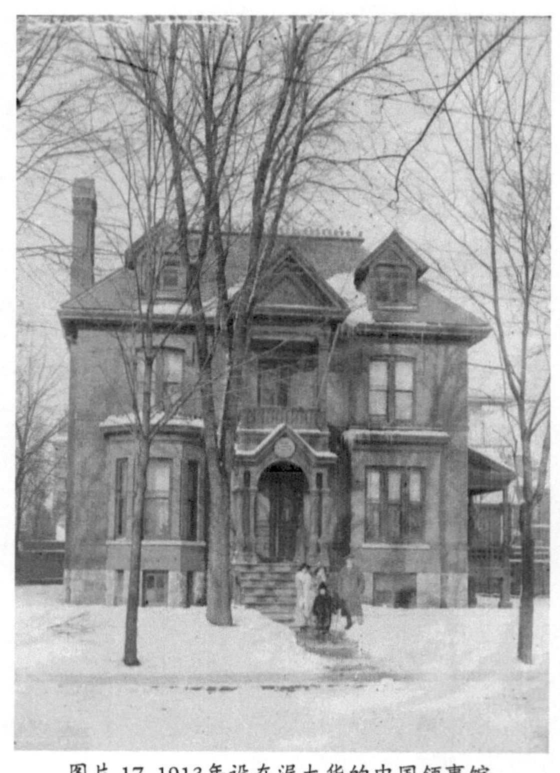

图片 17　1913年设在渥太华的中国领事馆
（Online MIKAN no. 3325846）

根据已公布的资料，王斯沅于1910年7月到任，1911年离任，而新的总领事杨书雯1913年8月才到任，中间的两年似乎在加拿大没有总领事，但1913年2月15日《渥太华新闻报》的一则消息中，仍然称王斯沅为中国总领事[17]。该消息称中国总领事王斯沅女儿（Miss Yon Tsung Wang）的一枚价值125加元的钻戒失窃。王小姐是在2月14日从中国领事馆出发到中央火车站之前，将钻戒放在桌上而被人窃走的。警方根据线索在几小时内便锁定嫌犯斯蒂芬森（Cleveland Stephonson），很快将其逮捕并追回钻戒。可见王斯沅家至少在1913年2月之前仍然住在中国领事馆，事实上，钻戒失窃正是发生于1913年2月14日王斯沅总领事一家离任返回中国之际[18]。

当时继任总领事尚未确定，因为中国国内正忙于国会选举，而选举结果将直接影响中国驻加拿大总领事的人选。1913年4月，中华民国第一届国会产生，10月进行了第一次总统选举，袁世凯当选大总统。作为广东省议会代表，渥太华华人谭华佃于10月初收到中国领事馆转交的发自中国伦敦大使馆的一份电报，电文称袁世凯当选为新的共和国总统。据谭华钿讲，当时大部分华人还不知道中国已经成立了共和政府。

### 北洋政府派出领事

杨书雯于1913年8月11日抵达加拿大继任中国驻加拿大总领事，入住萨默塞特街（Somerset Street）中国领事馆。

加拿大国家图书档案馆里保存着一张1913年设在渥太华的中国领事馆照片，地址不详，具体拍摄时间也不详。由于是雪景，拍摄时间可能是年初也可能是年底。

如果照片摄于1913年年初，那么照片上的这一家人很可能就是王斯沅总领事一家。1909年中国首设领事馆，地址选在渥太华萨默塞特街238号，而1913年渥太华当地报纸仍然报道中国领事馆在萨默塞特街。这个位置在渥太华萨默塞特街与麦特卡夫街（Metcalfe Street）交叉处，这所小楼在2016年时已经不复存在，但周边的房屋却具有相同的建筑风格。由此推断，照片中的领事馆应该依然是萨默塞特街238号。

如果这张照片摄于年底，那么这便是杨书雯担任总领事时的中国领事馆，而领事馆的位置应该还是萨默塞特街238号。

1921年11月25日《渥太华新闻报》刊登了杨书雯前总领事葬礼的消息。杨书雯于1921年11月19日任职期间在圣卢克医院（St. Luke's Hospital）去世。隆重的葬礼于1921年11月24日在查尔莫斯教堂举行，英国米字旗与中华民国国旗覆盖着主席台前的条桌，主席台上摆满了精美的花圈，其中的一只花圈用不同颜色的鲜花组成了中华民国国旗的图案，据称杨书雯的遗体将于12月1日运往中国。

伍德赛德牧师主持了葬礼，加拿大总督伯恩勋爵（Lord Byng）的代表和其他加拿大政府官员出席了葬礼。到场的还有美国和多国领事馆代表、加拿大各地华人商会代表、杨书雯生前好友以及渥太华本地华人。许多人在葬礼上发言，动情追述总领事的生平，伍德赛德牧师称杨书雯的一生是真正爱国的一生。

继任总领事周启濂（Dr. Chilien Tsur）称杨书雯的逝世是中国外交界的巨大损失，他收到了来自世界各地的唁电以及加拿大几乎所有华人社团的吊唁。送花圈的有各国驻渥太华使节、加拿大外交部、移民部、中国领事馆官员和家人、查尔莫斯教会、教会中文学校、渥太华仁爱堂、渥太华华人商会、多伦多和蒙特利尔的商会等众多团体及生前好友。

根据现有公开资料，周启濂是在1922年4月才接任总领事，之前由徐善庆于1921年6月13日接任杨书雯的总领事，徐善庆离职时间无记录。这与渥太华当地报纸报道有出入，因为周启濂1921年6月24日已经作为新的总领事在杨书雯总领事的葬礼上发言[19]。

1923年11月21日，《渥太华新闻报》消息，关于已回中国的周启濂总领事何时重返加拿大一事，中国刘副总领事称无可奉告。而根据资料，周启濂的官方离职时间为1923年11月13日，可见周启濂回到中国后并未再赴加拿大。继任总领事为罗昌，任命时间为1923年11月13日，显然从任命到到任还有一段时间，罗昌的离职时间为1925年1月6日。

### 中华民国驻加拿大总领事、公使与大使

1937年2月，渥太华本地报纸报道了陈长乐领事在渥太华参加"扶轮国际（Rotary International）"活动的消息。

扶轮国际于1905年在美国芝加哥成立，是一个全球性的由商人和职业人员组织的慈善团体，在全球范围内推销经营管理理念，并进行人道主义援助项目。扶轮国际在全世界两百多个国家和地区拥有多达三万个分支机构扶轮国际分社（Rotary Club），共有会员一百多万人。扶轮渥太华分社建于1916年，是扶轮国际的第221个成员俱乐部。

陈长乐的英文名字为 Harold Chen，当时的拼音为 Chang Lok Chen。后来他于1941年7月26日至1948年5月19日担任中华民国驻芝加哥总领事。

在1937年2月1日渥太华扶轮分社举办的午餐会上，陈长乐首先强调他的发言仅代表他个人，然后向分社提出了三点建议。

陈长乐建议：一、建立中国驻加拿大和加拿大驻中国外交办公室。二、加强教育联系，比如在两地的大学中设立奖学金，促进学生交换与教授交换。三、建立更多扶轮分社。关于第三点，中国第一个扶轮分社已于1919年在上海成立。

陈长乐说："作为一个加拿大市民，同时又作为一名中国人，我一直有一个志向就是促进中国人民与加拿大人民之间的相互理解。"陈长乐援

引了中加贸易的一些数据，他说最初的贸易额非常小，但加拿大总是保持顺差。从1930年到1935年，加拿大出口到中国的货物总值为32,000,000加元，而从中国进口14,000,000加元。良好的贸易关系源于良好的意愿及相互了解，就像私人做生意一样。

1938年5月16日，《渥太华新闻报》刊载的陈参赞（Pak Tung Chen）履新消息中，仍提到陈长乐领事。

1941年8月29日，中华民国与加拿大商定互派公使，1941年11月18日，刘师舜（Liu Shih Shun）成为第一位特命全权公使。1944年2月17日，驻加拿大公使馆升格为大使馆，刘师舜成为第一位特命全权大使。

# 人头税涨至500加元，排华升级

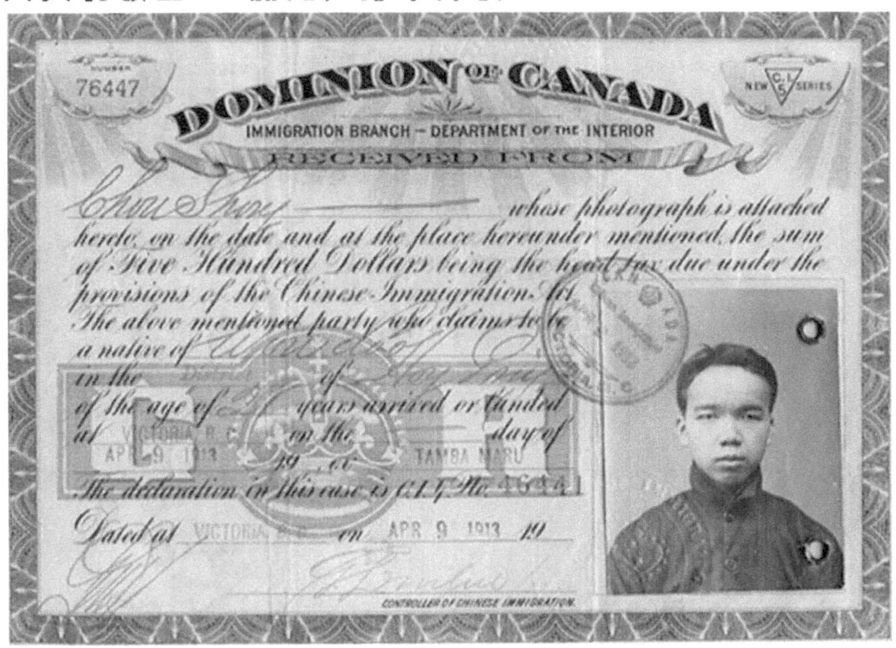

图片 18 渥太华华人周相500加元人头税证明（周强安提供）

鉴于1902年皇家委员会关于中国和日本移民的询问以及中日两国当时与加拿大的关系，加拿大政府决定不向日本人征收人头税，而将中国人的人头税从1903年增加到500加元，相当于当时华工在加拿大两年的工资。这对本已不堪重负的加拿大华人无疑更是雪上加霜。后来，另有一项法案获得通过，宣布每艘船的每50.8吨重量，在每次航程中只能带一名华人移民到加拿大，即一艘508吨重的船只仅允许携带十名华人移民抵达加拿大。

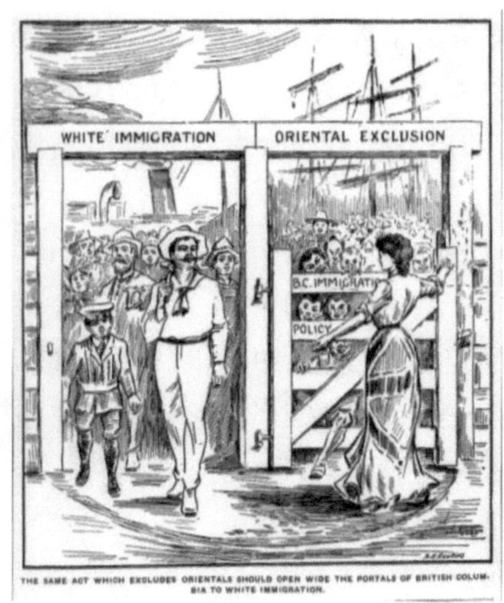

图片 19　Cartoon on Chinese immigration in Saturday Sunset, 1907. VPL 39046
加拿大将东方人关在门外，
对白人却敞开大门

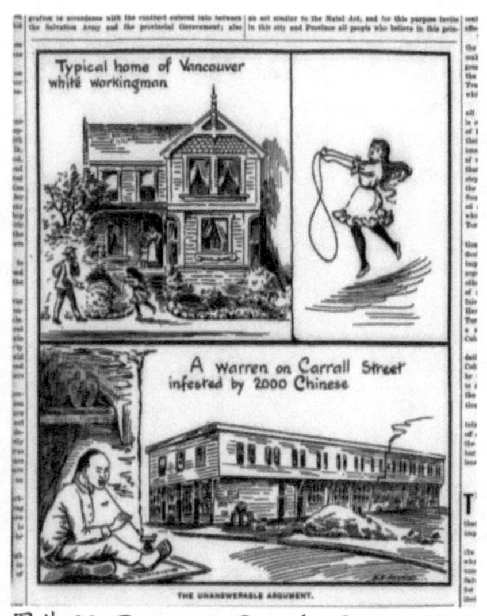

图片 20　Cartoon in Saturday Sunset, 1907 VPL 39047白人豪宅与华人
鸽笼般的排房形成鲜明对比。

这法案于1923年由完全禁止华人移民的"排华法案"（《1923年华人移民法案》）所取代。从第二次世界大战开始到结束，华人一直处于加拿大社会的边缘。他们被褫夺公民权利、被排除出移民行列、被限制参与职业竞争。这些都堂而皇之写进加拿大的法律。自此，排华为加拿大众多的利益集团带来好处，它成为工会组织巩固地位的手段，也成为政党赢得选票的口号。对华人经济与就业上的排斥一直持续到第二次世界大战之后很久。机会如此有限，华人只好自行创业，以此为华人族群提供就业谋生的机会。

1895年华人贸易委员会成立于温哥华，凝聚华人生意，争取华人生存空间。1907年反亚裔骚乱席卷温哥华唐人街。骚乱发生于一个反亚洲人联盟9月27日举行的集会。集会发言人呼吁保持一个只有白种人的加拿大，种族歧视带来的恐惧造成一些华人在19世纪末向加东迁徙。大多数人定居在草原省份和加拿大东部，成为小生意业主或经营供应市场的园林。

1907年至1915年不列颠哥伦比亚省发行一份名叫《周末日落》（Saturday Sunset[20]）的周报。该报可读性很强，不限于温哥华，在整个不列颠哥伦比亚省发行量都很大。温哥华公共图书馆至今完整保存着该报的每一期。当时该报刊出的一些漫画，反映出了华人的生存景况。

无论华人走到哪里，歧视就跟到哪里。1882年，卡尔加里出现天花，疫情警报导致华人洗衣店被一帮300多名的暴徒破坏。在接下来的几十年中，有三个省份的华人居民被剥夺选举权。华人洗衣店也被强制限定地点，因为白人居民抱怨华人洗衣店的存在降低了他们的物业价值。

说到报业，1903年8月梁启超在温哥华创办了《日新报》。这份报纸是保皇派的喉舌，中华民国成立后《日新报》便寿终正寝。然而作为加拿大第一份中文报纸，它为后来华人办报树立了榜样。1906年，周天霖与周耀初等人于温哥华创办《华英日报》，聘康有为的学生崔通约为主编，提倡革命排满，1908年停版。

1907年温哥华洪门致公堂创办《大汉日报》，后改名为《大汉公报》。

该报聘请冯自由为主编，大力推行革命理念，与支持改良派的《日新报》进行了长达二百余篇史无前例的大论战。后来孙中山来加拿大筹集革命经费，资助广州起义，加拿大侨胞热情支持，与《大汉公报》的大力宣传关系甚大。同时正是这些早期的中文报纸，才使得媒体开始逐渐有了华人自己的声音。

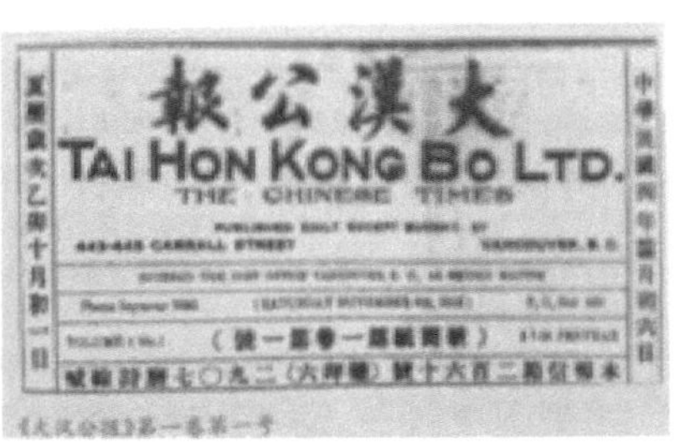

图片 21　加拿大影响深远的华文报刊《大汉公报》

# 谭华钿当选广东省海外华人代表

二十世纪初，随着清政府推行新政，社会各阶层的政治代表重新议论开国会、立宪法，实行君主立宪制。他们认为只有这样，才能"安上全下"、缓和阶级矛盾、消弭革命、抵御外侮和保障民生。要求实现君主立宪制的改良派也因此被称为立宪派，他们开展了长达八、九年之久的立宪运动，海外改良派以康有为和梁启超为代表。

1906年9月，清政府正式宣布"预备立宪"。1907年3月，康有为将保皇会改为国民宪政会。10月，梁启超在日本东京成立政闻社。国内也涌现出很多类似团体。然而，清廷立宪推进缓慢，被指责为"假立宪之名，以行专制之实"。为了迫使清政府真正立宪，立宪派联合起来，采取"匍匐都门，积诚罄哀"的方式，举行了轮番的国会请愿，把立宪运动推向高潮。

1907年秋，宪政讲习所的主要成员在杨度主持下给清廷上了第一份要求速开国会的请愿书。1908年，全国各省的立宪派陆续派代表入京请愿，一些留学生、海外华侨以至清廷的驻外使节、官僚也纷纷电请或奏请开国会[21]。

1910年8月15日，对加拿大华人来讲是一个重要的日子。他们在"预备立宪"之后第一次举行投票选举，《渥太华新闻报》在加拿大首家刊登了这一消息，并随后报道了渥太华的谭华钿当选为广东省海外代表[22]。

推动立宪标志着中国借鉴西方文明迈出的巨大一步。不过立宪派并没有完全照搬西方的民主制度，其中一项改进是赋予海外华人投票权，这样就使海外华人保留了在中国的政治权利。

本着这个精神，在加拿大的中国人可以选举代表参加中国的国会和省议会。加拿大的东部华人第一次选举在蒙特利尔举行，共有二十几名候选人。家住渥太华阿尔伯特街119号的谭华钿和蒙特利尔的一位李先生（Lee Man How）当选，在广东省议会代表加拿大东部华人。

这次选举借用了蒙特利尔中国维新会的地址，蒙特利尔市圣阿尔本大街（Rue Saint-Urbain）106号。选举进行得相当顺利，选举公平地面向所有加拿大东部华人，本人不能到场者允许邮寄选票。这次选举由渥太华中国领事馆龚心钊总领事主持，其秘书萧博士也同时到场。萧博士向《渥太华新闻报》记者透露了大会的一些细节，他说，"中国正在立宪方面取得明显进展。"第一条改革法令是1901年由皇帝和皇太后签发的，由此产生了处理政府事务的新机构，几年间陆续出台了许多法令，观点与政策的变化都在逐渐而真实地进行中。调查团随后被派往欧洲和美国学习其政治体制，1906年的"预备立宪"确认中国政府将建立国会与宪法。

萧秘书说，慈禧太后表示自清朝建立以来，历任皇帝都在以最好的模式统治国家。随着国家之间的交流日益广泛与紧密，一个国家可以吸收其它国家的长处，尤其是在法律与政治方面。她还说，尽管中国政府已经成立了这么久，但大清帝国却在今日陷入了危险与悲哀的境地。官员们忘记了去保护老百姓，而老百姓不知道怎样去帮助自己的国家。慈禧意识到宪法和来自国会的民众意见是西方国家富足与和平的基石。因此，中国也希望成为一个立宪国家。

萧秘书称，中国的立宪过程已经准备了九年，是时候确定宪法的总纲了。第一步就是在10月15日广东全省代表大会上将其阐明，而全国代表大会将由省议会产生后在北京召开。省议会与国家议会的召开将是中国立宪的里程碑。谭华钿等二人并不会回国参加广东省议会的所有会议，只有当他们受到特别邀请，讨论重大议题时，他们才会赶回中国。

渥太华华人非常高兴谭华钿能够当选，因为谭华钿与中国领事馆及加拿大政府保持紧密关系对华人社区是件好事。谭华钿已经在加拿大生活了18年，他知名度很高，并在华人界，并不局限于渥太华，广受尊敬。他受过良好教育，英语很好，是一个有很多新想法的文化人。

## "华侨是革命之母"

孙中山先生曾言："华侨是革命之母"。清廷对华侨一直不能持正确态度，非但不保护侨民，反而怀疑他们"不是善类"，更加以种种迫害。华侨居住国外饱受歧视，生存环境几乎可以用险恶来形容。孙中山流亡海外八年，深入了解华侨团体的不同阶层，传播破除帝王专制的思想、宣扬民主革命，终于赢得海外华人的支持。孙中山登高一呼：推翻满清专制，建立民主共和的中国。华侨热烈响应，侨领、商人、学者、劳工、学生出钱出力，义无反顾地追随他追随革命了。孙中山于1877年、1910年和1911年三次前往加拿大，获得不列颠哥伦比亚省华人的支持。

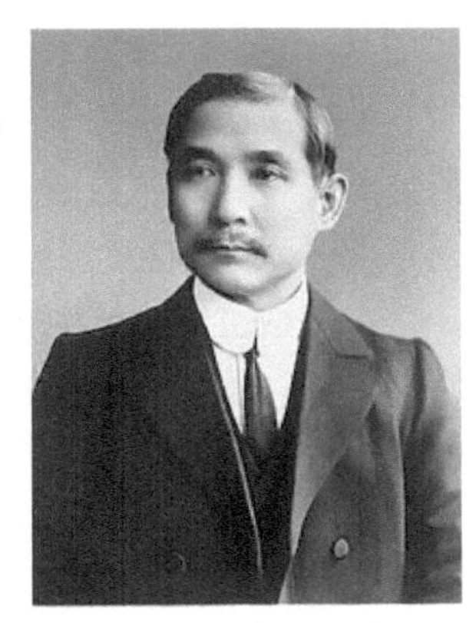

图片 22 1911年的孙中山
（来源：维基百科）

1911年1月，孙中山在温哥华唐人街演讲，三千多华人冒雨赴会听讲，孙中山感慨道："人心如此，革命必成功矣。[23]"假如没有华侨的参与，民国何时诞生，甚至能否诞生，都是未知数。参加中国推翻帝制的革命行动中，南洋和北美的华侨出力最大，渥太华也出现了不少爱国华侨，出钱出力，尽其所能，特别是洪门民治党（Chinese Free Masons）力挺孙中山。

1911年（农历辛亥年）10月10日，中国发生了著名的武昌起义。吴兆麟被推举为临时总指挥，黎元洪被推举为都督，成立了湖北军政府。之后全国各地相继响应，不到两个月，全国有十四省宣布独立，清朝统治土崩瓦解，史称辛亥革命。此时孙中山远在美国科罗拉多州的丹佛城（Denver）。当他获悉胜利的消息后，决定先从外交方面着手，争取列强和四国银行团的支持，并切断西方给予清政府的借款。故此孙中山没有立即回国，而是到英、法等国进行活动。

不过，当时国内形势迫切需要建立革命的中央政府，以便协调纷纷独立的各省，推翻清政府。事实上，11月上、中旬，湖北军政府和江苏、浙江、上海都督已经分别发电给各个独立省份，提出各派代表共同商议组织全国性的临时政府。12月初，各省代表会议通过了《临时政府组织大纲》，决定以南京为首都。但是，由于在临时政府主要领导人的推选上存在分歧，以致中央政府未能成立。

## 辛亥革命与中华民国成立（1912）

值此关键时刻，孙中山经香港于1911年12月25日返抵上海。四天后，即12月29日，南京十七省代表会议选举孙中山为临时大总统。1912年1月1日，孙中山在南京宣誓就职，发布《临时大总统宣言书》、《告全国同胞书》等文件，正式宣告中华民国的诞生。1月2日，通电改用公历。3日，选举黎元洪为副总统，确定临时政府组成人员，中华民国临时政府成立。28日，又成立南京临时参议院，通过《中华民国临时约法》。2月12日清帝被迫宣布退位，从此结束了清朝260多年的封建专制统治。中华民国的建立和清朝的覆灭，标志着资产阶级共和国的诞生和延续两千多年的封建帝制的终结。

1912年9月临时政府公布参议院决定，为纪念辛亥革命武昌起义，议定10月10日为国庆日，因为武昌起义是阴历八月十九，换算成阳历正好是10月10日，从此便有了"双十节"，民国元年为1912年。1913年4月中华民国产生第一届国会，10月首次进行总统选举，袁世凯当选。

## 禁止"中国佬"雇用白人妇女和女孩

就在加拿大华人发挥自己的聪明才智避开被限制的行业，忍辱负重用自己勤奋的汗水逐渐在加拿大站稳脚跟的时候，白人对华人的排斥却越演愈烈。

当时白人种族主义者认为中国是一个远比西方落后贫穷的国家，华人移民肮脏、不健康、沉溺于鸦片和赌博，是对加拿大社会秩序的威胁。他们对华人移民性别比例尤为担忧，担心如此众多的单身男性华人会从白人妇女中选择配偶。萨斯喀彻温省（1912年）、曼尼托巴省（1913）、安大略省（1914）和不列颠哥伦比亚省（1919年）都特别立法，明确禁止华人商家聘请白人女性，以降低跨种族婚配的机会。

1914年发生了著名的 Quong Wing 判决案。被控人 Quong Wing 的中文姓名没有记载。查询1991年人口普查（微胶：T-20455，项目号：7653158），Quong 为姓，Wing 为名，比较可能的中文姓名为：邝荣。男性，单身，1891年9月生于中国，1907年移民加拿大。居住地点为萨斯喀彻温

（Saskatchewan）省中南部的穆斯乔（Moose Jaw）市。

邝荣身为加拿大入籍公民，在穆斯乔开了一家小餐馆。1912年是他移民加拿大的第五个年头，生活安定下来，人缘也不错。餐馆的生意越来越好，有点忙不过来，于是他雇佣了两名白人女性梅布尔·霍普汉（Mabel Hopham）和南莉·雷恩（Nellie Lane）当女招待。结果，根据萨省"禁止某些行业雇佣女性劳工的法案（Act to prevent the Employment of Female Labour in certain capacities）"，邝荣被起诉并定了罪。这个法案禁止白人妇女或女孩为"中国佬"所拥有的生意工作。邝荣不服，上诉至加拿大最高法院。他说涉及到道德的法律被当作刑事问题是联邦政府的专属权力，已经超出了省法的权力范围。同时他辩称，该法案并不包括入籍公民。

最高法院以 4:1 的票数做出该法案有效的决定。法官戴维斯这样裁定："在法规中使用的字眼'中国佬'是作为一个特定的种族或血统的男人……无论生在外国还是已经入籍。"当时唯一持有异议的是法官约翰·伊登顿（John Idington），他对法案的正当性表示关切，认为法案无效。

判词中出现了带有明显歧视意味的中国佬（Chinaman）一词。这个词从字面上看起来没什么问题，旧字典也并未将其列为贬义词。类似的词 Englishman 或 Frenchman 等等均保持着客观的中性含义，但 Chinaman 不同，这个词的出现与1850年代美国和加拿大的淘金热直接相关，是一个特指中国苦力的带有种族歧视意味的贬义词。这也是为什么时隔160多年之后，2014年7月10日，当美国福克斯新闻台（Fox News）THE FIVE 节目的主持人再次使用这个词时，会引起华人大规模强烈抗议的原因。

当时节目共同主持人鲍勃·贝克尔（Bob Beckel）在电视上说了这样一段话："The Chinese are the single biggest threat to the national security of the U.S. They have been, they will be and they can wait, they're very patient. Do you know what we just did? As usual, we bring them over here and we teach a bunch of Chinamen, uh, Chinese people, how to do computers and then they go back to China and hack into us, right?"译成中文就是："中国人是对美国国家安全的唯一最大威胁。他们一直是，将来也会是并且他们可以等待，他们非常耐心。你知道我们做了什么吗？像往常一样，我们把他们带到这里，我们教一帮中国佬，呃……中国人，如何使用电脑，然后他们返回中国非法侵入我们（的计算机系统），对吧？"

面对华裔社区的强烈抗议，福克斯电视台发言人14日发布了一段贝克尔当日的"道歉"视频。该视频是贝克尔在节目快结束时的一个"声明"，他说："我上周说了一些关于华人的话，它们显然令一些人不快，我对此道歉。"但他又说，他不为自己关于中国的言论道歉。

## 过河拆桥，继续排华

从历史上看，华人移民最早主要集中于不列颠哥伦比亚（BC）省。该省的排华政策最多，影响最大，其它省份以及国会的排华政策也参照了该省的法案。

从1872年至1949年，不列颠哥伦比亚省政府通过了91条具有歧视华裔省民的法案或者修改案。

1876年，《省级法案》称华人不具有在省级政府选举中投票的资格。

1884年，通过阻止华人移民到不列颠哥伦比亚省的法案。

1885年，《官地法》第27条列明禁止华人拥有官地。

1890年，《煤矿法规修改案》的第4条列明禁止雇佣华人参与地下煤矿的开采工作

1897年，《外来劳工法案》尝试阻止华人从事与政府有关的项目，包括建桥和铁路建设。

1897年，《公司法案》的第145条明文禁止所有华裔公司在不列颠哥伦比亚省做生意。

1919年，对省级"白人女性劳动法"修订后的《市政法案修订案》，禁止华人雇佣白人女性。

1921年，《东方令枢密院认证法案》，此法案规定所有由不列颠哥伦比亚省政府制定的合同、租约和特许经营权必须包括阻止雇佣华工这一条款。

1923年，省律政厅枢密院认为省政府规定林木执照持有者不能雇佣华人是正确的。

据统计，自1871年不列颠哥伦比亚省加入联邦，到1982年《加拿大人权及自由宪章》颁布，共出台了大约2,000份法案，其中存在多项针对华人就业的歧视性条款。华人被禁止参与铁路、水坝、采矿、天然气、电灯、电话、电机、砂石等几乎所有一般性生产领域。排华具体到如此地步，华人只能选择白人不愿意从事的行业维持生计。

第一次世界大战期间，加拿大这个国家再次想到了中国劳工。1917

年，不列颠哥伦比亚省、阿尔伯塔省和萨斯喀彻温省的雇主们招不到工人，先后提出引进华工缓解用工荒。但是对华人的歧视却并未因此而减少，反而变本加厉。同年，战时选举法在整个联邦剥夺了华人的投票权。在战争的最后两年中，华人的就业环境才有所改善，移民人数提高到每年4000人，华人社区得以繁荣。战争结束后，白人再度表现不满，不仅因为华人移民人数在增加，还因为华人正在进入新的行业，并且拥有了土地，开始经营农场。1920年代初期，大批战时产业关闭，大批退伍军人要找工作，加拿大经济一片萧条。白人对华人的怨恨再次升温，就连华人经营的西餐厅也受到攻击。白人要求将华人赶出加拿大的呼声越来越高。至今还有老华侨气愤地说加拿大政府那时对华人过河拆桥，恩将仇报。

# 渥太华早期华人

## 谁是第一位来到渥太华的华人？

1788年最初登上不列颠哥伦比亚土地的那几十位华人，已经被岁月湮没，没有人知道他们的名字，没有人知道他们的下落。究竟谁是第一位来到渥太华的华人？哪一年来的？他以什么为生？早期华人史只留下一句"1885年铁路完工后，许多中国劳工留在了加拿大。一些人前往草原区和加拿大东部，但大多数人留在了不列颠哥伦比亚省。[24]"照此推断，渥太华最早的华人可能出现在1885年11月7日太平洋铁路竣工以后。

加拿大图书档案馆（Library and Archives Canada）目前对外公布的移民登记证最早从1885年开始，1885年共登记华人822人。编号第一位的名叫Tyng Gong，暂且音译为龚廷，男性，年龄空缺，登记日期为1885年9月1日。正如切斯特先生在回复作者查询汤姆墓的电子邮件中所写，华人姓名记录十分混乱，有的姓在前，有的名在前，很不一致。有的似乎连姓都没有，比如排在第二位的叫Ah Way，暂且音译为阿威，男性，18岁，登记日期为1885年9月2日。当时这种情况十分普遍，比如渥太华早期有据可查的周相先生，英文姓名登记为Joe Shung，人头税证明又写成Chou Shung。而Joe是很常见的英文名，不了解情况的人，很容易误解为姓相。

想要从登记地点发现第一位来到渥太华的华人并不现实，因为登记地点均为登陆口岸，一般都是维多利亚。19世纪从中国出发的华人劳工，抵达加拿大的方式均为乘船。从美国加州入境的，也是先去西海岸。因此，第一位来到渥太华的华人只能推测为被铁路公司解雇后由陆路来到渥太华，而这样到达渥太华的华人根本就不会留下任何官方记载。

华人间流传着一个"渥太华最早五华人"的说法。弓木先生2000年12月8日在《渥京周末》发表的"渥太华华人百年史"写道，拜城博物馆（Bytown Museum）保存有一张五个男性华人的照片，注解为1891年第一批来渥太华的华人。这五人是Joe Sim、Shung Joe、Sue Wong、Shing Wong和James Hum[25]。渥太华大学历史系的戴高禄（Jean-Guy Daigle）教授在他2000年7月发表的论文《从生存到成功：20世纪渥太华华人》[26]中也提到了五家人。

然而事实上这张照片是当时的中华会馆为配合拜城博物馆的一个展览而提供的，关于这五位华人是"1891年第一批来渥太华的华人"的说法并不准确。渥太华最早"五家人"的说法见于谭锦照的一篇回忆文章，讲述的是1937年前后的情况。本书作者于2015年6月6日参观了拜城博物馆，该馆已经没有这个华人文物展。经与馆长福格尔（Grand Vogl）先生联系，获知该馆曾于2006年将一批藏品转移到渥太华市档案馆。于是作者又与渥太华市档案馆联系，查到拜城博物馆确曾于2000年举办过一次华人历史展览，但渥太华档案馆收藏的只是两页渥太华华人历史大事记，并无那张照片。

阅读大事记发现周强安先生为当时的资料提供人之一，经与周先生反复求证，发现那张"渥太华最早五华人"的照片其实就是他此前已经提供给作者的下面这张拍摄于1913年的照片（图片 23）。照片右起第一人为周强安的父亲周相，右二为周相的堂兄，其他三人周强安并不认识。这张照片的误标也给追溯渥太华最早华人形成了障碍。

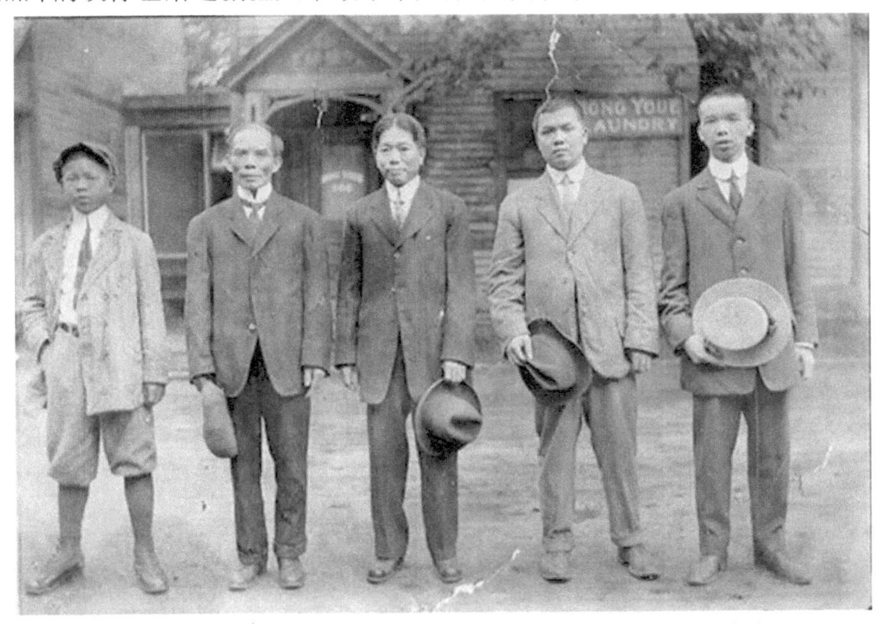


图片 23 1913年摄于渥太华斯莱特街（Slater Street）鸿运洗衣店
Hong Youe Laundry 门前的五华人（周强安提供）

渥太华市政当局记录的第一位死亡华人名叫 Hah Wong，住在奥康纳街（O'connor Street）。他于1909年去世，时年36岁，职业为洗衣工，死因为肺炎。那时渥太华男性华人大多整天在又热又闷又湿的洗衣店工作，空气质量极差，加上没有什么医疗保障，平均寿命只有34岁。此后随着生活及医疗条件逐步改善，平均寿命才逐渐提高，从1931年到1957年，华人的平均寿命提高到57岁，与本地加拿大人基本持平[27]。查阅加拿大1891年的人口普查，在渥太华可以见到华人姓名。再向前追溯，据拜城博物馆的资料介绍，1876年在不列颠哥伦比亚省的维多利亚成立的洪门民治党（Chinese Free Masons，中国大陆叫致公党），早在1886年就派人到渥太华发展会员。据此推测，渥太华那时便就有华人存在。

1892年，渥太华第一批四名华人学生上了由罗斯先生管理、辛克莱小姐授课的主日学校。可惜已经找不到这四人的姓名，但他们就是有确凿记录的最早来到渥太华的华人。

1900年前后的《渥太华新闻报》上，经常能看到谭华钿（Hum Quon）的名字。谭华钿讲一口流利的英语，是侨界名人，主导及参与过华人社区的许多重大事件。1910年6月7日，谭华钿在《渥太华新闻报》断言："我相信这一代人会看到我们这些华人彻底剪掉辫子的一天。"当时加拿大与美国的华人正在发起运动，要求满清皇帝废除男人留辫子的法令，大多数华工由于打算赚钱后回国，所以一直留着辫子。

谭华钿在华人社区影响很大，在后来的全加拿大华人抗议排华法案等运动中，他发挥了重要作用。1893年他在渥太华拍摄的照片以及他弟弟谭华霜（Hum Mong）1897年的入籍证明，均表明他们是渥太华有据可查的最早华人。

1910年4月2日，谭华钿在《渥太华新闻报》披露本地华人参加了清朝政府要求的官方人口普查。普查结果表明，渥太华共有华人215名，其中两名妇女，三名女童，其余均为男性。年龄范围从2岁到61岁，两岁的女孩正是谭华钿的女儿，有15名年龄在21岁以下的男青年，多数出生在加拿大或美国。华人职业大多为洗衣店或餐馆老板及其雇员，只有一位土地拥有人，那就是谭华钿，他在阿尔伯特街开一间旧货店。清朝政府进行人口普查的目的，是计划于1911年在加拿大各省委任向清政府负责的华人代表，以便即使身在海外，华人也可以向中国政府发表意见。普查结果分析报告由中国领事馆龚心钊总领事送交中国政府，时为宣统二年[28]。

事实上，查阅加拿大人口普查只能得到当时已居住在渥太华的华人情况，至于这些华人什么时候来到渥太华并无记录。于是乎，第一位来到渥太华的华人与第一位来到加拿大的华人一样难以考证。

## 最早的华人家庭

关于最早落户渥太华的华人家庭，众说纷纭。事实上现有的一些凤毛麟角的资料也都是几位相同的老侨胞在不同时期对不同采访者的口述。比较流行的说法是五家人：谭家、两个周家与两个黄家，这是谭锦照先生1985年在一篇文章[29]中的回忆。1997年李强博士对黄家后人采访[30]得到的说法则是六家人。而黄树尧在《加京早期华人史略中文摘要》中指出，1891年加拿大人口普查显示，全加拿大共有华人9129人，其中97.6%（8,910人）居住在不列颠哥伦比亚省，安大略省共有华人97人，绝大多数集中在多伦多，市，渥太华市仅5人[31]。

作者在加拿大图书档案馆抽查了1891年人口普查数据，查到一位名叫宋永（音译）的华人（Soon Wing，文件编号：2312636，图像编号：30953_148161-00632），43岁已婚男性，职业为洗衣店工人。显然，这位前辈与上述五家人没有关系。

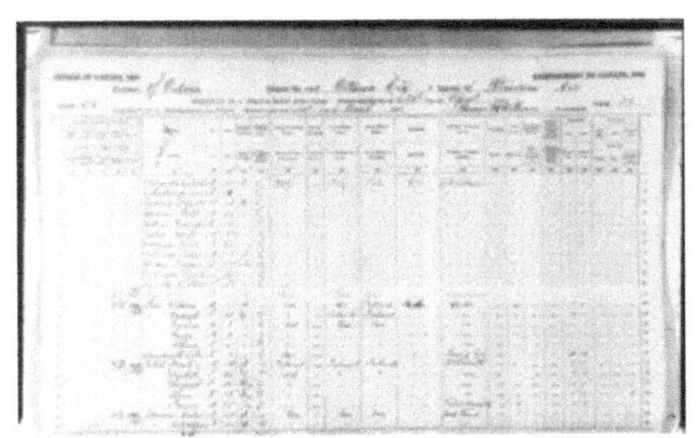

图片 24 Soon Wing 的记录

1901年人口普查，渥太华共有84位华人。按理不会只有五、六家人，但那时来加拿大的绝大多数是单身男性劳工，而且他们并不打算留在加拿大，只想赚钱回国，因此只有稳定的几家人也不奇怪。据老侨胞们回忆，谭、黄、周这几家人印象比较深刻。1901年可以查到两位谭姓和一位黄姓华人，均为单身男性。谭荣（Hum Wing）28岁、谭有禄（Hum You Loy）19岁、黄山姆（Wong Sam）22岁，分别居住在不同地点。

表格 1 1901年渥太华人口普查谭姓情况

| 家庭或<br>住户号 | 姓名<br>截止到<br>1901-03-31 | 性别 | 户主或与<br>户主关系 | 婚姻<br>状况 | 出生<br>月日 | 出生<br>年份 | 上次<br>生日<br>年龄 | 居住区 |
|---|---|---|---|---|---|---|---|---|
| 57 | Hum Wing | 男 | 户主 | 单身 | 1月27日 | 1873 | 28 | Ottawa ward |
| 250 | Hum You Loy | 男 | 户主 | 单身 | 9月10日 | 1881 | 24 | Central ward |
| 安大略省，渥太华市 | | | | | 数据整理时间：2015-03-01；整理人：笑言 | | | |

表格 2 1901年渥太华人口普查黄姓情况

| 家庭或<br>住户号 | 姓名<br>截止到<br>1901-03-31 | 性别 | 户主或与<br>户主关系 | 婚姻<br>状况 | 出生<br>月日 | 出生<br>年份 | 上次<br>生日<br>年龄 | 居住区 |
|---|---|---|---|---|---|---|---|---|
| 122 | Wong Sam | 男 | 户主 | 单身 | 5月14日 | 1878 | 22 | |
| 安大略省，渥太华市 | | | | | 数据整理时间：2015-03-01；整理人：笑言 | | | |

1911年人口普查，渥太华有6位谭姓华人，10位黄姓华人。他们均为男性，仍没有完整的华人家庭存在。这些单身华人如西方媒体描述的那样，很多人挤在一座租来的房屋中。单身华人住在一个屋檐下，也是环境所迫。一位未记录姓名的华人这样描述他住在渥太华的情形[32]：

> "当我初到渥太华，我和同宗的兄弟们在一起住了一些年。那时华人要租一个单独的房间几乎是不可能的，大家只能合租一整幢房子。我们同住了十来个人，不停地有人搬进搬出。每个人分担房租的一部分，同时还要做饭和打扫卫生。从外地来的兄弟有时也会在我们的房子里过夜。每逢周末，房子里总是很挤。"

表格 3 1911年渥太华人口普查谭姓情况

| 家庭或住户号 | 姓名 | 性别 | 户主或与户主关系 | 婚姻状况 | 出生月日 | 出生年份 | 上次生日年龄 | 居住区 |
|---|---|---|---|---|---|---|---|---|
| 105 | Hum John | 男 | 佣人 | 单身 | 5月 | 1881 | 30 | Central ward |
| 250 | Hum Fin | 男 | 佣人 | 单身 | 7月 | 1886 | 24 | Central ward |
| 76 | Hum Lin | 男 | 户主 | 已婚 | 3月 | 1881 | 30 | Central ward |
| 112 | Hum Tong | 男 | 房客 | 已婚 | 9月 | 1881 | 30 | St. Georges ward |
| 113 | Hum Fong | 男 | 房客 | 已婚 | 3月 | 1876 | 35 | St. Georges ward |
| 100 | Hum Sam | 男 | 户主 | 单身 | 10月 | 1889 | 21 | St. Georges ward |

安大略省，渥太华市　　数据整理时间：2015-03-01；整理人：笑言

根据住址和居住人与户主的关系判断，谭姓分布在中央区（Central Ward）与圣·乔治区（St. Georges Ward）。这些谭姓华人住在不同的地方，从与户主的关系，其实也能看出一点职业信息。

十名黄姓华人也全部为男性，但有三户六人住在一起。

表格 4 1911年渥太华人口普查黄姓情况

| 家庭或住户号 | 姓名 | 性别 | 户主或与户主关系 | 婚姻状况 | 出生月日 | 出生年份 | 上次生日年龄 | 居住区 |
|---|---|---|---|---|---|---|---|---|
| 166 | Wong You | 男 | 户主 | 已婚 | 1月 | 1866 | 45 | Capital ward |
| 166 | Wong Yong | 男 | 房客 | 单身 | | 1898 | 23 | Capital ward |
| 105 | Wong James | 男 | 户主 | 单身 | 4月 | 1875 | 36 | Capital ward |
| 39 | Wong Nah | 男 | 佣人 | 单身 | 3月 | 1887 | 24 | Capital ward |
| 206 | Wong Sing | 男 | 户主 | 单身 | 1月 | 1876 | 35 | Dalhousie ward |
| 192 | Wong Long | 男 | 户主 | 已婚 | 3月 | 1883 | 28 | St. Georges ward |
| 192 | Wong Charlie | 男 | 堂兄弟 | 已婚 | 4月 | 1882 | 29 | St. Georges ward |
| 43 | Wong Charles | 男 | 户主 | 单身 | 9月 | 1876 | 34 | St. Georges ward |
| 43 | Wong John | 男 | Assoer | 单身 | 6月 | 1870 | 40 | St. Georges ward |
| 104 | Wong Charles | 男 | 户主 | 单身 | 1月 | 1881 | 30 | Wellington ward |

安大略省，渥太华市　　数据整理时间：2015-03-01；整理人：笑言

事实上，早期华人来到加拿大的初衷并不是为了寻找新的居住地，行

前并没有打算在加拿大定居，而只是为了碰碰运气，多赚点钱。他们肩负着作为丈夫和成年儿子养家糊口的重任，他们最想做的就是拼命干活，拼命节省，尽快把赚来的钱全部带回老家。

许多小伙子行前突击结婚，把生命的种子播下。他们把对新生活的美好希望全部寄托在家乡，这也是他们出国的原动力。即便对于那些已成家的人，他们认为出国就是去吃苦，这也是早期华人不带妻子儿女同行的原因之一[33]。

渥太华华人联合教会[34]及渥太华中文学校的历史刊物记载，1890年代末期有五家华人在渥太华定居，分别是谭家（The Hums）、两个黄家（The two Wongs）、周家（The Joes）和另一个周家（The Sims）。后面可以读到，其实谭家也是两个。他们全部来自广东省四邑地区。1891年也就是清朝光绪十七年，当时新会、台山、开平与恩平等四地并称四邑。四邑人既讲广东话，也讲台山话，与同在广东的番禺、顺德等地相比，四邑地区生活相对贫困，又常与客家人因为争夺土地而械斗，因此外出谋生的人很多。四邑人比较抱团，讲究"同声同气"，这也造成了四邑同乡会遍布世界各地。在渥太华定居的五家人，都讲台山话。

本书引子中讲到的汤姆·朱，应该也生活在这个年代区间内，在坎普特维尔小镇打拼谋生。据这些老华侨讲，华人从加西转移向东部，选择渥太华河谷沿途的小镇，包括渥太华落脚，多半是出于生存的需要，而小地方的居民低头不见抬头见，歧视一般不会那么直接与强烈。

由于人口普查及口岸登记时华人均采用英文姓名，而台山话和广东话的发音与普通话大相径庭，再加上历史上各地各时期的拼音方式也各行其是，因此很难还原出准确的中文姓名，只能音译作为参考。事实上，由于拼音与汉字存在着一对多的关系，从拼音准确还原汉字原本就不可能。

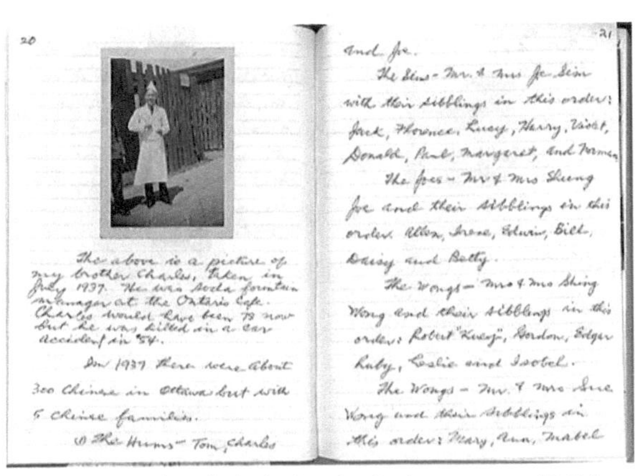

The above is a picture of my brother Charles, taken in July 1937. He was soda fountain manager at the Ontario Cafe. Charles would have been 78 now but he was killed in a car accident in '54.

In 1937 there were about 300 Chinese in Ottawa but with 5 Chinese families.

① The Hums — Tom, Charles and Joe.

The Sims — Mr. & Mrs. Joe Sim with their siblings in this order: Jack, Florence, Lucy, Harry, Violet, Donald, Paul, Margaret, and Norman

The Joes — Mr & Mrs Sheung Joe and their siblings in this order: Allen, Irene, Edwin, Bill, Daisy and Betty.

The Wongs — Mr & Mrs Shing Wong and their siblings in this order: Robert "Kwong", Gordon, Edgar Ruby, Leslie and Isobel.

The Wongs — Mr. & Mrs Sue Wong and their siblings in this order: Mary, Ann, Mabel

图片 25 谭锦照未发表的回忆录（Peter Hum 提供）

然而可以肯定的是，渥太华最早几家稳定生活下来的华人姓氏不会错，因为谭、黄、周这几个姓的后人证实了这一点。周姓在英文中有两个，一个是 Joe，另一个是 Sim。前者如周相（Joe Shuang），后者如周在彦（Joe Sim）。谭家的后人谭錦照在1985年10月第八期《渥太华中文学校》校刊上的一篇文章中，也回忆了上学时这几家的华人小伙伴。

谭锦照在他未出版的回忆录中，曾经详细列出了这几家人的情况。据他描述1937年的渥太华，约有300名华人，5个华人家庭。

谭家（Hums）：谭文参（Tom）、谭家二哥（Charles）和谭锦照（Joe）。

周家（Sims）：周在彦（Joe Sim）夫妇。孩子们按长幼顺序为：周日洪（Jack）、周彩琼（Florence）、周彩眉（Lucy）、周日新（Harry）、周彩桥（Violet）、周日明（Donald）、周日照（Paul）、周彩莲（Margaret）与周日光（Norman）。

周家（Joes）：周相（Shuang Joe）夫妇。孩子们按长幼顺序为：周强辉（Allen）、周凤箫（Irene）、周强根（Edwin）、周强安（Bill）、周凤兰（Daisy）与周凤瑶（Betty）。

黄家（Wongs）：黄昂杰（Shing Wong）夫妇。孩子们按长幼顺序为：黄新奎（Robert "Kuey"）、黄新瑞（Gordan）、黄新地（Edgar）、Ruby、黄新悦（Leslie）与黄新珍（Isobel）。

黄家（Wongs）：黄昂振（Sue Wong）夫妇。孩子们按长幼顺序为：黄香爱（Mary）、黄艳爱（Anne）、黄美金（Mabel）、黄美玉（Nellie）、黄光明（Kenneth）、黄光林（Douglas）与黄美龄（Gladys）。

渥太华早期华人之所以常常提起最早的五家华人，是因为他们创业成功，有了自己的生意，在渥太华扎下根来。他们有远见也有胆识，除了本身赖以为生的生意，还敢于投资房地产和其它行业。早期华人由于受到就业领域的限制，家中的男孩往往会子承父业，将家族事业发扬光大，或者开办自己的新餐馆。最令这五家人自豪的是，他们每家都培养出了大学毕业生。这五家人着眼未来，省吃俭用坚持供孩子上大学。随着1947年排华法案的废除，对华人行业限制的取消，华人的后代更多地选择了走出唐人街。

渥太华当时的华人社区非常之小，因为语言及被歧视的缘故，几乎孤立于整个城市。这种社会隔膜导致他们倍感孤单与无聊，教会让他们感到了温暖。他们几乎全部加入了本地华人教会，开始有规律地参加教会的宗教礼拜和其它社交活动，同时学习教会为他们开设的英语课程。下一代的孩子们却没有这种隔膜，他们与白人孩子、黑人孩子、犹太人孩子等各族裔的小孩一起上学，一起打冰球，他们生在渥太华，接受英语和法语的双语教育，很快融入了社会。许多人在大学毕业之后，开始了相应的职业生涯，他们的生活与父辈完全不同。

## 谭华霜、谭华铀兄弟等（Mong Hum, Quon Hum, 1892）

谭华霜（Mong Hum）是作者目前发现有据可查的落户渥太华最早的华人，也是渥太华第一位入籍华人。

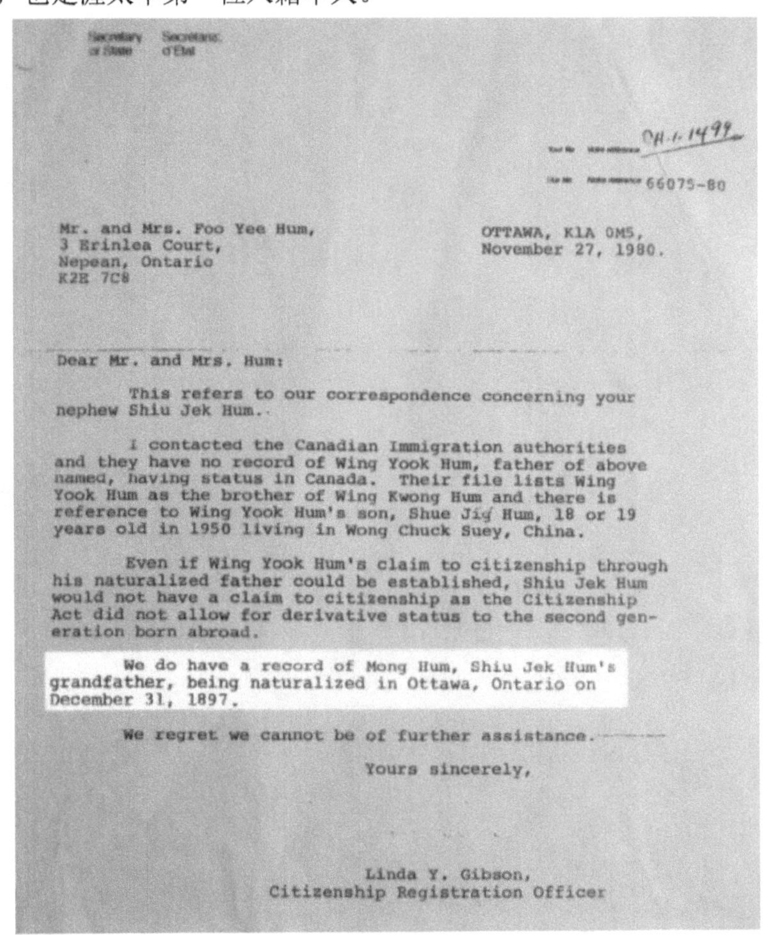

图片 26 关于谭华霜入籍时间的信件

2015年7月11日，谭家的后人谭夏帼珍女士向作者展示了加拿大公民注册官员1980年11月27日写给谭辅仪与谭夏帼珍夫妇的一封信，信中确认了其祖父谭华霜于1897年12月31日在安大略省渥太华市入籍。换言之，谭华霜在此日期之前就已经生活在渥太华了[35]。谭家在渥太华根深叶茂，得益于几位杰出的家族先驱，特别是谭华霜与谭华钿这一对兄弟。

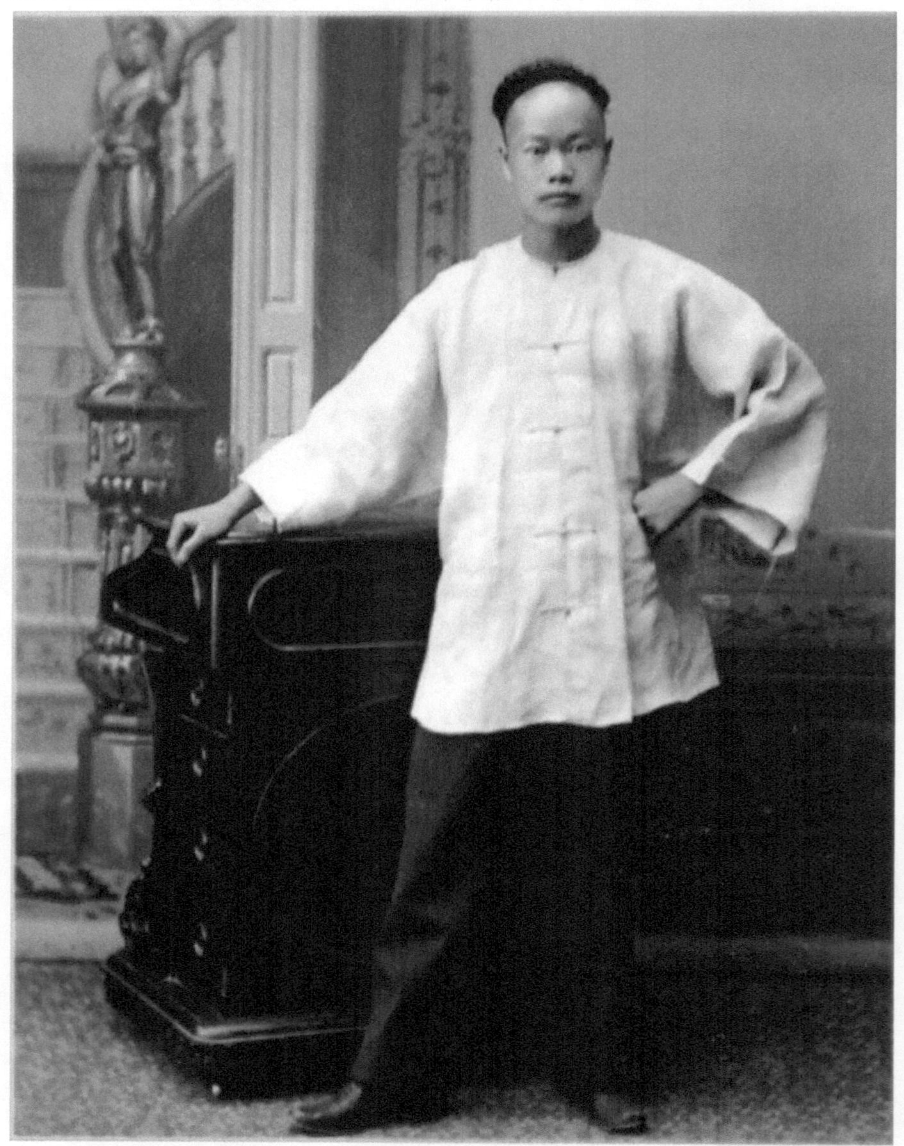

图片 27 谭华钿1893年在渥太华的照片（加拿大档案图书馆，ID:000003467875）

　　谭华钿生于1874年，据其后人介绍他16岁来到渥太华，即1890年。而谭华钿是由谭华霜资助来渥太华的，因此谭华霜来得更早。加拿大图书档案馆藏有一张谭华钿1893年11月由托普莱（William J Topley）摄于渥太华的照片，这也证明了谭家两兄弟在1893年之前就居住在渥太华了。

《渥太华新闻报》1910年8月17日的一则消息中，中国领事馆萧秘书在介绍谭华钿当选广东省海外华人代表时讲到，谭华钿已经在加拿大生活了18年，由此推断，谭华钿是1892年至1893年之间到达渥太华的。

谭华钿住在班克街，讲一口流利的英语，是当时众所周知的翻译。《渥太华新闻报》有许多关于他的新闻，1900年5月26日，《渥太华新闻报》在第7版刊登了他从中国返回的消息[36]。

1913年，谭华钿（Quon Hum）、谭华霜（Mong Hum）两兄弟与卡尔顿地区的三位农民方龙（Loung Fong 音译）、黄庚（Wong Geng 音译）和司徒德伦（Soo Hoo Long）一道，取得了经营农场的许可。新农场占地100英亩，位于瑞奇芒德路（Richmond Rd）靠近不列颠尼亚（Britannia）地区，命名为"Jick Sang Farm Ltd."。英文报解释说"Jick Sang"据称是台山话土地肥沃的意思，作者揣摩这个发音大概是"金山"。农场总投资为四万加元，用于种植农作物、畜牧作物、蔬菜和水果以及饲养牛羊猪以及家禽等农场牲畜。安大略省政府准许新农场拥有作为公司的所有权利，只要有利于促进先进农业技术，便在其经营范围之内，这个农场甚至拥有采矿权[37]。

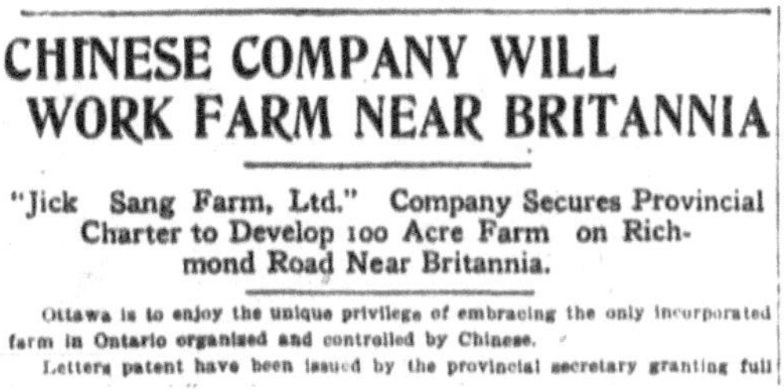

**CHINESE COMPANY WILL
WORK FARM NEAR BRITANNIA**

"Jick Sang Farm, Ltd." Company Secures Provincial Charter to Develop 100 Acre Farm on Richmond Road Near Britannia.

Ottawa is to enjoy the unique privilege of embracing the only incorporated farm in Ontario organized and controlled by Chinese.

Letters patent have been issued by the provincial secretary granting full

图片 28 谭氏兄弟与人合开"金山农场"
（《渥太华新闻报》1913年4月30日）

1914年，谭氏两兄弟在阿尔伯特街219号一楼开办了渥太华第一家华人杂货店"永安杂货店"（Wing On & Company Grocery）。谭华霜随后带了两个儿子谭荣光（又名谭俊贤）和谭荣煜从家乡来到渥太华谋生。几年之后，谭华霜决定永久返回中国，照料和发展谭家在广东开平的化肥厂和火柴厂。临行前谭华霜将两个儿子谭荣光与谭荣煜托付给弟弟谭华钿照应。

谭华钿曾经将妻子接到渥太华一起生活。谭华钿的妻子可以说是来到渥太华最早的华人妇女。尽管她已经开始学习英语并努力适应环境，但谭华钿认为她在中国生活要容易得多，于是很快又将她送回中国。谭华钿夫妇一生没有儿女。

能讲中英两种语言的谭华钿很快成为渥太华华人社区的领袖人物。

1919年，他与几位志同道合的华人成立了华人联合会（United Chinese Association），并正式请求当时的中国领事馆向加拿大政府提出有关华人被歧视等移民问题。在1923年排华法案出笼前，谭华钿代表渥太华与其他七名来自温哥华、多伦多、蒙特利尔和卡尔加里等地的华人代表组成了加拿大华人协会（Chinese Association of Canada）的代表委员会，向加拿大政府请愿修订中国移民法案（后来被普遍称之为排华法案）。他们提出的修正案，要求承认所有在加华人的合法居住身份，允许家庭团聚并允许其家人申请后续移民，这一修正请求最终得到了部分满足，保护了当时在加华人的利益[38]。

谭华钿被谭氏家族及华人社区尊称为华钿公，晚年偏瘫，于1929年4月6日在多伦多去世，终年55岁。谭华钿的葬礼于1929年4月13日星期六在渥太华举行，既隆重又带有中国传统色彩。当地华人与渥太华各界名流聚集在一起，向这位为渥太华华人社区做出巨大贡献的华人先驱表示哀悼和敬意。送葬队伍由赫尔乐团演奏贝多芬的葬礼进行曲开路，在首都主要街道缓缓通过，数以百计的人见证了这一过程。

葬礼之前，谭华钿的钢制灵柩停放在在阿尔伯特街219号（1-2），中国维新会所在地，隔壁便是谭家永安杂货店。棺木一端摆放了近200个由各界人士送来的花圈和花环，其中大多来自渥太华本地，也有一些来自其它城市，远的甚至由旧金山、温哥华和纽约挽送。

谭华钿的葬礼非同寻常，《渥太华新闻报》称之为"向华人先驱气势恢宏的致敬"。葬礼分为两部分，第一部分是1点30分开始的传统中国仪式，以中国驻加拿大领事馆总领事周国贤博士（Dr.

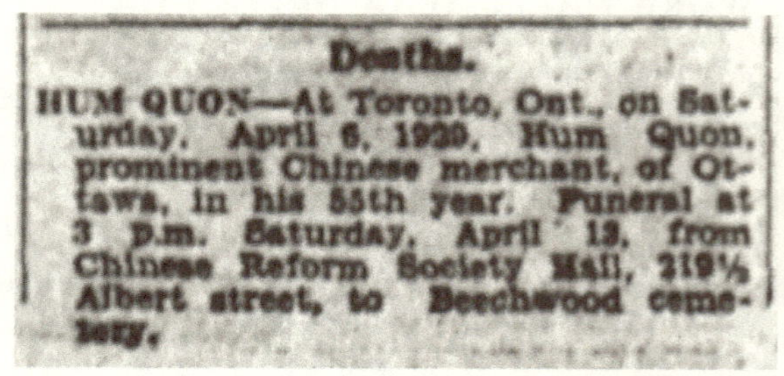

图片 29 谭华钿讣告，1929年4月11日《渥太华新闻报》

Chow Hwo Hsien）为首的，来自首都地区、蒙特利尔市、多伦多市及渥太华山谷地区城镇的各界华人出席了告别仪式。仪式由渥太华洪牧师（Willie Hong）与蒙特利尔谭牧师（Hum Wee Mong）共同主持。加拿大本地人首次目睹了中式告别的庄严肃穆。谭华钿的亲属和生前好友，一个接一个缓缓走到灵前三鞠躬，然后赞颂逝者，宣扬他的事迹。第二部分是3点开始的基督教丧礼仪式，由查尔莫斯联合教会的牧师伍德赛德博士（Rev. Dr. John W. Woodside）主持。牧师回顾了谭华钿与教会40年的渊源，感谢了他对教会及华人会众及社区的贡献，并慰问了他的家人。

仪式完毕之后谭华钿的灵柩被抬上灵车，离开阿尔伯特街前往比奇伍德墓园。乐队在灵车前开路，灵车之后是谭家的六位护柩人（谭荣光、Hum Chew、谭荣煜、Hum Wing、Hum W.Yee 与 Hum Lim），后面跟着六十二名华人，再后面是七辆载满花圈花环的汽车。在这之后，是长长的不间断的车队，共有七十辆之多。尽管事先已申请警察疏导交通，但班克街与阿尔伯特街的街角还是彻底堵塞了整整20分钟。灵车经由阿尔伯特街、肯特街（Kent Street）、威灵顿街（Wellington Street）和丽都街（Rideau Street）前往比奇伍德墓园（Beechwood Cemetery），导致渥太华主要街道的交通节点全部受阻。警方不但在交通要道增派警力，还派出骑摩托车的机动警察疏导交通。乐队一路上演奏了圣城颂（The Holy City）、沉默帐篷（Silent Tents）与和平永恒（Peace Eternal）等乐曲，行进到丽都街与埃德沃德国王大道（King Edward Ave）十字路口时，乐队撤出了送葬队伍，灵车继续前往墓园。除了几位著名的加拿大人，渥太华历史上很少出现这样数以百计的群众在路上围观送葬队伍的场面。

伍德赛德牧师在墓园为谭华钿做了最后的祷告，谭华钿的遗体被存放在这里等候其家人将之运回中国安葬到谭家祠堂。出席葬礼的知名人士可以列出长长的一份名单，其中包括历届华人教会的牧师和管理人员、中国总领事以及侨界各社团各行业的领军人物。送花圈的有中文学校教师、查尔莫斯教会、纽约中国维新会及其他民众与团体[39]。

葬礼之后，周国贤总领事代表本地华侨，向渥太华市民表示了感谢，感谢他们对谭华钿表现出的令人感动的尊重，也感谢市政府与警方的积极配合。谭华钿的侄儿谭荣光在1929年4月17日的《渥太华新闻报》上刊文感谢加中来宾前来参加谭华钿的葬礼并感谢警方维持交通秩序。随后谭荣光等家人做出安排，于1929年7月18日将谭华钿的遗体运回了开平老家，当时只有相当富裕的家庭才可能负担这笔费用。

谭荣光（Wing Kwong）成年之后，像那时大多数华人一样，返回老家寻找自己的新娘。在返乡时他与方氏（Fong Shee）结婚，并生了一个儿子。返回渥太华时，由于排华法案的限制，他只能将妻子方氏和儿子谭辅朝留在中国，而方氏当时已怀有另一个儿子谭辅仪（Tom）的身孕。直至排华法案废除后，谭荣光才于1948年将妻子方氏和两个儿子接到渥太华。

谭华霜的另一个儿子谭荣煜（Hum Yoka）于1939年英年早逝，遗下一个七岁的儿子谭少植。谭少植一直在家乡生活，未曾到过加拿大。

谭家在渥太华的生意仍然是永安杂货店。但不久，1949年，谭荣光带领年仅18岁的儿子谭辅仪与谭昌三等人合营，将永安杂货店从一楼搬到二楼，腾出一楼新开了一家"顶好餐馆"（Ding Ho Chinese Café）。永安杂货店在阿尔伯特街上仍然留有一个门，门牌变成了219A。

1949年6月24日，谭辅仪（Hum Foo Yee，即Tom，公民证号53198）首先入籍。一个月之后，他的父亲谭荣光（Hum Wing Kwong，公民证号54572）于1949年7月26日也加入了加拿大籍，并于次年1950年去世。第三代的谭辅仪当时二十岁，自父亲去世后，辛勤工作供养母亲，节俭积蓄，十年后相约多名青年好友合资经营位于卡林大道（Carling Avenue）的乐其奇餐馆（Lucky Key Restaurant）凡三十五年。

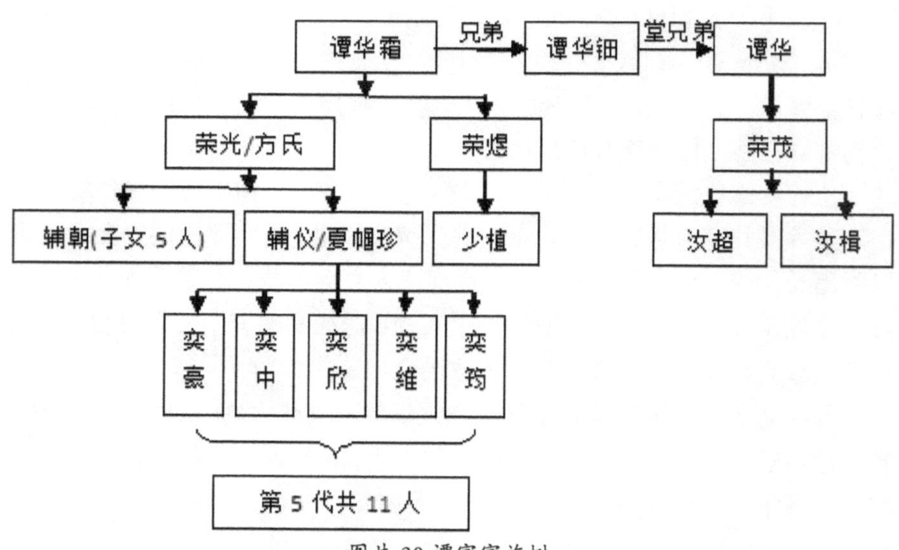

图片 30 谭家家族树

1957年，谭辅仪（Tom Hum）与谭夏帼珍（Marion Hum）在香港完婚。谭夏帼珍曾是香港的一名记者，来自一个有十一个孩子的大家庭。她父亲为一家外国公司处理银行事务，因此在抗日战争期间被允许住在法租界。战后全家逃亡到香港。婚后谭辅仪与谭夏帼珍育有谭家第四代共五个子女。谭辅仪于2004年在渥太华去世，享年76岁。

谭氏一家由谭华霜开始，已有五代人生活在加拿大。其中大部分人生活在渥太华，去世后也安葬在渥太华。谭家后人涉足于法律、航空、医生及商业等领域，已经深入到主流社会的各个层面。

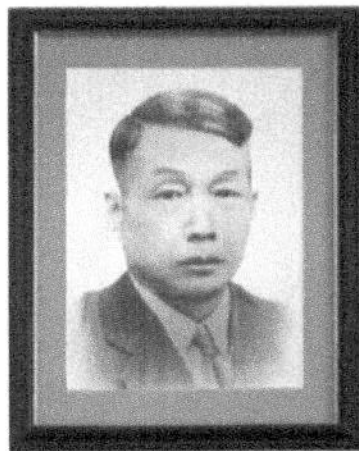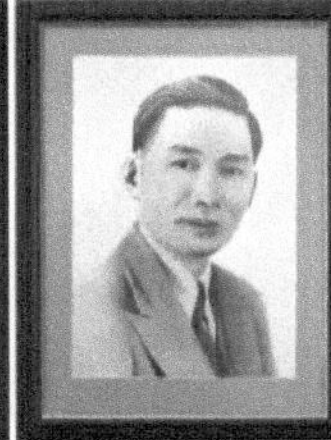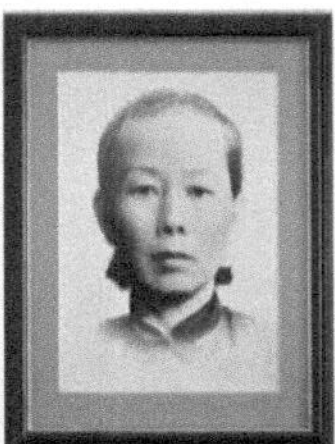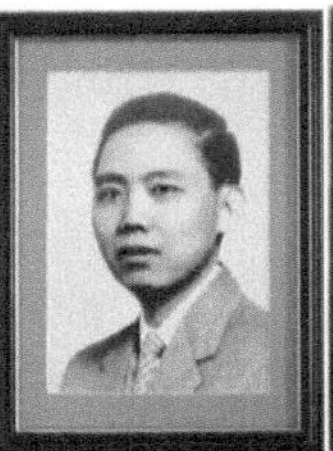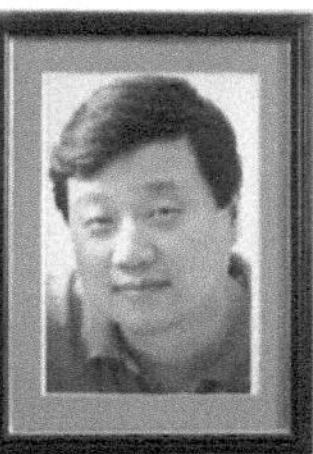

图片 31 左起：谭华霜、谭荣光、方氏、谭辅仪、谭奕豪（谭夏帼珍提供）

2006年7月16日，谭辅仪与谭夏帼珍年仅48岁的长子谭奕豪因脑溢血突发在多伦多去世。谭奕豪是谭家第四代，1989年与区美婷结婚，育有两子一女。

谭奕豪生前为多伦多知名律师，对社区活动非常热心。他去世后，所在律师行为纪念他在法律界提倡多元文化的贡献，在多伦多大学法学院设立了谭奕豪纪念奖学金。

多伦多市长大卫·米勒（David Miller）在追悼信中表示，在过去的两年中，谭奕豪与市政府经济发展小组紧密合作，在吸引和服务外国投资者方面扮演了重要角色。他同时赞扬谭奕豪拥有丰富的专业知识与饱满的工作热情，而谭奕豪的友善态度总能让客户感受到家庭般的温暖。许多华人团体与个人也表达了哀思。

渥太华《加华侨报》刊登了悼念专版，介绍了谭奕豪生平及谭家的由来与发展[40]。

尽管谭奕豪在多伦多生活多年，去世时也在多伦多，但他死后回归谭氏家墓，安葬在渥太华。谭夏帼珍住宅的先人纪念墙上，挂上了谭奕豪年轻的照片。

当祖籍国出现重大灾难时，谭家总是尽其所能，积极救助。如1998年为中国长江、东北地区特大洪灾捐款获梅平大使手书奖牌，2008年汶川地震等灾难也曾踊跃捐款。谭氏家族对渥太华华人社区贡献很大，谭汝超曾担任中华会馆第二任主席（1959年至1960年），竭诚为华人社区服务。

## 黄昂振、黄昂杰兄弟等（Sue Wong, Shing Wong, 1902）

1820年，当拓荒者刚来到渥太华时，这里还叫"拜城"（Bytown）。拜城的商业中心就是始建于1826年的拜沃德市场（ByWard Market）。这里是渥太华现存的历史最悠久的城区，市场中有些商家已经经营了将近两百年，至今仍然源源不断地每天为渥太华供应新鲜的鱼肉蔬果。渥太华最好的法国菜、海鲜餐厅、爵士乐酒吧，也都分布在市场周边，是消磨夏夜的好去处。

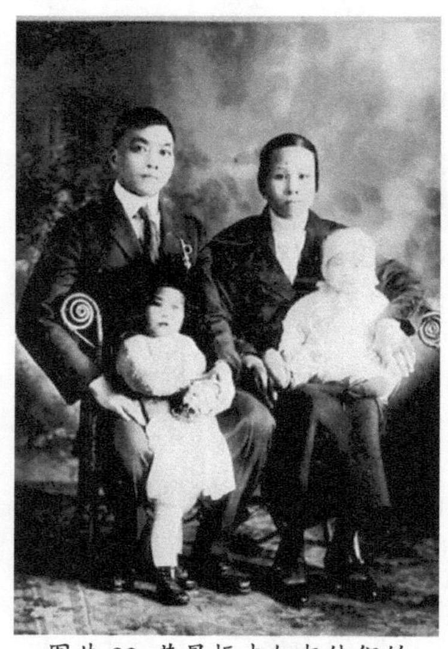

图片 32 黄昂振夫妇与他们的
二女儿黄香爱和三女儿黄艳爱
1924年渥太华（黄美龄提供）

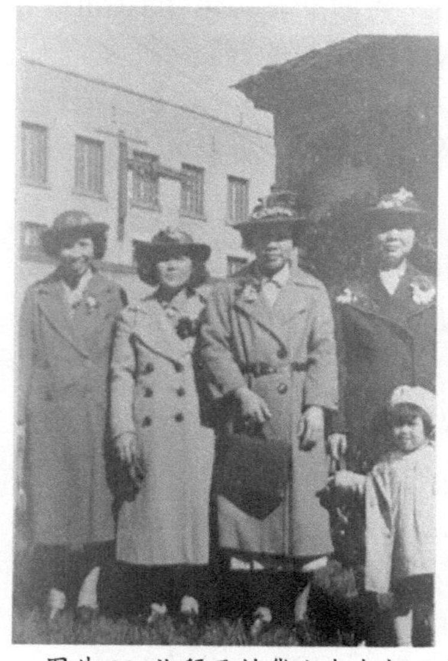

图片 33 礼拜天的华人太太们
左起：黄昂振夫人、周相夫人、
黄昂杰夫人、周在彦夫人与
女儿周彩琼
（摄于1926年左右，黄美龄提供）

在拜沃德市场核心区域内的莫瑞街（Murray St）46号，一位姓黄的华人开了一家手工洗衣店。1902年，13岁的黄昂振（Sue Wong）来到这里为他叔叔打工。那时的黄昂振个头太小，需要站到一个木箱上才能够得着刷衣板，而晚上在一张熨衣台上就可以睡觉[41]。

1911年，22岁的黄昂振回到中国与胡氏（Woo Shee）结婚。六年之后，胡氏怀上了他们的第一个孩子。黄昂振于1917年再度前往加拿大，因为经济条件不允许，胡氏只好留在中国。到1920年，黄昂振打工三年的积蓄终于可以负担一个人到加拿大，即购买一张船票并支付加拿大政府500加元的人头税。胡氏不得不只身前往渥太华与丈夫会合，而将3岁的女儿黄金爱（Kam Oi）留在国内，托付给爷爷奶奶照看。

与大多数做生意的华人一样，黄昂振一家也住在洗衣店的楼上。每当胡氏听到楼下有孩子玩耍嬉笑时，她就想起远在家乡的女儿，忍不住落泪。她那时根本没打算在渥太华长期待下去，每当教会的人试图教她英语，她都拒绝说："不需要，我很快要回中国。"她还清楚地记得离家时在码头上对女儿金爱的承诺：妈妈会早早回家，给你带一只金手镯。

然而胡氏并没能再回中国。1924年，黄家夫妇与他们在渥太华生的二女儿黄香爱（Mary）和三女儿黄艳爱（Anne）从莫瑞街搬到了阿尔伯特街201号。他们在一楼新开了一家"益隆（Yick Lung）"杂货店，出售大米和其它粮食并批发草药。这所房子共有三层楼，一楼开店，黄家人住在铺面后面的房间及楼上的两层。这所房子充满了黄家的幸福记忆，因为胡氏后来生的五个孩子都是在这所房子里由接生婆迎接到人间的。他们分别为：黄美金（Mabel）、黄美玉（Nellie）、黄光明（Kenneth）、黄光林（Douglas）与黄美龄（Gladys）。

杂货店没有固定的营业时间，反正一家人住在里面，有顾客上门，就出来招呼一下。这个杂货店很快成为华人家庭主妇聊天的场所。周相夫人张启云与周在彦夫人黄兰韵是店里的常客，有时男人们也来店里坐坐。除了待客的茶水，黄昂振还特意沿墙放了一排椅子。女人们坐在一起聊天，男人们在一旁坐着，抽袋水烟，享受着恍若故乡的家庭气氛。

为了扩展生意，黄昂振买了一辆1932年的埃塞克斯（Essex）汽车，以便运送货物到卡尔顿地区、史密斯瀑布和珀斯等周边小镇。据信这是渥太华华人最早拥有的汽车。由于黄昂振夫妇经常开车到周边小镇送菜，他们认识了那些地方为数不多的所有华人。因此这些华人尤其是太太们到渥太华时，总喜欢前往黄家的益隆杂货，会见老朋友，再买点杂货带回家。

黄昂振与许许多多的老华侨一样，原本是打算在加拿大赚一笔钱便衣锦还乡的。1937年，他订了9张回广东开平的船票，只等他的小女儿在9月份一出生，便全家返回中国定居。然而，1937年7月7日，中国发生了卢沟桥事变，日本入侵中国，战火很快蔓延到中国各地，通航受到限制，第二次世界大战随即爆发。黄昂振只好放弃回国，继续留在渥太华。多年之后，他们最终选择成为加拿大公民，黄昂振于1951年8月9日，胡氏于1953年6月9日先后加入加拿大籍。

后来黄昂振又买了一辆1940年的福特轿车，他教每一个孩子开车，带他们去渥太华实验农场空旷无人的道路上练车。二战期间黄昂振经常义务开车接送"中国王牌"华人少年冰球队去邻近的城镇进行比赛，为抗战募捐。

冰球队员大多都是中文学校的学生。为渥太华老华人熟知的"中国王牌"队被暴风雪困在半路的故事中，就有黄昂振和他的福特车。当时一个农场家庭收留了他们，黄昂振让孩子们睡进暖和的房间，自己却睡在冰冷的谷仓。

1943年6月民国第一夫人宋美龄女士访问渥太华时，阿尔伯特街上的益隆杂货店里也是喜气洋洋，黄昂振夫妇带领孩子们正装前往联合火车站参加隆重的欢迎仪式。整装照片中左为8岁的次子黄光林，右为10岁的长子黄光明。黄家因羞怯而不愿被拍入画面的女儿们也早已打扮停当，等待着出发。

黄昂振夫妇一向乐善好施，尤其在二战期间，他们经常开车带着热心的华人四处募集资金，通过中国红十字会，支持中国的抗日战争。每逢清明节祭祖扫墓，黄昂振一家都会积极赞助。那时渥太华还没有餐馆烹制烧腊和烤乳猪，黄昂振便提前去蒙特利尔自费采购，胡氏则制作"煎堆"等甜品，准备瓜果点心，在墓碑前摆放或种植鲜花。有时他们还

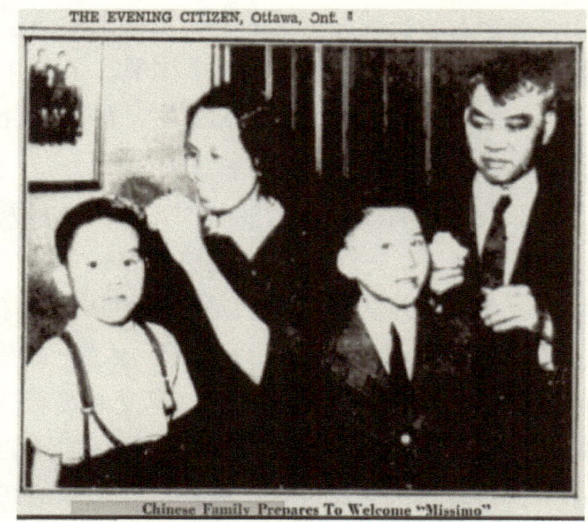



图片 34 黄昂振夫妇为两个儿子整装前往欢迎宋美龄（来源：《渥太华公民报》1942年6月15日）

帮助租用大客车，接送华人前往比奇伍德华人公墓。有些人是要上班的洗衣工，所以无法分身前往。黄氏夫妇会将食物分装打包，在第二天再送到他们家中，让这些未能在"太公分猪肉"仪式上分得食物的同胞也能获得"祖先赐食"。

2015年8月27日作者采访黄昂振最小的女儿黄美龄时，78岁的黄美龄女士回忆了父母的艰辛与勤奋。她还记得父母鼓励他们兄弟姐妹融入加拿大社会，做好的加拿大人，做好的基督徒，同时不忘中国传统文化。黄美龄向作者重申了她在2012年7月12日接受《渥太华公民报》（Ottawa Citizen）记者采访时所说的一段话："I mainly want to emphasize how hard my parents worked for what we had and how they encouraged the family to embrace Canadian culture and values as well as to keep Chinese traditions." 黄美龄是黄家的第八个孩子。正是由于她出生在抗日战争爆发的当口，使全家返回中国的计划未能实现，黄家这才留在了加拿大。黄美龄在利斯伽高中毕业后成为一名教师，1960年与 Morley Chin 先生结婚，至今生活在渥太华。

黄昂振在家中排行第二，家人更习惯叫他的小名"黄仕女"。黄昂振资助三弟黄昂杰与他的妻儿一家三口来到渥太华，黄昂杰的小名叫黄盛（Shing Wong）。黄昂杰家生了六个孩子，黄昂振家是八个孩子。益隆杂

货店后院是一个政府停车场，每逢周末，停车场空空荡荡的时候，两个黄家的孩子和其他华人小孩以及他们的朋友便浩浩荡荡聚在一起打垒球。

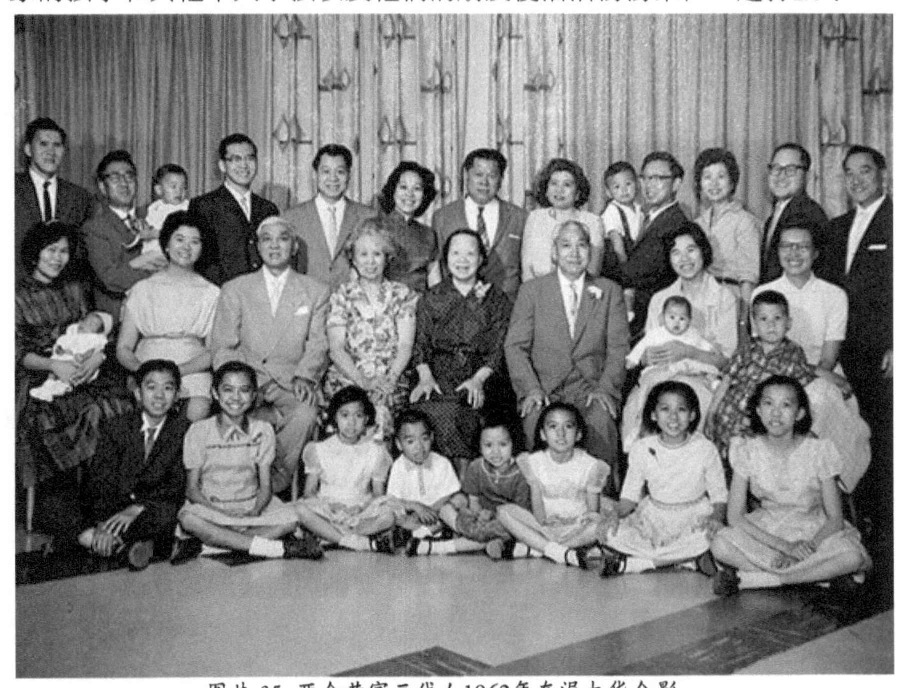

图片 35　两个黄家三代人1962年在渥太华合影。
中排靠左为黄昂振夫妇，靠右为黄昂杰夫妇（黄美龄提供）

那时许多洗衣店老板雇用单身男劳力，他们一天从早忙到晚，没时间上街买菜，所以黄昂振家的孩子都曾给洗衣店送过蔬菜和粮食。大多数时候，黄家的孩子都会拉一辆小拖车，冬天则拉一只雪橇，穿行在街巷之间，送菜上门。有时路远，也会花10分钱，乘坐有轨电车[42]。

1963年，黄家居住在格劳斯特街（Gloucester Street）165号。黄昂振46岁的长女黄金爱，在离开父亲46年、离开母亲43年之后，终于远涉重洋，从中国前来渥太华与父母和弟妹们团聚。这是一次几乎长达半个世纪的等待。遗憾的是，几个月之后，1963年10月14日，74岁的黄昂振便离开了人世。欣慰的是，他终于等到了全家团圆的那一天。

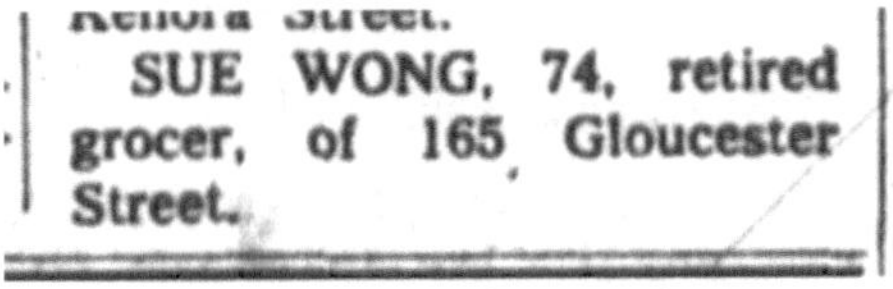

黄金爱此前已嫁给夏威夷一位胡姓华人。家庭团聚迅速恢复了她和黄家的亲情关系。打那之后，

SUE WONG, 74, retired grocer, of 165 Gloucester Street.

图片 36　黄昂振讣告
（《渥太华新闻报》1963年10月16日）

小妹黄美龄差不多每隔一年便会前往檀香山看望姐姐。

十年之后，其三弟黄昂杰1973年8月20日在吉尔莫街（Gilmour Street）437号家中突然去世。葬礼也在侯氏与贝氏殡仪馆举行，遗体也安葬在比奇伍德墓园。

## 周在彦、周日洪父子等（Joe Sim, 1904; Jack Sim）

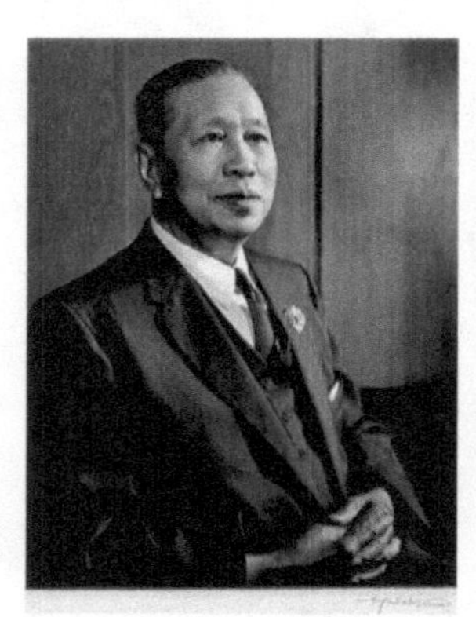

图片 37 周在彦（Joe Sim）
（周彩琼提供）

周在彦（Joe Sim）1890年出生于美国萨克拉门托。但父母在他还是婴儿时便将他和两个兄弟带回中国。1904年（也有资料称1903年[25]），周在彦凭借他在魁北克赫尔市的关系，14岁离开家乡广东开平，独闯加拿大[43]。但据周在彦的女儿周彩琼亲口告诉作者，周在彦到赫尔时应该是16岁，当然，也不排除华人旧时习惯使用虚岁的可能[44]。

至于为什么"周"会在英文姓中变成风马牛不相及的"Sim"，据周强安先生解释，那是由于加拿大当时的移民官员不了解中英文姓名前后顺序不同，把周在彦的名字错误地登记为 Joe Sim，于是 Sim 就成了姓，周家也没去更正，而是将错就错沿用下去成为周家法定的英文姓氏[54]。

后来周在彦回到中国与黄兰韵结婚，并生育了两个儿子。1919年，他带着妻子黄氏和他的二儿子，也是唯一幸存的7岁儿子周日洪（Jack Sim，也有资料说4岁半[53]）返回加拿大。他们先移民到安大略省温莎市，之后又前往魁北克，在与渥太华隔河相望的赫尔镇安顿下来。与那时绝大多数华人从事洗衣业不同，周在彦选择了开餐馆。

周在彦与黄氏又接连生了八个孩子：周彩琼（Florence）、周彩眉（Lucy）、周日新（Harry）、周彩桥（Violet）、周日明（Donald）、周日照（Paul）、周彩莲（Margaret）和周日光（Norman）。他们八个全部出生在赫尔，其中周彩莲和周日光还是双胞胎。

长女周彩琼生于1920年3月27日，她可是第一个出生在渥太华的华人后裔。2015年她还健康硬朗，95岁高龄仍然活跃在皇家渥太华高尔夫球俱乐部（The Royal Ottawa Golf Club）的绿茵场上。她做牙医的儿子 Craig Mook Sang 也是该俱乐部会员，高尔夫球打得非常出色。

周彩琼从小在家里讲台山话，到上学时还不会讲英语，不肯去学校。

于是她在家里等了一年，然后才与妹妹周彩眉一起去上学。也因为这个缘故，姐妹俩从小到大关系特别好。上学以后，她们每天下午4点放学，回家休息一下喝杯水，然后过河乘街车（Streetcar）去渥太华的利斯伽街（Lisgar Street）314号上中文学校。从下午5点一直上到晚上7点，再乘车返回赫尔，到餐馆帮忙洗碗打扫卫生。周家的孩子都是这样成长起来的。

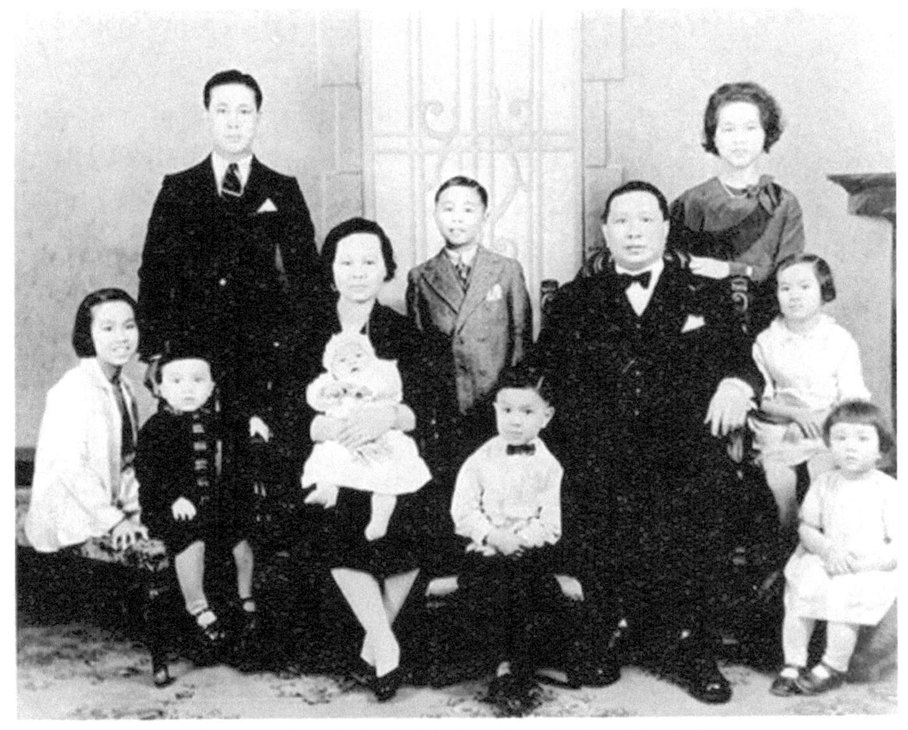

图片 38 周在彦与妻子黄氏及九个孩子（周彩琼提供）
后排左起：周日洪、黄兰韵、周日新、周在彦、周彩琼、周彩桥
前排左起：周彩眉、周日照、周日光、周日明、周彩莲

当时周家住在赫尔市主街（Main St, Hull）95号，这个地址可以从1937年5月31日开给周在彦的一则交通罚款通告证实[45]。而1941年12月11日的另一则交通罚款通告，显示周日洪的地址为渥太华市斯巴克斯街（Sparks St）145号（茶园餐馆的地址）。

1938年，周彩琼和周彩眉中学毕业，到了上大学的时候。在金斯顿的女王大学与蒙特利尔的麦吉尔大学之间，姐妹俩选择了麦吉尔。原因很简单，就是因为麦吉尔离家更近。这一选不要紧，她们为周家开了先例，除长子周日洪外，全家八个孩子先后全部上了麦吉尔大学，包括第三代的孩子，也有很多上麦吉尔的。

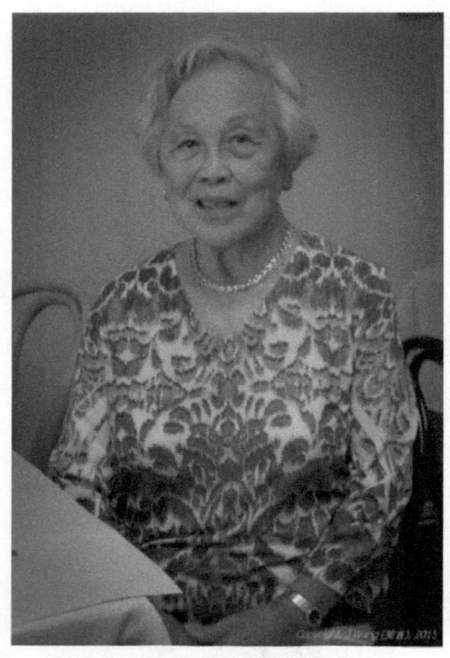

图片 39 九十五岁高龄的周彩琼在渥太华滕王阁大酒楼接受作者采访（笑言摄于2015年7月10日）

周彩琼在麦吉尔上学期间，认识了名叫 Mook Sang 的蔡先生。1942年毕业后，周彩琼与蔡先生结婚，并随之回到位于西印度群岛最西南部的特立尼达岛（Trinidad Island）生活。特立尼达和多巴哥共和国（Republic of Trinidad and Tobago）是一个位于中美洲加勒比海南部、紧邻于委内瑞拉外海的岛国。全国由两个主要大岛——特立尼达岛与多巴哥岛，以及另外21个较小的岛屿组成，其中全国大部分的人口均集中在特立尼达岛之上。位于特立尼达岛西岸的海港城市西班牙港是该共和国的首都。蔡先生在岛上开牙医诊所，周彩琼给他生了三个孩子。他们在岛上一住就是35年，后来由于要照看年迈的母亲，并考虑到孩子们的前途，他们搬回了渥太华。无独有偶，蔡先生入境时，他的名字 Choy Mook-Sang 被移民局登记为姓 Mook Sang，与他岳父周在彦的遭遇如出一辙，于是蔡家的姓也就从此改为 Mook Sang。正所谓"不是一家人，不进一家门。"

据周在彦长子周日洪的妻子吴春梅女士回忆，周在彦是渥太华第一位买私人汽车及申请家眷来加拿大的华人。至于周在彦和黄昂振到底谁买车在先恐怕已经难以查证了，不过黄昂振的汽车主要用于生意是没错的。

周在彦的四子周日新说："除了二战后的困难时期，我们总是设法过好日子……我们没有节衣缩食，但我们也只买了我们所需要的。"

周在彦在渥太华河两岸开了四家餐馆。两家在赫尔：布瑞治街（Bridge St）29号的巴黎咖啡馆（Paris Café），布瑞治街后来更名为艾迪街（Eddy St），以及主街95号的星咖啡馆（Star Café）。另两家在渥太华：斯巴克思街145号的茶园（Tea Garden）和尚普兰桥下贝特岛（Bate Island）的埃尔兰乔驾车购餐餐厅（El Rancho Drive-in Restaurant）。

茶园开在繁华的斯巴克思街中心地段，为当时规模最大的华人餐馆，离国会山步行只需几分钟，国防部大楼也在附近。政界名人、富商巨贾、军官士兵和其他上班族均是座上客。1940年12

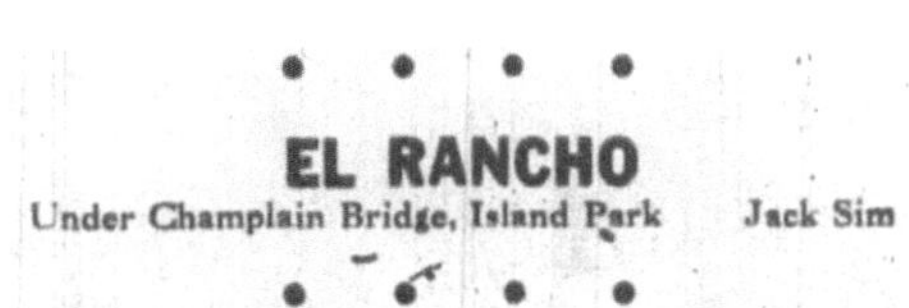


图片 40 埃尔兰乔餐馆1943年6月15日在《渥太华新闻报》的广告

月，市政曾对11家无证收音机使用人开出2到3加元的罚款，原因是违反了收音机使用管理法，其中包括茶园餐馆，但周在彦出示执照取消了罚款。埃尔兰乔开在贝特岛上，24小时营业，女服务员打扮成牛仔女郎，有很大的停车场，风景如画，环境非常浪漫温馨，是年轻人喜欢的所在。

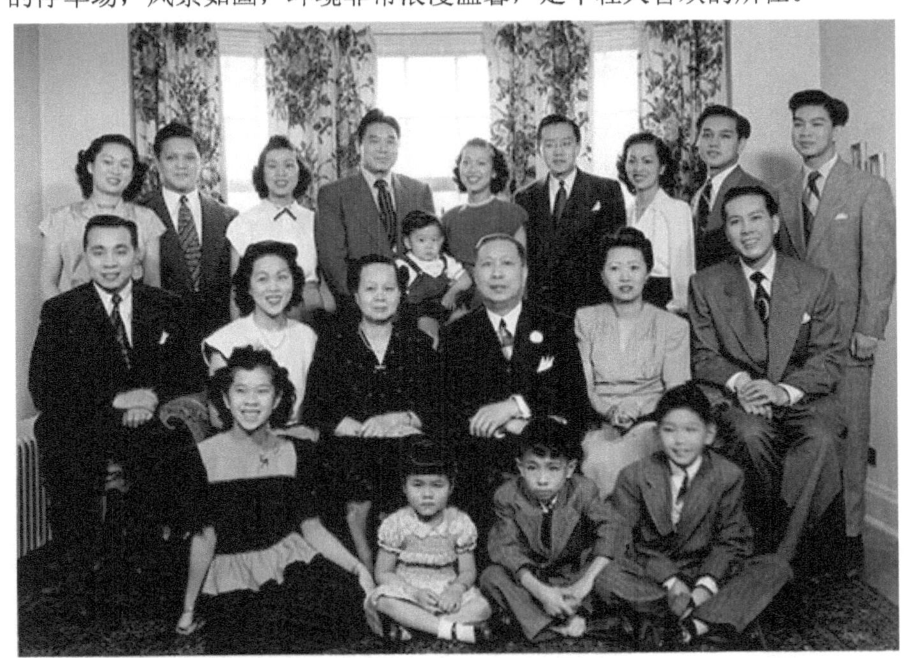

图片 41 周在彦家三代同堂，摄于爱兰德帕克路居所（周彩琼提供）

周在彦夫妇非常重视孩子们的教育和前途，除了长子周日洪年岁已长，其他孩子都送去上了大学。由于离家近的缘故，孩子们全部选择了著名的蒙特利尔麦吉尔大学。他们其中有教师、建筑师、律师和土木工程师。尽管别的孩子也会去餐馆帮忙，但周日洪是唯一协助并接管父亲家族餐馆的儿子。事实上可以说是他资助了八个兄弟姐妹完成了大学学业，排行老四的儿子周日新（Harry）1947年从麦吉尔大学毕业，成为一名建筑师。若干年后，当周日新谈到周日洪时，还动情地说："我们欠他很多[46]。"

周日洪在魁北克赫尔上的是法语学校，因此能讲流利的法语。他还能讲流利的英语和台山语。周在彦十分重视对子女的中国文化教育，除周末送儿子周日洪去中文学校外，还请家庭教师为其补习中文达八年之久。但可惜与多数华人家庭一样，子女的中文能力随着他们融入主流社会而迅速下降，周家其他孩子的中文能力都不如周日洪。而周日洪的下一代也不再认识汉字，不讲中文了。

周日洪1934年娶了出生在温哥华的吴春梅为妻。他一生经营餐馆，曾与友人发起组织全国饮食业商会，并被选为主席。有鉴于当时北美大学仅美国设有酒楼及酒店管理专业，加拿大还是空白，他与友人发起在安大略省的圭尔夫大学（University of Guelph）设立了此专业，并长期资助经费，造就了大批专业管理人才。

在1940年代后期，周日洪与家人搬到渥太华的爱兰德帕克路（Island Park Drive）175号，意译便是"岛上公园小径"。这条路非常迷人，两边都是漂亮的独立房，绿树成荫。周日洪选择这个位置，部分原因是由于这条路连接着渥太华与赫尔，方便他照顾渥太华河两岸的生意。后来这条路限速每小时40公里，因此尽管车流不断，但噪音不大，整条街道相对安静。这条路还开辟了自行车道，是渥太华自行车爱好者通往赫尔的首选道路。

1946年6月，周日洪在尚普兰桥下贝特岛开的埃尔兰乔餐馆被火烧毁。联邦地区委员会（Federal District Commission）6月底开会讨论了应该在原址重建还是迁址另建，因材料和规划均未到位，决定推迟再议[47]。1947年5月，联邦地区委员会批准重建，周在彦与周日洪父子取得了新的土地使用租约。周家决定将新餐馆改名为"尚普兰咖啡（Café Champlain）"，并采用法裔加拿大人习惯的设计与装饰，工程造价为25,000加元[48]。

1949年3月15日，赫尔市政府准许周在彦位于杜邦街（Dupont St）36号的星咖啡（Star Café）全天24小时营业。该动议由市议员拉拉姆（Alderman Edmond Larame）提出，并得到其他八位议员的支持，最后以9比5投票通过[49]。

1949年6月16日，火灾再次光顾了周家。当晚10时左右，布瑞治街29号公寓楼由排风扇引发了一场大火。浓烟充满了楼上的走廊，一面墙被烧焦。赫尔的消防队赶到后，设法控制汹涌的火势，花了两个多小时才将大火扑灭，所幸公寓的其它单元未受影响，住户纷纷回屋睡觉。消防员砍掉了公寓楼的一部分天花板和墙壁，以防暗火复燃。这所公寓在周在彦名下，但主要由其子周日洪经营管理，火灾造成了至少5,000加元的损失[50]。

周在彦曾担任国民党渥太华分部的主席，也是华人教会的理事[51]。

1958年10月6日，周在彦夫妇金婚纪念。周家在自家开的尚普兰餐馆举行家庭晚宴庆祝。晚宴上出现了两个蛋糕，这一天，周在彦夫妇同时又在庆祝他们的70岁生日！这对老夫妇的9个子女和17个孙子女中的6人出席了这次双喜临门的庆典。此外，周在彦的兄弟（Joe Gain 和 Joe Gan）也从安省的温莎赶来。

其子周日洪同样热心公益与教育事业，曾捐款家乡开平办学。渥太华中文学校及中华会馆均接受过他的资助。1958年他当选渥太华中华会馆首届主席，任职两年。他曾担任安大略省及渥太华旅游与饮食业协会主席，1971年，渥太华新组建了加拿大首都游客与会展局（Canada's Capital Visitors and Convention Bureau），周日洪担任主席。他申请到安大略省政府的5万元拨款，并积极向私有企业筹款，以达到市长福格蒂（Ken Fogarty）40万加元预算的目标，推动渥太华的旅游建设[52]。

周日洪生前住在渥太华河南岸，夏天喜欢在河上泛舟钓鱼，家中挂满名人字画并收藏许多古玩摆设，颇有书卷气。晚年病魔缠身，肝病、胆结石、肾病齐发，医治无效，于1982年12月12日与世长辞。随后周太太吴春梅不愿打理巨宅，以四十万加元出售，其中包括两幢房子、船仓及游艇在内[53]。

## 周相、周强安父子等（Joe Shung, 1913; Bill Joe）

说起渥太华的老华侨，周相（Joe Shung）是当地华人口中出现频率很高的一个名字。周相的正式名字是周振舜，但生活中他更习惯使用周相这个名字。

1913年4月8日，周相进入加拿大。中华民国驻多朗多（即多伦多）领事馆民国三十二（1943）年三月二十七日签发的华侨登记证上，信息相当丰富：周相时年50岁，妻子张启云，有子女六人。周相出生地为"广东开平县大八区波罗高阳里"，在渥太华的居所为"110 O'Connor Street"。这个门牌如今早已不再是民居，而变成了渥太华市中心的繁华闹市区段，1970年在这个地址上建起了一座14层的商业大厦。

不满20岁的周相来到渥太华是投亲靠友的，那时他的一位堂兄在渥太华开洗衣店，生意很好，将周相从广东老家叫来一起赚钱。周相一到渥太华便马上加入了洗衣行列，他工作努力，省吃俭用，尽可能多存钱，这与他的堂兄形成了巨大反差。尽管后来他堂兄也开过一家小餐馆，但赚来的钱大多送进了赌场。

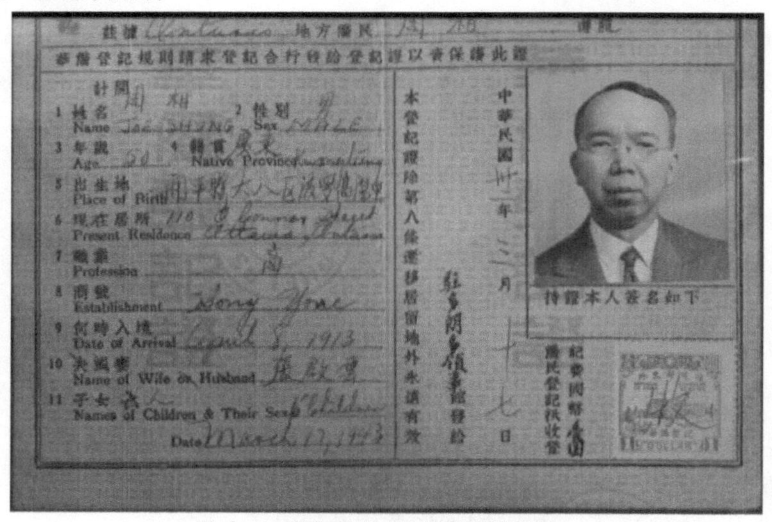

图片 42 周相侨民证（周强安提供）

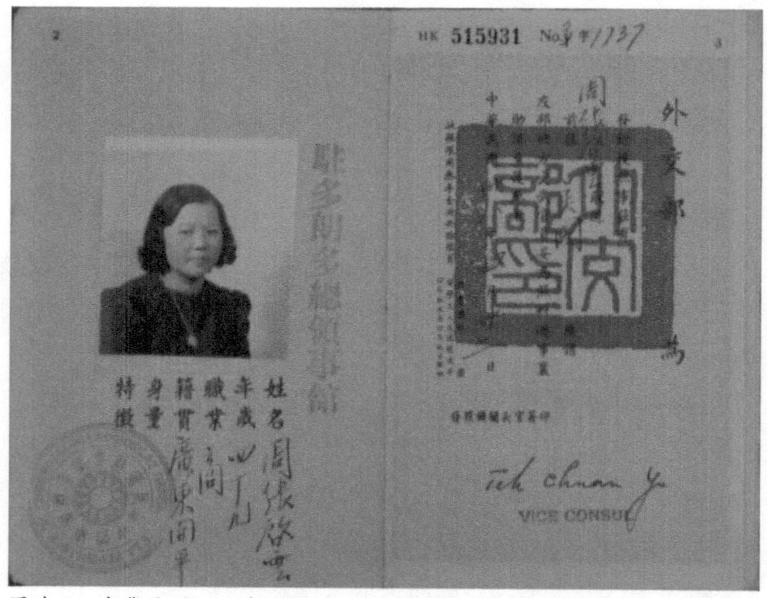

图片 43 中华民国1949年4月22日颁发给周张启云的护照（周强安提供）

大约在1915到1916年，周相在斯莱特街开了自己的周氏洗衣店（Joe's Laundry & Cleaners）。1919年，周相回中国结婚，娶妻张启云[54]。但妻子

56

那时还只能留在广东老家，因为把她接到加拿大需要大笔资金，而当时每赚一加元都不容易。

直到1923年，周相总算差不多攒足了钱，他也不能再等，因为加拿大的排华法案颁布在即。他的妻子张启云幸运地搭乘最后一班船，从广东乡下赶往加拿大，但她下船时已是当年6月，排华法案已经实施，她与许多华人一起被羁留在维多利亚港，随时面临遣返。

周相当时在侨界已是知名人士，也是渥太华华人联合教会的发起人之一。他与渥太华多米宁查尔莫斯联合教会（Dominion-Chalmers United Church）也保持着良好关系。通过联合教会斡旋，在维多利亚教会人员的帮助下，周相获得向政府请求与妻子团聚的机会，张启云这才获准缴纳人头税，最终进入加拿大与他生活在一起。

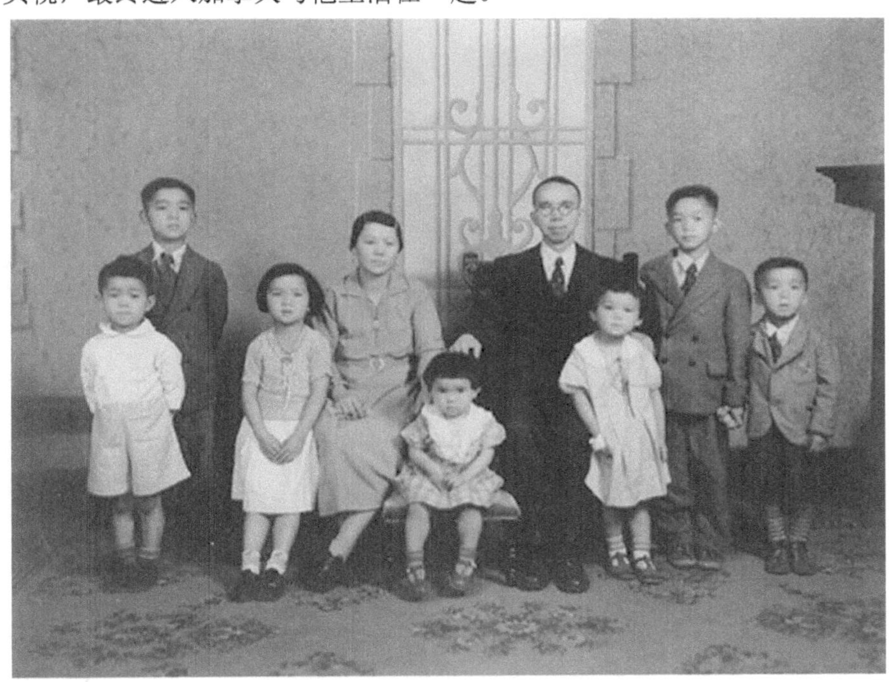

图片 44 周相夫妇及全家摄于1931年（周强安提供）

左起：周强安（William/Bill）、周强辉（Allan）、周凤箫（Irene）、周张启云（Kai-Voon）、周凤瑶（Betty）、周相（Shung Joe）、周凤兰（Daisy）、Lawrence、周强根（Eddie）

张启云到渥太华后，当地华人亲切地称她为"相嫂"。而后来再下一代的华人，则尊称她为"周夫人"。在此之前，周相夫妇还没有孩子。他们很快生了七个儿女。不幸的是，儿子 Lawrence 在很小的时候溺河早夭了。

周家生意越做越好，不仅全家八口人衣食无忧，还把子女送进了大学。

同时养活了一批华工和他们的家属。那时华人家庭有两个周家、两个黄家和两个谭家。据周相最小的儿子周强安先生回忆，1940年代，是他们这批华人孩子最忙碌也最快乐的时光。他放学以后还要花额外的两个小时去上中文学校，然后才有时间去"广东"和"国泰"两家中餐馆打工。

周家排行第三的长女周凤箫1953年9月5日在查尔莫斯联合教会结婚，其丈夫黄一欧（James Yetow Wong）曾担任加拿大国家研究委员会的理事。黄周凤箫后来成为渥太华"第一实业地产公司"的总裁。周强根1950年由金斯顿女王大学毕业。周凤兰1952年5月毕业于渥太华卡尔顿大学，获得商学士学位。周凤瑶1953年毕业于渥太华的教师学院（Ottawa Teachers' College, 195 Elgin St）。周相的其他子女也都生活富足，从事着自己喜欢的行业。

周相临终前居住在维沃里街（Waverley St）348号。1956年8月7日，渥太华华人社团成员及众多亲友，前往侯氏与贝氏殡仪馆礼堂（Hulse and Playfair Chapel）与周相先生做最后的告别。周相不仅是杰出的商界人士，还是华人社区领袖。他于1956年8月2日在渥太华医院逝世，享年63岁。他的葬礼在查尔莫斯联合教会举行，由牧师约翰·伍德赛德博士（Rev. Dr. John Woodside）主持。周相自1916年来到渥太华起，便在这所教会信奉崇拜。

周相的遗体在比奇伍德

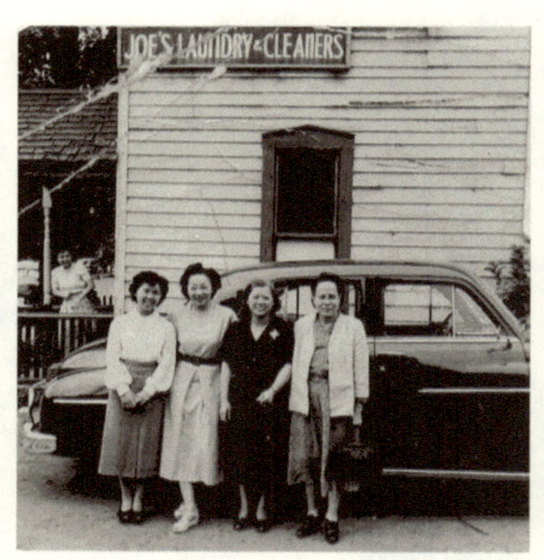

图片 45 左起：周凤瑶、周彩莲、
周相夫人张启云、（不知名）
1950年代摄于斯莱特街周氏洗衣店前
（周强安提供）

墓园下葬，送葬的有他的妻子张启云、三个儿子周强辉（Allan）、周强根（Edwin）和周强安（William）、三个女儿周凤箫（Irene）、周凤兰（Daisy）和周凤瑶（Betty）。与周相同时期的老华侨周在彦（Joe Sim）、黄昂振（Sue Wong）与黄昂杰（Shing Wong）担任护柩人，他们四人是最早落户渥太华的五家华人中的四家户主。第五家早期华人家庭的第二代谭锦照与中华民国驻加拿大大使刘锴、华人教会周龙兴等众多各界人士参加了葬礼，敬献的鲜花摆满了教堂大厅[55]。

周强安在周家子女中排行第五，生于1929年。他生性活泼，1941年在全华人组成的"中国王牌"少年冰球队担任右前锋，那时周家住在斯莱特街152号。"中国王牌"冰球队共有7名队员，周强安和哥哥周强根都在队中。

球队成立之前，13岁的周强安已经签约本地新月队（Crescents），该队为渥太华西区的一支14岁以下年龄组少年队。周强安在队中与温盖特（Ken Wingate）和威尔森（Ken Wilson）组成前锋线。

周强安后来进入餐饮业，成为国泰实业的元老，在华人商业界与华人教会均担任过重要职务。1950年，21岁的周强安成为国泰酒楼的产权人，并逐渐成为渥太华侨界领袖人物。周强安也是渥太华华侨社区服务中心的奠基人之一、中华会馆主席（1960-1962）及其它华人团体组织的发起人与参与者。除华人社区之外，他还担任渥太华贸易理事会（Ottawa Board of Trade）理事。1988年，他进入卡尔顿大学董事会（Carleton University's Board of Governors）。此外他还在本地其它慈善机构任职。

周夫人郑同女士生于1933年，为前中国交通部总长叶恭绰（任期1920-1922年）的外孙女，1951年郑同到蒙特利尔的麦吉尔大学读书，毕业后与周强安结为夫妇。他们育有子女五人，孙子女十三人。

在2015年5月26日的一次主题为"早期的中国移民到渥太华：从边缘到主流"的演讲中，周强安表示他们自小

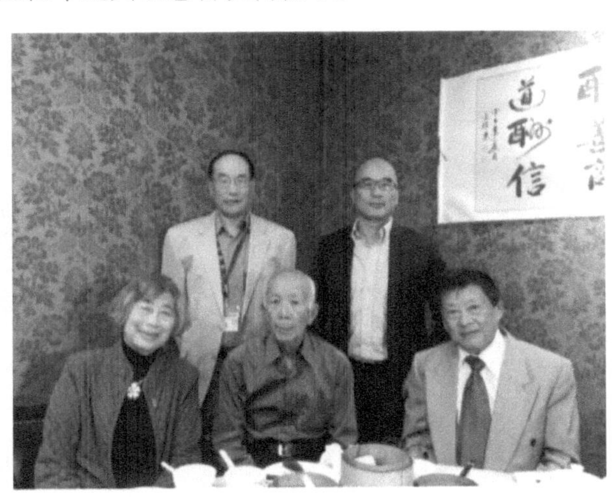

图片 46 后排左起：笑言、张瑞文
前排左起：周强安夫人郑同、周强安、周树邦
（2015年6月1日摄于渥太华四海一佳中餐馆）

在渥太华并没有感受到太多种族歧视。原因是渥太华地方小，人口少。而体育运动将不同肤色不同信仰的孩子联系在一起，他们的冰球队打遍了渥

太华周边的小镇。只要想融入，那就多参与。同时在演讲现场的另一位嘉宾加拿大华裔作家郑霭玲女士补充道，在渥太华歧视华人虽说也有个例，但是相对而言数量极少，比温哥华要好得多。在早期的温哥华，去医院看病华人必须到地下室等候。公共游泳池也不准华人下水，最多只能坐在栏杆后面观看，异族通婚更是几乎为零[56]。

1923年颁布的排华法案不仅适用于中国公民，即使是持有英国国籍的华人也被禁止进入加拿大。法案生效后，几乎所有华人无法移民加拿大，其中包括已经在加拿大华人的在华亲属。华人可以回中国探亲并返回加拿大，但家人却不能带入。该法案实施的24年时间内，总共只有二十多名华人移民加拿大。1931年加拿大有大约4.6万名华人，男女比例达13比1。可见当时周家得以夫妻团聚是多么地幸运。

2015年6月1日，作者在周树邦先生的穿针引线之下，有幸会同 CFC 传媒创办人张瑞文先生第一次见到周强安夫妇，听他们讲述了周家四代人在渥太华的生活经历，尤其是周相、周强安父子对华人社区所做出的贡献。并从他们那里获得了珍贵的第一手资料。

据周强安先生口述，父辈的生活非常艰苦，但他们工作非常努力，他父母最想做的事就是确保自己的孩子能接受到尽可能多的教育。在周家人身上，充分体现了华人自强不息关心下一代的优良传统。

## 谭昌三、谭仕汉父子等（Chong Sam Hum, 1913; Robert Hum）

谭昌三（Chong Sam Hum），生于1895年10月25日（农历九月初八），卒于1968年2月8日，安葬在渥太华松冠墓园（Pinecrest Cemetery）。谭家共有兄弟姐妹八人，最小的是一对双胞胎兄弟，哥哥叫从左，弟弟叫从右，从左的学名便是谭昌三。1913年，孪生兄弟18岁那年，谭昌

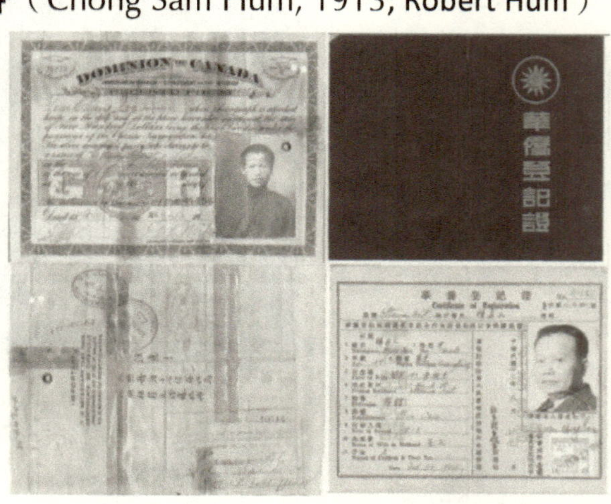

图片 47 谭昌三的500加元人头税证明（左）与华侨登记证（右）（谭仕汉提供）

三决定前往加拿大寻找他的父亲，而双胞胎弟弟则选择去了秘鲁。

谭昌三入境记录上的名字为 Tom Chung Jor，估计是移民官根据发音现场随手写下的。登记年龄为19岁，这个19岁应该是华人旧时习惯的虚岁。登陆口岸为维多利亚港，入境日期为1913年6月6日，缴纳人头税500加元。

谭昌三入境后在不列颠哥伦比亚省一家鱼制品工厂打工装罐头。打了9年工，到1922年，谭

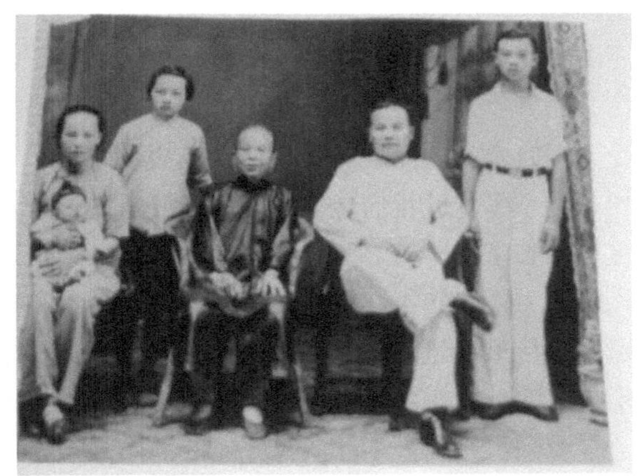

图片48 左起：谭仕汉（刘募兰抱着）、刘募兰、女佣、谭昌三母、谭昌三、谭仕超
1938年谭昌三回国时家人合影（谭仕汉提供）

昌三已经27岁。这一年他返回中国广东老家开平与刘募兰女士结婚。刘募兰是同时代受教育程度很高的女子，由于要照顾年迈的母亲，新婚妻子没有马上跟随谭昌三返回加拿大，而是选择日后再去加拿大团聚。谭昌三离开开平返回加拿大时，刘募兰已怀有身孕，后来产下一子，取名仕超（Henry）。

1923年加拿大政府颁布的排华法案扼杀了谭昌三夫妇在加拿大团聚的计划。谭昌三开始前往加拿大东部寻找更好的机会。他分别在贝尔维尔（Belleville）和潘布罗克（Pembroke）工作了一段时间，最后稳定在渥太华。1932年，与妻子分离整整十年之后，他再次回到中国，第一次见到了自己已经十岁的儿子谭仕超。谭昌三在中国停留期间，他的妻子再度怀孕，遗憾的是这次妊娠却以流产告终。

1937年，谭昌三再次回到中国。这一次他等到了妻子分娩，他们有了第二个儿子谭仕汉（Robert）。

1944年2月29日签发的华侨登记证上显示，谭昌三时年49岁。籍贯广东开平。职业为餐馆业者，商号是 Sun Café。居所为班克街137号。妻子刘氏（Loo Shee）。

一晃十年，1947年时谭昌三已经52岁，大多数时间是一个人在渥太华独自度过的。这一年他卖掉了班克街上的餐馆，启程回国。在家乡，谭昌三（即谭从左）与弟弟谭从右用积蓄在村里盖起一座三层碉楼，并在楼顶

的回廊亭上方修建了镌有"兄弟楼"三个大字的匾额。这座三层碉楼至今还矗立在家乡的小村中。

1949年，中华人民共和国成立。尽管谭昌三家并不十分富裕，但仍然受到当时政策的影响。谭昌三决定返回加拿大。他的妻子说："如果你去加拿大，那就把我们也办出去。你要考虑孩子们的前途，我们无法继续在这里单独生活下去。"回到渥太华之后，谭昌三马上申请资助他的妻儿移民加拿大。1949年，刘募兰带着两个儿子及孙子谭立彦设法到达香港，在那里等待批准进入加拿大。尽管上学的路途遥远，但谭仕汉还是进入香港华仁书院，学习了大约两个月英语。

谭昌三则在渥太华找到了一个很好的创业契机。渥太华最早的华人杂货店叫"永安（Wing On）"，位于阿尔伯特街219号，当时由谭荣光兄弟经营。谭荣光（谭辅仪 Tom Hum 的父亲）与他的兄弟并不满足于仅仅经营这间杂货店，打算向餐饮业发展，而谭昌三刚好具有丰富的经营餐馆经验。于是，谭昌三与谭荣光兄弟及另外两位合伙人谭文瑞与谭文选合作，将永安杂货店集中在二楼，而将一楼让出来开了一家中餐馆，取名"顶好咖啡（Ding Ho Café）"。

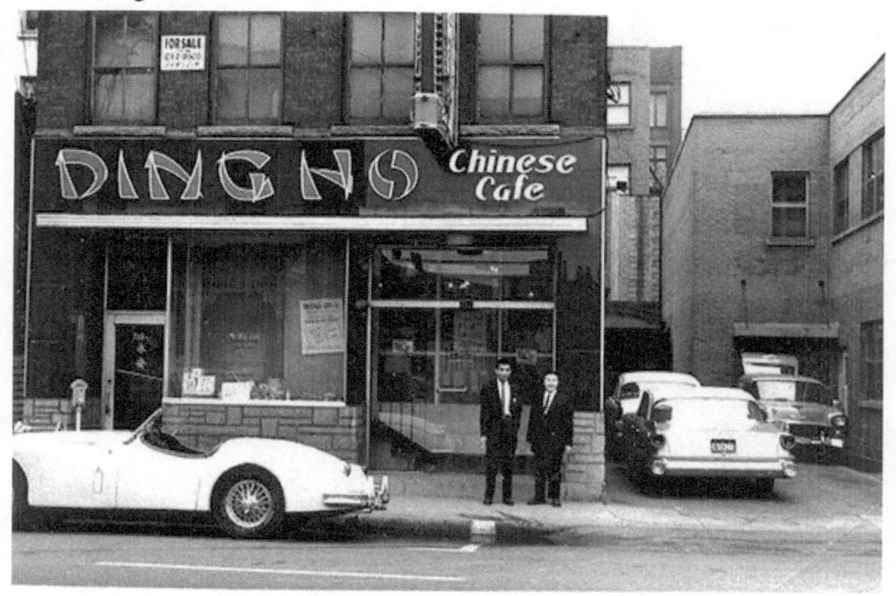


图片 49 "顶好餐馆"，左边单门为二楼"永安"杂货店入口。
图中右边为谭文瑞，左边是其亲戚，摄于1951年左右（谭仕汉提供）

1950年10月，刘募兰带着孙子谭立彦（Leonard，谭仕超之子）乘船离开香港驶向美国旧金山，随后乘火车到达温哥华，最后抵达渥太华已过了圣诞节。入境时谭立彦的身份在申请表上登记为谭昌三的第三个儿子，因为只有这样才能按直系亲属申请入境。

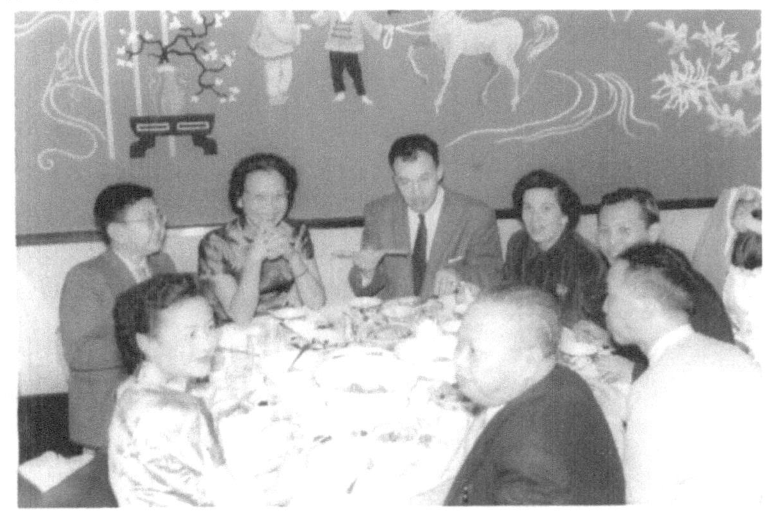

图片 50 后排左二为伍冰枝的母亲林美娥（Mrs. Ethel Poy）
前排左一为伍母的妯娌（Mrs. Connie Lam），左二为谭昌三
摄于1951年（谭仕汉提供）

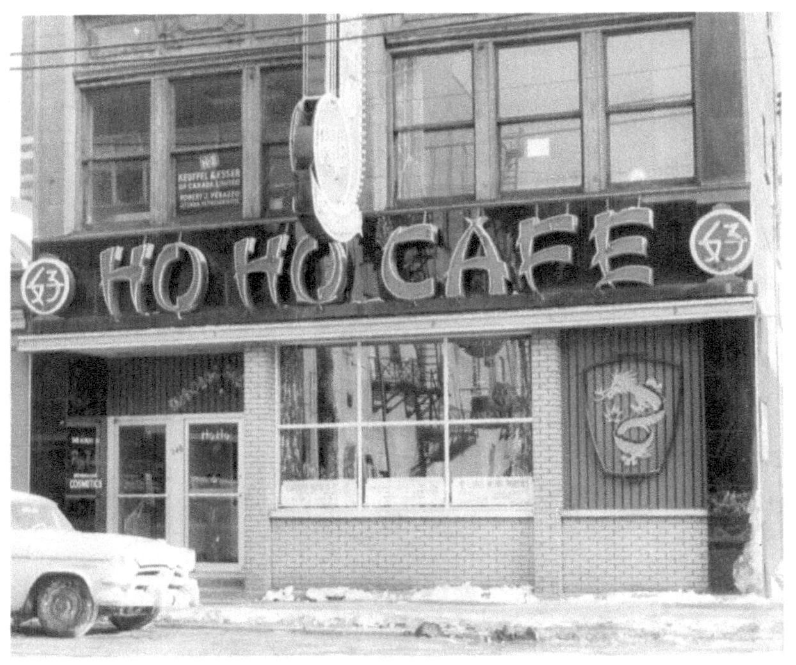


图片 51 "好好咖啡"（谭仕汉提供）

谭仕超与谭仕汉兄弟俩则被留在了香港。谭仕汉于1951年6月动身，仍然先乘船再换火车，于7月份到达渥太华。谭仕超以同样方式于1951年9月到达渥太华。谭仕超那年已经28岁，超过了家庭团聚的年龄上限，谭昌三为他申请时，填报的是他母亲18年前流产的那个孩子的生日。谭仕汉接受作者采访时说，他的侄子谭立彦与他年龄差不多，他们之间相处更像兄弟，不像叔侄，他父母也一直把他当儿子来对待。就这样经过千辛万苦，一家人终于团聚在一起。

1956年，谭昌三和伍英才（William Poy）及谭文参（Thomas Hum）开了"好好咖啡（Ho Ho Café）"，也使得阿尔伯特街上的华人餐馆增加到5家。伍英才便是后来成为加拿大第26任总督的伍冰枝之父。

谭仕超来到渥太华便帮助父亲打理餐馆。谭仕超的妻子为龚椒娶，后来他们又生了儿子立武（Albert）与女儿素纯（Susan）。而谭仕汉和谭立彦则进入高中学习。

那时他们的英语还有很大障碍，一开始感觉很吃力。校长为此专门找回一位耐心的退休教师，单独为他们叔侄俩补课，硬把 L 和 R 等几个发不好的音给纠正了过来。谭仕汉喜欢打蓝球和乒乓球，这样很快便在学校交上了朋友。

除了上学打篮球，谭仕汉还在餐馆打工。一开始他父亲不让他去自己的餐馆，而让他去别的餐馆独自闯荡。于是他去了谭锦照二哥 Charles 在班克街开的阿卡迪亚烧烤店（Acadia Grill）做餐馆服务员，每天从下午4点开始，一直要工作到次日凌晨1时，周薪为12.58加元。不过他还是很快攒够钱买了一辆自行车。

后来谭仕汉才去父亲的餐馆打工。他有时要顶替父亲，因为谭昌三当时要兼管两家餐馆："顶好"与"好好"。

谭仕汉上12年级时，谭昌三夫妇与他讨论今后的人生道路。在继承家族餐馆生意与继续上学深造之间，谭仕汉选择了后者。而他的父母也很支持他，从来没有强迫他放弃自己的理想。

谭仕汉不愿意做餐馆，还因为这是个"每周工作八天"的辛苦行当。他的理想是读物理学博士，这恐怕少不了来自他那位知识分子妈妈的影响。当谭昌三几十年不在家中的时候，刘募兰在开平老家的中学教书，独自供养着一家三口。在旧中国，这种由女人承担家庭重任的情况并不多见。到了渥太华，当地华人对刘募兰的文化修养及谈吐举止印象很深。作者在采访中可以感觉到，谭仕汉为自己有这样的母亲深感骄傲[57]。

来到渥太华后，刘募兰很快便结识了另外的谭家、周家及黄家的太太们。她们相处非常愉快，经常相互邀请聚会。除了女人们说不完的话题，几位太太还一直为购买比奇伍德墓园的墓位募捐，这些墓位用于为那些无钱购买墓地的华人下葬，是由仁爱堂发起的一项善举。

那时谭仕汉开一辆1953年的庞蒂亚克（Pontiac）二手

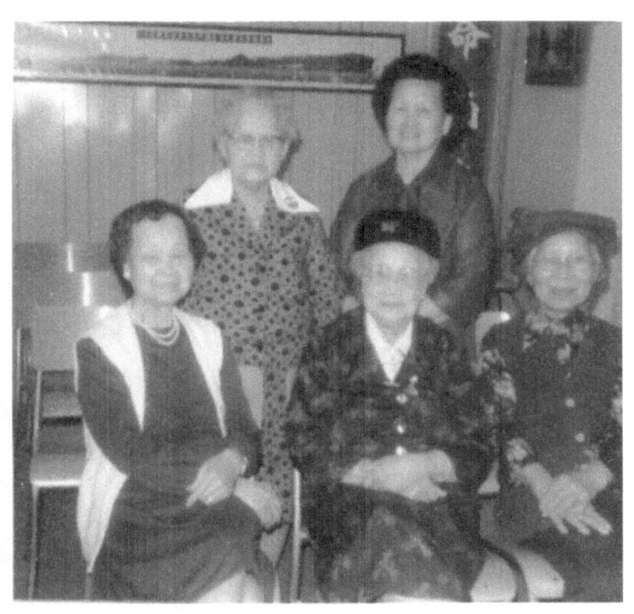

图片 52 母亲们的聚会（谭仕汉提供）
后排左起：周相夫人、龚滚夫人
前排：周在彦夫人、谭昌三夫人（刘募兰）、张夫人

车，常常送他母亲和周相太太等人往返于渥太华周边地区，如潘布罗克、史密斯瀑布、珀斯、布鲁克维尔等地，找与他们有生意来往的华人募款。尽管华人传统上很忌讳提到墓地，但他们几位夫人还是募捐到不少款项。

谭仕汉受母亲影响，对中国传统文化兴趣不减。《三国演义》和《西游记》等古典名著都是他来加拿大以后才读的。1960年9月，谭仕汉进入渥太华卡尔顿大学读物理专业，1964年6月毕业。1964年进入麦克马斯特大学获得低温物理学硕士学位。

1965年11月至1969年6月，谭仕汉继续在多伦多大学攻读低温物理专业，并获得博士学位。在他的同龄人中，中国来的第一代移民能一直读到博士的并不多，他十分感谢父母对自己的支持。

谈到华人间的相处，谭仕汉这样讲：加拿大出生的华人与移民来的华人是两个圈子，语言不同，兴趣不同，社交圈子也不同。伍冰枝也曾有过类似的说法。伍家属于一个社交型家庭，他们家的生活方式与从事洗衣行业的华人家庭明显不同[58]。总之华人家庭的生活模式随着移民年代与个人背景的差异，并不彼此雷同。

"好好咖啡"于1966年关闭。1968年初，谭昌三夫妇与大儿子谭仕超在卡林大道新开了餐馆"新乐楼"（Sun Luck House Restaurant & Tavern）。"新乐楼"主营粤菜，吸引了大批华人顾客，不过大部分客人还是本地加拿大人。遗憾的是谭昌三先生在新餐馆开张数日后去世，享年73岁。1995年，刘募兰女士去世，开了27年的"新乐楼"随即关张，谭昌三家族也退出了渥太华餐馆行业。

与此同时，谭仕汉的哥哥谭仕超的子女也全部大学毕业。谭立彦在渥太华当中学教师。谭立武大学读的是电气工程专业，毕业后在高科技公司工作。谭素纯则进入政府部门。三人均已退休，各有一个儿子。

在多伦多读书期间，谭仕汉认识了家在温哥华的关瑶素（Susan）女

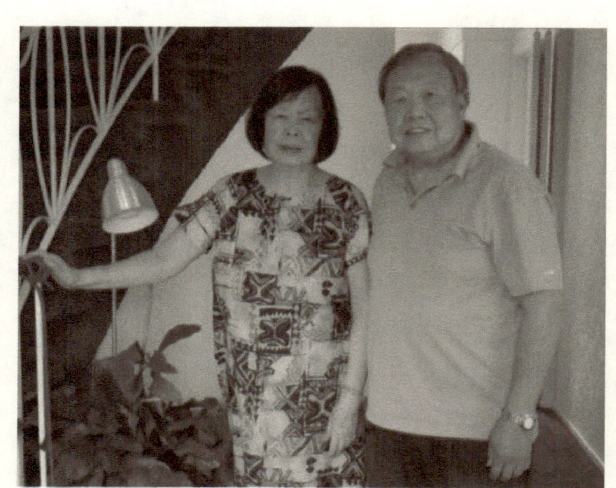

图片 53 谭仕汉与关瑶素夫妇在渥太华家中

士。当时她为一家华人组织服务，组织滑雪旅行。1969年8月16日，谭仕汉与关瑶素在温哥华完婚。婚后育有二子：立仁（Stanley）与立儒（David）。孩子的名字是奶奶刘募兰起的。

2015年6月21日，作者拜访了在渥太华家中的谭仕汉夫妇。这天适逢父亲节，谭立儒从美国打电话祝福父亲，家风俨然。

## 林焕夫妇等（1911）

1911年，18岁的林焕（George Lum）来到加拿大。一下船，在温哥华被羁押了两个月，直到他交了500加元人头税才可以自由行动。

1913年他来渥太华谋生，并在这个城市度过了自己的一生。他的人生以及他们家的生活都融入了华人移民加拿

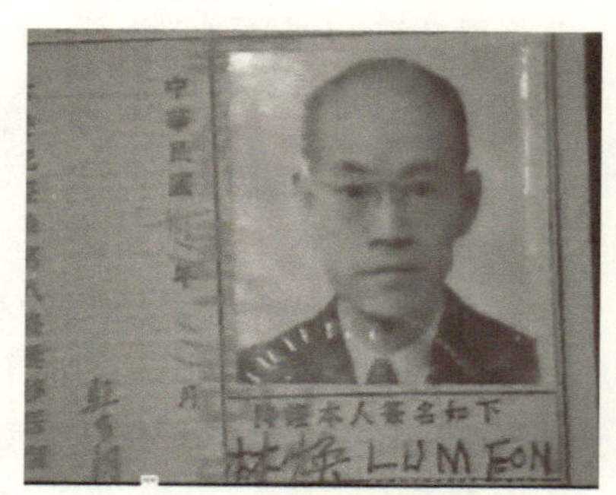

图片 54 林焕居民证（来源：采访录像）

大的历史。

　　林焕像那时大多数华人一样，一来就到洗衣店工作。他说那时洗一件短裤10分钱，一双袜子4分钱。有的衣服粘满呕吐物，脏极了。林焕把这些衣服洗净、熨平、叠好，送给顾客。日复一日，年复一年，他需要洗多少件衣服才能挣回政府收去的那500加元人头税？

　　这张昂贵的人头税证明使他可以往返于加拿大和中国之间，其实就是一张通行证。直到1948年，林焕才成为加拿大公民。

　　在被问及此前为什么不入籍时，林焕说："我并没有觉得本地人很友好（I don't feel very much that people are very friendly）。[59]"

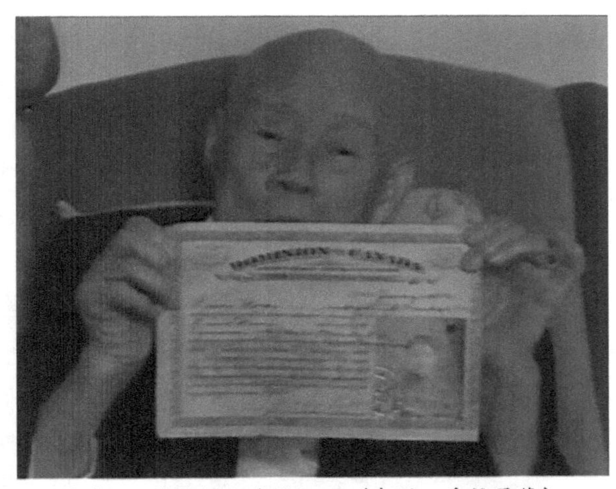

图片 55　林焕的人头税证明（来源：采访录像）

　　林焕1923年回中国娶了第一任妻子。但由于排华法案的限制，妻子无法随他前往加拿大，只能留在中国。抗战胜利后，从未踏上加拿大国土的妻子已经去世。没有人再照看他年迈的父亲，于是1946年53岁的林焕回乡续娶了23岁的第二任妻子李珠（音译 June Lim）。

　　排华法案废止后，李珠于1950年来到渥太华，她一到渥太华，就在艾尔根街（Elgin St）上的一家餐馆打工，餐馆在法兰克街（Frank St）十字路口附近，提供中餐及加拿大西餐。根据当年报纸上的广告推测，应该是一位吕老板开的"松庄餐馆"，地址在艾尔根街354号。餐馆菜单上有炸虾、糖醋鸡块、咕噜肉、炒米饭、鱼薯条、牛扒等等。李珠每天早晨六点起床，打扫卫生，开店门。她既做菜，又洗盘子。午饭过后，大约两点钟的样子，她可以关上店门躺在吧台外面睡两个小时。

　　林焕与第一任妻子所生儿子的儿子林维兴（Wei Sing Lam）于1991年来到渥太华与祖父一家团聚。四代同堂，其乐融融。

### 谭华廷、谭锦照父子等（James Wong Hum, 1914; Joe Hum）

　　谭华廷（James Wong Hum, Jack Shing Hum[60]）是最早到渥太华的华人

之一，其子谭锦照曾当选过渥太华中华会馆两届主席，对渥太华华人社区的发展起到了重要作用。

谭华廷与妻子龚氏（Kung Shee）于1914年抵达渥太华。人们更喜欢称谭华廷为 Jack，而不是 James。1921年，谭华廷与妻弟会同其他合伙人在丽都街66号开了"安大略咖啡（Ontario Café）"餐馆，这个位置后来建成了著名的丽都购物中心。

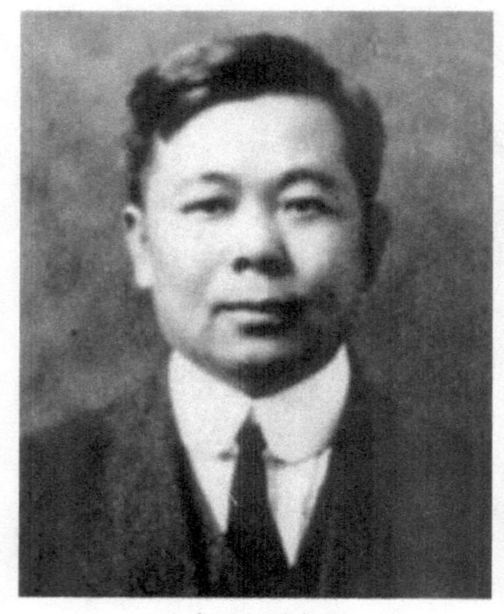
图片 56 谭华廷
（Peter Hum 提供）

谭华廷夫妇当时育有3个子女，第4个孩子谭锦照（Joe Hum）1922年8月6日出生在这个地址。

1925年，30多岁的龚氏不幸早逝，谭锦照当时只有3岁，由潘布洛克的一家方姓夫妇照看了差不多一年。直到1926年谭华廷带着三儿一女全家乘船返回中国，他们在船上航行了四个星期才抵达香港。然后由香港再换乘小船前往广东，最终到达老家广东开平赤水冲口圩顺安里。村子里几乎全部是谭姓人家，很多人家都有人在加拿大打工，村里的五座小楼都是由加拿大赚来的钱建造的[61]。

同年，即1926年，谭华廷在老家续弦娶了马氏（Mah Soon Yee）为妻，次年，马氏生了女儿 Kim。在1928年至1933年中，谭华廷两次返回加拿大照看生意，并将长子谭文参（Thomas）和次子 Charles 带回了渥太华。谭谭锦照则留在了开平由其继母照管。

1934年谭华廷回到中国，不久去世。当时谭锦照12岁，还在上学。谭家经营"安大略咖啡"的重任落在年仅19岁的谭文参身上。谭文参（Thomas Hum）生于1915年，卒于1975年。谭家在渥太华的生意基本都是由他来经营的。

1936年底，谭锦照的继母将年已14岁的谭锦照送回加拿大渥太华，与他的两个哥哥一起生活。离开加拿大近十年之后，谭锦照被家人托付给两位同行的方姓同乡，经香港前往温哥华，然后乘火车抵达渥太华。最终到达渥太华时，已是1937年的1月。谭锦照随身携带的除了加拿大出生证之外，便只有50加元。

1937年，除了一些给商店送货的卡车，渥太华街头没几辆汽车。城市的主要交通工具是有轨电车，票价为10加分。没有公交车，也没有校车，学生自行解决上学的交通问题，多半都是步行。入学之前，谭文参给谭锦照找了一位罗伯森夫人做家教。谭锦照跟她学了四个星期非常基本的英语。

1937年2月，谭锦照在奥斯古德街（Osgoode St）小学注册入学。当时谭锦照已经在中国小学毕业，但却因为说不了一句英文，只能上二年级。班主任贝尔先生（Mr. Alex Bell）给予他语言上特别的关照，4个月后学期结束，他跳到了四年级。1945年6月，谭锦照由利斯伽高中毕业。1946年进入蒙特利尔麦吉尔大学学习，1949年获得商学位。

毕业后他找到的第一份工作颇富戏剧性，因为他工作的地点就在他出生长大的丽都街66号"安大略咖啡"隔壁。他为之工作的公司叫劳伦斯百货公司（Lawrence Freiman of A.J. Freiman Ltd.），他的职务是财务部经理。

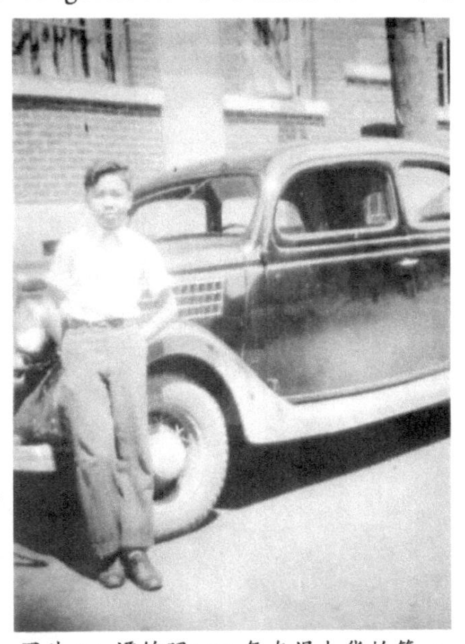

图片 57 谭锦照1937年在渥太华的第一张照片（Peter Hum 提供）

谭锦照善于观察、勤于记录，他把生活日记和拍下的照片整理成一本回忆录。尽管没有出版，但它已成为研究渥太华华人历史的珍贵资料。

谭华廷的三个儿子都在渥太华结婚组建了家庭。他的女儿 Jessie 于1935年在中国结婚，后来与她姓马的丈夫前往英属不列颠哥伦比亚省。马家出了两位英雄人物，A·马和C·马，即 Albert Mah 和 Cetric Mah。这兄弟俩抗日战争时加入了飞虎队，在喜马拉雅山脉上空的驼峰航线为中国军队运送人员和物资，获得美国空军和政府的嘉奖。

谭文参在中国有一个妻子，但在加拿大又与白人 Lois 结了婚。谭文参拥有若干餐馆的股份，包括班克街249号的"阿卡迪亚烧烤"与阿尔伯特街248号的"好好餐馆"。他还在一家贸易投资公司"联盟贸易（Allied Trading）"占有股份。他生意上的合伙人是伍英才（加拿大第26任总督伍冰枝的父亲）。谭文参和伍英才都拥有极强的人脉，这些商业与社交上的关系并不局限于华人社区，甚至扩展到了渥太华地区之外。

谭锦照的二哥在"安大略咖啡"专职冷饮柜经理，后来去管理阿卡迪亚烧烤。1954年，他不幸在一次车祸中去世，留下妻子和四个年幼的孩子。

1950年代，在谭文参的建议下，谭锦照与妻弟 Eric Cheung 购买了班克街与赫荣路（Heron Road）交叉处的一家餐馆。这家餐馆后来被他们更名为马可波罗酒楼（Marco Polo Tavern Restaurant）。谭锦照从事过保险理财工作，还曾经担任国加拿大餐馆协会（Canadian Restaurant Association）渥太华分会主席。他关心华人社区，曾担任过中华会馆第五及第七届主席（1962-1663, 1964-1966）。生活中谭锦照打一手出色的桥牌，喜欢钓鱼，还是一个冰球迷。在他的回忆录中，他记录了不少桥牌牌局。

谭锦照的儿子 Peter Hum 是《渥太华公民报》的专栏记者、餐馆评价员、爵士乐专栏作者。2015年8月26日他在奥吉尔维路上的一家星巴克咖啡馆接受了作者的采访，并允许作者使用其父谭锦照回忆中的部分内容。

## 何达方、何连长父子等（Ta Fong Ho, 1913; Lin Chong Ho）

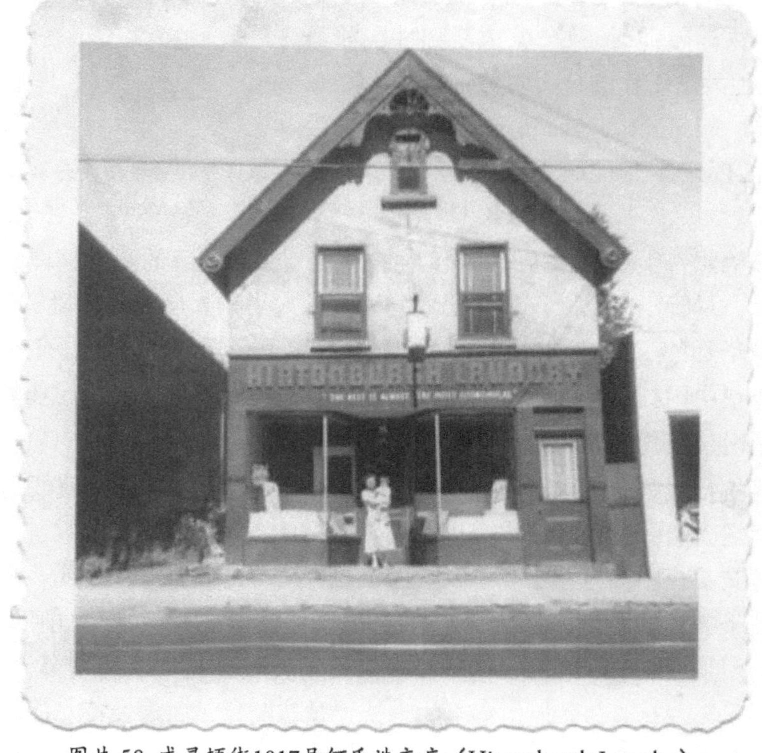



图片 58 威灵顿街1017号何氏洗衣店（Hintonburgh Laundry）

**渥太华地区最著名的华人手工洗衣店（加拿大东安省台山同乡会提供）**

根据1972年随父母由香港来渥太华的李再思女士回忆[62]，1973年左右，她还在读高中，全家搬往威灵顿街1016号的一所公寓。李再思拉开窗帘，对面就是1017号一家老华侨开的洗衣店。当时华人开的洗衣店已陆续关闭，这是渥太华最后一间家庭作坊式的华人洗衣店。店铺是一座常见的二层小楼，楼下是店面，楼上住人，门前可以停几辆车。

当时的店主为何连长（Lin Chong Ho），为人和善，十分健谈。由于是同声同气说台山话的中国人，李再思常跟母亲和弟妹去何家串门，跟何太太聊天，也听何先生讲些渥太华的往事。

1922年，何连长12岁起便开始在他父亲的洗衣店里工作。洗衣店开在渥太华市中心偏西的辛顿堡（Hintonburg）地区，历史上这里是一个工薪阶层居民区，威灵顿街以北，有一个帕克代尔（Parkdale）农贸市场。

在威灵顿街上先后开过多家华人洗衣店，何家的洗衣店是渥太华开业时间最长的一家。在渥太华，华人自1930年代便开始就业转型，许多华人开洗衣店就是为了尽快攒足第一桶金，然后去开餐馆。

何家不是这样，何家的洗衣店传了两代，一直到1976年这个行业再也做不下去为止。

在旧中国，洗衣是妇女家务的一部分。不论是在家中用搓板，还是在河边用木槌，那些女人们辛勤劳作的经典画面已经深深印在华人的脑海中。然而到了加拿大，男人们发现手工洗衣竟然成为养活自己最有效的手段，并且几乎是唯一的手段。从1850年到1950年这一百年间，由于种族歧视政策的存在，多数相对轻松的行业都不允许华人染指，华人基本上只能靠洗衣谋生。尽管洗衣不需要多大成本，也不需要掌握很多英语，更没有什么技术含量，很容易入门，但工作本身却非常辛苦，报酬极低。从业华人不得不长时间、高强度地工作，同时还要忍受潮热的工作环境、糟糕的通风条件、湿滑的地板和狭窄的居所。

何连长的父亲何达方（Ta Fong Ho 音译）当年只身来到渥太华，于1913年前后从李金（Kim Lee 音译）手中买下了位于威灵顿街1004号的洗衣店，开始谱写何家此后约60年的洗衣史。1916年何父将15岁的大儿子何恩（Eng Ho 音译）接到渥太华，1920年又把10岁的二儿子何连长接到渥太华。何连长仅去学校上了两年学，便开始在父亲开的洗衣店里干活，每周赚取大约18加元的工钱。在20世纪初，华人洗衣工的平均月收入为150加元，每周工作7天，每天工作10小时[63]。

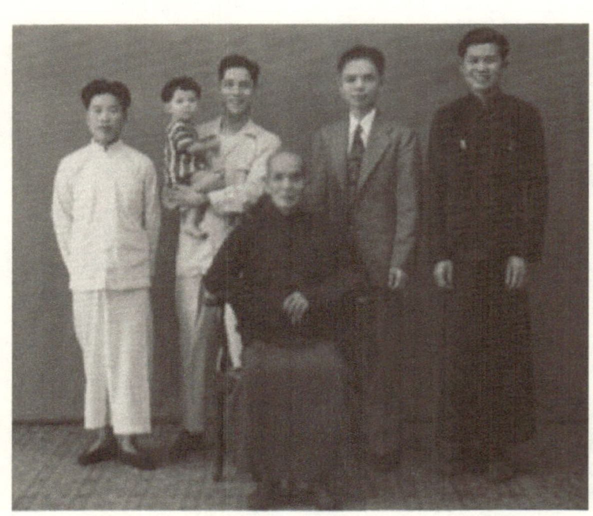

图片 59 渥太华"杰出洗衣工"何连长一家
何连长（左二）与父亲（坐者）及兄弟们合影
（加拿大东安省台山同乡会提供）

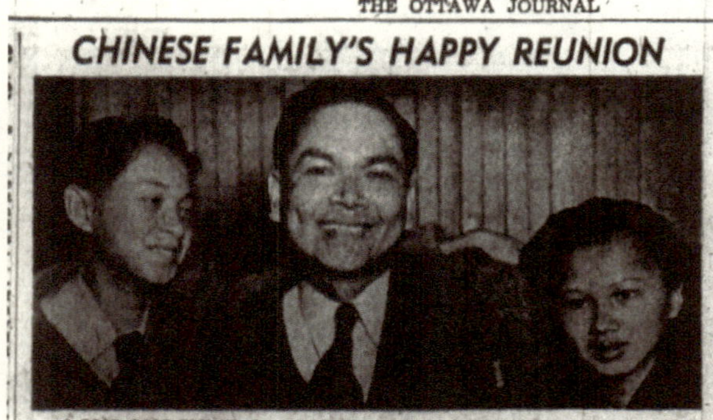



图片 60 何恩一家喜团聚，
《渥太华新闻报》1949年4月18日

何父于1930年去世，何家兄弟子承父业。自1950年代起，洗衣店的生意主要由何连长打理，他定价5加分洗一套内衣，10分一件衬衫，15分一条裤子，25分一条床单。那时开洗衣店需要上门招揽生意，取脏衣服，送干净衣服。有一次何连长上门去收脏衣服，那家门没锁，有人在屋内叫他进去。他推门进去却见到两个人正在床上做爱，做爱人指指床下，他便把床下的脏衣服收起来装入布袋离开。何连长能言善辩，喜欢与人聊天，诸如此类的逸闻趣事很多。

何恩1936年携妻儿回国探望老家的家人，1938年他返回渥太华继续工作。他的妻儿则留在中国准备晚些时候返加，不料日本侵华战争爆发，妻儿只能滞留中国。从那时起，何恩就开始设法让妻子和孩子回到身边，但却一直未能如愿。后来何恩的妻子在广东意外溺水而亡，他最小的孩子不久也不幸去世，只剩下一儿一女困在中国。

何恩凭借洗衣店的生意，终于积蓄够了办理两个孩子返回加拿大所需的手续费一万八千加元。从前一年12月起，何恩就与加拿大外事部门联系，设法让这两个孩子过来。何恩的女儿叫 Mary，16岁，儿子叫 William，15岁。由于两个孩子都是加拿大公民，外事部门验证了身份，很快发放了护照。但由于国际客轮舱位紧张，等票的乘客排队很长，何恩等不及，决定让孩子们飞到加拿大。两个孩子先由广东到香港，在那里搭乘泛美航空公司的航班飞往旧金山。走出舷窗后，两个不会讲一句英语的孩子完全不知所措，幸好当地华人施以援手，给他们穿上西式服装，并将他们送上了前往芝加哥的联合航空公司的航班。然后由加拿大航空公司接手，将他们送往渥太华。

何恩被告知孩子将在星期五晚上10点抵达渥太华，可是阴差阳错飞机却在下午2点降落在了渥太华的"上地"（Upland）机场。没人在机场接这两个孩子，机场也没有任何人可以与他俩沟通，而孩子又说不清父亲的情况。后来还是一位飞行员从一个孩子口袋里找到一张何恩多年前寄回广东的旧名片，上面有洗衣店的地址和电话，这才解决了问题。何恩立刻开车赶到机场，终于见到了分离11年的一双儿女，一家人幸福团聚。女儿略显羞涩，儿子却立刻跑到父亲怀里，细数一路上的见闻。

由于语言障碍，两个孩子无法立刻入学。何恩打算给他们请英语辅导老师，次年秋季再把他们送进本地公立学校[64]。

何连长来到渥太华是在排华法案之前。后来他返乡几次，在老家娶了妻子，生了四个女儿，但是他的妻女却因排华法案所限而无法前往加拿大与他团聚。排华法案废除后，何连长第一时间申请在开平的妻子和四个女儿前来渥太华。何连长的妻女先搭乘轮船达到加拿大西岸，然后

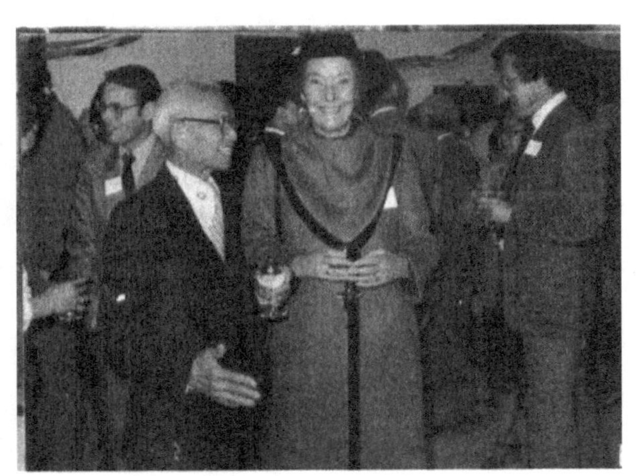

图片 61 何连长1982年4月18日中华大厦落成庆典上与渥太华女市长杜瓦（Deware）交谈

乘火车由西岸抵达渥太华。1949年渥太华的火车站就在后来的市中心。何连长去火车站迎接妻女那天，渥太华的新闻记者赶去采访。何家的团聚成

为当天头条新闻，本地英文报纸刊登了题为"欢迎来到加拿大"的大幅配图报道。当时人们普遍认为华人重男轻女，何连长居然把四个女儿都申请出来，一时传为佳话。更加令人欣喜的是，家庭团聚后，何连长夫妇接连生了三个儿子：James、David 和 Joseph。

何连长的女婿 Peter Wong 曾说，特鲁多总理家里经常将桌布送到何连长的洗衣店洗涤、上浆和熨烫。何连长的顾客可以轻而易举写出一份显赫的渥太华上流社会名单，其中包括总督朱尔斯·莱杰（Jules Léger）、总理麦肯齐·金（Mackenzie King）、总理约翰·迪芬贝克（John Diefenbaker）、总理莱斯特·皮尔逊（Lester B. Pearson）、最高法院的法官、国会议员、参议员以及首都地区的各界知名人士。

1976年何连长关闭了洗衣店，同时把小楼也卖了，那一批旧式洗衣设备被加拿大科技博物馆买去做陈设。何连长似乎注定是一位新闻人物，渥太华一家英文日报感叹道：何连长的离去也把熨衣浆带离了渥太华（would take some starch out of Ottawa）。

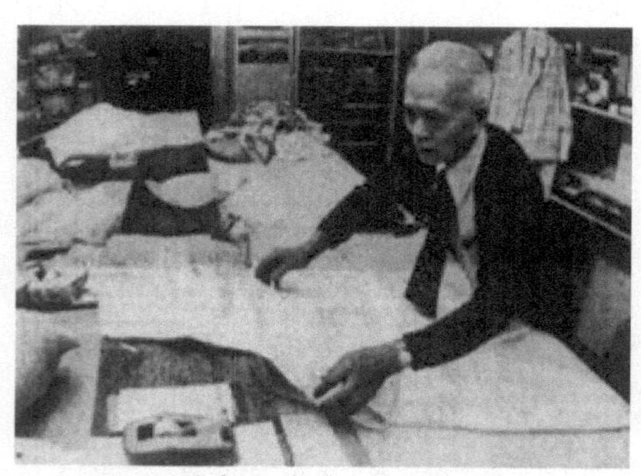

图片 62 何连长在洗衣店
（来源：《渥太华新闻报》1976年3月22日）

生意即将结束的一个星期四的早晨，何连长一边站在洗衣店的前窗向外望去，一边笑着对采访他的记者说，我把一切都卖得太便宜了。不过谁在乎呢？没有人从这样的生活中变成富豪。辛顿堡洗衣店的关闭，标志着整个渥太华甚至可能是整个加拿大华人手工洗衣业的结束。

记者形容何连长是一位穿着橡胶靴子的矮小、消瘦、纤细如线的男人，幽默而乐观。何连长的三个儿子已经买下了一家餐馆，洗衣店结束后，何连长全力支持他们。1977年1月6日，"何连酒楼（Lin Ho Garden）"在麦瑞维尔路（Merivale Road）1556号隆重开张，《渥太华新闻报》刊登了整版广告[65]。不过，这间餐馆并没有经营很长时间。

何连长，渥太华著名的"杰出洗衣工"，他的传奇人生就是那一代华人的生活缩影。

## 艰难而重要的洗衣时代

### 时代产物，"永安"为先

1885年太平洋铁路完工后，筑路华工全部被解雇。当时绝大多数白人并不欢迎华人，华人在白人社区根本找不到工作。他们筑路时薪水原本就少，生活都难以为继，更别说积攒足够的资金做生意、置办住房或者用来投资了。

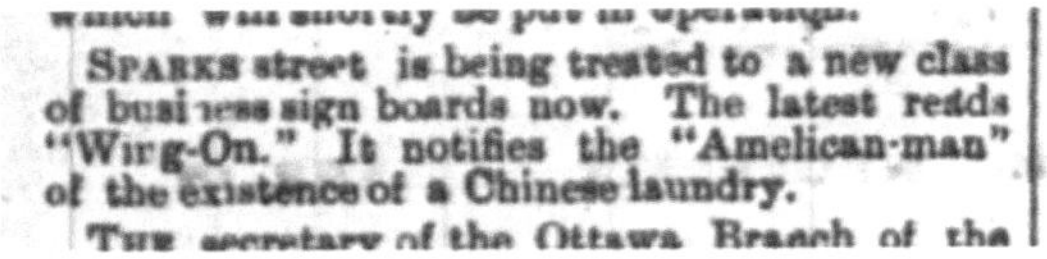

开洗衣店和到偏远的乡村经营农场是华人当时为数不多的选择。经营农场显然需要更多的资金，所以开洗衣店是大部分华人的出路。

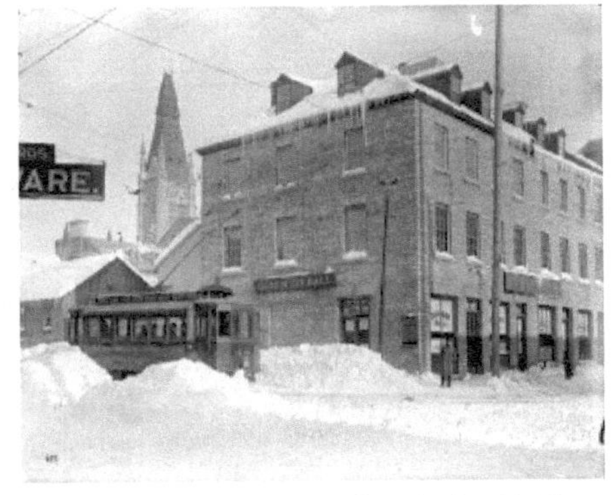


图片 63 关于华人洗衣店的消息
（来源：《渥太华新闻报》，1887年10月19日）

然而洗衣市场毕竟有限，于是19世纪末期，部分华工向加拿大东部迁移，其中少数华人定居在渥太华及周边地区。加拿大政府的歧视性政策以及自身资金和语言的限制迫使这些华人几乎全部从事着当时盛行于整个北美的洗衣行业。在温哥华，最早的华人洗衣店开张于1886年，比这个城市的诞生还要早。1887年10月19日，《渥太华新闻报》发布了渥太华第一家华人洗衣店的消息，而消息中短短的几句话不乏种族主义的调侃。

第一家华人洗衣店"永安（Wing On）"于1887年开张。"永安"这个店名在1914年，又被谭家用来在阿尔伯特街上开了第一家华人杂货店。而谭华霜是渥太华有据可查的最早于1897入籍的华人，有理由相信，这家华人洗衣店就是谭华霜的产业。这家洗衣店坐落在斯巴克斯街203号，班克街的东面，紧挨着"自治领大厅酒店（Dominion Hall hotel）"。

图片 64 1890年代的"自治领大厅酒店（Dominion Hall hotel）"
（来源：加拿大图书档案馆，PA-008843）

可惜"永安"洗衣店没在酒店的老照片中，它的位置刚刚出了照片的右边缘。从图上还能看到渥太华当时带着辫子的有轨电车（街车），许多年间，华人的孩子们就是乘坐着这些街车，给顾客收衣服送菜。

开张不到一年，永安搬到了街对过斯巴克斯街200号另一座小一些但也新一些的砖房，此后在那里经营了许多年。1888年，Sam Lee 的 Wing-Mow 洗衣店在苏赛克斯街（Sussex Drive）574号开张，Sam Wah 在丽都街166号开张[66]。位于班克街291号的 Kam Wah 华人洗衣店在1899年12月1日的《渥太华新闻报》上刊出广告。

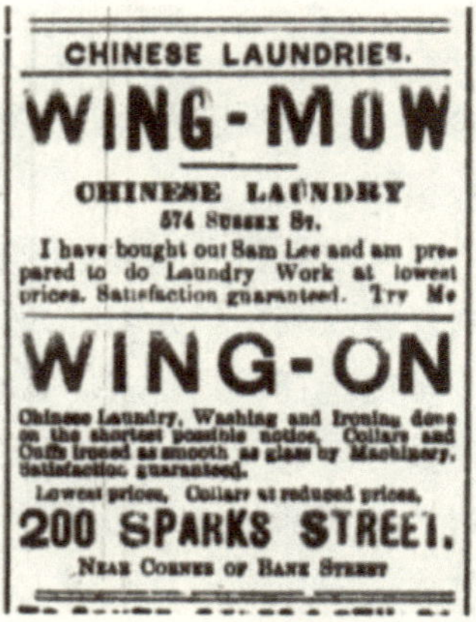

在19世纪末，报纸上经常刊登一条同时包含"Wing-On"、"Wing-Mow"与"Wing-Sing"三家洗衣店的广告。根据旧时台山话拼音，应该是"永安"、"永茂"与"永兴"。广告上有时还加一句：与其它洗衣店并无关联，言下之意，只有这三家"永"字号同属一位业主。

这几家店都经过几次搬迁，以下店址并不是洗衣店的起止日期，而是在这些年份，它们曾在这些地点营业。

图片 65 华人洗衣店广告
（来源：《渥太华新闻报》，
1891年2月17日）

"Wing-On"：1887年斯巴克斯街203号；1888年斯巴克斯街200号；1895年班克街64号。

"Wing-Mow"：1893年苏赛克斯街574号；1985年约克街（York Street）25号；1896年3月23日迁至苏赛克斯街480号。

"Wing-Sing"：1895年班克街205号；1899年班克街190号。

此外还有一个"Wing-Soon"，大概是"永顺"。1883年的店址为：皇后街（Queen Street）97号。

## 收入微薄，歧视严重

加拿大国家图书档案馆网站上的一篇文章将华人洗衣业描述为一项必不可少的服务（A Necessary Service）[67]。在全自动洗衣机面世之前，洗衣非常辛苦，要烧热水、手工搓衣服、拧水晾干熨烫，衬衫还要上浆，床单、被单和桌布这样的大件则需要更多的体力和时间。与中国人自己动手节衣缩食的习惯不同，只要负担得起，加拿大人都愿意把脏衣服送到洗衣店去。城市中那些在工厂、银行和办公室上班的单身男人一般住宿舍或公寓，洗衣服务对他们不仅仅是方便，而且真是必不可少。

洗衣不需要多少投资，只要有烧热水的炉子和冬天晾衣服的地方就可以了。当然，水壶、水槽、搓衣板和肥皂也是必不可少的。白人认为洗衣是女人的事情，而且赚钱少、工作艰苦、竞争激烈，所以不愿意介入这个行当。白人也开洗衣店，不过他们开的是蒸汽洗衣的大店，接的是酒店和医院的大单，相应地，蒸汽洗衣的投资也很大。

早期华人移民之所以选择洗衣业最主要的原因是由于他们被禁止从事其它更好的行业。不列颠哥伦比亚和美国加州的排华组织一直在影响政府，并成功地将华人排除在采矿、伐木、制造及其它工业领域。尽管如此，出国赚钱仍然是很多华人的梦想。华人家庭常常选择把长子送往国外探路，然后将家人慢慢输接出去。如果家中没有亲友在加拿大，想出国只好找中介。通常这样的家庭首先要付给中介35到40美元的手续费，中介则负责将人送到加拿大打工。打工者大约要用五到六年的时间才能还清中介公司约300美元的贷款和费用。

对于当时的中国家庭，300美元是一笔巨大的财富。而洗衣的收入，可能每天只有50到75加分。打工者必须靠这些微薄的收入生存，同时拼命储蓄。这些中介公司审计非常严格也很频繁，曾有英文报纸报道说，这些"中国佬（Chinamen）"根本没有欺瞒的可能，而"中介公司得到了他们应得的每一个铜板"[68]。

尽管华人从事洗衣行业已经是备受歧视的结果，但白人仍然不满意。1895年，渥太华劳工与贸易委员会（Ottawa Labour and Trades Council）投票表决通过决议，禁止其成员使用华人洗衣店。该委员会称："华人将白人排挤出了不列颠哥伦比亚（的洗衣行业），假如（华人洗衣店）总是被光顾，那么他们也会在渥太华做同样的事情。他们是城市的魔咒……越早被驱逐越好。"而报道这次投票的《渥太华新闻报》编辑照例在文章的标题上玩些小把戏，他把标题故意写成：NO USE FOR THE CHINEE[69]。

在此之前，多伦多市已开始对洗衣店征收50加元的特别税。与渥太华一河相隔的赫尔也效仿多伦多，对洗衣店征收25加元的特别税。这项税收名义上是针对所有洗衣店的，但实际上影响到的主要是华人。赫尔当地人认为华人洗衣店的数目应该受到限制，因为华人移民并未给城市带来实际的好处。他们说华人来到加拿大的目的仅仅是为了赚尽可能多的钱，而同时花尽可能少的钱。1902年，渥太华报业巨头及铁路公司主席科尔特（J.G. Kilt）向渥太华市政府提出限制华人洗衣店增长的要求。市政府迅速做出反应，采取了与赫尔相同的措施，向渥太华洗衣店征收25加元特别税，并在洗衣店设立水表，按用水量收取水费。这项措施也促成渥太华建立起第一套城市用水量监测系统。

1909年5月3日上午，家住女王街208号的侨界知名人士谭华钿作为华人社区的代言人，来到渥太华市警察局投诉华人遭受不公正待遇。前一个礼拜天谭华钿等华人从教堂及主日学校出来，被一群白人青年尾随，这些青年推搡、辱骂并取笑他们。谭华钿提到在另一个礼拜天的夜晚，他和同伴走过女王大街上的卫理公会教堂（Dominion Methodist Church）时，同样遭到骚扰，一些本地青年跟踪他们并百般寻衅试图打人。谭华钿还投诉经常有人在夜间向华人洗衣店投掷砖头和石块，砸坏门窗造成损失。警察局承诺将做出特别努力，抑制对华人的骚扰。

谭华钿随后向《渥太华新闻报》记者讲述了他约见警察的原因。谭华钿说："我们是外国人，其中有好人也有坏人。在渥太华，我们中的绝大多数人都去教堂，并与教会人士成为朋友。作为基督徒，只要我们遵守当地法律并为我们所在的国家努力工作，华人便像其他任何人一样是好人。加拿大是一个自由的好国家，中国青年理应像其他人一样受到法律的保护。因此，我来到这里通过贵报投诉。十位渥太华警官已经表示，那些侮辱和攻击我们的年轻人应当为自己的行为感到惭愧和内疚。[70]"

尽管洗衣店开得如此千辛万苦，华人洗衣店仍然像蒲公英一样顽强地生存并不断增多，有些甚至开进了居民区。不少社区居民提出抗议，但市政府并没有出台进一步的法令法规。

## 服务辛顿堡，黄家开先河

1901年至1921年，渥太华华人人口逐渐增加，从84人增至270人。他们绝大部分为单身男性，缴纳了从50加元至500加元不等的人头税，前来渥太华寻找工作机会或投靠已在此间创业有成的家人或乡亲。那时渥太华华人的聚集地是今天的阿尔伯特街，

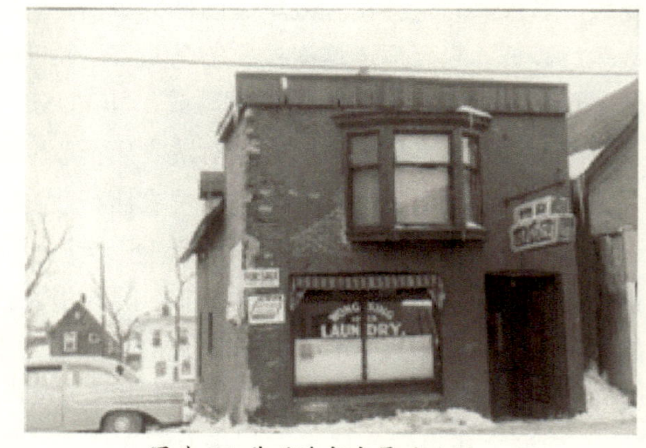

图片 66 黄兴洗衣店最后地址：
威灵顿街1029号，摄于1960年

华人主要从事各类服务业，他们最早从洗衣店起步，后来多开餐馆。在20世纪上半叶，华人几乎垄断了渥太华的整个洗衣行业，多达四、五十家，

星罗棋布于这个城市的不同区域，以满足整个城市的需求。1901年的数据显示，渥太华华人拥有58家洗衣店中的56家。1914年，拥有72家中的68家。1931年，拥有56家中的43家。二次世界大战期间，华人经营着首都地区50家洗衣店中的49家[71]。

1898年，黄兴（Sing Wong）在工薪阶层居住区辛顿堡开了第一家华人洗衣店。据1911年人口普查，黄兴生于1876年（见表格 4　1911年渥太华人口普查黄姓情况），开店时只他有22岁。1898年2月5日的《渥太华新闻报》这样说道：中国人延伸到辛顿堡，一家华人洗衣店在瑞奇芒德路开张。黄兴洗衣店的最初店址已无从考证，现在只能查到一年后，也就是1899年，他搬到了瑞奇芒德路64号。黄兴在这里经营到1912年，后来这个地址被重新编号为威灵顿街1020号。1901年黄兴申报的年收入仅为200加元，远低于同一地区的平均水平。1912年至1931年期间，黄兴又搬到了威灵顿街1069号。1931年，黄兴搬到威灵顿街1029号，也就是他最终的店址。黄兴于1930年代中期去世，他的洗衣店转卖给了 Soo Hoo Song 与 Frank Janes，后者将这个生意经营到了1961年。

黄兴和李金（Kim Lee）是渥太华最早的两位华人洗衣店主，此后在辛顿堡地区，又有三家华人洗衣店在威灵顿街上开张。在不远处的荷兰街，Charlie Leung 于1925年开了一家洗衣店，并将洗衣店传给了他的儿子，生意一直持续到1960年代。另外在万斯特伯鲁（Westboro）附近的瑞奇芒德路上，也有一家华人洗衣店，业主为 Charlie Yon Lee。

## 从业60多年的何家

在洗衣这一节，不得不重提一下何家的辛顿堡洗衣店，因为它是渥太华历史最长的华人洗衣店。当何连长最终关闭这家洗衣店时，渥太华的科技博物馆买下了他的全套设备，包括一架制造于1900年用来浆硬衣领的设备，博物馆总共支付了750加元。

何连长的父亲何达方最早是从李金手上买下了位于威灵顿街1004号的洗衣店。在1930年至1931年之间，何家搬到了威灵顿街997号，店名叫

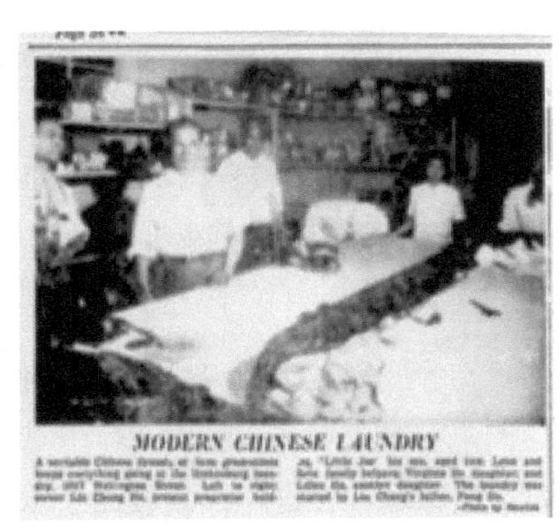

图片 67　何家"现代化的华人洗衣店"
（来源：《渥太华公民报》
1955年12月31日）

做辛顿堡手工洗衣店。

　　在这里，何家曾与同一条街1209号的梁（Leung）家洗衣店发生过矛盾。

　　1938年的一天，梁家叫住路过店门的何家两兄弟，指责他们拉走了自己的顾客。随后双方发生争执并引发了肢体冲突，所幸无人遭受严重伤害。这件事闹上法庭，一时成为新闻[72]。

　　在1942年至1945之间，他们搬到了后来最出名的店址威灵顿街1017号，他们在那里一直经营到1976年洗衣店关闭。

　　1955年，《渥太华公民报》记者采写了何家辛顿堡洗衣店的新闻。报道中称这家洗衣店为"现代化的华人洗衣店"，因为何家洗衣店此时已经拥有许多现代化的洗衣设备。

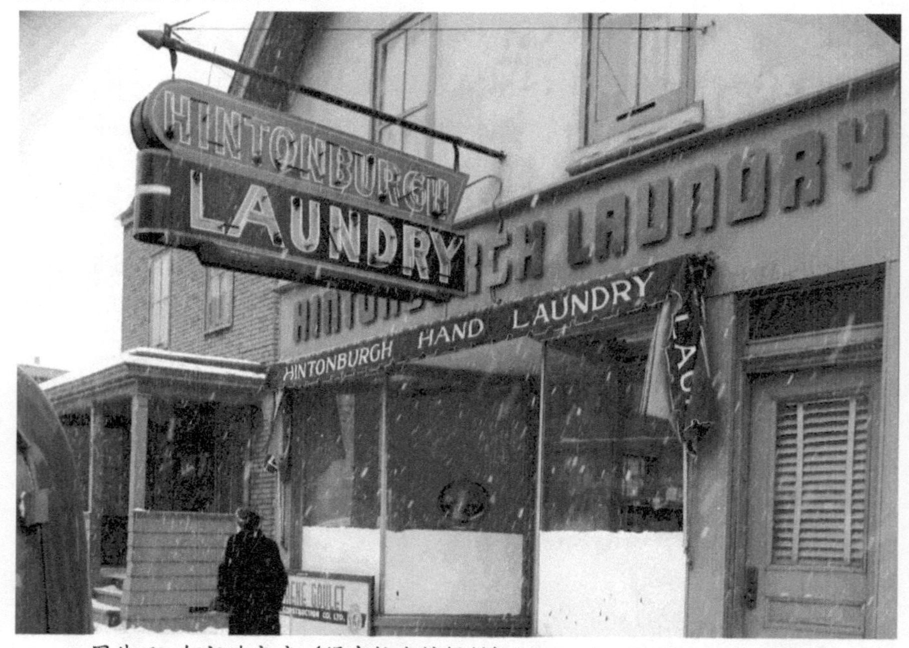


图片 68　何记洗衣店（渥市档案馆提供）Hintionburgh Chinese Laundry, December 29, 1955, City of Ottawa Archives/MG393/CA036115/Newton

　　何家也曾像其他华人一样试图转换到餐饮业，并于1957年8月在洗衣店的隔壁威灵顿街1021号开了一家名叫 Miss Mai Ho Café 的餐馆。不幸的是，这家餐馆在同年年底发生了火灾，圣诞节晚会后的一把火烧掉了这个刚开业不久的餐馆。这本是何连长送给四个女儿经营的一个餐馆，短短数月便毁于大火，实为可惜。

1976年4月底，何连长关闭了为之工作了56年之久的洗衣店。在此前的一次采访中，他对记者说："渥太华曾经有75家华人手工洗衣店，我是最后一个。现在我的生意也要结束了，我想以后的日子里，人们不再知道手工洗衣为何物。[73]"

2015年，作者寻访昔日的何家辛顿堡洗衣店，见到的是一座名叫 Black Pepper Pub 的酒吧。

### 艰难时世

华人以洗衣为生经历了太多的曲折，在很多方面都受到加拿大三级政府以及当地白人的挤压。同时由于生活条件艰苦，很难顾全各方面的要求。渥太华市卫生局曾经制定出一整套严苛的卫生标准，并经常派员前往华人洗衣店检查，指出华人洗衣店未能达标的地方，如未及时擦洗地板，未及时使用板刷，未贴足墙纸，居住与进食在同一房间等等。

当时没有蒸汽熨斗，也没有喷水瓶，熨衣的一道工艺是洗衣工拿一条毛巾，嘴里含一口水，喷到衣服上，然后垫上毛巾熨烫。这种家庭式的做法显然不能符合二十世纪的卫生标准，顾客受不了自己的衬衫和衣服上沾着别人的口水。但华人洗衣店大多没有认真执行这项规定，以致众多的渥太华人包括政府首脑和各界名人都穿着沾有华人口水的衬衫。1912年5月9日的《渥太华新闻报》刊登了一篇文章，标题为："严禁给衣物喷水——华人用嘴喷水不卫生"[74]。

华人洗衣店偶尔还要经历抢劫与诈骗，日子过得很辛苦。许多白人一面享受廉价的优质服务，一面抱怨洗衣店的存在拉低了社区房价，降低了卫生标准，甚至还恶化了社会治安。事实上，华人餐馆的卫生情况比洗衣店更加糟糕。1911年2月10日，一位署名为"J. Mc."的妇女就伤寒疫情致信《渥太华新闻报》，反映麦迪卡夫街与艾尔根街之间的餐馆后厨将厨房肉食等垃圾随意丢在屋后的木桶及木桶周围，蚊蝇滋生，腐臭难当。信中还举报奥康纳街与麦迪卡夫街的餐馆也存在同样问题。虽然她没有直接点名是华人餐馆，但提到了当时人们谈论的"华人鸡蛋"。华人餐馆那时通常将臭鸡蛋和动物下水等放在餐馆后门外等待收垃圾，但垃圾桶并未妥善遮盖，严重影响了环境卫生。这位读者最后呼吁市政健康卫生部门监督管理此事[75]。

1916年，一名白人直接投诉华人洗衣店和餐馆是流行病的滋生地，市健康局要求检查这些经营场所。这次华人业主们联合起来拒绝接受检查并寻求中国领事的帮助。中国领事前往市政府交涉后，市健康局取消了这次大检查[76]。

有些白人还指控华人洗衣店引发了流行病，如麻风病和天花。19世纪末到20世纪初的英文报纸上，这类观点的文章比比皆是。

1901年到1961年的60年中，渥太华《工商人名录》上共出现过474个华人姓名，其中168名从事洗衣业。后来蒸汽洗衣机及自动洗衣店兴起，手工洗衣作坊日趋淘汰，到1961年全市只剩下14家手工洗衣作坊，全是华人经营的[27]。

需要指出的是，并不是华人的家乡遍地都是洗衣店，或者他们拥有这方面的天赋，而是由于当时华人被禁止从事几乎所有相对更好的行业。种族歧视与语言能力的欠缺，限制了华人的发展空间，只能以廉价劳动为生。1925年代闻一多先生留学美国时，写下一首《洗衣歌》，生动地描述了华人经历的艰难岁月。

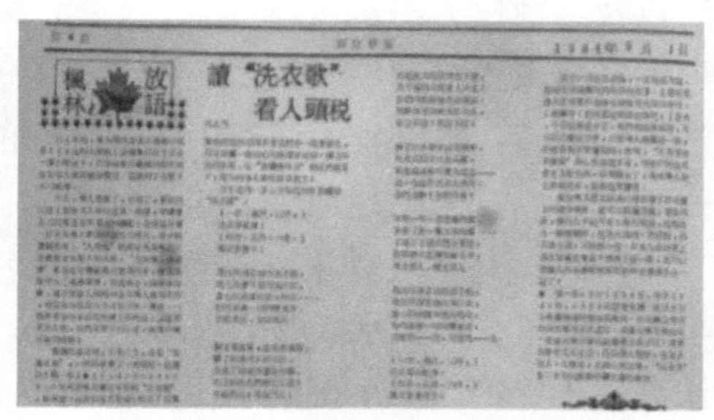

图片 69 闻一多先生写的"洗衣歌"
（来源：《加京华报》，
1984年8月1日）

生活如此艰难，能有地方从事洗衣工作已属幸运，渥太华这座城市中毕竟还有许多找不到工作的穷苦华人。1941年的新年前夜，曾有十名华人前往警察局讨要食物。由于战争和失业，他们无法养活自己。那一次他们得到了45公斤大米，9公斤牛肉，4袋土豆和6棵大白菜。在自强自立的华人社区，这样的行为并不多见，但渥太华当时的华人社区实在太小，几乎没有资源可以分享。

当生意扩大供不应求的时候，华人洗衣店首先会在渥太华自己家中或亲戚中寻找帮手，而不是急于资助中国老家的乡下兄弟或近亲前来加拿大。从国内找其实更多属于帮衬亲人，如果来的人负担不起路费，雇主一般会借款给新来的人买一张单程票。如果人已经在北美，那便是一张火车票。如果人还在中国，那便是一张船票。这种以血缘和姻亲为基础的招工模式使得华人社会长期垄断着加拿大的某些服务行业，比如台山人从事洗衣业，而相邻的开平人则多开餐饮小店。

新的华人一到渥太华，往往来不及安顿自己便急着去开工上班。他们通常会被付给一点很低的薪水，睡在洗衣店后面杂货间的一张床上。他们会和别的工人一起搭伙吃饭以降低开支。多数工人将自己封闭在洗衣店的狭小空间里，一方面他们不懂英语，另一方面他们也没有社会安全感。这对他们的身心健康都带来不利的影响，很多人患有不同程度的忧郁症。绝大多数来到加拿大的洗衣人怀揣着同样的目标：拼命工作、艰苦生活、全力存钱，然后带钱衣锦还乡过舒心的日子。然而他们大多未能在"遍地黄金"的加拿大实现梦想，而是孤独一生，终老他乡，与自己的梦想一起被埋入异国他乡的土地。由于劳动强度大，生存条件差，许多人死的时候还不到50岁。在1907年到1945年之间，超过50名华人被埋进了渥太华的比奇伍德公墓。第一位下葬的是死于1907年6月12日的 John Lee，年仅44岁。

一些年轻而又有抱负的洗衣工，打工几年便离开原雇主去别处开一家自己的新店。据测算在20世纪初，开一家洗衣店所需要的资本大约为600加元。筹集资本的办法不少，最常用的便是召集一些亲朋好友，集资开店，共同劳动，分摊费用，到年终时分取红利。另一种办法是参加一个信用社，老华侨们称之为"供会"。这种信用社几乎每个华人社团都曾出现过，比如各种同乡会和宗亲会，属于互助基金，参与者每月"供"数额不等的钱，将钱集中在一起，不贷款的分利息，贷款者付利息。华人凭借微薄的薪资无法从正规银行贷到款项，于是这样的"供会"便大受欢迎。但参加这种供会并无法律甚至契约保证，风险很大。据不愿透露姓名的老华侨讲，历史上确有供会负责人卷款失踪，致使会员损失大额资金。

华人洗衣店大多沿袭了家庭作坊的模式，设在横街小巷之中。随着自动投币洗衣机的出现，华人开的人工洗衣店很快失去竞争力，被迫退出了历史舞台。

# 渥太华华人教会的诞生

## 1892年，如日初升

加拿大对华往来始于传教活动。自1888年加拿大第一批传教士到中国传教，到1957年最后一位加拿大传教士离开中国大陆，加拿大对华传教历时约70年，向中国派遣了近千名传教士，传教活动几乎遍及整个中国。

加拿大华人社会与教会的关系源远流长。由于在中国和亚洲的传教活动已经进行了几百年，天主教与新教的传教士对华人社会及其文化有着十分深入的了解。事实上基督教传教士在淘金潮与修建太平洋铁路时期，便开始与早期加拿大华人接触。对于被边缘化的中国劳工，长老会和卫理公会都曾发出过保护的呼声。

渥太华大学李强博士在其2000年提交的毕业论文 *Ethnic Minority Churches: The Case of the Canadian Chinese Christian Churches in Ottawa* 中指出[77]：华人基督教社区在渥太华的发展已经超过百年历史。最早的信徒出现在1892年的早期华人移民中，但直至1960年代之前，他们一直以个人或小组的形式存在。

戴伊（J. R. Day）在1922年的记事[78]中，描述了19世纪末对早期华人移民的宣教以及随之而出现的第一个渥太华华人基督教团契。从多伦多大学毕业回到渥太华的辛克莱小姐（Miss Sinclair）于1892年开始在渥太华宣教。她曾尝试在自己所在的教堂开一个华人班，未获成功，但她却得到了一些基督徒的支持，在斯巴克思街一家称为吉尔伯特先生印刷店（Mr. Gilbert's printing office）的楼上找到一个房间。于是，1892年6月的一个礼拜天，她给渥太华第一个华人班上了第一课。

罗斯先生（Mr. J. A. Rose）在会上被选为管理人，管理班上仅有的四名中国学生。这个四人小班随后成长为这个城市的第一个华人主日学校。它先从印刷店的楼上搬到了基督教青年会（Young Men's Christian Association，简称 YMCA），然后又迁往班克街长老教会（Presbyterian Church），正式命名为华人主日学校。学校的教师来自长老会、卫理公会、英国圣公会的教徒和教友。到1922年，学校一周有一个下午和一个晚上上课，约有40名华人学生。

1902年2月17日晚，在渥太华诺克斯教会礼堂，当地华人举办了一个答谢老师的宴会。出席晚宴的有117人，其中华人40到50人。华人社区领袖谭华钿（Hum Quon）的两侧分别坐着牧师兰姆斯（Rev. D. M. Ramsay）、牧师米尔恩（Rev. J. W. H. Milne）、麦克米兰先生（Mr. John MacMillan）和罗宾森先生（Mr. Hiram Robinson）等贵宾。其他的老师与他们的学生坐在一起。晚餐进行了一个半小时，菜单如下：

汤：牡蛎汤、牛尾汤

肉类：烤火鸡加蔓越莓酱、烤鸡肉、烤猪肉、煮舌头、鸡丁色拉、烤牛肉、烤羊肉、煮火腿

配菜：土豆泥、青豆、腌黄瓜

甜点：山莓饼、苹果饼、桃饼、柠檬饼、水果冻、各式蛋糕、香草冰激凌、泡芙

水果：甜橙、葡萄、杏仁、苹果、葡萄干

另有黑茶、日本茶、咖啡与奶油、芹菜、奶酪、面包

宴会结束前，麦克米兰先生提议感谢东道主，赞扬华人学校取得的成绩。米尔恩牧师发言指出华人是好市民，在加拿大这样一个基督教国家，剥夺华人的就业机会是一种耻辱。出席宴会的华人有：Wong Ligh、Hum Yu、Goey Hing、Hum Quon（谭华钿）、Hum Dean、Tom Shu Shek、Hum Shu、Wong Ac、Hum You 等，可惜他们的中文姓名大多已无从考证[79]。

1903年1月26日晚，华人社团在诺克斯教会礼堂举行了音乐会。

当时其它教会也纷纷开办了面向华人的主日学校，并取得巨大成功。1922年，三所长老会学校查尔莫斯（Chalmers）、斯图尔顿（Stewarton）和诺克斯（Knox）以及卫理公会（Methodist-Dominion）与基督教青年会，共拥有超过125名华人学生，而那时渥太华的华人居民总数也不过350人。这些中国主日学校通常提供查经课（圣经研究）与英语课。从1892年至1922年，上千名渥太华华人进入过不同的中文主日学校，许多人后来成为基督徒，少数人回到了中国。

## 青年会、团契、内地会与海外使团

1919年的秋天，二十几位年轻华人基督徒成立了华人基督教青年会（Chinese YMCA），简称"青年会"。他们租了奥康纳街上一家洗衣店的阁楼，用作崇拜与祈祷的例会场所。这些例会一直持续到1920年春季。

1920年3月，当地所有的华人主日学校召开了一个联席会议，讨论他们的发展策略。随即在1920年4月10日，渥太华华人基督教团契（Chinese Mission and Christian Association of Ottawa，简称 CMCAO）在利斯伽街314号的礼堂正式成立。礼堂共有125个座位，年租金为55加元。

　　早期华人基督徒在没有正式加入教会之前，所有的宗教活动与聚会都可算作"团契"，而组织本身也可称为"团契"。团契（英语 fellowship），即伙伴关系，源自《圣经》中的"相交"一词，意思为相互交往和建立关系，是指上帝与人之间的相交和基督徒之间相交的亲密关系。团契现在常用作基督教（新教）特定聚会的名称，旨在增进基督徒和慕道友共同追求信仰的信心和相互分享、相互帮助的集体情谊。因而广义的团契也可指教会和其它形式的基督徒聚会。团契生活是基督徒最基本的和非常重要的教会生活，所以团契也被称为基督徒团契。教会除了礼拜日的主日崇拜聚会外，按照群体性质划分的各类聚会，也可称为团契聚会。几乎每所教会都会有团契聚会，圣经中强调基督徒不可以停止聚会。初期教会团契聚会的形式为擘饼（吃爱筵和圣餐）及祷告。现在团契聚会的主要内容有祷告、诗歌崇拜、查经、分享、互相代祷和聚餐等。

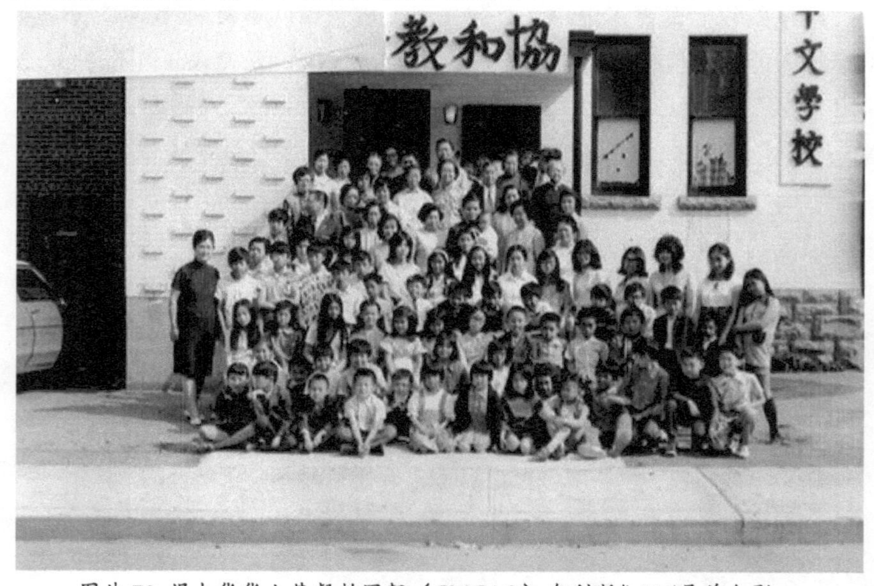

图片 70　渥太华华人基督教团契（CMCAO）在利斯伽314号前合影，
约为1940年代（周强安提供）

　　由于早期华人的基督教组织本身没有注册，也没有媒体公示，所以基督教组织的中英文名称便由会众口口相传，相当不统一。渥太华早期华人基督徒曾经使用过若干不同的名称，比如"青年会"、"中国内地会（China Inland Mission）"、"海外基督使团（Overseas Mission Fellowship，简称 OMF）"等等。这与1920至1949年之间从中国返回的传教士沿用这些名称有关。

更多的人则直接说"去华人教会"，而那时的组织并不是正式教会。事实上他们说的都是同一个华人基督教团体，该团体组织信徒和慕道友进行的宗教活动包括崇拜、主日学（礼拜日的圣经课）、英语班、子女中文班以及各种团契（Fellowship）。到1980年代初期，渥太华每周仍有以 OMF 为名的宣教祷告会，其中有华人参加。早期的 OMF 会员，包括有后面将提到的麦荣禧牧师。

这些不同的名称一直困扰着作者的写作。经与周树邦先生及张云台牧师几次交流，决定统一称之为"基督教华人团契"，或"华人团契"[80]。

还有两个华人联合教会文献中的常用词也在这里一并说明："事奉"就是服务，英文为 Service；"同工"就是同事，英文为 Co-worker。Mission 早先翻译为"宣教"，后来逐渐与"差传"同用，或有被取代的趋势。

1922年，利斯伽街312-314号的楼业由平西小姐（Miss A.Pinhey）以一万三千加元购得，首付的100加元则由华人基督徒募捐所得。华人社区第一次找到一个可以用来举办各类活动的公共场所。

2015年7月4日，作者在渥太华市档案馆（City of Ottawa Archives）找到了一

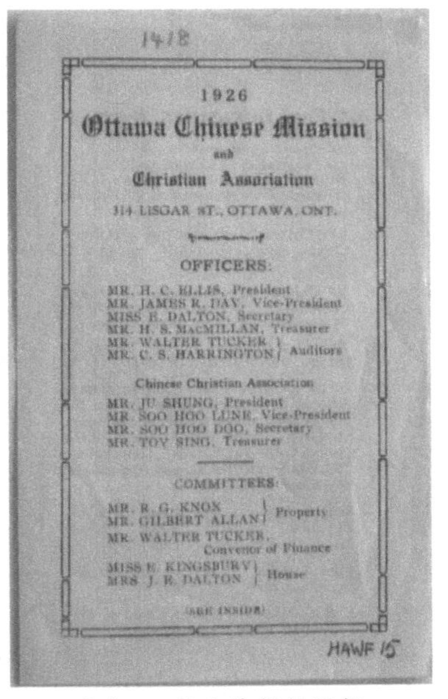


图片 71 华人基督教团契
1926年的传单

张1926年华人基督徒团契印制的传单。传单上的名称为"Ottawa Chinese Mission and Christian Association"。团契的组织机构由加拿大联合教会委派人员（Officers）、基督教徒协会（Christian Association）与各委员会（Committees）三部分组成[81]。

教会委派人员的主席为艾利斯先生（Mr. H. C. Ellis），副主席为戴伊先生（Mr. James R. Day），秘书为道尔顿小姐（Miss E. Dalton），财务为麦克米兰先生（Mr.H. S. MacMillan），稽查员为塔克尔先生（Mr. Walter Tucker）与哈林顿先生（Mr. C. S. Harrington）。戴伊曾记录过一些团契活动。

基督教徒协会通常被称为青年会，周相先生任主席，Mr. Soo Hoo Lune 任副主席，Mr. Soo Hoo Doo 任秘书，Mr. Toy Sing 负责财务。据周相之子周强安先生回忆，他那时常见这几位前辈，但叫不上来中文名字了。不过他认定 Soo Hoo 就是 Seto，也就是司徒。经与其它资料交叉考证，基本可以确定 Mr. Soo Hoo Lune 就是司徒德伦先生，而 Soo Hoo Doo 则有可能是司徒丘先生。

团契共有三个委员会。诺克斯先生（Mr. R. G. Knox）与艾伦先生（Mr. Gilbert Allan）负责资产委员会，金斯伯里小姐（Miss E. Kingsbury）与道尔顿女士（Mrs. J. E. Dalton）负责房舍。塔克尔先生同时负责委员会的财务。

另有资料表明，龚英仪先生、梁焯立先生、麦方先生、麦英先生，以及 A. G. Rose 先生、William D. Noyes 博士、W. H. S. Martin 女士和 Lillan Crain 小姐也曾参与青年会与委员会的工作[82]。

1920年4月华人团契开办了中文学校。整整95年之后，2015年5月26日，作者在周树邦先生陪同下来到利斯伽街312-314号，追寻历史的踪迹。这座历经百年沧桑的古老建筑已成空屋，其右侧是一座高楼，左边是一片工地，房子很快就要被拆除了。

夕阳下，周树邦依依不舍地与这座历经岁月沧桑的小楼合了一个影。

时间回到1940年。教会礼拜日的事奉由华人基督徒主持，分别于上午11时15分和下午4时15分进行。而一周内的其它时间则分配给中文教育。马焕匀小姐（Miss Alice Mah）在"教会的诞生"[83]一文中这样描述1940年代华人团契的活动：

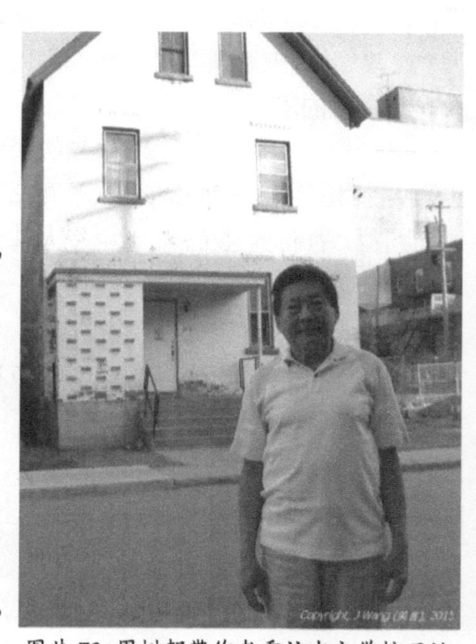

图片 72 周树邦带作者重访中文学校旧址
（笑言摄于2015年5月26日）

"中文传道老师周龙兴先生，受呼召主持周日的崇拜。他同时还在日常学校放学后，教孩子们中文阅读与书写。当时大约有14名华人子女参加英文主日学校，16名参加中文主日学校的崇拜。我们每年进行两到三次交流，蒙特利尔的陈保罗牧师或多伦多的威廉·诺伊斯博士（Dr. William Noyes），获邀前来主持用中文进行的圣礼。"

加入事奉行列的当时还有甄玉辉小姐、董先生和司徒丘博士。

1940年10月24日晚，华人团契（Ottawa Chinese Mission and Christian Association）在利斯伽街314号举行年会，参会人员众多，表现出华人对团契工作的兴趣。年会选出了新的团契理事会，当选的管理人员为：

名誉主席：罗斯（A. G. Rose）；主席：戴伊（James R. Day）；副主席：麦克乔治（T. H. MacGeorge）、财务：麦克米兰（H. S. MacMillan）；秘书：马丁（W. H. S. Martin）及理事哈林顿（C. S. Harrington）、哈林顿夫人（Mrs. C. S. Harrington）、金斯伯瑞小姐（Miss E. Kingsbury）、瑞普利小姐（Miss R. Ripley）、科瑞恩（R. H. Crain）、约翰斯顿小姐（Miss Ethel Johnston）、麦金托什（Paul McIntosh）、瑞德小姐（Miss K. Reid）、麦克乔治夫人（Mrs. T. H. MacGeorge）、菲（Norman Fee）、怀特（John Wyatt）、伊利斯夫人（Mrs. H. C. Ellis）、科瑞恩小姐（Miss Lillian Crain）、菲尔博恩小姐（Miss Helen Fairbairn）、邝敖（Kung Awt 音译）、周在彦（Joe Sim）、周日洪（Jack Sim）、黄昂振（Wong Sue）、谭林有（Hum Lim Yoke 音译）、司徒丘（Soo Hoo Doo）、弗雷曼·梁（Leung Freeman）、周涛（Ju Toy 音译）、查理·黄（Charlie Wong）。另外还有由其它教会委派的理事[84]。

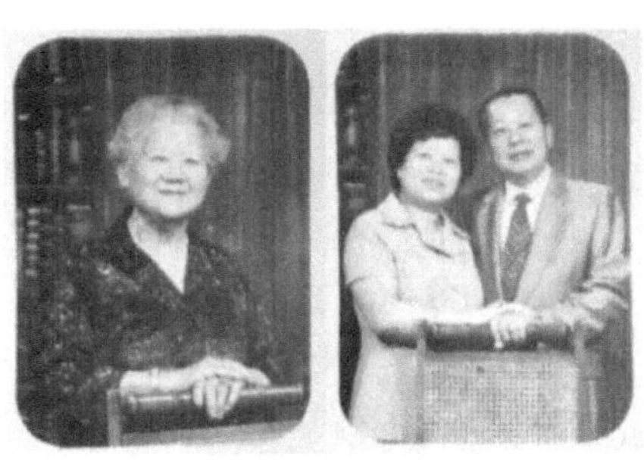

图片 73 左：张启云(周相夫人)
右：龚英仪夫妇
摄于1984年（周树邦提供）

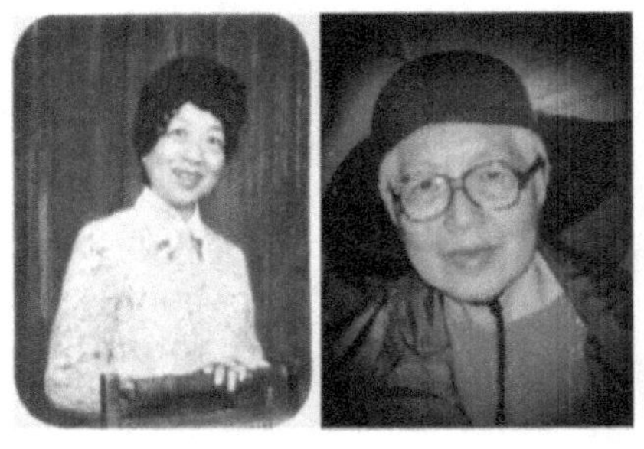

图片 74 马焕云于1984年、
约1993年（周树邦提供）

事实上，渥太华华人教会从一开始，就肩负着教育华人子女学习中文的使命。正因为如此，渥太华中文学校的历史要从在斯巴克思街那个房间出现孩子上中文课时算起。

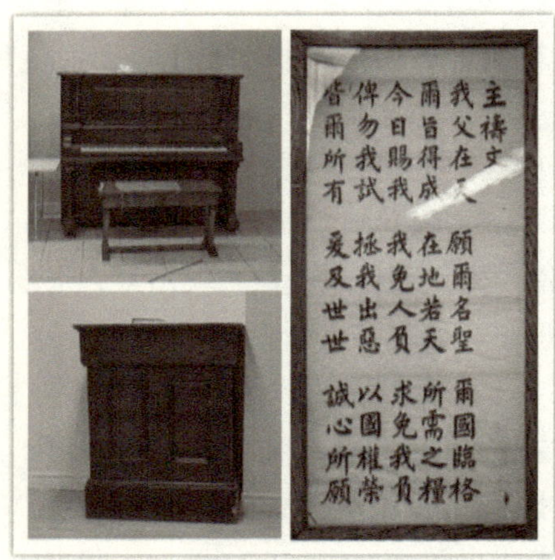

图片75 早期主祷文、唱诗班钢琴和讲台
（笑言摄于2015年3月21日）

除了教下一代中文（台山话），青年华人也在这里举办舞会、进行时装表演、上演话剧、进行慈善筹款等，教会与华人社区密不可分。

1941年底，渥太华、赫尔及艾尔默的七个出生在加拿大的华人男孩组建了第一支球员全部是华人的冰球队，取名"中国王牌"（Chinese Ace）。

这支球队中有三对亲兄弟，司徒家（Charles Seto）两个儿子 Alfred 与 Hector 分别打后卫与中场，家住斯莱特街152号周相（Shung Joe）的两个儿子周强安（Bill）和周强根（Eddy）打右前锋和后卫。家住赫尔主街95号周在彦的两个儿子周日明（Don）和周日照（Paul）负责左翼。家住班克街797号黄昂杰（Shing Wong）的14岁儿子黄新悦（Leslie Wong）担任守门员，他也是这支球队的队长。

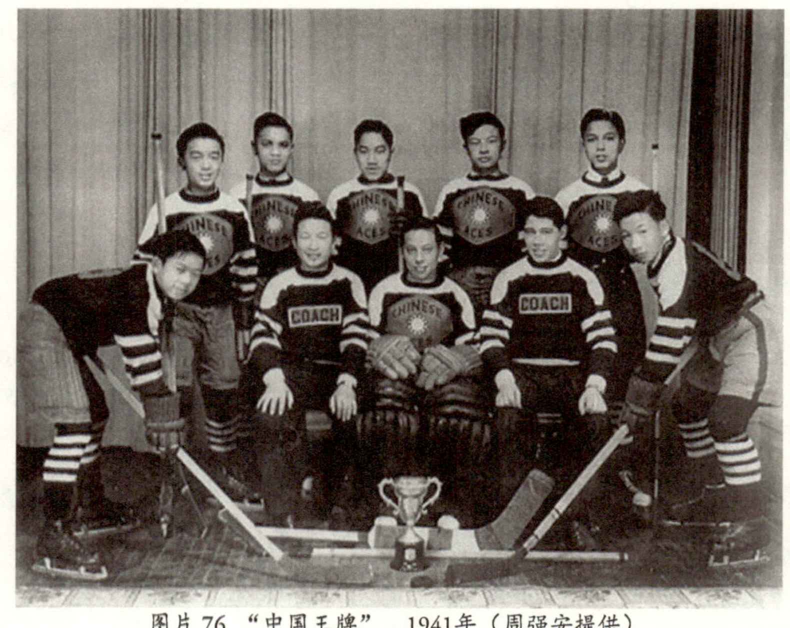


图片76 "中国王牌"，1941年（周强安提供）

90

后左：周强根（Edwin）、周日照（Paul）、黄新悦（Leslie）、Alfred Seto、周日明（Donald）
前左：周强安（Bill）、Robert Seto、Allan Way-Nee、George Fong Quinn、Hector Seto

他们的教练则是他们自己的兄长：司徒（Robert Seto）、周强辉（Allan）及黄新瑞（Gordon）。除了黄新瑞，所有队员都还在上学。黄新瑞在他父亲的蔬果店上班，晚上在渥太华技术高中读书。小队员们比别的孩子要学习更长的时间，从加拿大的正规学校放学之后，他们还要去华人教会办的中文学校再学两小时中文。在中文学校，周龙兴老师教他们用毛笔写中国字，学习中文和传统文化，而那里，也是这支冰球队冰场之外相聚的唯一场所。后来，他们的朋友，家住赫尔威灵顿街30号的白人孩子布吉（Don Budge）加入了他们，"中国王牌"变成了8个人[85]。

周强安回忆，他们这个冰球队经常去渥太华周边城镇比赛，如艾尔默（Aylmer）、史密斯瀑布（Smith Falls）、安普赖尔（Arnprior）、卡尔顿地区（Carlton Place）等地。而据黄美龄（Gladys Wong Chin）回忆，那时她父亲黄昂振经常驾着家里的福特车送球队去邻近的城镇比赛。一个暴风雪之夜，中国王牌冰球队在距离渥太华100公里以外的南邓达斯（South Dundas）以6比6打平了一场比赛，然后又打了加时赛。结果回程时球队队员与拉拉队员共19人分乘5辆车被困在了路上。后来他们找到一个农场，主人史密斯夫妇收留了他们，19个人到处找地方睡觉，三个最小的队员挤在了厨房。黄昂振让孩子们睡进暖和的房间，自己却只好睡在冰冷的谷仓里。暴风雨持续了三天，冰球队在农场滞留了三个晚上，而像样的食物只有史密斯家唯一的一只鸡[56]。

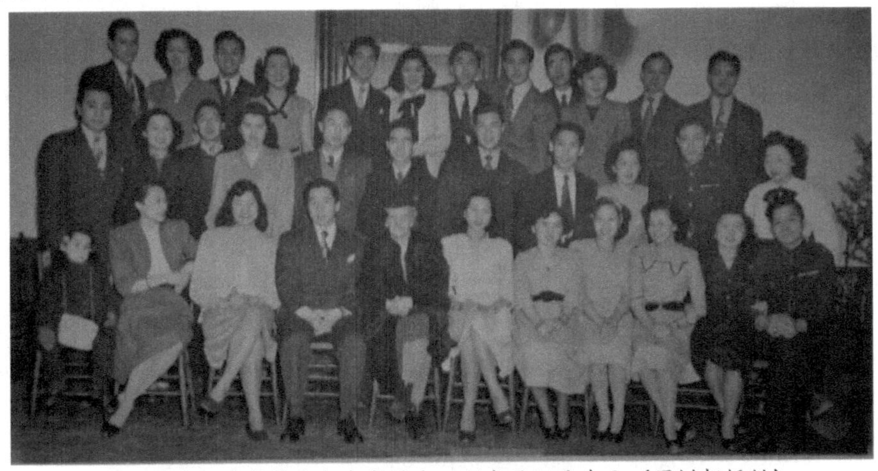

图片 77 华人基督教青年会成员在1944年圣诞晚会上（周树邦提供）

　　华人教会就是这样将渥太华早期很少的华人凝聚在一起。会员年费仅为一加元，理事由会员选出。宣教职责由总委员会制订。总委员会的构成由各教堂与每年贡献不低于十加元的社团各派出一名代表，各中文主日学校派出两名代表，再加上华人团契的十名理事以及其他由华人团契任命的人员。

　　同时另有一个由总委员会任命的管理委员会，成员分别由五位英语人士和五位华语人士担任。管理委员会根据总委员会的指令行事。

　　加拿大联合教会自1925年成立起，便开始通过宣道基金对教会内的华人组织和活动给予财政上的支持，包括对中文学校的支持。

　　这些中文主日学校相当成功。统计数据表明，在1931年，渥太华华人中基督徒占华人总数的60%（181人），而在1941年超过了72%（196人）。渥太华成为那段时间加拿大城市中基督徒比例最高的华人社区。

　　在1942年11月由怀特（J. M. Wyatt）主持的年会上，戴伊（J. R. Day）汇报了成人主日学的工作，中文传道教师周龙兴（Chow Lung Hing）汇报了中文学校及主日崇拜，财务科瑞恩（R. H. Crain）做了财务报告，其他人员回顾了过去一年的活动。

　　Alice Gee 朗读了圣经选段。中文学校的学生表演了中英文结合的节目。周彩莲（Margaret Sim）弹奏了钢琴，周凤箫（Irene Joe）表演了歌唱。周在彦感谢了参会发言的 Lee Bing Shuey 与 F. S. Milliken 牧师。

　　会上怀念了数月前去世的麦克米兰（H.S. MacMillan）先生。自教会1921年成立以来，麦克米兰一直负责财务。罗斯夫妇（Mr. and Mrs. Rose）也应邀参会。罗斯先生为理事会名誉主席，是渥太华第一位帮助华人的白人，他将渥太华当时仅有的四名华人带到自己的住所教他们英语。罗斯夫人也在很早就参与了罗斯先生的工作，夫妇二人共同为华人社区做出了巨大贡献。

　　新当选的管理人员为，主席：怀特（J. M. Wyatt）；副主席：麦金托什（Paul McIntosh）、科瑞恩（Mr. R. H. Crain）；财务：马丁（W. H. S. Martin）；秘书：诺克斯（R. G. Knox）、诺姆·菲（Norman Fee）。财产委员会：哈林顿（C. S. Harrington）、哈诺德·陈（Harold Chan）；总务部：金斯伯瑞小姐（Miss E. Kingsbury）、瑞普利小姐（Miss R. Ripley）。华人成员：邝敖（Kung Awt 音译）、周在彦（Joe Sim）、周日洪（Jack Sim）、周相（Joe Shung）、黄昂振（Wong Sue）、查理·黄（Charlie Wong）、周涛（Ju

Toye 音译）、弗雷曼·梁（Leung Freeman）、司徒丘（Soo Hoo Doo）、余金生（Yee Cam Sim 音译）[86]。

1943年10月，在华人团契举行的年会上，来自圣安德鲁长老教会（St. Andrew's Presbyterian Church）的博纳特牧师（Rev. Ian Burnett）讲述了教会在中国的发展。周日洪感谢了博纳特牧师及所有参会人员。秘书马丁夫人向与会者汇报教会向中国战争救济会（Chinese War Relief）捐助了650加元，其中200加元来自华人青年团，中文学校有84人注册入学，主日学校有24人注册。而教师周龙兴指出主日崇拜人数的增加主要是源于年轻人的增加。

新当选的管理人员与上届变化不大，名誉主席：罗斯（A. G. Rose）；主席：怀特（J. M. Wyatt）；副主席：麦金托什（Paul McIntosh）。华人成员：邝敖（Kung Awt 音译）、周在彦（Jo Sim）、周日洪（Jack Sim）、周相（Joe Shung）、黄昂振（Wong Sue）、查理·黄（Charlie Wong）、弗雷曼·梁（Leung Freiman）、司徒丘（Soo Hoo Doo）、余金生（Gee Cam Sim 音译）。理事会表达了对名誉主席罗斯生病的慰问，并决定送上慰问金以感谢他长期忠诚支持教会[87]。

1944年，怀特再次当选理事会主席，戴伊成为名誉主席[88]。1945年，依旧是怀特当选主席，戴伊成为名誉主席。理事会成员变化不大[89]。

2015年3月21日，作者采访渥太华华人联合教会张云台现任牧师时，他讲到由于特殊的历史原因，许多1920至1949年之间加拿大联合教会前往中国宣教的传教士，返回加拿大后希望继续为华人事奉，因而渥太华华人教会组织"特别受到这方面的祝福"[90]。而在没有成为正式教会之前，以主日学校、查经班、青年会、团契等形式存在的华人基督教组织，并没有上级教会任命的正式牧师，很多时候便由邀请到的牧师或众人推举的"平信徒"来主持宗教仪式。

在第二次世界大战期间，联合教会与天主教教会均积极参加了由本地华人社团组织的筹款抗日活动。战后，教会又大力声援各界华人联盟一致游说联邦政府废除排华法案。

（如果想接着阅读渥太华华人教会的发展，请转第141页）

# 渥太华中文学校—襁褓时代

　　孔子说："我非生而知之者，好古，敏以求之者也。"

　　孔子又说："十室之邑，必有忠信如丘者焉，不如丘之好学也。"

　　礼记说："建国君民，教学为先。"

　　一位名叫詹一帆的渥太华中文学校学生家长，曾经在一篇短文中引用了以上三句话。渥太华的早期华人，在极其艰难的条件下，没有舍弃五千年的中华文明，没有放松对后代的中华文化教育，将中文班这一颗微弱的火种，悉心照料，代代相传。如今的渥太华中文学校已历经百年，真是功在当时，德垂后世。

## 中华文化的传承

　　2015年4月18日，作者来到渥太华中文学校，采访了周素品校长。周校长拿出学校精心编撰的40周年校庆特别校刊，介绍了这所在海外坚持传承中华文化的学校。

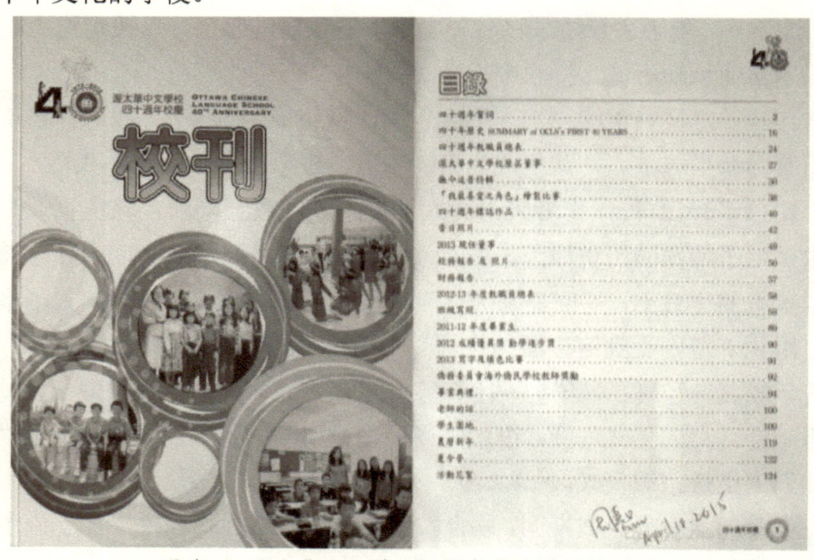

图片 78 渥太华中文学校40周年校庆特别校刊，
周素品校长亲笔签名赠送，2015年4月18日

　　四十年前，学生不满百人，教师只有五、六名。如今，学校设幼稚园和小学部，学生已千余名，教师达五六十人。除此之外，渥太华中文学校还开办短期培训班，接纳当地各界人士到校学习。

　　渥太华中文学校对教师水准有严格的要求。兴趣课教师必须具有当地华人认可的业务专长，中文教师必须具有一定的教学资格并兼通中英文两种语言。学校每年都有计划地出资选派教师外出进修，不断提高教师队伍的素质和专业水准。

与其它中文学校不同，渥太华中文学校根据渥太华华人学生的实际情况，坚持自编教材。教师既给学生讲现代汉语，同时又注重培养学生欣赏中国古典文学的兴趣和能力，对他们进行传统文化的启蒙，如开设《论语》选讲课等。这些中国古典文学的熏陶对教会学生如何正确做人、处事都有极大的帮助，提高了他们的道德修养。

此外，渥太华中文学校还善于通过举办民俗活动对学生进行教育。端午节看赛龙舟，讲屈原的故事，还教学生包粽子。中秋节赏月

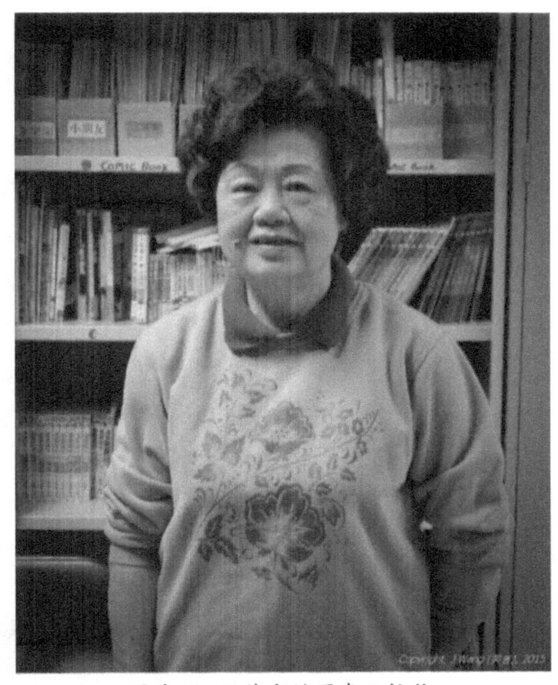

图片 79 工作中的周素品校长
（笑言摄于2015年4月18日）

尝月饼，讲怀念家乡的古诗词。春节挂红灯开晚会，舞狮班的学生上台表演。学校也使用《Hello，华语！》作为辅助教材，因为这套教材的中文会话非常有特色。

周素品校长原籍马来西亚，在大学读中国史。去新加坡教过几年书之后，1968年移居加拿大渥太华。1973年进入渥太华中文学校任教，1994起年代理校长两年，自1998年开始，正式担任校长。她在校长岗位上已经工作了16年之久，几乎见证了渥太华中文学校并入渥太华教育局之后的全部发展历程，也是其中重要的贡献者[91]。

尽管渥太华中文学校编写的校刊以1972年为建校日期，但是渥太华中文学校早期与渥太华华人联合教会之间千丝万缕的联系，一直是存在的。而这种存在，也给渥太华中文学校添加了历史的厚重感。

# 褴褛之中

渥太华中文学校是渥太华历史最悠久的中文学校。根据有关渥太华华人联合教会的资料记载，渥太华中文学校与华人教会共同起源于斯巴克思街一家称为吉尔伯特先生印刷店楼上的一个房间。1892年6月的一个礼拜天，教会的辛克莱小姐（Miss Sinclair）给渥太华的四位华人上了第一节英文课。

给华人子女上中文课，大约是从1903年开始的。中文班与主日学合在一起，牧师既主持主日崇拜，又教中文。随着华人教会的发展搬迁，中文班也随之从斯巴克思街搬到奥康纳街，再搬到班克街。1922年，华人教会买下利斯伽街314号，中文班又随之迁往那里。教会的马焕匀小姐（Miss Alice Mah）在"教会的诞生"一文中写过，周龙兴（Chow Lung Hing）先生最早曾给中文班大约14名华人子女上中文课。蒙特利尔的陈保罗牧师在渥太华教会服务期间也曾给孩子们上课。根据谭锦照（Joe Hum）先生回忆，华人子女在1938年已经有几十人。与后来中文学校只在周末上课不同，那时的孩子每天从常规学校放学后，都要接着去中文班上中文课。

谭家是最早来渥太华安家立业的几家华人之一。其他还有两个周家与两个黄家、司徒家、余家、龚家及林家等。他们的后代大多还在渥太华，一方面发展自己的事业，一方面也不忘为华人社会做贡献，谭锦照本人便曾经在1962至1966年，1968至1970年多次担任中华会馆主席。

四岁那年，谭锦照被父亲送回中国接受中文教育。九年之后，1937年，

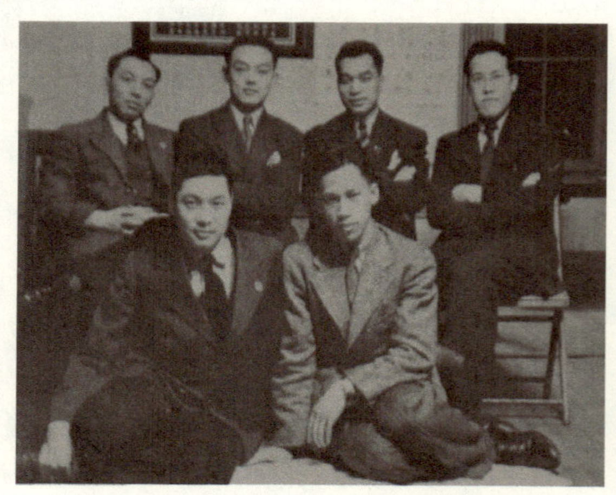

图片 80　1942年女王大学仅有的六名华人学生
后排右二为黄新奎（Robert K. Wong），前排右一为
Frank B. Lee。其余来自其它城市
（Peter Hum 提供）

他再度来到渥太华，从头重学英语。教他的两位辅导老师，黄新奎（Robert "Kuey" Wong）与 Frank B. Lee 后来都进入女王大学（Queen's University）学习，并分别获得商业学士学位和工程学士学位，成为第一批从这所大学

毕业的华人。但由于他们出身华裔，两人毕业时均未获得学校的工作推荐，为此两人耿耿于怀很多年。

1937年，中文学校还在利斯伽街314号上课，每晚4点到6点（谭锦照与周强安的说法都是5点到7点），有些课程还安排在周六的上午10点到12点。那时的老师是陈保罗（Paul Chan）牧师，陈牧师是华人教会从蒙特利尔请来的客座牧师。当时有三十多名学生，根据年龄分成了三、四个班。虽说一些华人团体如仁爱堂（The Chinese Consolidated Benevolent Association）曾经表示愿意支持办学，但中文班的开支实际上一直由华人教会一力承担，而华人教会的经费来自加拿大联合教会的支持。为了弥补经费不足，教会与中文班每年都会举办义卖或义演筹款。

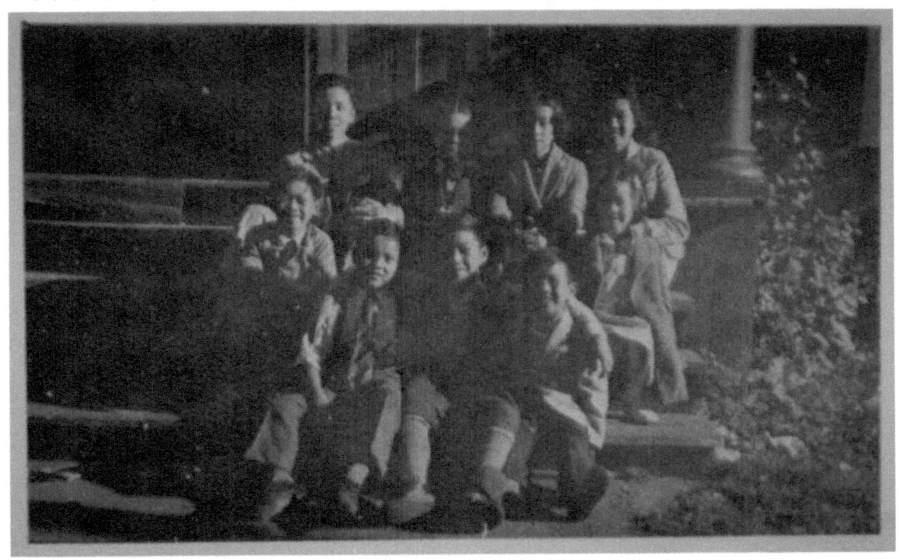

图片 81　1938年利斯伽街渥太华中文学校门前

后排：黄新振（Edgar Wong）、周日明（Don Sim）、Roby Wong、黄艳爱（Anne Wong）
前排：周强安、Paul Chan、黄新悦（Leslie Wong）、周日光（Norman Sim）、黄新珍（Isobel Wong）（黄美龄提供）

据谭锦照的不完全统计，当时去中文班上课的学生除他自己外，还有周彩琼（Florence Sim [Mook Sang]）、周彩眉（Lucy Sim [Chan]）、周日新（Harry Sim）、周彩桥（Violet Sim [Chan]）、周日明（Don Sim）、周日照（Paul Sim）、周彩莲（Margaret Sim [Chung]）、周日光（Norman Sim）、周强辉（Allan Joe）、周凤箫（Irene Joe [Wong]）、周强根（Edwin Joe）、周强安（Bill Joe）、周凤兰（Daisy Joe [Lee]）、周凤瑶（Betty Joe [Young]）、

黄新奎（Robert "Kuey" Wong）、黄新地（Edgar Wong）、黄新瑞（Gordan Wong）、黄新悦（Leslie Wong）、Roby Wong、黄新珍（Isobel Wong [Lew]）、黄香爱（Mary Wong [Mah]）、黄艳爱（Anne Wong）、黄美金（Mabel Wong [Law]）、黄美玉（Nellie Wong [Won]）、黄光明（Ken Wong）与黄光林（Doug Wong）等。

方括号中为出嫁后的夫家姓氏。

1939年，陈保罗牧师离开渥太华前往蒙特利尔担任华人区会主任牧师。周龙兴接替了陈牧师的工作，一边当教师、一边当牧师，这样一直延续到1945年。

1946年10月，中文学校聘请董清永老师（Dong Kam Young，又作 Dong King Wing，音译）到华人教会办的中文学校任教，教授中国语言及历史。当时班上共有25名学生，大多是男生。据周强安与周彩琼等老华人回忆，董先生执教相当严厉，学生学不好还要受体罚，但正是由于他的严格教导，华人子女才在异国的英语环境中真正掌握了中文。

（如果想接着阅读渥太华中文学校的发展，请转第221页）

# 那些长眠的前辈

## 比奇伍德公共墓园

在渥太华圣拉让林荫大道（St. Laurent Blvd）的北端，还未到渥太华河之前，一片绿地中建有比奇伍德墓园（Beechwood Cemetery）。

1873年，市议会颁布法令禁止在市内丧葬，而那时比奇伍德还是城外农场的一部分。墓园建成后，最初仅安葬渥太华盎格鲁新教的逝者。后来墓园向公众开放，充分体现了加拿大多元文化、不同种族、不同信仰、不同文化的社会价值，其中有部分墓地是为特定宗教和民族文化社区保留的，以满足中国、埃及、希腊、黎巴嫩、拉脱维亚、穆斯林、波兰、葡萄牙、乌克兰和越南社区的安葬需求。

这种转变始于1920年代，当时华人社区希望在墓园内开辟一个专属区域，根据中华传统设计使用，后来华人又建起"怀远亭"来纪念先贤。

比奇伍德公墓基金会成立于2000年，旨在保证公墓未来的正常运营。同时提高公众对公墓和加拿大历史事件的认知。从那时起，墓园的国家意义不断增强，

一百多年来，加拿大军方选择这里安葬去世的军人。2001年起，加拿大国防部开始购买其中的几块墓园作为加拿大军队陵园。2007年，军队陵园面积扩大到两公顷，并正式命名为国家军人陵园（National Military Cemetery）。这里埋葬着数以千

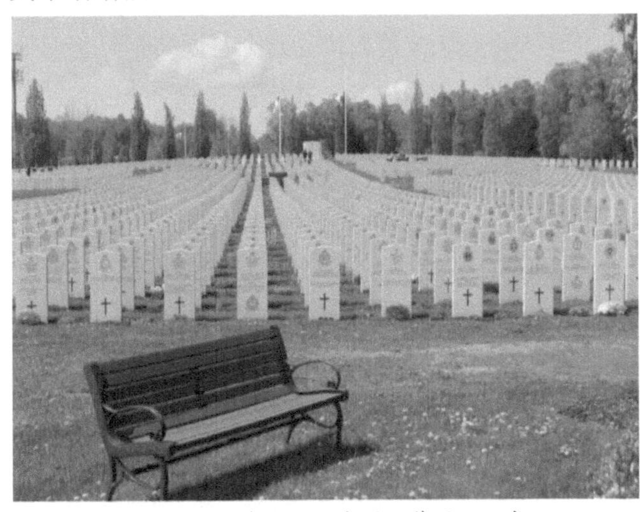

图片 82 加拿大"国家军人墓园"一角
（笑言摄于2015年5月12日）

计的加拿大将士，其中也包括华裔军人。据墓园管理人员介绍，很快还将开辟消防队员墓区。

2001年，比奇伍德公墓被认定为国家历史遗址。

2004年，成为加拿大皇家骑警国家纪念公墓的所在地。

2009年，通过法案 C-17被指定为加拿大国家公墓。

2011年，成为渥太华警察局纪念公墓。

比奇伍德是一个加拿大国家公共墓园，老华人习惯上称之为"必治活墓园"（Beechwood 的粤语译名），事实上陵园基金会的华人至今依然使用这个名称。2015年前后的十几年间，林维宪先生（Raymond Lam）作为墓园家庭服务部亚洲负责人，长年在渥太华中文报纸上为比奇伍德墓园做广告。那时每周都能看到那则醒目的广告："必治活华人墓园"提供丧葬服务，包括墓地、殡仪、火化、追思会、石碑、土葬、火葬及解秽酒……

## 怀远亭

华人按理可以遵照自己的意愿安葬在墓园中任何一个面向公众开放的区域，但华人墓地还是大多集中在墓园东北角的怀远亭周围。最早在墓园下葬的华人，要追溯到1909年。

怀远亭附近有一片用松柏围起来的特别墓群，里面安息着1925年以来下葬的近百位老侨胞。这片墓园已有近百年历史，后来被称为"福荫园"，平时由墓园管理公司修缮维护。

大约在1993年，中华会馆的一些老华侨提议为这个墓园修建一座纪念亭，以缅怀先贤。下面为叙述方便，也为更好地还原当时的语境，尽量采用老华人的习惯用语。

中华会馆随即成立了"修墓委员会"，负责筹款及与必治活机构联系。必治活机构董事局非常支持华人社区的建亭提议，将福荫园前的一块土地以一加元的象征性价格卖给修墓委员会，用来修筑一座纪念亭。

1995年开始实施建亭工程时，筹款来源的政治因素导致中华会馆修墓委员会内部出现了意见分歧。当时修墓委员会主席为郑茂源，必治活机构的林维宪、中华会馆主席谭百洲以及邓家昌、伍启华、刘锡森、张子良、姚伟文等人也在委员会中。为能搁置争议，继续完成建造纪念亭的工程，其中的一部人另设专组，成立了加京华人陵园基金会。谭从政出任主席，并在以后各届一直连任，到2015年他已连任20届主席，仍在继续领导陵园基金会[92]。

渥太华最早的华人来自广东省的"四邑"地区，即新会、台山、开平与恩平。1983年中国实行市管县新体制，四邑地区划归江门市辖管，江门市被定为省辖地级市。陵园基金会多次通过中国大使馆与江门市政府联系，寻求建亭支持。江门市政府非常重视，除了提供必要的建筑材料，还派工程队赴渥太华施工。渥太华华人设计师李志彦负责设计了这座纪念亭。当时他的孩子刚刚不幸过世，但他没有因个人的悲痛而影响工作，按时出图，并亲自到现场监理，与工人一同完成了施工。

1996年，纪念亭完工，取名"怀远"。去国方怀远，怀远亭，多么好的名字。汉代王充说："德不优者，不能怀远；才不大者，不能博见。"怀远应当还有另两层意思，那就是逝者怀念远方的故乡，生者怀念远去的先贤先祖。从此渥太华华人经常在怀远亭组织祭祖怀远的活动，加京华人陵园基金会、中华会馆、洪门民治党、台山同乡会、龙冈亲义公所、余风采堂等许多华人组织的这类活动经常见诸于当地华人报端。

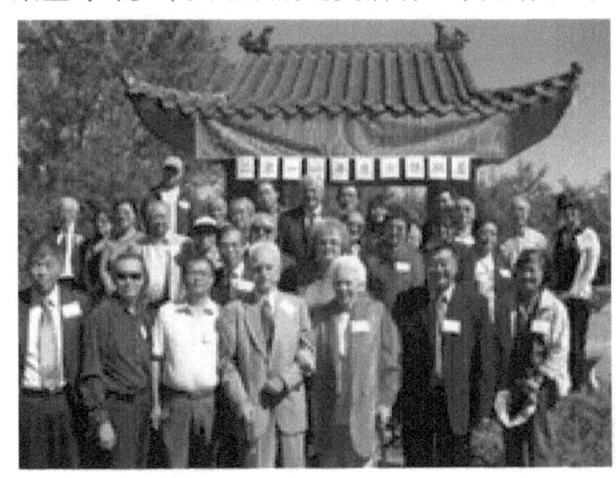

图片83 2011年9月11日，陵园基金会年度扫墓，
王向阳参赞兼总领事参加
（来源：中华人民共和国驻加拿大大使馆网站）

陵园基金会每年官方性质的扫墓活动规模最大，人数最多，中国大使馆与必治活墓园管理公司均派员参加。华人一般会在清明节、父亲节、母亲节和重阳节扫墓，而公祭一般安排在6月以后。华人通过扫墓活动追思先辈，弘扬孝道，承前启后，不忘先人贡献，秉承了中华民族的优良传统。

怀远亭由陵园基金会独立负责，其责任就是保证怀远亭的状态良好。每过几年，亭顶的瓦片会破裂，柱子的红漆也会剥落，都需要陵园基金会及时处理。2014年，怀远亭进行了建成后的第一次大修。经中国大使馆协助向江门市政府提出请求，江门市政府再次慷慨捐助屋顶瓦片建材，从江门市运往渥太华。而陵园基金会则通过举办筹款活动，向社会各界募集到了施工费用。

2014年8月24日，驻加拿大使馆高萍参赞应邀出席渥太华陵园基金会怀远亭修复竣工晚宴。渥太华侨社代表及250名中外人士参加了活动。

一片新的华人墓群就在怀远亭后面的山坡上。墓碑一律面向东方，与怀远亭一道，遥望着东方的故国。

## 福荫园

最早的华人墓还不是怀远亭后小山包的那些立着墓碑的墓地，而是怀远亭东北侧一块由柏树墙围起来的墓地，周强安先生等老华人称之为公共墓区（Common Area）[54]。

早期华人大多单身在外，许多华人会在生前安排将自己的遗体运回中国安葬。但这是一笔很大的费用，很多人根本无力支付，只好让自己死后埋骨他乡。

1910年8月10日，谭华钿在《渥太华新闻报》上讲，中国有清明扫墓缅怀先贤的习俗，美国以及加拿大的蒙特利尔与多伦多等城市，清明时节往往会举行集体的扫墓祭祖活动，但渥太华华人却无法进行。

这主要是由于当时华人并没有集中的墓园，在渥太华的华人那时几乎全部是基督徒，所以他们有些人去世后便安葬在了所在教会的墓地[93]，而有些人则安葬在了比奇伍德墓园。

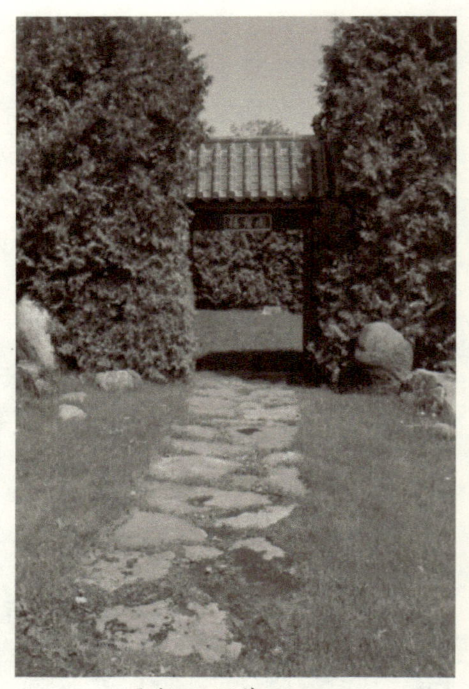

图片 84 福荫园入口
（笑言摄于2015年5月12日）

直到1925年，这种情形才有所改变。据谭夏帼珍（Marion Hum）回忆，1925年，谭华霜、谭华钿兄弟与周相一起，在比奇伍德墓园购买了40个墓位，每个墓位5加元，用来安葬那些没有亲人、无力支付丧葬费的华人。经林维宪先生确认[94]，当时每个墓位为5加元，下葬费为2加元，石碑另计。

1937年，来渥太华最早的几个家庭带头成立了渥太华华人仁爱堂（Ottawa's Chinese Benevolent Society），也称中华辅邻会。这个组织就是渥太华中华会馆的前身，是一个华人社区的互助组织，照顾老弱病残及孤苦华人。抗战期间，大洋之间的民用交通被切断，遗体不能运回故乡，使许多老华侨叶落归根的想法无法实现，只好考虑在他乡寻找自己的归宿。谭荣光与周强安等人以仁爱堂的名义第二次在比奇伍德墓园又买了50个墓位，每个墓位40加元，并立了一座塔式纪念碑。

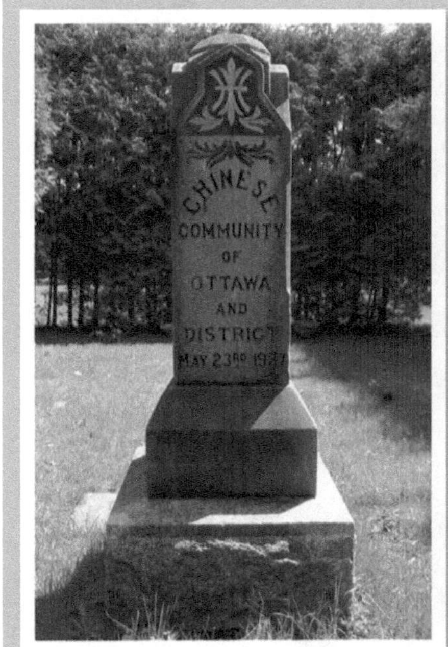
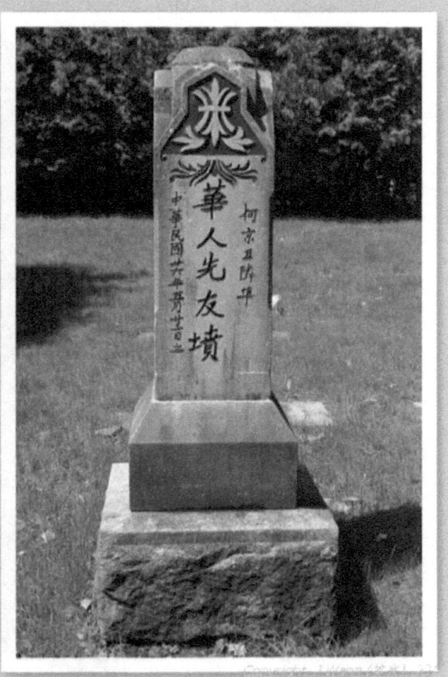

图片85 福荫园内的纪念塔碑（笑言摄于2015年5月12日）

这片墓地目前已由柏树墙环绕成一个独立的墓园，入口是一座绿色琉璃瓦的红漆木制中式门楼，门框上面挂着一块"福荫园"的匾额。墓园中百余块墓碑全都平埋在草地上，每块一尺到一尺半见方，大小基本统一，安放也很统一，一律平躺，没有一块竖起来。立着的只有一座纪念塔碑，塔碑正面写着"CHINESE COMMUNITY AND DISTRICT, MAY 23RD, 1937"，背面写着"柯京及邻埠，华人先友坟，中华民国廿六年五月廿三日立"。"柯京"是民国时期华人对渥太华的称谓，除此之外还有"坎京"的说法。渥太华是加拿大的首都，历来京畿之地国人都喜欢用一个"京"字来称谓，所以渥太华现在也被大陆移民称为"渥京"。渥太华1994年创刊的一份中文报纸就叫"渥京周末"，"渥京"这个词更是频频出现在渥太华文人墨客的诗词歌赋里。

墓碑上的姓氏中有很多是复姓司徒的。姓谭、姓周、姓余、姓黄、姓龚的都不少，当然也不乏其他姓氏。许多墓碑上文字已难以辨别，由于光线的关系，拍照出来更难看清。一些墓碑的前面种有多年生的鲜花，也有的碑前放置着一束束的玫瑰。远在他乡，时隔百年，还有后人亲友来探望，泉下之人该是何等欣慰。

这些墓碑为什么都是平躺着的？作者心中不禁一悸，会不会是因为当时华人饱受歧视，连死后都不能拥有一块立着的墓碑呢？

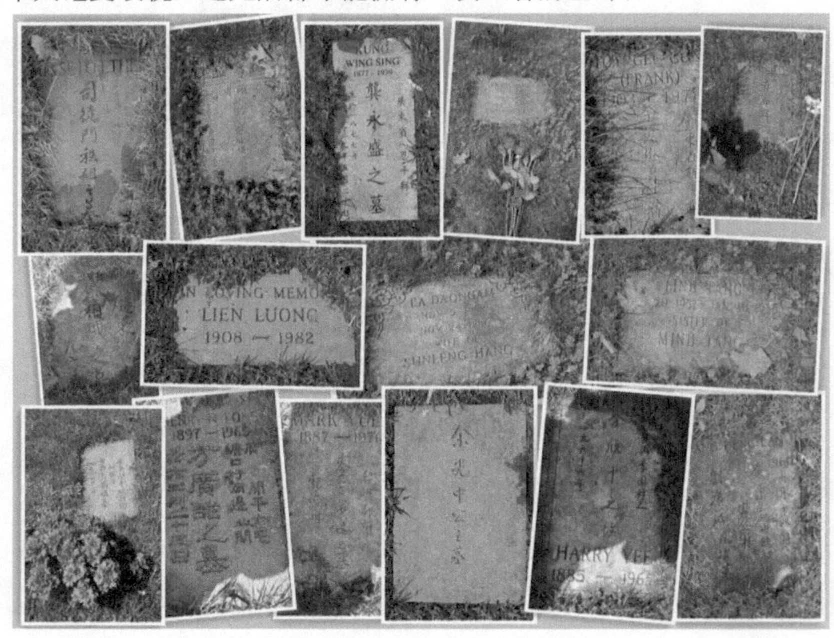

图片 86 福荫园内平埋在地上部分的墓碑（笑言摄于2015年5月12日）

林维宪先生2015年6月27日在比奇伍德墓园的办公室解答了作者的疑问。他说不存在歧视的问题，西人的墓葬也有平铺的，主要是经济考虑。当时仁爱堂为了安葬更多需要帮助的华人，不得不紧缩开支，用最少的钱买最多的墓位。因此购买的墓位长度为8英尺，而8英尺的墓位只能放一块平躺的墓碑。要放立碑，则需要10英尺的墓位，因为立碑还需要2英尺的地基。两种墓位不仅占地费用不同，墓碑的费用也不同。平碑的费用只要立碑的百分之二十，也就是说，购买一块立碑的费用，可以用来购买五块平碑。林先生强调，必治活墓园管理公司历来对所有人一视同仁，老华人的平碑完全是出于经济上的考虑，与民族、肤色、歧视都没有关系。"福荫园"中一律是铺着平碑的八英尺小墓位，园中的安息者绝大多数都是渥太华早期没有亲属的贫困华人。

排华法案结束后，特别是1960年代以后，随着加拿大政府允许华人家庭团聚，一些逝者的后裔从国内来到渥太华。而福荫园中的逝者有的也留下了孩子，这些孩子逐渐长大并事业有成。他们希望建立自家的祖坟，于

104

是便将他们的先人从福荫园中迁出。事实上，许多华人将自己的墓葬之地选在了福荫园周围，围绕福荫园与怀远停，已经形成了一大片华人墓园。

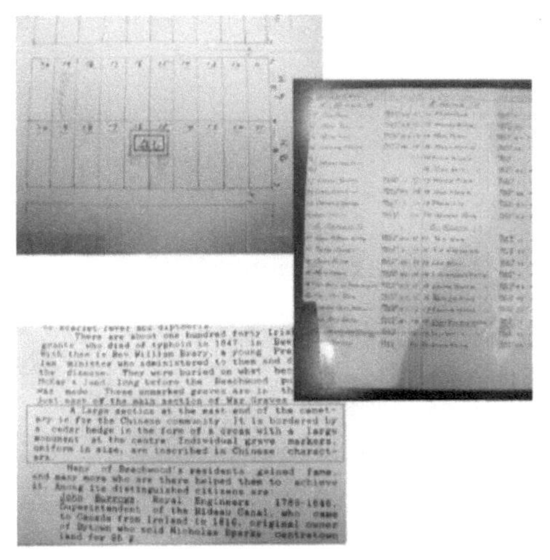

图片 87 比奇伍德墓园记录
（台山同乡会陈森会长2015年5月提供）

弓木先生在2000年指出："据统计，1911年在加华人的男女比例为28:1，1921年15:1，1931年12:1，1941年8:1，这种情况一直到1947年加拿大政府取消排华法案后才由男多女少逐步平衡。1951年华人的男女比例为3.74:1，1961年1.63:1，到了1971年已经到了1.12:1，基本形成了妇女半边天的平衡状态。渥太华华人男女比例的情况是与全国一致的，在本世纪前半期严重失调，这个情况可以从本市比奇伍德墓园的登记本上看出来。从1909年到1957年共有122名华人死后葬在该墓园内，其中只有5名女性（2名还是女婴）。[27]"

从华人平均死亡年龄来看：1909年至1930年为34岁，1931年至1957年为57岁，这固然可以看作华人平均寿命的延长，但也间接表明了这段时间缺乏年轻人的加入。

比奇伍德墓园的记录表明，在1926年和1934年之间，大约有12具遗体被送回中国故乡，目的地几乎都是广东四邑。

所有安葬在比奇伍德墓园福荫园的华人，下葬时没有亲友到场送别的，不超过15人[95]。

福荫园中，青草长满墓碑的四周，擦拭、清理，也只能除去墓碑上的泥土以及落下的松针和树叶，周边的草叶仍然顽强地伸过来遮挡住边缘的文字，仿佛这些墓碑已经与青草和大地融为一体，显得毫不起眼。而碑上刻着的姓名与生卒年份，却记录了久远的历史。

## 韩文焕墓

比奇伍德墓园中心地带，举办葬礼的教堂附近，有一座巨大的黑色花岗岩墓碑，碑上刻着"HAN 韩文焕将军家墓"几个金色的大字，在墓群中显得格外醒目。假如不是作者不熟悉墓园绕了远路，没准会错过这座韩将军墓。

韩文焕，生于1906年8月31日（清光绪三十二年七月十二），父时忠，母蒋氏。贵州安顺人，字方伯，号云安。中国国民党陆军军官学校（黄埔军校）第三期步兵科、陆军大学特别班第三期毕业[96]。

1926年1月军校毕业后派任国民革命军总司令部警卫团第3营第9连少尉排长。1943年8月19日晋任陆军少将。1945年调任军委政治部第二厅中将厅长，8月调首都警察厅任厅长。1947年7月至12月曾发生轰轰烈烈的"民国首都警察厅长韩文焕涉贪案"，法院于1948年6月30日最终判韩文焕无罪。1949年11月韩文焕兼任第101军（辖第271师、第272师）军长。12月撤往香港定居。1954年3月移居台湾台中。1967年移居加拿大渥太华与子女团聚。1986年6月11日在加拿大渥太华病逝。

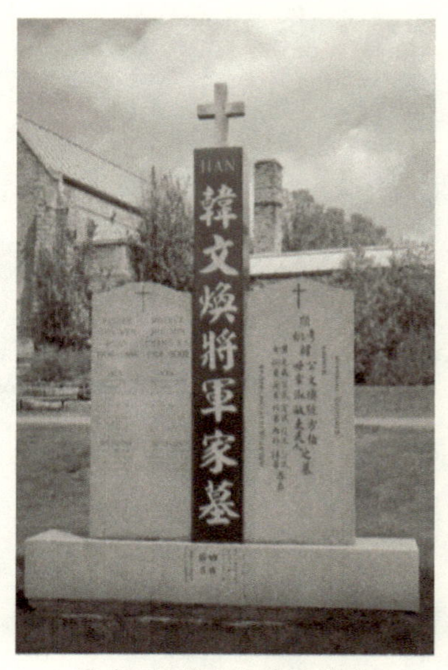

图片 88 韩文焕将军墓碑
（笑言摄于2015年5月12日）

这里是韩文焕将军家墓，其占地共可安放12具棺木。韩将军与夫人常淑敏合葬于此，他们的一个女儿在美国去世后，骨灰被送到渥太华，也安葬在这里。"父"居左，"母"居右。墓碑背面的碑文很长，分别用中英文镌刻，讲述了韩家在加拿大的发展。其中包含韩文焕生前自撰的墓志铭：

"余乃庸愚，生逢乱世，慷慨执戈。保国为民，略尽其职。子女八人，均为硕博。于国于家，已可无憾。今将永逝，至诚祈求，世界和平，繁荣进步，再次祈求，中美加国，国运昌隆。更望子孙，努力自强。时代兴盛，长发其祥。"

并拟有北美韩家家训曰：

"明辨是非善恶，兼备东西方所长，而无其短。好学力行，知耻自强。求新求精，勿怠勿荒。助人为福，敦亲睦族。师前代贤，作后代师。德智体群美，五育均修，居仁，由义，诚，不贰不息。努力为进步之本，进步为成功之源。韩氏子孙，永遵不渝。"

# 排华法案出台始末（1923）

## 相关背景

　　1920年代加拿大出台移民政策要求中国移民交付500加元的入关税，也就是臭名昭著的人头税。然而这项举措并未达到限制中国移民的预期目的，也没有满足本土主义者和种族主义者们的要求[97]。全面禁止中国移民的呼声最早由不列颠哥伦比亚省发出，进而在整个加拿大获得了广泛的响应。随着1918年第一次世界大战结束，经济形势落入低潮，白人习惯性地将此归罪于有色人种[98]。反对亚洲移民的情绪被少数中国移民的造假行为进一步激化，法律上的漏洞允许中国人以学生、农民和商人的身份进入加拿大，但这些人并不需要证明自己的资格。一些中国劳工利用这个政策上的模糊规定将自己说成是学生和商人，从而免交了入关税[99]。

## 麦肯齐·金政府启动排华法案

　　1920年代加拿大朝野对于限制亚洲移民普遍关切。当时日本移民数量众多，但由于加拿大政府与日本政府在1908年签订过一项"君子协定"，因此无法在政治上通过排日法案。该"君子协定"对日本移民原有的移民类别不加限制，而由日本政府主动将移民人数控制在每年只签出400名男人。但该协定却并未限制日本男人的妻子，这样大量日本妇女移民加拿大，很多都是双方素未谋面的"照片新娘"[100]。另一方面，直到1922年，英国与日本一直结为英日联盟，维护所谓的"帝国利益"。因此日本移民的数量除了在签订君子协定时一度锐减，后来几乎未再受影响。

　　1915年，中国领事也曾向加拿大政府提交过一份"君子协定"，但那时中国贫穷落后，未被采纳。1923年相较于1900年，中国在二十多年间几乎没有发展变化，被蔑视为"东亚病夫"，与列强相比根本没有平等的谈判资格。

　　1922年，在排华呼声越来越高的压力下，中国总领事周启濂博士（Dr. Chilien Tsur）再次与麦肯齐政府磋商。周启濂代表中国政府明确表示，有些必要的限制可以接受，但已经生活在加拿大的华人权益需要扩充。双方同意停止征收人头税，因为这是一项长期以来仅仅针对华人移民的羞辱性政策。周启濂提出，所有的改变要由两国政府形成条约，而不是仅仅由加拿大国会制定一条法规[101]。

　　1922年夏天，在麦肯齐政府与中国政府谈判期间，加拿大各地华人社区在周启濂总领事的鼓励下，纷纷组织起来向政府请愿，要求新出台的双边条约容纳本地华人提出的意见。由于加拿大表现出与中国发展贸易的意向，所以中国方面建议移民与贸易分为两个条约来签订。在温哥华和维多利亚，几家大的华人团体联合成立了条约研究委员会，他们召开公众讨论会，并将民众的反馈列为针对条约提出的一系列问题与建议，发表在中文报纸上。其它城市的华人组织，所做努力大同小异。

## 总领事周启濂与华人社团的努力

　　各地华人团体在1922年底至1923年初纷纷提出详尽具体的意见，周启濂总领事也一再与白人团体对话，试图软化他们排斥华人的立场。周启濂向他们许诺了一些中加贸易的优惠政策，他说中国正在走向繁荣，是加拿大商品的大好市场。中国的经济情况越好，外出到加拿大打工的人就会越少，因此中国移民不会显著增加。关于唐人街的毒品问题，他提醒西方正是将鸦片引入中国的始作俑者，而随着英美烟草公司在中国的发展，吸食鸦片的人会越来越少。中国政府与中国商界都清楚加拿大正在怎样区别对待在加华人，包括维多利亚市正在进行的在学校中隔离华人学生的行为。加拿大传教士在中国的传教也因此遭遇障碍。在中国的中国人发出质问：当加拿大人在加拿大毫无爱心地歧视那里的中国人时，加拿大传教士如何能够在中国传播一个充满爱的宗教？

　　贸易是中国人当时最有份量的谈判筹码。1923年3月，周启濂在渥太华向麦肯齐总理提出了12点建议：

　　（1）保障居住在对方国家公民的权利、生计与财产。（2）废除人头税。（3）废除所有特别限制中国人入境的条款。（4）中国的宗教、教育与商业部长拥有随时进入加拿大的权利，不受其它法规限制。（5）上述人员可以携带他们的家人进入加拿大。（6）双方政府每年就合适的移民类别额度达成一致。（7）中国儿童与白人儿童同在一个教室上课，不被隔离。（8）在将要建立的额度下获准进入加拿大的中国人，拥有在政府或公司企业工作的自由。（9）与"最惠国"待遇相适应，废除现存的由一国进入另一国的特别医疗检查。（10）在加拿大出生的中国人，除了拥有在本地出生的其他外国人所拥有的权利之外，拥有投票权。（11）中国货物的入关关税与其它国家的同类货物关税一致。（12）运载中国货物与中国商人的中国船只在加拿大港口享受最惠国待遇。

与此同时，加拿大众议院也在讨论出台华人移民法案。这个法案实质上就是禁止未来中国移民入境。加拿大政府决定，反对以条约形式处理此事，他们认为北洋政府并未控制广东及其它南方移民输出省份，因此无法贯彻实施条约与协议。

## 排华法案出笼

《1923年华人移民法案》（英语：The Chinese Immigration Act, 1923），被普遍称为《排华法》（英语：Chinese Exclusion Act），最终由麦肯齐·金（William Lyon Mackenzie King）政府于1923年正式通过。该法案包含以下规定：（1）废除人头税。（2）不再接受申请就读大学以下学校的学生。（3）只有四类移民允许进入加拿大：大学学生、商人、在加拿大出生返回中国受教育者以及外交人员。大学学生只允许在其上学期间逗留加拿大。外交人员可以在加拿大居住几年。商人是华人社区唯一被真正允许进入的类别，他们可以携带家人，但必须向移民部长以个案形式提出请求并只被允许短期居住，若超过期限，则必须续签。而"商人"也有严格定义，洗衣店、餐馆、杂货店这类生意均被排除在外，只包括那些拥有雄厚资本，做中加贸易的商人。事实上早在1921年起，加拿大就在香港派驻移民官员，检验申请者的商人资格。

就是这看上去简简单单的三条规定，阻隔了华人移民加拿大整整24年。这个法案不仅局限于中国公民，即使是持有英籍身份的华人也被禁止进入加拿大。法案生效后，几乎没有华人能够移民加拿大。这使那些已经在加拿大入籍的华人，长达24年无法让家人赴加团聚。华人的男女比例也因此严重失调，众多单身的小伙子，就这样在加拿大孤独终老。

## 华人抗争

灾难性排华法案的提案发布后，立即引发全加拿大华人的抗争。各地华人纷纷组成联合委员会反对这项法案，要求至少对法案进行修正。

1923年4月，洪门中文报发文，指出弱国无外交。强国可以通过恐吓达到目的，弱国却只能通过公共意见这样的方式表达自己的诉求。周启濂总领事作为弱国代表，面对加拿大已经无能为力。唯有在加华人站出来，向国会进言，向各级议员、新闻媒体、其它同情华人的组织以及全体华人说明情况。该文建议将电报发往中国的工业、商业、贸易、教育界以及其它国家的华人社团，说明排华法案对中国的侮辱，争取最广泛的支持。电报还被建议发往英国政府及英国驻中国的外交官，强调此项立法不合常理并有悖于国际间的善意准则。这些建议部分变为行动。

5月间，加拿大众议院不顾中国政府与在加华人的反对，通过了排华法案。华人转而向参议院施加影响试图对法案做出修订。中国本身的羸弱与军阀割据的局面以及加拿大华人的分散声音无法对法案形成强有力的反对，沮丧与无能为力的情绪开始蔓延。然而加拿大华人还在努力，一个华人反法案委员会开始宣泄对加拿大政府的不满，说华人在加拿大被当做奴隶。华人为修建太平洋铁路做出了重大贡献，正是这条铁路把加拿大东西部国土连接在一起，而加拿大人却想要通过不人道的法律排斥华人。如果加拿大政府还想跟中国签订贸易条约，中国商业界必须敦促南方与北方政府拒绝签署这样的条约，除非加拿大华人的状况得到改善。

为抗争法案，加拿大华人此前已经联合在一起，成立了加拿大华人协会（Chinese Association of Canada），总部设在多伦多。其执委会成员来自加拿大各地的主要华人社区。1923年4月29日，华人代表大会在多伦多的维多利亚厅（Victoria Hall）召开，听取不同华人社区所关心的问题。超过1,000人参加了会议，其中包括来自多伦多、温哥华、渥太华、维多利亚、雷吉纳（Regina）、蒙特利尔等地以及安大略省的一些更小的华人社团如萨尼亚（Sarnia）、萨德伯里（Sudbury 又译肖德贝里）、哈密尔顿（Hamilton）、凯臣纳（Kitchener）、诺斯贝（North Bay）、温泽（Windsor）和金斯顿（Kingston）等地。

不久之后，多伦多华人领袖又与白人支持者在埃德沃德国王酒店（King Edward Hotel）举行会议，研究下一步的行动方针。

## 渥太华请愿

这些会议之后，加拿大华人协会组成了一个八人代表委员会，前往渥太华请愿反对排华法案。八人委员会中，三人来自多伦多（T.C. Mark、Ing Hoan 与 E.C. Mark）。其他代表为来来自渥太华的谭华钿（Hum Quon）、卡尔加里的 Joseph Hope 与 Ho Lem、蒙特利尔的 Fairman Wong 与 Lee Yuk-chin 牧师。他们提出修订法案的若干条意见，核心内容包括要求加拿大政府确认所有已在加拿大的华人为合法居民，允许已在加拿大的华商家庭前来团聚以及其未来家庭成员移民。

中加交往是从加拿大传教士开始的，加拿大传教士对中国有着特殊的感情。传教士们这时加入到华人阵营批评反华法案并敦促政府做出修订。传教士一方面考虑到不修订法案使得他们在华人社区展开宗教活动会变得非常困难，另一方面认为不允许已在加拿大的华人实现家庭团聚非常不人道，这也是后来造成各地唐人街种种不良现象的根源。

孙中山政权在广东也向加拿大政府提出交涉，要求停止该法案的讨论。

最终这些努力换取了法案细则上的一些修订，比如非法居留者可以交纳500加元人头税而变为合法居民，宗教人员与教师可以由移民部长通过个案审批进入加拿大等。这些微小的修订并没有改变排华法案的核心内容，中国人移民加拿大被实质性地终止了。

## 排华法案生效

中国移民法案于1923年7月1日由麦肯齐·金政府通过，被广泛称为"排华法案"。该法案通过狭义界定可接受的中国移民类别，实质上限制几乎所有中国移民进入加拿大。

排华法案恰好在加拿大自治领日（Dominion Day）开始生效，当时的加拿大华人称之为"耻辱日"，并因此多年拒绝参加任何自治领日的庆祝活动。1982年这个日子改名为加拿大日，按中国人的习惯说法，就是加拿大的国庆节。

1927年，南京政府成立，但却没有引起加拿大对华关系的改善，加拿大传教士督促政府改善对华关系，仍然未果。与此相反的是，1927年加拿大与日本建立了很正规的国家间关系。加拿大在中国的事务也由加拿大驻日本领事馆来处理。当时加拿大政府认为中国人没有能力将自己组织起来管理自己的事务，将来的中国需要由日本人来管理。因此在20世纪30年代，加中两国关系处于低谷。

排华法案的一项规定是禁止中国女性到加拿大，这使得在加拿大的男性华工既无法与家人团聚，也很难找到配偶组建新的家庭。还有一项更为无理的法令，禁止加拿大华人的女儿回到中国后重新返回加拿大，即使允许返回，手续也非常繁复。当时只有做进出口贸易的中国商人例外，但在二十世纪二、三十年代，经济大萧条时期，这样的华商为数极少。该法案实施的24年时间内，总共只有不到20名华人移民加拿大。

"排华法案"直接导致1931年至1941年间全加华人人口锐减，从46,519人跌至34,617人，男女比例高达13比1。由于生老病死，渥太华的华人人口非但没有增加，反而从1931年的300人减为1941年的275人。1932年至1947年间，基本上没有华人能够移民加拿大，唯一例外的是前任加拿大总督伍冰枝的父亲伍英才由于曾在香港为加拿大与英国机构工作的关系，以难民(通过战俘交换)身份于1943年来到加拿大[25]。

当时的加拿大华人多是年轻单身男性，此前人头税提高到500加元后，纵使他们省吃俭用，把辛苦赚的血汗钱全部储存起来，他们也难以负担高额的人头税，更不用说申请妻儿前往加拿大一起生活。而排华法案表面上废除了人头税，实际上却给华人社区带来了长达24年的更大灾难。长年的排华政策，导致加拿大华人与远在中国的亲人无法团聚，夫妻父子长期分离致使家庭破裂的例子不胜枚举。而身在加拿大的华人也生活惨淡，他们无依无靠，晚景凄凉，至死都是落落寡欢的单身汉。前面写到的汤姆墓就是一个活生生的例子。

经济萧条时期，华人在艾尔伯塔省周薪为1.12美元，还不到付给其他族裔的一半。尽管如此，正是那些生活在艰难岁月的华人店主，为许许多多草原地区的农牧家庭提供了日常用品。尽管逆境艰难，但是1920年代到1930年代华裔企业的增长反映出了华人的成功。他们尝试避免与白人工人及白人生意竞争，终于搏得经济上的一席之地。

（如果想接着阅读排华法案的废止，请转第138页）

# 早期留学与领事保护

中国人出国留学，最早可以从1847年容闳赴美算起。1872年清政府正式选派官费留美幼童。一百多年来，中国人出国留学从涓涓细流，到洪波巨浪，曾经跌宕起伏，几起几落，折射出各个不同时期的历史足迹。

在中国"庚子赔款"后，美、英、法、荷、比等国相继与中国订立协议，退还超过实际损失的赔款。退还款项悉数用于教育，中国可以每年向上述国家输送相应数量的留学生，"庚款留学生"由此产生。

加拿大虽然不在上述国家之列，但后来中国赴加拿大担任外交使节的多是这些留学生。

## 庚款留学生

"庚款留学生"简单的理解就是美国等国家用中国"庚子赔款"的多赔部分支付中国留学生在相应国家的留学费用，是一种中国和对方都能接受的退还方式。

1900年，庚子年，也就是光绪二十六年，北京爆发了"庚子之乱"。当时，几十万号称"刀枪不入"的义和团成员入京围攻各国使馆。不久，英国、美国、德国、法国、俄国、日本、意大利和奥地利组成八国联军，以"镇压清政府放任义和团的行为"为出兵理由，攻占北京，慈禧太后弃都而逃。

1901年，辛丑年，李鸿章被迫与各国签订耻辱的"辛丑条约"，同意向十四国赔偿白银四亿五千万两，分三十九年付清。这就是历史上著名的"庚子赔款"。

1908年，美国国会通过法案，授权罗斯福总统退还中国"庚子赔款"中超出美方实际损失的部分，用这笔钱帮助中国办学，并资助中国学生赴美留学。双方协议创办清华学堂，并自1909年起，中国每年向美国派遣100名留学生。这就是后来庚款留美学生的由来。

1909年、1910年和1911年，在北京三次从全国招考庚款留学生。当时对考生的要求除了通晓国文、英文外，还须"身体强健，性情纯正，相貌完全，身家清白。"

第一批庚款留美学生中有后来的清华大学校长梅贻琦。第二批庚款留美学生中包括大名鼎鼎的胡适以及后来的语言学家赵元任、气象学家竺可桢等人。三批庚款留美学生的派遣为中国培养了一大批优秀的科学家。

璀璨的星空中，第3000634号小行星被国际天文联合会于2021年9月2日永久命名为"朱文鑫星"。根据"朱文鑫生平图录简述"记载，"1907年11月（25岁），朱文鑫先生被选为江苏庚款生，11月赴美留学。临行前在沧浪亭同班学友合影留念。叶楚伧等到沪码头送行。""入威斯康星大学，师从美国著名天文学家——考慕司笃克博士和美国著名数学家爱德华·范弗莱克教授。[102]"

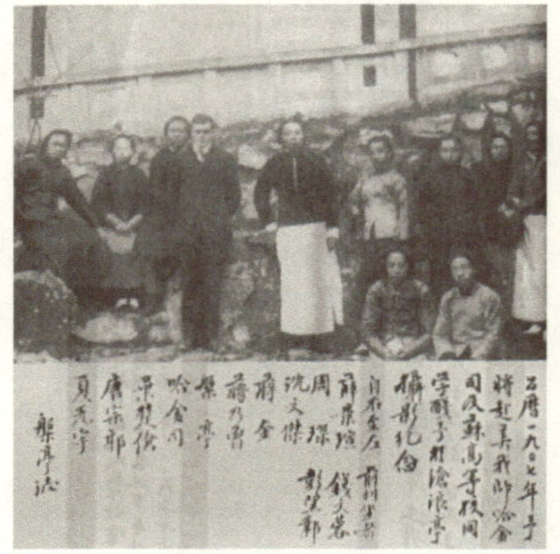

图片 89 朱文鑫留美前与师友合影
（来源："生平图录"）

庚款留学看上去至少在1907年就已经开始了。朱文鑫回国后成为著名的天文学家与教育家，也是写出天文通史的中国第一人。中国近代科学发展中许多新学科的创建者大多来自这些庚款留美学生。

# 梁思成与林徽因在渥太华成婚（1928）

梁启超是中国近代史上"戊戌变法"的主要倡导者之一。1927年底，他虽身在国内，却为海外的长子梁思成和著名才女林徽因举行了隆重的订婚仪式。当时林徽因的父亲已经过世，母亲不便行事，由其姑父卓君庸出面商议。礼仪依照传统礼仪，虽不铺张，但十分隆重。梁启超还将他撰写的《告庙文》寄往美国，嘱咐梁思成夫妇妥善保存。

遵照梁启超的意思，林徽因和梁思成的结婚大礼三个月后在加拿大首都渥太华举办。1928年3月17日，《渥太华新闻报》第2版刊出了标题为"来此完婚"的消息。文中称，来自北京的林徽因，在美国完成宾夕法尼亚大学及耶鲁大学的学业之后，于当日抵达渥太华，拜访了中国总领事周国贤的夫人梁思顺女士。林徽因（Phyllis Lin）与梁思

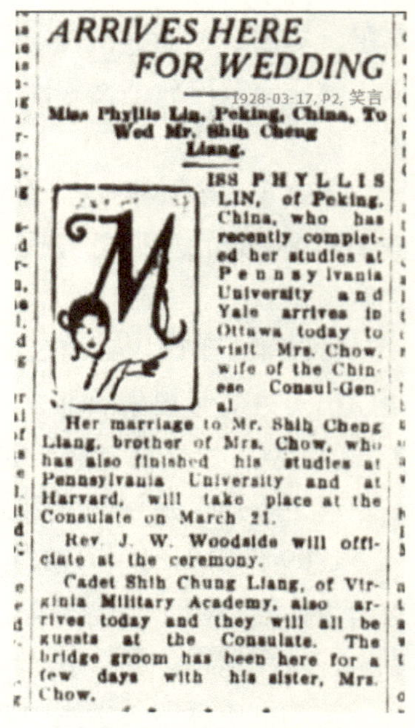


图片 90 梁思成林徽因婚礼消息
（来源：《渥太华新闻报》，
1928年3月17日）

成（Shih Cheng Liang）的婚礼将于1928年3月21日在中国总领事馆举行，伍德赛德（J. W. Woodside）牧师将主持他们的婚礼[103]。

梁思成已结束了美国宾夕法尼亚大学的学业，又刚刚完成了哈佛大学建筑系的学业。而林徽因则刚刚修完耶鲁大学设计系的学业。中国领事馆周国贤总领事是梁思成的姐夫，姐姐梁思顺是梁家长女，是父亲最为倚重的孩子。这也是梁启超安排梁思成和林徽因到渥太华成婚的主要原因，他在一封家书中写道："我主张你们在坎京（作者注：渥太华旧时曾称为坎京、柯京）行礼，你们意思如何？我想没有比这样再好的了。你们在美国两个小孩子自己实张罗不来，且总觉得太草率，有姐姐代你们请些客，还在中国官署内行谒祖礼（礼还是在教堂内好），才庄严像个体统。婚礼只在庄严不要侈靡，衣服首饰之类，只要相当过得去便够，一切都等回家再行补办，宁可节省点钱作旅行费。"

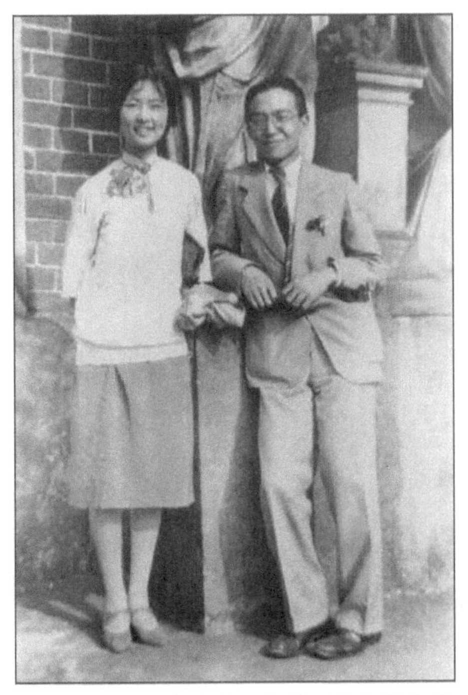

图片 91　1928年林徽因与梁思成在渥太华

周国贤博士（Dr. Chow Hwo Hsien）字希哲，福建人，1881年（清光绪七年）生。国内文献多称之为周希哲。早年赴美国留学。1918年5月驻仰光任领事。1920年9月驻菲律宾任总领事。1923年11月驻新加坡任总领事。1924年11月回北京政府外交部。1925年1月6日任加拿大总领事，1928年9月回国。当时领事馆是中国驻加拿大最高外交机构，总领事即是中国政府派驻加拿大的最高行政长官。

梁思成的妹妹梁思庄当时正在加拿大蒙特利尔的麦吉尔大学读书，她也赶到渥太华中国总领事馆参加兄长的婚礼。梁启超一生有两位夫人，九个子女，其中长女梁思顺、长子梁思成、次女梁思庄均为李蕙仙夫人所生。李夫人对林徽因的新派作风有看法，起初并不赞同梁思成与之成婚。长女梁思顺一开始也站在母亲一边，而梁思顺的意见对父亲梁启超影响很大。直到1925年4月，梁思顺才改变了对林徽因的看法。对于梁思成与林徽因能够最终走到一起，梁启超非常高兴，说这是"思成一生幸福关键所在。[104]"

梁思成和林徽因选定1928年3月21日成婚，为的是纪念宋代建筑家李诚。这个日子是宋代为工部侍郎李诚立碑刻石的日期，也是关于李诚资料中唯存的日期。几年后他们的新生男孩又取名从诚[105]。

梁思成与林徽因的婚礼并没有按梁启超的意思在教堂举行，而是改到了中国驻加拿大总领事馆。此前有资料说，纵然林徽因受了近四年美国文化的熏陶，可她在人生这一重大时刻却不愿穿西式的白婚纱。渥太华那时根本找不到中国传统的凤冠霞帔，于是她自己缝制了一套东方特色的婚礼装，衣服的领口袖口都配上宽条彩边。而根据1928年3月21日《渥太华新闻报》[106]报道，林徽因的婚服是由她根据壁画图案，复制的一套公元五世纪到六世纪时期唐代的皇后袍服，但事实上唐朝是从七世纪开始的。

1928年3月21日晚，新娘和新郎双方亲友约40人齐聚中国领事馆。大厅入口处摆放着巨大的水仙花和万寿菊花瓶，增添了鲜亮的色调。大厅的主灯为一盏配有30只灯泡的大吊灯，大厅里摆满了春天的鲜花，到处是金盏花、水仙花与兰花，所有的壁炉都环绕着棕榈和蕨类植物。大厅的一端搭起一个代表中国传统文化的祭坛，祭坛覆盖着白色与紫色的布帘，缀满了寓意吉祥喜庆的金字红底"囍"字图案。

玛拉·杜瓦（Myra Dewar）小姐一直在婚礼大厅入口处弹奏着轻柔欢快的乐曲，当中国驻加拿大总领事周国贤挽着新娘林徽因步入礼堂时，杜瓦小姐奏响了著名的罗恩格林（Lohengrin）婚礼进行曲。

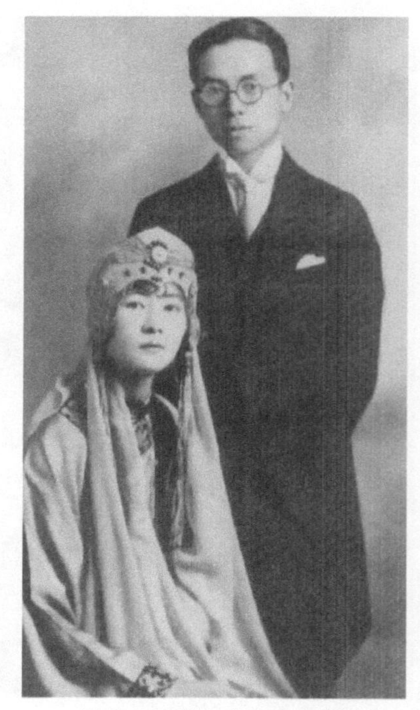

图片 92 林徽因自行缝制的唐代皇后婚衣

晚8时30分，来自查尔莫斯联合教会的伍德赛德牧师主持了正式的结婚仪式。国会议员艾格尼丝·麦克菲尔小姐（Miss Agnes Macphall）也出席了婚礼[107]。

　　美丽小巧的新娘身穿黄色的皇家锦绉缎长袍，宛如一位美丽的唐代皇后走下壁画。她头戴饰有嵌珠的凤冠，凤冠左右垂下两条彩缎，美艳夺目。身着唐装的林徽因大方灵动，手持一束衬着兰叶的黄玫瑰，给人一种非常新潮的感觉。她的伴娘是梁思成的妹妹梁思庄。新郎梁思成穿一件正式的黑色长燕尾服和翼领白衬衣，打着鲜亮的领带。他的伴郎是来自美国领事馆的鲍德温先生（Mr. Le Verne Baldwin）。新郎的帮手们统一穿着深红色的中国传统绸缎服装，手里拿着一束束的玫瑰、月季和苍兰，穿梭在大厅中。为弟弟精心操办婚礼的总领事夫妇笑逐颜开，招待来宾。周国贤西装笔挺，夫人梁思顺女士则穿了一件绣有黄色蝴蝶花和浅色兰花的宝蓝色中式旗袍。

　　有国内资料称，林徽因身穿中式婚纱的结婚照登上报纸后，引起当地居民轰动。可惜作者尚未查到这张照片最早出现在哪张报纸上。有一篇描写林徽因和梁思成婚礼全过程的文章流传甚广，但其中硬伤很多，比如婚礼的地点被搬到了温哥华、主持婚礼的变成了周希哲而不是伍德赛德牧师，还有乳白色的长袍、洛矶山脉、太平洋季风和中国鞭炮等等。全文除了引用梁启超的书信属实以外，基本上都是缺乏事实根据的凭空想象与一厢情愿的浪漫笔调。

　　婚礼结束时，钢琴师弹奏了门德尔松（Mendelssohn）的婚礼进行曲，一对新人接受了来自亲戚与朋友的祝福。随后，宾客走进由淡紫色豌豆花、金盏花、黄色雏菊、水仙以及大量郁金香花布置的餐厅，享用了丰盛的自助晚餐。餐桌中央是巨大的婚礼蛋糕，蛋糕的形状是一所配有黄色琉璃瓦屋顶的中式建筑。

　　婚礼之后，梁思成与林徽因返回纽约。在那里他们乘坐"荷兰国土"号邮轮于3月28日启程前往欧洲度蜜月。同年8月回国，双双受聘于沈阳东北大学建筑系。梁思成任系主任、教授。林徽因时年24岁，任教授。

　　梁思成与林徽因都是中国著名的建筑学家，而林徽因更是中国第一位女性建筑学家，同时也被胡适誉为中国一代才女。梁思成主要作品有吉林大学礼堂和教学楼、仁立公司门面、北京大学女生宿舍、人民英雄纪念碑、鉴真和尚纪念堂等。林微因则是人民英雄纪念碑浮雕和中华人民共和国国徽深化方案的设计者。

## 总领事要求市长保护华人利益

　　1928年12月28日，周国贤总领事向渥太华市长埃利斯（Arthur Ellis）

发出照会，要求警察保护渥太华中国居民，声称中国人遭到渥太华白人的报复。此前的星期天早晨，在斯巴克斯街卡文迪什中餐馆发生了一次斗殴事件，餐馆服务员吴哈利（Harry Woo）在互殴中用烧红的炉条攻击了渥太华冰球明星哈罗德·斯塔尔（Harold Starr），令其重伤。周总领事在12月28日会见了四位求助的中餐馆业主。他们投诉许多华人在街上被打得鼻青脸肿，并且就餐的白人顾客不付饭钱吃白食。埃利斯市长带领周国贤总领事会见了治安检察官豪珀威尔（Hopewell），共同讨论了整个事件。

当时中国政府正在考虑与加拿大签订新的贸易条约，这次发生在加拿大首都的事件显然给两国关系带来了负面影响。渥太华警方允诺将认真对待华人受到的威胁。渥太华当时约有300名华人，大多数人已在这个城市生活多年。在一份申明中，周国贤总领事说："当我向市长提出诉求后，他立即带我见检查官一起讨论可以采取什么措施。就此案而言，作为中国官方发言人，我们中国人认为我们必须遵守英国的正义和公平原则，由法庭做出裁决。[108]"

"但是没有理由，在此期间走在渥太华大街上的中国人应该遭到袭击。他们被素不相识的人侮辱。我假设这些袭击与那些运动员有关，或者仅仅是出于无知与偏见惯常地反对中国人。"周国贤在申明中列举了数名被袭击者的姓名、地点与时间。"我们非常遗憾在卡文迪什餐馆发生的事件，但是我们看不到任何理由使得整个华人社区因此处于危险之中，也不应该由于个别人的错误而使大多数华人成为受害者。这有悖于英国的正义与公平原则，让无辜者跟着有罪的人一起遭受惩罚。"

"我们并不想制造种族主义情绪小题大做。我们也不想送往中国的新闻描述这里的中国人因为一个独立事件而遭受虐待。这样会在中国产生不利影响。这件事发生在加拿大的心脏很糟糕，我们希望看到种族间的和谐。"

"英国与中国之间，政府关系与商业关系最近都有了新的基础，作为中国驻加拿大的代表，我期望在首都渥太华不会出现任何损害这种大好形势的事情。"他说，"我相信渥太华市民在法庭审理此案之前将不再作出个人判决。"

# 第二次世界大战期间（1937-1945）

## 中加官方关系的发展

1908年，清政府在渥太华设立了总领事馆，首任总领事为龚心钊，不久在温哥华设立领事馆，首任领事为欧阳赓。设立领事馆的主要目的之一是保护当地侨民。此后中国历届北洋军阀政府均设有派驻加拿大的总领事馆和领事馆。1931年，加拿大在南京设立第一个驻华领事馆。

中华民国与加拿大政府的官方关系发展却比较晚。1941年11月18日，国民政府同加拿大政府才正式签订协议，将两国外交关系由领事级升为公使级，双方在派驻国的领事馆升格为公使馆，互派公使。国民政府正式任命刘师舜为首任驻加拿大特命全权公使。

刘师舜祖籍江西宜丰县潭山，1900年出生于湖南湘乡。1911年12岁的刘师舜以第四名的成绩考入"北京留美预备科"（今清华大学前身），进入清华苦读八年。1920年留学美国，先后获霍普金斯大学学士、哈佛大学硕士、哥伦比亚大学博士学位。1925年回国，受聘清华大学教授。1927年经国民政府外交部上海交涉员郭泰祺推荐，刘师舜由国民政府新任外交部长伍朝枢委任为外交部条约委员会委员。1928年初，黄郛接任外交部长，又任命其为专任委员，从此涉足外交界。1932年1月，新任外交部长罗文干任命其出任外交部欧美司司长，统揽与欧美各国有关的政治、通商、经济财政、军事等交涉以及保护华侨、在华外国侨民的安全和财产等事宜。刚过30岁就担当外交部重要角色，可见其能力已获得认可。此后一直担任欧美司司长，直到1941年被任命为加拿大首任公使。

## 首任驻加大使刘师舜

由于太平洋战争爆发，香港被日军占领，经香港前往欧美的交通线断绝。刘师舜被延误至中美开通印度航线后，才于次年1月成行。1941年2月18日他抵达渥太华，2月26日，刘师舜公使向加拿大总督递交了国书[109]。

随即刘师舜展开了筹建使馆的工作。通过加拿大房地产公司的介绍，刘师舜经过实地考察，最终选定购买加拿大前总理波尔登的一处官邸。该官邸面积约18亩，前临公园，背靠丽都河，景色宜人，房屋建筑宏伟，内外装修华丽。加拿大在战争阴影笼罩下，房产价格骤降。刘师舜仅花费2.3万加元就购得此房产，后来该房以50万加元售出，刘师舜为此颇为自豪，认为替国家做了一笔好买卖。

在筹建使馆过程中，刘师舜为加拿大华侨拳拳报国之心所感动。当时，渥太华仁爱堂等华人团体向他提议，发动在加华侨（约三万人）每人捐助一元，用以支付购置使馆费用。刘师舜感念之余，以此乃政府之举，责无旁贷为由，婉拒了华侨的好意。

中国驻加拿大公使馆的建立，为中加关系翻开了新的一页。刘师舜以此为起点，开始了在加拿大近五年的外交历程。

刘师舜到任加拿大之时，正值中国抗日战争最艰难的阶段。日本几乎切断了所有中国与西方世界的联系渠道，令退守西南的国民政府面临巨大挑战。争取外援，打破日本困死中国的企图，成为当时中国外交的重要使命。

使馆地址确定后，刘师舜便马不停蹄地拜访各国外交使团和加拿大政府各部官员，四处演讲，宣传中国抗战。自1942年4月至年底，刘师舜在蒙特利尔加拿大协会和温哥华广播无线电台等大型集会上发表长篇演讲达16次之多，题目包括：中国与加拿大、中国的抗战与建国、中国如何能继续抗战、中国争取自由的战争、中国与战后的世界、中国的妇女地位与工作等等。1943年全年，他又到卡尔顿大学等各处演讲达19次，内容涉及日本无条件投降及解除武装、日本应完全归还占据中国的领土等。

刘师舜的每次演讲都成为加拿大媒体报道的对象。1943年4月7日，当他在加拿大兰福德市（Langford）贸易局演讲之后，该市报纸发表题为《中国需要援助》的社论，指出中国所得到的援助，与其所需要的相差甚远。为加强中国抗战能力，呼吁各盟国应在最短时间内给予中国必要的协助，以帮助中国早日取得抗战胜利。

刘师舜的演讲唤起了加拿大人的同情心和道义感。1943年9月15日，他在圣约翰市加拿大协会演讲后，哈利法克斯市的《明星日报》在18日发表题为《我们才是负债者》的社论称，中国驻加拿大公使刘师舜说，中国对加拿大负了一笔巨大的债，"这句话是基于客气，并无事实根据"，"六年期间，中国抗击轴心国侵略，而加拿大则逍遥事外"，"中国对我国不存在'负债'问题，其实我国人民对中国人民欠下了一笔巨大的债。[110]"

刘师舜辗转各地，用演讲换来了加拿大人对中国抗战的物质支持。当他走下讲台时，就有演讲主持者将支票交到他手里。1942年6月13日，多伦多市中国战时救济基金会捐赠6.1万加元，支持中国抗战。1943年6月，借宋美龄访问加拿大之机，加拿大安大略省中国战时基金会捐献国币300

万元，以充作救急之用。加拿大红十字会又相赠10万加元救济捐款。整个抗战时期，加拿大对华军事援助达一亿美元，这与刘师舜的努力是分不开的。

1944年2月17日，中加两国关系再次升格，建立大使级外交关系。刘师舜公使顺理成章被任命为国民政府驻加拿大首任特命全权大使。相应地，维克多·奥德伦将军被任命为加拿大首任驻华大使。

在任期间，刘师舜除争取加拿大及各友好国家对中国抗日战争的援助之外，还积极与加拿大当局交涉，要求废除其在华特权及对华侨华人的苛刻法规，全力维护当地华人的正当权益。

1947年3月28日刘师舜卸任离职，继任者为刘锴。

## 渥太华华人的爱国热潮

渥太华华人身处首都，有着便利的地理条件，在历次重大历史事件中都起到了非常积极的作用。早在1915年，日本向中国提出不平等的《二十一条要求》，渥太华中文学校的师生发电报给袁世凯大总统，要求他向日本宣战。但北洋政府自身赢弱，又得不到欧美外援，经过艰苦谈判，除了接受日本条件，别无自全之道。5月8日下午，袁世凯召集各部部长，宣布接受"二十一条"的部分要求。5月9日23时，北洋政府没有等到预期的外援，以"国力未充，难以兵戎相见"为由，对外宣布接受二十一条中一至四号的部分要求。5月25日，在北京签署了《中日民四条约》。消息传出，举国震怒。签约当天，湖南学生彭超留下血书，愤然投江自杀。北京二十万人到中山公园集会，捐款一百万元"救国基金"。天津南开学校17岁的学生周恩来上街演讲，号召人们振兴经济、誓雪国耻。袁世凯下令设"国耻日"，称为"五九国耻"。

1919年，渥太华华人联合会给中国政府去信，反对日本企图阻止中国代表团参加巴黎和会的提议。巴黎和会是第一次世界大战后的世界性会议，中国作为战胜国提出两项提案：取消帝国主义在华特权；取消日本强迫中国接受的《二十一条》，收回山东权益。但提案被否决。巴黎和会引起中国人民抗议，爆发了五四运动。

1920年，中国北方大旱，民不聊生。在中国使馆领事的倡议下，渥太华华人成立了赈灾协会，募捐救助中国受灾饥民。他们还找到联邦政府的一位部长，试图通过他请求加拿大将1919年向华人征收的人头税捐给中国政府。但遭该部长拒绝，他声称中国一直是一个粮食输出国。

1937年抗日战争爆发后，渥太华华人再次掀起爱国热潮。

## 认购爱国债券

1939年至1945年期间，地球上爆发了全球性的军事冲突，也就是人类历史上的第二次世界大战。而在这之前，日本已于1937年入侵中国，中国人民被迫开始了长达八年的抗日战争。更早一点，1931年9月18日，日军自行炸毁沈阳北郊南满铁路的一段路轨，反诬中国军队所为，并以此为借口，炮轰北大营，进攻沈阳城，震惊中外的"九一八"事变由此爆发，1932年3月1日，日本在东北三省建立了傀儡政权满洲国。

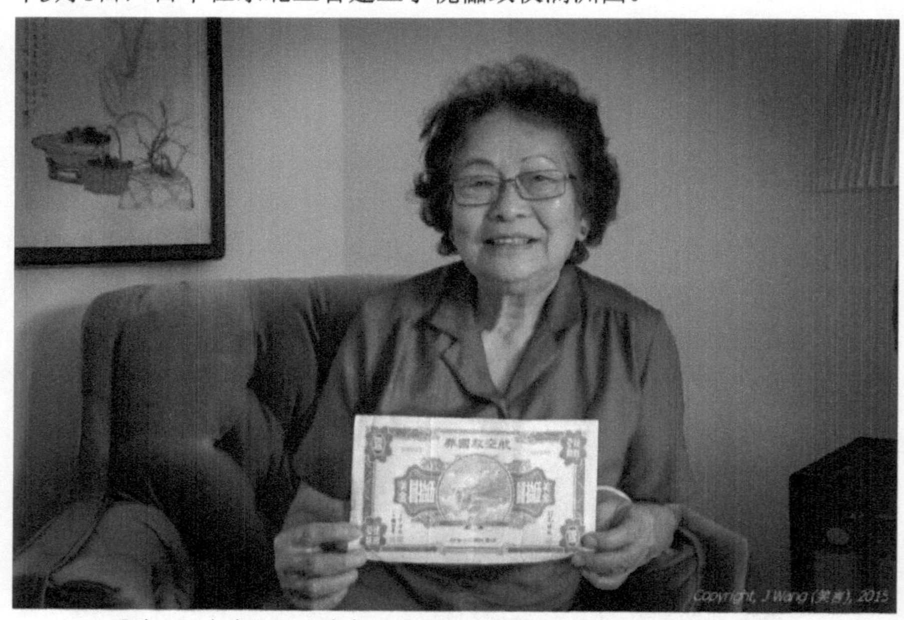

图片 93 珍藏民国公债券与航空救国券的黄雪琼（Susan Lee）女士
（笑言摄于2015年7月11日）

抗战时期，加拿大华人爱国救国，积极募捐为中国军队购买武器抵抗日军侵略。1940年，国民政府发行救国公债。渥太华华人积极响应，仁爱堂的老华侨组织人员四处出售国债，有汽车的华人跑遍了周边小镇。黄雪琼（Susan Lee）女士和周强安先生等老华侨至今仍保存着那时的债券。当时还有许多华侨买完债券就直接烧掉，当成是捐款，压根就不曾想过再找中国政府兑换。

2015年7月11日，作者有幸采访到珍藏当年救国公债的黄雪琼老人[111]。她的丈夫李荣瑞（George Lee）在1938年购买了中华民国针对海外华侨发行的"民国二十七年金公债美金债券"，分5美元与10美元两种面额。1941年又认购了50美元面值的"航空救国券"。航空救国券印有财政部长孔祥熙、次长俞鸿钧、次长顾翊群的名字和印章。右上角印有"抗战必胜"、左下角印有"建国必成"。正中的螺旋桨飞机图案，双翼漆有国民党青天白日徽记，尾翼漆有美国国旗的彩条。

1937年时，渥太华市民的工资收入与消费水平非常低。一名厨师一周工作七天，每天的工资只有一加元。餐馆服务员一周只有四加元，当然他们还有一些小费，不过那时的小费一般只有5加分或10加分，全套大餐也不过25加分的小费。当然物价也低，一杯咖啡5加分，一包香烟25加分。进入1940年代后，尽管渥太华华人的生活水平有所提高，但整体状况仍然不尽人意。在如此艰难的生活条件下，渥太华华人尽己所能，慷慨捐助，全力救国，真是可歌可泣。

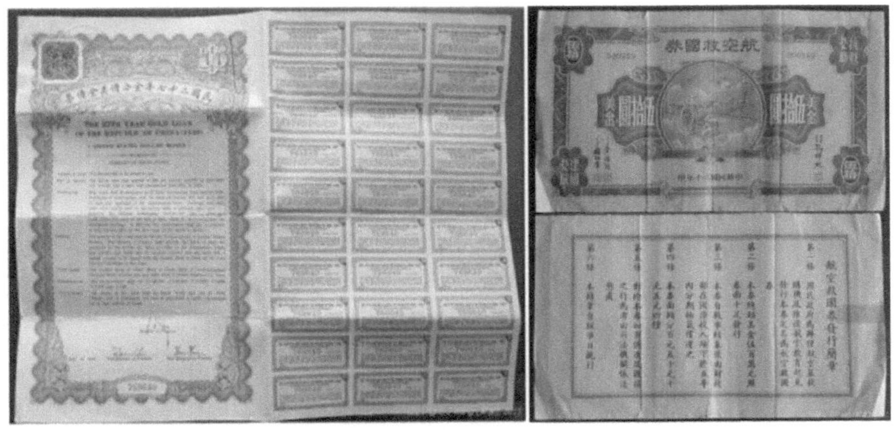

图片 94 左：1938年公债美金债票；右：1941年航空救国券
（笑言摄于2015年7月11日）

# 北美华侨英烈

## 黄丹（Dan Wong）

渥太华华人除以各种方式从经济上支持中国的抗日战争，更有不少华人直接回国参战。甚至将自己的热血洒在了祖国大地的战场上。

1890年代，在渥太华西边的珀斯（Perth）小镇，有一家华人开的餐馆叫 Harry Café。业主姓方，叫 Harry Fong Johnston。这个 Johnston 是当地教会给予他的一个西方姓氏。方先生夫妇生了四个女儿，大女儿方金方（Mary）

毕业于金斯顿的女王大学（Queen's University），毕业后成为加拿大第一批护士。方金方爱上了一位家族在渥太华与蒙特利尔两地做生意的华人 Dan Wong。Dan Wong 姓黄，但他的中文名已很难获知。为方便中文阅读，音译为黄丹。黄丹毕业于蒙特利尔麦吉尔大学工程系，发明了能漂浮的救生衣，并开工厂制造销售。黄丹先生也是台山人，他的年龄比方金方大很多，因此他俩的婚事方家并不赞同。大约在1940年，黄丹和方金方私奔到旧金山举行了婚礼。婚后两人前往香港生活，一年后方金方产下一子，而黄丹当时并不在她身边[112]。

黄丹性格开朗、智慧勇敢、富正义感。他同当时回国参加抗战的北美华侨一道，满腔热血，奔赴前线保家卫国。黄丹的家庭条件优裕，他自己也早已开始经营生意，身家丰厚。他是直接开着自己的小飞机飞到云南前线参战的。在前线，他为国民党军队运送军粮和其它军事物资。在此期间，他得到消息，知道方金方为他生下一个儿子。黄丹与方金方的儿子取名黄孟光（Ford Wong），黄孟光生于1941年12月8日。这一天正是日本偷袭珍珠港的日子（美国时间12月7日）。

1941年12月，太平洋战争爆发，美国参与对日本作战。1942年5月，日军切断了滇缅公路这条战时中国最后一条陆上交通线后，中美两国被迫在印度东北部的阿萨姆邦和中国云南昆明之间开辟了一条转运战略物资的空中通道，这条空中通道就是著名的驼峰航线。它是世界航空史和军事史上最为艰险的一条运输线，长约800公里，飞机需要飞越喜马拉雅山隘，海拔高达5500米。同时，飞机还要应对日军战斗机的攻击（见维基百科"驼峰航线"）。

无从知晓黄丹飞的是否就是驼峰航线。黄丹的小飞机显然无法胜任飞这条航线，但在当时极度缺乏飞行员的情况下，像黄丹这样具有丰富飞行经验而又讲英语的飞行员，没有理由不被选中。他最后飞行的具体日期也无人知道，现在可以确认的是，黄丹还没有来得及见到自己的儿子，就在执行一次飞行任务中，被日军战机击落身亡，牺牲在祖国的蓝天上。

黄丹的儿子黄孟光后来随母亲方金方回到了渥太华。方金方继续在珀斯的医院里做护士，而黄孟光长大后在加拿大"国家假释委员会（National Parole Board）"任职，也就是后来改名的加拿大假释委员会（Parole Board of Canada）。

假释委员会是一家加拿大政府机构，其上级部门是加拿大公共安全部。

它于1959年根据加拿大假释法设立。董事会主要讨论和矫正加拿大释放法、刑事记录法和加拿大刑法法典。加拿大国家假释委员会还讨论独立的释放和赦免的决策和宽大建议。

黄孟光与人沟通的能力很强，黄孟光退休前，曾担任联邦政府健康与福利部健康保护局的局长（Head of Health Protection of Health and Welfare Canada）。

加拿大健康与福利部成立于1944年，后于1993年6月拆分为健康部与人力资源及劳工部。

黄孟光的妻子叫杨美珠（Otilia Wong）。2015年7月9日，作者在渥太华采访了杨美珠。可惜黄孟光先生已经离世，也未留下有关他父亲的任何记录和图片，关于黄丹的更多事迹就此没有了线索。

黄丹的英雄壮举并非个例。加拿大与美国华侨回国参战的英勇故事很多。在北美华人史料馆，或是在这些英雄家乡的史料馆，还能寻到他们的事迹，其中最著名的当属黄毓全（1904－1935年）。黄毓全出生于美国加州，祖籍也是广东台山。1926年他随兄长黄毓沛回国后，赴俄国第二航校进修，1930年任航空六队副队长。

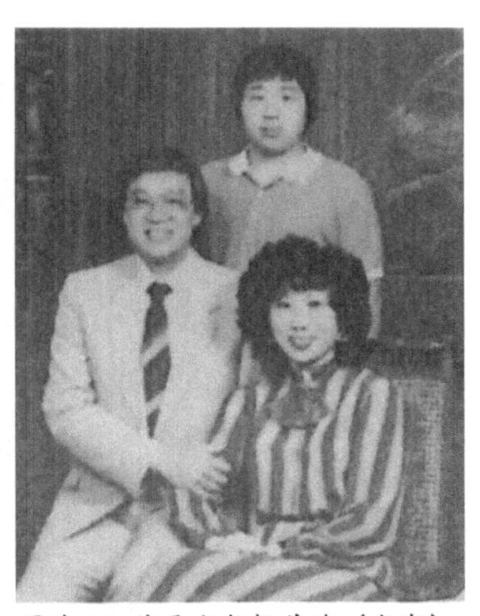

图片95 黄孟光与杨美珠（坐者）1984年合影（周树邦提供）

1932年参加"一二八淞沪抗战"，同年2月在上海与日机空战阵亡。

又如1934年回国的黄新瑞（1914－1941年），祖籍还是台山，出生于加州洛杉矶，以曾击落十七架日本战机而闻名。因战绩卓著，升任空军第五大队长。1941年3月14日，日军六十余架零式战斗机（又称"零战"）及二十七架轰炸机一起扑向成都。日本三菱工业制造的高速度及高爬升力的零式战斗机可以飞在云层之上，不易被发现。黄新瑞在成都双流机场率领两个编队升空，看见大批日本轰炸机迎面而来，立即左右包抄，准备飞到轰炸机队的后上方攻击。未料到在日军轰炸机之上还有一群藏在云上的零式战斗机，他们被迫分散迎战穿云而下的零式战斗机，双方展开一场浴血奋战。中国机队寡不敌众，再加上飞机性能不如日军特别为中国战场而设计的零式战机，死伤惨重，黄新瑞也壮烈成仁。是役，中国空军有十名飞行员及队长殉国，其中大多数是华侨子弟。可见当时广东空军，由队长到队员，几乎全以华侨子弟为骨干[113]。

### A·马与C·马

成都作家刘小童历时七年自费30万元采访，再现"驼峰航线"历史。在《驼峰航线》这本书中，也提到了加拿大回国参战的华侨：

"中航还有一对兄弟，是加拿大华侨，一个叫A·马，一个叫C·马。都是在国外自学拿到的飞行驾照，听说抗战中的中国航空公司急需飞行人员，就回来了，从'驼峰'空运开始，一直飞到空运结束。等到抗战一结束，哥俩就回去了，实在找不到他们的资料。"

"2004年，我在上海见到原中航飞行员梁泰山，老人是'驼峰'空运后期从华西大学进入中航的，一直轮流给 A·马、C·马做副驾驶。我见到老人时，他神志、思维已经不是很清晰了，但只要我提到'驼峰'，他马上就会翻来覆去地说上一句从见到我开始就不断重复的话：A·马、C·马好啊，一点架子都没有，教你飞行，就认认真真带你。A·马好啊……"（第225页）[114]

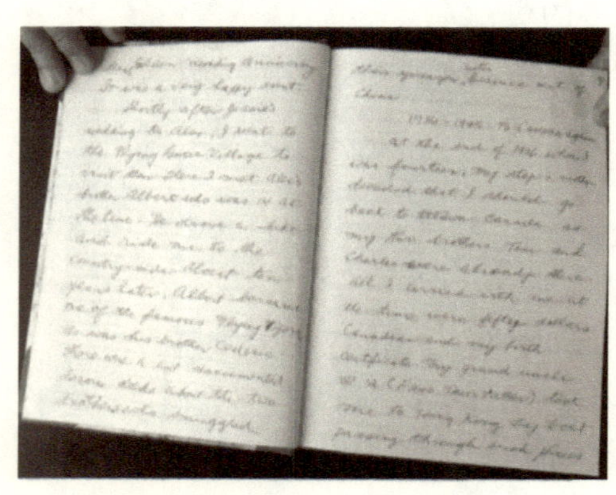

图片 96 谭锦照回忆录第8页、第9页
（Peter Hum 提供）

书中提到的 A·马便是 Albert Mah，C·马便是 Cederic Mah，而 A·马和 C·马都是 Alex Mah 的弟弟。而 Alex Mah 则是渥太华华人谭华廷的女婿、谭锦照的姐夫。

根据谭锦照回忆录的记载，1935年，谭锦照的姐姐 Jessie Hum 与 Alex Wing Kee Mah 结婚。马家是广东开平飞鹅村人，但 Alex 出生在不列颠哥伦比亚省的鲁珀特王子港（Prince Rupert, British Columbia）。这是一桩包办婚姻，但婚后夫妻感情很好，他们生了四个孩子：Leong、Gerry、Ronnie 和 Doreen。1985年11月，谭锦照等人前往温哥华参加了他们的金婚庆典。

1935年姐姐结婚后，12岁的谭锦照便去飞鹅村看望姐姐姐夫。在那里他认识了 Alex 的弟弟，14岁的 Albert Mah。那时马家在鲁珀特王子港开一家"阳光杂货店（Sunshine Grocery）"，生意很好。他们的父亲（Bon Quen

Mah）在这一年去世后，全家回到开平准备小住一段日子。

Albert 骑自行车带着谭锦照在乡间玩耍。大约10年之后，Albert 与比他小一岁半的弟弟 Cedric 成为著名的飞虎队队员，也就是中国人口中的"A·马"与"C·马"。

1920年11月21日，A·马出生在鲁珀特王子港。他喜欢冒险，喜欢在驾驶舱里吹萨克斯风，18岁时曾获不列颠哥伦比亚金手套拳击冠军。在二战中，从印度到中国，他飞了420个来回[115]，是喜马拉雅航线的开路人之一。

日军侵占中国之后，他辞去魁北克航空公司的职务，回中国参加中国空军，并解救他被困在沦陷区的家人。由于不会讲中文，他装扮成一名聋哑人应付日军哨所的盘问，步行穿过封锁线来到他的家乡飞鹅村。他在后来的一次采访中说，途中他曾经一度躲在一具棺材中，几乎窒息。等他终于回到家里，却发现让全家人逃出封锁线是根本不可能的，于是他决定只带走12岁的妹妹 Bernice。他和妹妹在夜幕的掩护下绕过日军阵地，而白天则躲起来休息，他们甚至还藏进过妓院。有一天，他们乘的船遭到了日军零式

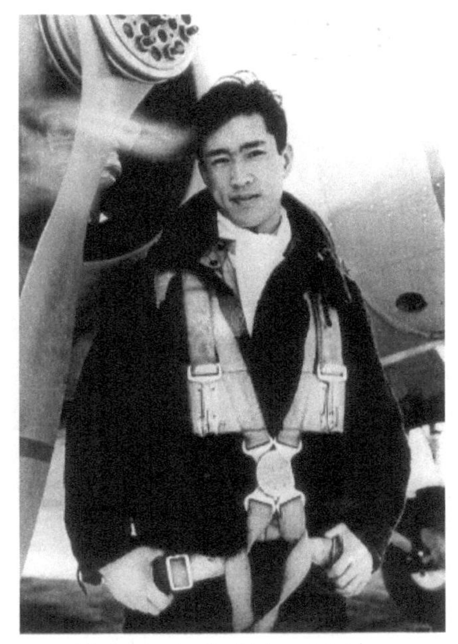

图片 97 A·马（Albert Mah）
（来源：加拿大华裔军事博物馆）

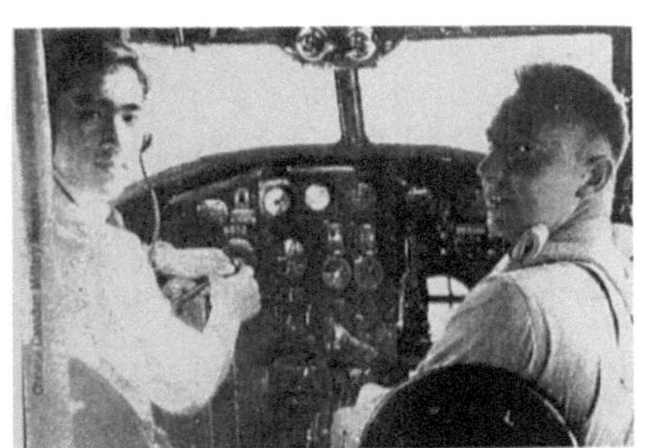

图片 98 抗战时期 A·马驾驶
中国航空公司（CNAC）的飞机，
（来源：Fighting for Canada，第54页）

战机的扫射，所幸没有受伤。最后他们终于安全逃出，A·马将妹妹送往印度，自己则返回部队继续抗战。

A·马获得了极大的荣誉。1995年，美国空军授予他杰出飞行十字勋章和空军勋章。他战后回到加拿大，1956年与 Jewel Martin 结婚，育有三个女儿和一个儿子。不过这段婚姻在1967年结束。

2004年5月6日，84岁的 A·马在蒙特利尔的圣玛丽医院因胃破裂去世。

弟弟 C·马生于1922年6月16日，在马家十一个孩子中排行第八。《环球邮报》在2011年6月6日一篇题为"无所畏惧的飞行员飞越喜马拉雅山脉参加抗日"的文章中，讲述了 C·马的故事[116]。

由于他的中国血统，二战时加拿大皇家空军拒绝 C·马入伍。他转而加入了中国国家航空公司（Chinese National Air Corp.），冒着生命危险，在美国志愿者主导的飞虎队中，飞行了300多个航次。

1945年8月23日，C·马负责运送从美国印制的钞票到中国，美国海军陆战队的战士负责随机押送。C-46

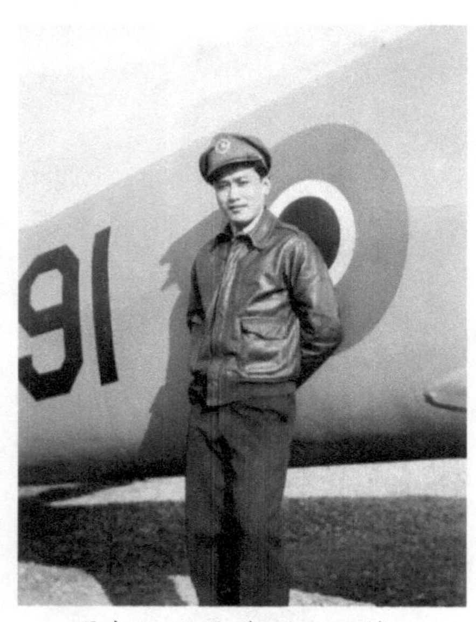

图片 99  C·马（Cedric Mah）
（来源：加拿大华裔军事博物馆）

运输机的两翼由于结冰变重，更糟糕的是两个引擎中的一个居然停转了。C·马要求美国海军陆战队的战士听从他的指挥，将钞票踢出货舱，最终52捆钞票中的48捆都被扔下了飞机。他留下了4捆，因为他认为迫降时没准儿用得上，哪怕只是为了用来做生火取暖的火引。

"够败家的吧？" C·马后来在一封信中写道，"我们用8亿6千6百万现钞兑换了一架价值3百万的飞机和我们几个人的生命，不过这是一笔公平的交易。"美军随即进行了彻底的地面搜索，但这笔钱却完全不见了踪影。上了年纪的 C·马还经常开玩笑，说他每年都会接到几个电话，问他到底把钱掉在了哪里。

C·马飞越喜马拉雅山的驼峰航线400次（也有资料称337次），他哥哥 A·马飞了420次。他们为中国内陆运送了人员、弹药、燃料、医药、食品等大量物资。飞机返程时，则带出了水、锡、铅、锌和西方制作毛刷用的猪鬃。鉴于他的杰出表现，飞虎队授予他荣誉队员称号。1997年，C·马终于获得美国政府的官方认可，他被授予美国的空军勋章和杰出飞行十字勋章。他的哥哥 A·马也获得此项殊荣。

2011年4月29日，C·马在埃德蒙顿因中风逝世，终年88岁。

## 华人服役于加拿大军队

华人很早就有加入加拿大军队的记录，参见列兵弗雷德里克·李（Frederick Lee）的入伍证明[117]。但后来很长一段时间军队禁止亚裔入伍。

1919年，华裔军人 Wee Hong 从温尼伯格（Winnipeg）光荣退役，去芝加哥大学读电气工程并获得学位。毕业后他来到安大略省奥瑞利亚（Orillia）买了一间无线电铺子。可是当他申请营业执照时却遭驳回，除了他的种族之外没有任何别的理由。这位老兵对这种侮辱大为光火，直接将他的军服和勋章寄给了麦肯齐·金总理。总理向他道歉并促成他的营业执照获得批准。Wee Hong 将这间铺子一直经营到他退休。Wee Hong 于1976年去世，享年92岁[117]。

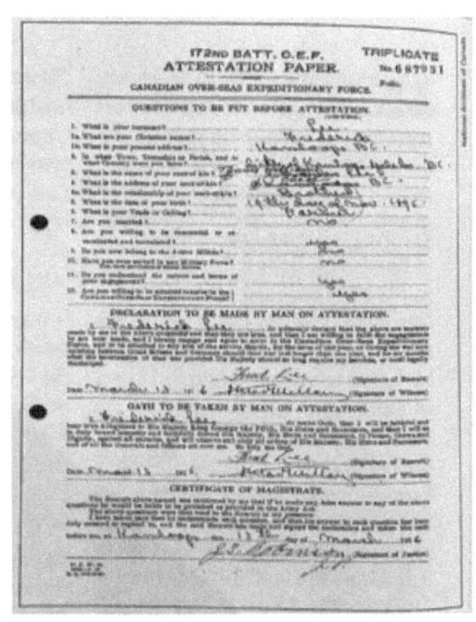

图片 100 李姓列兵的入伍证明，1916年3月13

第二次世界大战期间，加拿大军队中华裔的服役人数并无准确数据。造成这种情况的原因包括官方记录中缺乏种族记录、姓名拼写的混乱以及同一个人同时使用中文和英文姓名。

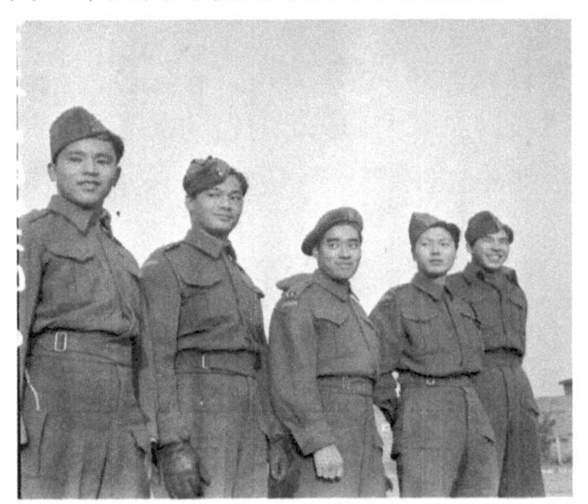

图片 101 二战胜利后的加拿大华裔士兵：左起：O. Lee, F. Lee, G.A. Lee, W. Lee, K.D. Wong and J.H. Ma.
（加拿大图书档案馆 MIKAN no. 3596864）

估计当时有800名华裔军人，但也有数据给出500人。这些华裔男子大多数加入了陆军和皇家空军，这两个军种是最早放松肤色限制的部队，这种做法始于1941年。1943年政府发布政令后海军才改变了其限制政策，但直到战后才接纳少数族裔。

尽管自1939年战争爆发以来，军队对亚裔加拿大人自愿入伍没有正式的政策限制，但招兵时担心种族混合可能导致因种族偏见而引发纪律问题，所以有些地方拒绝华人入伍。比如不列颠哥伦比亚省和萨斯喀彻温省政府强烈反对向亚裔征兵，他们担心战后会被迫允许亚裔投票。尽管《国家资源动员法》没有对此做出规定，但联邦政府仍然同意了这两个省的要求，并在全国范围内禁止征募华裔和日裔加拿大人。限制政策因后来加拿大军队伤亡严重而被撤销。

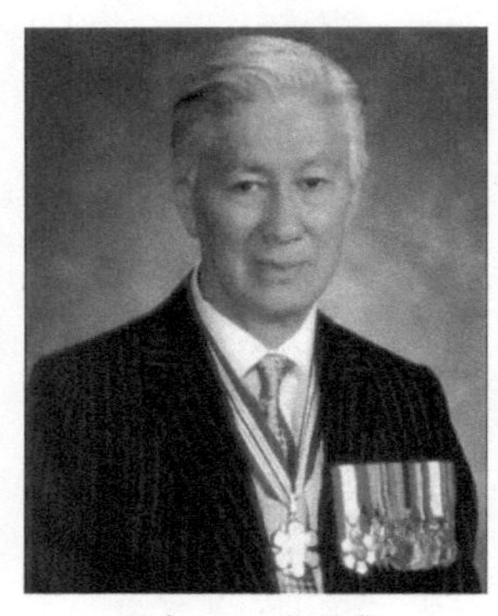

图片 102 郑天华
（Douglas Jung）
（来源：Asian Canadian Wiki）

郑天华（Douglas Jung）与他的两位兄长于1939年应征入伍。郑天华1924年2月25日生于维多利亚，2002年1月4日卒于温哥华，是加拿大历史上第一位华裔国会众议员，曾在渥太华为加拿大服务。

当年郑氏一门三杰报效加国传为佳话。郑天华的大哥郑天荣任军医，在1944年6月6日，也就是后来著名的"D日"（D-Day）参加了登陆诺曼底的战斗，二哥郑天保则成为加拿大皇家空军（RCAF）的飞行员，后升至中尉。

郑天华自己则负责召集包括他自己在内的12名来自加拿大各地的华人士兵，自愿入伍参加太平洋战争。而他们的行动高度机密，只有总部的两名加拿大高级官员与太平洋司令部才知道他们的存在。这项任务成功机会极少，代号为"遗忘行动"。

这个行动小组表现极为出色，12人中有4人获得战场英勇军功章。从未有其它的加拿大军事编队获得过如此高比例的嘉奖。

郑天华生于维多利亚，本该自然成为加拿大公民，但他的父亲却必须在加拿大移民局登记他的出生。而给他的文件上写着："本证书并不确认在加拿大的合法地位。"

在二战中立下赫赫战功的加拿大华裔老兵四处游说，争取自己作为加拿大公民的应有权利能够得到认可。针对中国的排华法案最终在1947年被废除，可以说，华人用鲜血和生命改善了自己在加拿大的地位。直到这个时候，加拿大华人才有可能申请自己的配偶及18岁以下未婚子女移民加拿大团聚。同年，华人重新获得了被剥夺24年的投票权。一年之后，华人终于获准从事律师、会计师、医生等知识性职业。

加拿大的退伍军人机构资助郑天华等华裔军人退伍后进入大学学习。郑天华由法律专业毕业，成为历史上第一个在英属不列颠哥伦比亚省就职的华裔律师。

1957年，郑天华成为首位入选加拿大联邦议会的加拿大华人。美国得克萨斯大学圣安东尼奥分校（The University of Texas at San Antonio）文学艺术系主任 Wing Chung Ng 教授曾经高度评价道："特别是对温哥华的华人来说，通过向渥太华传达他们的声音，郑天华帮助华人缩短了通往加拿大政治道路的距离。"

## 加拿大对华援助及白求恩的故事

据统计，抗战期间加拿大向中国提供军需品价值2660万美元，战后又提供重建援助2000万美元（包括现金和设备折价），占国际援助总额10%，且和美国、英国的斤斤计较、动辄附加难堪条件不同，加拿大的援助更无私、更慷慨。

首任大使欧德伦少将和蒋介石夫妇的私人关系，也远胜过同期的美国同行[118]。

写到1937年至1939年，写到加拿大华人对中国抗日战争的支持，不能不提到一位出生在安大略省格雷文赫斯特镇（Gravenhurst）的加拿大人对中国抗日战争所做出的杰出贡

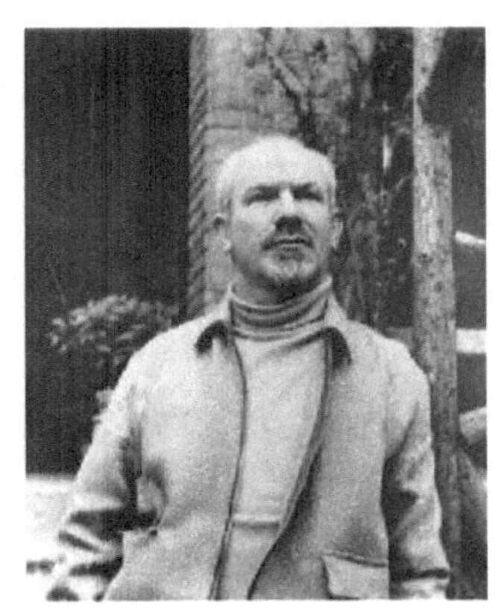

图片 103　白求恩大夫
（来源：Dictionary of Canadian Biography）

献，他就是在中国家喻户晓的白求恩大夫（Dr. Henry Norman Bethune）。

白求恩在中国近代史上被称为国际主义战士。他1935年加入加拿大共产党，立即就作为一名志愿者投身于西班牙反德意法西斯的战争。1937年他又"不远万里，来到中国"，明确拒绝了在蒋介石所领导的国民政府管辖区工作，转而帮助转战于边远山区的中国共产党。同他在西班牙所从事的工作性质相近，白求恩擅长于战地医疗工作。

1938年春天，他来到延安，之后很快转到晋察冀边区，成为一名战地医生。他同中国的木匠铁匠一起制造手术器械，设计把包装箱转换为手术台。他也帮助训练医生、护士及其他工作人员，他曾创下在69个小时内为115名伤员动手术的纪录。

1939年在山西省五台山地区一次手术中他不慎割破手指遭到感染，不久因败血症在河北省唐县去世。

他去世后，毛泽东专门写了一篇悼念他的文章《纪念白求恩》，发表

于1939年12月21日。文中说："我们大家要学习他毫无自私自利之心的精神。从这点出发，就可以变为大有利于人民的人。一个人能力有大小，但只要有这点精神，就是一个高尚的人，一个纯粹的人，一个有道德的人，一个脱离了低级趣味的人，一个有益于人民的人。"这篇文章和毛泽东的另外两篇文章《为人民服务》和《愚公移山》一起在文革期间成了所有中国大陆人都必须学习甚至背诵的"老三篇"。

白求恩的遗体被就近安葬在唐县，后被迁入石家庄华北军区烈士陵园。他的名字为几代中国人所熟知，而在他的家乡，他却远不如在中国出名。

1970年中加建交，加拿大政府购买了白求恩的父亲在格雷文赫斯特的住宅，并将其恢复到1890年白求恩诞生时的样子，又把邻居的白色房子也买下来布置成了"白求恩纪念馆"。故居的客厅、餐厅、书房、卧室等都还原为19世纪末白求恩在此居住时的布置。并以他的名字命名小镇的主要街道为白求恩大道。加拿大多伦多的约克大学以他的名字命名了一个"诺尔曼·白求恩学院"，多伦多市士嘉堡区的一所中学也以他的名字命名。

1996年白求恩故居被加拿大政府列入加拿大国家文化遗产。同年，白求恩被加拿大医学名人堂列为医学人物。2002年8月，具有中国血统的加拿大总督伍冰枝在格雷文赫斯特为白求恩的铜像揭幕。

## 伍冰枝一家来到渥太华（1941）

伍英才（William Poy）祖籍中国广东台山，妻子林美娥（Ethel Lam Poy）是客家人。由于伍家在两代人之前就移民澳大利亚，所以伍英才出生在澳大利亚。由于1930年代澳大利亚种族歧视极为严重，伍家不得不返回香港。伍英才加入了香港赛马会，先是自己骑马，然后将马匹买下来。在那里他与其他会员建立起可贵的人际关系。

伍冰枝（Adrienne Clarkson）后来曾这样评价自己的父亲："我父亲的一生都热衷于做交易。"

伍冰枝与她的哥哥伍卫权（Neville Poy）那时并不懂得他父亲做这些的重要性，他们只是享受父亲带给他们的一切，家里有佣人和厨师。直到1941年12月，日军的战火蔓延到香港，这一切特权顷刻间烟消云散。伍英才赶紧找英国朋友帮忙，成为一名摩托车调度车手。林美娥则在母亲的帮助下，带着两个孩子东躲西藏，逃避外面每天都在发生的杀戮暴行。

整整六个月他们都在避难中生活，伍英才给所有他在香港贸易委员会工作时认识的熟人写信求助。一天晚上，他们在睡梦中被日本军官叫醒。

日本人说他们的名字上了红十字会列出的交换人员名单。他们必须马上赶往码头，而且每人只允许携带一件行李。几小时后，他们登上了一艘驶往莫桑比克的日本轮船，迈出了通往北美漫长行程的第一步。

他们这次航程非常糟糕。从拥挤的人群中领取口粮，住简陋的船舱，还被狱卒看管。同船人的身份相当复杂，其中包括曾经驻东京的外交官和美国的新闻记者。伍家很幸运，因为在当时那种混乱的局面下，日本方面需要让这些人尽快离开，所以才允许他们这些中国人一并上船并立即出航。

在莫桑比克，他们走下日船的跳板，又踏上了红十字会轮船的跳板。这艘名叫格瑞普斯霍尔姆（Gripsholm）号的轮船，由莫桑比克驶往南美。从香港出发几个月后，他们终于在1942年抵达加拿大[119]。

伍英才怀抱着三岁的女儿，踏上了加拿大的国土。而这个女儿，57年后成为加拿大的第26任总督，她就是众所周知的伍冰枝，正式姓名为阿德里安娜·克拉克森（Adrienne Clarkson）。然而，当时的移民官以排华法案禁止中国人入境为由，拒绝伍家进入加拿大境内。后来经加拿大商务局出面，利用尚余的美日交换战俘的名额帮助他们入了境，因此他们一家曾被归入难民之列[120]。伍家是排华法案实施期间，华人进入加拿大极为罕见的例外。

来到加拿大之后，伍英才一家一直在渥太华生活。1956年，伍英才与谭昌三及谭文参等人合伙开了"好好"中餐馆。林美娥也常与当地华人家庭谭家、周家及黄家的女眷们一起饮茶聚会。

在渥太华，伍冰枝度过了美好的童年。"我对渥太华的第一印象就是雪。"伍冰枝回忆说："我那时三岁了，站在厚厚的雪地里，我一点也不觉得冷，反倒觉得这真是一个成长的好地方。"很小的时候，伍冰枝就喜爱音乐和舞蹈，显露了出色的艺术天赋。她中学就读于渥太华著名的利斯伽中学，对文学产生了浓厚的兴趣，同时表现出极强的社会活动能力。

中学毕业后，伍冰枝没有按照家人的意愿进入哥哥所在的蒙特利尔麦吉尔大学读医科，而是选择去多伦多大学读文学。

她相继获得了英国文学学士和硕士学位。随后的夏天，她与家人到法国度假，美丽的法兰西和辉煌的法国文学深深感染了她。于是，她又开始了法语课程，在巴黎苏邦（Sorbonne）大学完成了硕士后的学术研究，获得在海外教授法语的文凭。

她热爱写作，曾于1968年、1970年和1971年先后撰写了两本小说和一本散文集。

## 1943年宋美龄访问渥太华

1943年2月17日，中华民国第一夫人蒋介石夫人宋美龄女士应美国总统罗斯福邀请访问白宫。

2月18日，宋美龄在美国国会演说。纽约市长主持了一个欢迎会，授予她纽约荣誉市民称号。

加拿大总理麦肯齐·金专程赴纽约邀请她访加。6月14日，宋美龄自纽约赴加拿大进行了为期三天的访问。

1943年6月15日，宋美龄在首都渥太华火车站受到加拿大总理麦肯齐·金率领的政府官员及各界人士的热烈欢迎。

加拿大总督爱丽丝公主和总理麦肯齐·金在渥太华联合车站举行了盛大的欢迎仪式，中国第一夫人蒋宋美龄接受了上千名各界人士的欢迎和欢呼，现场奏响了中国国歌。

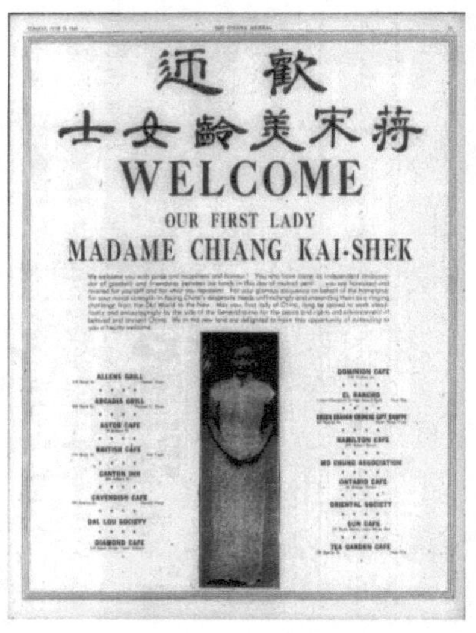


图片 104 渥太华侨界欢迎宋美龄的整版广告（《渥太华新闻报》1943年6月15日）

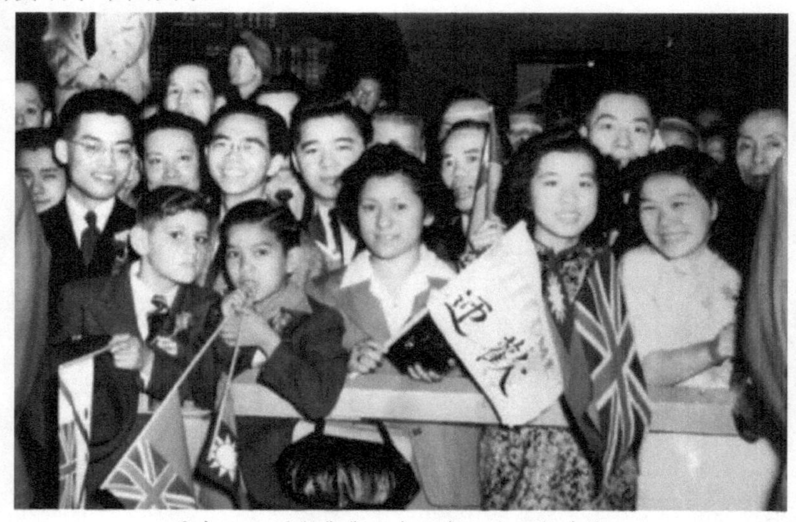

图片 105 渥太华华人在火车站欢迎宋美龄，摄于1943年6月15日（Peter Hum 提供）

渥太华当时只有三百多名华人，他们早已获知这个消息，早就盼望着这一天的到来。当天华人们几乎全部出动，手中举着欢迎的小旗子，盛装到场欢迎。

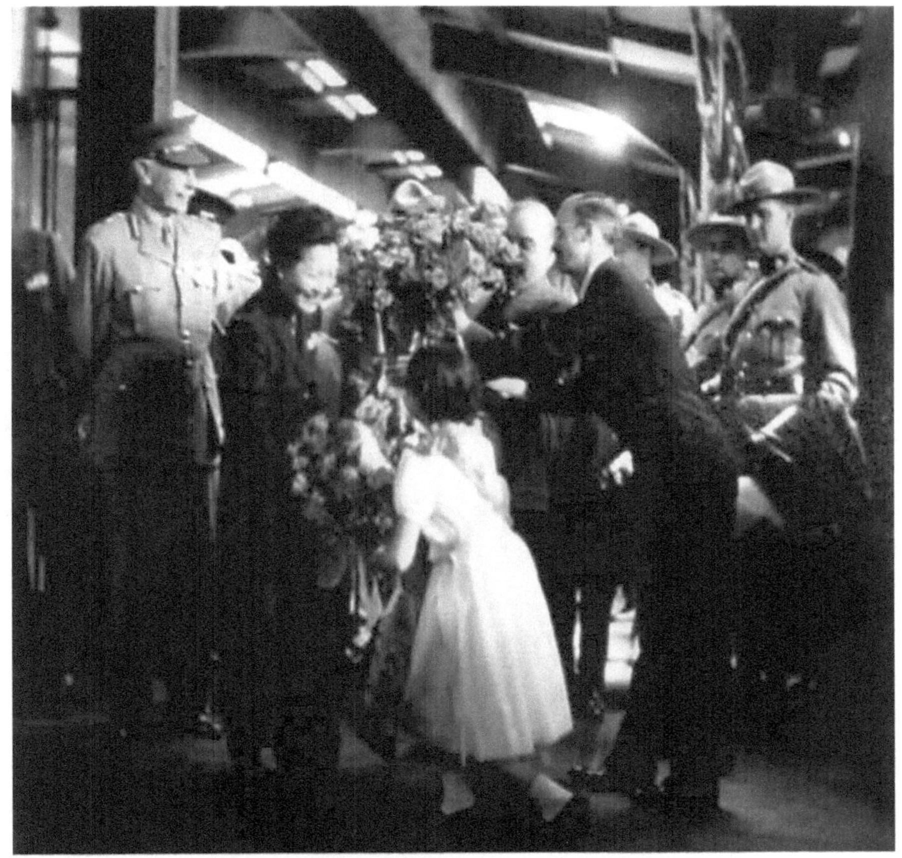

图片 106　11岁的黄新珍（Isobel Wong）向蒋夫人宋美龄献花（Peter Hum 提供）

蒋夫人宋美龄6月16日在加拿大国会发表了演说，两院议员报以欢呼与掌声。原计划天气好的话，蒋夫人站在国会山前通向和平塔的台阶上做公开演讲，但实际演讲改在众议院大厅进行。她说，假如日本征服了中国，那么人类文明将面临前所未有的巨大灾难。

蒋夫人指出中国和联合国面临的危险尚未过去。这里需要说明一下，宋美龄1943年讲这段话的时候联合国还没有成立。联合国是在1945年10月24日才正式成立的。但在此之前，美国总统富兰克林在1939年首先使用了"联合国"一词，用于描述同盟国家。1942年1月1日，26国政府签订了《联合国共同宣言》，联合国一词得到首次正式使用，此后联合国的名称一直沿用至今。

　　蒋夫人说，在过去的六年中，中国已经给日本军队的脖子挂上了沉重的磨盘，但是中国的抵抗意志依然依靠落后的武器装备支撑，我们一定不能让这种意志超出了人类的承受极限。她还说，她一直在寻求一切可能的资源，她提到了中美志愿者组成的飞虎队，并向在场的加拿大两院议员说，加拿大是联合国成员国中对中国支持最多的国家。她期待战后的中国是一个民主国家[121]。

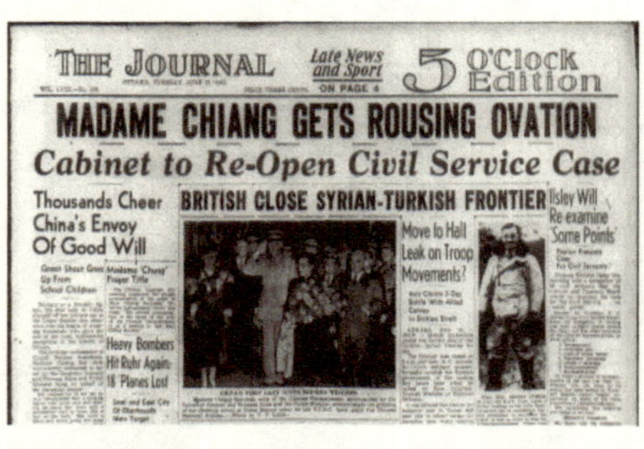

图片 107　加拿大总督与总理欢迎宋美龄（《渥太华新闻报》1943年6月15日）

当地报纸前后几天都在刊登宋美龄访加的有关报道，包括行程、计划、华人家庭采访、各类对蒋夫人及中国时局的评论等。1943年6月15日的《渥太华新闻报》更是在第一版通栏大标题刊出长篇报道"蒋夫人提醒中国的巨大需求"，并配以蒋夫人接过红十字会捐赠的10万加元支票的巨幅照片。

　　宋美龄自加拿大重抵纽约后，于6月24日再度访问白宫。她在演讲时呼吁美国政府尽快废除美国的"排华法案"，她对抗战胜利、对改善北美华人地位都做出了重要贡献。

# 1945年日本投降

　　1945年8月15日正午，日本天皇向全国广播了接受波茨坦公告、实行无条件投降的诏书。21日今井武夫飞抵芷江请降。9月2日上午9时，在停泊于东京湾的美国战列舰密苏里号上举行向同盟国投降的签降仪式。美国远东军总司令麦克阿瑟代表盟国签字接受日本投降，交战国的各盟国代表随后签字，代表中国签字的是军令部部长陆军一级上将徐永昌。

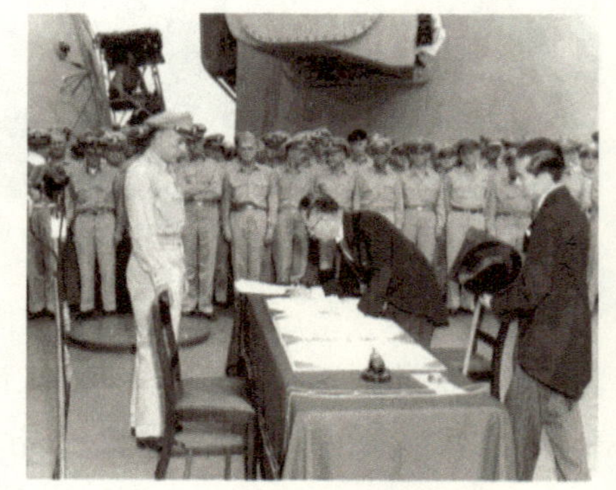

图片 108　日本签署《降伏文书》（来源：Army Signal Corps - Naval Historical Center Photo # SC 213700）

　　在美军中将理察·萨瑟兰的监督下，日本新任外务大臣重光葵代表日本天皇和政府、陆军参谋长梅津美治郎代表帝国大本营签署了《降伏文书》。一旁协助重光葵者为加濑俊一。

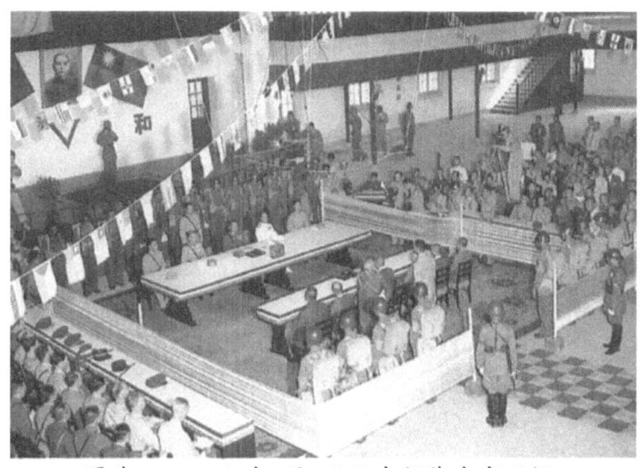

图片 109 1945年9月9日日本投降南京现场
（来源：侵华日军南京大屠杀遇难同胞纪念馆）

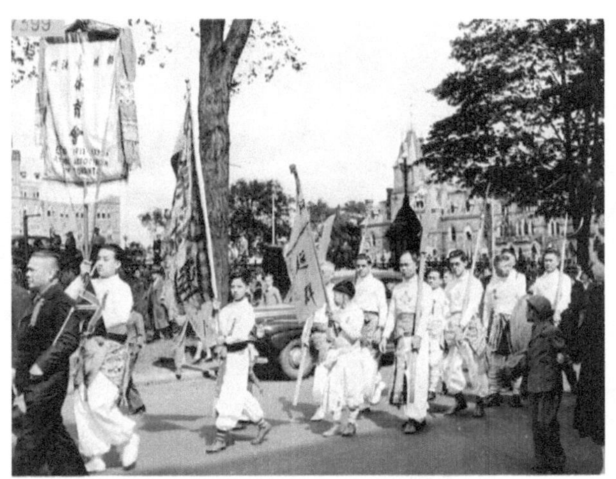

图片 110 1945年9月，渥太华、蒙特利尔和多伦多华人
在渥太华丽都街（Rideau St）游行庆祝抗战胜利
（来源：加拿大图书档案馆 Onlie MIKAN no. 3232245）

9月9日上午，中国战区受降仪式在中国首都南京中央军校大礼堂举行。1945年10月25日，中国政府在台湾举行受降仪式，这成为抗日战争取得完全胜利的重要标志。

日本投降的消息传到渥太华，华人奔走相告，纷纷走上街头庆祝。蒙特利尔和多伦多的华人也赶到首都，在国会山及市中心游行欢庆胜利。

# 1947年排华法案废止

　　第二次世界大战中，中国与加拿大是盟国。不少加拿大华人捐款助战，更有很多华人青年直接入伍参战。华人在建设太平洋铁路时就曾做出巨大贡献，而随后几十年的历史也证明，华人可以很好地融入本地社会。这些都使得具有正义感的加拿大人纷纷改变了对华人的看法，废除排华法案的呼声越来越高。温哥华、多伦多和渥太华等地的华人团体多方奔走，一再呼吁联邦政府废除不合理的排华法案。其中叶求铎等众多个人与渥太华仁爱堂等众多团体表现突出。

## 叶求铎（Kew Dock Yip，1906-2001）

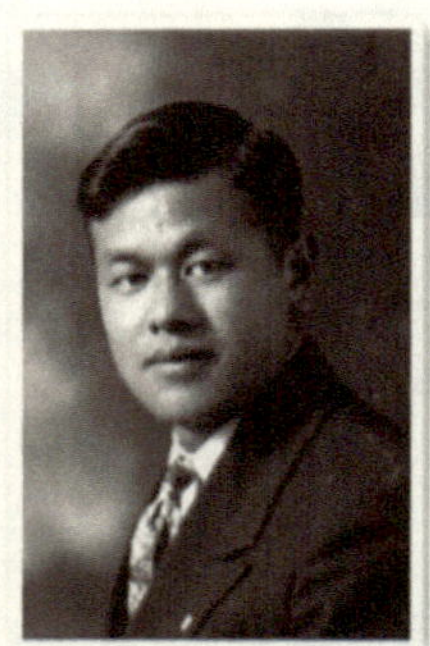

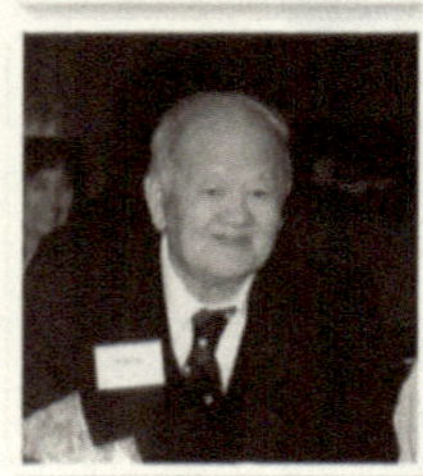

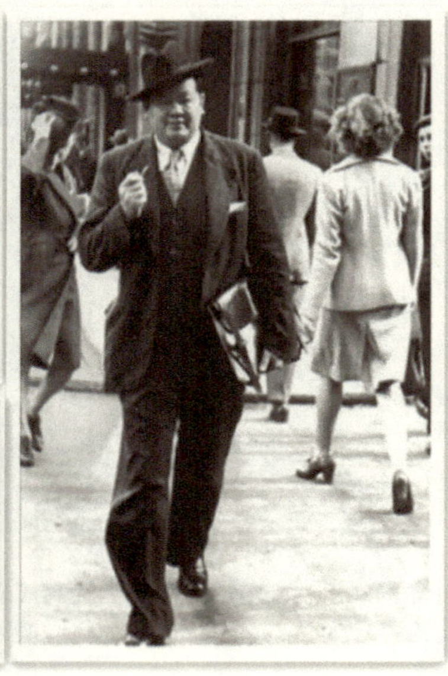

图片 111　叶求铎（来源：OCP, Jallo Tang/Ibogaine Kam，"加华往事"；因特网）

　　叶求铎1906年出生于温哥华的唐人街，由于家境富庶，他父亲同时娶有三个妻子，共生了23个孩子，他是家中第17子。另有资料表明他父亲曾有四位妻子。叶求铎1931年从美国密执根大学毕业，获得药剂师学位。但他始终执着于获得法律学位，于是他离开温哥华，来到多伦多，寻找更多的机会。据叶求铎讲，安大略省对华人的歧视比温哥华少，因为华人比较少。这也让他能够在1942年进入奥斯古德大厅（Osgoode Hall）法学院并于1945年顺利毕业，成为加拿大的首位亚裔律师。

　　叶求铎有志于从事移民法的工作，但1923年出台的排华法案仍然禁止华人进入这些行业。从法学院毕业后，叶求铎与他的律师朋友厄尔文·黑莫尔（Irving Himel）成立了一个组织，开始前往首都渥太华说服联邦政府废除排华法案。与此同时，温哥华一个具有相同诉求的华人组织，也前往渥太华呼吁废除排华法案。

## 仁爱堂的作用

1930年代，周相家族、周在彦家族与谭氏黄氏家族团结在一起，成立了渥太华华人仁爱堂（Ottawa's Chinese Benevolent Association），仁爱堂也就是后来成立的渥太华中华会馆的前身。

1943年开始，仁爱堂联合当地各界中外人士，积极投入到叶求铎游说加拿大政府废除排华法案的运动中去，与多伦多、温哥华等城市一起形成了全国性的呼吁行动。渥太华的加拿大联合教会及天主教教会的一些宗教界领袖也纷纷声援这一行动。最终麦肯齐政府对此做了认真而慎重的研究。

排华法案废止后，仁爱堂的工作重心逐渐转移到帮助华人新移民，为他们提供基本的帮助并提供学习英语的机会。这种职能上的转移导致仁爱堂在1950年代自行终止，并重新注册为中华会馆。

## 华人的节日

鉴于在加华人在第二次世界大战中对加拿大的杰出贡献以及受到国际与国内的舆论压力，加拿大联邦政府于1947年5月14日正式废除了《排华法案》。在排华期间被剥夺的公民选举权，也随着排华法案的废除回到了加拿大华人手中。

虽然加拿大到1967年才真正开放移民政策，允许华人以"独立移民"的身份移民，但排华法案的废止很快让无数加拿大华人接来自己的亲人，得以家庭团聚，有效地打开了华人移民加拿大的大门。叶求铎在华人获得这个巨大成功的过程中起到了举足轻重的作用，而与他紧密合作的伙伴黑莫尔律师也功不可没，这位一生致力于争取人权的多伦多犹太人律师，2001年在多伦多去世，享年86岁。

作为一名律师，叶求铎帮助了很多华人，尤其是早期不识字的老侨胞。他在多伦多唐人街边上开了自己的律师事务所，还经常一大早搭乘公共汽车去周边的小镇为华人服务，帮助他们处理诸如遗嘱、房产过户、餐馆生意等法律事务。他对经济情况不好的客户，往往只是象征性收费。据他儿子回忆，有一次叶求铎回家拿着一个纸袋，袋口戳出两条鸡腿。他对妻子说，这是我今天的收费，劳驾把这个收费炖了吧。

叶求铎享誉多伦多华人社区，他希望年轻的华裔律师可以意识到华裔社区的存在。在可能的情况下，多为华人提供服务。而他自己，为加拿大华裔社区服务47年，直到1992年从法律职业退休。1998年，安省律师协会授予他最高的律师协会奖章。2001年，94岁高龄的叶求铎在多伦多去世。他和他的好朋友黑莫尔律师虽然没有生在同一年，却在同一年离开了人间，连他们的讣告都发布在一起[122]。

　　尽管加拿大政府废除了"排华法案"，但对华人根深蒂固的歧视在短时期内仍然无法完全消除。因此除家庭团聚外，华人移民并未出现急剧增长。据统计，从1895年至1951年的90多年中，华人移民加拿大的总人数共为32,528人，平均每年346人。1951年渥太华的华人人口为404人，当时全市总人口为20万，华人只占0.2%。而且，那时统计分类不够精确，这404人中，还有一些越南人和其他亚裔人口。

　　就业方面，华人也仍然受到歧视。例如大学毕业，成绩优秀的华裔学生得不到学校的推荐信。有的公司即便雇用了华裔职员，也会设置种种障碍。例如贝尔电话公司曾经不允许华裔服务代表在前台接待顾客，而只能在后面的办公室接听电话。

　　无论如何，加拿大政府废除排华法案之日，便是加拿大华人欢庆之时。整个加拿大的中国社区都在举办庆祝活动，数以千计的华人家庭在随后的几年团聚，二十四年之久的分离之苦终于结束了。

（如果想接着阅读加拿大政府就排华法案道歉，请转第345页）

# 华人教会与华人社区共同成长（1947年之后）

## 1947年排华法案废止后的迅速发展

1947年排华法案废止后，随着加拿大对华移民政策的改变，来自中国的亲属终于可以与华人会众团聚。1948年中文主日学校稳定发展，管理人员及教师有：戴伊（J. R. Day）、麦金托什（Paul McIntosh）、董先生（Dong Kam Young）、约翰斯顿小姐（Miss Eithel Johnston）、黑尔小姐（Miss Nettie Hill）、黄玛小姐（Miss Mah Wong 音译）、穆里根小姐（Miss Margaret Mulligan）、周凤萧（Irene Joe）、塔克（R.Tucker）、蒙哥马利小姐（Miss Margaret Montgomery）、莫尔顿（Ruth Moulton）、马焕匀小姐（Miss Alice Mah）等[123]。

1951年华人教会选出新的理事会，成员包括名誉主席马丁夫人（Mrs. Eleanor Martin）、名誉副主席哈克尔夫人（Mrs. John Huckell）；主席麦克格雷戈（James R. MacGregor）、副主席麦金托什（Paul McIntosh）、秘书约翰斯顿小姐（Miss Ethel Johnston）；财务科瑞恩（R. H. Crain）；理事陈（H. Y. Chen）、周在彦、周日洪、黄昂振（Wong Soo）、周相、谭锦照、周凤萧、何连长、周龙兴、黄美金、肯尼迪夫人（Mrs. Lorne Kennedy）、麦克雷尔夫人（Mrs. J. R. MacGregor）、科瑞恩小姐（Miss Lillian Crain）、哈林顿夫人（Mrs. C. S. Harrington）、黑尔小姐（Miss Nettie Hill）、肯斯博瑞小姐（Miss B. Kingsbury）、格雷斯博士（Dr. N. H. Grace）与哈林顿（C. S. Harrington）[124]。

1952年麦克格雷尔再次当选理事会主席，理事会成员也基本未变。过去一年教会取得的成绩均记录在案，主日学校在册学生达到66人，华人基督教青年团会员达到25人。由于从中国来的年轻华人不断加入，英语班盛况空前。牧师为查理斯·唐纳德（Rev. Dr. Charles Donald）[125]。

华人基督教社区在1950与1960年代经历了巨大发展。

马焕匀小姐（Miss Alice Mah）在1987年这样描述了针对渥太华这些新来者的事奉[83]：

> "1952年，移民法做出修改，允许身为加拿大公民的华人居民将其家人带入加拿大。不久，许多新加拿大华人，大多是年轻人，来到我们团契。崇拜事奉与主日学校均有增加。各种方案都在启动，以

满足这些主体为餐馆工的新来者的需求。我们提供英语教学、中文报刊阅览室、乒乓球和篮球设施。

随着时间的推移，这些年轻人结婚了，我们华人团契有了很多新娘，然后婴儿便顺理成章出生了，我们的主日学校随之成长，设立了幼儿园、少儿班和成人班。不过，主日崇拜却并没有平行于主日学校的快速增长。"

马焕匀在这里指出了华人团契的变化。以往华人团契包揽宗教、中英文教学和娱乐活动的传统功能此时出现了各自分立发展的趋势。

1960年以前，渥太华早期华人基督教社区有两个鲜明的特点。

第一、大多数讲英语的华人基督徒选择加入本地非中文的加拿大教会。尽管位于利斯伽街314号的华人团契是一个华人基督教组织，但它仅仅拥有渥太华一小部分华人基督徒。事实上，它的作用更像一个社区中心或传道中心，由主流教会赞助并由华人团契组织各类活动，主要面向年轻人。这主要得益于团契提供场地和各类活动设施，而日后中文学校的发展、华侨服务中心以及各类华人社团的出现，大大分流了参加教会活动的人员。

第二、这些移民及其后裔大都有着广东台山地区的务农背景。他们只会讲台山话，在中国没有受过什么教育，不讲普通话或其它中国方言。这些早期的华人基督徒大多工作在餐馆、杂货店和洗衣店这类当时所谓的华裔经济圈。尽管当时渥太华各个华人基督教组织还没有成立正式的教会，但他们却成功帮助了新来的华人，并帮助他们更好地教育了第二代，使之顺利进入主流社会，彻底改变了"寄居者（sojourner）"的形象。如周强安、周日洪、谭锦照和廖若轩等人都是很好的例证。

华人团契吸引的多是母语为中文的会众。早期华人团契仍由不断补充的新人组成，这些人没有自己所属的教会。因此，李强在论文中指出，截至1998年，渥太华实际上存在着两种华人基督教社区。隐性的一种被体制同化到主流加拿大教会，而显性的一种分别存在于渥太华的九个华人基督教教会。

渥太华（国家首都区）当时共有九个华人基督教教会，一个华人天主教教会。

表格 5 渥太华华人教会一览表

| 教会中文名称 | 教会英文名称 | 创建 |
|---|---|---|
| 华人神圣天主堂 | Ottawa Chinese Catholic Community | 1955 |

| | | |
|---|---|---|
| 华人联合教会 | Ottawa Chinese United Church | 1962 |
| 华人宣道会 | Ottawa Chinese Alliance Church | 1973 |
| 华人真道堂 | Ottawa Chinese Bible Church | 1976 |
| 圣公会圣彼得堂 | St. Peter's Chinese Anglican Church | 1980 |
| 华人基督教教会 | Chinese Christian Church of Ottawa | 1989 |
| 主恩宣道会 | Emmanuel Alliance Church of Ottawa | 1989 |
| 华人恒爱宣道会 | Ottawa Agape Chinese Alliance Church | 1994 |
| 国语宣道会 | Ottawa Mandarin Alliance Church | 1995 |
| 生命河灵粮堂 | Ottawa River of Life Christian Church | 2009 |

据2012年6月《真理报》（加东版）月刊第111期，渥太华部分华人教会名单包括牧师和联系方式如下：

表格6 渥太华部分华人教会联系方式

| 教会名称 | 负责人 | 地址 | 电话 |
|---|---|---|---|
| 国语卫斯理教会 | 周群生 | 285 Didsbury Rd., Kanata | 6135927635 |
| 主恩宣道会 | 邓广华 | 4 Thomcliff Place Nepean | 6138206774 |
| 华人恒爱宣道会 | 谢逸 | 2784 Cedarview Rd., Nepean | 6133667672 |
| 生命灵粮堂 | 张凯 | 51 Greenbank Road, Ottawa | 6136274531 |
| 国语宣道会 | 陈明道 | 317 Chapel St., Ottawa | 6132367656 |
| 华人宣道会 | 黄鸿兴 | 22 Eccles St., Ottawa | 6132358187 |
| 华人真道堂 | 钮则纲 | 381 Richmond Rd., Ottawa | 6137225252 |
| 华人基督教会 | 王国钧 | 116 Empress Ave., Ottawa | 6135633043 |
| 华人联合教会 | 陈伟甡 | 600 Bank St., Ottawa | 6135944571 |
| 圣公会圣彼得堂 | | 760 Somerset St. W., Ottawa | 6138082922 |

后来，本书作者于2018年4月21日与恒爱华人宣道会的谢逸牧师曾有一面之缘。当时恒爱华人宣道会与另外两个教会协助约翰·瑟维斯（John Service）博士等人举办一个"加拿大人在中国"的展览。

瑟维斯博士的父母都出生在成都，他们是唯一一个由两家加拿大医生传教士家庭联姻组成的新家庭。瑟维斯博士本人于1946年也出生在成都。两年后，瑟维斯博士被父母带回加拿大。取得博士学位后，瑟维斯博士一直在渥太华从事健康心理方面的工作。多年来他与姐妹及具有相同身世的加拿大人整理收集前辈在成都的历史资料，促成了这此图片展览。

《真理报》表中的数据显然更新不够及时，因为2010年陈伟甡牧师已前往温尼伯格华人联合教会任职，2012年渥太华华人联合教会的主任牧师为张云台牧师。

回到2015年3月21日，本书作者在华人联合教会前理事会负责人周树邦先生引见下，采访了渥太华华人联合教会时任主任牧师张云台牧师，实地参观了教堂，核实了一些史实，更深入地了解了教会的过去与现状。作者的第一印象是张牧师为人谦和，生活简朴，开一辆很旧的老式汽车。

从1892年斯巴克思街四名华人的主日学，到1919年利斯伽街的华人青年会，再到1920年的华人团契（CMCAO），华人基督教组织都得到了加拿大主流教会的支持，华人团契与查莫斯联合教会（即后来的多米宁查尔莫斯联合教会，Dominion-Chalmers United Church）的关系尤为密切。

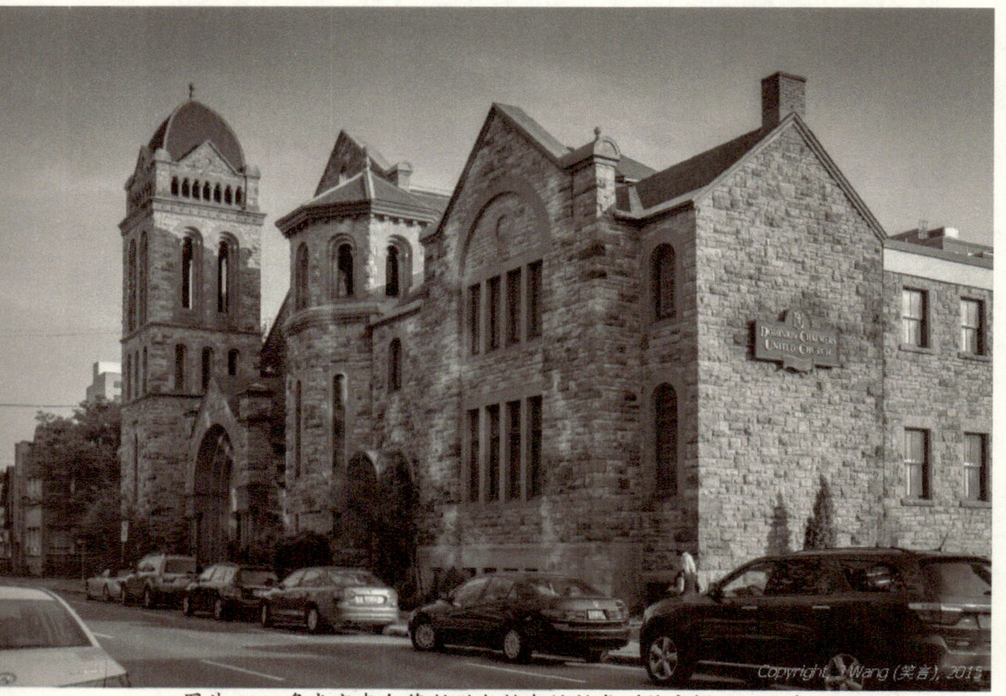


图片 112 多米宁查尔莫斯联合教会的教堂（笑言摄于2015年5月26日）

当时加拿大联合教会的渥太华区会（Ottawa Presbytery）便设在多米宁查尔莫斯联合教会。区会一向对华人团契十分关注，再加上多米宁查尔莫斯联合教会位于奥康纳街，与华人团契所在的利斯伽街相距很近，地理位置的便利，也使华人团契从该教会得到许多关心和支持。1925年起，华人团契获得联合教会的宣道基金支持。詹姆斯·麦格雷戈（James R.MacGregor）先生，作为多米宁查尔莫斯联合教会及渥太华圣经公会的长老，曾担任华人团契理事长（President of the Board of the CMCAO），并事奉多年[126]。1980年代，联合教会区会迁往威斯敏斯特教会（Westminster Presbyterian Church）。

1955年，司徒丘博士（Dr. Yau Szeto）被任命为加拿大联合教会的牧师（Minister）。他随即也成为华人团契（CMCAO）的主任牧师。加拿大联合教会并派遣在中国传教多年的哈里斯小姐（Winnifred Harris）共同事奉，以加强在华人新移民中的宣教。1947年排华法案废除后，前来加拿大实现家庭团聚的华人激增，会众也日益增多。这时华人基督教团契已经在人数和体制上满足了成立教会的各项条件。

## 1962年加入加拿大联合教会

1960年，经麦格雷戈推荐，朱锦池（Samuel Choo）牧师来到华人团契担任传道人（evangelist）及中文学校校长。麦格雷戈先生建议将华人团契置于加拿大联合教会（The United Church of Canada，简称 UCC）体制之下。于是华人团契向联合教会的渥太华区会（Presbytery）正式提出申请，请求将华人团契接纳为加拿大联合教会的会众组织。

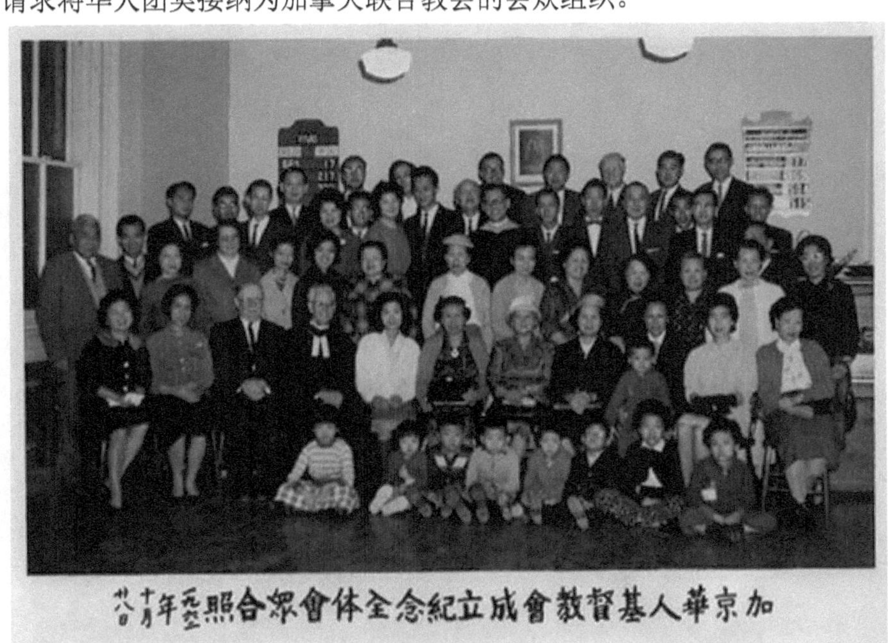

图片 113 华人联合教会成立合影 （周强安提供）

选择加拿大联合教会的理由非常充分，因为它是加拿大境内最大的新教教派（Protestant denomination），管理着全国三千多个教会，超过两百万会众，而加拿大联合教会与加拿大的国家发展也是紧密交织在一起的。

1925年6月10日，加拿大的三个基督教大宗派：循道会、公理会及70%的长老会以及其它教会，通过国会法案（Act of Parliament），结合在一起产生了加拿大联合教会。联合协议确立以圣经为权威的"联合基础（Basis of Union）"。它是世界上第一个跨越历史宗派的联合教会，赢得了国际赞誉[127]。

1962年10月28日，华人基督教团契正式加入加拿大联合教会，定名为"渥太华华人联合教会"（The Ottawa Chinese United Church，简称 OCUC），成为渥太华第一个华人基督教教会（Protestant church）[128]。

司徒丘博士随后退休。朱锦池则被任命为第一任主任牧师（Minister）。女执事是曾经代表加拿大联合教会前往中国传教多年的伊芙琳·瑞克小姐（Miss Evelyn Ricker）。新的教会会众包括35位在册教徒及42位慕道人。崇拜事奉使用中文（粤语），教堂布局和运作则依照加拿大联合教会手册所制定的规程。

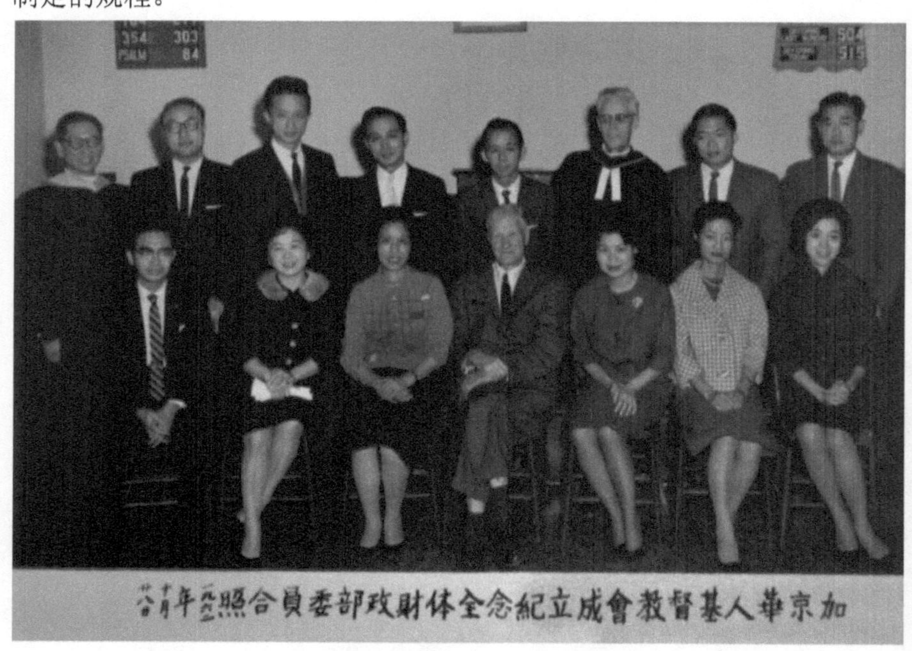


图片 114 华人联合教会成立财政部委员合影（周强安提供）

教会的领导机构当时是堂会（Council）和理事会（Official Board），还有长老（Elders）。当时由理事会成员马焕匀（Alice Mah）小姐担任教会秘书。马焕匀出生在加拿大，讲台山话，她在"教堂的诞生"一文中回忆了长老会成员，其中包括来自主流教会的埃塞尔·约翰斯顿小姐（Miss Ethel Johnston）、周日洪（Jack Sim）、保罗·麦金托什（Paul McIntosh）、罗伯特·克雷恩（Robert Crain）和麦格雷戈（J. R. MacGregor）。

《渥太华华人联合教会会史》提到的其他人员还有：麦格雷戈夫人、麦克维卡（A. W. McVicar）先生、罗斯（M. E. Rose）小姐。1963年1月21日，华人联合教会妇女组的25名成员被正式接纳到加拿大联合教会妇女部。

在1962年至1972年的十年中，华人联合教会已慢慢将自身从一个宣教中心转变为一个少数族裔教会。教会继承华人团契的传统，继续为新移民提供英语课程，为华人子女开办中文学校，这所中文学校就是"渥太华中文学校"的前身。

崇拜、主日学和慕道人追随都在逐步发展。主日学教师和英语教师也包括了来自主流教会的恩纳·史密斯（Enna Smith）、艾伦·罗伊（Ellen Roe）、埃塞尔·约翰斯顿（Ethel Johnston）、伊芙琳·瑞克（Evelyn Ricker）和保罗·麦金托什（Paul McIntosh）。

身为华人团契（CMCAO）与华人联合教会（OCUC）奠基人的詹姆斯·麦格雷戈，于1965年逝世。保罗·麦金托什，做了25年主日学校的总监，于1966年去世。而伊芙琳·瑞克1967年退休时，一位华人妇女玛格丽特·郑（Margaret Cheung）成为教会的执事。

曾经有一个传言在华人中广为流传。1960年代中期，至少有一次警方突查渥太华唐人街的赌博窝点与某个华人教会有关。尽管说法不一，但许多受访者提到了同一件事。据称向安省警察厅（OPP）报警的是一位牧师，或者是他的妻子。当时不少华人将他们辛辛苦苦打工赚来的微薄薪水都花在了赌博上，置穷困的家庭于不顾。饥饿而愤怒的家庭主妇们忍无可忍，随同报警人向警察大吐苦水。在那次行动中，若干名华人被捕，还有几名缴纳了25加元罚金后被释放。

据李再思转述老华侨的回忆，当年华人打工的单身男性居多，餐馆的员工和老板都喜欢赌钱。晚上11点餐馆关门后，就去中华会馆聚会，而聚会的内容渐渐简化为赌博。当老板的有人一夜之间将餐馆或股份输掉，打工的则一夜之间将一周的薪金全部输掉。当时有一位餐馆老板输光家产后在餐馆地下室悬梁自尽，而餐馆的频繁转手也与赌博脱不了干系。据说还有一位家境殷实的华人，每次回国都要给家乡的亲人带一笔钱。有一次他在温哥华中转，忍不住手痒输光了钱，只好放弃回国，中途返回了渥太华。

警察的突袭终于使唐人街有组织的赌博活动渐渐消失。许多老前辈私下都说牧师做了一件好事。至于为什么是省警出动而不是由渥太华市的警察局执行公务，普遍的解释是个别本地警察与聚赌的负责人相识并"过于友好"。

华人联合教会本身的早期会众多来自台山。1962年至1972年之间，中国大陆几乎没有输入新移民，而香港移民也是从1966年中国大陆十年动乱开始后才有所增加。因此渥太华华人总数未见明显变化，会众人数也增长缓慢。1972年的主日崇拜平均出席人数大约只有25人。

朱锦池牧师于1968年前往温尼伯格华人联合教会任职，接替他的是温尼伯格的廖更生（Stephen Liao）主任牧师（Senior Pastor），同工为胡小姐。廖牧师事奉四年之后，于1972年离开了联合教会。教会处于无牧师状态，直到1973年麦荣禧（Wing H. Mak）牧师到来。

# 1970年代会众激增，教会搬迁

1973年2月，麦荣禧牧师来到华人联合教会事奉。麦荣禧牧师由香港到北美读航空工程获硕士学位后，蒙主呼召，献身传道。

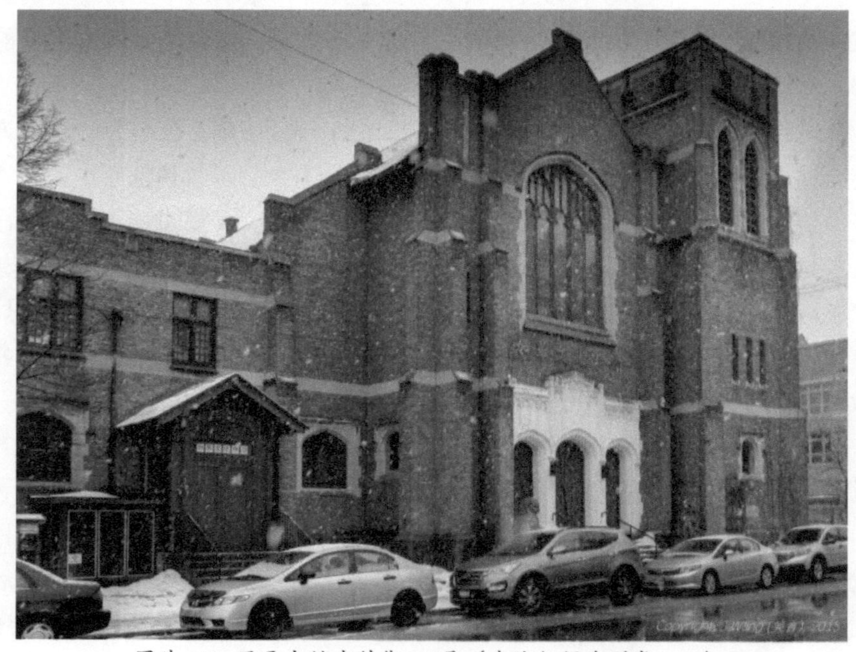

图片 115　风雪中的肯特街397号（左边红门为副堂入口）
（笑言摄于2015年3月21日）

他是台山人，香港英文书院毕业，除台山话外，还讲英语、国语和广东话，中英文表达均无障碍。特别是他用台山话与老华侨沟通，效果非常好。麦牧师也有爱心，照顾各种需要帮助的人，家中曾收养患有疾病的孤儿。

在麦荣禧牧师主持教会的1973-1982年期间，会众人

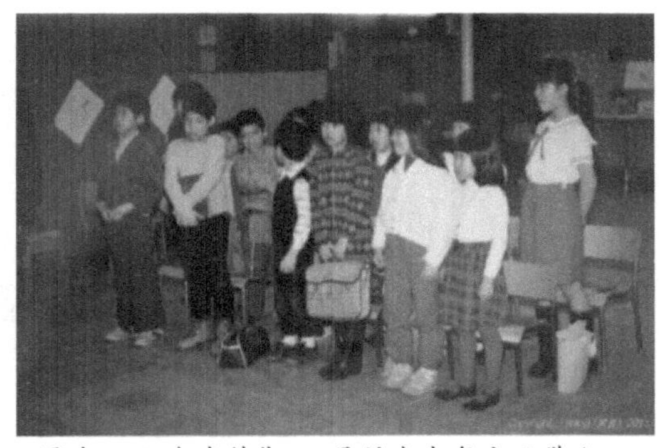

图片116 在肯特街397号的青少年主日学班，1975年左右（周树邦提供）

数增长很快。一些原在加拿大本地教会的台山籍基督徒也转到了华人联合教会。他们的孩子大多只说英语，也随着父母转来。1974年，麦牧师开始提供粤语及英语双语事奉，以顾全那些只能说英语的会众。

麦牧师依照华人联合教会的传统，坚持参加华人社区的各类活动。1975年初，出席主日崇拜的平均人数达到了150人，而中文学校的学生也达到75人。利斯伽街312-314号这时已难以容纳众多的信徒，于是教会在1975年7月迁往肯特街397号第一联合教会（First United Church）的副堂聚会。这座教堂后来在2007年由中华会馆等社团联合购买后命名为"加华文化中心"，与中华大厦隔街相望。虽然渥太华华人联合教会与第一联合教会共享一座教堂，但由于第一联合教会的立场为自由派，与保守的华人联合教会在信仰上存在分歧，所以两个教会各自独立，主堂与副堂之间尽管只有一墙相隔，却从未相通过。

到1975年底，每周的主日崇拜会众增加到210人，主日学校学生达到125人，教会初具规模。从1976年起，财务开始独立核算，在此之前，华人教会一直接受加拿大联合教会的资助。1974年教会就设立了青年奖学金。1976年起，开展活动更多，如布道会、夏令主日学、成人神学奖学金、冬季聚会和青少年夏令营等。1977年起，设立学生奖学金与专业人士奖金。

1974年，麦荣禧被任命为联合教会牧师（minister）。陈静嘉小姐（Miss Nancy Chen）于1976年，杨国颖（Alex Yeung）先生于1979年先后加入了教会。

1979年陈静嘉离开后，杨国颖全面接管了基督教的教育工作。1982年年初，麦牧师因健康原因离开教堂。其它资料的说法是麦荣禧前往温尼

伯格华人联合教堂事奉。因为后来麦牧师曾经重回渥太华联合教会工作，所以前往任职更为可信。杨国颖也在同年8月辞职。过渡期间，加拿大联合教会委派一位退休的牧师帕维斯·史密斯（Pervis-Smith，也有记载为Purves-Smith 的）临时事奉到1983年秋天。

## 1980年代渥太华华人联合教会达到鼎盛期

1982年11月，来自渥太华华人真道堂的袁国栋（William Wan）担任了华人联合教会的主任牧师。周文辉（Victor Chow）为同工。

1982年至1989年期间，教会在袁国栋牧师领导下持续增长，这位来自新加坡的牧师具有天赋的说教和管理才能[129]。

袁国栋牧师是新加坡的律师，蒙召传道。来渥太华后，先在渥太华真道堂事奉。真道堂1976年成立，主要由台湾信徒与新加坡和马来西亚信徒组成。袁国栋到渥太华华人联合教会之后，才被加拿大联合教会按立为牧师。袁国栋牧师不论在华人联合教会还是在当地主流教会都颇受欢迎，他初时只用英语讲道，一两年后便可用国语讲道，后成为加拿大联合教会渥太华区会主席。他参与本地华人社区活动，坚持教堂的组织结构与工作流程制度化。

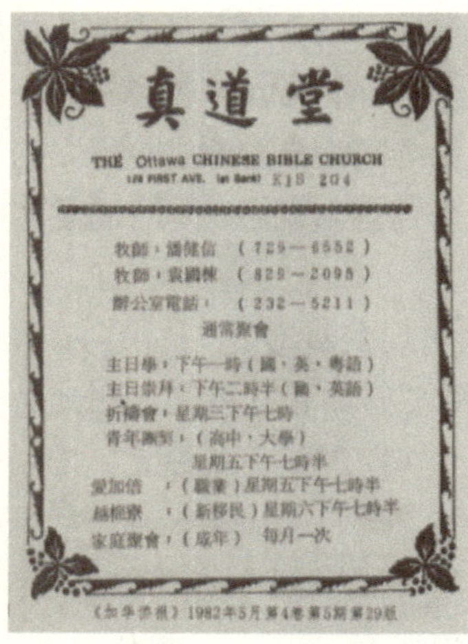


图片 117 袁国栋在真道堂，
《加华侨报》
1982年5月第4卷第5期

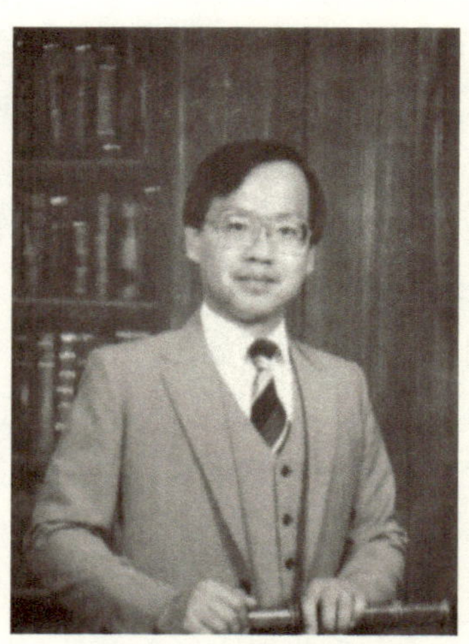

图片 118 袁国栋牧师在
华人联合教会
（1984年摄，周树邦提供）

1975年到1984年间，教会成长十分迅速，再次搬迁势在必行。教会卖掉了老宣教士与老华侨买下的利斯伽街312-314号的建筑，得款十多万加元。此外，也卖出加拿大联合教会渥太华区会给华人联合教会牧师居住的带花园的独立屋，房款也在十万加元以上。

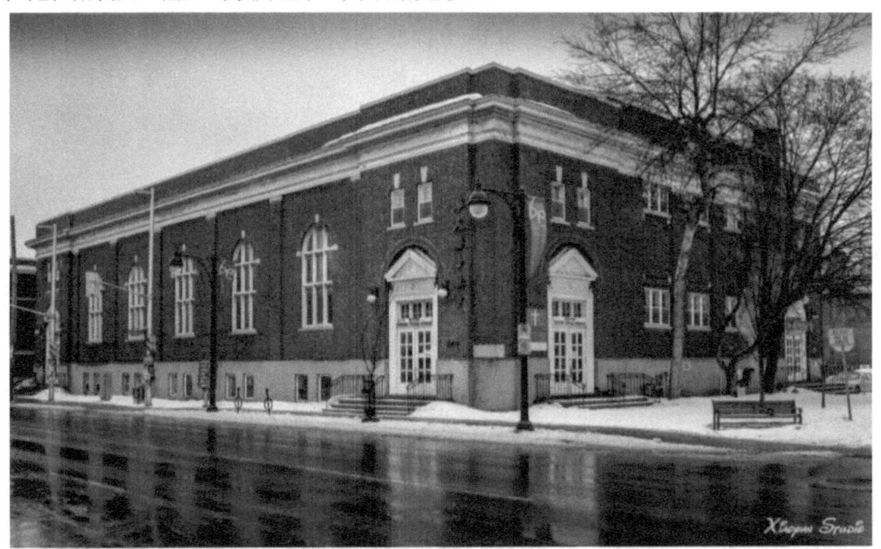

图片 119　班克街600号，渥太华华人联合教会教堂（笑言摄于2015年3月21日）

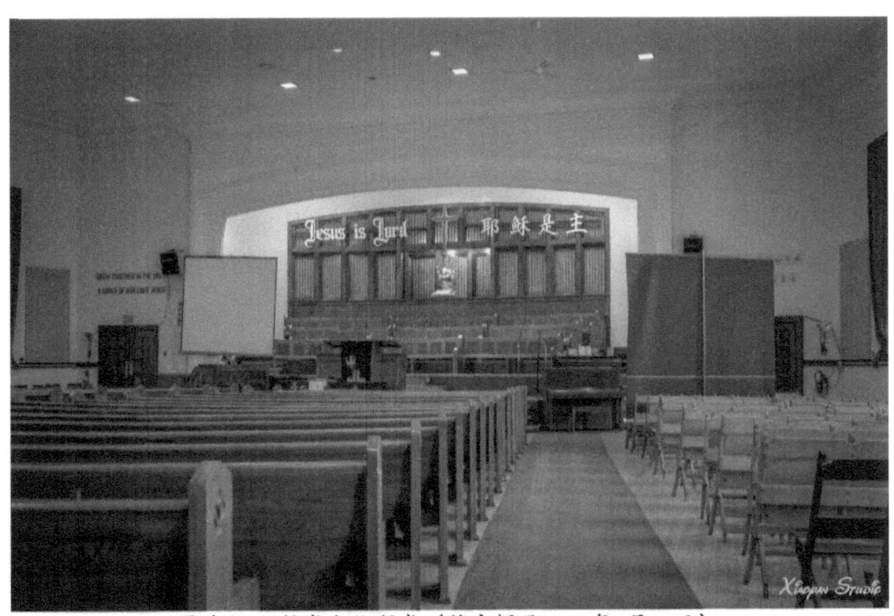

图片 120　教堂大礼拜堂（笑言摄于2015年3月21日）

1984年7月17日华人联合教会以404,900加元购得原属 Central Gospel Tabernacle 在班克街600号的教堂。加上装修费，共花费60多万加元。这所教堂位于渥太华市中心，法律上属于加拿大联合教会的财产，一直沿用到现在。教堂共分三层，礼堂部分占两层，可以容纳700人，配有同声翻译设备，楼上楼下有很多房间，可供主日学教学及藏书之用。

教会当时举行了隆重的献堂崇拜与庆祝晚宴。中国大使馆文化处的两位官员也应邀到场观礼，并祝贺华人教众有了属于自己的场所。此时，渥太华华人联合教会发展到其鼎盛时期。

# 1989年华人联合教会会众分裂

随着教会的不断发展，华人联合教会越来越将自己定位为一个保守的福音派教会（evangelical church），逐渐与其更"自由的"上级教会加拿大联合教会发生了冲突。1989年，加拿大联合教会本着其崇尚自由的精神，没有拒绝同性恋牧师的任命。而华人联合教会则从保守神学的角度出发，坚决反对加拿大联合教会第33届大会的决议。

袁国栋牧师以保守福音派的立场认为加拿大联合教会不守正道，联合教会对同性恋的态度及将上帝的提法改为中性的讨论，都是不能接受的。经过一年在教会堂会和理事会的讨论酝酿，袁国栋号召教会全体成员宣布退出联合教会。

1989年4月，在意志坚定的袁国栋牧师带领下，绝大多数华人会众脱离教会，并随后成立了独立的渥太华华人基督教教会。剩余的华人联合教会会员降为只有40人左右，大多为老年人，但也有部分精英[130]。

周树邦先生曾为理事会起草文章，发表于1989年7月的《加京华报》。文章的题目是《为真理、为教会、为社会——加京华人联合教会的过去、现况和未来》。

留下的40多名会众以周树邦、黄子添（Patrick Wong）和柯文生（Winson Orr）等人为核心。尽管每一位会众留下的原因不尽相同，但主要有以下五方面的考虑：一、加拿大联合教会制定的"联合基础"符合圣经真理。二、加拿大联合教会第33届大会决议是妥协性的，投票结果为56比44，具有很大的争议性，应该留下来继续争议。另外各教会有权继续持守他们的立场。三、同性恋问题是现实问题，不能回避。四、珍惜华人联合教会的历史和贡献。五、渥太华华人联合教会明确表示不接受同性恋。

"当时教会所有人一致反对加拿大联合教会关于同性恋问题的政策，但对于是否脱离加拿大联合教会则意见不一。多数人选择了脱离，少部分人选择向加拿大联合教会提出抗议但继续留在教会。当时'去'

和'留'的争议，使双方都动了感情，但大家都是基督的门徒，都站在基督福音的立场。一间教会的分裂，结果是在渥太华又成立了一间新的华人基督教教会。华人基督教教会这些年间发展得很好，成为在渥太华华人教会中的中坚力量。"（周树邦访谈）

在张云台牧师提供的《渥太华华人联合教会会史》一文中，这样写道："留下的会众尽管不赞成总会的立场，但愿意继续在这宗派内为神作见证，持守真道，从内部影响总会，使之回到圣经真理的立场。"

1989年教会分裂，袁国栋牧师离开后，差不多两年时间内，渥太华华人联合教会再次处于无牧师状态，多由平信徒主持宗教活动。教会还没有从分裂中完全恢复，面临着来自加拿大联合教会与以及教会内部语言派系的双重挑战。事实上，与其说"教会分裂"，不如说"会众分裂"更准确，因为联合教会当时毕竟留下了40余名会众。联合教会这个名称本身便意味着要联合、要团结，教会也一直在努力团结各种语言和文化群体。

1990年，教会重新呼召麦荣禧牧师前来事奉，他在1970年代对教会壮大的突出贡献以及他在本地华人中的良好声誉帮助教会再次复兴。教会开设了普通话部以吸引在1989年以来迅速增长的中国大陆移民。到1993年，会众人数逐步恢复到100人。尽管教会曾经分裂，会众仍然保持着保守的神学理念。但是教会的分裂毕竟是教会会众在灵性上的创伤，一个受伤的群体要经历一个挣扎的时期去疗伤和恢复。

1994年，麦荣禧牧师辞职，联合教会又一次出现没有牧师的状况。教会原本设有一个聘牧委员会（Minister Searching Committee），专为教会

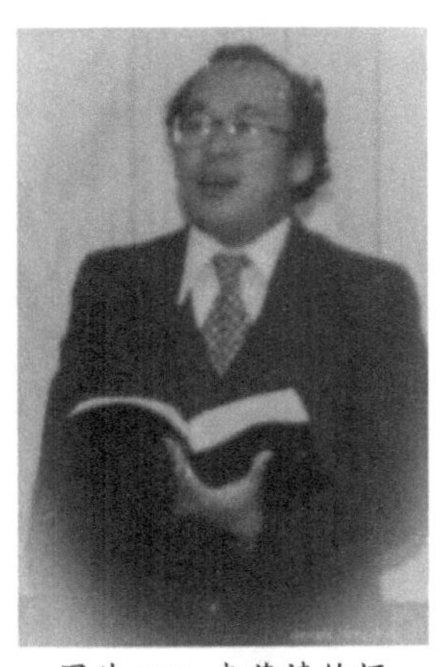

图片 121 麦荣禧牧师
（周树邦提供）

寻找合适的牧师。然而历史上华人联合教会仍然数度出现牧师空缺期。

1995年起，罗德·班纳特（Rod Bennett）牧师来到教会负责英语部。

## 普通话会众与广东话会众

1996年，来自香港的传道人伍德强（T. K. Ng）牧师到教会侍奉，但一年之后便离开了。很大程度上归因于他未能协调好教会普通话与粤语两大群体间的矛盾。

教会再一次失去了牧师。直到1998年，在华人合教会英语部工作三年

并且工作卓有成效的高加索人罗德·班纳特（Rod Bennett）才走马上任，成为教会的主任牧师。班纳特不讲中文，却被教会中各种不同语言体系的会众接受为一个中立的牧师。

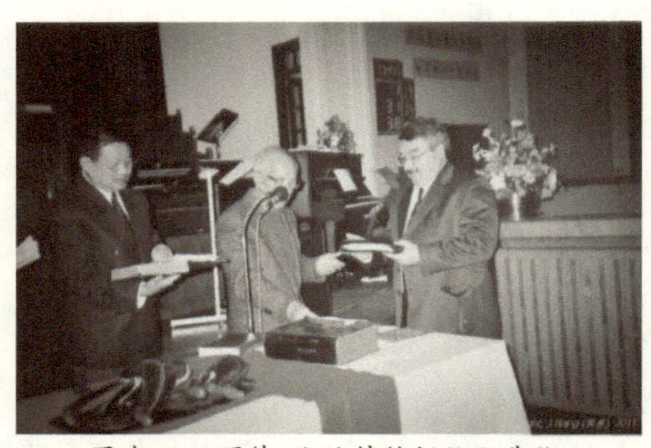

图片122　罗德·班纳特牧师就职典礼
（周树邦提供）

班纳特牧师为人热情和蔼，在职期间全心服事，牧养会众，带领大家开展和推动了许多家庭活动。他精辟的英语讲道配合中文传译深受会众欢迎。他的夫人和孩子一同负责教会青少年团契，把青少年团契办得很活跃。

班纳特与教会华人理事及同工相处甚洽，他在1999年2月25日给周树邦的一封信中写道：

"亲爱的树邦兄弟：

我写信给你以表达我的感谢与赞赏。感谢你作为主席领导宣道部，也感谢你在1998年担任首席翻译。你工作得非常出色。

同时，也祝贺你在1999年再次被选中领导这些部门。

……

我谨以主的名义以及主在渥太华华人联合教会的福音，深切感谢你不知疲倦的工作。

牧师班纳特"

班纳特在主任牧师职位上一直工作到2004年。教会在此期间又有稳定成长，"是教会一个蒙祝福的时期[80]。"平均崇拜人数从1998年3月的77人，上升到100多人。其中的一年，有18位信徒受洗参加教会。

根据加拿大联合教会规定，班纳特要被按立成联合教会的正式牧师，必须到另外的教会去

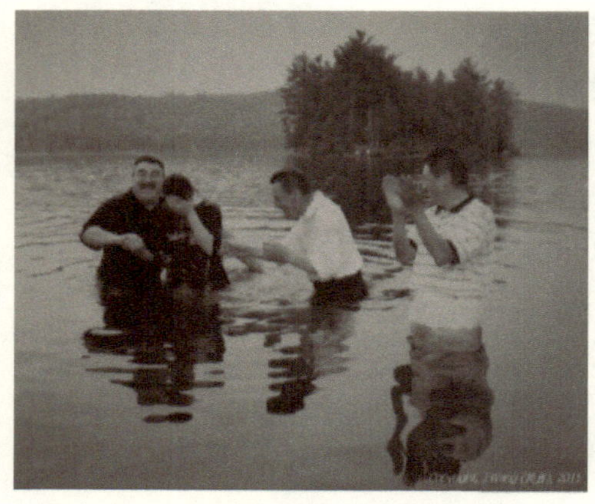

图片123　班纳特与纽曼牧师共同主持洗礼
（周树邦提供）

事奉一年。于是班纳特2004年离开渥太华，前往伦弗鲁（Renfrew）教区的教会事奉。又过两年之后，经加拿大联合教会的蒙特利尔联会（Montreal Conference）确认，班纳特被按立为联合教会的牧师，成为伦弗鲁教区三间教会的牧师。

2005年教会再次出现牧师空缺，空缺期间由已经退休的麦尔·纽曼（Mel Newman）牧师主持宗教仪式。事实上，在班纳特牧师期间，由于班纳特那时尚未正式按立，教会的圣礼也是由纽曼牧师主持或协助完成的，比如提供圣餐、洗礼、婚礼与葬礼等。

就在作者追寻这段历史的时候，传来了一个不幸的消息。纽曼牧师于2015年7月12日在渥太华逝世。临终前他的儿子布鲁斯（Bruce）守在他的身边，为他读诗篇（Psalms），纽曼牧师走得很安详。渥太华华人联合教会的会众纷纷表示哀悼，为他祈祷，并感谢他曾经成为自己精神上的指引人。

2006年6月，陈伟甡（Wilson Chan）牧师担任了教会牧师。陈牧师于1975年10月18日受中华基督教会香港区会按立。1973年在香港中文大学崇基学院毕业获神学学士，1982年在新加坡三一神学院获教牧学硕士，1986年在美国圣公会维吉尼亚州神学院获神学研究硕士，2001年获旧金山市神学院的教牧学博士。

牧养教会期间，陈牧师通过教会博客"加京华人联合教会"发布中英文对照消息。如2008年6月8日的中文消息为：

"6月8日会友与教会关怀

1.逢周五晚上我们有两个祈祷会：由Miguel Stack弟兄带领的英文祷告于7时半在礼拜堂举行；由陈牧师、Rev. Gerry Fuller和弟兄姊妹带领的中文祷告会于8时在饭厅举行，我们先看录像见证，再为关怀事情祈祷。请为教会的事工和弟兄姊妹常常祷告。

2.每两周一次约翰福音查经团契由黄子添弟兄带领本星期六6月14日在梁毅夫妇家中举行。7时半开始查经，继有见证和讨论信仰与生活问题最后有互相代祷和团契时间。欢迎您参加。

3.为期六堂之洗礼班6月1日至7月6日逢主日上午九点在会议室举行由周树邦弟兄及陈伟甡牧师分别带领，打算夏天洗礼的弟兄姊妹，请向陈牧师报名，并参加洗礼班。

4.应日托中心的申请安省卫生部官员和消防局帮办将到本堂查

察。楼业委员会须要清洁及扫除地库储物房和走廊杂物——诸如旧衣服，车胎，和其他挡住通道的东西等等。教友如果有以上东西放在地库，请尽快把它们清理。如有问题请与朱浥和弟兄或王蔚弟兄联络。

5.逢星期三晚上7时半英语祷告会在会议室举行。由 Rev. Fred Milnes 与陈伟蚨牧师轮流带领，守望儆醒祷告。请您来与我们一起为教会守望祷告。

6.英文查经团契定6月22日星期天在方紫锋和 James 夫妇家中举行。晚上6点15分晚饭，七点15分查经。用 30 Days Introduction To Reading The Bible 作为蓝本。有兴趣参加者请与牧师或方姊妹联络。

7.吴鏑姊妹的母亲岳瑞云老姊妹身体软弱，需要按时到医院做检查，求主看顾保守她，找出病痛的原因，对症下药恢复健康。

8.2008年渥太华国语联合培灵大会定6月6日星期五至6月8日星期日（今天最后）晚上7时30分至9时30分在渥太华华人基督教会116 Empress Ave.举行。主题：基督徒生命的更新；讲员：孙约翰牧师。欢迎参加。"

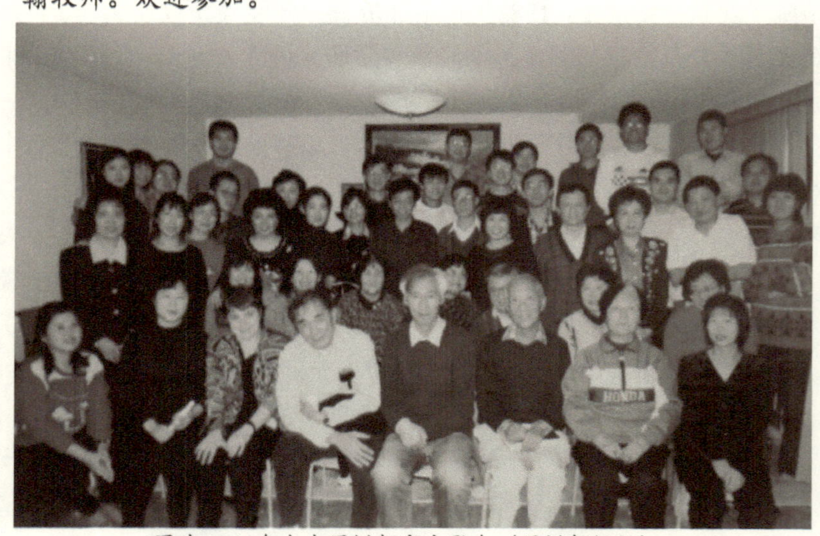

图片 124 会众在周树邦家中聚会（周树邦提供）

从这些消息中，可以了解到教会的一些宗教活动与日常事务。如第4条提到的日托中心，作者实地参观教堂时，见到地下一层已经用作托儿所。第7条则体现了教会对会众的关怀。而各种宗教活动安排很满，不仅仅限于周六和周日。

156

陈伟甡牧师2009年8月离任，前往温尼伯格华人联合教会任主任牧师。同年周树邦退出理事会但继续留在教会事奉。此前自1977年起，周树邦曾经在理事会及不同部门工作，长年担任宣教（Mission & Outreach）、教牧关怀（Pastoral Care）和基督教教育（Christian Education）等几个部门的主席。黄子添于2009年离开华人联合教会前往渥太华生命河灵粮堂。柯文生此后也离开联合教会。

## 教会重新稳定

2010年12月，张云台（Jim Chang）牧师担任了教会主任牧师。张云台牧师出生在山东，1948年随家人前往台湾。初中与高中都是在教会学校读书，大学毕业后到美国攻读 MBA，毕业后在美国工作四十余年。于2005年受神呼召进入美国恩亚克大学宣道神学院（Alliance Theological Seminary, Nyack College）获神学硕士。到渥太华之前，曾在美国两所华人教会先后事奉。

2011年1月16日下午两时，渥太华华人联合教会在班克街600号教堂举行了张云台牧师的就职典礼。兄弟华人教会和渥太华区会的许多牧师、代表前往庆贺。

教会中的核心会众由于年龄和其它原因，逐渐离开了教会。张牧师接手教会时，平均崇拜会众不足40人。而且这些会众多是大陆新移民，宗教基础并不牢固，其中许多都是来到加拿大后才信主。

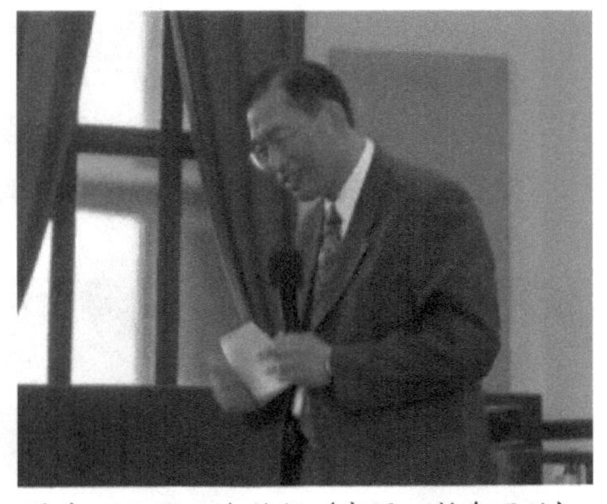

图片 125 张云台牧师（来源：教会网站）

张牧师说，每人得救的原因不同，时机也不同，怎么进来就怎么帮助他们。靠人的力量不够，要靠主。靠对神的祷告，帮助人。在被问及为什么老华侨的子女不多时，张云台牧师回答说[90]，老华侨的子女在本地受教育，讲英文，去本地西人教会。这也从侧面反映出华人教会、中文学校与华人社团的一个普遍现象，那就是这些组织和机构面对的总是新来的华人，或者说，总是第一代移民。华人教会历史上的鼎盛期，往往与加拿大的移民政策直接相关，而这些组织机构本身的努力反而不那么明显。除此之外，华人联合教会还要妥善处理与上级教会的关系。如前所述，1989年由于加拿大联合教会对同性恋态度模糊，就曾造成华人联合教会的会众分裂，给教会以及教会的会众之间造成了严重创伤。

张云台牧师继承和发展了教会的传统，在教会官方网站发布通告，发布各类活动的消息。以下是2013年7月28日的中文消息：

"会友与教会关怀

1、8月3日（周六）教会将举行今年的第一次郊游野餐。公园名称地址是 Rideau River Provincial Park, 2680 Donnelly Drive Kemptville, Ontario, K0G 1J0. 早晨8:30，在教会的停车场集合，9:00准时出发。需要搭便车的，请向萧磊弟兄登记安排。另郊游需要一些同工负责食品准备，儿童的看顾及节目，运送野餐物品等，请大家踊跃参加服事。

2、8月11日主日教会将会举行浸礼，请为决志受洗的程起嘉弟兄、刘飞弟兄，顺利通过受洗预备课程，及完成浸礼祷告。

3、教会的育婴室现在亟需增置婴儿小床，如果你或知道有朋友愿意奉献给教会，请向张牧师或堂委会成员接洽。

4、本主日成人主日学将开始一系列的新课程：'旧约概论'。欢迎弟兄姊妹们踊跃参加学习。时间在1:20PM 午餐后，地点就在餐厅。"

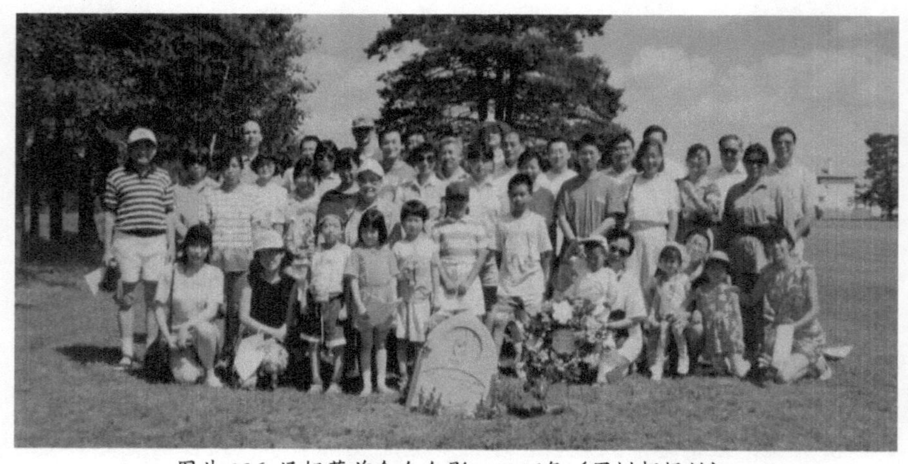

图片 126 汤姆墓前会众合影，1996年（周树邦提供）

第一条消息提到的郊游地点，也就是本书引言所写的"孤独的汤姆墓"所在的坎普维尔小镇。周树邦先生每次都会借这个郊游的机会前往凭吊孤独的朱汤姆。

从照片上看，1996年汤姆墓的墓碑还很完整。马丁于2012年拍摄到的墓碑已经断裂并用钢板夹持修复。因此，墓碑损坏的时间在1996年至2012年之间。

渥太华华人联合教会从历史上便由牧师与理事会共同管理，牧师负责属灵的宗教范畴，理事会管理教会的日常事务。周树邦先生从他1976年来到渥太华起，就开始为教会工作，到2009年退出理事会，奉献三十多年。而从创会开始，龚英仪夫妇、周相夫妇等广东、香港来的早期移民，都贡献了自己的力量。2015年的理事会（堂委会）由潘文、梁毅、易珊红、萧磊和杨铭组成。

渥太华华人联合教会在力所能及的情况下，捐款给需要帮助的人。2008年四川汶川大地震，教会捐出一万二千加元赈灾。渥太华心脏病医院及老人院 Green Nursing Home 六楼的华人区，都挂有表明渥太华华人联合教会捐助的纪念牌。

渥太华的其他华人教会也有着与华人联合教会大致相仿的历程，只是根据开创时间的早晚，经历的事件不尽相同。但华人教会作为华人社区的一个重要组成部分这一点是相同的。

周树邦先生讲过一句话：华人教会与华人社区共同成长。特别在早期，华人数量很少，教会是聚拢华人的地方，也是华人心灵的归属。华人中文学校也与华人教会相伴相生，华人子女的成长也受到教会的很大影响。除了宗教方面的原因，华人教会一方面帮助会众适应加拿大社会，另一方面帮助他们保留中国传统文化。教会往往被会众看作一个社会机构，他们在这里学习英语、学习西方文化艺术的同时，还积累了加拿大的生活经验，学习到加拿大的社会价值。

华人教会在渥太华华人史上，有着不可磨灭的功绩。

# 1949年中华人民共和国成立

　　1949年10月1日下午，中华人民共和国中央人民政府成立大典在北京天安门广场隆重举行。毛泽东主席偕副主席、委员及在京的中国人民政治协商会议第一届全体会议代表登上天安门城楼参加庆典，其中包括毛泽东、朱德、刘少奇、周恩来、宋庆龄、李济深、张澜、高岗等人及苏联等社会主义国家派出的代表。参加开国大典的群众有工人、农民、市民、学校师生、机关工作人员、城防部队等约三十万人。

　　林伯渠宣布典礼开始，中央人民政府主席、副主席、委员就位。

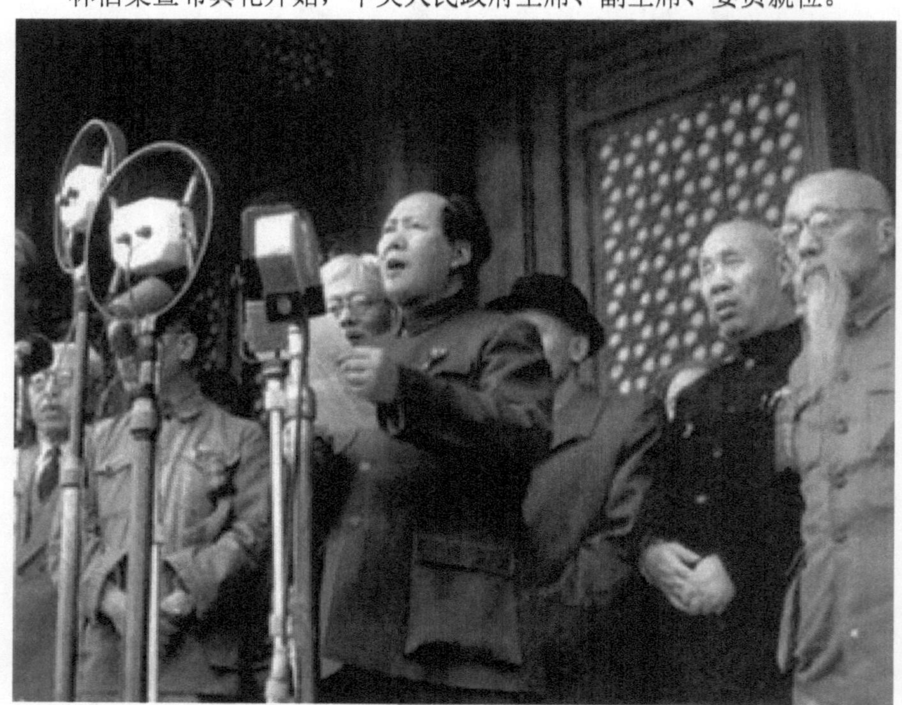

图片127　毛泽东主席："同胞们，中华人民共和国中央人民政府今天成立了！"
（来源：中国政协文史馆）

　　下午3时整，中国共产党领导人毛泽东在天安门城楼上宣告中华人民共和国中央人民政府正式成立。中华人民共和国的成立开辟了中国历史新纪元。从此，中国结束了一百多年来被侵略、被奴役的屈辱历史，真正成为独立自主的国家。

　　在中国史学界，有人主张以"二战以后"或"新中国成立以后"界定新移民的时间界限，因为二战以后及新中国成立之后直到1966年"文化大革命"开始前，中国大陆对外移民的现象仍然存在。但事实上，新中国成立后到改革开放前，中国政府对公民出国限制较严，再加上二战后形成了冷战对峙的两极格局，中国与许多西方国家断绝了外交关系，这就使中国公民的出境实际上处于中断状态。从1949年至1978年间批准的因私出国者仅21万人，且多为归侨侨眷出国探亲[131]。

这段时间移民到加拿大的华人，多来自香港与台湾等地。前往渥太华的华人移民多是先设法抵达香港，然后再转到加拿大。

# 年轻一代

## "买纸家庭" 与 "邮购新娘"

由于加拿大政府实施了长达24年的排华法案，致使很多华人家庭在中国的妻子儿女无法到加拿大与亲人团聚。在1950年前后，加拿大华人终于有机会将自己的配偶和子女移民到加拿大。

1950年，加拿大联邦政府开始试探性地重新允许华人移民。加拿大华人可以资助年龄在65岁以下的妻子以及年龄在18岁及以下的子女（1952年提高到21岁）前往加拿大实现家庭团聚。

不料这个限制却伴生了负面作用，很快便有人利用这项规定来非法买卖名额，出现了所谓的"买纸家庭（Paper family）"。许多华人通过香港利用虚假资助来到加拿大。这些华人被称为买纸儿子（Paper son）或买纸女儿（Paper daughter）。真正的后代要么仍然留在中国要么已经死去。还有些在加华人设法多报子女，然后再把多报出来的名额卖出牟利。

1959年，加拿大移民局意识到问题的严重性，责成皇家骑警介入调查。一时间华裔社区人人自危，"社区有倾覆的险象"。华裔国会议员郑天华于1962年提出名为"华人纠正计划"的个人议案，要求非法移民向政府坦白，而政府则大赦所有买纸进入加拿大的华人。该议案获得一致通过。最后大约有12,000名买纸人向政府坦白。该议案体现了加拿大社会在法制中的人性考量。

具有反讽意味的是，据说尽管郑天华的努力使得12,000名"买纸人"得到特赦，但他却因此招来许多华人的不满。另有一部分华人移民认为郑天华声称要提高唐人街权益不切实际，多种因素造成郑天华在1962年的再次竞选中失利，未能如愿连任国会议员。

作者查阅资料时发现，很多早期华人的中文姓名与英文姓名风马牛不相及。尽管存在着中英文姓名顺序颠倒等诸多原因，但也不排除其中有些便是买纸人。有些人当时登记的英文姓名并不是自己的真实姓名，而现实生活中，却在华人圈中一直使用自己原有的中文姓名。这也对作者核实人物造成了很大困惑。

据老华侨回忆，当时的买纸现象相当普遍，叔侄变成父子、父子变成兄弟、20多岁变成17岁这类情形不胜枚举。渥太华华人大多选择了向政府坦白，因为只有这样，有了合法身份，才能享受加拿大公民的合法权利，才能资助家人前来团聚[54]。

渥太华早期"广东"（Canton Inn）中餐馆业主之一的黄国杨（Gorden Tsan Wong）便是一个买纸人。黄国杨起先由中国大陆前往香港，在一家英国人开的船场找到了一份满意的学徒工作。原本他出徒后便可以当一名机械师，但他祖父一个兄弟的儿子，远在加拿大安大略省伦敦市的四叔父却在1956年改变了他的人生。当时这位四叔父在埃克塞特（Exeter）开一间餐馆做厨师，而他的合伙人要回香港讨老婆。四叔父便同意办理黄国杨到加拿大帮忙，以顶替合伙人离开加拿大期间的空缺。四叔父为他安排了"买纸儿"的身份，并使之于1956年1月顺利进入加拿大。

埃克塞特离安省的伦敦只有不到一个小时的车程，离首都渥太华也不算远。当黄国杨结束了他在埃克塞特的工作之后，他联系到了另一位远房的堂哥。这位堂哥便是渥太华"广东"餐馆的老板黄锦船（Stanley Wong）。黄锦船的高曾祖父与黄国杨的高曾祖父是兄弟，他答应黄国杨去餐馆做洗碗工。"广东"餐馆开在阿尔伯特街205号，黄锦船的父亲黄礼庭是餐馆创办人。1941年黄锦船和妻子 Marion Bristol（她有部分爱尔兰和华人血统）从蒙特利尔来到渥太华，接手了这家餐馆。

黄国杨一到渥太华，就去华人教会办的英文班学习，每周去两个晚上，老师是伊芙琳·瑞克小姐（Miss Evelyn Ricker），瑞克小姐以前曾作为加拿大联合教会妇女传教团的成员前往中国，她给黄国杨取了一个英文名字叫 Gordon。在那里，黄国杨结识了17岁的同班女生 Lui Sang，她的英文名字也是瑞克小姐给取的，叫做 Kathy。

1958年，Lui Sang 的母亲将她送往渥太华照看姑母的四个孩子。这样 Lui Sang 的姑母便可以外出工作。于是 Lui Sang 便以谭姓女儿谭妮（Née Hum）的身份来到渥太华，而姑母家那个真正的谭妮，早在婴儿期便死在了中国。Lui Sang Hum 是一个典型的买纸女（paper daughter）[132]。

1957年黄锦船因脑瘤疾病去世后，其子女继续维持餐馆生意，黄国杨仍在餐馆打工。1960年，黄国杨存了点钱，问远在香港的母亲自己是否应该回去找个老婆。他母亲认为黄国杨还只是一个打工人，无法同回去择偶的那些准新郎们竞争，因为那些人大多都是做生意的业主。母亲鼓励他自己在加拿大找老婆。

就是在这一年，黄锦船的子女们忙于各自的工作，无意继续维持餐馆生意，决定出售餐馆。黄国杨与其他人合伙接手，成为"广东"餐馆的业主之一。

1962年黄国杨追求 Lui Sang 成功，并与之结为夫妇。于是 Lui Sang 的名字又变成了 Née Hum Wong。

到1951年，尽管华人男女比率在全加拿大范围内上升到4:1，但男人在加拿大找到妻子的机会还是少得可怜，不少华人仍然采用回乡相亲成亲的方式成家立业。1955年，加拿大联邦政府允许加拿大华人公民或落地移民资助他们的海外未婚妻前往加拿大，前提条件是被资助人到达加拿大后的一个月内必须与资助人结婚。由于当时加拿大尚未与中华人民共和国建立外交关系，直接从大陆移民加拿大是不可能的，因此香港成为主要的新娘市场。这样的新娘被称为"邮购新娘"或"COD（货到付款）新娘"，因为传统上的彩礼要等新娘到达加拿大之后新郎才肯支付。

## 华裔青年联谊

1911年整个加拿大华人人口的男女比例为28:1。过了十年改善到15:1。1923年排华法案正式生效，造成加拿大男性华人长期生活在没有家庭温暖的悲惨境况之中。男女性别的极度不平衡让很多单身男性终身未娶，让妻子还在国内的男人隔海相望，上演现实版的牛郎织女。

当时当权的白人种族主义者认为中国是一个低等国家，他们生怕单身男性华人与白人妇女结婚生子，因此萨斯喀彻温省、曼尼托巴省、安大略省和不列颠哥伦比亚省等几个大的省份先后立法禁止华人商家聘请白人女性，以降低跨种族通婚的机会。前面提到的1941年邝荣案就是这种歧视的结果。

当时大多数中国人和白人都将异族通婚视为禁忌。但是在远离中心城市的边远地区，确实存在华人男性与非华裔女性结婚或保持同居的例子。这些女性多为法裔加拿大人，她们看上了华人的勤劳和工作热情，认为嫁给华人可以有美好的未来。

1940年代初期，渥太华有六个已知的异族婚配家庭，均为华裔男性娶了非华裔女性。其中，黄锦船（Stanley）和玛丽恩·布里斯托尔（Marion Bristol）拥有阿尔伯特街的广东餐馆，袁（Yuen）家拥有斯巴克思街的绿龙礼品店（Green Dragon Gift Shop）[133]。

一旦了解这段华人史，就不难明白当时生育下一代对华人的重要性。谭华霜家生了两个孩子，他的儿子谭荣光也生了两个，孙子谭辅仪生了5

个，谭辅仪这一支传到谭家第5代时，这一辈的孩子共有11人。渥太华其他第一代华人家庭中，周在彦家生了9个孩子居首，黄昂振家8个，周相家7个，黄昂杰家6个，谭华廷家5个，谭昌三家两个。

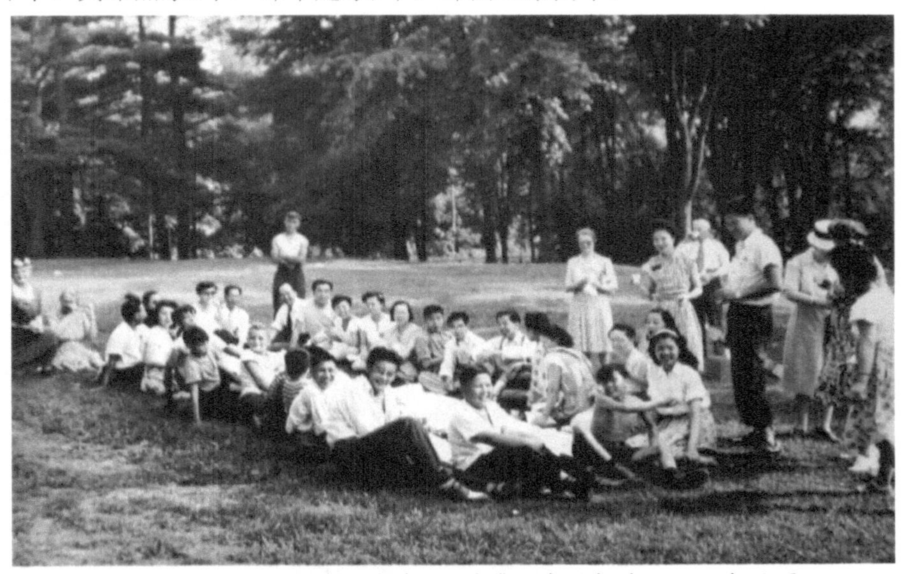

图片 128　中国青年社团野餐会，渥太华罗克利夫（Rockcliffe）公园
1947年6月28日（廖若轩提供）

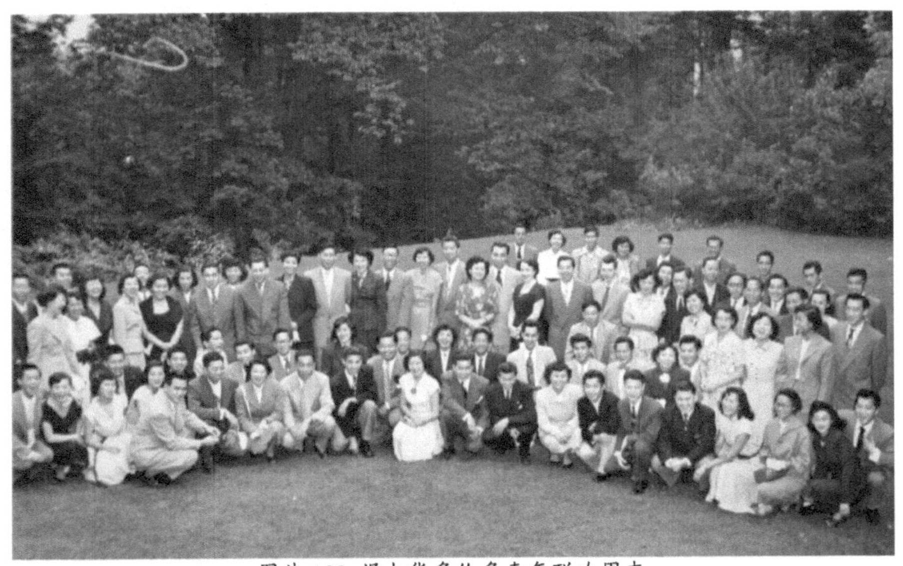

图片 129　渥太华多伦多青年联欢周末
万津1951年摄于渥太华（黄雪琼提供）

　　1940年代，第二代出生在渥太华的孩子已达适婚年龄。由于他们人数较少，在本地选择配偶的机会十分有限，于是他们努力扩大自己的社交圈，经常与周边城镇的华人举办年轻人的聚会。

　　黄雪琼女士提供的照片上有她的丈夫李荣瑞（后排右一），还有周相家的周强辉（前排右一）、周凤箫（二排右二）与周凤兰（二排右四）等。廖若轩为最后一排右起第七位。

　　母亲们也忙了起来，她们本身大多就是由包办婚姻送上了开往加拿大的轮船的，张罗儿女的婚事格外兴奋。她们热衷于穿针引线，帮助年轻人寻找合适的配偶。

　　二战结束后，加拿大出现了大量的就业机会，特别是进入政府部门工作的机会吸引了很多华人青年来到渥太华。

　　渥太华中国基督教青年会的年轻人多了起来，经常在华人教会团契举办各类社交活动。他们还组织大家前往蒙特利尔和多伦多游览观光。有些人甚至去更远的地方比如温哥华和纽约寻找可能的伴侣。

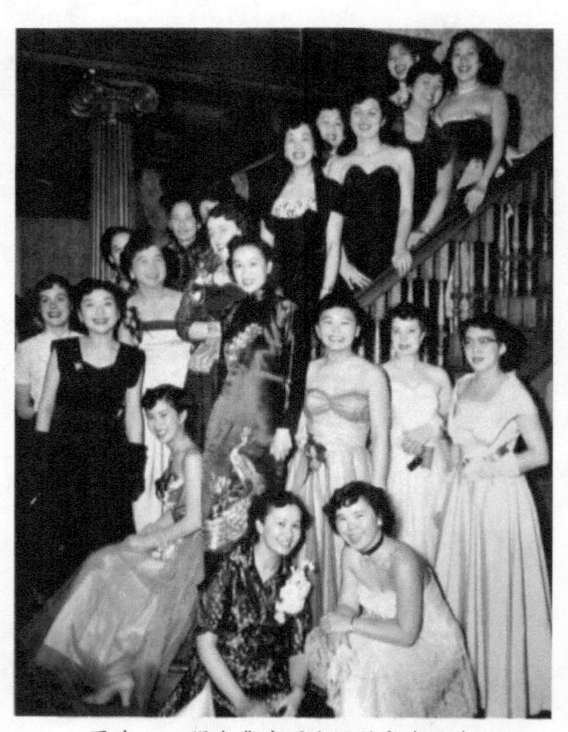

图片 130 渥太华中国大使馆新年晚会
万津摄于1951年（廖若轩提供）

　　同时中国大使馆也举办了许多当地华人参与的大型舞会与聚会。

## 谭辅仪与谭夏帼珍

　　渥太华的谭辅仪（Tom Hum）与远在香港的夏帼珍（Marion）通过亲友介绍而开始相互通信，并交换照片。几个月后，谭辅仪提出进一步发展感情，夏帼珍对他也颇有好感，于是两人很快进入热恋。1957年，谭辅仪飞到香港，一对同为21岁的新人在香港市政厅正式结为夫妻。

谭夏帼珍婚前是香港的一名记者，来自一个有11个孩子的大家庭。她父亲在一家外国公司工作，处理银行事务，因此在中日战争期间被允许住在法租界。随后全家逃亡到香港。

谭家枝繁叶茂，事业成功，热心服务华人社区，代代相传。华人社区每逢慈善捐款的时候，他们总能慷慨解囊，造福大众。

## 李荣瑞与李黄雪琼

李荣瑞（George Lee）是1921年10月8日出生在加拿大的华人第二代。因为有一个叔叔在广东开银行，李荣瑞的父亲带着他回国生活了一年多。第二次世界大战爆发后，加拿大侨民纷纷撤离香港回国。李荣瑞乘坐加拿大海军的军舰回到了渥太华，而父亲却在中国去世了。

李荣瑞回到加拿大，从12年级开始读起。渥太华冬天很冷，有时他把砖头在外面烧热，然后推进屋中取暖。他去餐馆打工，当服务生，从打扫卫生间开始。因为不是渥太华那几家大姓，所以打工时还会比别人多吃一点苦。中学毕业后，他读了电气专科。专科毕业后成为一名电工。后来有机会在国家研究院（National Research Council，简称 NRC，相当于中国科学院）工作，负责维护工程部使用的各种电气测量仪器。

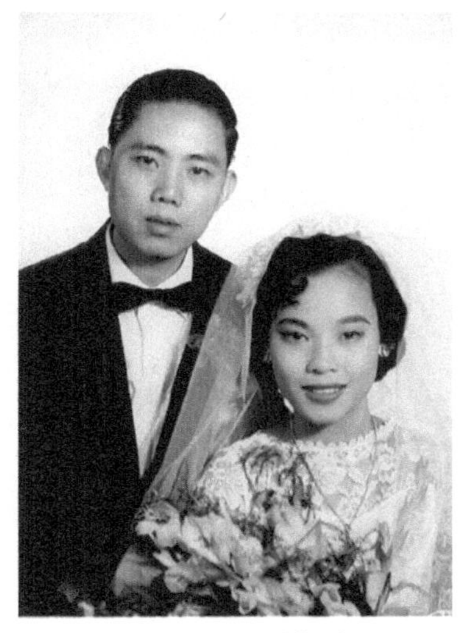

图片 131　谭辅仪与夏帼珍婚纱照
（谭夏帼珍提供）

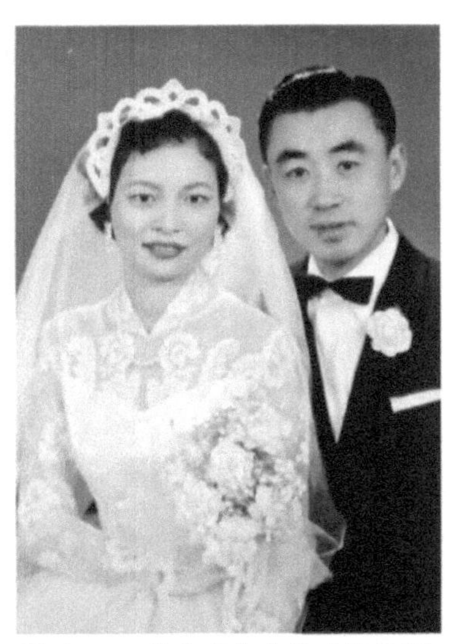

图片 132　李荣瑞与黄雪琼婚纱照
（黄雪琼提供）

1957年，李荣瑞前往香港寻找新娘，并成功将黄雪琼带回渥太华。两人在渥太华结婚，黄雪琼改名为 Susan Lee。李荣瑞与谭辅仪几乎是同时前往香港寻找自己的另一半，也几乎是同时如愿以偿。他们两对新人返回渥太华前后只差一周，日后两家也成为很好的朋友，连住的地方都很近。李荣瑞婚后辞去了国家研究院的工作，尝试开餐馆，但很快放弃。后来有人租了他们利斯伽175号的房子，开了一家"醉红楼"中餐馆，生意很好。他们坐收租金，省心省力，也很开心。

此后李荣瑞的一位法裔朋友将他介绍到加拿大邮政总局（Canada Post），他一直在那里工作到退休，2008年逝于渥太华。

# 科技界华人

## 廖若轩

2015年7月25日，作者有幸拜访了加拿大国家研究院资深退休华裔科学家廖若轩（Hin Lew）先生与其夫人林慧爱（Marion Lim）女士。廖先生已94岁高龄，患有类风湿性关节炎，行走缓慢，需要扶着助行器。但为了寻找作者需要的资料，他在夫人帮助下，一趟趟上楼查找书籍与相册，令人感动。廖先生思维清晰而敏捷，多年从事科学研究养成的习惯，让他在生活中也处处细致而准确。他的相册按年分类，其中的照片大多记载着时间地点甚至人名，尤为珍贵。

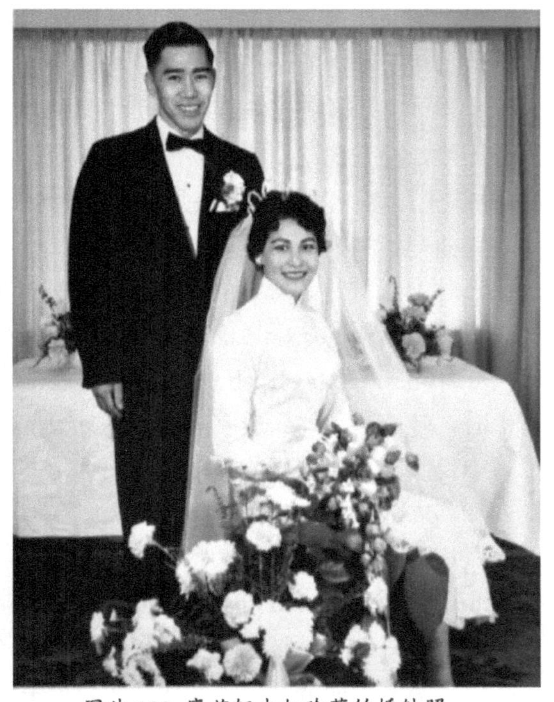

图片 133 廖若轩夫妇珍藏的婚纱照，1959年11月15日摄于温哥华（廖若轩提供）

廖若轩的父亲廖崇教（Lew Shong Kow）1881年生于广东省新会市沙堆村。廖崇教幼年失去父亲，由寡母带大。1898年，在他17岁那年，他叔父从加拿大回到沙堆村，带他自己的儿子前往加拿大。廖崇教也跟着叔父移民到加拿大。在他的移民文件上，廖崇教用了他的乳名廖自照（Lew Doo Jeu）。他到温哥华后便给一家白人做佣人，他也许是第一个做家政服务的华裔孩子，而这份工作让他学会了英语。

1902年，21岁的廖崇教回到家乡与蒋彩姬（Chong Toy Kay）结婚组建了家庭。1904年，廖崇教独自返回加拿大。他们的第一个孩子在十几岁时不幸夭折后，廖崇教将妻子接到了加拿大。蒋彩姬是在1918年11月3日抵达温哥华的，并支付了500加元的人头税。500加元在当时是一个巨大的数目，因为这相当于一个普通劳工两年的薪水。

　　蒋彩姬（廖蒋氏）为她丈夫生了三个女孩和一个男孩，廖若轩是唯一的男孩，排行第二。廖崇教曾经尝试过不同的谋生手段，种田、开中国杂货店、开餐馆等等。他热心政治，加入了中国维新会并担任了一年温哥华分会的会长。维新会的目的是恢复清朝并在中国建立君主立宪制，梁启超1903年游历北美时，曾访问过温哥华分会，并为推动君主立宪制筹集资金。

　　温哥华分会办有一所小型中文学校"爱国学堂"。廖若轩六岁至八岁在那里学中文。廖崇教1929年6月逝世，终年仅48岁。他去世时身无分文，没有寿险，没有积蓄，留下了遗孀蒋彩姬和四个分别为10岁、8岁、6岁和4岁的孩子。廖崇教去世的头几个月，这个家庭完全依靠廖氏宗亲和温哥华华人的自愿捐赠来维持生活。

　　当时廖崇教与蒋彩姬的入籍证明因故遗失，蒋彩姬无法从任何政府机构领取应有的福利。幸运的是，圣公会（Anglican Church）的女执事赫拉比（Deaconess Hilda Hellaby）当时正在温哥华华人中传教，蒋彩姬去找她帮忙时，赫拉比了解到廖家的困境后，写信给渥太华的国务部，要求他们查找廖自照的入籍档案。国务部找到记录并通知了赫拉比小姐，确认蒋彩姬为加拿大公民。

　　自1929年11月开始，蒋彩姬每月从不列颠哥伦比亚省母亲抚恤基金会（Mother's Pension board of B.C）收到55加元补助。这真是一大笔钱，因为一名工人的月薪也不过如此。廖家的四个孩子每一个长到16岁时，这份母亲抚恤金便减少四分之一。到1941年，孩子们都长大了，抚恤金也就终止了。廖若轩先生在接受采访时说："我永远感激不列颠哥伦比亚省人民对我家经济上的支持，使我们能够在成长中获得良好的食物和住所。"而这份抚恤金，也为加拿大培养出一位杰出的科学家。

　　廖家的四个孩子就这样由母亲一个人带大。廖若轩6到15岁期间，每天从学校放学后，都要再去中文学校学习汉语。当时温哥华各姓氏的华人均有宗亲会，并自己办中文学校教下一代中文。廖氏也有宗亲会，但人数不多，没有自己办学校，所以从八岁起，廖若轩去的是黄氏宗亲会"黄江夏堂"办的"文彊学校"（Mon Keong School）。中文学校每天都有课，星期六也不休息。廖若轩出生在加拿大，而且几十年不使用中文，但他至今还能流畅地阅读中文，讲粤语，可见这所中文学校的教学质量之高。廖若轩自幼聪颖过人，1936年年仅15岁便完成高中学业。

　　廖家的生活非常节俭，蒋彩姬和孩子们还做些零工。零工包括去鲁鲁岛（Lulu Island）中国园林店除杂草、给城里的中国蔬菜批发店摘豆角准备装罐等。薪酬通常是每小时25加分。去鲁鲁岛除杂草，大人一小时可以赚25加分，而孩子只付给10加分。这样在廖若轩15岁高中毕业时，蒋彩姬的积蓄足够把他送进不列颠哥伦比亚大学（University of British Columbia，简称 UBC），那时的大学学费一年只要125加元。当时整个大学只有大约20名华人学生，廖若轩是其中之一。他选了数学物理专业，四年后获得学士学位。毕业后他留校工作一年，在1940至1941这一年间，他研究盖革计数器（Geiger counter），盖革计数器是检测放射性的主要工具。1941年9月，他申请到多伦多大学的一项奖学金，得到继续深造的机会，于是从加西来到加东，进入多伦多大学物理系的超音速专业攻读硕士。

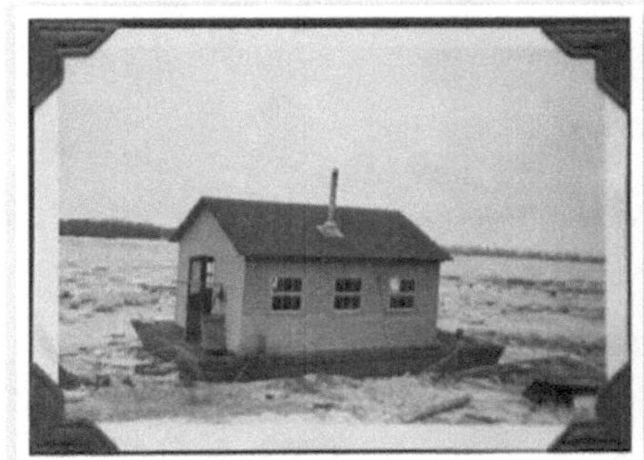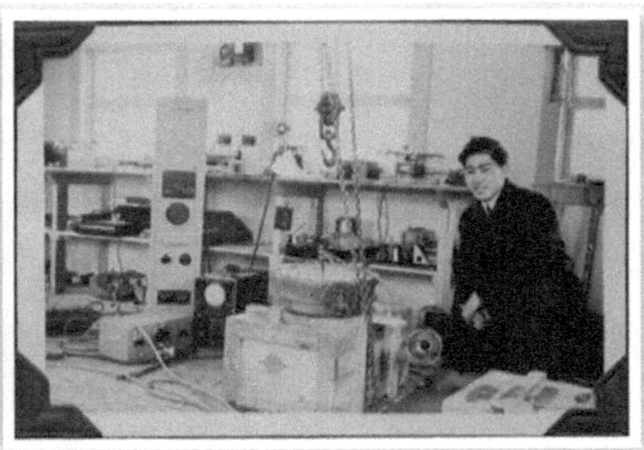

图片 134 渥太华国家研究院水下声波探测实验室，右图中为廖若轩，
摄于1942年（廖若轩提供）

随着第二次世界大战的战事发展，大学的正常教学与科研被迫停止了。自然科学系（数学、物理和化学等）的教师们开始转而研究与战争需求相关的课题，比如研制雷达及军事用途的光学镜片等。战争对人才的需求缺口很大，大学教授与研究生成为科研的主要力量。

1942年，廖若轩经导师推荐，来到渥太华国家研究院（National Research Council）物理部声学处（Acoustics）研究水下声波探测。具体讲就是研究如何探测潜艇。加拿大国家研究院是加拿大最高科学研究兼行政机关，直接对国会负责，任职于此机构的员工享有高于政府一般机构的待遇。当时廖若轩他们研究实验了很多方法，但由于水中阻尼大，声波传播距离十分有限，科研工作始终充满挑战。1945年二战结束，廖若轩获得了多伦多大学的科学硕士。他并不满足于取得的成就，决定继续深造。他申请了美国著名的麻省理工学院（MIT），被该院接受为博士生，研究方向为分子束（Molecular beam）。他的指导教授为扎查利亚斯（J.R. Zacharias），是这一研究领域的先驱。

1948年博士毕业后，廖若轩在麻省理工学院做了一年博士后，并为实验室建造了一台分子束发生器。1949年他也为自己买了第一辆车，那是一辆1932年的二手雪佛莱，花了他100美元[134]。当时美国十分排斥华人移民，尽管廖若轩是出生在温哥华的加拿大人，但美国移民局却认定他是华人。

1971年诺贝尔化学奖得主格哈德·赫茨贝格（Gerhard Herzberg）博士出生于德国汉堡，妻子是犹太人，二战期间为躲避纳粹迫害逃亡到加拿大。1935至1945年期间，他在加拿大萨斯喀彻温大学工作，此后前往美国芝加哥叶凯士（Yerkes）天文台研究天体物理光谱学。1948年应加拿大国家研究院邀请，回到加拿大担任了物理学部主任。1949年，赫茨贝格邀请廖若轩加入加拿大国家研究院物理学部，建设分子束实验室。

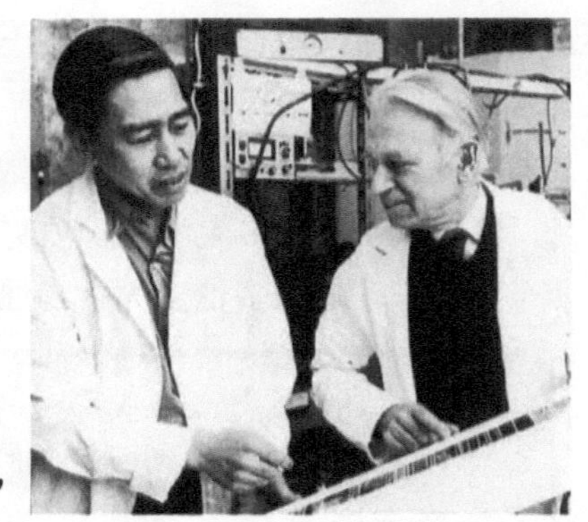

图片 135　廖若轩（左）与赫茨贝格
在国家研究院分子光谱研究中心
（廖若轩提供）

廖若轩回到渥太华后立即开展工作。他花了近一年的时间，制造出第一台用于研究原子束的设备，并投入实际使用。随后许多年轻的科学家被邀请到这个实验室从事原子方面的研究。第二台设备很快也投入了使用，第三台建成后用于处理不同的分子。

从1949到1990年的41年间，廖若轩将他的时间主要花在了这些原子束机器上，但他也通过使用赫茨伯格大量使用的衍射光栅器来研究光谱学。在这个领域中，廖若轩的主要发现是获得了水分子离子 $H_2O^+$ 的光谱，他和赫茨伯格记录下了 $H_2O^+$ 的光谱。

1974年，两位天文学家在以色列拍摄到科胡特克彗星（Comet Kohoutek）的光尾，发现了一些他们无法辨别的谱线（离散颜色）。他们将照片送给赫茨伯格。赫茨伯格和廖若轩对照1972年的 $H_2O^+$ 光谱，从中找到了这些谱线。这条新闻被世界上知名报刊广泛报道，赫茨伯格与廖若轩一时成为公众人物。

1971年，赫茨贝格获得诺贝尔化学奖。他所领导的分子光谱研究室也成为世界上著名的分子光谱分析中心，而廖若轩便是这个研究室的主要成员之一。

1958年，廖若轩回温哥华看望母亲。他妹妹召集亲朋好友举办了一次年轻人的聚会。在这次聚会上，37岁的廖若轩结识了比自己小13岁的林慧爱（Marion Lim）。他们很快坠入爱河，不久便在温哥华成婚。婚礼在当年冬天举行，廖、林两家的亲朋好友悉数参加。

林慧爱出生于广东台山水步荔枝塘金坑里，五岁时随家人前往澳门居住。排华法案结束后，林慧爱的父亲林善福（Harry Lim）立即申请家人到加拿大团聚。1949年12月，林慧爱由广州来到加拿大温哥华，她的妈妈张懿卿（Chung Yee Hing）和哥哥林文翰全家留在了顺德勒流。林父是当时温哥华唐人街最受欢迎的"华侨（W. K. Gardens）"中餐馆的业主之一，并任首席大厨。周末餐馆忙的时候，父亲会打电话回家叫林慧爱去餐馆帮忙，迎接顾客，挂挂衣帽，卖卖香烟。

从五岁到十五岁，林慧爱从广东金坑里到温哥华的人生旅程有趣而曲折，并且伴随着恐惧与令人伤心的经历。为了她的儿孙们，林慧爱将她所遇到的一些事件用笔记录了下来。

当郑霭玲（Denise Chong）写作《家庭生活——命运与环境的故事》（"*Lives of the Family*"）一书时，曾多次采访林慧爱。林慧爱给她讲了许多往事，郑霭玲将其中的一些写进了书里。有兴趣的读者可以从这本书中找到林慧爱的更多生活细节，事实上，林慧爱初到加拿大的故事便是这本书的第一章。

林慧爱带出来的全家福是在台山拍摄的。当时林父在

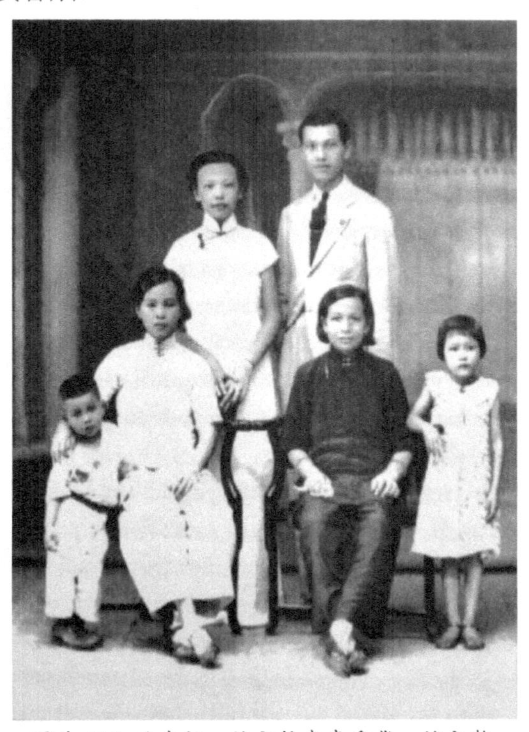

图片 136 后左起：林文翰妻李爱华、林文瀚
前左起：林文库、林文库母叶氏，
林文翰与林慧爱母张懿卿、林慧爱（5岁）
1938 年于台山荔枝塘金坑里（林慧爱提供）

温哥华，他在老家有两位妻子。林文瀚与林慧爱是第一位妻子所生，林文库是第二位妻子所生。三个孩子的长幼顺序为：林文翰、林慧爱和林文库。

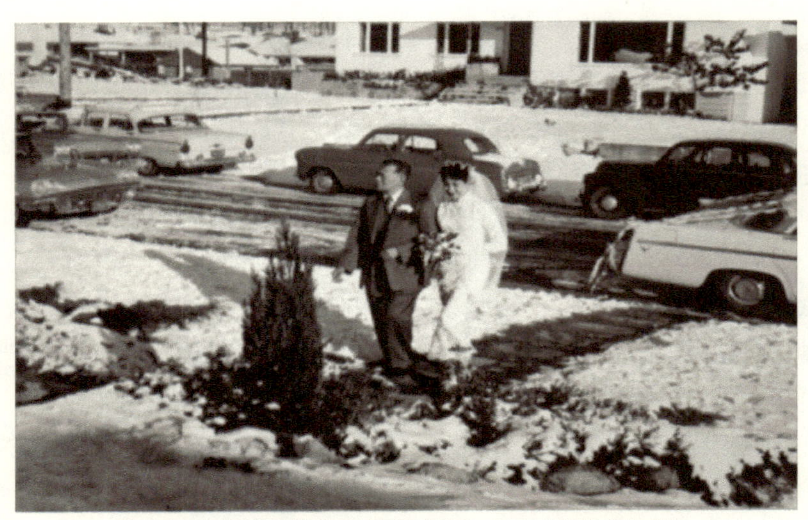

图片 137 林慧爱挽着父亲来到婚礼现场（林慧爱提供）

林慧爱中学毕业后，由于父亲不同意女孩子继续上大学，所以去了温哥华技术学校接受秘书培训。学习打字和速记等文秘工作，同时努力学习英语。

在朋友的影响下，她也做起了时装模特，相信她是加拿大亚裔最早的模特之一。

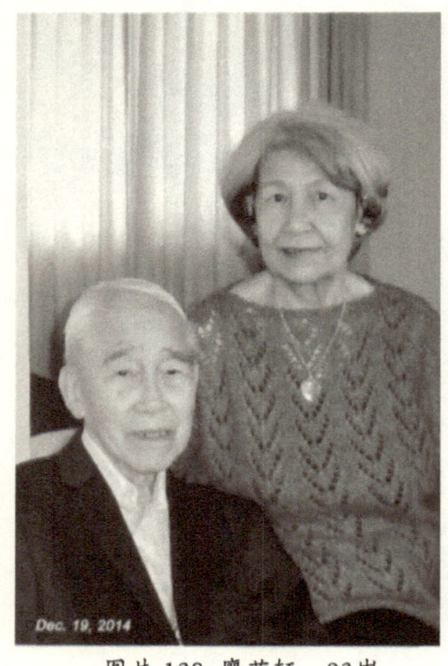

图片 138 廖若轩，93岁，
林慧爱，80岁，
2014年于渥太华家中（廖若轩提供）

廖若轩与林慧爱一共生了三个儿子，长子在加拿大军队服务，军衔至上校，居住在渥太华。次子去新加坡经商。三子为加拿大皇家骑警（R.C.M.P.）文职人员，居住在温哥华。廖若轩夫妇共有五个孙子和两个孙女。

廖若轩1984年63岁时从加拿大国家研究院退休。但随后又以客座研究员的身份返回科研院义务工作了6年。1990年，年近七旬的廖若轩终于彻底离开了他为之工作了41年的加拿大国家研究院，真正退休了。他为加拿大国家研究院做出了巨大贡献，并带出了几批研究生。在分子光谱学研究的历史上，留下了自己的名字。

# 熊连瑞

2015年6月27日，《渥太华公民报（Ottawa Citizen）》与《蒙特利尔公报（Montreal Gazette）》分别刊登了同一则讣告[135]。熊连瑞（Lewis Hong Chow）于2015年6月26日早晨在家人的陪伴下安详逝世，享年97岁。6月29日在侯氏与贝氏殡仪馆中区礼堂（Central Chapel of Hulse, Playfair & McGarry, 315 McLeod Street）举办了悼念会，当天参加悼念会的有渥太华华人联合教会的张云台牧师、班纳德牧师（Rev. Bennett）、周强安和夫人、周树邦等教友以及熊连瑞的家人约20人。随后熊连瑞的遗体被运往比奇伍德墓园下葬。

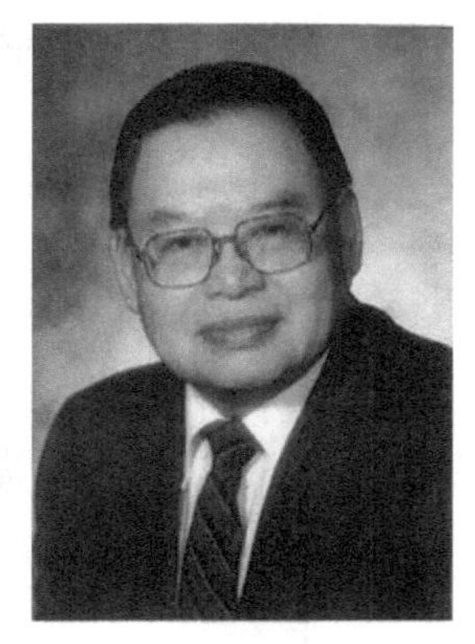

图片 139 熊连瑞
（来源：加拿大布什普雷历史博物馆）

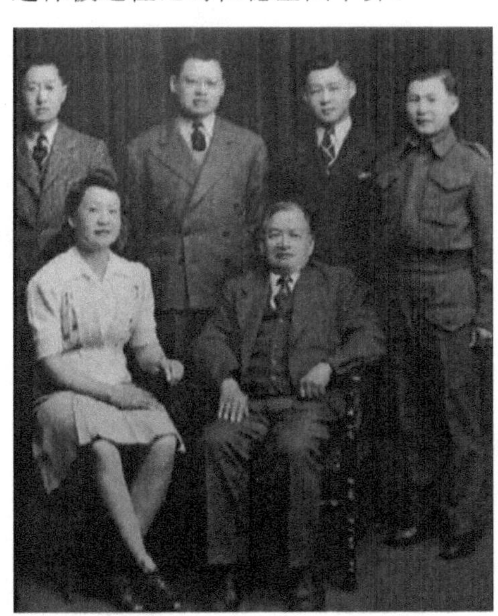

图片 140 家庭合影，后排左二为熊连瑞，摄于1943年（来源：sootoday.com）

1918年至1919年安大略省蒂明斯市发生大流感疫情时，熊连瑞的父母正在那里经营农场。当地政府下令杀灭农场所有的牲畜而又不做补偿，熊家损失巨大，于是决定搬到苏圣玛丽市做旅店生意。熊家开办的维多利亚旅馆（Victoria Inn）从一开始就获得成功。这是一个诚实的家庭，如果顾客在酒吧里遗忘了物件，那么便会有一个写着顾客姓名的信封等着领取。他们的服务让每一位客人都感到宾至如归。

年仅一岁的熊连瑞就在这家旅店里长大。紧邻旅店后院的刚好是用于森林防火的安大略省空警的机库，年幼的熊连瑞常常去那里玩耍。或者一坐几小时，看那些起起落落的飞机。不知从何时起，他的心中萌生了对航空事业的憧憬。

熊家有七个孩子，熊连瑞生于1918年5月15日，排行第三[136]。在父母的支持下，熊连瑞于1941年如愿以偿毕业于美国圣路易斯大学公园学院

（Parks Air College, St. Louis University），获得了航空工程的学士学位。第二次世界大战期间，熊连瑞来到渥太华，加入了加拿大国家研究院。1946年，他入选研制"箭"式喷气战机（Avro CF-100 Jet）的设计团队。这是加拿大设计的第一架全天候喷气式战机，其后续型号 CF-105战机被列入航空史上十大名机之一。

熊连瑞1948年加入了美国设计、加拿大制造的"佩刀 F86（F86 Sabre）"式战机的项目团队。熊连瑞团队决定为这款战机配备加拿大生产的奥兰达3型（Orenda 3）发动机，从而使这款战机成为当时世界上飞得最快的飞机。

1953 年，一支熊连瑞在内的加拿大技术支持团队前往美国，与美国著名飞行英雄及试飞员查克·叶格（Chuck Yeager）一起工作，帮助杰奎琳·科克兰（Jacqueline Cochran）打破一系列飞行的速度与高度记录。杰奎琳·科克兰在史上被称为"飞行器上的好姑娘"，1953 年 5 月 18 日，她驾驶熊连瑞的"佩刀 F86"成为世界上突破音障的第一名妇女。她也创下了妇女的最高飞行纪录（47,300 英尺）。

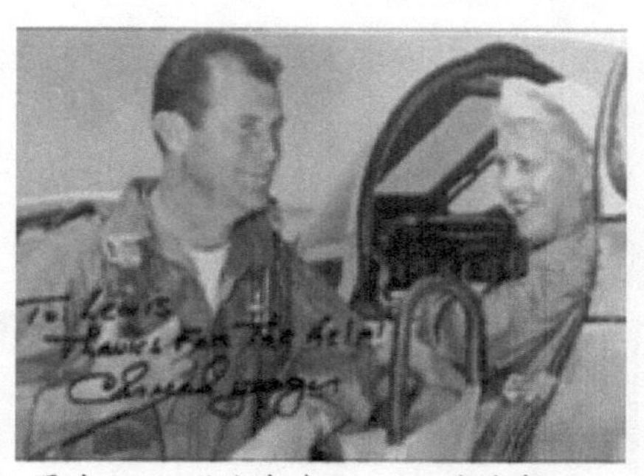

图片 141 "致连瑞 Lewis：谢谢帮助！查克·叶格"查克送给熊连瑞的照片。（来源：加拿大布什普雷历史博物馆）

她同时在划分为 12 道的 100 公里航线上创下每小时 653 英里的速度记录，以及在 15 公里直线航道上创下每小时 670 英里的速度记录。

杰奎琳·科克兰在同年晚些时候给熊连瑞的一封信中写道："我知道如果没有你精心的帮助和通力合作，我的记录永远都不会实现。"他们保持着良好的友谊，甚至熊连瑞的一个心爱的孙女也是以她的名字命名的。这个时期，熊连瑞在航空领域达到了他人生的辉煌顶点。

熊连瑞不仅在航空界是一个传奇，他还是人造心脏研究领域的先驱。他将自己在喷气涡轮机方面的专业知识，引入到一个全新的领域，他曾经主持一个研发团队，在渥太华心脏研究所研究使用涡轮制作心脏泵。熊连瑞还是华人社区的慈善热心人，做了50多年的义工，还经常捐款，包括资助建设蒙特利尔的中华医院。他的晚年在渥太华度过，在他95岁前一周，他还自己开车去华人联合教会参加主日崇拜。他对周树邦说，这是他最后一次自己开车了，95岁就不准许开车了。

为表彰他多年的义工付出，1993年熊连瑞博士被授予加拿大总督奖，奖励"他对同胞、对社区以及对加拿大的贡献。"位于安大略省苏圣玛丽（Sault Ste. Marie）的加拿大布什普雷历史博物馆（Canadian Bushplane Heritage Centre）中，有一个关于熊连瑞博士的专题展览。那里是他成长的地方，他也被那里的人们视为本土英雄[137]。

# 渥太华唐人街

## 唐人街的形成

唐人街是一个特殊的小社会。早期华人其实就是一批接一批的劳工，很自然地一起工作，一起生活。尤其在加拿大排华法案实施期间，华人妇女儿童限制入境，以致于在渥太华的华人几乎全部都是单身男性，再加上那时华人除了语言上的困难，还要面对白人的歧视和敌对行为，所以集中住在一起是很正常的。1947年排华法案废除后得以进入加拿大的第二代华人也存在语言障碍，于是他们也像第一代华人一样困在了唐人街。这也就解释了为什么唐人街能维持如此长的历史跨度。

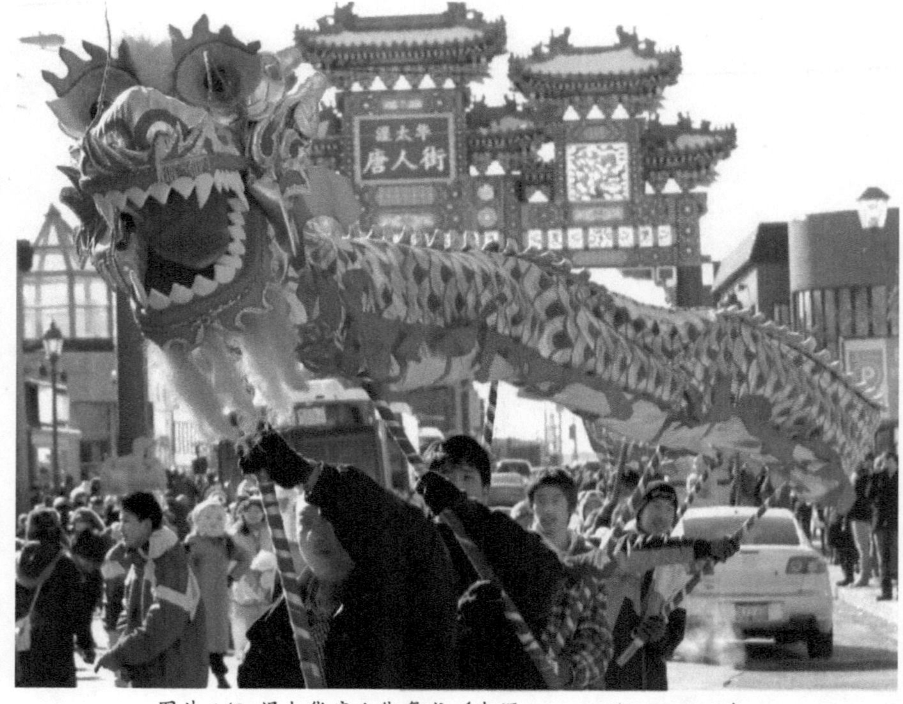

图片 142 渥太华唐人街舞龙（来源：ottawachinatown.ca）

不过，渥太华华人由于人数较少，并没有形成那种典型的国中有国，埠中有埠，几乎与外界隔绝的唐人街。更没有旧式唐人街的堂会纷争，动辄刀枪相向。而加拿大出生的第二代华人则很快同化于英语和法语文化，长大后顺理成章地离开了唐人街。

所谓唐人街，以前多指海外华人聚居的地方，现在一般是指海外华人的商业集中地，比如华人超市、中餐馆、杂货店、旅行社、中医中药店、书店文具店、美容美发店、钟表眼镜店以及其它出售华人商品的店铺。唐人街往往也有集市的含义，比如有些城市的唐人街，周末往往会在街边摆出临时摊位，出售一些小玩意儿。渥太华的唐人街则比较冷清，归根结蒂还是城市人口少，游客流量少，所以没有那么热闹。华人活动多以庙会及音乐节一类的形式呈现。

## 起源于阿尔伯特街

渥太华华人的生意起源于阿尔伯特街。如前所述，1920年之前，华人移民几乎全部来自广东开平与台山一带，基本以经营洗衣店或在洗衣店打工为生。据黎全恩（David Chuenyan Lai）提供的数据表明，1911年渥太华仅有170名华人，不存在唐人街。1920年之后，开始出现华人经营的西餐馆。

根据渥太华市政资料记载，1914年在阿尔伯特街上，奥康纳街和肯特街之间有三家华人洗衣店、一家餐馆和一家"永安"杂货店。1930年代末期，渥太华华人的就业模式开始由洗衣业向餐馆业转换，华人开始出现餐馆老板、厨师与服务生。尽管如此，由于受投入资金、技术水平及管理能力的限制，到1943年，相对于61位洗衣业者，渥太华仅有28人从事餐馆业。不过这个数字到1961年便攀升到88人，占华人总就业人数153人的58%。

1941年，阿尔伯特街的华人生意达到了鼎盛期，共出现12家华人店铺和三个华人社团，中国国民党渥太华支部也在这条街上。于是人们公认阿尔伯特街为渥太华的唐人街。由于这里地处市中心最繁华的地段，离国会山步行只需十几分钟，离渥太华大学也非常近，所以不少商贾政要以及学界名人都经常光顾这里的中餐馆。

1953年6月2日英国女王伊丽莎白二世在伦敦威斯敏斯特教堂加冕。华人社区决定以中国的传统方式加以庆祝，同时庆祝唐人街命名。下午6时许，800多名华人和本地市民聚集在阿尔伯特街，位于奥康纳街与班克街之间的路段。锣鼓喧天，鞭炮齐鸣，渥太华华人社区负责人周强安主导了这场庆典，龚培衮（Ronald Kung）点燃了鞭炮。与他们在一起的还有 Wong Seu Gunn 与司徒均（Seto Jung）等社区负责人。数百名华人手持或佩戴庆典纪念品，由阿尔伯特街一路游行欢呼到国会山前。

当天华人燃放了20万响鞭炮，3根14英尺长的长鞭，每支绑有10挂鞭炮。燃放持续了近一小时，鞭炮声惊天动地，吸引了很多围观者。辛辣的硝烟弥漫在空气中久久不散，甚至灼痛了观众的眼睛。消防队员与警察早已到现场值班，以防不测。当晚，华人继续燃放烟花庆祝这件大事[138]。

1950年代初期，"唐人街仍然立足于最兴旺和繁荣的黄金地带阿尔伯特街和班克街，那时全埠华人不到三千，而华人所经营的商业不外三大类：餐馆、杂货和衣裳馆（洗衣店），其他的行业少得可怜。全埠没有一个挂牌的中医，当地出版的华文报纸半张没有，想要叉烧、火鸭吗？难矣！过去的'唐人街'只有国丰、永安两家杂货店，餐馆有好好、顶好、广东、士丹利杂碎和国泰等五家，其中只有国泰有酒出售，同时也是全市所有华人餐馆独一无二有酒牌的酒楼。[139]"

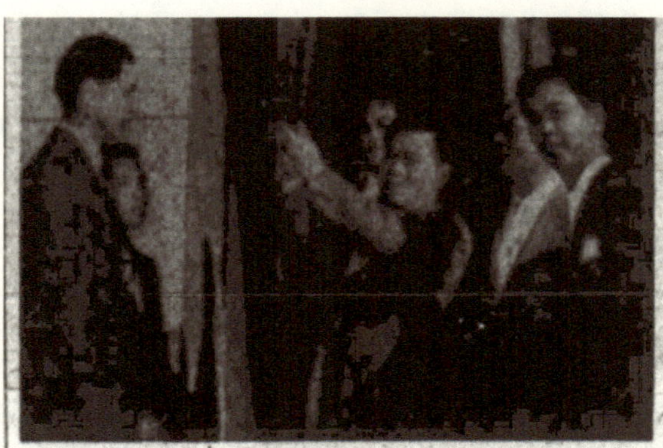



图片 143 唐人街庆祝女王加冕
（《渥太华新闻报》1953年6月3日）

## 鸦片与赌博

1905年1月8日夜间，警官朗德（Ronde）带人在唐人街抓捕了33名华人，其中16人受到指控，其余的人当庭释放。华人的姓名让法官出现了一些困惑，后来被澄清先前被指控的华人姓名出现了差错，最终谭河（Hum Ho 音译）与谭玉（Hum Yew 音译）被控拥有用于赌博的地下室，但两人被询问时均表示"无罪"。查理·金（Charlie Kim）是法庭指定的翻译，但轮到审问谭华钿时，他说谭华钿的英语比他的好，拒绝翻译。

经过审问和指正，虽然警察在赌桌上找到一些面额不大的纸币，但这些证据不足以证明玩牌人有罪，法官奥基夫（Magisttrate O'Keefe）随即释放了所有人[140]。

1907年8月28日，皇家西北骑警（1920年后改称皇家加拿大骑警）和市警察在里贾纳（Regina）抓捕了65名华人，导致华人向中国领事馆请愿。未宣誓入籍的华人要求享有居住国的权利，希望得到北京政府的庇护。

当时在美国和加拿大各大城市，华人赌博与吸毒是出了名的。1911

年10月22日，一个星期天的下午，**警察突击检查了渥太华奥康纳街58号**，将两名管理者及三位常客抓获。其余在场的近百名烟客、赌客和看客全部被要求出庭。10月24日开庭时，黄吉（Wong Kee 音译）对自己作为奥康纳街58号赌场管理人的指控拒不认罪。黄泰（Wong Tigh 音译）则通过其法律代理认罪，承认自己为同一地址鸦片娱乐场所的管理人。新颁布的药物法在第3节规定，鸦片馆管理人面临两项处罚，坐牢并被罚款500加元。而在第4节又特别规定，如果只是管理鸦片娱乐场所，则只需缴纳50加元罚款。显然，此案按娱乐场所处理可以避重就轻。

询问近百人是否有罪是一个漫长的过程，更何况要读出近百个拗口的中文姓名。叫名过程中由于读音偏差而使得法庭笑声不断，而所有被叫到姓名的华人全部回答不认罪。由于涉案人员众多，案情复杂，证据尚不充分，所以法官决定庭审延后一周。黄吉与黄泰各交纳500加元保释金后当庭释放，三名常客 Hong Ching、Hum Chu 和 Chung Wee 各交75加元保释金后也被释放[141]。

1912年10月21日发生了一件引起渥太华和蒙特利尔两市警察局冲突的怪事。时任中国维新会主席的谭华钿在蒙特利尔被捕，罪名是伪造"死契"并嫁祸他人，而谭华钿本是协助渥太华警察前往蒙特利尔搜捕当地华人赌博罪犯的。

拘捕谭华钿引起了警察局的内部分歧。蒙特利尔警察局局长奥基夫（Magistrate O'Keefe）为蒙特利尔及警察签发了拘捕谭华钿的逮捕令，但渥太华警察局局长指出该逮捕令不合程序，签发给执行人的栏目未填姓名，为一处空白，因而无效。渥太华中尉警官科比特（High Lieut. Corbett）因此与蒙特利尔高级警士马斯（High Constable St. Mars）发生冲突。渥太华的科比特说事先并未获悉逮捕谭华钿的命令，而他们有权知情。蒙特利尔的柯兰少先生（Mr. Cranshaw）解释说他们得到情报太晚来不及走正常渠道，但科比特坚持由他亲自扣押被捕的谭华钿，直到法官舒坎特（Choquette）签发了保释令。当晚谭华钿在交出两千加元保释金后被释放，但须次日出庭受审。

蒙特利尔警察局长奥基夫在10月22日中午接到他未按程序签发逮捕令的通知，他说当时太匆忙，未注意到那处空白。他批评了执行警察之后，重新签发了逮捕令。当被问及谁有权拘留犯人时，他说既然他已授权蒙特利尔警察抓捕人犯，就应该由蒙特利尔警察拘留人犯[142]。

　　这件事情的起因要从一个名叫查理·金（Charlie King）的华人说起。据说当年金在渥太华臭名昭著，哪里有他，哪里就有麻烦。1911年2月，金在史密斯瀑布镇（Smith's Falls）被捕，罪名是敲诈勒索。在金做出出狱后不留在安大略省的保证后，警方释放了短暂关押的他，金随后去往蒙特利尔市生活。

　　金旧习不改，继续在蒙特利尔敲诈华人。金和他的同伙都是洪门"致公堂"（Chee Kung Tong）成员。他们自称受"致公堂"保护而进入华人赌馆，晚些时候他们再回去威胁告发这些赌馆，以此从赌馆和赌客手中勒索钱财。

　　渥太华警方获取一份情况，称蒙特利尔致公堂曾向金出具一份书面保护信，其副本由致公堂的秘书保管，并且是一份"死契"（Death Contract）。渥太华警方随即会同蒙特利尔警方对洪门秘书所在的赌博点进行了突袭，并在该秘书的私人钱夹中找到了撕掉一半的保护信。在这次突袭活动中，随行协助渥太华警方的谭华钿向警方提供了确凿的证据以及有关蒙特利尔唐人街赌馆运营的内部情报。蒙特利尔致公堂的领导层当即指控谭华钿伪造保护信，并借机放到秘书身上栽赃陷害，这直接导致谭华钿被蒙特利尔警方批捕。

　　在1912年10月22日的法庭上，刑事检控官瓦什（Crown Prosecutor Walsh）非常罕见地明确支持被告一方，谭华钿被当庭无罪释放。检方随后与金的律师进行了辩论，检方还找到一名有力的证人，就是曾去中国传过道的蒙塔格纳德神父（Rev. Father Montignard），从而证实蒙特利尔唐人街的华人赌馆曾公开做过广告[143]。

　　那个时期这类报道很多，1928年8月10日《渥太华新闻报》刊登消息，皇家骑警指控周在彦贩卖鸦片给一名退伍军人蓝姆斯（Sergt. Cyrus Ramsay），证人为谭吉（Hum Kee 音译）。因鸦片提供者涉及到一名残障俄裔退伍军人，法庭需要为他寻找俄语翻译而延后了庭审[144]。作者未找到后续报道，因此不清楚审判结果。

　　1940年左右，阿尔伯特街增加了两家杂货店和三家社交俱乐部（Social clubs），这些社交俱乐部又称为休闲俱乐部（Leisure Clubs）。

　　当时列在渥太华市电话簿上的有：Chinese Amusement Club、Oriental Club of Ottawa、Dai Lou Club 和 Moo Chung Chinese Club，这几个华人经营的俱乐部全部集中在阿尔伯特街上。海外华人包括渥太华华人赌博一直见于各类历史资料，是个回避不了的事实。在第二次世界大战期间，渥太华的休闲俱乐部十分活跃。

关煜彬在"新旧唐人街面面观"一文中讲唐人街三家俱乐部的中文名称分别为"东方"、"武昌"和"大东"。"所谓俱乐部者实是赌博馆。往时赌风甚盛，那些嗜赌如命的人们经常光顾，故其生意兴隆，虽然政府立例禁赌，但那些赌徒们却视法律如无物。而那些执法的绿衣（警察），只要有酒喝及有唐餐吃，便什么都不管了，有时可能还拿到红封包呢。"

据老华侨们回忆，那时俱乐部多采用流行于广东一带的"番摊"赌法。俱乐部也设有牌九、字花、麻将和纸牌等，各式各样，应有尽有。一位谭姓华人曾经一夜之间赢了一万两千多加元，早晨用报纸包了钱回家。而当时一万多加元可以购置一幢独立小楼。当然，并非人人都是幸运儿，输钱的人更多。

一位1972年来的华侨讲了一个截然相反的悲惨故事。她曾经打过工的餐馆老板沉迷于赌博，一夜之间输光了自己所有的财产，凌晨回到餐馆地下室悬梁自尽了。事实上，渥太华华人之间流传着好几个餐馆老板输掉餐馆的故事。前面曾提到过，据传1960年代中期，华人教会的一位牧师，对这种情形实在看不下去，于是他越过市警察局，直接向省警报案，抓到赌场老板和赌徒，情况才逐渐好转。尽管二战结束后这些俱乐部逐渐关闭，但直到1985年至1990年，渥太华的报纸与电台还会讨论并谴责华人赌博。有些华人团体将其视为对华人群体的抹黑和歧视，同时抗议警察局有针对性地监视华人。不列颠哥伦比亚大学的艾伦·罗（Allan Rowe）在其1994年的硕士论文[145]中援引沃德（Ward）的研究成果时指出，西方人对加拿大华人最常见的模式化印象是住所拥挤不堪，个人不讲卫生，并染有赌博、卖淫和使用鸦片的道德恶习。

1950年代末期，当地警察局道德部（Morality Division）的检查员在阿尔伯特街的两家俱乐部进行了检查，均未发现问题。这两家俱乐部均建有大型娱乐厅及厨房设施。但根据警察局早些年提交给市政厅的年度报告，不难发现被捕华人的比例在某些年份远远高于其他族裔。如1911年，1201名被捕者中有88名华人。1916年，2069名被捕者中有120名华人，而白人只占145名。那时的华人不过三百人，岂不是三分之一都被抓过？就算除去被多次拘捕的，华人被捕比例也实在很高。1915年、1916年，1927至1931年及1937年都存在这样的情况，而在这些年份，渥太华警察局都把工作重

点放在了博彩、赌博与吸毒的犯罪行为上，而华人群体也成为首当其冲的
目标。

渥太华大学的戴高禄教授据此指出：尽管不允许我们肯定地得出渥太
华华人被系统性歧视的结论，但我们可以安全地指出，他们的行为受到了
当局的严密监视[146]。

时移势易，经过数十年的磨合调整，过去的非法赌馆早已不见踪迹。
华人群体也适应了整个加拿大社会的道德规范。

关于这些俱乐部，也有宽容的渥太华老侨胞说，当时在渥太华的华人
多是年轻的单身男性，生活不稳定，很容易失业，流动性极强。这些人需
要一个方便的栖身之所，而社交俱乐部刚好可以满足他们的这种需求，凌
晨两点他们也可以进去找碗饭吃，然后在双层床上找一个铺位睡上一大觉。
这些俱乐部其实就是让人负担得起的小旅社和小饭店，很多时候正是它们
收留了那些无家可归的华人。同时这些俱乐部还扮演着劳工市场的角色，
很多业主从俱乐部寻找自己需要的工人。有些华人甚至把这个生意做到了
周边小镇，比如史密斯瀑布镇需要一个俱乐部，他们便去那里招工建立分
部[56]。

## 萨默塞特高地

从1950年开始，加拿大联邦政府开始逐步收购邻近国会山庄的物业。
矮小的民房被鳞次栉比的商业大厦所取代，商业空间与办公空间的大量需
求迅速抬高了市中心的房价和租金。另一方面，无论通往办公大楼、商业
大楼还是新居民区，市中心的华人餐馆都成为必经之地，生意更加兴隆，
物业也随之升值。华人餐馆业主为了争取更多的顾客，开始同时供应"加
拿大餐和中国餐"。不过，什锦杂碎、鸡肉丸和糖醋排骨并不是地道的中
国餐，而是经过改造的"北美中餐"，因为只有这样才能迎合更多顾客的
口味。

与此同时，许多小本经营的华人生意经受不起如此激烈的商业和物业
竞争。除了国泰酒楼一直坚持在阿尔伯特街经营以外，几乎所有的华人生
意都先后退出了阿尔伯特街这块风水宝地。1950年前后的30年间，华人的
活动范围由阿尔伯特街逐渐向四周辐射，涵盖了周围多条繁华街道，东起
艾尔根街，西至肯特街，最后逐渐集中于萨默塞特西街，老华侨称之为"森
玛锡西街"。

1950年代许多华人认为萨默塞特西街是一条荒凉的死街，物业无人问

津，购买一间铺位或旧屋市价不超过三万加元。这个地段与小意大利街（Preston St）毗邻，原本就有几家华人洗衣店，离威灵顿街上的低收入住宅区也不远，很多华人就住在这个被统称为"萨默塞特高地（Somerset Hights）"的区域。随着时间推移，这里逐渐形成渥太华的"华埠"。

萨默塞特高地不仅仅有华人的存在，还混杂着许多其他族裔加拿大人经营的公司和店铺，比如来自中东、韩国、日本、印度和越南的移民。在华人进入此区域之前，这附近居住着爱尔兰人和意大利人。

1967年，加拿大终于结束了基于移民原种族和国家而审定移民资格的政策。香港移民大量涌入渥太华，导致萨默塞特西街新增了许多华人店铺。新开的华人餐馆不再仅仅出售"杂碎"了，而开始提供"正宗"的粤菜。随后几年中，来自中国各个地区的移民不断增多，各地美食开始逐渐出现在华人餐馆。但总体上讲，渥太华这条长约一公里的唐人街依然算不上热闹。

1970年10月13日中华人民共和国与加拿大建立正式外交关系，然后又推出家庭团聚政策，加拿大政府向中国大陆华人打开了移民加拿大的国门。1970年代末至1980年代初，加拿大联邦政府开始以难民身份接纳越南"船民"。这些越南难民大多是越南华人，会讲"广西白话"。总之这些越南人也选择把生意开在萨默塞特西街，发廊、河粉店甚至中餐馆都有。更多的亚裔生意，包括韩国的烧烤店等等，也在这里选址。当渥太华唐人街1970年代在萨默塞特高地形成规模时，其中早已融入了其它亚裔元素。这也体现了加拿大这个多元文化国家的特点与襟怀。与此同时，随着剩余几家中餐馆与杂货店的关闭，华人元素从阿尔伯特街上几乎完全消失了。

1975年左右，渥太华华人社团还不多，中华会馆是一个主要以"餐馆人"和教友组成的社团。另一个有规模的组织是洪门民治党，洪门是渥太华最早的华人组织。

上海酒楼则是萨默塞特西街最早的华人餐馆，1971年开张。整条街当时只有"新安"与"合兴"两家杂货店，而且货物品种有限，于是华人常常会驱车两小时前往蒙特利尔，甚至花五、六小时去多伦多"买唐货"，回城就尽量塞满车，台山话叫"上仓"。

当时渥太华华人人数没有准确数字，有人估算六千人，也有人估算华人已上万。1977年10月，联邦政府公务员电话簿中，华人姓氏有250名左右，还有很多华人并未收入电话簿，因此有人推测当时实际为政府工作的华人超过500人。加上服务于其它私有行业的华人，这时从事餐饮业的华人人数占华人总数的比例已大大降低。

1970年代，尽管萨默塞特西街已显现出唐人街的轮廓，但由于华人总人口基数的不足，商家与餐馆依然很少。其实唐人街的成因有其历史原因，回溯到百年前，每个少数民族移居到北美，由于语言障碍与生活习惯的差异，再加上需要抱团抵御白人的歧视甚至敌视，往往被迫聚居在一起。在渥太华，比唐人街更早更出名的是意大利街。而渥太华由于受到排华法案的限制，妇女儿童长期不能进入加拿大，早期华人多为在洗衣店与餐馆打工的单身男子及少数家庭，他们合伙租房，合伙吃饭，自然形成了一个国中有国、埠中有埠的唐人街，与外界隔离，同时造成第二代也与外界缺少接触的现象，因为第二代放学后还要回家帮忙打理生意，傍晚再去中文学校。而且很多第二代都是在中国长大后才随母亲到加拿大与父亲团聚的，他们像第一代一样，困在唐人街内。可以说如果没有唐人街，很多早期华人就没有办法生存，这也解释了为什么唐人街在渥太华这么小的一个城市居然能维持如此之久[147]。

很长一段时间，唐人街其实并不是一个正面形象，人们往往容易联想到脏、乱、差的旧唐人街。再加以前存在过的赌毒问题，许多老华人并不愿意在渥太华建立唐人街。而主建者似乎更多，于是在《加京华报》上经常能见到长篇大论的双方辩论甚至多方辩论。

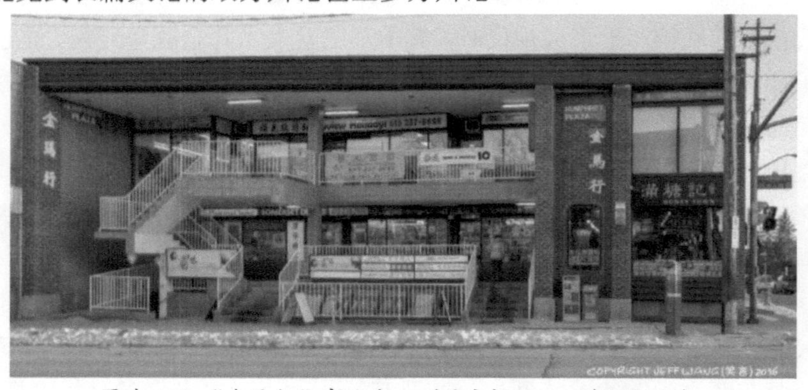

图片 144 "金马行"商业中心（笑言摄于2016年2月5日）

1980年4月16日，渥太华市议会批准重新开发戴尔豪斯北区（Dalhousie North Ward），同时批准改善萨默塞特西街。萨默塞特西街的商业因此得到了空前发展，而大批新移民的到来，使渥太华华人的总人数在1981年达到了8,205人。这条街涌现出不少新商铺，其中有餐馆、杂货店、旅行社、礼品店、花店、美容店和办公地点等。1982年，谭家（Hum Family）买下几幢旧房子，拆除后构建了两层楼的"金马行"商业中心（Humphrey Plaza）。

华人已经习惯把萨默塞特西街称为唐人街，唐人街上的主要语言由台山话逐渐向广东话转化。也是1982年，在唐人街南边的肯特街与佛罗伦萨街的转角处，一幢八层高的中华大厦拔地而起。中华大厦是一座政府拨款与华人自筹资金建成的公寓楼，包括50个单元，内设中华会馆办公室、中文图书馆和礼堂。

在1980年以前，渥太华的零售店铺和商场，周一至周四在傍晚五、六点就关门，星期五、六营业时间延长到晚上八、九点关门，星期日关门不营业。总体来讲，萨默塞特西街那时很冷清，下午五点以后几乎是空巷。1982年以后，店铺才开始每周营业七天。

1982年华人商业团体试图在萨默塞特西街建造更多具有中国特色的建筑，以吸引更多的华人商家。但其他族裔的商家坚持这条街应该坚持多元化特色，而不是突出单一的中国元素。他们要求保留多样化的商铺，并且新的商铺不能挤走旧的。然而，支持办成唐人街的力量，包括市长本人，担心多样化进程会将萨默塞特街变成另一个没有特色的普通商业地带。

1986年4月，八家社团，其中三家为华人社团，得到市长杜瑞尔（Jim Durrell）的支持，成立了一个"森马锡西街居民协会"，由吴仲觋（Frank Ling）担任主席。该协会的目的是协助市政府征求和综合各方面的意见与需求，规划萨默塞特西街的商业前景。在4月至6月间，协会广泛听取意见，多次召开会议，终于拟出了一份规划书，内容包括交通、房屋、治安等各个方面，强烈建议改善街区的外观与清洁程度，强调应以多元文化为基础发展这个区。

7月8日的市府会议上，一位议员反对以多元文化为目的发展萨默塞特西街，应坚持突出唐人街的特点，该议员的动议以4比3通过。吴仲觋表示坚决反对，他当时代表的是华商会。他也是渥太华华人协进会的主席和安省公民及多元文化咨询委员会的委员。他认为华人只占萨默塞特高地居民人口的很小一部分。一个完善的地方计划不能把自己孤立起来，只顾少数商人的利益，而忽略大多数人的切身利益[148]。

在少数老华侨心目中，多多少少还认为唐人街等同于脏乱差的贫困城区，他们并不喜欢唐人街这个称谓。在各方面人士的游说与推动之下，市政府在8月6日的会议上，投票以15比1推翻了"唐人街计划"，采纳了"多元文化区计划"。

就这样，增添更多中国特色的计划被搁置了。萨默塞特高地继续以自己的方式自由发展。但是人们已经越来越习惯于称之为"唐人街"，唐人街的正面形象日渐深入人心，而渥太华众多年轻的华人社团也将打造唐人街作为自己的首要目标。历史上九座华人教堂中的六座曾经坐落在萨默塞特西街附近，而早期华人的生活与华人教会紧密相关，他们常常是在教堂做完主日崇拜或上完英语课，便就近在华人杂货店买菜带回家做饭。而1980年代以后，住在这里的居民逐渐减少，萨默塞特西街变成了一条越来越纯粹的商业街。

1989年4月，渥太华市政府指定从罗切斯特街（Rochester Street）到贝尔街（Bell Street）之间的萨默塞特西街，为萨默塞特高地商业改善区（Somerset Business Improvement Area，简称 BIA）。与此同时，唐人街的主要语言开始由广东话逐渐向普通话转化。

这个新兴发展的街道两边建起了玻璃与钢结构的商业楼宇和餐馆，当然还有更多由旧民居翻盖的餐馆与店铺，以前的门廊变成了商店的门面，形成了相对繁华的街景。这里离市中心不远，离横贯渥太华东西两端的417号高速公路也不远，交通非常方便，周末前来购物观光的顾客和游人很多，家人团聚来这里请客吃饭的也不少。像所有唐人街一样，停车也成为这里的老大难。作者曾经在与萨默塞特西街交叉的贝尔街30号住过一段时间，高峰时，作者门前的街段也都停满了前往唐人街的车辆。这也难怪，因为作者的住处离市场实在太近了，有时候菜要下锅发现调料不全，紧走几步到九龙超市买回家还来得及。

## 正式命名为唐人街（2005）

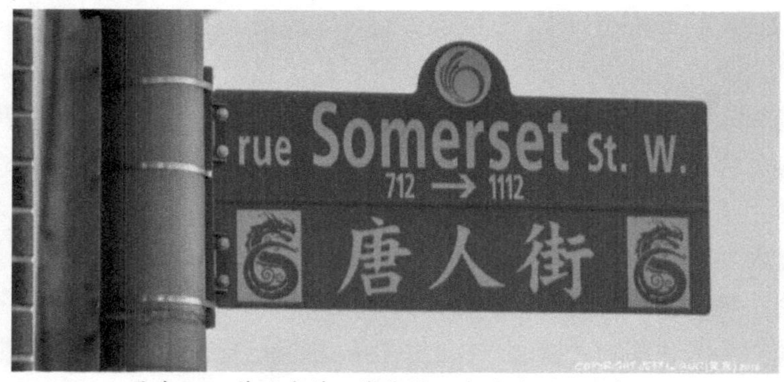



图片 145 萨默塞特西街街牌，中英法三种文字，
充分体现了渥太华多元文化的特征（笑言摄）

经过反复公开征求萨默塞特西街商业界广大业主的意见，2005年1月27日，城市规划委员会城市部副经理莱思罗普（Ned Lathrop）向渥太华企业服务与经济发展委员会提交了一份报告，建议将"唐人街"字样加入原商业发展区的名称之中，而原商业改善区的管理委员会也随之相应改名[149]。这项提议获得委员会84%与会人员的支持，并顺利提交渥太华市政府。

2005年2月，市政府正式批准将这个区域改称为"萨默塞特唐人街商业发展区（Somerset Chinatown Business Improvement Area）"。2008年，唐人街商业发展区的边界由罗切斯特街扩展到普拉斯顿街（Preston Street）。

萨默塞特街的路牌出现了中文"唐人街"字样。商家集中，生意兴隆，活动频繁，唐人街呈现出前所未有的繁荣。周边街道停车位增加到170多个，按表计时收费。在阿瑟街（Arthur St）街口还建起了自行车存放站。渥太华公共交通（OC Transpo）运行的2路与4路公交车途经唐人街，交通十分方便。

## 中餐馆

1904年9月15日，谭华钿向市警察局申请餐馆营业执照。罗斯警官（Sergt. Ross）签发了渥太华第一家华人经营的餐馆，店名为"中国午餐（Chinese Lunch）"，店址在奥康纳街68号[150]。谭华钿是华人社区知名人士，讲一口流利的英语，此前也曾几次到警局担任翻译。

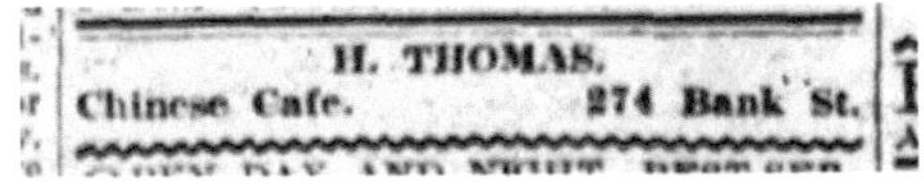


图片 146 谭华钿获得餐馆执照
（《渥太华新闻报》1904年9月15日）



图片 147 班克街274号托马斯小吃店广告，《渥太华新闻报》，第19页，1911年1月28日

餐馆开业不久就遇到了麻烦。10月23日晚5时到6时之间，三位妇女正在餐桌上讨论点什么餐，三个男人走进了餐馆，其中一个男人对一名妇女讲粗话。这名妇女马上向业主谭华钿投诉。谭华钿带领他的三名服务员试图将该名男子逐出餐馆，却反遭暴力殴打，一名服务员的前额也被打破。谭华钿等自卫反击，将三名男子一直追到女王街街角，但行凶男子在警察到来之前逃脱。开业以来，谭华钿一直被一些吃饭不付账并使用欺凌语言的顾客所困扰。当时市中心

这个地段的治安状况比较差，事发前一天在餐馆外面刚发生过另一起打人事件，人行道上还留着一些未清除的血迹[151]。

华人开设的小吃店（Chinese Café）起初只做西餐，小吃店多以"咖啡厅（Café）"为店名，服务对象主要是本地加拿大人。

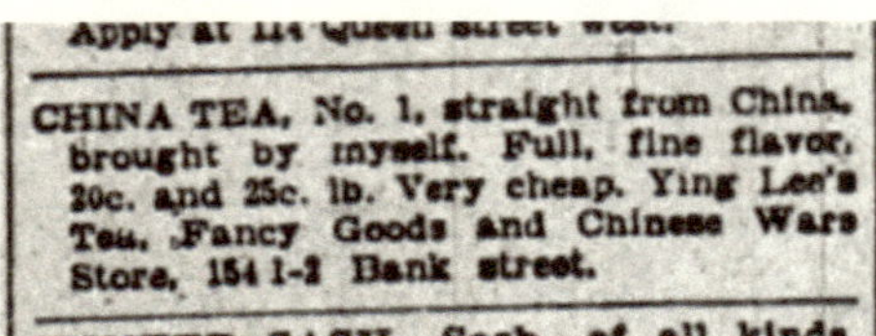


图片 148 中国茶店广告，《渥太华新闻报》，第7页，1898年11月23日

在此之前，已有华人登广告出售中国茶叶。

中国国内的局势变化也对渥太华华人产生着影响，支持立宪派与效忠皇帝的华人一直水火不相容。1912年1月15日，在一家中国餐馆吃午饭的顾客忽然听到后厨传来剧烈的吵闹声，后来才知道，原来是后厨的两名中国人在争吵，不过很快被人分开。这件事当时并未引起人们过多的关注，但到了晚上，事态有了新发展。众所周知，渥太华华人大多拥护立宪派，当大洋彼岸传来革命的消息时，渥太华的革命派支持者开始了剪辫子的行动。中午的争执就源于一名满清政府的支持者拒绝剪掉自己的辫子，而到了晚上，一大群的"革命者"抓住了那名满清支持者，强行割掉了他的辫子。这场暴力借助一把巨大的剔骨刀达到了目的，而这时满清政府还在君主立宪制的框架中统治着中国[152]。

1931年，中餐馆有丽都街的波士顿咖啡（Boston Café）、戴豪斯街（Dalhousie Street）的首都午餐（Capital Lunch）和皇后大街的豪华餐馆（Deluxe Restaurant）。

安大略餐馆（Ontario Restaurant）的谭家兄弟最忙碌的一周是在1939年5月，当时英王乔治六世和伊丽莎白王后来访渥太华，国会山附近人山人海，餐馆里人满为患。

1943年营业的有蒙特利尔路（Montreal Road）的博伊尔（Leopold Boyle）、斯巴克思街的卡文迪什咖啡（Cavendish Café）和班克街的阿卡迪亚烧烤（Arcadia Grill），这家由谭锦照的二哥 Charles 打理的阿卡迪亚烧烤是当时唯一装有空调的中餐馆[153]。

1961年营业的有麦克阿瑟街的新味餐馆（New Taste Restaurant）、艾尔根街的新阿斯特咖啡（New Astor Café）等[154]。

最初来到渥太华的两代华人差不多都在为加拿大人烹制西餐，直到接近1940年才开始有餐馆供应粤菜。餐饮业相对于洗衣店，可以吸纳更多从业人员，也就为华人提供了更多的就业机会。时光荏苒，餐饮业逐步取代洗衣店成为华人社会的主要经济支柱。

这些餐馆除了饮食之外的特点便是转手很快。一个老板经营一段时间，往往便出于各种原因将店盘出，而且常常会卖给店里的员工。这种现象至今仍在渥太华中餐馆圈子中重复，一代新移民接过上一代移民的餐馆，继续为社区服务。

许多华人餐馆及店铺的形式都是下店上居。1940年之前，渥太华中餐馆开始推出以杂碎（Chop Suey）为主的中餐。令人难以想象的是，"杂碎"竟然是北美地区中餐馆最著名的一道菜，至今已有一百多年的历史，仍然长盛不衰。杂碎其实就是肉丝炒菜丝，食材大体上包括牛肉丝、猪肉丝或鸡肉丝，加绿豆芽，再加上芹菜丝、笋丝、青椒丝、洋葱丝与大白菜丝等。Chop Suey 这个粤语名词也得以登堂入室，进入英文词典。维基网络百科全书描述"美国中餐烹饪"时写道，美国中餐馆的食品烹饪风格与中国本土的烹饪风格有着很大的不同。梁启超1903年游历北美后就表示"杂碎"这道菜不是地道的中国菜，他在其著述的《新大陆游记》中表示，这道中国菜其实不是给中国人吃的："然其所谓杂碎者，烹饪殊劣，中国人从无就食者。"

关于这道菜有个传说。据说1896年李鸿章游历北美时吃不惯西餐，只能到当地的中餐馆进膳。当地白人打听李鸿章吃的是什么饭菜，餐馆老板心想今天是牛肉丝炒菜，昨天是鸡肉丝炒菜，说起来麻烦，便统一回以"杂碎"，于是原本名不见经传的杂碎便打上了李鸿章的烙印。此后，"李鸿章杂碎"名声大噪，风行全美，后来又传入加拿大。这有点像加拿大的"千岛湖生菜色拉酱"，厨师情急之下的临时拼凑，无意间便创出世界名菜。

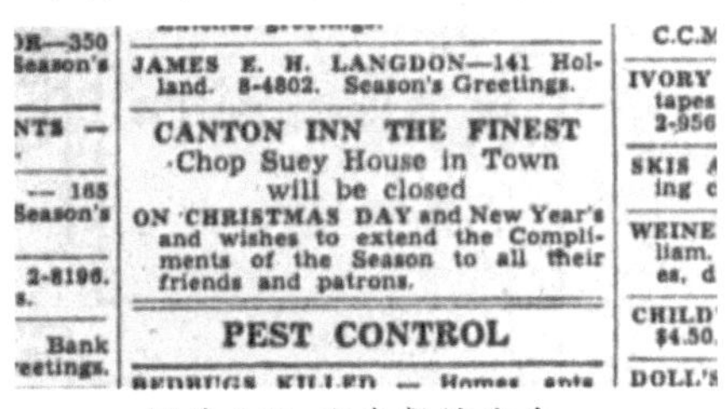


图片 149 广东餐馆广告，1944年12月22日，《渥太华新闻报》

渥太华真正意义上的中餐馆大约出现于1940年前后，两家具有传奇色彩的中国餐馆都在市中心的阿尔伯特街开业，一家叫"广东（Canton Inn）"，另一家叫"国泰（Cathay House）"。同期还有谭家的"好好"与"顶好"餐馆，后来又出现了卡林大道上的"新乐"与西门购物中心（West Gate Mall）对面的"乐其奇（Lucky Key）"等中餐馆。

1947年3月7日，赫尔市布瑞治街上的巴黎咖啡及星咖啡的业主周在彦被裁定罚款50加元，原因是餐馆的餐价高于定价委员会规定的上限。法官为赫尔法院的米勒（Roland Millar），代表周在彦应诉的是马瑞尔（Joseph Ste. Marie）律师。律师指出其代理人为华人，非常可能未能完全理解委员会的规定。他说："法规用英文与法文印刷，并不是中文。"但法官认为业主没有借口不去理解法规[155]。之前，1943年5月27日，周在彦也以同样理由被罚过一次，那一次的罚款金额是15加元。当然这些罚款都是针对一批餐馆，并不局限于华人中餐馆。

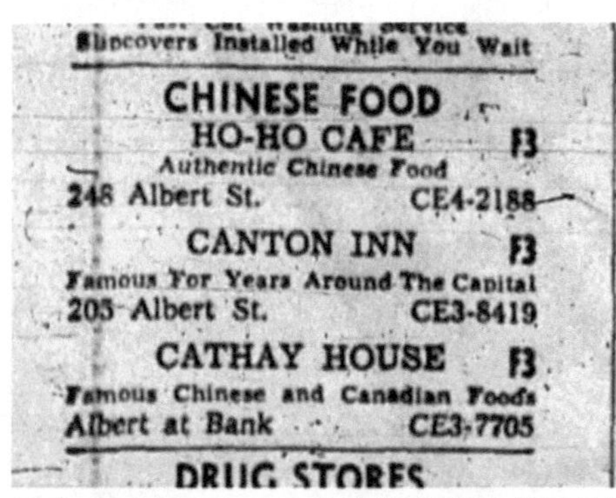


图片 150 好好咖啡、广东食屋和国泰酒楼排在一起的广告（来源：《渥太华新闻报》，1958年7月3日）

1962年，渥太华筹备"全国餐馆月"大型活动时，筹委会负责人周强安向记者描绘了当时渥太华餐馆的规模：从威灵顿街到格劳斯特街，从肯特街到艾尔根街包围起来的市区之内，共有超过100家规模不等的餐馆。周强安当时是国泰酒楼业主，并担任本地餐馆业联合会主席[156]。

真正开在萨默塞特唐人街的中餐馆，最早是1971年关煜彬开的"上海酒楼"。另一家"羊城小馆"的业主也姓关，大约1976年由温哥华搬到渥太华。羊城小馆是渥太华第一间港式餐馆，生意非常好，从午到晚不停有人光顾。唐人街牌楼建起后，就餐的客人从窗户就能看到十字路口对面的牌楼。

## 国家咖啡（National Café）

1941年4月22日《渥太华新闻报》刊登了一则谭姓华人（Jim Hum）的讣告。谭先生为"国家咖啡"的业主，1941年4月17日在自己位于班克街280号的餐馆摔倒后再没有醒过来。谭先生与他的弟弟（Edward Hum）于1916年来到渥太华，过去6年中，一直经营国家咖啡店。

国家咖啡的广告1919年4月便见于

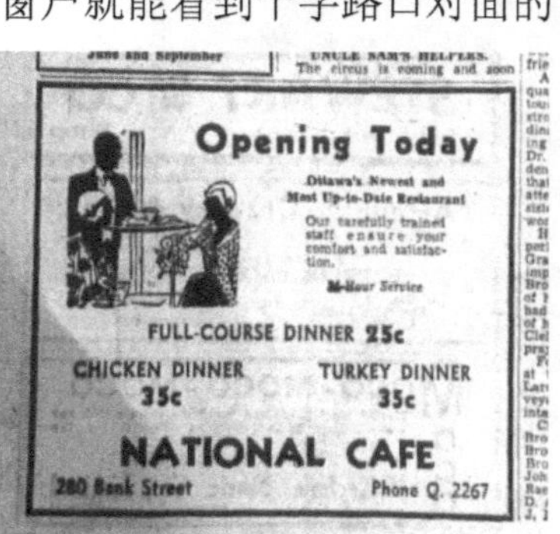


图片 151 National Cafe 在班克街280号开张（来源：《渥太华新闻报》，1935年4月13日）

《渥太华新闻报》，当时的地址是班克街369号，供应的是西餐食品。这家餐馆由谭家兄弟开创还是中途接手不详。

1935年4月，餐馆搬到班克街280号。1937年2月4日报上刊登了一则失物招领启事，有人将一个黑色钱夹落在了餐馆里。

1941年6月曾有报道，三名士兵去这家餐馆点菜，共计1.65加元，吃完饭后逃单离去。"华人业主"发现后马上沿街大喊追赶，引起了警官戈万（Willfred Gavan）的注意。戈万当街征用了一辆ABC公司的出租车，司机名叫伯克（Claude Burke）。警官戈万同时对街边的一名妇女大喊，让她向警局请求进一步增援。警局接到该妇女报警后，立即派出两辆巡逻车赶赴现场。经过一番小巷和后院的追逐之后，三名士兵中的两名被堵在了库珀街（Cooper St）和利斯伽街之间[157]。

### 广东食屋（Canton Inn）

根据2015年6月5日黄昂（Kent Wong）先生提供的情况，"广东"餐馆的创办人为他的父亲黄礼庭（Hok Wong）先生。餐馆于阿尔伯特街205号[158]。

1941年，黄昂的哥哥黄锦船（Stanley Wong）辞去他在蒙特利尔一家餐馆的大厨工作，与妻子Marion Bristol 一起来到渥太华，接手了父亲的餐馆。后来他们同意雇黄国杨（Tsan Wong）到店里

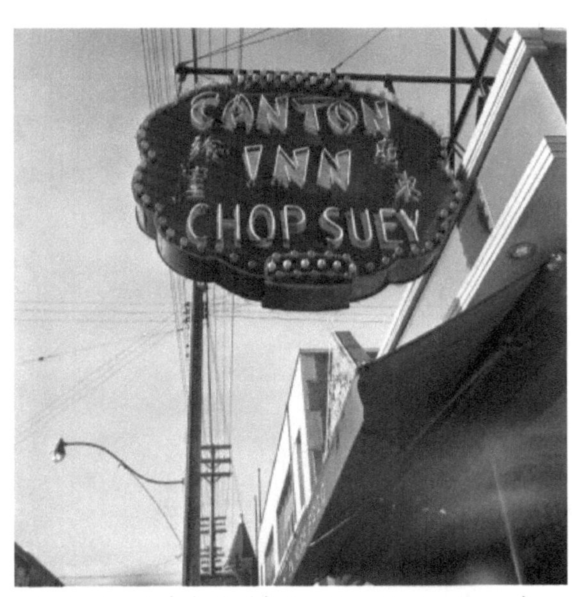


图片 152 广东食屋（来源：livesofthefamily.com）

打工。黄国杨从洗碗工做起，逐渐开始多做一些事情，比如从厨房向餐桌传菜、剁鸡块、炒米饭等等。两三年后，他才进入餐厅，招呼客人，接电话，改做服务员。

1946年4月，"广东"开始一周七天营业。餐馆生意很好，很多华人聚会都在这里举行，有的是家庭小聚，有的是亲友送别。当地加拿大人也

逐渐喜欢上了中餐。

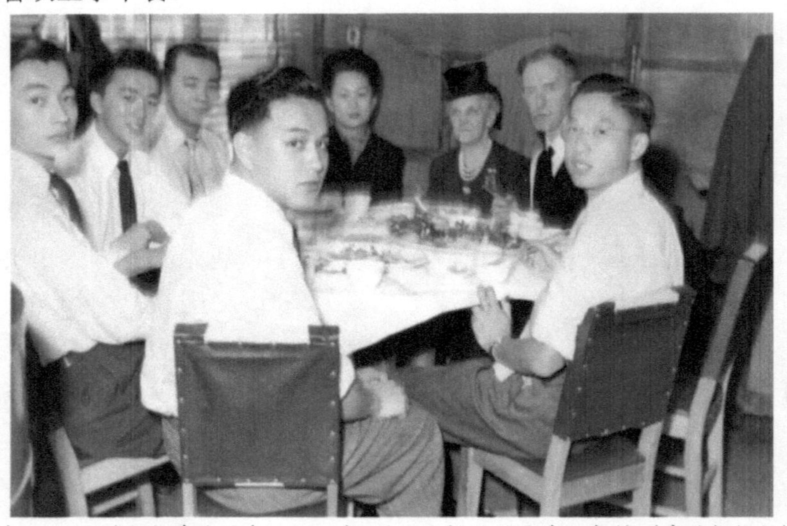

图片 153 送别上大学的男生，1947年9月14日摄于"广东"餐馆（廖若轩提供）

作者在霓虹灯招牌上发现了"广东食屋"四个中文字。当然这块招牌也没忘记餐馆的招牌菜，李鸿章的"杂碎（Chop Suey）"。

作者一直好奇当时的中餐馆究竟使用什么词汇，因为一提起餐馆，老华人都直接叫名称，比如"广东"、"国泰"之类，很难知道那些"Inn"和"Café"到底翻译成什么。事实上他们根本不翻译，即便硬翻译也很别扭，很多时候中英文混用才方便。

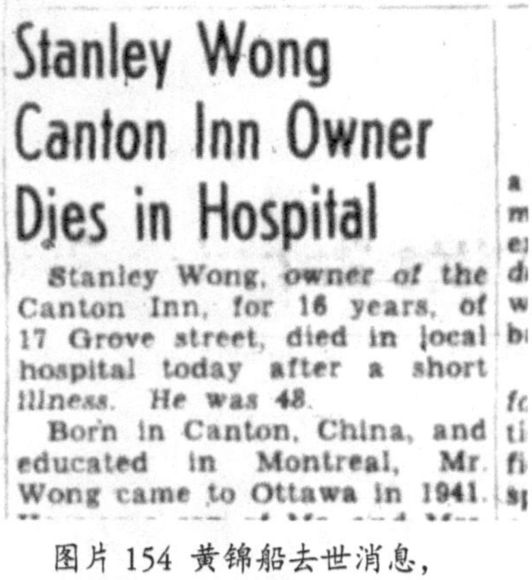

**Stanley Wong Canton Inn Owner Dies in Hospital**

Stanley Wong, owner of the Canton Inn, for 16 years, of 17 Grove street, died in local hospital today after a short illness. He was 48.

Born in Canton, China, and educated in Montreal, Mr. Wong came to Ottawa in 1941.

图片 154 黄锦船去世消息，《渥太华新闻报》1957年7月9日

1957年，年仅48岁的黄锦船在渥太华一家医院去世，安葬在渥太华比奇伍德墓园。黄锦船出生于广东，在蒙特利尔接受教育，1932年与 Marion Bristol 在蒙特利尔结婚，育有一子一女。他在渥太华格鲁伍街（Grove St）17号居住了16年。他是华人联合教会的董事会成员，也是加拿大餐馆协会会员[159]。

他的儿子黄维新（Donald Victor Wong）完成了大学学业，进入加拿大空军服役，女儿也由蒙特利尔的麦吉尔大学毕业，有了自己的家庭。黄维

194

新将生意维持了一段时间，发现无法兼顾自己的事业。他和妹妹均无意继续经营餐馆，于是在1960年决定将餐馆出售。黄国杨等六人通过华人"供会"（Chinese Finance Co-op）共同贷款买下了这家餐馆。

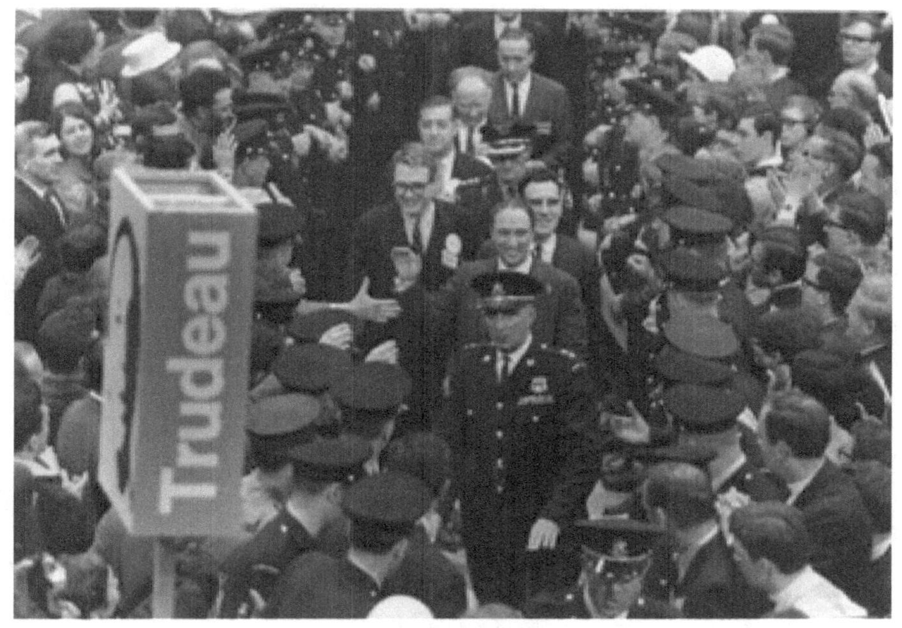


图片 155 1968年4月在兰斯顿公园自由党大会，特鲁多成为自由党领袖
（来源：《渥太华公民报》）

黄国杨1962年结婚时，已成为"广东"的业主之一。据他回忆，许多国会议员经常光顾"广东"。1968年4月在兰斯顿公园（Lansdowne Park）举行的自由党大会上，皮埃尔·特鲁多（Pierre Trudeau）击败很多资深自由党阁员，成为自由党新的领袖[160]。同年他轻松地赢得大选，开始了近十六年的执政。

在兰斯顿集会之后，特鲁多和他的团队前往"广东"就餐。特鲁多用筷子吃中餐的照片随后刊登在《时代》杂志。

黄国杨向议员们要来了这张照片，装框挂在门口。这与后来班克街与亨特克拉布路（Hunt Club Rd）交界处的英皇自助（Royal Buffet）将厨师林师傅与时任台北市长马英九的大幅合影挂在店里异曲同工。

1968年12月，有一次特鲁多忘记带现金，吃完饭给餐馆开了一张6.80加元的支票。一位保守党议员立即借题发挥，第二天的《渥太华公民报》便发文称，加拿大经济陷入困境，总理没钱付餐费。

特鲁多很喜欢"广东"，是店里的常客。结婚前他经常带着未婚妻玛格丽特·辛科莱（Margaret Sinclair）一起到店里吃饭。1971年，特鲁多和玛格丽特·辛科莱举行了婚礼。

新娘只有22岁，年龄不到特鲁多的一半。婚后他们生育了三个孩子。1977年分居，1984年正式离婚，特鲁多同时成为首位任内离婚的总理以及首位单亲父亲总理。2013年4月，在老特鲁多当选自由党领袖整整45年之后，他和玛格丽特所生的儿子贾斯汀·特鲁多（Justin Trudeau）当选为自由党领袖。

2015年10月19日，自由党在加拿大联邦第42届大选中，拿下338席中的184席赢得大选，成功组建多数党政府。1971年12月出生的贾斯汀·特鲁多，成为加拿大史上最年轻的总理。他和父亲皮埃尔·特鲁多也成为加拿大历史上第一对父子总理。加拿大的国家元首为英国女王，由总理提名、女王任命一位总督在加拿大代行女王的职权。时至今日，女王与总督只具有象征意义，总理才是实际上的国家最高统帅。

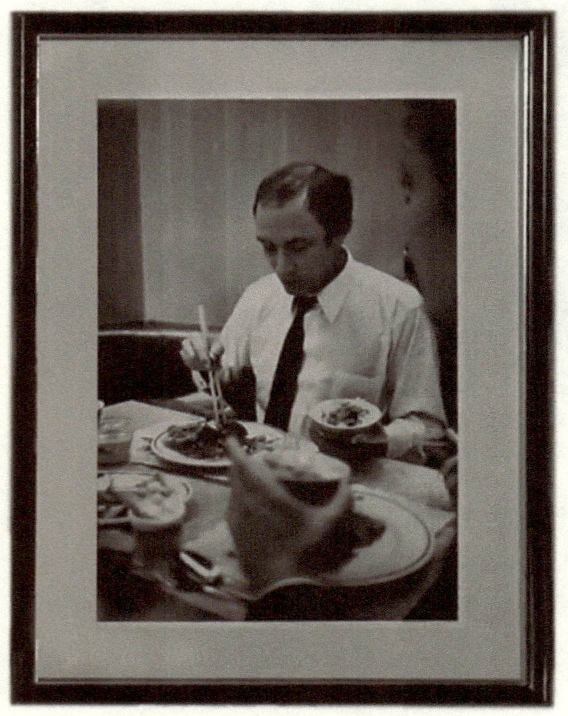

图片 156 挂在"广东"餐馆里的
特鲁多就餐照片

1974年6月4日，一位名叫威廉姆斯（Doug Williams）的读者致信《渥太华新闻报》，谈到市政府计划拆除渥太华市中心的地标性建筑，转而兴建大型钢筋混凝土的商贸中心，著名的首都剧院、拜城酒馆、新闻大楼等都将很快消失。他希望市中心的"广东"餐馆可以保留下来[161]。

两年之后，1976年，"广东"餐馆停止了营业。

### 国泰酒家（Cathay House）

还在上高中时，周相的儿子周强安便开始在"国泰"以及"广东"这两家中餐馆打工。国泰酒家（Cathay House）位于阿尔伯特街228号，是当时生意最兴隆的中餐馆之一，很快便成为当地华人聚会的首选场所。由于地理位置优越，经常有国会议员甚至总理光顾。

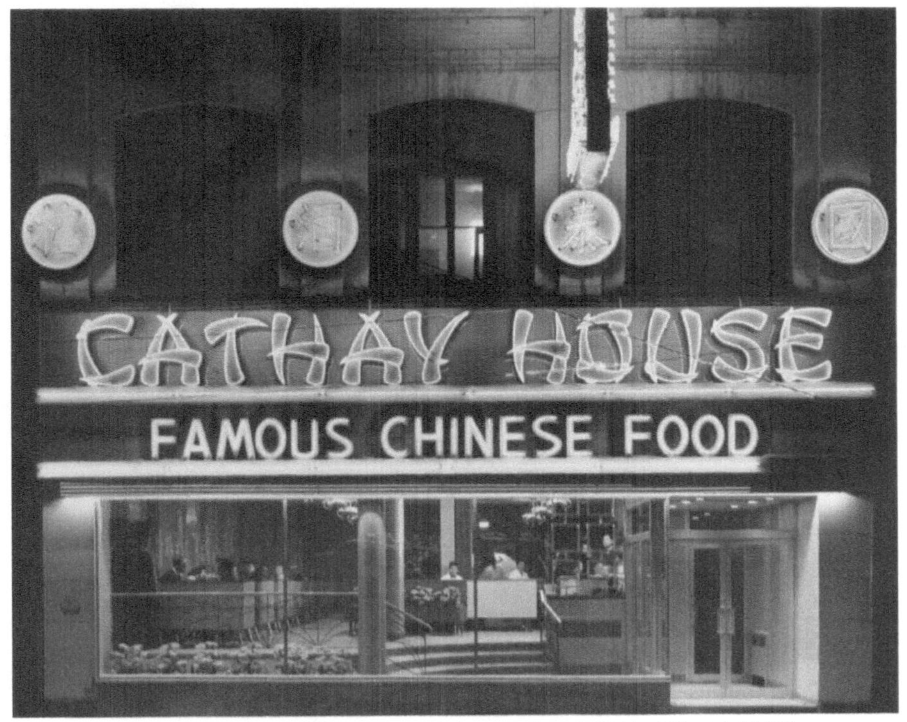


图片 157 阿尔伯特街228号1946年新开张的国泰酒楼（周强安提供）

国泰酒家曾一度被誉为"中西合璧（East meets West）"的典范，也是家庭团聚、"让妈妈休息片刻（Give Mother a Break）"的好地方。

国泰酒家自1946年开业，一直经营到2010年，是渥太华开业最早、持续开业时间很长的华人餐馆。1949年周强安接手了这家餐馆，从1949年至1985年他把主要精力都花在经营这家餐馆上，并将那里的办公室一直保留到2012年。周强安本人也逐渐成为华人社区的侨领。

1955年6月，根据酒类执照管理法案，国泰酒楼申请到用餐饮酒许可，老华侨称之为领到了酒牌，国泰从此成为名副其实的"酒楼"。酒牌审核非常严格，不但申请者需要具备一定的资格，委员会还要听取邻里社区的意见，全市所有华人餐馆当时只有国泰酒楼一家申请到了酒牌。

1956年1月16日，记者艾琳·特考特（Eileen Turcotte）在《渥太华新闻报》发表了一篇题为"渥太华餐客逐渐熟悉筷子"（Ottawa Dinners Getting Nimble With Chopsticks）的文章[162]。

文中指出加拿大人曾经习惯于中式杂碎和炒面，但在过去的10年中，饮食习惯发生了巨大的变化。

由于没什么其它国际风味的餐馆可以选择，渥太华变成了一个安于鉴赏中国菜肴的城市。周强安在接受记者采访时说，顾客愿意尝试不同的菜肴，他们总是问，有没有新菜？这一年的一个新年宴会有140位宾客，国泰酒楼为此精心准备了一个星期，宴会总共上了10道菜，包括鱼翅羹和牡蛎等平时不常见的美味。

随行的摄影记者在国泰酒楼拍摄了一些照片，其中一张的主角是家住第42街的五岁小女孩 Alice Quon。文中说，小女孩无须大人招呼，很自然地去用筷子吃一碗米饭，而那碗米饭看上去几乎和她的人一样大。

周强安与 Sharry's 的业主索尔·艾哲士（Saul Ages）是多年的朋友，经常在一起喝咖啡。1961年他们从渥太华西部的爆炸式发展中看到了

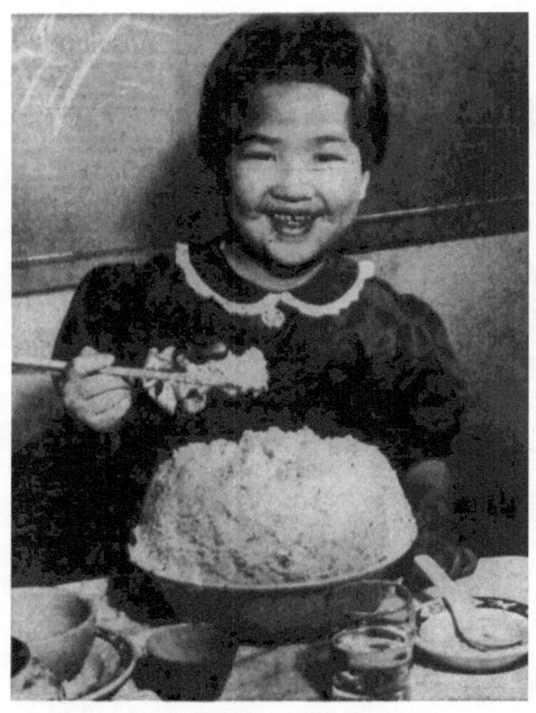

图片 158 五岁的 Alice Quon 在国泰
（《渥太华新闻报》
1956年1月14日，Dominion Wide 摄）

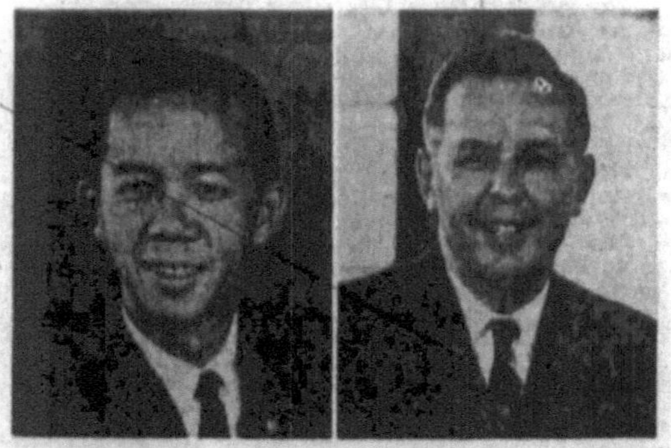


图片 159 周强安（左）与艾哲士在
Sampan 餐馆开张广告上的照片
（《渥太华新闻报》1964年3月19日）

198

商机，两人决定将中餐与加拿大餐结合在一起，联合开一家新餐馆。

当时的记者曾夸张地说，一杯咖啡之间，一家新餐馆诞生了。

经过认真考察所有细节，他们将餐馆地点选在了两个重要的购物中心之间。

他们请来当地著名的设计师乔治·班米（Gorge Bemi），班米已经设计了卡林大道上的很多建筑，并将设计位于麦迪卡夫街上的渥太华图书馆总部大楼。

1964年3月，位于西门购物中心与卡林伍德购物中心之间的 Sampan 酒楼（Sampan Tavern Restaurant）在卡林大道1820号隆重开业[163]。1970年代中期，餐馆迁往更靠近西门购物中心的一处所在。原址很快被另一家餐馆接手，后来使用这所建筑的是渥太华神的教会（Ottawa Church of God）。

## 顶好咖啡（Ding Ho Café）与好好咖啡（Ho Ho Café）

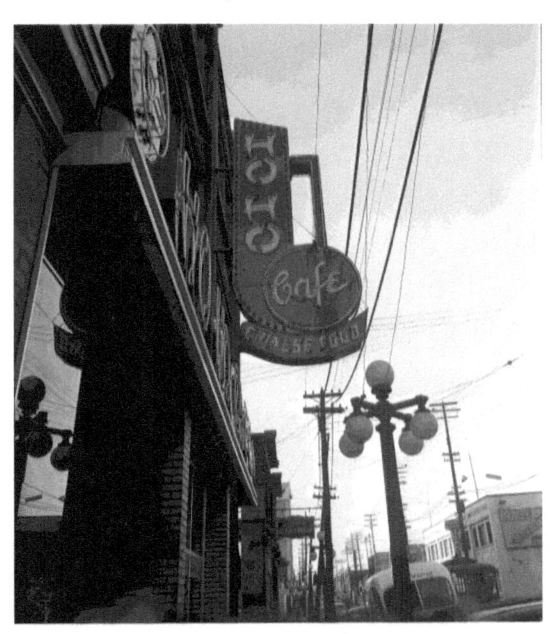

图片 160 "好好"餐馆（渥太华市档案馆提供）
Sign for Ho Ho Cafe, October 27, 1955
City of Ottawa Archives/MG393/CA034995/Newton）

顶好咖啡是谭昌三、谭荣光、谭文瑞等人在1949年12月合伙开办的餐馆。店面原是永安杂货店的铺面，阿尔伯特街219号。谭荣光将杂货店搬到二楼，在一楼与两位本家开了顶好咖啡。从广告可以看到渥太华1940年代的电话号码位数已由1930年代的4位变为5位，2015年时为10位数。

1957年11月1日，《渥太华新闻报》刊登一则消息，标题为"谭伙计的茶壶被人带走"。

当天渥太华警察局调查了一宗被探长哈伯斯（Borden Hobbs）称为"茶壶失踪案"的失窃案。位于阿尔伯特街219号顶好咖啡的谭姓收款员声称店里的一把茶壶被就餐的一男一女两位顾客带走，而男女顾客均予以否认。谭姓收款员拒绝让这两位顾客离开，除非他们付茶壶的钱。

两位顾客经警察盘问后离开了餐馆，而茶壶依然不见影踪，媒体报道时，调查还在继续[164]。

好好咖啡则是谭昌三与伍英才等人合办的。这两家餐馆的外装修风格非常一致。谭昌三具有丰富的餐馆经营经验，并且本人也是大厨出身，因此分别成为这两家餐馆的部分业主。

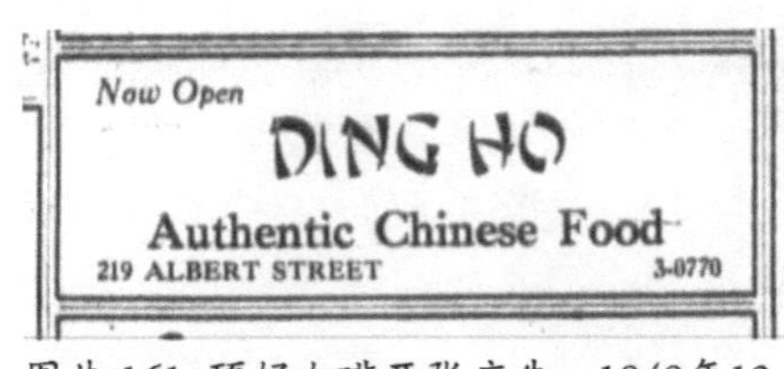


图片 161 顶好咖啡开张广告，1949年12月31日《渥太华新闻报》

### 乐其奇（Luck Key）

1955年5月12日，渥太华最早的购物中心"西门"开张了。西门购物中心位于卡林大道与麦瑞维尔路交界的地方，整合了银行、购物和餐饮各类商家。

谭辅仪与谭夏帼珍抓住商机，在西门购物中心对面的卡林大道1272号开了一家餐厅，取名乐其奇酒家（Lucky Key Restaurant）。Lucky Key的中文含义为"幸运之钥"，对应于新开的"西门购物中心"，一扇门，一把钥匙，真是再合适不过。

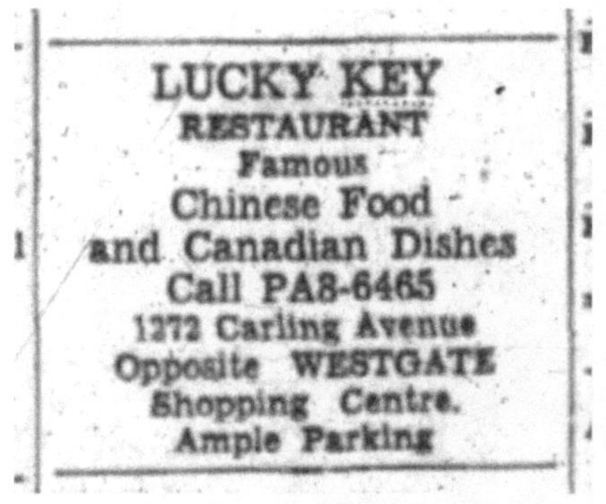


图片 162 乐其奇酒家刊登在《渥太华新闻报》1957年10月11日第42版的广告

1956年4月29日星期天晚上，乐其奇准备第二天发给员工的薪水共700加元不翼而飞。星期一早上开门营业时，餐馆发现失窃并立即报警。这些钱存放在收银机下面的柜子里，为不同面值的纸币及硬币。警察调查后声称无法确定窃贼如何进入餐馆，因为所有的门窗均完好无损。星期一这天是发薪日，业主准备好的薪水显然被蓄谋已久的内部人员偷走了[165]。

乐其奇不仅是华人亲朋好友聚会的热门餐馆，还曾经接待过保守党的辩论晚会等大型活动，渥太华市市民医院护士每年的秋季年会也在这里举行。这家餐馆后来易主，一直经营到2013年左右才关闭。

### 金殿（Golden Palace）

截至2015年，渥太华历史最悠久且仍在营业的中餐馆应该是"金殿"（Golden Palace）。

这家餐馆于1960年在卡林大道2195号的一所老房子里开业。最初由在"广东"餐馆工作过的黄国杨等六名华人男子发起，由 Tom Marr 担任总经理。随着岁月流逝，这家餐馆已经由家族第三代成员管理运作。不过这家餐馆素以炸春卷闻名，顾客群面向本地加拿大人，华人反倒不怎么光顾。

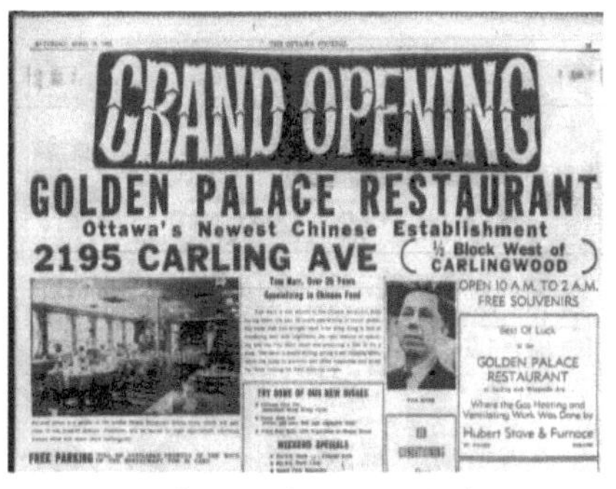

图片 163 金殿开业广告
（《渥太华新闻报》1960月4月16日）

## 上海酒楼（唐人街第一家，1971）

1971年，关煜彬（Allen Kwan，也有资料写为 Alan Kwan）辞去他在国泰酒家酒吧间的工作，与妻子 Nancy 一道，率先在萨默塞特西街开了第一家中餐馆上海酒楼。Nancy 是洗衣人 Joe Fong 的女儿。

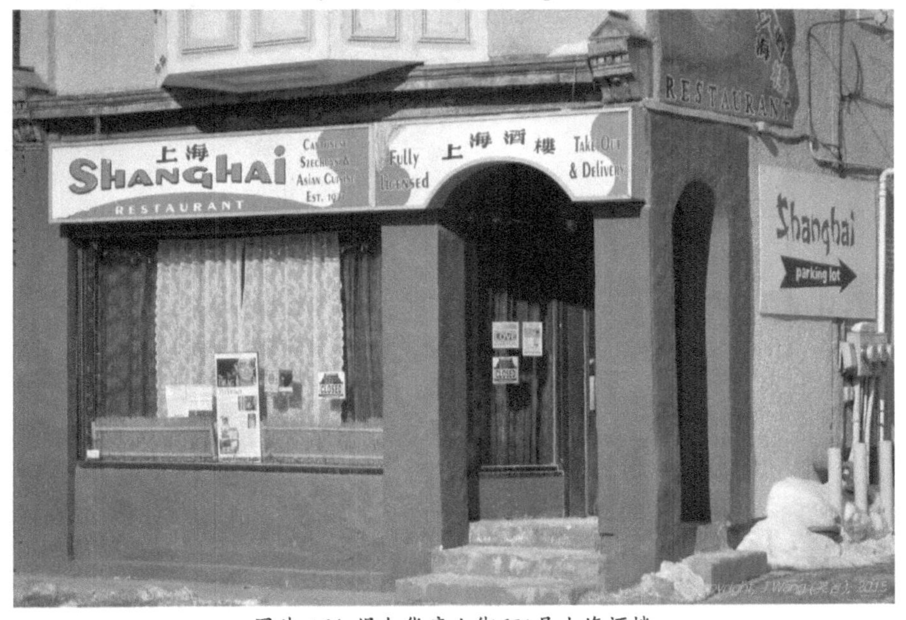

图片 164 渥太华唐人街651号上海酒楼
（笑言摄于2015年6月7日）

关煜彬与他的父亲（Jimmy Kwan）来自香港，父子早年都曾在周强安的国泰酒家打过工，关煜彬1962年曾经在国泰酒吧负责调酒。上海酒楼开业后，在很长一段时间，是萨默塞特西街唯一一家领有安省酒局卖酒执照的餐馆。虽然这家酒楼的名字是"上海酒楼"，但牌子上的小字介绍，主要经营粤菜、川菜和各种亚洲风味。餐馆位于皮尔斯街与布朗森道之间的萨默塞特西街路段上，吸引了不少中加顾客，其中包括当时的加拿大总理老特鲁多。据说上海餐馆是老特鲁多当年最喜欢的中餐馆，常常光顾。

关煜彬关心华人社区，曾在中华会馆多届理事会任职。1977年他还出任华人联谊会的会长。1986至1988年，他担任华商会理事会副主席。2000年之后，关煜彬将餐馆交给自己的儿子打理。目前这家餐馆仍然在渥太华唐人街营业，生意兴隆。

## 扬子江与富丽华（珠城、东方明珠）

1971年，吴杰新（Ricky Ng）的姐姐在萨默塞特西街开了华发（Wah Fatt）杂货店，据说老特鲁多总理经常亲自光顾这里买些烤猪肉解馋。

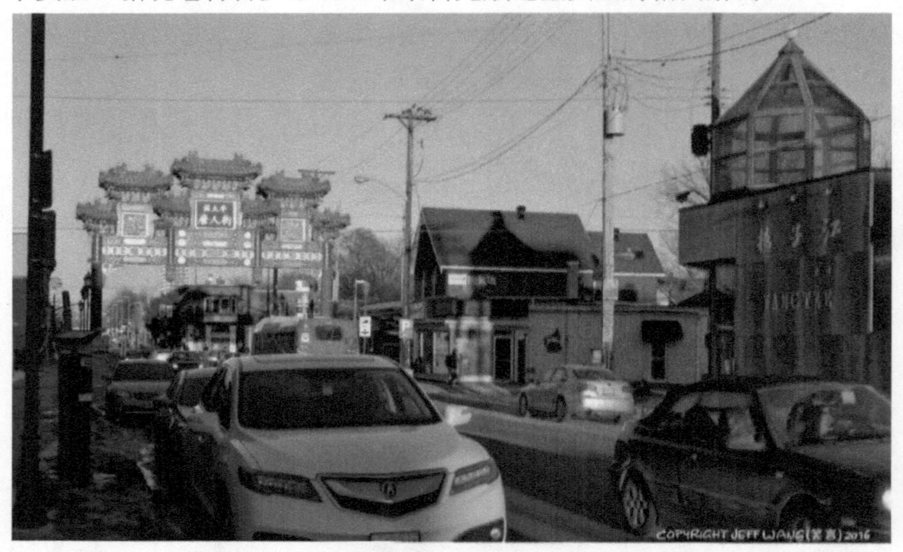


图片 165　与唐人街牌楼遥相呼应的扬子江餐馆（笑言摄于2016年2月5日）

1981年底，在一个十分偶然的机会，吴杰新从朋友那里得知萨默塞特西街与剑桥街街角处的意大利餐馆 Casa Leone 因经营不善而关门数月，公开放盘生意连楼业一同出售。

当时萨默塞特西街晚上很静，周边只有羊城小馆（温哥华搬来的关老板夫妇，唐人街662号）、上海酒楼（关煜彬，唐人街651号）、翠华酒楼、龙华酒楼（司徒华畅）和较远的四海楼。当时正值北美经济衰退，贷款利率升至22-24%，许多投资者裹足不前。吴杰新的岳父梁楚冒着一定的风险，

202

与他一起把楼业和餐馆买了下来。他们也曾考虑出租物业，但无人问津，于是决定自己开一家正宗的广东酒楼，取名"扬子江（Yangtze）"[166]。

为保证口味的正宗，他们直接从香港聘请了厨师。但这项申请首先要得到渥太华市人力资源部的批准，然后还要办理各种手续，进入了长达一年的等待。只有条件全部满足，这些厨师才能被批准进入加拿大。而梁楚和吴杰新已把餐馆装修完毕，他们不可能等一年厨师到位才开张。于是他们想方设法先从多伦多请来三位厨师，在1982年便开张营业。当时渥太华餐馆不多，从事餐饮业的人员有限，什么职位的人都缺乏，就连有经验的杂工都很难请到。开张后一年内，员工常常超负荷工作，吴杰新自己也每天工作超过十小时。就这样，他们终于坚持到香港的第一批厨师到来，扬子江的生意逐渐走上轨道，并率先推出推车式早茶点心。李再思的弟妹和堂妹都做过扬子江的第一批"周末推车仔和点心妹"。随后方良炎又在附近开了一家也卖推车式早茶点心的"龙华酒楼"。一时间，渥太华华人在周末的主要节目就是全家人或亲属朋友，一起去这两家酒楼"饮茶"。

1984年初，扬子江扩展，增加了几十个座位。生意越来越好，逐渐成为渥太华最著名的中餐馆之一。许多华人的重要活动都在这里举办，而这样的活动一般都会邀请加拿大三级政府首脑、中国大使馆官员以及各界名流。与此同时，吴杰新还在渥太华华商会董事会担任副主席（1986-1988）。1993年，吴杰新与吴仲觇、赵炳炽、邓家昌等三人分别荣获加拿大建国125周年纪念勋章，以表彰他们对国家和社会做出杰出贡献。消息传来，华人社区53对夫妇共同登报祝贺[167]。

扬子江酒楼在唐人街开业之后，谭国辉在街对面又开了一家同等规模的"富丽华酒楼（Fuliwah）"，这两座新开的大型中餐馆与汉弗莱商业中心为邻，再加上九龙与华侨超市，构成唐人街的中心地带[168]。

扬子江经营状况良好，餐馆的名号一直未变，是渥太华最好的中餐馆之一。到作者编写这段历史时，酒楼依然生意兴隆。富丽华则发生了较大变化，先是改作"珠城"，后又称为"东方明珠城"。不过无论怎么改，它还是扬子江对面的那座大酒楼。

### 唐人街以外的中餐馆

餐馆是渥太华华人经营历史最悠久的行业。从渥太华的旧报纸，可以看到很多餐馆广告。而中餐馆的特点是转手很普遍，改名也很普遍，所以许多老餐馆已经不存在了。渥太华唐人街的餐馆为数不多，另外还有很多餐馆分布在城市的各个角落。

李再思一家1972年从香港来到渥太华，她父亲马上就去了蒙特利尔路971号的龙园餐馆打工，母亲则去了同一条街同一个老板开的 Wing's 外卖打杂工和包春卷。大约三年后她父亲又转去卡林大道谭昌三开的"新乐楼"做主厨，直到65岁退休。

1979年李再思毕业后，一时没找到正式工作，也曾在多家中餐馆打工。她先在位于贝绍（Bayshore）区卡林大道上的太平餐馆（龚长容）打了两年工，这家餐馆至少经营了20年。后来又在威灵顿区靠近荷兰大道（Holland Ave）的新江餐馆（龚长容的堂弟）做了几个月，这家餐馆后来被本地西人买下，开了一家素食餐馆。李再思还在贝斯莱路（Baseline Rd）与麦瑞维尔路交叉处的宝塔（Pagoda）餐馆也工作过几年，宝塔是熊氏叔侄与林氏兄弟四个人开的，他们都是亲戚。这家以西人顾客为主的中餐馆开了几十年，从1960年代开到2000年代。餐馆是一座独立的中式建筑，原址后来成为一家加拿大著名的蒂姆·霍顿（Tim Hortons）连锁咖啡店。

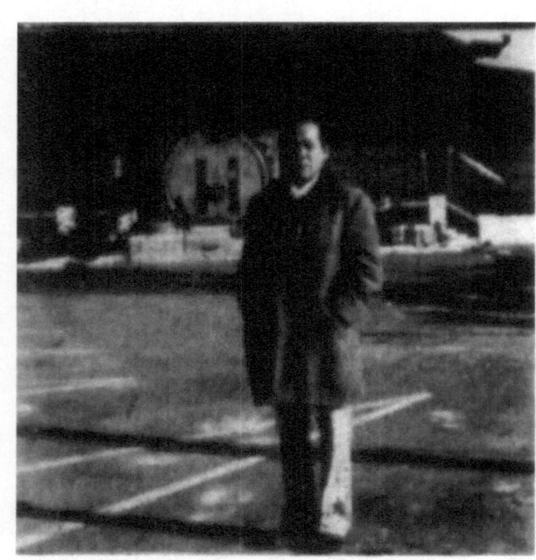

图片 166 方锦波于北京大酒店前，
摄于1977年
（来源：《加京华报》）

位于奥吉尔维路（Ogilvie Rd）的滕王阁酒楼（Mandarin Ogilvie Restaurant）在渥太华也是一家历史悠久的中餐馆。这个餐馆连同旁边的潮永泰杂货店是兄弟数人齐心协力经营的，一直生意兴隆。

北京大酒家是1970年代渥太华著名的餐馆之一，这是方锦波与龚英仪和吴国焕合伙开办的。方锦波是广东开平良桐里人，于1956年只身来到渥太华投奔父亲。过去军阀割据，又遭日本侵略，生活困难，方家所在的村子里有一半人出国谋生。方锦波刚出生父亲便离家，所以当方锦波来到渥太华时，父子见面相互都认不出来。方锦波当时身上只剩10加元，从洗碗工开始做起，每天从下午5点一直工作到次日凌晨4点多，几乎12个小时，周薪只有18

加元。1957年他到谭辅仪开的乐其奇餐馆打杂工并开始学厨。1959年以40加元资金与朋友合开了外卖餐馆"明园"。

1962年，方锦波的母亲及妻儿相继来到渥太华团聚。

经过七年省吃俭用，辛苦工作后，方锦波于1966年在贝尔角（Bells Corners）购置了一块地。当时那里人烟稀少，为未开发之地。朋友们一直说，这不是个聪明的决定，因为这地方离市区太远了。没想到不久后这块地的对面就建起了尼平区镇议会，房子前面又开了条高速公路，区域发展极快，商机很多，人气骤增。九个月后，方锦波开了英京餐馆。共有80个客座，一切亲力亲为。

1973年，他和合伙人在麦瑞维尔路1841号开了北京大酒家。当时华人的餐馆都尽量开在市中心和唐人街，他的两家餐馆却远离市中心。他认为市中心停车难，一个顾客若要转上几条街才找到停车位，还要另付停车费，算下来就不便宜了。而近郊地方大，停车方便还不花钱。而且越来越多的人搬到市郊，这些都有利于生意发展[169]。

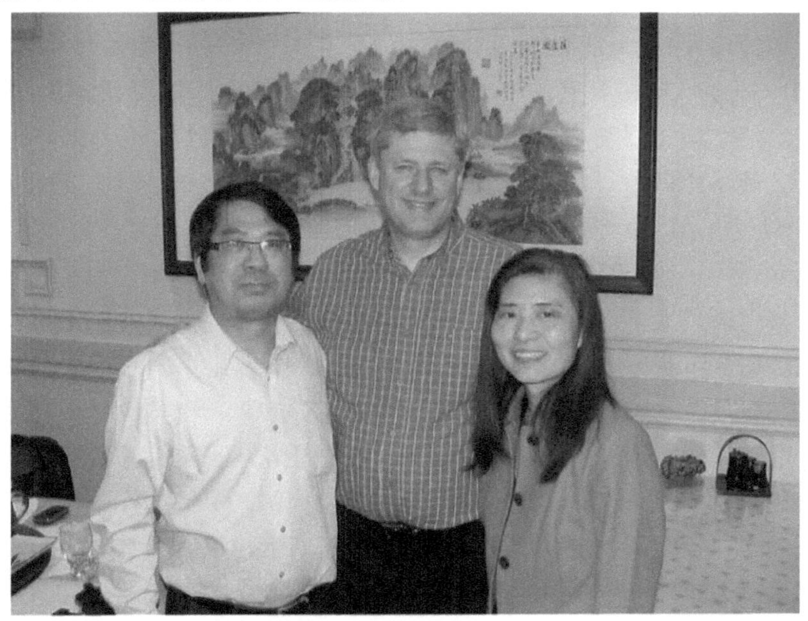

图片 167 加拿大哈珀总理（2006-2015）光顾"吴兄弟"，与吴伟榕夫妇合影
（来源：brotherwu.com）

1988年，圣拉让林荫大道1060号新开了一家餐馆，名叫"兄弟（Brother Wu）"。这家餐馆由台湾移民吴姓两兄弟合伙开办。吴家兄弟是客家人，2015年作者去餐馆吃饭时，哥哥已经退休，餐馆主要由弟弟吴伟榕（Eugene

Wu）夫妇打理。吴伟榕是新闻人出身，文质彬彬，十分健谈，他送给作者的名片上印有富贵牡丹及客家特有的"五月雪"油桐花背景。餐馆以川菜、湘菜和北京菜为特色，尤以"片皮烤鸭三吃"著名，老板自称是渥太华最好的烤鸭，而当地华人在渥太华 comefromchina.com 网站也给出了很高的评价。

虽然餐馆不在唐人街，但生意很好。加拿大总理哈珀和一些名人政要曾经光顾过这家餐馆。

### 其它中餐馆

除了上面提到的餐馆，一些在唐人街内外存在过或存在着的餐馆有：松庄餐馆（吕老板，艾尔根街354号）、新星酒家（丽都街496号）、明宫酒家（余晖时，班克街1355号）、云华饭店（班克街1098号）、龙园酒家（谭桂全，蒙特利尔路971号）、Miss Mai-Ho（1957年，威灵顿街1021号）何连酒楼（1977年，何连长及三子，麦瑞维尔路1556号）、金龙酒楼（丽都街173号）、马来西亚酒楼（1977年，苏塞克斯街599号）、金钱酒家（卡林大道2214号）、天坛酒家、四喜食馆（班克街1300号）、醉红楼酒家（利斯伽175号）、热带餐室（1978年，苏塞克斯街599号）、亚洲酒家（丽都街460号）、华北酒家（丽都街415号）、新花园酒家（1978年9月9日开业。瑞奇芒德路875号）、东方皇宫酒楼（威尔士王子路1390号）、皇宫酒家（卡林大道2961号）、羊城小馆、京城酒家（班克街406号）、宝翠园（丽都街501号）、敖氏酒家（诺斯赛德路42号）、冠华外卖（博福特路37号）、新乐楼（谭昌三，卡林大道1778号）、奥林村（圣约瑟夫大道2080号）、同乐饭店、四海酒楼、月宫酒家、聚丰园、珠江酒家、金凤酒楼、龙华酒楼、利苑菜馆、华皇、庆华川菜馆、兰香阁茶餐厅、洋洋茶餐厅、宫殿酒家、北京天润（黄兴中）、翠林餐馆、梅园酒家（王建文、黄艳梅夫妇，2003年）、四海一佳、海皇鱼翅酒家、小肥羊火锅、三合酒家、米豆小馆、滕王阁、荔景酒家、金钟道、太上皇、泰皇、大排档、聚香园、汇聚轩、吴兄弟（吴伟榕，1988年，圣拉让林荫大道1060号）、食为先、美心、敦煌等。

自助餐有扬明楼、得百利（英文名 Du Barry Buffet，东主岑少伟 David Sham，1979年开始经营，2008年转手后改名翡翠）、英皇（林翠华，后改名盛世（王鲲鹏）、万佳等）、月食（Eclipse Asian Cuisine）等，还有许多华人经营的日本寿司馆和越南米粉店。

1979年渥太华市政府修改吸烟法案，进一步限制在公共区域吸烟，要求餐馆划分吸烟区与非吸烟区。多数华人餐馆因店面有限，如果再保留座位为非吸烟席，势必影响生意为由，通过中华会馆向市政府表示反对，但反对无效。其实，公共场合禁止吸烟是大势所趋，渥太华市政府在2001-148号法案中，全面禁止在公共区域吸烟。

## 渥太华华人杂货店与超市

渥太华最早的杂货店可以追溯到谭家1914年在阿尔伯特街219号开的永安（Wing On）杂货店。唐人街逐渐向萨默塞特西街转移时，中餐馆与华人杂货店应运而生。1964年萨默塞特西街655号第一家华人杂货店开业，兼营批发，取名新安（Sun On），创始人为吴基炽。吴基炽生于1921年，来自香港，原有经营杂货店的经验，作者采写历史时仍健在，已95岁高龄。

据中华会馆前主席龚英仪的夫人讲述，吴基炽与当时开"北京餐馆"的龚英仪相熟。龚英仪在渥太华经营餐馆多年，了解本地餐馆和外卖店每日需要大量芽菜，建议吴基炽批发芽菜，于是新安很快成了为渥太华华人餐馆提供芽菜的主要来源。吴基炽的儿子吴松柏子承父业接手了生意，其妻也从银行辞职，帮助打理杂货店。吴老先生夫妇则在半退休的状态下协助儿子儿媳照看店铺。1970年代初期，吴家将新安转卖给谭振球，谭振球一直将此店经营到1980年代。而吴松柏大约在1986年接收了同乐餐室，向餐饮业发展。

1970年代初期萨默塞特西街还算不上商业街，街道上很冷清，只有新安一家中国杂货店，几年后才又有一家吴姓开的合兴杂货店（唐人街763号，1977年），随着华人增多，渥太华陆续又出现了一些华人杂货店。

1977年以后的中文报纸上出现的杂货店广告有联丰贸易有限公司（唐人街690号）、马来西亚贸易公司（唐人街565号）、加京海鲜店（克拉伦斯街75号）、信裕（唐人街641号）、环球贸易公司（瑞奇芒德路851号）、曼谷杂货公司、亚洲、百佳、福利、兴记、渥太华芽菜公司（圣安妮道257号）、平发利参茸药行（唐人街719号）、永兴隆面厂、民生杂货、好城豆腐店（圣艾蒂安街25号）、道亨贸易有限公司（拜沃德市场9号）、美利华食品制造厂等。

唐人街上影响比较大的杂货店是具有超市规模的九龙超市（720号）和华侨超市（余晖常、余玉豪和余荣衮，713号）以及民生杂货店（谭壮，后转手给余荣衮，郑达明等，帕西街121号）。

九龙超市的旧址原是一家西人地毯店，1981年5月发生火灾，将整个屋顶烧毁，损失惨重，破烂不堪。业主不愿修复，想要甩掉这个烂摊子，叫价22万出卖物业。当时有人出价17万但业主未同意，随后进入雨季，9月到10月的大雨，让没有屋顶的房子里面积满了雨水。房主更加着急出手，却苦于再无买主。那时萨默塞特西街还很萧条，没有多少商家，华人商铺更是寥寥无几。银行贷款利率又高，高达20%。更为严峻的是，假如损毁的物业不能在一年之内修复，市政将要求拆除原建筑。也就是说，即便有人愿意接手，新业主也需要有足够的时间和经费来修复毁损房屋。

当时在 Island Lodge 老人院厨房工作的伍超还在麦特卡夫（Metcalfe）镇与太太伍黄宝珠经营一个24英亩的农场，每晚给渥太华的中餐馆送菜。在给龙华餐馆送菜的过程中，他们听说了地毯店业主急着出手房产，价格一降再降。

伍超1931年出生于广东台山塘虾村，1953年，伍超的伯父花2,000美元买了一张"出生纸"，将伍超办到了加拿大的萨斯喀彻温。他是那个年代许许多多买纸人中的一员，由于顶替他人身份，所以伍超的官方生日改到了1933年。伍超到加拿大后想给家人报个平安却身无分文，只好借了100美元寄回家中，而他当时还面临偿还伯父3,000美元债务的压力。去餐馆打工一天只有一加元的薪水，不难想象他的生活会有多么艰苦。

1957年伍超到香港与比他小6岁的黄宝珠结婚，婚后两人一起回到萨斯喀彻温继续在餐馆打工。由于无钱租房，老板允许他们住在餐馆里。他们住的房间屋顶漏水，他们就在床顶上拉了一大块布，避免雨水和雪水落到床上，此外还在地上用桶和盆子接水。冬天屋顶上的冰雪融化时，不时会发出咔咔的声响，本是件挺烦人的事，这对小夫妻却以此为乐。他们勤俭度日，好几年连水果和巧克力都舍不得买。

1960年，伍超夫妇搬到了渥太华，继续在华人餐馆打工。1966年，伍超在老人院找到工作，每天工作8小时。为了多赚一些钱，他下班后还要再去其它餐馆打工3小时。伍超是家中八个孩子的老大，到加拿大之前，他在香港修理汽车，大部分收入寄给老家的父母。来到加拿大后，伍超与太太继续给父母寄钱，直到老人们过世为止。几十年来，他们一直含辛茹苦，埋头工作，孝顺父母，养育子女。并于1968年还清了所有欠款，开始有了积蓄。

　　1975年，伍超夫妇在麦特卡夫镇买下一处农场，种植一些中国蔬菜。1981年，他们生活相对稳定，也有了一些储蓄。听说地毯店降价出售的消息后，他们打算把店铺购买下来。当时已是11月，市政府要求购买方提交装修计划，批准后方可交易。而临近年底的冬季一时之间根本找不到合适的专业建筑人员做计划。大雪将至，时不待人，市政府在听取他们陈情之后，批准伍超先铺屋顶，再补计划。

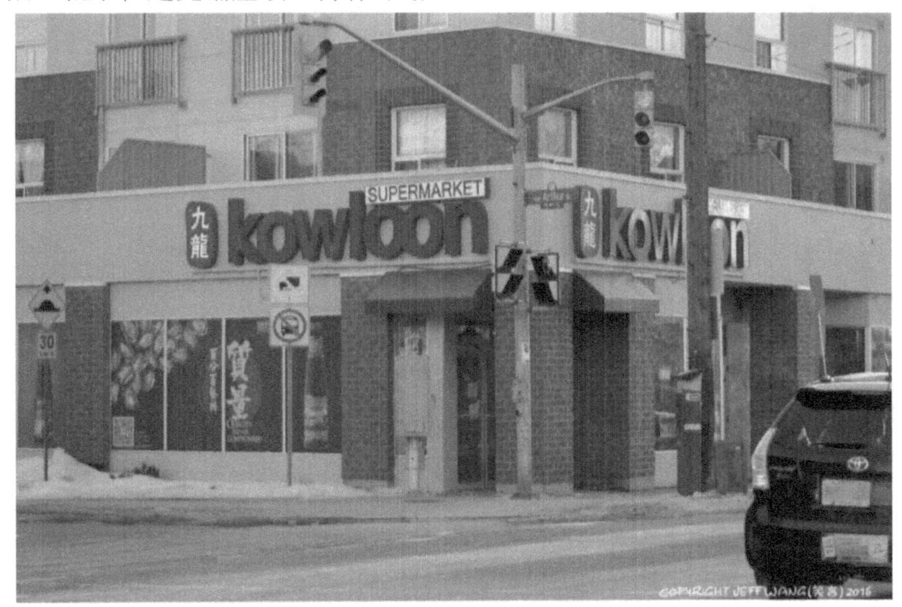


图片 168 九龙超市（笑言摄于2016年2月5日）

　　1981年11月20日，这桩对渥太华唐人街影响深远的交易完成，伍超夫妇贷款以10万加元买下了萨默塞特西街720号房产，店铺连同后面的院子占地长75英尺，宽66英尺。他们立即找工人加紧施工，抢在1981年11月30日第一场大雪来临之前，在十天之内给店铺盖上了屋顶。伍超夫妇并未自己做生意，而是将店铺租给别人开店。他们先后租给邓先生和余重庆，余重庆开了一家"香港市场"，出售中国蔬菜、副食品与其它杂货。后来伍超夫妇又将相邻的三个房产单元买下，在临街店铺的后面建起了一座28个单元的公寓，同时配有停车场。

　　1995年伍超夫妇在温哥华旅游之际，突然接到电话，被告知店铺和公寓发生火灾，多年的心血付之一炬，还好保险公司赔付了100万元的损失。他们自己又加投了100万元资金，彻底重建。经过一年重建，公寓与店铺焕然一新，许多商家前往洽谈租房，其中包括汇丰银行办事处。此时余重庆与余秀英夫妇已改做其它生意，并未在这里继续经营香港市场。余家夫妇为渥太华华人宣道会广东堂的成员，后来在唐人街"真光眼镜"楼上开了一家"恩光中心"，销售与基督教有关的书籍。

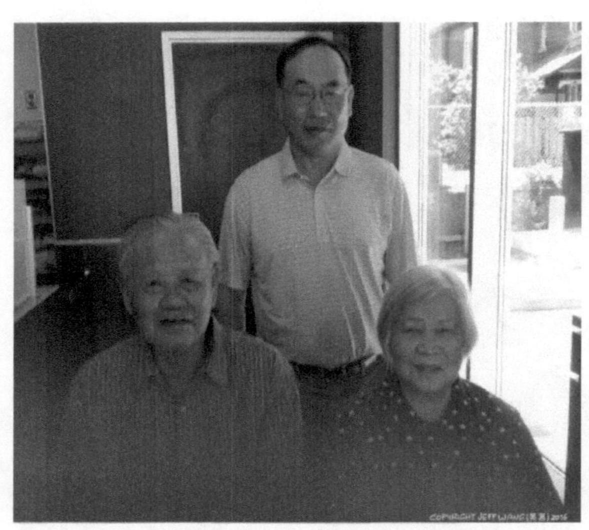

图片 169 伍超夫妇（前排）在唐人街
TH 咖啡店接受作者笑言（后排）采访
（周树邦摄于2016年5月23日）

最终伍超夫妇将新装修的店铺租给了叶观胜、叶观和兄弟与陈其利三人。叶观胜为美籍华人，长期从事华人超市行业。陈其利中学时代由香港独自来到渥太华读高中，大学毕业后又读了工商管理学位（MBA），曾在银行工作，后经营九龙食品公司（Kowloon Food，4095 Belgreen Dr），为渥太华及周边餐饮业配送食材。

叶氏兄弟与陈其利合伙经营的新超市于1997年正式开张，沿用了陈其利九龙食品公司的名字，定名为九龙超市（Kowloon Market）。无论店面规模、经营特色，还是位于唐人街的优越位置，九龙当时都当之无愧地成为渥太华最知名的华人超市，它对萨默塞特西街最终成为渥太华唐人街起到了至关重要的促进作用。难怪伍超老人自豪地对作者讲："Chinatown, we started it!（唐人街，是我们开始的！）"当然，这个"我们"包含了所有渥太华唐人街的华人先驱。

伍超夫妇是虔诚的基督徒，生活简朴，辛勤劳作，经常在教会组织的慈善活动中捐款施助。他们共有五个孩子，两个在渥太华，三个在多伦多，家庭幸福生活美满。2016年5月23日作者采访这对令人钦佩的老夫妇时，伍黄宝珠老人不停地说他们所获得的都是上帝的恩赐。

九龙超市开业的时候，渥太华女市长杰奎琳·豪斯曼（Jacquelin Holzman）、业主伍超等各界名流出席了开业大典，店主叶观胜兄弟及陈其利在现场接待来宾，舞龙舞狮给这个喜庆的日子增添了更多的欢乐。

当时很多餐馆都从九龙订货，有一段时间陈其利每周都要给加蒂诺

（Gatineau）赌场的餐厅送100只鸭子，总督的大厨和总理的大厨也是九龙的常客。2000年前后，168超市的出现分流了九龙的一部分顾客。2003年，伍超将九龙超市连同公寓卖出，从一生的劳作中退休了。

2009年，大统华超市的出现对整个唐人街乃至渥太华的超市都形成了程度不同的冲击。此前伍超已将九龙的房产卖给了叶观胜，而陈其利在共同创办九龙13年之后，于2010年将股份转给叶观胜，离开了九龙超市。从那以后，九龙完全成为叶观胜的产业，至今（2016年）仍为渥太华最好的超市之一。

2000年左右，艳丰鼎速冻食品有限公司出现在唐人街628号，出售各种冷冻点心及小笼包和手工水饺。在滕王阁大酒楼旁边的潮永泰则为东区的华人提供了便利。此外还有兴记海鲜市场、曼谷杂货公司、万丰超级市场、福利等杂货店。

2000年前后出现的168超市（New 168 Market），开在萨默塞特西街1050号，开了远

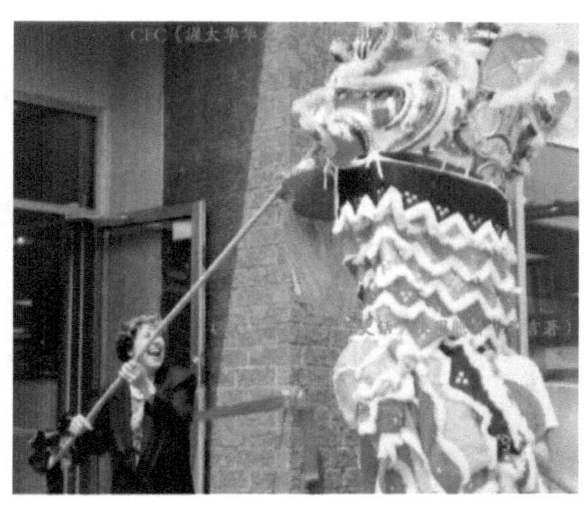

图片 170　市长杰奎琳·豪斯曼在九龙超市开业庆典上舞狮（陈其利提供）

离唐人街开大型华人超市的先例。当时恰逢萨默塞特西街修路，九龙门前无法停车，交通也不方便，所以很多顾客转向了168超市。

利丰（后来的新世界）是渥太华第二个规模较大的超市，开在蒙特利尔路傍。这两家超市的出现，改变了渥太华传统食品市场普遍空间狭小、气味腥臭的形象。顾客的停车环境也大为改善，深受广大华人欢迎。

2009年，一家现代化的大型华人超市在渥太华诞生了。总部设于西岸不列颠哥伦比亚省的大统华连锁超市（T&T Supermarket Inc.）将触角伸到了首都渥太华。从大统华选店址开始，渥太华华人就开始关注，CFC中文网（comefromchina.com）上经常出现关于工程进展的讨论。2009年10月28日，加拿大最大的亚洲食品超市大统华在渥太华开张营业。这是大统华在加拿大开的第18家分店。大统华渥太华分店坐落于亨特克拉布路224号，靠近渥太华机场，占地51,300平方英尺，雇员约170人。

　　开业典礼于早九时正式开始。包括交通部长约翰·贝尔德、中国使馆官员在内的各界嘉宾出席了典礼并剪彩。十点半正式营业前，近千名准备购物的以华人为主的顾客已经久候在店门外。吸引人们购物的不仅仅是大统华丰富的货品和宽敞的购物环境，还有超市的开张大酬宾。

　　同年早些时候，加拿大杂货零售商拉布罗有限公司（Loblaw Companies Ltd.）以两亿两千五百万元收购了大统华。拉布罗的执行主席说："这次收购将帮助拉布罗在将来扩展对其他种族的服务，以满足客户日益增长的需求。"而大统华连锁超市总裁辛迪·李则表示："一直有客户将大统华称为亚洲的拉布罗，现在这已经成为现实，对此我们感到非常自豪。"

## 华人家庭医生

　　加拿大健保系统中家庭医生扮演着重要角色，除非是急诊，要看医院的专科医生均需家庭医生推荐。家庭医生是全科医生，他们与无需预约的简易诊所（Walk in clinic）直接面向加拿大的患者。为了能与医生顺畅交流，特别是为了能够准确理解医学名词，华人通常希望找一位能讲自己母语的医生作为家庭医生。渥太华的华裔医生并不多，有些在唐人街及其周围开诊，也有一些把诊所开在城市的其它区域。这些医生有曾海涛医生、邓守智医生夫妇（Dr. Albert Tang & Dr. Lily Tang）、卢志杰医生（Dr. Jeremy Lo）、黎松医生（Dr. Tung Le）、陈永成医生（Dr. Wing Shing Chan）、周医生（Dr. Judy Chow）、黄医生（Dr. E.K.Y Wong）、任医生（Dr. K.M. Yam）、杨医生（Dr. Elisa Yang）以及儿科医生彭医生（Dr. Pang）等。

　　1972年，李再思一家的家庭医生是曾海涛医生。曾医生的诊所原先在瓦尼尔（Vanier）区，后来搬到唐人街附近的布朗森大厦（Bronson Place）下面。曾医生会讲广东话和台山话。而李再思的父母像许多台山人一样，只说台山话，也不懂英文，遇到需要与西人交涉的事情，都是由大女儿李再思充当翻译。曾医生退休后返回香港，李再思的父母转到了 Lily Tang 医生的诊所，Lily Tang 退休后，又转到了卢志杰医生的诊所。李再思的家庭医生是讲广东话的陈永成医生，诊所在贝绍（Bayshore）区的卡林大道上，后来又转到唐人街华成杂货店隔邻的越南医生 Dr. Duong。因家庭医生退休或其它原因而不得不更换新的家庭医生在加拿大十分常见，也十分让人伤脑筋，因为许多家庭医生的病人已满，并不接收新患者。再加上华裔家庭医生本来就少，所以能讲英语的华人也就不一定去找华人医生了。

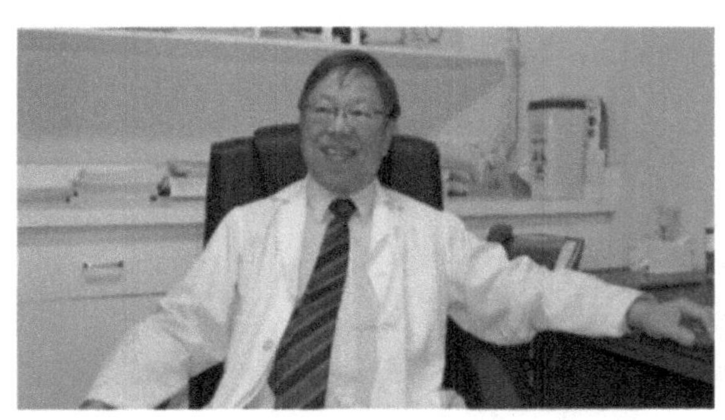

图片 171 邓守智（Albert Tang）医生
（来源：2011年11月25日《中华导报》）

邓守智医生（Albert Tang）和他的妻子 Lily Tang 医生来自香港。邓守智1960年代来到渥太华大学学习，完成本科及医学院的学业后，于1974年毕业，次年开始独立行医。

当时加拿大政府鼓励获得专业学位（The professional degree）的外籍人士留下来，邓守智便办理了移民，毕业后与妻子共同在渥太华行医，直到退休[170]。

当时整个渥太华只有五位华人血统的家庭医生，而在市中心靠近唐人街地区的只有邓医生夫妇两位，后来唐人街上又增开了一位卢志杰医生诊所。邓医生夫妇是服务早期华人移民的华裔家庭医生，他们的诊所开在麦克拉伦街（Maclaren St）293号，邓医生退休前一直是作者的家庭医生。

开业之初，到邓医生诊所看病的有很多来自中国广东台山的老移民。他们文化水平不高，大多在餐馆工作，语言不通，生活遇到困难也没有人帮助他们。邓守智与周强安等五位有识之士决定成立一个专门为这些移民提供服务的组织。1975年，他们租用了吉尔莫街437号中华会馆的一张办公桌，申请到了政府的少许资金，雇用了第一位员工，开始了针对华人的安置服务，取名"华侨服务处"，这也就是"渥太华华侨服务中心"的前身。从1975年到2007年，32年来邓守智医生一直在华侨服务处的董事会义务担任董事。

邓医生很少告诉前去诊所的华人自己是华侨服务处的董事，而他在看病的过程中，却经常询问就医者是否在华侨服务处得到满意的服务。因工作上能与华人广泛接触，他可以准确了解到华侨服务处的服务情况，并在董事会上及时提出改善建议。邓医生的太太更是华人家庭医生中凤毛麟角的女医生，几十年为包括华人女性在内的众多患者服务。邓医生夫妻治病救人，造福社区，是渥太华华人的楷模。2011年11月，夫妇二人双双退休，关闭了他们服务社区36年的诊所。

## 中医中药店

20世纪20年代以后，随着华人家庭在加拿大的落户，一些华人的杂货店、海味干货店、中药材店应运而生，市场上可以买到常用的中成药和一些药材饮片。这一时期可以说是中医药在北美的萌芽时期，一直持续到20世纪70年代初期。

在1970年代早期，中医包括针灸医学的发展遭到西医排斥。由于当时中医还没有开

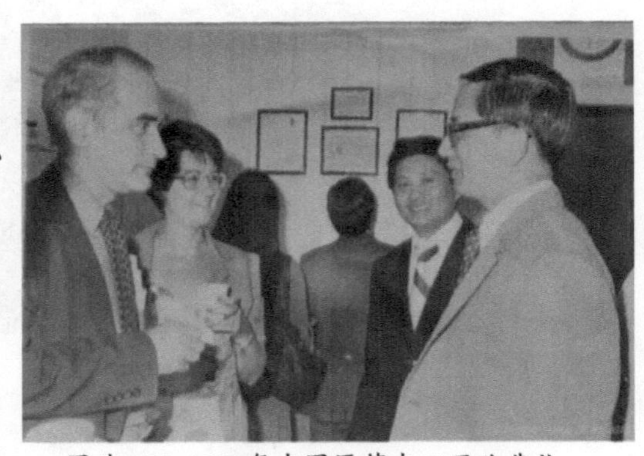

图片 172 1981年中国医药中心开业典礼，高林（左一）与蔡再度参赞（右一）及周树邦（右二）交谈（周树邦提供）

始使用一次性针灸针，须反复消毒用针，的确存在一定程度的风险隐患。这些技术与规范上的不足，也是安省西医公会反对针灸的重要因素。1976年安大略省西医成立的加拿大基金会和众公会说服政府规定：凡没有西医、牙医、兽医执照者不能进行针灸医疗，且只能被西医院雇用为针灸技师，而不能单独行医，也不允许使用"Doctor（医生）"这个称谓。西医公会还迫使政府关闭了由西安大略大学医院麻醉科主任斯包瑞尔（W.E. Spoerel）与后来的加拿大针灸协会会长张金达（Cedric K.T. Cheung）合作创建的针刺镇痛诊所和针刺研究中心。

渥太华法裔针灸医生高林（Pierre André Gaulin）从事中医针灸多年。1977年，他还在加中友协做过推广中医针灸的学术报告。1979年起，他被安省西医公会两次上告法院，罪名为"非法行医"及"非法使用医师名衔"。高林则据理力争，拒不妥协。1981年9月11日开庭审判结果，法官认为"针灸非西医之一科，任何人拥有正式学位或博士都可称 Doctor（医生），但不能称为西医医生"，因此判高林无罪。以此为契机，加拿大中医药的发展在首都渥太华出现了历史性的转折点。

此前安省卫生部规定只有注册西医和护士才可以刺穿皮肤。高林案赢得胜利后，卫生部在"只有西医才能穿刺皮肤"的条例旁加上"针灸例外"的附例，中医针灸终于在安省取得了合法地位。但保险业仍只保解剖针灸，不保中医针灸。直至后来自由党麦坚迪省长上台宣布决心推进中医立法，保险界才逐渐部分包括了中医针灸在内，但始终没有全面涵盖。

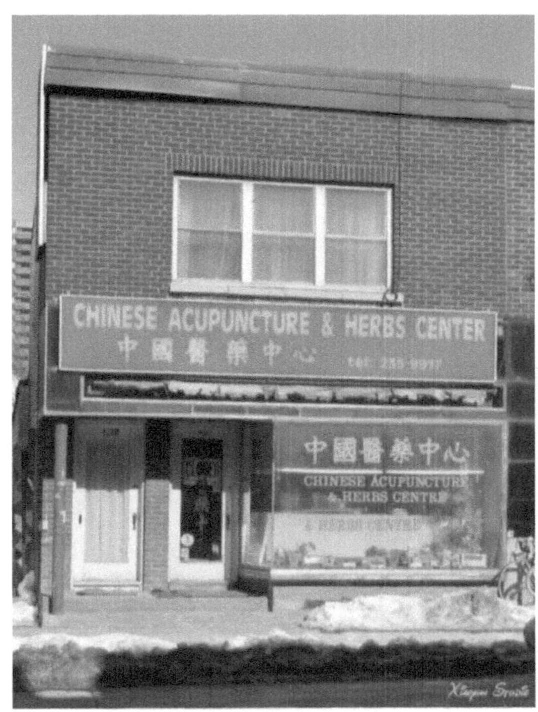

图片 173 位于萨默塞特西街的中国医药中心
（笑言摄于2015年3月6日）

1981年4月，渥太华第一家中医中药馆在萨默塞特西街615号开张。大红色的牌匾上写着"中国医药中心，Chinese Acupuncture & Herbs Center"。安省注册中医医师、针灸医师周冯莲波开始为市民诊治。开业当天，中国大使馆蔡再度参赞、中华会馆余辉时主席、华人联合教会麦荣禧牧师及众多侨界名人到场祝贺。

周冯莲波身出名门，广州人氏，1965年毕业于北京中医学院（1993年改名为北京中医药大学），毕业后被分配到江西赣南医专任教。1976年1月16日与丈夫周树邦及女儿一起离开中国，以家庭团聚名义移民加拿大，定居渥太华。

中国医药中心虽然由周冯莲波坐诊，但与周树邦幕后的强力支持密不可分。周树邦1937年4月出生于广州一个医生世家，父母均为医生。1954年周树邦通过全国统考进入北京医学院学习，1959年毕业分配至北大第一附属医院内科看门诊，数月后调入北京医学院基础系生物化学教研室从事教学与科研工作。到渥太华后，周树邦继续从事生物化学方面的工作，1981年进入安省卫生部渥太华公共卫生实验室。也就是在这一年，他支持太太周冯莲波开办了中国医药中心，也同时开创了渥太华中医中药馆的先河。

1984至1990年间，周冯莲波多次参加中加两地及国际学术交流活动，并于1986年北京中医学院30周年校庆之际，由高鹤亭院长亲授北京中医学院名誉教授。周冯莲波在加拿大广播公司（CBC）和加拿大电视有限公司（CTV）及地方中英文报纸上，都曾大力宣传中国传统的医药和针灸。

　　唐人街行医的还有萨默塞特西街883号神农参茸药行的郭玉秋医师。郭玉秋提供诊脉、方剂、针灸及按摩等传统中医治疗服务。她在社区也很活跃，曾担任中华会馆理事、渥太华东北同乡会负责人等。在唐人街之外还有不少中医师及自然疗法诊所，如蔡斯定、郭兆起、蔡松荫、祝尔敏、黄湘玲、王美、陈洁中、冷晓春、胡智慧、刘惠、金玉梅、莫愚、王巧云、王淑洁、孙世华、卢燕、于辉、崔枢华、申洪达、黄湘燕、尹慧英等。

　　萨默塞特西街除郭玉秋开的神农参茸药行外，708号有一家康宁药房，719号有一家平发利参茸药行（金玉梅医师曾坐诊），867号有一家健康中药店，在唐人

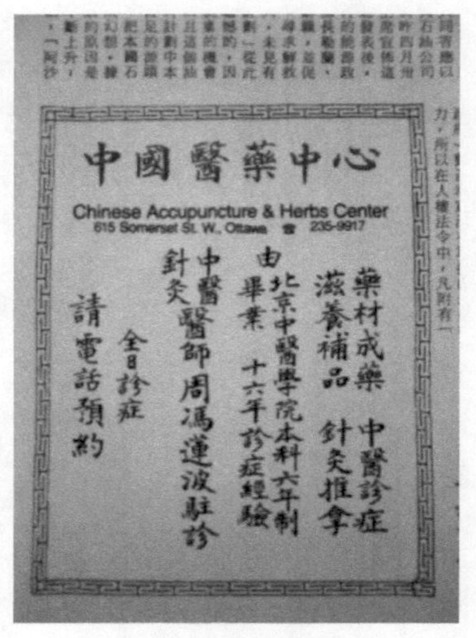

图片 174 中国医药中心在
《加华侨报》
1982年5月号刊登的广告

街与布朗森道交界处还有一家怡昌堂。此外唐人街的一些杂货店也出售中药材。2006年，维露街（Willow St）71号还开着一家马国杰药剂师坐堂的安信药房，出售西药配方药和中西成药。

# 旅行社

　　旅行社也是唐人街的主要行业之一，曾经出现过加东旅行社（老板姓胡，也是国际驾驶学校的业主兼教练，还是渥太华书局的业主，唐人街785号）、陆南旅行社（艾尔根384号（1977），唐人街377B 号（1978））、惠风旅行社（丽都街512号）、凯光群旅行社（李段曼丽（1977），赵陆建斌（1978），威灵顿街1173号）、威风旅行社、怡东旅行社（赵陆建斌、李段曼丽，阿尔伯特街294号）、雅航旅行社、指南假期等。

　　1990年代以来，比较活跃的有中国北京国际、加东旅行社、天宝旅游（李段曼丽（1978）、郑茂源，唐人街706号）、中环旅游、阳光旅游、缤纷假期（陈燕游）、华夏旅行社（梁思信）、日信旅游、欣谊旅行社、东方国际等。

# 社团

　　1940年代国民党渥太华分部人数众多，相当活跃，为抗日救国做出了

很大贡献。

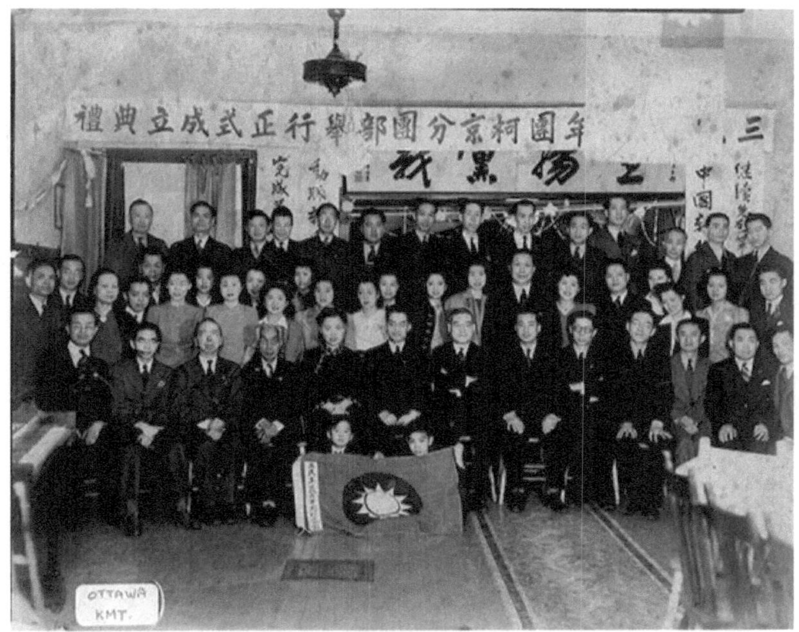



图片 175 设在奥康纳街的国民党渥太华分部，摄于1940年代（周强安提供）

根据1979年9月卡尔顿大学费什（Stepnen Frederick Fisher）提交的博士论文，当时华人社区存在着以下社团[171]：

Ottawa Chinese Community Association 加京中华会馆
Ottawa Chinese Association 华联会
Ottawa Chinese Community Service Centre 加京华侨服务处
Chinese Freemasons 洪门民治党
Chinese Nationalist League 国民党（作者注：1921年称 Party）
Chinese Language School 中文学校
Chinese Cultural Society 中国文化协会
Capital Region Chinese Community Newsletter Association 加京华报
Chinese Alliance Church 华人宣道会
Chinese Bible Church 基督教真道堂
Chinese United Church 华人联合教会
Chinese Catholic Centre 华人天主教会
Algonquin College Chinese Students' Association 亚冈昆学院中国同学会
Ottawa University Chinese Students' Association 渥太华大学中

国同学会

Carleton University Chinese Students' Association 卡尔顿大学中国同学会

这些社团虽然并不都设在唐人街，但唐人街的活动却离不开这些社团。1990年代中期，随着华人增多，各种华人组织，如各地同乡会、各大专院校校友会、各种联谊会、各种行业团体、各种体育组织如雨后春笋般发展起来。对华人社区影响较大的有中华会馆内的耆英会与位于布朗森大道211号的中华耆老日托中心（Yet Keen Chinese Senior's Day Centre）等。

## 其它行业

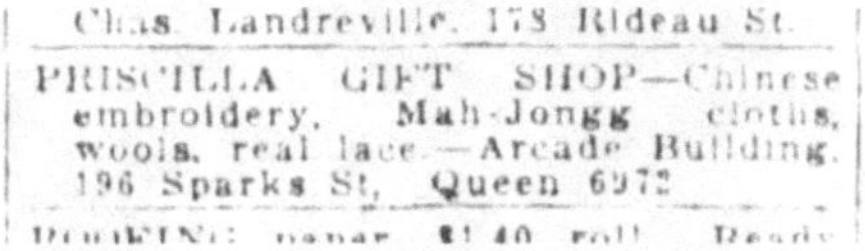

除去中餐馆与日杂超市，唐人街还有不少其它华人开的小生意，如美容美发（如唐人街790号的葵花发型设计）、眼镜店（如真光眼镜）、文化用品、书店书局、鲜花礼品店（如麦瑞维尔路1568号的东方礼品店）、照相馆（如卡林大道2199号的万氏摄影）、旅行社、印刷厂（如唐人街628号的威氏印刷公司，1979年改名第一印刷）、汽车修理（如圣帕特里克街355号的幸运匙汽车修理厂）等等。这样的生意往往开几年就转手或关闭，成为历史的过客。唐人街开业的发廊有葵花美发厅、豪斯美发厅、上海雅都美发厅、天使发型屋等等。唐人街还有几家中医中药店，提供中成药与传统的中草药治疗及针灸推拿，兼卖西洋参海豹油等保健品。靠近九龙超市的地方还曾有一家香港车房，再往西走，曾有一家计算机店，店主是神农参茸药行郭玉秋医师的儿子承昊阳。

地产经纪、律师、理财保险和报社这类服务行业一般不在唐人街这样的商业繁华地段设办公室。

渥太华从未有过像样的中文书店。1970年代之前，曾在萨默塞特西街785号的渥太华书局以及同一条街695号的京华书店出售各种中文书籍及一些香港台湾的报刊杂志和音像制品，很受当人华人欢迎。店主为郑茂源，他在1979年7月20日《加华侨报》刊登的广告为："本店新到卡式录音带、象棋、新郎新娘襟花、嘉宾名册、麻雀、麻雀台、镜画、每周航空运到的杂志和每日运到的香港、加美报纸。"京华书店后来也卖许多杂货，但这

图片 176 华人礼品店广告，《渥太华新闻报》，1924年3月24日

两家书店均未能长久经营下去。在九龙超市旁边，真光眼镜店楼上，有一家"恩光中心"，专卖基督教方面的书籍。

唐人街与贝尔街交界的地方有一家华人开的眼镜店，店主为池起奋。起先池起奋承包了一家西人连锁眼镜店，为招徕华人顾客，他给这个分店取了一个中文店名：真光眼镜。后来他从连锁店退出，自己开了独立的真光眼镜店。而原先的店主不满他使用"真光眼镜"这个店名，在街对面又开了一个分店，并且也挂上了"真光眼镜"的中文招牌。这个店名的归属两家争执不下，却并未影响两家做生意。唐人街两侧同时出现两家完全不同的同名真光眼镜店，一时成为笑谈。后来大统华渥太华分店开业，真光眼镜店又在大统华超市内开了一家分店。

## 唐人街的变迁及象征意义

渥太华华人社区其实并不算典型的"唐人街"文化。尤其是中国大陆移民大量进入渥太华以后，分散居住在城市的各个区域。除渥太华市中心及老城区之外，南面的巴黑文（Barrhaven）、西面的卡纳塔（Kanata）、东面的奥林斯（Orleans）与北面的魁北克加蒂诺都有比较集中的华人居住区，工薪阶层与第二代华人似乎更倾向于住在市中心之外。

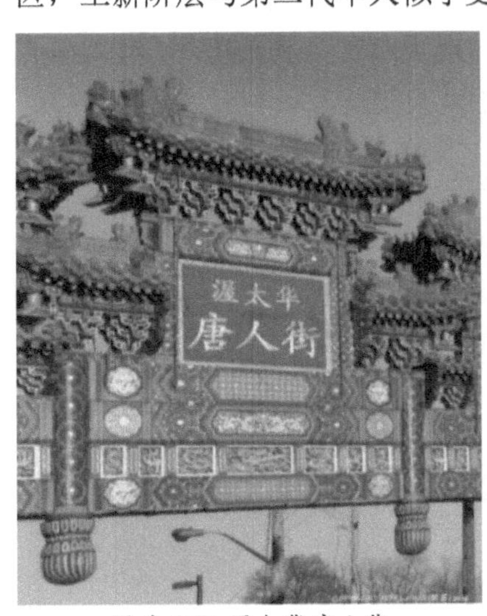


图片 177 渥太华唐人街

（笑言摄于2016年2月5日）

渥太华唐人街位于市中心，长约一公里。街道两侧的建筑物多为两层小楼，赭红色砖砌墙面，白色门窗，看上去十分雅致，具有乡村别墅风格。自1950年开始有华人进驻，到2005年正式命名为唐人街，时间过去了55年。唐人街终于从一条寂静冷清的街道变为店铺林立、华商云集的商业一条街，也成为华人寻找"唐货"、呼朋唤友、家庭团聚、洽谈生意的好去处。

渥太华唐人街的兴衰反映了当地华人的生活状况，也反映了加拿大政府对华政策的演变以及祖籍国中国不同历史时期的国际地位。加拿大对早期华人的歧视非常严重，随着世界文明的进程，随着加拿大华人在两次世界大战中与加拿大人民并肩抗击法西斯英勇作战，随着中国的改革开放，华人逐渐被加拿大人民所了解并接受。

最早的华人洗衣坊已不复存在，中餐馆却越来越多。然而更多的华人直接投入到加拿大的主流社会，成为真正的加拿大人。在这样一个多元文化的移民国家，任何一个加拿大人都可能拥有不同的文化背景。如今加拿大华人可以从政、从军、从教、从商、当公务员、做艺人、投身高科技产业和金融管理等各个领域，海阔凭鱼跃，天高任鸟飞，可以说不受任何限制。然而不论从事什么工作，华人还是喜欢去中餐馆吃顿对胃口的晚餐，去超市买棵中国白菜。中国文化通过唐人街在渥太华扎下了根，从事餐馆超市及各类服务业的华商功不可没。而华人移民自1890年代后期踏上渥太华土地时起，便不断将赚到的钱寄回中国家中，后来有了更大的能力，便捐赠乡里，用于家乡建设，正因如此，广东才出现了众多侨乡。

1970年中加建交后，大陆移民开始迅速增加，加拿大人也对中国表现出极大兴趣，到1980年代初期加拿大掀起了"中国热"。这也正是这一时期渥太华唐人街迅猛发展的原由所在，大量华商带动其他亚裔商家涌入这条街，为之注入了新的活力，使这条几十年一成不变的老街焕然一新。2005年，华人终于将红底黄字的"唐人街"中文路牌挂到了这条街的每个街口，与渥太华标准的英法双语蓝色街牌一同诠释着多元文化的含义。

2010年，华人期盼已久的牌楼终于在唐人街街口竖立起来。渥太华的唐人街，虽非渥太华华人的发源地，但它是几代渥太华华人为了保存与弘扬中华文化而努力打造出来的具有中华文化特色的一个商业区，具有浓重的文化象征意义。

# 渥太华中文学校——改制

## 活动丰富，教学依旧

1947年，华人社团理事会成员周在彦代表孩子家长及华人社区肯定了董清永老师的教学工作。教会与董老师续约一年。华人教会管理员保罗·麦金托什（Paul McIntosh）充分肯定了教师及教辅人员的工作。华人教会还对新移民进行家访，为孩子提供中文教育，同时帮助成人克服英语法语方面的障碍。在很长一段岁月中，华人教会在帮助华人移民掌握加拿大当地语言的过程中始终扮演着重要角色[172]。

1946年到1949年，董先生一直担任中文学校的教师，1949年到1953年，中文学校的继任教师为 Ruth Yau 小姐。

在利斯伽街314号期间，中文班的学生大多都要跟随教会参加一些宗教活动，但学生们更感兴趣的是华人基督教青年会，即华人的 YMCA。学生们每周五晚上聚会，做崇拜、学习圣经、在麦克肯利先生（Mr. McKinley）指挥下唱歌，还在汉德森先生（Mr. Gordon Henderson）指导下进行公开演讲。汉德森先生来自后来大名鼎鼎的高林与汉德森法律公司（Gowling & Henderson）。最值得学生们怀念的是每年的圣诞晚会，每年临近圣诞节，青年会都会大作广告，年轻的华人把自己打扮的潇洒漂亮，从城市的四面八方汇聚一堂，晚宴、舞会、结交新朋，再遇旧友。由于利斯伽314号空间太小，所以圣诞晚会通常要借用临近的查尔莫斯教堂举行。

当时教中文班的教师都是教会的神职人员。他们的主要职责是主持宗教活动，教中文只是次要的服务而已。"虽然他们已尽最大的努力，到底教中文非其所专，更谈不上效果了。最大的困难是缺乏教材，没有能引起学生对中文有兴趣的教法，更要应付那些望子女成龙成凤的家长们种种无理要求[173]。"

中文班要求学生家长必须认同基督教的教义，这无疑限制了相当一部分华人。随着华人移民来源的多样化，尤其是1947年排华法案废除之后华人移民的大量涌入，中文班的台山话教学不再能适应来自广东、香港、台湾及东南亚的华裔学生。

1962年之前，虽然华人都将利斯伽314号的华人基督教组织习惯性称作教会，但这个基督教组织严格意义上并不是一个教会，而只是一个团契。1962年，这个华人基督教团契正式加入了加拿大联合教会，渥太华从此才真正有了华人基督教教会，全称为渥太华华人联合教会。中文班的教师也顺理成章地由教会的朱锦池牧师及夫人担任。

## 移民大增，急需改制

1968年，加京中华文化协会（Ottawa Chinese Culture Association）成立，会员多为讲国语的第一批远东留学生和1950年代的新移民，他们将自己的子女送到中文班学习中文。

不断增长的需求促使中文班做出了重大改变。中文班在1968年正式命名为"渥太华中文学校"。那个时候，渥太华仅有一所中文学校，所以一说中文学校，便知道是指渥太华中文学校，早期也称"加京中文学校"。

中文学校成立以后，运作仍由华人教会主持。教会负责遴选教师、编著教材及行政工作。因教师不足，课时减为每周只上一、三、五三天。学生按中文能力分班，使用中国领事馆所送的课本。

渥太华大学的研究生佘静明先生担任了第一任校长，教师陆续增加到十余位，其中包括胡珠萍女士、江永乐先生

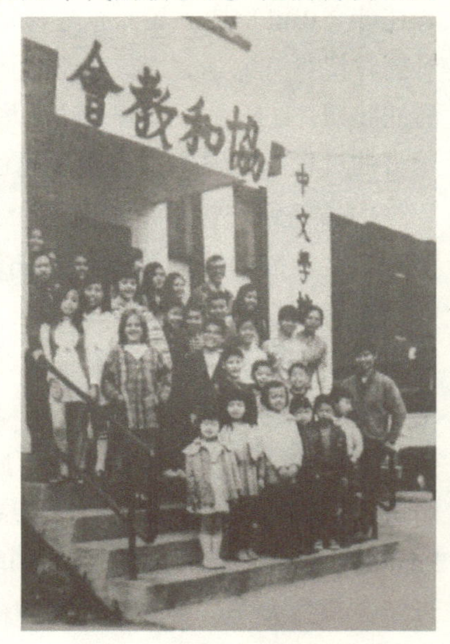

图片 178 1969年佘静明校长与师生在利斯伽314号门前合影

及何钧伟先生等人。教师有的论时计薪，有的则完全义务。

1969年中文学校与中华文化协会联合办了一个暑期国语班，授课时间从早上9时到12时。负责人为文化协会的钟繁敏先生，教师为李荣香、黄珍珍、苗良和余大纶等。虽然学生人数不多，但无论对教师还是学生，都是一次成功的尝试。正是由于这个暑期班的成功举办，使得学生家长在次年提出中文学校开办国语班的要求。1970年，中文学校开办了星期六上午的国语班，教师多是属于教会的义务工作者。由于教会对政治采取中立的立场，中文学校没有接受任何政治团体的资助，办学资金严重不足。当时袁宇宣先生及夫人对国语班做出的贡献，功不可没。

（如果想接着阅读渥太华中文学校的发展，请转第237页）

# 皮尔逊政府的"积分制"（1963-1967）

1947年废除排华法案，1950年允许配偶和子女移民，1955年允许华人落地移民或入籍移民资助海外未婚妻，形势在不断向有利于华人的方向发展。

1962年1月19日，加拿大公民与移民部向公众宣布了新的移民政策，从根本上消除了加拿大移民政策中的种族歧视。任何移民申请人只要具备必要的教育、技能或其它资格都被认为适合移民，不分肤色、种族或国籍。前提是申请人：（1）已经在加拿大找到工作或在找到工作前能养活自己。（2）不是罪犯或恐怖分子。（3）不患有危害社会公众健康的疾病。但在移民配额上仍然不公平。当时规定每年新移民的配额为，欧洲人33%，美洲人33%，亚洲、非洲和其它地区共33%。

加拿大、美国和澳大利亚是当时接收国际移民的三大国家。当新的条例于1962年2月1日实施后，加拿大成为世界上第一个废除歧视性移民政策的国家。1975年，美国移民法进行了类似的修订，并于1978年生效。而澳大利亚在1973年2月废除了其白澳政策，宣布给予公民身份的条件对所有人一律平等。

加拿大进步保守党政府提出了一个新的复杂的移民法案。公民与移民部的部长艾琳·费尔克拉夫（Ellen Fairclough）因此被誉为"将移民政策置于恰当位置，使之成为外交政策的一部分。"她的继任者理查德·贝尔（Richard Bell）坚信移民可以激励经济，成为建设国家强有力的工具。

1963年自由党赢得大选，莱斯特·皮尔逊（Lester B. Pearson）上台执政后，经济产值迅速增长。随着科学技术的快速发展，加拿大急需各行各业的专业人才。1966年，一份关于修改移民政策的白皮书提交到国会。

移民政策几年来最显著的发展就是引进了积分制，这是一个旨在消除主观和偏见的独立的移民选择方法。在积分制下，移民官员根据固定的项目打分，如教育背景、在加拿大的就业机会、年龄、申请人的个人特征、在加是否有亲属以及英语或法语的流利程度等。积分制度被纳入于1967年开始生效的移民条例，这个条例的其它特点包括摒除所有移民类别中基于国籍或种族的不公平，并允许已在加拿大的游客申请移民。

与此密切相关的是移民上诉委员会法案 Immigration Appeal Board Act（1967），这个法案催生了一个崭新的完全独立的上诉委员会。任何被驱逐出境者不论身份都可以向这个委员会提出上诉。

　　这样一来华人移民才有了明显增长。华人进入加拿大开始了新纪元，越来越多受过良好教育的中国人移居加拿大。

　　1967年加拿大修改移民法，于7月1日起实施打分制向国际移民敞开了大门。而与此同时香港发生了反英抗暴运动，整个社会动荡不安。这两个因素结合在一起，促使很多香港人移民加拿大。当然这在时间上有一定的滞后。例如为作者提供大量当年信息的李再思女士一家于1972年来到渥太华，加拿大华裔作家协会的创会会长卢因先生是1973年移民温哥华。因为这个新政策，1967年后有很多中国人用"独立移民"身份来到加拿大。从1949年到1970年代初期，移民到加拿大的华人大多数来自香港、台湾和东南亚地区。而少数来自中国大陆、有资格赴加拿大团聚的申请需要通过加拿大驻香港高级专员批准，因为加拿大在1970年10月之前与中华人民共和国尚无邦交。

# 中华会馆

## 海外中华会馆的由来

在北美，几乎走到任何一个大一点的城市，都可以找到一所中华会馆。加拿大的第一间中华会馆于1885年（光绪11年）在维多利亚开馆，而温哥华的中华会馆开设于1895年（光绪21年），住在这两个地区的华人全部是中华会馆会员。

中华会馆当时的日常事务包括在法律纠纷中代表华人会员的利益以及运送去世会员的遗体返回中国。这些早期中华会馆的建立，主要是为了有效面对当地白人的各种反华情绪，因而获得了广大华人的拥戴，并逐步成为北美华人社会的最高权力机关。但中华会馆问题也不少，梁启超1904年2月巡访美国加拿大时写下的《新大陆游记》一文中指出："吾见其各会馆之规条，大率皆仿西人党会之例，甚文明，甚缜密，及观其所行，则无一不与规条相反悖。即如中华会馆者，其犹全市之总政府也，而每次议事，其所谓各会馆之主席及董事，到者不及十之一，百事废弛，莫之或问。或以小小意见，而各会馆抗不纳中华会馆之经费，中华无如何也。至其议事，则更有可笑者。吾尝见海外中华会馆之议事者数十处，其现象不外两端：（其一）则一二上流社会之有力者，言莫予违，众人唯诺而已，名为会议，实则布告也，命令也。若是者，名之为寡人专制政体。（其二）则所谓上流社会之人，无一有力者，遇事曾不敢有所决断，各无赖少年，环立于其旁，一议出则群起而噪之，而事终不得决。若是者，名之为暴民专制政体。若其因议事而相攘臂、相操戈者，又数见不鲜矣。"究其原因，中华会馆虽然自称代表全体华人，但实际上往往为少数人所控制，常常出现一派掌权另一派就不合作的局面。

尽管中华会馆存在这样或那样的问题，但它毕竟是海外华人最具权威的华人组织，是华人社会的代言人，也是华人社会与中国使领馆之间的媒介。

## 华人联合会与仁爱堂

渥太华华人一向团结友爱，目光远大，寻求共同发展，而不囿于个人家族的利益。1914年，谭华钿和黄贤英携手成立了华人联合会（United Chinese Association）[174]，促进渥太华华人共同发展。成立后他们便要求中国领事前往联邦政府交涉华人移民政策，1920年，他们响应多伦多反限制协会（Toronto Anti-Restriction Association），建立本地分支，抗议人头税。通过自愿捐助、义务工作、相互帮助等方式，渥太华300名华人先驱形成了强有力的华人社区。他们增加华人凝聚力的一项重要举措，是组织华人前往比奇伍德华人墓园进行一年一度的扫墓活动，同时尽力为贫困华人排忧解难。据周强安（William Joe）与谭夏帼珍（Marion Hum）回忆，1925年，他们两家等一些老侨在比奇伍德墓园（The Beechwood Cemetery，老华侨叫必治活坟场）购买了四十个墓位，用来安葬那些没有亲人或无力支付的华人。

1930年代，周相家族、周在彦家族与谭氏家族团结在一起，成立了渥太华华人仁爱堂（Ottawa's Chinese Benevolent Association，戴高禄论文英译本中为 Chinese Benevolent Society）。这是一个华人社区的互助组织，照顾老弱病残及孤苦华人。抗日战争期间，渥太华华人出钱出力，尽全力支援祖籍国的抗日战争。他们购买中国国债券，募捐买飞机，甚至直接回国参战。

抗战期间，大洋之间的民用交通被切断，致使许多老华侨"叶落归根"的想法无法实现，只好考虑在他乡寻找自己的最终归宿。仁爱堂第二次在比奇伍德墓园又买了五十个墓位，并立了一座纪念碑。

这些规格统一平铺在地上的墓碑，如今被柏树墙环绕起来，称作"福荫园"。在福荫园之外，又建起了"怀远亭"。这些渥太华的华人先驱没有被岁月湮没，仁爱堂起了至关重要的作用。

## 渥太华中华会馆诞生

仁爱堂、仁爱会以及抗日会这几个名称，说的都是同一个团体。抗日战争胜利后，仁爱堂筹得的款项还剩余3000加元。

1958年，华人社区有人提议成立中华会馆。英文名称定为 Chinese Community Association of Ottawa，这与其它地方的中华会馆不同，例如温哥华的中华会馆称为 Chinese Benevolent Society。事实上，渥太华的中华会馆与世界各地的中华会馆并无直接关系，完全是一个独立的华人团体。

历史上渥太华中华会馆也曾于1977年8月参加过温哥华的全加中华会馆年会，但只是作为观摩，并非正式会员。参会代表回到渥太华后，表示并不赞同温哥华中华会馆通过的"承认中华民国为中国唯一合法政府"的决议。而温哥华中华会馆在拥蒋人士控制下因违背注册章程之宗旨及不依法选举，八名理事被控。1978年3月8日，不列颠哥伦比亚省法院史密夫法官判决温哥华中华会馆于6月16日重新依法由温哥华全体华侨选举1978年度新理事。会馆方面上诉失败，于1978年10月29日在法官监督下重新选举，拥蒋人士全部落选[175]。

弓木在《渥太华华人百年史》（8）中写道："仁爱会的活动得到了渥太华广大华人的支持，于是就在这个基础上从1950年开始酝酿成立中华会馆。经过几年的努力后，渥太华中华会馆于1958年正式成立。由各侨社推出27名代表组成理事会，第一任主席是周日洪（Jack Sim）先生。"

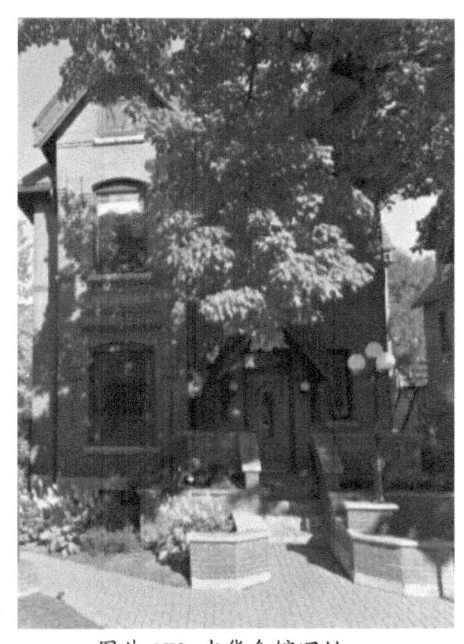

图片 179　中华会馆旧址，
吉尔莫街437号
（笑言摄于2015年）

1958年，中华会馆第一次理事会在周强安开办的国泰酒家召开。周日洪（Jack Sim）当选首任主席。当时渥太华中华会馆的骨干力量是在加拿大出生的第二代或第三代华人。旧会址一度在阿尔伯特街，会员几乎是清一色的餐馆从业人员，知识分子少之又少。当时加拿大社会对华人歧视仍然很深，而且由于工作性质的关系，一般华人多数白天睡觉，晚上才出来活动，所以白天很少能在街上看到华人。中华会馆成立后，很快成为华人聚集之所[176]。1969年由华人捐款购得吉尔莫街437号，中华会馆搬到新的会址。1982年，会馆迁往佛罗伦斯街（Florence St）80号。

渥太华中华会馆的会所由当地华侨捐款建立，真正掌握这个组织的是几位第二代华侨，他们远离政治，从不介入或参与中国政治。创会之后，中华会馆从未悬挂过任何中国政府的旗帜，也未攻击过任何中国政府。

## 历届主席

按照近年来中华会馆的计算方法，会馆于1958年成立，每两届选举一届理事会，到2008年中华会馆成立50周年时，刚好第25届理事会届满，第26届理事会履新。然而倒推时发现其中许多年份出现了例外。

中華會館歷屆主席　　CCAO Presidents

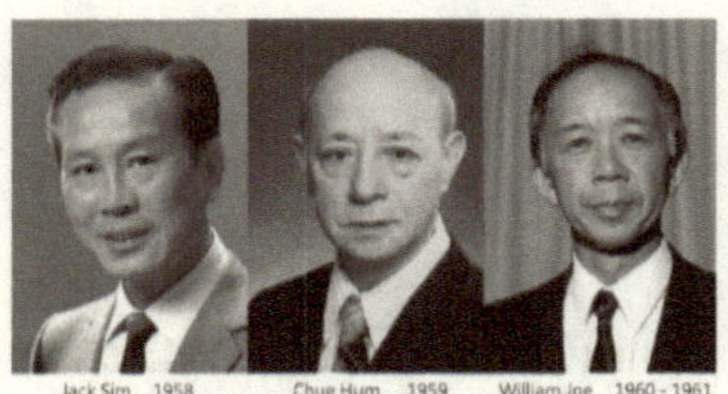


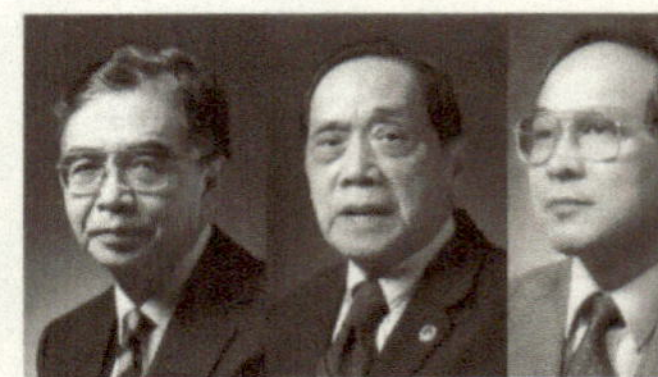


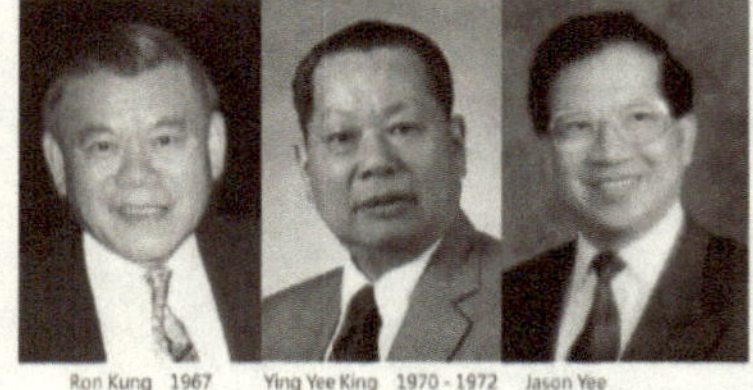


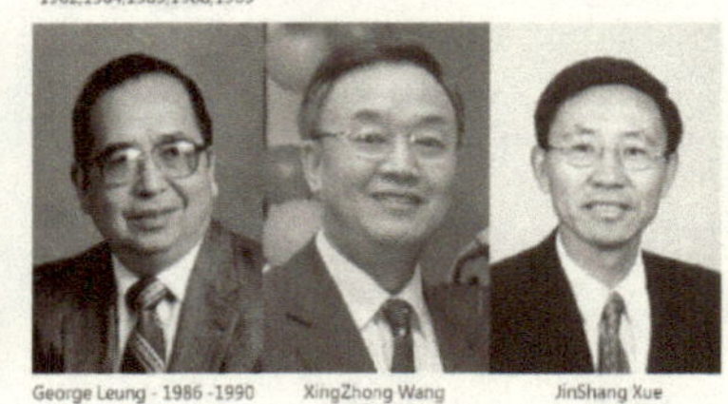


图片 180　2008年中华会馆成立50周年，部分历届主席肖像集。（薛金生提供）
后排左起：周日洪，谭汝超，周强安，谭锦照，李希勋，周日明
前排左起：龚培衮，龚英仪，余辉时，梁寿光，黄兴中，薛金生

表格 7　中华会馆历届主席

| 年代 | 姓名 | 年代 | 姓名 |
|---|---|---|---|
| 1958-59 | 周日洪（Jack Sim） | 1959-60 | 谭汝超（Chue Hum） |
| 1960-61 | 周强安（William Joe） | 1961-62 | 周强安（William Joe） |
| 1962-63 | 谭锦照（Joe G. Hum） | 1963-64 | 李希勋（Paul Lee） |
| 1964-66 | 谭锦照（Joe G. Hum） | 1966-67 | 周日明（Donald Sim） |
| 1967-68 | 龚培衮（Ron Kung） | 1968-70 | 谭锦照（Joe G. Hum） |
| 1970-72 | 龚英仪（Ying Yee King） | 1976-78 | 龚培衮（Ron Kung） |
| 1978-80 | 余辉时（Jason Yee） | 1980-82 | 余辉时（Jason Yee） |
| 1982-84 | 陈炳良（Bing Chan） | 1984-86 | 余辉时（Jason Yee） |
| 1986-88 | 梁寿光（George Leung） | 1988-90 | 梁寿光（George Leung） |
| 1990-92 | 林本固（Andrew Lam） | 1992-94 | 林本固（Andrew Lam） |
| 1994-96 | 郑茂源（Antony Cheung） | 1996-98 | 郑茂源（Antony Cheung） |
| 98-2000 | 谭百洲（Pak Chow Tam） | 2000-02 | 谭百洲（Pak Chow Tam） |
| 2002-04 | 谭百洲（Pak Chow Tam） | 2004-06 | 黄兴中（Xingzhong Huang） |
| 2006-08 | 黄兴中（Xingzhong Huang） | 2008-10 | 薛金生（Jinsheng Xue） |
| 2010-12 | 薛金生（Jinsheng Xue） | 2012-14 | 刘少勇（Shaoyong Liu） |
| 2014-16 | 刘少勇（Shaoyong Liu） | 2016-18 | 薛金生（Jinsheng Xue） |

## 中华会馆的宗旨

渥太华中华会馆的章程随着时间的推移作出过很多修改。会馆成立之初，曾由基督教牧师担任执委，章程中也明文规定要推广基督教。到1970年代，有关基督教的内容已完全从会馆的章程中消失。自成立之日起，中华会馆就表明自己是一个独立团体，并不附属或受其它团体的约束，经济上也完全独立。1977年，中华会馆再次强调在政治及宗教上保持绝对中立。

谭锦照担任中华会馆主席时，中华会馆制定了两个长期目标：一个是弘扬中华文化促进华人社区健康发展，另一个是发展华人社区与加拿大其他族群的相互理解，特别要强调的是要考虑到所有加拿大人的利益[177]。这两个目标至今对中华会馆乃至华人社区都有着深远的影响。

渥太华中华会馆的简介在历史上出现过不同版本，最近版本的基本内容如下：

"加京中华会馆（Chinese Community Association of Ottawa）是成立于一九五八年的非牟利慈善机构，旨在满足国家首都地区（渥太华–卡尔顿–赫尔地区）的社区文化和服务需要。成立初期，开会地点是在阿尔伯特街的国泰酒家。数年来，会馆职能多有增加。一九八二年迁入现址佛罗伦斯街（Florence St）八十号。

中华会馆是一个开放的、非牟利的慈善机构，旨在促进国家首都地区的社区事业和利益。会馆致力于增进中国文化的了解，加强与其他民族的友好关系。会馆在宗教信仰与政治上保持中立。本会馆始终站在加拿大人的立场，以加拿大的利益为要。

中华会馆共有二十七名理事，每两年公开选举一次。凡具有加拿大正式移民和公民身份，并在国家首都地区居住一年以上的华裔人士，均有资格选举与当选的资格。所有理事都不领薪酬。

中华会馆举办和赞助许多活动，例如一年一度的加京华人春节联欢会，艺术展览会，音乐会，乒乓球与网球锦标赛，围棋比赛，华胞郊游，探访住院老人，祭扫华人墓园，舞狮和武术班，为新移民办的英文班，为经济困难者办理免费葬礼，慈善筹款，政界候选人会议，以及反种族歧视活动等。会馆还每月出版《加华侨报》，定期制作加华电视节目，并且在建立渥太华中文学校、渥太华华侨服务处和日健康乐中心，以及为渥太华社区提供其他许多宝贵的服务方面，起到了重要作用。"

# 其它早期老侨社团

## 洪门民治党

　　加拿大洪门民治党前身为1863年成立于不列颠哥伦比亚省百架委路埠的洪顺堂。渥太华洪门民治党成立于1934年，地址在唐人街472号。

　　洪门本是明末清初的一个民间秘密地下组织，以反清复明为宗旨。民间流传着许多脍炙人口的故事，会员屡遭清廷捕杀，然而明党延绵不绝，至今三百多年，成为中国历史最长的一个政治党派。洪门充满传奇色彩和神秘感，单是"洪"这个字，便有种种传说。一说洪字取自明太祖朱洪武（元璋），另一说洪字取意于"漢失中土"，"漢"去掉"中"与"土"，便成为"洪"。满清时代，洪门会员每每被逼远走海外避难，因此奠定了海外洪门组织的基础。孙中山奔走海外宣传革命，洪门贡献很大。因革命志趣相同，孙中山也加入洪门为会员。革命成功后，洪门不愿更改会名以示不忘祖宗，

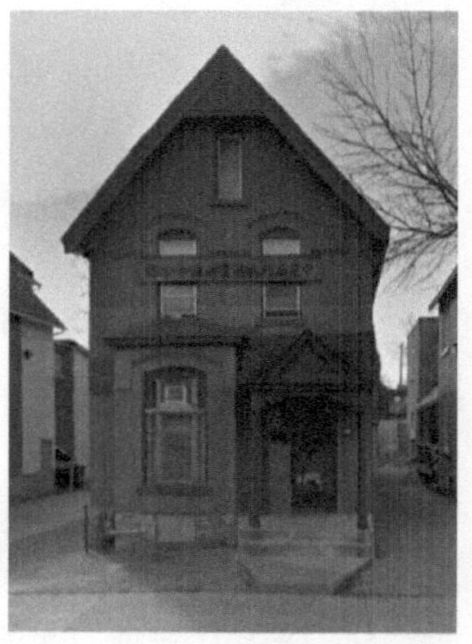

图片 181　萨默塞特西街472号
渥太华洪门民治党党部
（笑言摄于2015年）

孙中山以堂社非政党为由将洪门拒于政坛之外。1946年，洪门在上海召开全球洪门会员大会，正式改名为"中国洪门民治党"，并呼吁国共联合，一致抗外，因此而开罪于当时执政的国民党。

　　尽管源远流长，但加拿大"中国洪门民治党"直到1971年才正式向加拿大政府注册登记，成为享有捐款免税资格的合法民间团体。洪门总部设在温哥华，下分五个区支部，渥太华"加京洪门民治党"分部隶属多伦多区支部。

　　洪门与中国大陆源远流长，海外称民治党，大陆称致公党。2001年，中华人民共和国驻加拿大特命全权大使梅平在给全加洪门第32届代表大会的贺信中写道："加拿大洪门民治党具有光荣和优良的传统，在中国人民争取民族独立和解放的斗争中，特别是在支持孙中山先生的民主革命活动以及中国人民的抗日与解放战争中，都作出了积极的贡献。新中国成立以后，贵会一贯关心和支持中国的发展和建设，推动中国的和平统一大业。长期以来，作为加拿大全国性的华人社团，贵会致力促进侨社团结，维护

华人正当权益，为弘扬中华文化，加强中加人民友好合作做出了积极的努力，深受各界赞扬。希望全体洪门乡亲承先启后，继往开来，在新世纪为促进中加两国的繁荣和两国人民之间的友谊作出新的更大贡献。"

由于洪门民治党与中国的这些渊源，以及渥太华洪门在加拿大悠久的历史和鲜明的社会地位，使得每当渥太华洪门民治党举办大型活动时，如民治党的会员代表大会、成立周年纪念会、传统中国节日庆祝、前往比奇伍德墓园公祭先侨等，总有中加两国政府及政要出席活动。

# 渥太华龙冈亲义公所

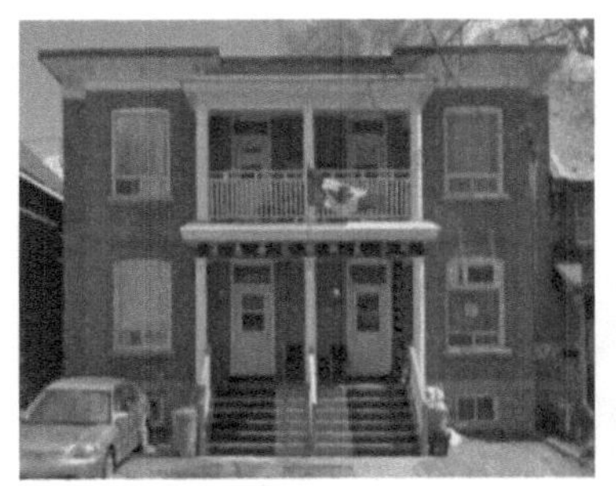

图片 182 剑桥北街165号渥太华
龙冈亲义公所
（笑言摄于2015年）

龙冈亲义公所是刘、关、张、赵四姓宗亲的国际性联宗组织，崇尚"忠义仁勇"的精神，起源于清朝康熙元年（1662年），广东开平水口镇刘、关、张、赵四姓宗亲所建的龙冈古庙。后四姓宗亲移居国外渐多，在美洲和亚洲各地建立龙冈亲义公所或古城会馆等宗亲社团。1960年在香港举行首届世界龙冈亲义恳亲大会，并成立世界龙冈亲义总会。

渥太华龙冈亲义公所的英文名称为：Lung Kong Tin Yee Association of Ottawa，位于剑桥北街（Cambridge Street North）165号。这座1990年由渥太华龙冈亲义公所自置的会所，于2012年全数缴清房贷，属于会所的永久财产。

同样，龙冈亲义公所在华人社区也很活跃，理事会改选、节日庆典、公祭先侨时，也经常有中加两国政府及政要出席活动。如2013年4月4日晚在东方明珠城大酒楼举办的庆祝世界龙冈日及新理事就职联欢晚会，渥太华市长吉姆·沃森（Jim Watson）与国会议员保罗·杜瓦（Paul Dewar）夫妇出席了活动。

渥太华龙冈亲义公所的历届主席有刘志攻、张重光、赵耘清和刘桂楠等。

# 加拿大东安省台山同乡会

如前所述，渥太华早期华人几乎全部来自广东四邑地区，即新会、台山、开平与恩平。台山是著名侨乡，旅加华侨长期通过各种方式支援家乡建设。1992年台山市市长陈卓俊访问加拿大，曾高度称赞当地华侨。他说："台山升格为市，加国华侨功不可没！[178]"

渥太华台山侨胞始终非常团结，但成立正式的社团较晚。加拿大东安省台山同乡会成立于1993年12月6日，英文名称为"Eastern Ontario Hoy Sun Association (Eohsa) Canada"，常设会址于渥太华肯特街397号，即后来的加华文化中心内。余荣衮当选为首任主席。

东安省台山同乡会自成立以来始终致力于联谊乡亲，结交朋友，团结互助，共谋福利，支持祖籍国和家乡建设。同乡会为非牟利机构，不涉及政治色彩和宗教信仰，支持加拿大多元文化政策，与各族裔组织及其它华人社团合作，共建和谐的加拿大社会，为维护当地华人的权益以及推动华人社区事业的发展做了不少有益工作。

历届主席有余荣衮、陈森等。

## 血缘宗亲会

谭氏宗亲会是一个全球性宗亲组织，宗亲会有一首著名的会歌——《世界谭氏一家亲》。渥太华谭氏宗亲会设在阿瑟街125号。

渥太华伍胥山公所（Eng Suey Sen of Ottawa）也是一个全球性血缘宗亲组织，凡伍姓华人均可参加。其宗旨是互勉互助，和衷共济，发展族务。除每年举行春宴活动外，还参与华人社区的活动。1996年温哥华分会曾欢宴来加拿大访问的中国国家体委主任伍绍祖宗亲。

余风采堂是另一个余姓宗亲会，其先祖广东韶关人余靖被宋仁宗御笔亲题"风采第一，广南定乱，经略无双。"故以风采堂为家族堂号。

渥太华这几个宗亲组织平时很低调，很少在华人活动中露面，几乎未见于报端，但遇到国际性大灾难时，却能慷慨解囊，积极救助。在比奇伍德华人墓园，怀远亭侧有一块属于他们的石板，上刻"伍胥山公所/谭氏宗亲会/龙冈亲义公所/余风采堂 捐助"。

## 加京潮州会

渥太华市的加京潮州会创立较晚，1997年4月15日成立。首任会长陈民智及各委任理事；刘潮信、袁臣洲、黄兴、吴膺莉等乡亲向政府申请注册（立案），并于1998年6月15日得到批准注册成为一个非牟利团体。2001年4月21日，渥太华市长宣布4月21日为渥太华"潮州日"，一时传为佳话。

# 中加建交（1970）

1970年10月13日中国与加拿大正式建立了大使级外交关系。双方互派大使，中国第一任驻加拿大特命全权大使为黄华。加拿大第一任驻中国特命全权大使为约翰·麦克劳德·弗雷泽（John MacLeod Fraser）。

黄华（生于1913年1月25日，卒于2010年11月24日），河北磁县人。中国外交家，燕京大学毕业。1971年7月至1971年11月，担任中国驻加拿大第一任大使，后由姚广接任。1971年中华人民共和国获得联合国席位后，为首任常驻联合国及其安全理事会的代表。1976年至1982年担任中国外交部长，其前任为乔冠华，继任者为吴学谦。

弗雷泽（生于1935年2月12日，卒于2010年12月29日），加拿大蒙特利尔人。他是加拿大外交史上经历重大事件最多的一位外交官，中加建交前他在香港做观察员，中加建交后他在北京为首任大使。水门事件时他在华盛顿，波兰团结工会兴起时他在华沙。

## 中国联合国席位

从1950年到1971年，中国代表权问题是联合国大会每年都要考虑争辩的问题。当时以统治台湾的蒋政权为代表的中华民国，在美国强力的支持下，被联合国接受为中国唯一的合法代表。在1950年代，由于美国在联合国的绝对优势以及对蒋政权的全力支持，联合国大会年年通过缓议案，以程序的手段策略，撇开实质内容的考虑。自1960年代初，由于亚、非洲新兴国家大量加入联合国，以及冷战东西对立与中立集团的新态势，搁置拖延的策略已经行不通。中国代表权问题被正式列入联大议程，进入实质性讨论。而美国的新策略是：解决中国代表权问题必须以"重要问题"方式来表决——也就是必须以大会三分之二的多数通过。

1971年，美国与中国、中国与苏联的关系发生变化，美国开始打"中国牌"，试图联合中华人民共和国以抵制苏联。同时，当年的联合国大会情况也发生了重大变化，数个方案都被并案提出讨论：首先，是阿尔巴尼亚等23国支持中共，主张让中华人民共和国进入联合国，排除蒋介石政权，这是第一个方案。第二个方案是美国等国家所提出的"两个中国"方案，主张让中华人民共和国进入联合国，但是要继续保留中华民国的席位。另外，尚有由沙特阿拉伯所提出的"一中一台"案，主张由中华人民共和国取得中国代表权，包括安全理事会的席位，但是，台湾应继续以台湾的名义身份留在联合国之内。同时，为落实人民自决的原则，尊重台湾人民的自由意愿与选择，应在联合国主持下在台湾举行公民投票决定台湾的将来。沙特阿拉伯驻联合国代表认为，"一中一台"方案是很合理的解决方式。这些提议突显了解决中国在联合国代表权问题时的复杂性和国际利益。

1971年10月25日，在情势非常紧张的状况下，联合国大会首先就阿尔巴尼亚案投票，以三分之二的多数通过了第2758号决议：中华人民共和国进入联合国，并"驱逐蒋介石代表"。在大势已去尚未投票之前，蒋介石政权的代表就退出了大会会场。第2758号决议通过后，中华人民共和国在联合国成为中国唯一的合法政府。不但如此，其他联合国体系的相关国际组织也都先后由中华人民共和国取代中华民国。

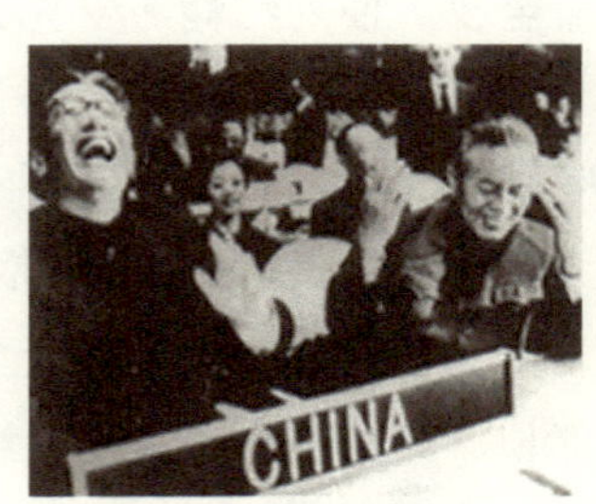

图片 183 乔冠华（左）
与黄华（右）
在第26届联合国大会上

## 渥太华华人的态度

在渥太华，支持新中国与反对共产党的都大有人在。1968年曾有30名华人上书加拿大总理皮尔逊，反对加拿大承认中华人民共和国。同年特鲁多当选总理后，也有其他华人组织游说国会，表达同样的诉求。其中一个组织表示与北京互派大使如同"让大门洞开，任共产主义间谍的洪水在美洲泛滥。位于渥太华的中国大使馆将成为北美游击战的前线哨所和指挥部。"但历史的车轮不可阻挡，中加两国很快实现了关系正常化。

1970年10月中加建交后，政治上巨大的转折对台湾当局以及他们在渥太华的支持者来说是非常痛苦的。中华会馆尽管一再表明作为一个团体始终保持政治中立，但当时仍然有相当一部分亲台会员。而洪门民治党却公开支持中国大陆。许多华人团体处于兴奋之中，他们兴高采烈地准备欢迎第一位来自中华人民共和国的大使黄华先生。

多数华人移民对中加两国关系正常化充满期待。他们为自己能在有生之年第一次看到中国在国际舞台上如此活跃和充满活力而感到骄傲，甚至连生在加拿大的第二代华人也受到了鼓舞。中加两国建交以及紧随其后的亲属团聚政策打破了两国间存在了几十年的藩篱，使得中国大陆华人能够重新走出国门，移民加拿大。随着两国交往的不断深入，加拿大在20世纪70年代末到80年代初掀起了中国热，唐人街很快呈现出前所未有的繁荣。

其后，两岸关系也影响到了渥太华中华会馆理事会的选举。由于中华会馆章程中明确规定会馆不参与政治纷争，大多数会员保持了中立。有人讲："当一个人成为加拿大公民，他就不该再参与到祖籍国的政治斗争中去……我看不出我们可以从左派与右派的对抗中获得任何东西。"也有人讲："我有一份好工作，我可不想让皇家骑警来调查我。也许有的华人组织已经走得太远了。[179]"然而，不同的声音并未改变中华会馆理事会一直由港台华人移民主持的现状。直到2004年，黄兴中才作为第一位中国大陆移民当选为中华会馆的主席。从此之后，中华会馆的机关报《加华侨报》不再是整版的台湾新闻时事，而开始刊登中国大陆的内容。

北京大酒家的业主之一方锦波在1977年10月接受《加京华报》采访时曾感慨道："以前我们当街被（白人）小孩子骂，'Chink（中国佬），滚回你的老家去！'而且当时绿衣（即警察）都是白人，歧视华人的。"他认为自从中国和加拿大建交后，情况有了好转。就算有人心里瞧不起中国人，也不会那么猖狂了。尤其是中国国际地位的提高，使华侨的地位也受到了尊重。

## 家庭团聚政策（1971）

中国史学界一些人主张以"20世纪70年代以来"对新老移民划线，是因为1971年6月，在周恩来总理的坚持下，中国国务院颁布了《关于华侨、侨眷出入境审批工作的规定》，恢复了对归侨和侨眷的出国审批。政策的松动对传统侨乡影响甚大，虽然手续复杂条件严格，一些归侨侨眷已经有机会得以申请出国。

1971年加拿大正式出台多元文化政策，温哥华唐人街被指定为历史遗迹。1976年的移民法案，经特鲁多总理的强力推行，进一步反映出加拿大移民政策的变化，从而有效地结束了加拿大移民政策中的制度性歧视。

加拿大1971年的人口普查显示，共有人口21,568,310，其中97%籍贯为欧洲。出生在加拿大以外的移民有3,295,530人，占总人口的15.3%。华人只有67,925人，约千分之三。

1973年10月，加拿大总理特鲁多正式访华，会晤了周恩来总理与毛泽东主席。双方同意处理来自中国的家庭团聚申请，加中关系得到进一步发展。1977年10月4日至7日，曾在渥太华担任过首任大使的中国外交部部长黄华正式访问渥太华。双方就贸易、能源、农业、住房、基建等领域进行了磋商。据《加京华报》称："中国外交部长黄华与加外交部正考虑加速使华裔加拿大公民能与其在中国大陆内的亲人团叙。"

1978年，中国国务院颁布《关于放宽和改进出国归侨侨眷出境审批意见》，1979年，又进一步简化了审批程序。这些政策出台后，有亲属在加拿大的归侨纷纷申请移居加拿大。1973至1988年之间，前往加拿大的中国大陆移民超过三万人。

众多家庭受惠于这些家庭团聚政策，周树邦一家便是其中的一员。周树邦1937年生于广州，父母均为医生。当时正值日军侵华，周树邦是家中最小的孩子，他出生不久母亲郑组文便带着一家四个孩子和年迈的母亲前往澳门躲避战乱，他的父亲周守仁因肺病严重不能同行而留在了广州。尽管当时广州失陷，交通困难，但他母亲还是经常独自回广州照看丈夫。周树邦三岁那年，父亲在广州病逝。抗战胜利后郑组文带着全家回到广州，继续开诊所，很快成为著名的妇科医生，1946年开办了"郑组文妇儿产科医院"。由于解放后私人医生不能再开医院诊所，郑组文选择带着做医生的大儿媳前往香港继续开诊所行医，后移民美国[180]。

周树邦在广州完成高中学业，1954年考入北京医学院。1959年毕业，分配到北京医学院基础医学系生物化学教研组工作了17年。经历十年动乱，遭受过许多劫难。1973年侨眷出境政策放宽时，周树邦的母亲已成为美国公民，想把儿子接到自己身边，但那时中美尚未建交。于是周母从美国来到渥太华，商定由周树邦在渥太华的姐夫黄祖永向加拿大移民局申请周树邦一家到加拿大亲属团聚。黄祖永是渥太华卡尔顿大学教授，世界地面机械研究领域的知名专家，后来成为渥太华中国校友会的首任会长。

周树邦的妻子冯莲波也是广州人，1965年毕业于北京中医学院（1993年改名为北京中医药大学），同年她和周树邦在广州结婚。由于冯莲波毕业后被分配到了江西赣南医专任教，这使得原本就繁琐的移民申请手续变得更加困难重重。一直到1975年年底，夫妻俩才将移民手续办妥，离开北京前往加拿大。1976年1月16日，周树邦、冯莲波带着女儿终于踏上了加拿大的国土，定居渥太华[181]。

周树邦退休前在安省卫生部公共卫生实验室工作了很多年。他的妻子于1981年4月在唐人街开了第一家华人中医中药店——中国医药中心，并且入乡随俗，称自己为周冯莲波医师，悬壶济世，治病救人。周树邦自小在澳门时便开始信奉基督教，来渥太华之后马上加入了渥太华华人联合教会，多年来为教会也为华人社区做出了很大的贡献。

# 渥太华中文学校独立办学（1971）

## 脱离教会

1970年10月13日加拿大与中华人民共和国正式建交，渥太华的华人社团也随之发生了一些变化。随着来自不同地域的华人移民不断增多，中文学校急剧壮大，使原本就经费拮据的华人教会更加捉襟见肘。尽管教会依然积极支持中文学校，从地下室到顶楼都加了教室，增聘了教师，但不论资金还是行政管理都遇到了瓶颈，急需专业人士主持管理。陆慕霞女士第一次以非教友的专业人士身份介入学校管理，担任了中文学校的主任。

1971年初，佘静明校长向教会建议，中文学校应转由华人社团管理。教会正愁无法解决这个难题，马上同意中文学校与教会分离，各自发展。但经过反复研讨、协商、谈判，中华会馆却始终没有同意接管渥太华中文学校。

华人教会不堪重负，于1971年冬直接向学生家长发出通知，声称教会传教工作日渐繁多，教会本身人手不敷，故决定在冬季学期结束后，停止继续开办中文学校[182]。

家长们收到通知后，莫不为子女以后的中文教育担忧。他们自发组织起来，召开会议，成立了中文学校董事会，肩负起继续开办中文学校的责任。当时的董事会共十人：陈炳良（董事长）、赵中和（副董事长）、余岑少龄（秘书）、洪逸滨（财政）、黄国信夫人（教育组主任）、林方、司徒溢、梁高崙夫人、李玉祥夫人、丘区慧庄女士。

董事会是成立了，却一分钱的资金都没有。华人教会在麦荣禧牧师协调下，决定捐助200加元。中华会馆理事会也通过了龚英仪主席的提议，同意捐助中文学校1000加元。这两笔捐款有效地缓解了中文学校财政方面的燃眉之急。在教学方面，此时已接任校长的陆慕霞女士和原有教师同意留任，联合教会同时允许中文学校在1972年春季学期，继续借用其地下室作教室。就这样，董事会临危受命，暂时解除了危机。

董事会做的第一件大事是筹款。他们组织了华人社区文艺晚会，获得当地华人的热烈响应，观众达七、八百人，筹得款项七千余元。

借用联合教会地下室上课终非长久之计。渥太华中文学校于1972年正式并入渥太华教育局国际语言课程，由教育局安排借用渥太华商业中学的五间教室，从此翻开了渥太华中文学校历史上新的一页。

服务中文学校多年的陆慕霞校长于1978年3月24日逝世，讣告刊登在1978年4月3日《加京华报》。

## 并入渥太华教育局国际语言课程（1972）

渥太华中文学校并入渥太华教育局国际语言课程之后，提供从幼稚园到小学八年级国语和粤语教学。

早期的中文学校只限于开设在会馆、堂所或教堂之内。加拿大联邦政府实行多元文化政策以来，各省政府也鼓励少数族裔保留母语，很多公立学校与教会学校在各自的教育局统筹安排下，开始接纳少数族裔团体利用周末在校内开设母语学习班。渥太华中文学校的校址选在渥太华商业中学（High School of Commerce），位于渥太华市区西南的意大利社区之内，罗切斯特街300号。商业中学早在1929年便迁入此处，成为自己独立的建筑，与著名的格里布中学（Glebe Collegiate Institute）西端相邻。

进入商业中学的头几年，中文学校依然处于经费紧张，人力窘迫的境地，几至不能传继。幸亏有热心华人奔走张罗义务执教，勉强维持传衍中华文化之责。

据当时的校董黄自键回忆，董事会每年都要靠本地华人、商店、外卖餐馆及家长的捐款维持。他曾经下班后跟着司徒溢披星戴月，开车到周边各外卖餐馆上门筹款。中文学校于风雨飘摇之际，也曾得到商业中学多方周全，鼎力支持才坚持下来。后来联邦政府倡导多元文化，中文学校的教师才可以领到教育局发的工资，学校也得到一些资助。但其它的行政杂费，仍需由学校自筹。董事会坚持行政自主与独立，所有学校其它开支，包括校长与行政职员的车马费以及书本、校刊和练习本的编印费，甚至农历新年游艺会的支出等等都要董事会设法筹划。

## 历届校长与大事

表格 8 渥太华中文学校历届校长

| | |
|---|---|
| 1903-1968 | 华人教会牧师 |
| 1968-1971 | 余静明 |
| 1971-1977 | 陆慕霞 |
| 1977-1981 | 何方淑清 |
| 1981-1982 | 谭炽南（代） |
| 1982-1989 | 陆陈式薇 |
| 1990-1993 | 范浩泉（代） |

| 1993-1994 | 张祥生 |
| 1994-1995 | 周素品（代） |
| 1996-1997 | 冯庆仪 |
| 1998-2000 | 周素品 |
| 2000-2001 | 冯庆仪 |
| 2002-2015 | 周素品 |

1974年，中文学校开办下午术科课程（兴趣班）。注册为"非牟利、无宗教及政治立场之立案法团"。

1976年，成立教材小组，负责发展及统筹教材。1977年，出版第一本教科书《基本汉字》。此书后来也被其它中文学校购买使用。

1977年何方淑清校长上任。何校长生于北京，抗战时期就读于金陵女子大学。抗战胜利后举家迁居马来西亚的沙巴州，从事教学及绘画。1971年移民来到加拿大。

1978年，发布了校刊创刊号。正式成立图书馆。

1979年，加盟渥太华教育局属下的祖裔语言课程。5月26日，中文学校举行了会员大会，选举了下届新董事。名单如下：陶赫地、司徒溢、顾龙发、李博志、劳长春、赵耘清、邱区慧庄、陈刘满平、陈锦新、黄自健、陈何肖庄。改选之后，6月16日，中文学校组织了传统的郊游活动[183]。6月9日1978-1979年度学年结束，在商业中学礼堂举行了结业典礼，参与学生、教师和家长约200人。

1981年，何方淑清任职四年之后，《加京华报》刊登了她辞职的消息。

"何方淑清女士，任渥太华中文学校校长四年；现因私人事故，辞去校长之职。由1981年8月7日起，该校校董会已正式接纳其辞职书，并任命校务小组谭炽南先生为署理校长，直至新校长上任位置。

该校校董会现组成一聘选委员会，负责选聘下届新校长。对侨教有兴趣并热心侨社工作的人士，请与该委员会主席何兆权博士接洽。[184]"

谭炽南先生短暂代理校长之后，中文学校迎来了陆陈式薇校长。

陆陈式薇原籍福建同安县人，香港出生，早年在葛亮洪师范学院攻读，毕业后前往纽约福特汉姆大学（Fordham University）继续钻研教育。陆校长的丈夫陆冠雄医生是渥太华儿童医院血液科主管，家学渊源，曾任职香港大学医学院小儿科两年、麦克马斯特（McMaster）儿童医院专科医生六年。1976年渥太华儿童医院开诊后，陆医生便开始受雇工作，是渥太华华裔医生的佼佼者。陆氏夫妇育有三个孩子，老大老三为儿子，老二是女儿，生活幸福，家庭美满[185]。

渥太华中文学校的办学模式与其它语言学校一样，也是每个周末上半天课。除去休息时间，每次实际上只有两到三小时在上课，反而不如在教会时每天傍晚都上课效果好。学校自然发现了这个问题，但一直没有好的解决办法。1981年学校首次尝试举办暑期夏令营。陈美如、彭竹娇与黄璐璐三位老师负责带领47名学生，每天上午8时到下午4时，共20天。陈美如老师写下一篇文章，赞扬夏令营的活动非常丰富，学生们说中文、写中文、唱中国歌曲、听中国历史故事、看中国电影、学魔术表演、制作中国主题的手工、跳中国土风舞等。并乘双层游览车、乘游船观光。还参观了博物馆和国会大厦的和平钟楼。实践证明，经过夏令营的学习，学生们的中文水平明显提高。从此这种寓教于乐、集中强化的教学方式被渥太华中文学校坚持了下去，也被后来其它的中文学校广泛借鉴采用。

1982年，中文学校出版《中国语文》教科书第一至六册。增设祖裔语言第七年课程。1983年，增设祖裔语言第八年课程。出版《中国语文》的幼稚园课本。渥太华中文学校申请的"中文学分科"得到教育局批准，定名为"第十班中国语文（Chinese 10A）"。学生修完该科课程经考试合格后可获得像其它选修语言，如拉丁语、西班牙语与德语等中学学分（High School Credit），安省承认为高中毕业文凭学分之一[186]。

# 全 加 中 文 学 校 协 会

1983年11月19日，全加中文学校协会在渥太华中华大厦召开了全加中文学校协会第一次理事会会议。会议代表来自全加各地，除温哥华加西台湾大专同学会中文学校与温尼伯格中华文艺学院代表外，其余八所学校均派出代表参加。大会产生了第一届理事会，任期两年。

主席：渥太华中文学校
副主席：温尼伯格缅省中文学院
财务理事：圣约翰纽芬兰中文学校
教育理事：埃德蒙顿爱城中文学校
理事：温哥华华侨公立学校、温哥华加西台湾大专同学会中文学校、温尼伯格中华文艺华侨公立学校、滑铁卢中文学校、蒙特利尔华侨互助社中文教育组
全加中文学校协会最初由温尼伯格付权教授及一群热心中文教育的

人士，于1982年8月召开"全加中文教育大会"时酝酿发起。宗旨为非牟利、无宗教派别、无政治立场，纯以联络各地华校，沟通中国语言教学经验及推广中华文化为目的。凡在加拿大境内拥有30名以上注册学生的中文教育机构，均可申请入会。

1984年8月3日至5日，来自九个行省，四十多所中文学校及文化机构的一百六十五位代表，参加了在渥太华卡尔顿大学举行的第二次"全加中文教育大会"。大会由全加中文学校协会主办，议题为"在加拿大的中文教育：困难与机会"。

8月3日晚7时半，在卡尔顿大学公共大楼绿厅举行了招待会。会上渥太华中华会馆主席余辉时先生应邀发表了题为"在加中文学校的鸟瞰"的专题演讲。8月4日早9时，全加中文学校协会会长赵耘清先生致开幕词，大会正式开始。联邦政府国务部考斯塔先生（Mr. M. Da Costa）首先做了主题演讲。接下来渥太华、多伦多、埃德蒙顿和温尼伯格的四位代表分别从教学与学习的角度发表了见解，并回答了与会代表的问题。午餐时渥太华大学的古尔车斯尼教授（Professor R. Gourchesne）作了专题演讲，他演讲的主题是"多元语言儿童心理剖析"。

午餐后与会代表分别参加三个不同的专题讨论会：1、中文学校提供的文化课程——论其相关性与重要性。2、课堂的实际问题及如何应付。3、高级中文——课程与学分。当晚全加中文学校协会在扬子江酒楼宴请与会全体代表，国会议长佛朗西斯（Lloyd Francis）、国务部部长代表、渥太华市长代表等也出席作陪。佛朗西斯议长即席致辞，赞扬了中文教育在多元文化中的重要作用。

8月5日上午，多伦多代表 Ms. Dorthy Chin 作了题为"对中文教师的思维与建议"的专题发言，下午渥太华代表 Mrs F. M. Wagstaff 作了题为"中文学校在加拿大的去处"的专题发言。下午5时，渥太华赵君瑢博士作了大会总结报告。大会圆满结束[187]。

加拿大中文教育在华人教育工作者及热心人士的努力下，不断结出硕果。各地中文学校坚持推广中文教育，发扬中华文化优良传统。渥太华中文学校也取得了巨大成就，陆陈式薇接手学校时，共有学生300多人。经营几年后，学生成倍增长，而且还有候补生等待入校。就连许多旧生，也因注册较迟被忍痛割爱。当然，中文学校学生的多少并不完全取决于学校的管理水平与教学质量，而主要取决于加拿大政府的移民政策与实际的移民数量，但毕竟也与中文学校的努力分不开。没有中文学校的优异表现，不可能从教育局争取到更多的财政支持，也不可能增加借用教室的数量。

## 关闭商业中学带来的危机（1985）

中文学校与寄生的宿主商业中学相处融洽，并从商业学校获得许多便利与支持。但因社会经济结构转型，商业中学的生源持续下降，终于难以为继。1985年8月中旬，教育局决定将其关闭，中文学校因此面临失去教室的危机。据1985年10月第8期《渥太华华人中文学校校刊》谭锦照（Jason Hum）先生的一篇英文回忆录，1985年中文学校已经有学生800名，分别在35个教室上课。中文学校何去何从，众说纷纭，莫衷一是。董事会江智钟做了详细调查，当时并没有合适的学校可以取代商业中学供中文学校使用。

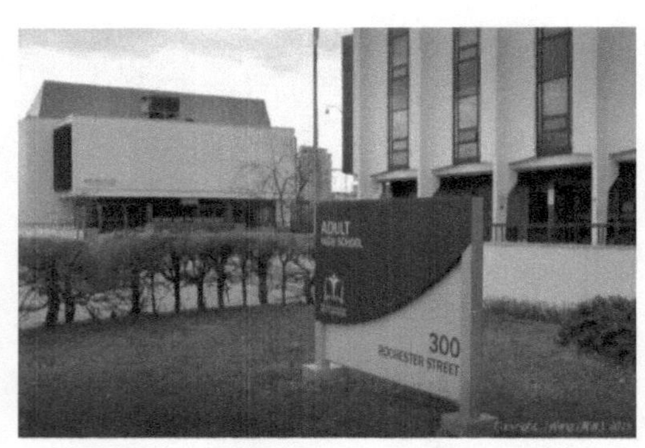

图片184 渥太华中文学校自1972年起使用的校址——成人中学（原商业中学）（笑言摄于2015年4月18日）

学校董事会于1985年10月26日召开家长大会。会上学生家长及各界人士形成共识，决定向教育局提出请愿诉求。会后家长们立即发起签名请愿，并在华人媒体呼吁支持。华人社会一时间民意沸腾，群情汹涌，成为本地焦点新闻。活动历时数月，发动华人社团及中加人士近千人。渥太华教育局遂于12月16日举行了听证会，中文学校由董事长赵耘清出面陈述情况并请求教育局允许中文学校继续使用商业中学的设施。中华会馆秘书长林本固、妇女会会长李萍、中文学校校长陆陈式薇及家长会多人均到场支持。经多方研讨，听证会后教育局做出决定，暂停关闭商业中学，中文学校继续使用该校设施上课。

这次活动的成功，对华人社团具有深远的意义。此前渥太华侨团极少对政府政策法规进行抗争。华裔身为加拿大公民，对有损华人权益的决定，终于发出了自己的声音。这次活动的成功，除了董事会的不懈努力，中华会馆等社团的有力支持与家长们的积极奔走都起到了至关重要的作用[188]。

1986年6月初，渥太华教育局向市教育委员会提交了一份关于关闭三所中学的研究报告。报告中建议，将商业中学改办为成人教育中心。商业中学地点适中，停车场大，新建的教学楼面积大，易于扩建，是成人教育中心的理想场所。同时，教学建筑内现有的中文学校可以不受影响。7月间，市教育委员会批准了这一提案，成人中学逐渐接管了整个建筑。而中文学校未受影响，一直在这座建筑中存在下来。

## 校训校徽

1985年10月，渥太华中文学校在当地报章上公开征求校训。1986年6月1日《加京华报》报道，校董会在四十多份应征稿中选出"乐群尚学"四字作为校训。1986年，渥太华中文学校学生人数继续增加，已有国语10班、粤语21班，此外还有学分班、成人国语班、粤语会话班、成人太极拳班和下午术科班等，学生人数超过930人。11月起，还举办了丰富多彩的专题讲座，内容包括医学常识、珠宝、中文电脑、投资、人寿保险等。学校还举办游园会、开放日等对外活动。校刊出到了第9期。读那时的中文报纸，不时能见到"中文学校学生注册额满"的消息。

1987年，正式采用现行校徽，并制定校旗。成立电脑小组负责中文学校电脑化事宜。1989年，完成整套教科书：幼稚园高班读本、语文作业第一至六册及生字练习第一、二册。1990年，成立视听组，负责供应视听教材的需要。1991年，开办国、粤语学分班安省文凭（OAC）课程。成立义务家长小组，负责联络家长参与和协助各活动。出版《词汇手册》上、下册。

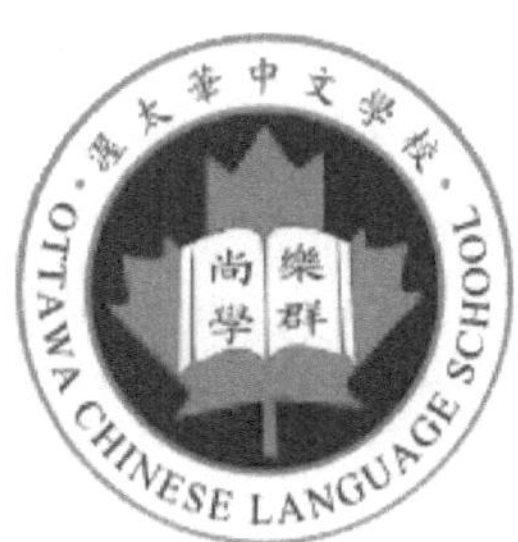

图片185 渥太华中文学校校徽

## 持续发展

1992年，庆祝建校20周年。确定剑桥街分校为幼稚园教学场所，小学部与幼稚园部分校上课。1993年，因学生增多，学分班迁往格里布中学（Glebe Collegiate）上课。1994年，重整学校行政，设立财务组。1995年，渥太华教育局处理学分班的全部行政工作，但中文学校仍与学分班保持联络。协助筹款修建华人墓园，在比奇伍德华人墓园的怀远亭旁，可以看到渥太华中文学校的捐赠牌。

1998年，周素品女士开始担任校长。这一年电脑小组完成了幼稚园至六年级的中国语文学习软件，学生可以自己在家学习中文。1999年，设立互联网址，为家长提供快速资讯。

2002年，庆祝建校30周年。2003年，鼓励学生参加渥太华社区的绘画比赛，渥太华中文学校的学生获得其中14个奖项。2004年，中文学校主持了在渥太华举行的中国语言学院会议。各省份的许多中文学校前来参会，大会非常成功。2005年，实现办公电脑化。2006年，计划两年内实现图书馆电脑化。2008年，学校将全年学费从80加元下调到45加元，包括30元书本费与15元活动费。2009年，派送数位教师前往萨斯卡通（Saskatoon）参加全加教师培训。2010年，设立了渥太华中文学校部落格（博客）：blog.huayuworld.org/ocls1972。举办了为期五天的夏令营。2011年，设立了新的互联网址：ocls-ottawa.ca 和电子邮箱：office@cocls-ottawa.ca。

2012年，校庆40周年。学校举行了40周年标志设计比赛，校庆筹划组特别编撰了40周年校庆专刊，其中不仅有渥太华-卡尔顿教育局官员们的贺词，还有历任董事、义工、学生家长以及学生们的感言。更为重要的，是特刊回顾了1972至2012四十年间渥太华中文学校的历史，首任校长佘静明及首任董事长陈炳良均撰文纪念。校刊列出了四十年来所有校长、副校长及教职员的姓名，列出了历届董事会成员。这一页又一页的姓名，就是渥太华中文学校历史的书写者，他们的人生也因此而散发出光辉，渥太华的中文教育事业饱含着他们的付出与奉献。校庆纪念活动一直延续到2013年，学校首次举办农历新年自助午餐聚会。特别校刊也在这一年出版。

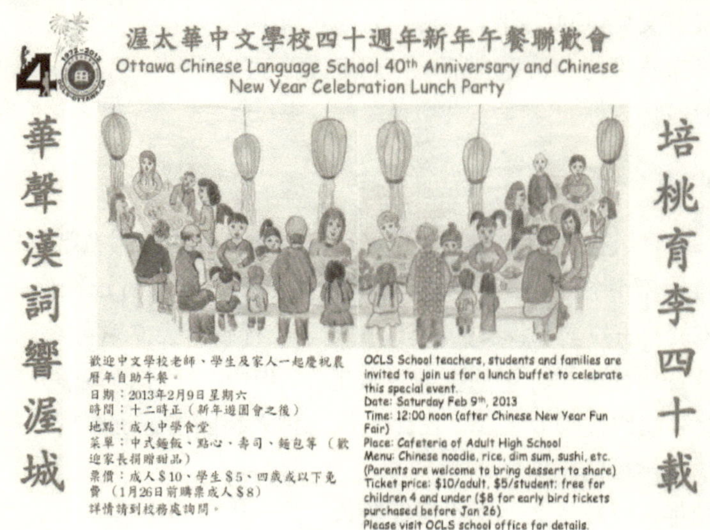


图片 186 校庆40周年联欢会通知

　　周素品校长在40周年特别校刊的校务报告中写到："回想当初，一班老华侨建校初期之辛苦，他们每星期回校搬排桌椅以待学生来上课，那种兴奋的等待，有希望的等待，是何等期待的心情！期待幼苗的成长，期待他们将来能够把中国五千年文化一代一代传承下去。"

　　其实，一代一代的渥太华华人，都怀抱着同样的希冀，也都在尽着自己最大的努力。周素品校长于2014年9月28日在台北获得了第一届海外师铎奖。此奖由财团法人海华文教基金会设立，旨在表彰激励海外中文学校教师长期从事华文教学工作，宣扬中华文化。

　　为使中华文化在海外薪火相传，中文学校任重道远。而中文学校一向是华人社区的成功典范，也获得了渥太华华人的广泛支持。中文学校不仅是学生学习的地方，也是家长交流的场所，更是华人社区的一个集散地。学生已经毕业了一批又一批，教师也换了一茬又一茬，渥太华中文学校却一如既往，教书育人，乐群尚学，蓬勃发展。

# 加京华侨服务处（1975）

## 一张办公桌起家

　　二十世纪七十年代以后，不断有新移民从香港移民渥太华，大陆移民也开始迅速增多。新来的移民在生活、就业和语言上常常遇到困难。1975年，华人社区的几位热心人士决定成立一个机构，为新移民也为华人社区做一点有意义的事。这些人当中有从香港来加拿大求学后留在渥太华的华人，如邓守智医生（Dr. Albert Tang）、吴崇勋（Simon Ng）、冯秉持（David Fung）和苏守芳（David Su），也有早期来加或出生在加拿大的本土华人，如龚英仪（Kung Yee）、龚培袞（Ronnie Kung）和周强安（Bill Joe）等[189]。当时龚英仪、龚培袞和周强安都是中华会馆的骨干，而且三人均担任过中华会馆理事会的主席。除"华侨服务处"外，中华会馆还倡建了"耆英会"和"青年会"，而耆英会的实践也为后来的日健高龄康乐中心奠定了基础。这些机构独立运行，相互补充，为华人社区提供了更加全面周到的服务。

　　当时他们申请到联邦政府人力与移民部（Manpower and Immigration Department）提供的一笔"地区性自助计划"辅助金，并向中华会馆借到一张临时的办公桌，于1975年 12月1日在吉尔莫街（Gilmour St）437号创立了"加京华侨服务处"。简单地说，华侨服务处就是一个政府赞助的新移民服务机构，服务处提供免费服务，新移民无论有安家、找工作、学英语、看病、处理银行事务等各种问题，都可以找他们帮助解决。

## 依靠政策，服务移民

　　1976年6月26日，申请到的辅助金已全部花光。在渥太华各华人团体的协助下，华侨服务处筹募到一些经费，支付各项开支后继续工作。1976年9月开始，华侨服务处向人力与移民部申请定期资助。1977年1月1日华侨服务处在加拿大财政部门正式注册为非牟利性的组织，每年4月31日与人力与移民部重新签约，由移民局资助，为渥太华地区的华人服务，帮助华人移民适应加拿大生活。

　　当时华侨服务处只有两位员工，主要工作是笔译、口译和陪同传译，行业涉及到医疗、福利、失业保险金、求职、教育训练班、所得税、书信公函、入籍问题、房屋问题、劳工、法律、保险、银行存款及汇款、旅游、儿童及家庭等众多领域。1976年至1977年间，服务处在安大略省注册为一个非营利组织，在加拿大税务局注册为一个慈善机构。根据1976年的统计，在服务处登记的档案共有357位华侨，服务处提供的服务则有1539宗[190]。而1977年帮助过的华人有604位，服务事项2044宗，服务项目按要求多寡依次为求职、社会福利金、养老金、退税金、退休金、免费医药补助及一般生活困难[191]。

## 推出新移民安置项目，搬往班克街

二十世纪七十年代后期到八十年代，大量从越南出逃的华裔难民占据了华人移民的首位，这些难民大部分为私人或者政府资助来加，这样一来，来服务处求助的人比过去多了一倍。1985年，服务处从省政府申请到拨款，推出新移民安置项目。资助来源还包括联邦国务和公民事务部、安大略省政府公民部以及当时的渥太华和卡尔顿地区政府。1989年，服务处获得联邦政府提供的举办新移民英语培训班的经费，即后来1994年的新移民语言授课服务 LINC，这项服务很快成为服务处最受欢迎的项目之一。华侨服务处这时已搬到了班克街391号的二楼。

二十世纪九十年代，由于中国政府执行经济开放政策，许多受过高等教育的中国人有机会移民到加拿大。大量有计算机专业背景的华人被高科技行业所吸引而移居渥太华。服务处马上开设了求职服务项目，帮助这些来自中国的新移民在首都高科技产业找到满意的工作。作者在1998年曾经上过华侨服务处举办的一期求职指导班，结束环节是新移民面对西人教师模拟面试，实用性很强。

进入二十一世纪以后，服务处开始在卡纳塔等地建立分支服务站。2005年服务处进行了机构改革，以适应新时期的服务需求。当时还在天主教移民中心任安置部经理的耿静惠（Sharon Kan）被借调到服务处，在六个月中每个工作日花半天工作时间在服务处工作。她主导重组了服务处及董事会的架构。在此期间，服务处从安省延龄草基金会（The Ontario Trillium Foundation）得到了建设基金。天主教移民中心、阿克斯耶姆（Axiom）咨询公司以及加京华侨服务处以程硕浩为首的董事会都为建设项目提供了意见。六个月后，靠着加拿大公民移民部的拨款，耿静惠终于能够在华侨服务处全职工作，后来还担任了服务中心的执行总监。

## 乔迁新址，更改名称

2006年11月，加拿大公民移民部追加拨款以实施现有的服务项目并启动新的服务项目。加京华侨服务处从班克街狭小的办公地点搬到了肯特街381号，办公面积和工作人员数量都是过去的两倍，办公设施也得到很大改善。2007年3月服务处开始与多家市属图书馆合作，开办新移民安置服务[192]。

由于服务范围及服务项目的不断扩大，移民人数的不断增加，移民结构的不断变化，"加京华侨服务处"于2008年5月更名为"渥太华华人社区服务中心"。不过渥太华华人社区服务中心的服务宗旨并没有改变，仍然"是一个非牟利、无宗教和政治党派的社会服务机构，致力于协助新移民在经济上和整体生活上融入加拿大主流社会，在渥太华首都地区安居乐业"。

2009年，服务中心开始运作义工项目和新移民耆老扶助服务项目。就业服务部获安省公民移民部的拨款，增设职场导航项目，开启雇主合作和就业导师培训服务。2010年，服务中心举办了成立35周年庆祝活动。同年就业服务部获得加拿大联邦政府公民移民部的拨款，推出 MAPLE 项目，这个项目在温哥华和卡尔加里均有合作伙伴。MAPLE 项目的宗旨是通过实习途径为新移民创造就业机会，并借此帮助雇主增加不同文化之间的理解和包容。2012年，就业服务部创办国际人才交流中心（In-TAC），帮助来自逾105个族裔的广大客户联络更多企业，从而帮助具有国外教育背景的移民更快找到专业对口工作。

2013年，服务中心作为市长吉姆·沃森（Jim Watson）访华代表团成员之一，赴北京商谈为中国新移民提供登陆前服务的可能。为响应联邦政府公民移民部新的"快速通道"技术移民政策，服务中心向公民移民部提交了登陆前服务试行提案。2014年，MAPLE2.0职场辅导项目获加拿大联邦公民移民部颁发的"职场融入"类 IQN 大奖。In-TAC 获得安省 Trillium 基金会拨款，创立了商务中心并推出自己的社会企业，为中小企业提供会计和保税服务。2015年，加拿大联邦移民、难民及公民部批准了登陆前服务试行提案，服务中心推出的项目将在渥太华、温哥华、卡尔加里及40多个中国城市为新移民提供登陆前的相关服务。服务中心还启动了无需预约健康诊所服务，为有精神健康问题或有生活困扰的客户提供即时扶助。

## 历任主席与当前规模

2014年起，陈瑞容担任渥太华华人社区服务中心董事会主席，两位前任董事会主席周畅和马南生仍继续留在董事会工作，而中心元老之一周强安先生自加京华侨服务处成立以来，始终尽心尽力做出了巨大贡献。

表格 9 渥太华华人社区服务中心历任主席（董事长）

| 年度 | 中文姓名 | 英文姓名 |
| --- | --- | --- |
| 2006 | 程硕浩 | Shek-Ho Ching |
| 2007 | 程硕浩 | Shek-Ho Ching |
| 2009 | 周畅 | Irene Zhou |
| 2010 | 周畅 | Irene Zhou |
| 2011 | 马南生 | Jonas Ma |
| 2012 | 马南生 | Jonas Ma |
| 2013 | 马南生 | Jonas Ma |
| 2014 | 陈瑞容 | Vivian Chan |
| 2015 | 陈瑞容 | Vivian Chan |

2015年，渥太华华人社区服务中心成立40周年。中心从最初的一张办公桌，两名员工，已经发展到35名全职员工、10名英语教师、20名就业辅导师、2名幼教，另外还有200多名辅导员和义工为3500多名寻求在经济、社会和文化上融入加拿大首都渥太华的客户提供服务。

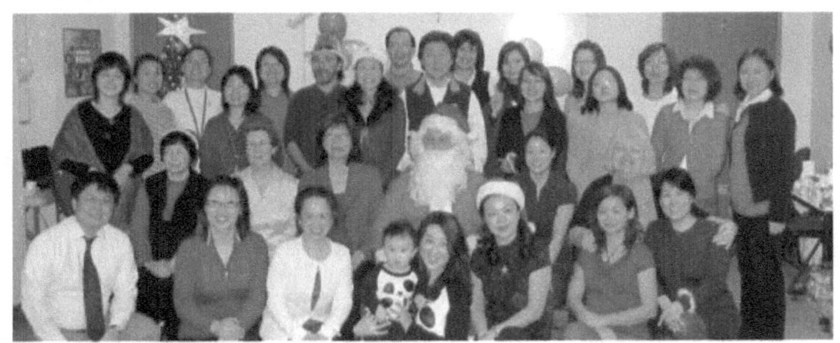

图片 187 2015年渥太华华人社区服务中心员工（来源：服务中心网站）

2015年12月2日晚，服务中心在靠近唐人街的意大利萨拉桑（Sala San Marco）宴会大厅举办了成立40周年筹款晚宴。

晚宴由服务中心就业服务部的 Shaw Quan 与加拿大国家电台渥太华新闻主播 Adrian Harewood 共同主持，许多渥太华政要以及中国驻加拿大使馆的官员也出席了筹款晚宴。还有多国使节、警察局代表、政商界人士和华人居民等超过四百位嘉宾济济一堂，共同庆祝OCCSC成立四十周年，感谢为华人社区提供支持和服务的工作合作伙伴和工作人员。

不久前刚从北京访问归来的渥太华市长吉姆·沃森（Jim Watson）参加了庆祝晚宴，还宣布了好消息称北京市市长将于2017年应邀前来渥太华进行访问，推动渥太华和北京两座姊妹城市之间的交流合作。谈及不断壮大的华人社区，市长在致辞中称：“我出生长大在魁北克法语区，担任了渥太华的市长，今晚在小意大利区的意式宴会厅，与来自不同文化背景的人一起庆祝华人社区服务中心成立40周年，这就是多元文化，这就是加拿大！”中国使馆官员及其他到会嘉宾也都作了简短发言，祝贺服务中心成立40周年。

书面庆贺渥太华华人社区服务中心成立40周年的有加拿大总督大卫.约翰斯顿（David Johnston）、安大略省省长凯瑟琳·怀恩（Kathleen Wynne）、安大略省公民、移民及国际贸易部部长陈国治（Michael Chan）、渥太华中区安大略省省议员亚西尔·纳克维（Yasir Naqvi）及渥太华市市长吉姆·沃森。

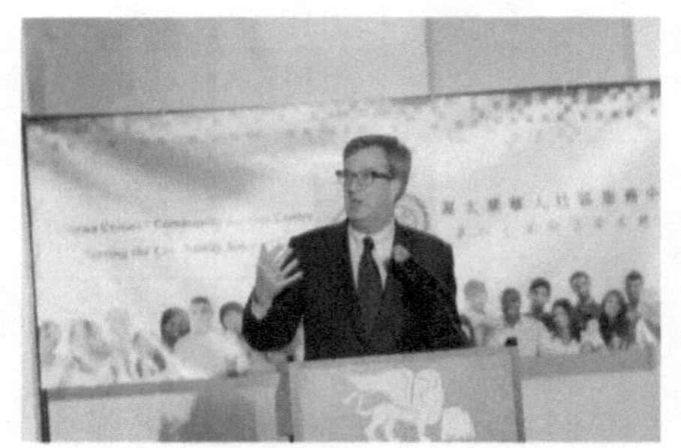

图片 188 吉姆·沃森市长在服务中心成立40周年筹款晚宴上讲话（张瑞文提供）

服务中心行政总监耿静惠在会场接受CFC中文媒体记者的采访时说：“华人曾经是被排斥在主流社会之外的。但这四十年来，华人越来越多，中国也成为了经济强国，华人社区和加拿大社会都发生了很多变化。多元文化成为加拿大主流价值观，不同的文化背景得到了认可，同时华人群体也在积极参与社会活动，成为商业、政治、教育领域中不可或缺的一部分。加拿大是多元化社会，各种文化的不同之处其实是独特宝贵的。我们求同存异、互相帮助，成为加拿大多元文化社会的一部分，同时也保留自己独特的文化身份和认同感。”

“华人社区在改变，加拿大也在改变，华人社区服务中心一直在适应调整，努力为大家提供更好的服务。新移民在抵达加拿大之前就可以与我们联系，我们还帮助新移民学习语言、求学、找工作、融入社区，解决各种困难。这也是加强加中联系的方式，越来越多的华人到加拿大来，加拿大和中国之间的学术交流、贸易交流都会随之增多。”

# 时学颜——国家美术馆馆长（1977-1981）

1977年加拿大政府为国家美术馆（National Gallery of Canada）任命了一位新馆长[193]。1977年8月1日《加京华报》刊登了一篇专稿特稿："国家艺术馆馆长——时学颜博士访问记"。

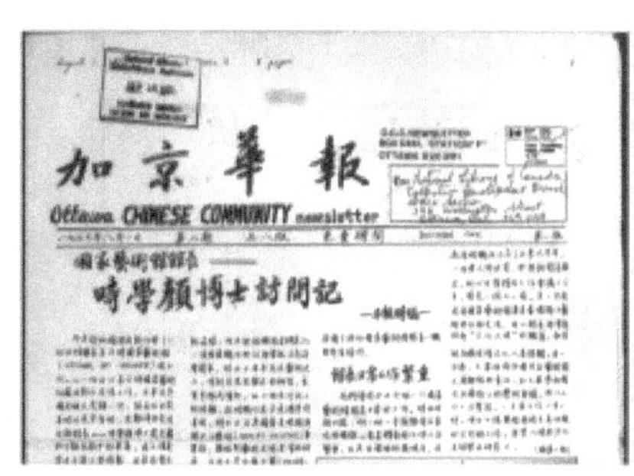

图片 189 1977年8月1日《加京华报》

这是加拿大历史上第一次由女士担任美术馆馆长，而这位女士还是华裔，更是史无前例。她的名字叫时学颜（Hsio-Yen Shih）。她是一位极有效率的学者、教师、馆长、行政管理者以及出色的厨师和园艺师[194]。

时学颜1933年出生于中国河北。她第一次到渥太华时年仅6岁，当时她父亲是中国驻加拿大外交官，任期5年。后来时学颜在上海完成了她的高中学业，与四个兄弟姐妹一样，她在北美获得奖学金并读完大学。卫斯理学院（Wellesley College）是美国历史上七所"女校常春藤"中最著名的一所，1955年时学颜从该学院艺术史专业毕业。随后她于1958年在芝加哥大学获得文学硕士 MA 学位。1961年，她在美国佛教美术权威梭柏（Alexander C Soper）教授指导下，以一篇论述从汉代到六朝的早期中国绘画的论文，获得布林茅尔学院（Bryn Mawr College）博士学位。布林茅尔学院位于美国宾夕法尼亚州，1885年建校，文理学院中排名第25位，是美国著名的一所百年名校，也是七所"女校常春藤"中的一员。

布林茅尔学院毕业之后，时学颜在多伦多开始了她的职业生涯。她在安大略皇家博物馆远东部工作，并且在1961至1976年间身兼两职，同时在多伦多大学东亚系任教。1964至1968年任副教授，1971至1976年任教授。她于1968至1976年在安省皇家博物馆远东部担任馆长。

在多伦多的16年中，时学颜经常到世界各地著名的博物馆收集资料。1963年及1968年，曾两次获加拿大委员会（Canada Council）资助，到台湾、香港及日本研究东方艺术及历史。她还在1970年在美国加州大学伯克利分院（University of Calafornia, Berkeley）任教，1973年在香港中文大学担任客座教授。她多次访问欧洲的美术馆，汲取艺术的养分，学习管理的经验。

1975年冬，时学颜利用休假前往中国大陆，花一个月考察了中国文物管理及近代考古工作。时学颜在接受《加京华报》采访时说，游历与工作让她除了在艺术及考古方面颇有收获外，在行政和交流上也积累了经验。时学颜一生博学，精通中英法数种语言，具备了担任国家美术馆馆长的所有条件。

1977年时学颜被任命为国家美术馆馆长（Director），从多伦多来到渥太华。

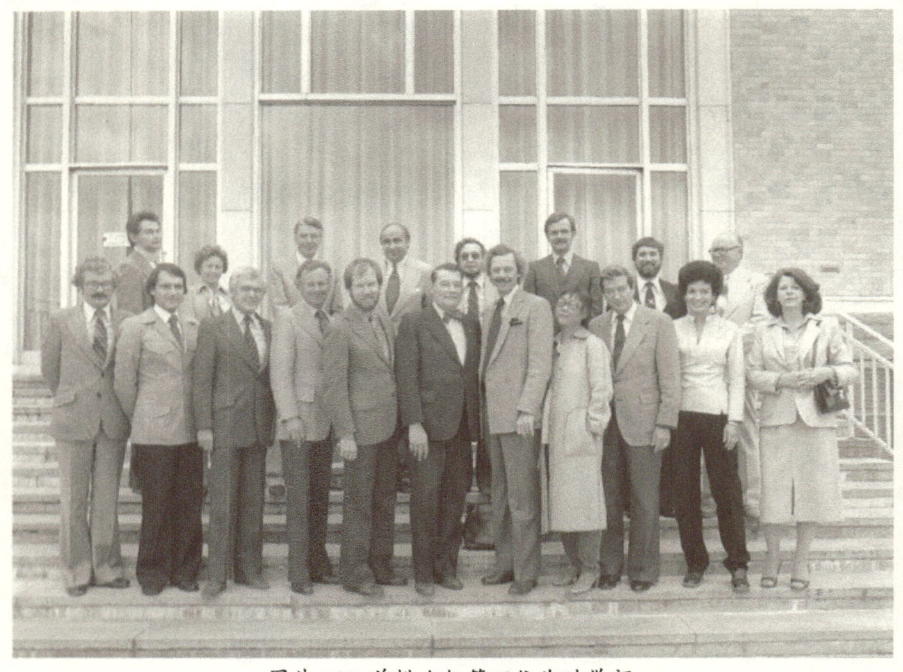

图片 190 前排右起第四位为时学颜
1979年加拿大艺术博物馆馆长组织（CAMDO）会议

时学颜是美术馆的第六任馆长。当时这个职位已经空缺大半年，很多重大议题，都在等着新馆长做出决定。因此工作特别忙，常常是一个会议接着另一个会议。另外国家美术馆要负责国际艺术交流，馆长经常要扮演"文化大使"的角色，与各国驻加拿大使馆的文化人员进行接触。同时还要兼顾与加拿大国内各美术馆之间的协调，参加国内及国际学术会议。时学颜说前几个月她基本都忙于行政工作。

身为加拿大国家美术馆负责人，时学颜对加拿大的艺术发展自然有自己的看法，这也是她的工作重点。她认为加拿大的特点是多元文化，在艺术史方面除了要研究早期爱斯基摩人及印第安人的艺术外，欧洲、亚洲与

252

非洲各民族艺术之间的影响与融合对加拿大的作用也是巨大的。如何系统地整理与发展并不简单，任重而道远。

从时学颜的讲话"新馆长的发现（Discoveries of a New Director）[195]"一文中不难发现，作为长期工作在博物馆的专业人士，她非常看重藏品与展览。

2015年作者随加中友协（CCFSO）小范围鉴赏加拿大国家美术馆收藏的中国画时，主讲的卡尔顿大学兼职教授安卡·考什（Anke Kausch）提到了时学颜馆长。考什教授说由于时馆长的华裔背景，她任职期间吸引了许多华人艺术家与收藏家。比如本次鉴赏的八大山人朱耷以及仇英、蓝瑛和金农等人的真迹，多由私人馈赠国家美术馆。考什教授对中国画工笔与写意的讲解，也与时学颜的一些美学观点相近。

在时学颜主持国家美术馆期间，展品每月都会有不同的调整，并经常举办专题展览。1978年春，国家美术馆还接待了中国陕西户县农民画国际巡展。她对加中文化交流也有许多见解，认为加拿大政府应该积极促进两国的文化交流，并制订相应的方针政策[196]。

时学颜在国家美术馆一直工作到1981年，因抗议政府削减经费而辞职。然后她被香港大学美术系聘为教授，并在1988年之前一直担任系主任。1993年她从教学岗位上退休。

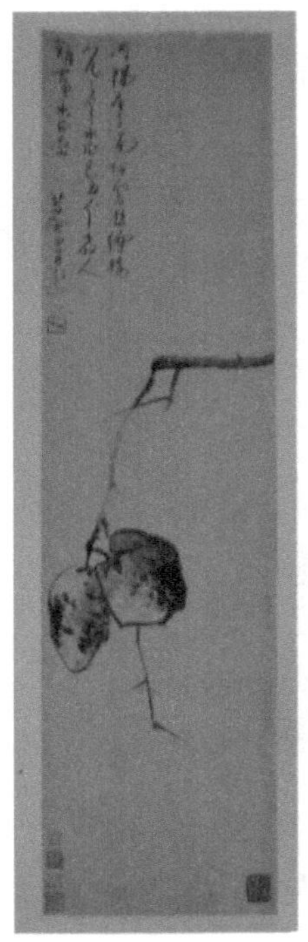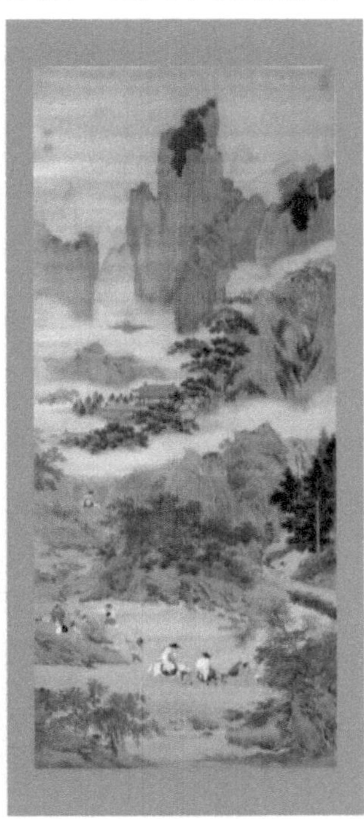

图片 191 加拿大国家美术馆馆藏真迹
左：朱耷木瓜图；右：仇英临赵伯驹光武渡河图
（笑言摄于2015年3月25日）

她的最后几年在多伦多自己的公寓度过。2001年她在多伦多去世，享年67岁。

# 中华大厦从梦想到现实（1978-1982）

## 中华会馆理事换届（1978–1980）

1978年6月3日晚，中华会馆新一届27位理事在39位候选人中产生。当天共有299人前往投票，当选理事中17位是上届理事，括弧内为所得票数。

陈炳良（135）、郑茂源（127）、赵中和（145）、赵耘清（94）、
周光锦（92）、方锦波（88）、冯秉持（136）、黄永渠（81）、
谭连育夫人（105）、周强安（134）、龚培滚（157）、
龚英仪（124）、龚英伦（85）、关煜彬（102）、林安邦（109）、
李段曼丽（98）、李希勋（88）、李锡荣（103）、李伟文（93）、
李钰祥（81）、劳帮（94）、周日洪（108）、萧光中（82）、
谭应为（149）、谭毓民（79）、蔡锡培（99）、余辉时（194）
候补委员：张重光、司徒溢。其中三人同获79票，抽签决定结果。

为保证选举公平公正，选举委员会规定候选人一律不得参与现场选举工作。而由选举委员会邀请各界人士、联合教会牧师和教友、华侨服务处工作人员及一些学生担任选举工作，同时还禁止候选人当天在选举现场发放传单拉选票。

## 创办《加华侨报》和"加华电视"

1978年7月，中华会馆新任理事会举行理事会议，1962年移民渥太华的余辉时当选理事会主席。副主席为谭应为、陈炳良，秘书为冯秉持，财政为龚英仪，执委为周强安、龚培衮、万光中与赵中和。

余晖时在会上提出了两个愿望，一个是提高会馆及本市华人在社会上的地位，这个相对务虚。另一个是筹建新会所，这个是实打实的目标。即便第一个看上去像是务虚的目标，理事会也付诸行动，创办了《加华侨报》，监制了华侨电视有线电视节目。这两个华人媒体的面世，达到了传达会馆信息、联系侨胞、树立华人新形象的目的。

1978年10月21日在北京大酒家举行了中华会馆成立20周年纪念庆祝活动，渥太华三级政府官员出席了晚餐会。庆祝活动丰富多彩，延续了一周，如"日洪杯"渥太华兵乓球公开赛、游艺节目、全侨餐舞会及二十周年纪念特刊征稿等。

余晖时在《中华会馆工作四年回顾》一文中写道："为与本市同胞保持密切联系，理事会于1979年5月决议拨款创办加华侨报，人人都知道办

报非易，但要推广会务而无喉舌工具，工作困难重重，办起事来倍觉吃力。"

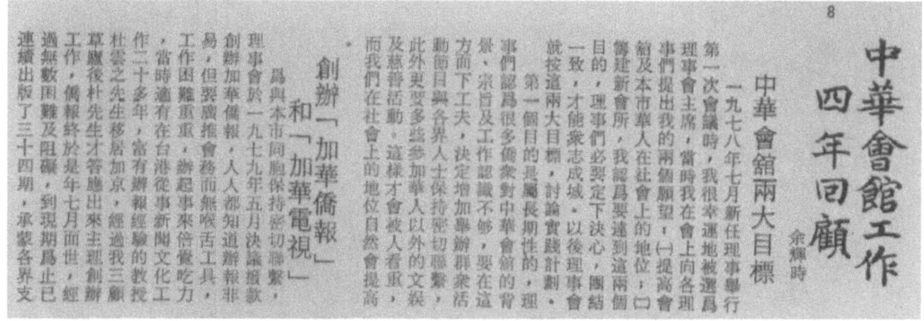

中華會館工作四年回顧　余輝時

中華會館兩大目標

一九七八年七月新任理事舉行第一次會議時，我很幸運地被選爲理事會主席，當時我在會上向各理事們提出我的兩個願望：(一)提高僑胞及本市華人在社會上的地位；(二)籌建新會所，我認爲要達到這兩個目的，理事們必要定下決心，團結一致，才能衆志成城。以後理事會就按這兩大目標，討論實踐計劃。

第一個目的是屬長期性的，理事們認爲很多僑衆對中華會館的背景、宗旨及工作認識不够，要在這方面下工夫，決定增加舉辦群衆活動節目與各界人士保持密切聯繫，此外更要多些參加華人以外的文娛及慈善活動，這樣才會被人看重，而我們在社會上的地位自然會提高。

創辦「加華僑報」和「加華電視」

爲與本市同胞保持密切聯繫，理事會於一九七九年五月決議撥款，創辦加華僑報，人人都知道辦報非易，但要推會務而無喉舌工具，工作困難重重，辦起事來倍覺吃力。富時適有在台港從事新聞文化工作二十多年，杜雲之先生移居加京，經過我三顧草廬後杜先生才答應出來主理創辦工作。僑報終於是年七月面世，經連續出版了三十四期，到現期爲止已過無數困難及阻礙，承蒙各界支

图片192　《加华侨报》1982年5月号第8版

当时曾在台湾从事新闻文化工作20多年的杜云之教授刚好移居渥太华，具有丰富的办报经验。经余辉时三顾茅庐，杜云之应允出面主理创办工作。《加华侨报》遂于1979年7月20日问世，成为中华会馆的机关报，力求"立场超然、言论公正"。并在"创刊辞"中明确表示加华侨报不是属于私人的报纸。渥太华市长与国会议员及各界华人纷纷祝贺侨报创刊。名为报纸，实际上是一本40页的刊物，像古书一样书脊在右，由左向右翻页。

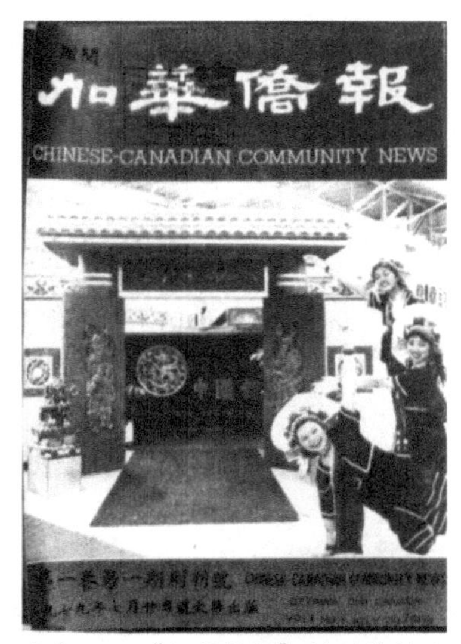


图片193　《加华侨报》创刊号封面

同年，中华会馆监制"华侨有线电视节目"，宣传会馆，报道华人社团活动。到1982年左右，中华会馆理事会将其改名为"加华电视"。后来这个电视节目独立于中华会馆，成为罗杰士（Rogers）有线电视的多元文化栏目。作者曾有幸于2008年10月5日在这个栏目中接受了主持人丁慢俗女士的采访，谈了新作《香火》和之前出版的《没有影子的行走》两部长篇小说中关于移民的话题。

## 筹建新会所

余辉时在理事会上提出的第二个目标是筹建新会馆。提出这个目标是基于渥太华华人人口激增，已达到九千人，其中成人约五千人，位于吉尔莫街（Gilmour St）437号的会馆旧址已不敷使用。会上所有理事对这个提

议都投了赞成票，并确定由周强安担任筹建新馆调研（当时的说法是调查）主任，李玉祥、陈炳良及谭应为协助调研。周强安等人调研数月，但苦无良策，向侨社筹款兴建可容纳数百人的集会场所是不可能的，购地及施工需要数十万元，而每年的保养费也要数万元，中华会馆实在不具备这样的经济能力。与此同时，兴建老人院也是会馆议题之一，同样为找不到经费所困。

正当束手无策之际，一筹莫展之时，李玉祥给余辉时打电话，谈到联邦政府正在研究一个"非牟利房屋津贴计划"，很可能1979年中就会实施。余辉时非常重视这个消息，马上召集调研小组成员商议。从1979年春开始，余辉时与调研小组成员四处奔波，寻找相关资料，积极与各级政府之政要联络。他们首先拜访了渥太华女市长马瑞安·杜瓦（Marion Dewar，老华人译作"刁华"），寻求她的支持。杜瓦在1978年至1985年期间担任渥太华市市长，曾给予华人社区许多支持。随后调研小组又与当时的渥太华中区国会议员、后成为工商部长的"地高大利"先生联系，并获其支持承诺。中华大厦得以成功建造，这位议员功不可没。安省房屋部长宾纳先生也帮了很大的忙。总之中华大厦的建成，假如没有联邦、省、市三级政府的官员从中协助，很难获得成功。

调研小组后来转化为建厦委员会。筹划初期每星期都要开会，更要外出到有关部门办理各种手续。余辉时形容当时的辛苦说，"中央贷款局（CMHC）、市政厅及其他有关机构的门前，不知跌落了多少脚毛。"[197]

## 自费购地

筹建工作基本顺利，收集资料、调查民意及组建新公司按部就班，但到目前为止还只是纸上谈兵，没有地段、没有具体的建筑地点，工程蓝图便无法做出，设计、预算也无从下手，而这时各级政府的贷款尚未到位。怎么办？考验领袖勇气和胆识的时刻到了。

中华会馆理事会大胆做出了自费购地的决策。这项重要而果敢的决策要冒很大的风险，一旦建厦失败，很多人投入的多年积蓄将血本无归。经过数月时间委托多位华人物业经纪遴选，意向集中在五块地上。其中几块超过25万加元，价格超出了中华会馆的预算。最现实的一块地，并不十分理想，面积只有一万平方英尺。但这块地价格最低，买价14万加元，仅为其它地块的半价。

## 预征住户

随着勘测设计的顺利进行，建厦委员会开始对外宣传大厦，积极筹款。筹款得到各界华人支持，尤其是老华侨最为慷慨踊跃，筹款数目超过预订数目近五万加元。

1979年4月1日《加京华报》上的一则广告已经在预征大厦住户："中华会馆公寓大厦开始接受住客申请。五十个单位，一卧室、两卧室、三卧室三类。于十个月内完成。"

据《加华侨报》消息，截至1979年7月20日，已有一百多人填写了预征表格，申请入住。而这时，大厦的地址尚未最终选定，仍在纠结于市中心的三块待选地皮。虽然大厦只有50个单元，申请数目已超过房数一倍以上，但中华会馆并不拒绝新的申请，承诺将来再作公正审核，合理配给急需住房及收入较低的华人。

## 礼堂设计与动工期限

当时建造大厦的初衷，就是为了建造一个中华会馆的新场所，因而礼堂便设计得非常大。而三级政府的津贴是针对"非牟利房屋"，一般的居民建筑，用不着那么大的礼堂。于是政府部门三番五次提出质问，要求中华会馆解释为什么建造那么大的礼堂。中华会馆的解释是这个空间将用作住户运动的场地。经多方协调斡旋，终于得偿所愿。

自1978年提出建厦建议，经过两年向政府审查、评估及工程部门的申请并反复提交所需材料，中央贷款局终于在1980年10月正式批准了在佛罗伦斯街80号的建厦申请。同时限定中华会馆必须在半年内，即1981年4月30日前破土动工，否则批准书作废。

## 1979年设计新会徽

1979年5月，中华会馆新会徽设计完成。设计者为建筑设计师李志彦。会徽由中华会馆四个英文字母组成，线条粗壮结实，组成简洁、紧密、坚强的菱形结构体，象征本地华侨团结、合作、互助的精神。

徽章采用蓝红两色为主，并衬托以活泼明快的白迹，令主题更能突出。外圈中英文名称紧密排列

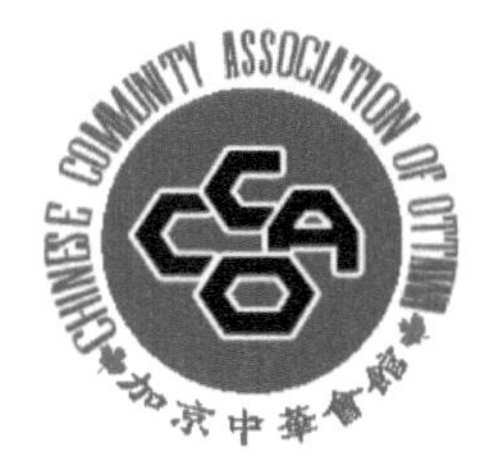

图片 194 中华会馆会徽

形成锁链状字圈，象征华人与外族人士和平共处，携手合作，共同努力建设一个安定繁荣的理想社会。此徽后来略有改动，但基本布局与思路未变。

## 中华会馆理事换届（1980-1982）

1980年6月7日，两年一度的中华会理事改选如期举行，在47位候选人中产生了27名理事。9名常务委员也在6月15日选出。这次参加投票的选民达658人，比上届增加七成，创中华会馆有史以来最高投票记录。当选理事得票如下：

表格 10　中华会馆1980-1982当选理事

| 中文名 | 英文名 | 得票 | 中文名 | 英文名 | 得票 |
|---|---|---|---|---|---|
| 余辉时 | Jason Yee | 450 | 龚英伦 | Ying Lum Kung | 226 |
| 陈炳良 | Bing Chan | 345 | 司徒溢 | Peter Seto | 210 |
| 周强安 | Bill Joe | 312 | 李林小英 | Siu Ying Lam Lee | 208 |
| 李段曼丽 | Mary Lee | 274 | 黄国信 | John Wong | 208 |
| 龚英仪 | Ying Yee | 273 | 方圻衍 | Kent Fong | 202 |
| 周日洪 | Jack C. Sim | 269 | 李春苇 | Kenneth C. Li | 198 |
| 谭连育夫人 | Mrs Lin Yuk Hum | 256 | 黄永渠 | Robert Huang | 198 |
| 林安邦 | David Lam | 248 | 郑茂源 | Anton Cheng | 197 |
| 关煜彬 | Alan Kwan | 248 | 赵耘清 | Vincent Chiu | 196 |
| 李玉祥 | Y. C. Lee | 244 | 万津 | Van Tsin | 189 |
| 吴仲赆 | Frank Ling | 238 | 李伟文 | Wei Man Lee | 183 |
| 蔡锡培 | Harry Toy | 235 | 李锡荣 | Peter Lee | 166 |
| 钟耀荣 | Andrew Chung | 235 | 覃伯淇 | Stanley P K Hum | 164 |

《加京华报》报道中只有26位理事，漏掉一人。九名常务理事为：

主席：余辉时

第一副主席：陈炳良，负责《加华侨报》及对内特别活动

第二副主席：吴仲赆，负责"加华电视"及对外特别活动

秘书：黄国信

财政：龚英仪

常委四名：周强安、关煜彬、李林小英、钟耀荣

文娱组：覃伯淇

青年组：李锡荣

福利组：谭连育夫人

## 中华大厦破土动工

中华会馆改选之后，理事会内部就是否自筹资金建大厦出现了不同声

音，建厦大业几乎功亏一篑。大厦设计高8层，50个居住单元，在当时的渥太华市区，算是鹤立鸡群，建厦预算也高达200万元。

几经周折，大厦终于在1981年4月16日破土开工。中华会馆的陈炳良先生主持破土典礼，国会议员依云士先生与中华会馆主席余辉时先生共同手持系着花球的铁锹，铲下了象征性的第一锹泥土。渥太华代理市长凯西（Joe Casey）等政界名人均在破土仪式上讲话祝贺。随后的酒会由周强安主持，他带领大家举杯祝酒[198]。

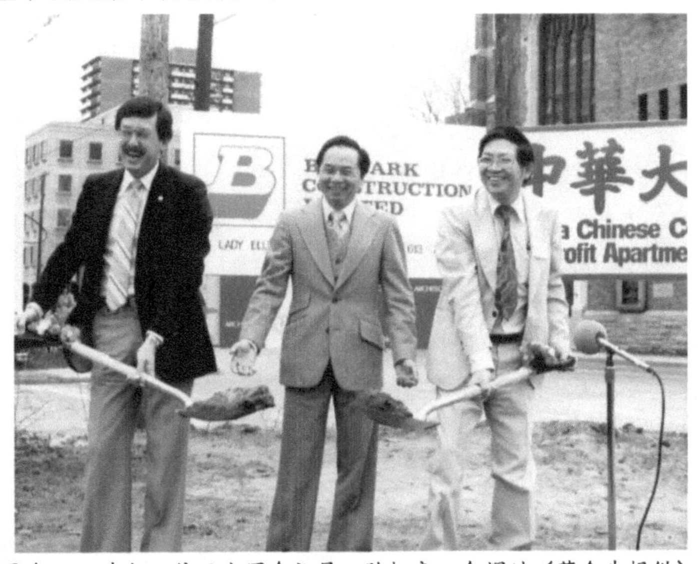



图片 195 左起：依云士国会议员、陈炳良、余辉时（薛金生提供）

大厦最后建造总费用为193万元，其中的首期款13万元由中华会馆通过募捐筹得，最高额捐款人黄光明夫妇捐出11,785加元。这些募捐人的姓名已经全部镌刻在了大厦入口处的一块铜牌上。

## 竣工之后，一租而空

大厦自1981年4月中旬动工后，工程进展顺利，全部建筑工程于十二月底按期完工。资金未超出预算，筹款却远超预算。从项目管理学的角度来看，这实在是一个非常成功的范例。

大厦50个单元中的12个单元享受安省政府的津贴，其余单元的租金则略低于市价。在此之前，曾有传言说大厦租金过高，致使许多人持观望态度。但招租广告在报纸登出后，不到十天，全部单元被人一订而空。

# 落成大典（1982）

1982年4月18日，中华大厦落成剪彩[199]。

当天来宾众多，约500余人，电贺嘉宾更多，中华大厦收到很多贺礼，如贺词、鲜花花篮、镜屏、字画等。台湾侨务委员会赠送金色"中华大厦"大字，香港名画家伍彝生赠国画一幅。各华人团体、中文学校、教会、生意、店铺、公司几乎都请到了。洪门会的醒狮舞团一路从中华会馆旧址吉尔莫街437号，舞到佛罗伦斯街80号中华大厦门前。在观众热烈的掌声中，醒狮上下翻飞，左右扑跳，然后醒狮采青，向中华会馆主席余辉时先生献旗及祝词。

中华会馆主席余辉时、秘书陈炳良与建厦委员会财政主任周强安共同主持了开幕大典。中华会馆正副主席余辉时、陈炳良亲自牵持彩带，由联邦、省、市三级政府代表共同剪彩，他们是联邦政府依云士国会议员、安省房屋部宾纳部长与渥太华市长杜瓦女士。

杜瓦市长在讲话中，说她看到渥太华华人成功地完成了一项极有意义的工程，她本人也因此而感到非常快乐和兴奋，她还说渥太华华人足可成为其他族裔之楷模。

饮水思源，中华会馆第一副主席陈炳良在大会发言中感谢了中华会馆的历届主席，包括周日洪、谭锦照、周强安、周日明、李希勷、

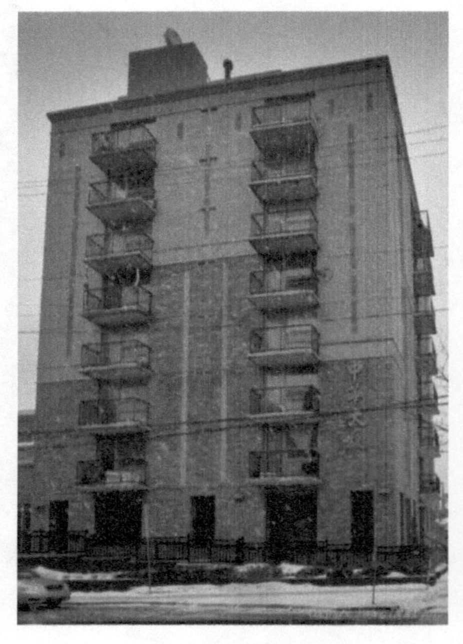

图片 196　佛罗伦斯街80号中华大厦
（笑言摄于2015年3月21日）

龚英仪与龚培滚等人。同时宣布所有荣退理事会的前任主席将授予终身名誉理事称号，本次获此殊荣的为周日洪、周日明、谭锦照与李希勷四位前任主席。

这一天是渥太华所有华人的节日。

# 帮助越南难民（1978）

1975年南越政权倒台，南北越统一。在越柬战争、外国制裁、平民生活困苦、富人要被清算资产等艰难环境下，上百万计的越南人千方百计逃离越南。当中大部分人由海路逃亡，这些越南难民被国际传媒统称为"船民"。越南政府的排华政策，导致所谓的越南难民实际上很多都是华裔越南人。也正因为如此，加拿大华人才格外关心这些难民的命运。当时的《加京华报》上，每期都有呼吁帮助越南难民的文章。渥太华华联会万津会长在1979年2月1日的《加京华报》上发文号召华人每人捐一天的工资给"越南难民救济金会"。

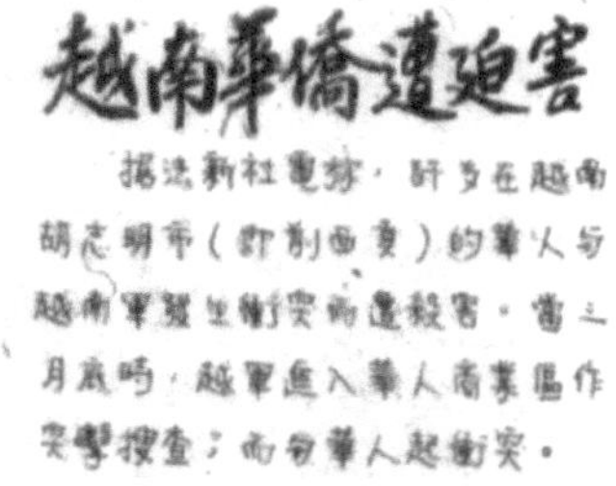

越南华侨遭迫害

图片 197 《加京华报》
1978年6月7日 第7版

当时也曾有社团反对政府接收难民，如"全国公民联盟"便曾在多伦多《环球邮报》刊登过一则整版广告，反对政府接收5万个越南难民，他们的主要理由是一个越南难民将来实际上可带入15个移民，因此全部移民之数会达到75万人，影响到加拿大的社会构造。《环球邮报》就此采访了人力资源与移民部部长艾德奇（Ron Atkey）。艾德奇回应75万这个数字毫无根据，他指责全国公民联盟误导民众，混淆视听，并说这个广告"有种族歧视的意味"。事实上，大多数加拿大人支持政府接纳越南难民，除了华人，犹太人等少数族裔也伸出了援手。

1978年，一艘名叫"海鸿号"的旧轮船，带着2,500名逃难的难民，其中1,200名为超载，离开越南前往印尼，但印尼政府拒绝接收难民，船长被迫把船开到马来西亚的一个港口，但马来西亚政府同样拒绝了他们。当时船上2,500人的情况已变得十分恶劣，淡水、粮食和药物几乎用尽。西方国家包括加拿大在内密切关注这个国际问题，很多渥太华居民公开表示愿意接受难民。11月底，加拿大政府同意接纳600名海鸿号的难民。

当时在加京华侨服务处工作的杨志光突然接到加拿大移民部的紧急电话，说移民部的官员无法和不讲英语的难民交流，让加京华侨服务处火速派人前往登记并安抚难民。

难民没有接受过体检，有些人是带病来加拿大的。他们被临时安置在中区一个中级的小宾馆，一个家庭一个房间。很多家庭的孩子非常多，这使得给他们找社保房非常困难。杨志光和加京华侨服务处的另一名员工伍美玉需要与如此多的难民一对一面谈，询问基本情况，介绍政府安置政策和援助方式。加拿大政府为所有难民提供一年住所，在此期间，难民可以领安居补贴。一年后难民需搬离政府提供的房子自立生活。如果一年后难民还无法自立，可以去申请政府补助津贴。杨志光和伍美玉不仅要介绍情况，还必须进行各种陪同、翻译。

这时渥太华市长杜瓦推出了"4,000计划（Project 4,000）"，即由360个本地教会和社团组织资助3,800名船民。渥太华的华人社区，包括一些教会，开始发动捐款和担保难民运动。

担保难民需要资金，担保一家五口，政府要求五位担保人签名，并由担保人负责维持该家庭第一年的生活费用。当时一家五口一年的生活费至少需要一万两千加元。就是说难民支援会要达到收容一百人的目标，至少需要筹集资金十二万加元。此外，难民支援会还要负责帮助难民就业，帮助他们适应当地生活习惯和文化背景，以便与当地人和睦相处[200]。

大部分越南华裔难民不会讲英语，他们希望住在唐人街，在语言和生活上获得便利。很多家庭有六、七个孩子，即使夫妻两人都找到工作，也还是需要一些来自社会的帮助和救济。当时政府提供的房子最大的也只有四个房间，那些多于四个孩子甚至还有老人的家庭，还得让几个人挤在同一个房间。有些家庭在等待政府房的同时，不得不请华侨服务处帮忙先找一个暂住的地方，而服务处总是尽自己最大的努力帮助这些难民渡过难关。

来到渥太华的越南难民中，有八个讲流利广东话的家庭。除加京华侨服务处外，本地其它华人社团错过了最早的接待。为了表示华人间的相互关怀和同情，渥太华中华会馆与华人联合教会分别设宴招待他们。中华会馆和华侨服务处于1978年12月18日在国泰酒楼开了八桌酒席，费用由两团体负责人支付。招待会邀请了本地英文报记者采访，中华会馆余辉时主席代表本地华人致辞欢迎。晚宴共有54人参加，难民到场7家。12月31日晚，渥太华华人联合教会以自助餐方式招待越南华侨，每位教徒带一个菜。到场宾客80多人，连同教堂本身人员，共200多人，场面相当热闹。麦荣禧牧师简单介绍了教会的工作和目的，并进行了一些游艺活动，宾主尽欢[201]。

据中华会馆当时的主席余晖时回忆，中华会馆响应号召，召集各华人社团团结行动，并联合伦弗鲁中华文化协会（Renfrew Chinese Cultural Society），于1979年7月初成立了"加京华人支援东南亚难民委员会"，以华人社区的名义申请一百名华裔难民到渥太华安居。

难民委员会由14位华人社团的代表及个人组成。加入的团体有渥太华中华会馆、华侨服务处、加京华人联谊会、中华文化协会、洪门民治党、柯京区国民党支部、华人联合教会、天主教华人中心、华人真道堂、华人宣道会、伦弗鲁中华文化协会、渥太华中文学校、加华侨报及加京华报。委员会分为理事会及六个小组，六个小组分别为：1、筹款；2、担保及招待；3、教育；4、职业；5、房屋；6、医疗。理事会每月开一次会。同年7月3日召开了难民支援会成立大会，8月19日在越南驻加拿大使馆前示威抗议暴行。10月21日在市民中心（Civic Centre）招待四千人计划中首批抵达渥太华的难民及担保人。Civic Centre 后改名兰斯顿中心（Lansdowne Centre），位于伊丽莎白女王街与班克街交汇处，是渥太华的一个大型露天体育馆，2015年女足世界杯中美之战就在这里举行。

难民支援会通过发表救助难胞宣言，组织渥太华及周边地区华人团体等方式，筹到善款十万加元，支援了63位越华难胞。整个华人社区担保了13家难民家庭，加京华侨服务处则具体负责这些人的安置服务。1979年12月22日，难民支援会在市民中心为难民家庭及其担保人举行了"招待难民圣诞联欢会"。

难民中，老人需要老人公寓，年轻人需要失业金，还有棘手的家庭问题也需要得到解决，例如家暴等问题。很多难民女子在酒店找到工作，成为家中唯一挣钱人，夫妻角色的转换，婚姻受到考验。他们要离婚请律师时，又是杨志光和伍美玉去当翻译。工作量之庞大，有时候甚至需要两人的家人在周末一起去捐献物资和筹款。

随着难民们安顿下来，他们陆陆续续担保他们的越南家庭来到加拿大。伍美玉回忆说，这些越南华侨相当努力，他们在渥太华的唐人街和其它地方开办餐馆和便利店，许多店至今还在。他们把子女培养成了加拿大社会的栋梁之才，而自己却上了年纪。他们依然习惯于找杨志光和伍美玉解决生活中新的问题。这些老华侨对华侨服务处也就是后来的渥太华华人社区服务中心充满感激，在华侨服务中心每年的募捐活动中，他们都要贡献出自己的一份心意，来帮助服务中心在社区继续帮助其他移民[202]。

# 抗议加拿大电视台歧视华裔与平权会（1979）

　　著名的抗议 W5节目歧视华人事件发生于1979年。当时加拿大各地华人团体正在纷纷帮助政府安置越南船民，位于多伦多市的加拿大电视台（CTV）在 W5栏目播出了一期"校园大赠送（Campus Giveaway）"节目，当时中文报纸多译为"校园大平卖"或"校园大贱卖"，抨击公立大学医学院和法学院的学位都让"外国学生"所占，使得"加拿大学生"失去了进入多个学系的机会，除上述的医学与法学外，还包括药剂、工程、计算机等专业。该节目提到的"外国学生"显然是所有非白人学生，而"加拿大学生"则指白人学生，狭隘的种族主义观念使其完全漠视了新移民子女以及在加拿大成长的第二代与第三代非白人学生。

　　这一事件的媒体报道很多，关于事件的来龙去脉、各方反应以及深度剖析可参阅不列颠哥伦比亚大学（UBC）学生 Patrick Wen Rui Leong 的一篇毕业论文：《反 W5运动中的隐秘种族主义和社区抵抗》[203]。

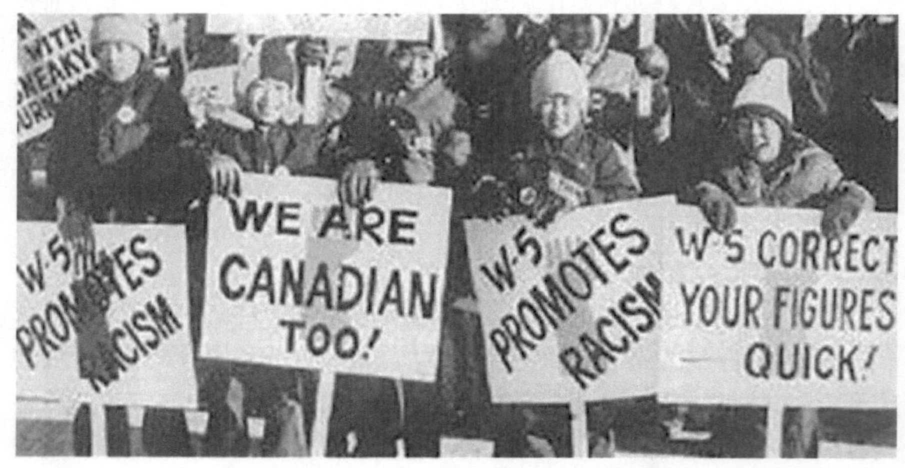


图片 198 抗议 W5节目歧视华裔（来源：多伦多大学国际人权项目[204]）

　　多伦多医生王裕佳对节目攻击华裔学生非常愤慨，随即发起了华人社团的抗议活动。在持续6个月的抗议活动中，在卡尔加里、温哥华、埃德蒙顿、渥太华、蒙特利尔、温莎、滑铁卢、安省伦敦等地，王裕佳联合当地华人开始了声讨行动，组织了反 W5委员会。

　　在此期间，W5节目中列举的数据及内容被"安省大学事务审议会"及"全国学生联会"指为"失实"及"没有常识"。外国学生在加国各大学仅占学生总数的5.3%。

1979年9月，渥太华中华会馆召集各侨团代表在华人中心开会，讨论响应全加华人反对 W5 的行动。各华人教会未派出代表，因示威游行与其宗旨不符。当时参加会议的有七个社团，会上选派余晖时等人代表渥太华前往多伦多参加和平大游行。全加华人团结一致的努力终于迫使加拿大电视台向所有加拿大人尤其是华裔加拿大社区道歉，并成立纪律委员会，不允许类似事件再次发生，还为华人特备十分钟的节目介绍正面华人形象以作补偿。如今这件事情被视为加拿大少数民族对抗种族歧视的重要里程碑。W5委员会也成为了日后的"平权会"，继续为华人的权益奔走呼号。

抗议 W5 取得胜利后，为避免将来再有同样事件发生，各地华人侨领趁热打铁，趁全国华界代表尚齐集多伦多之时，于1980年4月20日，创建了一个全国性机构，即"全加华人平权协进会（Chinese Canadian National Council against Racism）"，简称"平权会"。创会会长为王裕佳，后来他连任了三届。随后各地分会纷纷成立，成了华人在加拿大最有影响的机构之一。因"平权"二字隐含"尚武"的意味，从一开始时便遭到不少分会反对。

1981年在渥太华举办的第一次全国代表大会中，伦敦分会提议将"平权"二字删除。因总会已注册，不能更改，但允许各分会除去"平权"二字，于是名称便成为"华人协进会（Chinese Canadian National Council）"。

在很长一段时间内，平权会的重点工作是推动政府为人头税道歉及平反。理论上，在1982年采用的《加拿大权利及自由宪章》保证所有加拿大人在法律之前均享平等。《宪章》第15节具体说明："每个人在法律之前及之下均为平等，有权获得平等的法律保障及平等的法律权益而不受歧视，尤其是不受基于种族、国籍或族裔、肤色、宗教、性别、年龄、精神或身体残障的歧视。"

这个条文成为了1999年平反运动人士首次以《宪章》挑战加拿大政府向华人使用歧视法例的基础，并要求政府为人头税赔款及支付利息。其实，在这次行动多年之前，平反运动已经展开。加拿大政府于2006年最终能向华人道歉，离不开各地平权会不懈的努力。

# 渥太华中国同学联谊会（1981-1999）

渥太华中国同学联谊会（简称联谊会）的英文名称是"Association of Chinese Students, Scholars and Professionals in Ottawa (ACSSPO)"。

据第6届主席王夏成先生介绍（1986-1987），1981年联谊会刚开始时叫渥太华中国访问学者及留学生联谊会，因为那时候访问学者多，读研究生的很少。1991年更名为渥太华中国同学联谊会。

联谊会会员不仅包括学生，学者，还有已工作的专业人士，通称中国同学。联谊会执委会每年选举一次，执委义务工作，不取分文报酬，全凭热情和责任心。联谊会的主要宗旨是为中国同学服务，保护中国同学权益。通过组织各类活动，增进同学友谊，加强同本地华人社区及加拿大主流社会的联系，必要时为同学排忧解难，让中国学生在渥太华的学习、工作与生活更加充实、更加丰富多彩。这个组织从1981年成立到1999年结束，在渥太华存在了18年。其后，部分骨干转向加拿大中国学生联合会（全加学联），另一部分转向后来成立的渥太华中国大专校友会。

## 历届主席

渥太华中国同学联谊会从1981年创立，到1999年终止，共18届[205]。

表格 11 渥太华中国同学联谊会历届主席

| | | | |
|---|---|---|---|
| 第1届 | 沈文全 | 1981-1982 | 渥太华中国同学联谊会，创会 |
| 第2届 | 黄中成 | 1982-1983 | 渥太华中国同学联谊会 |
| 第3届 | 张冀培 | 1983-1984 | 渥太华中国同学联谊会 |
| 第4届 | 张冀培 | 1984-1985 | 渥太华中国同学联谊会 |
| 第5届 | 王文科 | 1985-1986 | 渥太华中国同学联谊会 |
| 第6届 | 王夏成 | 1986-1987 | 渥太华中国同学联谊会 |
| 第7届 | 冯建国 | 1987-1988 | 渥太华中国同学联谊会 |
| 第8届 | 郭润德 | 1988-1989 | 渥太华中国同学联谊会 |
| 第9届 | 李创同 | 1989-1990 | 渥太华中国同学联谊会 |
| 第10届 | 姜勇 | 1990-1991 | 卡尔顿大学中国学生学者联谊会 |
| | 檀林 | | 渥太华大学中国学生学者联谊会 |
| 第11届 | 李跃 | 1991-1992 | 渥太华中国同学联谊会 |
| 第12届 | 孟晶磊 | 1992-1993 | 渥太华中国同学联谊会 |
| 第13届 | 高立军 | 1993-1994 | 渥太华中国同学联谊会 |
| 第14届 | 曹亚林 | 1994-1995 | 渥太华中国同学联谊会 |
| 第15届 | 薛金生 | 1996-1996 | 渥太华中国同学联谊会 |

| 第16届 | 张建运 | 1996-1997 | 渥太华中国同学联谊会，Robin |
| 第17届 | 潇渝 | 1997-1998 | 渥太华中国同学联谊会 |
| 第18届 | 苏卫国 | 1998-1999 | 渥太华中国同学联谊会，终止 |

## 联谊会的构成与活动

渥太华中国同学联谊会创立于1981年，成为当时唯一的大陆学生学者自发性群众组织，延续了18个年头，先后服务了成百上千的学生与华人家庭。有关渥太华中国同学联谊会的记录有限，尤其是早期联谊会没有留下什么文字记录。而联谊会的主要负责人多是学生学者，流动性较强，作者有幸采访到的，仅有薛金生、张建运和潇渝三位前主席[206]。后来又有幸结识了第6届主席王夏成先生。

通过下面几届有记载的联谊会选举及活动，可以大致了解各届联谊会大同小异的组织结构与活动安排。

### 1992年第12届联谊会

1992年，孟晶磊当选第12届中国同学联谊会理事会主席。在1993年5月第三次执委会扩大会议后，同学联谊会加强了开展各项活动的力度。新补选的执委阎长明担任体育活动负责人，组织开展了排球、乒乓球、羽毛球、游泳、网球和桥牌等比赛。邢玉琴接替离任回国的夏海蔓担任文艺部长，她与孟和平、潇渝筹划了一个大型消夏晚会。联谊会还举行一场关于中国政治、经济、文化及社会生活问题的研讨会，并于五月七日放映了两部大陆影片。春游是联谊会的保留项目，六月十二日联谊会组织会员及家人参观了野生动物园。

由薛金生负责，联谊会在联邦及安省正式将中国同学联谊会注册为正式的非营利组织。由潇渝负责，联谊会开始探讨筹办一所教简化字的中文学校。1993年5月18日，由中国国家教委组织的包括海南、上海、首钢等十一个地区和单位的大型招聘团抵达渥太华，马为民代表联谊会负责接待与协助。1993年7月6日，山西少年艺术团访问渥太华。这是国内大型专业艺术团体十年来首次光临渥太华，加中友协和联谊会携手合作，共同组织了这一活动。

中国同学联谊会主办的《联谊通讯》也得到长足发展，直接订户已近一千人。

1993年年初，还发生一件不幸的事，中国留学生魏建书先生因病去世。从魏建书住院到后事处理，联谊会都在组织人员照顾与帮助。3月27日，联谊会为了在经济上帮助魏建书的遗孀与女儿，专门组织了一次电影义演。许多中国同胞慷慨解囊，共捐款1800多加元。这笔钱不仅为魏家解决了暂时的经济困难，同时还体现了中国同学联谊会这一大家庭的温暖。一人有难，大家共同来支援。魏建书的妻子李琼在《联谊通讯》发表的感谢信中写道："建书的病逝固然是我人生中最大的不幸，尤其是发生在远离家国万里之遥的异国他乡，在一个非常陌生的国度里，没有其他的亲属可依，没有另外途径可行。加之语言的隔阂，习俗的差异，很多事情使我茫然不知所措，在这种境遇里，这份打击，这种孤独更使我感到一种加倍的痛苦和煎熬。很多事情使我力不从心。但在这个时候，使我感动的是，很多中国同学伸出了热情的双手，给了我无私的帮助和关心。[207]"

## 1993年第13届联谊会

《联谊通讯》第21期[208]记载，渥太华中国同学联谊会于1993年8月29日选举产生了第13届共有17人组成的执委会。执委分别来自"渥太华大学（五人），卡尔顿大学（四人），BNR（三人），NRC（二人），其它地区OR（三人）。从地区分布来看，这些执委们具有一定代表性。"其中，BNR为北方电讯贝尔研究所（Bell Northern Research），NRC为国家研究院（National Research Council）。

联谊会下设十三个部，分工如下：
主席：高立军（OU）
副主席：张力（OU），董忠民（CU），徐耀忠（BNR），马常明（NRC），李晓川（OR）
电影：窦立新（女，OU），韩红菊（女，CU）
旅游：马常明，戴工羽（女，BNR），徐耀忠
体育：张力，高强（BNR），申志远（NRC），马常明，李晓川
c：董忠民
文娱：郭宏（OU），马常明，窦立新，张力
外联：郭方（OR），张江监（CU），安静（女，CU），邓逊（女，CU）
财务：窦立新，邓逊，韩红菊
内务：徐耀忠
生活：黄昕（OU）
中文学校筹备：韩红菊，安静
录像带服务：李晓川
热线电话：戴工羽，马常明
老年人俱乐部：韩红菊，安静

　　有几个部搞的活动较多，需要四至五人共同分担职务。每组第一位为主要负责人。窦立新和董忠民将作为两个大学的联谊会主席，分别注册于渥太华大学和卡尔顿大学。

　　联谊会工作以服务为主，兼顾渥太华两千多中国大陆同学的共同兴趣和利益，搞好与各方组织的关系，参与华人社区的活动。联谊会平均每三周放一次电影（由窦立新、徐耀忠、马常明和韩红菊负责），影片主要来自中国大陆及台湾。电影一直是大家喜爱的活动之一，每次参加人数平均一、二百人。每月举办一次舞会（郭宏、高立军），还有一些主要节日的庆祝活动，如中秋节、万圣节、圣诞节和春节等（其中春节晚会参加人数近八百人）。还有卡拉 OK 大奖赛（张力）、出借录像带和中文杂志（李晓川小组）。

　　联谊会有自己的热线电话，每星期更新。戴工羽把联谊会活动录在电话留言上，使会员随时可以知道联谊会的消息，方便了许多不用电子邮件的同学。联谊会还组织新生接待工作，负责机场迎接，安排临时住宿．林忠，徐耀忠为此付出许多精力。董忠民、窦立新还为新生组织讲座，以便他们尽快适应环境。越来越多同学的父母来到渥太华，他们语言不通、交通不便，联谊会为此成立了老年俱乐部。安静组织了几次活动，让这些文化背景相同的老年人有了共同交流的机会。董忠民组织了许多讲座，包括如何修理汽车，买房，买互惠基金，股票等。

　　马常明、董忠民、潇渝和申志远组织了郊游、采草莓等活动。高强组织了两次高山滑雪。张力组织了乒乓球、羽毛球比赛，林忠组织了篮球赛，Andrew Xu 组织了规模较大的排球联赛，有八个队参加，每周都有比赛。韩红菊和潇渝一直为中文学校奔波，联系资助，找议员和教育局，落实教材等。郭方为联谊会设计印制了会员卡。

　　五位中国同学在一次火灾中遭受损失，联谊会组织捐款共六百余元。学者戴耀华的小店遭到抢劫，他不幸被歹徒枪杀。联谊会与当地华人社区组织安排了戴耀华的后事，并组织捐款共一千二百余加元，送到戴的家属手中。联谊会还组织了为中国水灾捐款的活动。

　　联谊会始终坚持在自己独立的基础上与各方交往合作，与中国使馆教育处、全加学联及当地华人社区保持紧密联系。

### 1994年第14届联谊会

　　1994年8月27日，渥太华中国同学联谊会在渥太华大学举行了换届改选。会议厅楼上楼下座无虚席，大会选出四十九名同学出任渥太华中国同学联谊会第十四届执行委员会委员。会后放映了严顺开主演的喜剧片《阿谭内传》及巩俐主演的《画魂》两部电影。

8月28日第十四届执行委员会举行了第一次全体会议，第十三届主席高立军代表上届执委会作了工作报告，并主持了新一届联谊会主席选举。经无记名投票，曾任联谊会第十一届执委，全加学联第五届执委兼总协调员的曹亚林博士以三十票对十四票击败另一名候选人上届联谊会副主席马长明，当选为联谊会主席。五位副主席分别为王绍九、王建明、马长明、王庆及郑仲华，秘书长为张吉[209]。

## 《联谊通讯》与《枫华园》

由渥太华中国同学联谊会主办的《联谊通讯》于1992年1月创刊于加拿大首都渥太华。作为继《华夏文摘》之后的第二份海外中文电子版刊物，《联谊通讯》倡导和发表学子们自己创作的作品，力求反映学子们在海外的真实生活。《联谊通讯》创刊后，马上成为海外学子们所心爱的刊物，成为一个为海外学子传递信息的窗口，并且是第一个取得国际统一编号的中文电子版刊物[210]。

《联谊通讯》（ISSN 1195-1435）从1992年1月开始发行，到1996年9月15日截止，一共发行了58期。这些刊物记载了渥太华中国学生学者及其家人的学习、工作与生活历程，也记载了华人社区的重要事件，是不可多得的珍贵历史资料。

随着渥太华中国同学联谊会的负责人转向全加学联，渥太华中国同学联谊会在1999年渐渐淡出历史舞台。《联谊通讯》也于1996年9月与《枫华园》合并，《联谊通讯》的编辑人员加入到《枫华园》编委行列。《枫华园》是一份面向全世界的中文电子旬刊，创刊于1993年9月20日，主要登载原创稿件，影响深远。方舟子在"海外的中文电子刊物——中文国际网络纵横谈之二"一文中谈到，《枫华园》的特点是关心时事政治，且观点常与《华夏文摘》相左。

此外，《枫华园》也可以算作后来渥太华本地中文报纸《中华导报》的前身。

# 中华会馆顺利发展（1982-1992）

## 中华会馆理事换届（1982-1984）

中华会馆又到了选举之年。流水不腐，户枢不蠹，及时更换新鲜血液，可以让一个组织生生不息，自我更新。

1982年5月10日，《加华侨报》刊出"中华会馆理事选举公告"，理事选举将于 6月6日下午一时至九时，在中华会馆里投票，请渥太华合格选举人届时踊跃投票。投票后，选出新一届27名理事，其中连任者15人（注有*号者），新当选12人。

表格 12　中华会馆1982-1984年当选理事

| 余辉时* | 钟耀荣* | 陈炳良 | 龚英仪* | 周强安* | 谭连育夫人* | 赵耘清* |
|---|---|---|---|---|---|---|
| 李段曼丽* | 李玉祥* | 林安邦* | 蔡锡培* | 司徒溢* | 关煜彬* | 李伟文* |
| 李萍 | 程硕浩 | 李乃斌 | 黄自键 | 梁冬林 | 黄永渠* | 杨志光 |
| 鲍以文 | 余荣衮 | 梁寿光 | 江永乐 | 陈灿赐 | 李志彦 | |

以上27位当选理事于1982年6月21日举行了第一次理事会，推举出新的常委会。

主席：陈炳良
第一副主席：余辉时，负责中华大厦管理工作
第二副主席：林安邦，负责《加华侨报》
第三副主席：钟耀荣，负责"加华电视"
执行委员：周强安、李乃斌、黄永渠
正秘书：程硕浩、副秘书：黄永渠
正财政：龚英仪、副财政：关煜彬
康乐组正组长：李志彦、副组长：陈灿赐
文娱组正组长：李段曼丽、副组长：黄自键
福利部：谭连育夫人
妇女部：李萍、鲍以文
耆英组：蔡锡培、鲍以文

按照惯例，中华会馆于7月17日举行了理事就职典礼，并于7月底组织了传统的郊游活动。

1984年6月17日，中华会馆再次换届选举。候选人的提名办法和投票形式与往年一样，公开征求候选人，自由投票。这届选举竞选人比上届少，投票人数只有上届的三分之二。1982年选举时，投票人数超过一千一百人，

而这一届只有七百人。渥太华当时的华人总数据估计为一万人左右，而且还在不断增加。华人的生意也越来越繁荣，而中华会馆是当时渥太华规模最大的华人组织，理事会选举是华人中的一件大事，投票人减少出人意料。

上届主席陈炳良没有参加竞选，余辉时再次当选理事会主席，任期两年。第一副主席（中华大厦）梁寿光、第二副主席（加华侨报）林安邦、第三副主席（加华电视）程硕浩。秘书林本固，财政李伟文，文娱康乐部郑宝芳、谭国辉。耆英部蔡锡培，妇女部李萍，福利部谭连育夫人。中华会馆执行委员会成员：余辉时、梁寿光、林安邦、程硕浩、林本固、李伟文、周强安、谭锦照、李乃斌。大厦管理委员会：梁寿光、周强安、关煜彬、郑宝芳、李段曼丽、黄就聪、龚英仪、李伟文、谭国辉。

## 中华会馆奖学金

中华会馆每年都设立不同的奖学金奖给进入大学的华裔学生，鼓励其学习，并提供一定程度的经济帮助。

1984-1985年度，中华会馆设立了两项奖学金，一项是"法政奖学金"，两个名额，每位奖金1,000加元。申请人须为加拿大中国血统公民或移民，居住在渥太华至少一年，在加拿大正规大学读法律或政治。

另一项是"杨林慕瑛纪念奖学金"，一个名额，奖金500加元。申请人须为加拿大中国血统公民或移民，为二十岁以下女性，居住在渥太华至少两年，就读加拿大正规大学一年级。

中华会馆及华人社区的热心人士对教育下一代一向十分关注，从建立中文学校到设立各类专业奖学金，都能体现出这一点。

## 中华会馆理事换届（1986-1992）

1986年6月15日，中华会馆换届选举，这届投票人数更少，只有403人参与。

当时渥太华的华人总数约在一万五千人左右，参选人数不足总人数的3%。随着移民来源多样化以及移民可选择职业的增多，以及五花八门华人组织的出现，中华会馆在华人中的主导地位开始逐渐削弱。

新一届理事会在选举后产生，执委会也随即在7月29日产生。主席：梁寿光，副主席：谭锦照、林本固、李段曼丽，秘书：余岑少令，财政：李伟文。

1988年，梁寿光连任主席。1990年至1992年，林本固当选主席。1990

年，中华会馆理事会再次修订了章程，名为 The Chinese Community Association of Ottawa (1990) By-law No.1，最终于1991年6月在理事会获得通过。

1990年前后，大量大陆留学生与大陆学者获得了加拿大居留权，大陆华人开始参与中华会馆的活动。

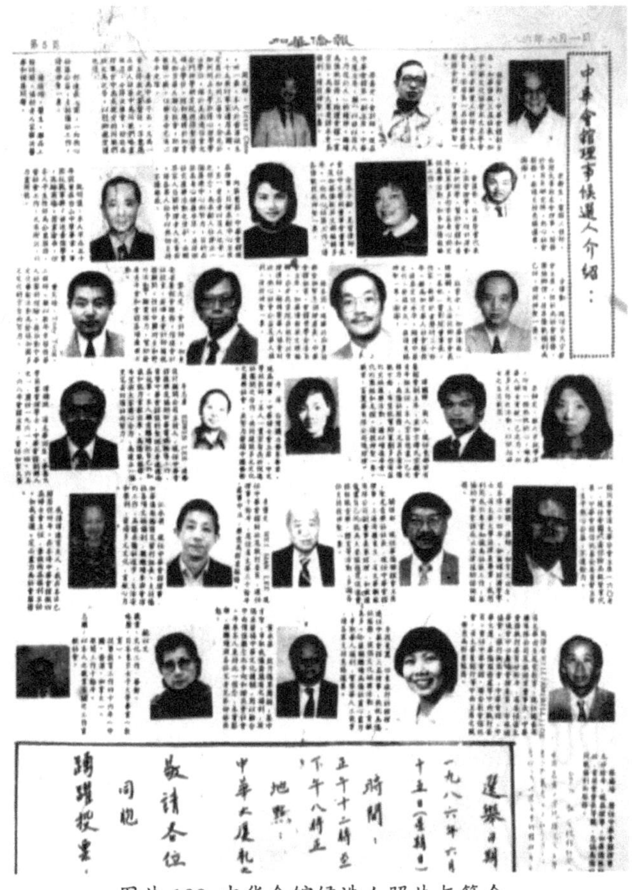

图片 199 中华会馆候选人照片与简介
（1986年6月1日《加华侨报》第5页）

# 建成怀远亭（1993-1996）

继中华大厦之后，怀远亭是又一座华人的标志性建筑。1993年，林本固任中华会馆主席期间，成立了中华会馆修墓委员会。

建造过程请参阅"那些长眠的前辈"中"怀远亭"一节。

当时捐助建亭的有许多团体与个人。怀远亭建成后，亭子四周建有一圈小石板，上面镌刻着捐助者的名字，以资纪念。

　　据2015年5月12日作者实地统计，这些捐助者为：必治活坟场董事局、加京中华耆英会、东安省华商餐馆会、奇里殡仪馆、越棉寮华人协会及越棉寮华人难民基金会、王振东吴亚秀全家、加华侨报、加京青康社、黄健威黄陈丽荷伉俪、中华人民共和国驻加拿大大使馆、中国广东省江门市人民政府及江门市侨务办公室、中华会馆、渥太华中文学校、李志彦高如意伉俪、菁华中文学校/日健会/加华艺术协会/华声音乐社、周强安伉俪、伍胥山公所/谭氏宗亲会/龙冈亲义公所/余风采堂、加京洪门民治党、吴杰新伉俪。

　　这个顺序是顺时针绕怀远亭一周所看到的，石板为青灰色花岗岩，自然阴刻，未加油漆，因此非常难把这些名字拍摄清晰。这些应该都是大额捐助者，希望没有漏掉任何名字。

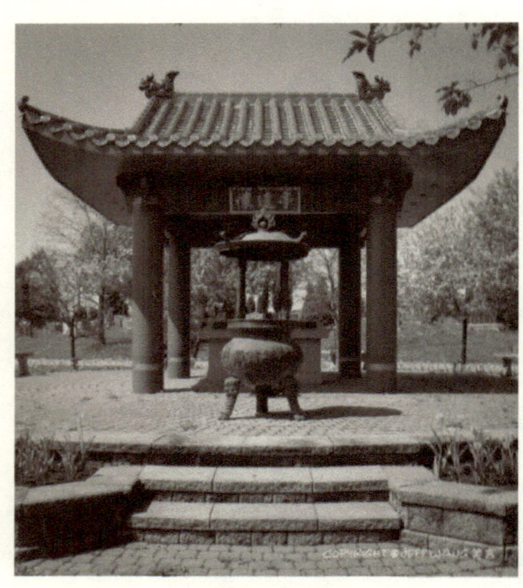


图片 200 怀远亭
（笑言摄于2015年5月12日）

　　怀远亭建成后，渥太华华人有了一个缅怀先贤的共同去处。陵园委员会及许多华人社团每年都会来这里按照华人的传统礼仪进行公祭。

　　主祭品一般是一只硕大的金黄烧猪，还有整只黄油鸡、咸水饺、大盆白糖糕及大橙等水果。祭拜时一定要有酒，酒杯、筷子齐全，还有冥币、元宝、香烛等。这样的大型活动，主办方一般都会邀请加拿大三级政府的官员及中国大使馆官员出席。

　　通过这样的活动，当地华人与加拿大政府及中国大使馆可以相互增进了解，有助于华人社区的健康发展。

# 1970-90年代大事记

## 选择前往加拿大的华人

1978年年底，随着中国制定了改革开放的政策，无数学子涌出国门，留学国外。1978至1989十年间，加拿大共接收中国大陆公派留学生8,000人，再加上自费留学生，总计上万人。

1982年随着中国与英国两国政府签署有关香港前途问题的"中英联合声明"，表明两国政府同意于一九九七年七月一日将香港主权归还中国后，香港移民潮进入高峰阶段，其中加拿大成为香港移民的热门选择地点之一。多伦多与温哥华两个城市受欢迎的程度最大，香港移民为这两个城市带来了庞大的经济利益，包括资金、技术及人才，使两地从此开始了崭新的面貌。

1980年代中期，大量港澳台和大陆的留学生移民加拿大。

1983年，开始华人第一届"公益金百万行"。"百万行"一词来源于英语 Walks for Millions，即步行筹款。华裔王裕佳医生于1982年加入公益金机构为董事，向董事会中提出百万行的建议，该项活动不分男女老幼，不论种族肤色，人人均可参加。

1986年，台湾派驻加拿大最高代表张北齐被加拿大移民部下令驱逐出境。

1987年出生于 Fort Erie 的华裔黄景培（Bob Wong）竞选省议员获胜，随即获安省省长大卫·皮特森委任为安省能源部长，成为第一位获派进入政府内阁任职部长职级的华裔人士。这是加拿大华人当时所出任之最高官职。

1989年前后，大量香港人移民加拿大。

1991年，中国政府颁布《归侨侨眷权益保护法》。

1993年前后，台湾出现移民加拿大的高潮。

1995年以后，中国大陆成为加拿大新移民的主要来源。

1997年，香港回归。

1998年，利德惠被任命为加拿大历史上第一位华裔参议员。

1999年，伍冰枝被任命为加拿大历史上第一位华裔总督。

华裔加拿大人、加拿大华人或称加拿大华裔（英语：Chinese Canadians，法语：Sino-Canadiens）是指移民或者出生在加拿大的华人。2006年，华裔血统的加拿大人口约有1,346,510，其中约21万人是混血华人。华人是加拿大最大的少数裔族群体，2006年占加拿大总人口的4.31%，纽芬兰与拉布拉多省的0.33%，爱德华王子岛的0.22%，新斯科舍省的0.57%，新不伦瑞克省的0.40%，魁北克省的1.36%，安大略省的5.36%，马尼托巴省的1.58%，萨斯喀彻温省的1.16%，艾伯塔省的4.23%，不列颠哥伦比亚省的10.61%，育空的1.80%，西北地区的1.14%，努纳武特的0.27%[211]。

回观历史，中国大量人口外移已是第五波，之前的四波分别发生在1644年明朝灭亡、清朝中后期、国民党政府撤离大陆、文化大革命。

掀起华人移民国外新一波热潮的主要来自于中国北部和中部地区的华人，这有别于以前的中国东南部。移民目的国遍布全球，东南亚的泰国、缅甸和老挝北部地区、柬埔寨、太平洋群岛、澳洲、美国、加拿大、俄罗斯远东以至日本和南韩，都成了中国合法及非法移民的热门地点[212]。

# 1997年香港回归（Hong Kong reunification）

1997年7月1日，中华人民共和国政府对中国香港地区恢复行使主权。

第一次鸦片战争清政府战败，于1842年8月29日与英国签订《南京条约》，将香港岛及鸭脷洲割让给英国。

1860年10月，第二次鸦片战争清政府再次战败，被迫签订《北京条约》，将九龙半岛（时称九龙司地方一区）界限街以南及昂船洲交给英国管治。1898年，清政府与英国签订《展拓香港界址专条》，将深圳河以南，界限街以北的230块大小岛屿总计975.1平方公里的土地租借给英国，并将租借地称为"新界"，租期为99年。从1898年7月1日开始，至1997年6月30日期满，从而取得香港全境的管理权。

1982年9月，邓小平主导的中国政府与撒切尔夫人主导的英国政府就归还香港进行谈判，提出了"一个国家、两种制度"的解决方案。经过几年商谈，中英双方于1984年签署"中英联合声明"。1997年7月1日零点整，中国香港特别行政区成立，回归完成。

# 加拿大为华人立碑（1982、1989）

1982年，加拿大政府不列颠哥伦比亚省为表彰铁路华工的贡献，在耶鲁镇兴建了一座"中国铁路华工纪念碑"。这批先辈建设加拿大社会的功劳，百年后终获肯定。

1989年，加拿大政府和人民为了纪念铁路华工在修建太平洋铁路做出的重大贡献，在多伦多市士多巴丹拿大道的公园入口处，修建了一座高11米的铁路华工纪念碑，由两座架柱桥组成，顶座是铁轨，两座状如真人的华工铜像，分别立于桥脚和铁轨上。

碑文为："1880年至1885年，17,000名中国广东省的男性劳工，来到加拿大西部，参加穿越落基山危险地段的铁路修建，筑路过程中约4,000多人丧失了生命，另有数千人在完工后漂泊异乡无法回国。他们在加拿大历史上籍籍无名，特立此碑以纪念。"

# 渥太华与北京结为友好城市（1999）

渥太华与北京于1999年结为友好城市。《北京晚报》在缔约当天发布了一条新闻："渥太华10月18日电：中共中央政治局委员、北京市委书记贾庆林今天下午在这里出席了北京与渥太华两市结为友好城市的签字仪式。渥太华市（首都地区）人口约有105万，面积4,662平方公里，是加拿大第四大城市。渥太华既是加拿大的政治中心，也是风景优美的旅游城市和高科技中心，著名的北方电讯公司总部就设在渥太华。根据初步达成的协议，北京市和渥太华市在2000年的友好合作项目包括互派人员进行交流与培训；渥太华市派人出席北京市第三届高科技周；环保项目合作以及北京市派人参加明年春季的渥太华郁金香节等。"

两国首都缔结友好城市，在两市友好交流合作进程中留下了浓墨重彩的一笔。渥太华当时的市长是吉姆·沃森（Jim Watson）。沃森在渥太华的华人朋友为他起了一个中文名字"万晋思"，于是北京媒体在新闻报道中均称他为万晋思市长。

与渥太华市结为友好城市的北京市对2010年"渥太华唐人街牌楼建设项目"做出了实质性援建。

2010年6月27日，二十国集团领导人第四次峰会在加拿大多伦多举行，国家主席胡锦涛出席峰会并发表题为《同心协力、共创未来》的重要讲话。会后来到首都渥太华对加拿大进行了国事访问。

在两国领导人的见证下，中国旅游局局长邵琪伟代表中国政府与加拿大政府签署了《中加旅游目的地谅解备忘录》。随后邵局长率领旅游局代表团考察了渥太华及周边千岛湖的旅游环境，渥太华方面由缤纷假期旅行社陈燕游（Helen Chen）社长等人陪同导游。

## 渥太华中文媒体

渥太华最早公开发行的中文报纸是创刊于1977年7月的《加京华报》，随后在1979年出现了中华会馆的机关报《加华侨报》。1986年渥太华华商会出版了第一期《渥太华华商会月刊》。渥太华中国同学联谊会第一期电子月刊《联谊通讯》创刊于1992年1月，它与《枫华园》电子月刊共存过一段时间，后停刊并入《枫华园》，而《枫华园》则是《中华导报》的前身。

2005年前后渥太华本地中文报纸出现热潮，主要报刊有：《中华导报》、《健康时报》、《渥京周末》、《加华侨报》和《七天》等[213]。

提到渥太华中文社区的媒体，网络的影响力同样重要，甚至比报纸更大。CFC 中文网自2000年开办以来，是渥太华最早也是最大的华人门户类网站。尽管同期及后来又出现一些华人网站，包括笑言天涯文学网、综合网、生活网和各中文报纸建立的电子版网站，但 CFC 一直在渥太华华人网络社会中处于垄断地位。

## CFC 中文网（2000）

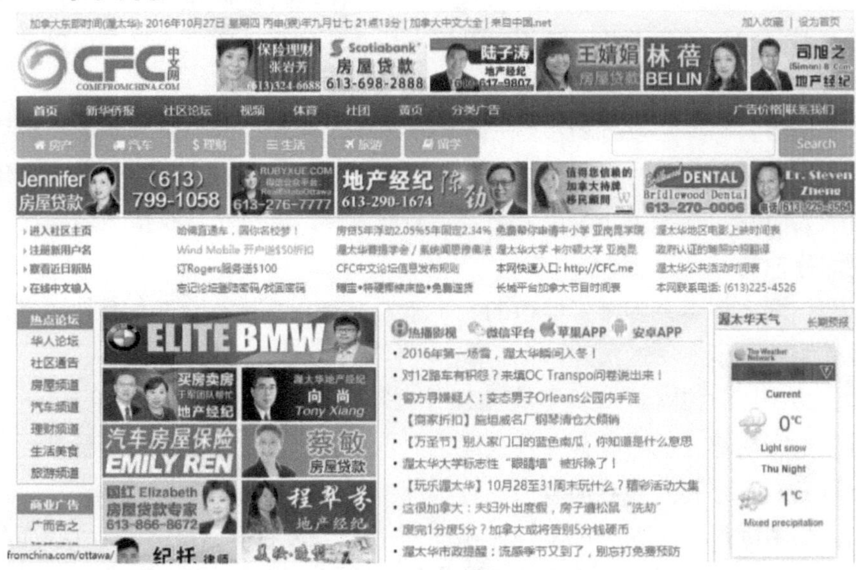

图片 201　渥太华 CFC 中文网（comefromchina.com）

2000年7月，从中国北京移民来到渥太华的张瑞文（Riven Zhang）创办了渥太华第一个综合中文网站：www.comefromchina.com（CFC 中文网）。

那时张瑞文刚移民渥太华不久，住在一个公寓中，一边找工作，一边建立起这个网站。

建网之初，张瑞文考虑到当地华人的不同需求，开设了多个版块。网站一开，为留学生开的"加国失眠夜"版块立刻热闹非凡。经过多年磨合，许多当年的留学生也变成了移民，大家共同活跃在 CFC 的各个板块。

后来张瑞文有了稳定的工作，成为一名网络管理员。但 CFC 中文网没有停，一直是张瑞文业余时间的副业。对他来说，网站那时是否盈利并不重要，除了维护网站必要的费用，他还投入了大量的时间和精力。当年接受记者采访时，张瑞文说："我本身有工作做，我们从来不依靠网站来生存，也没有人给我们投资，所以盈利压力几乎为零。现在网站处于稳定发展阶段，经营状况是良好的。[214]"

张瑞文在高科技不景气的2005年，经历过失业，经历过遍投简历石沉大海的苦闷。甚至有一段时间维持 CFC 运转的资金都成了问题，这时热爱这个网站的渥太华华人们自发捐款，帮助他维持网站的正常运行。张瑞文记下了所有的捐款信息，度过暂时的困难之后，他将捐款加上利息一一退还给所有的捐款人。

CFC 中文网不断壮大，拥有 CFC 论坛、CFC 黄页、CFC 百科以及 CFC 社交网络等四个业务单元，向首都地区近10万注册用户、1000多家企业单位及广大留学生和新老移民提供焦点新闻、社区论坛、企业广告、中文黄页以及社区活动组织等服务。发展到2010年，CFC 中文网已成为渥太华华人社区家喻户晓的中文网站，免费向华人社区提供各种信息服务，华商广告客户应接不暇，并成功吸引了加拿大本地广告商的注意。加拿大华人更喜欢看到本地商业广告以母语形式呈现给自己，这里面存在着一种难以言喻的情感联系。这样的广告无疑更令华人感到亲切，同时还产生一种被主流社会认同的骄傲。CFC 中文网的成功案例被菲利普·科特勒（Kotler）等人写入了麦吉尔大学的教科书《市场原理》（Principles of Marketing）[215]一书中。

张瑞文2000年来到加拿大，十几年来一直居住在渥太华，2000年7月创建并运营 comefromchina.com（CFC 中文网），2015年1月创办《新华侨报》。CFC 中文网是他为渥太华华人提供的一个极为重要的交流平台，但 CFC 并不局限于网络服务。在2012年和2013年，CFC 设立了面向华裔高中毕业生的多种学科奖学金，以期在华人社区树立好学上进的榜样。作者均有幸进入这两届评委会，深知评选程序的公平、公开与认真严肃。后来，CFC 又连年将这笔资金转为中文学校小学生"千字冲关"的奖金，以鼓励更多的华裔孩子学习和使用汉语。

在社区，许多重大的事件都有张瑞文的身影，如汶川赈灾、奥运集会等等。他接待过溺水留学生的家人，寻找过走失的老人，协调过留学生枪击案善后的各个方面，帮助过古巴不幸遇难同胞的善后事宜。渥太华许多华人活动，CFC 都是冠名赞助商或主要协办单位。这本书的写作，张瑞文先生也出资赞助，他不愿看到渥太华华人的历史湮没，他要把前辈的事迹收集记录下来，留给后人。而这与作者多年的愿望不谋而合，于是，渥太华华人百年来的历史才渐渐被一点一点发掘了出来。

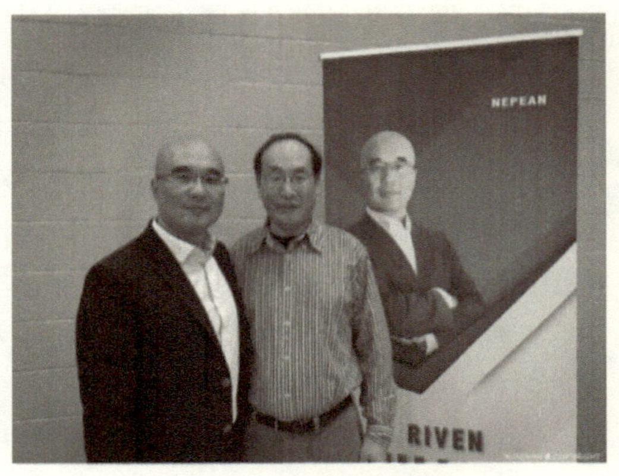

图片 202　2016年11月5日，
张瑞文（左）与作者在参选消息发布会现场

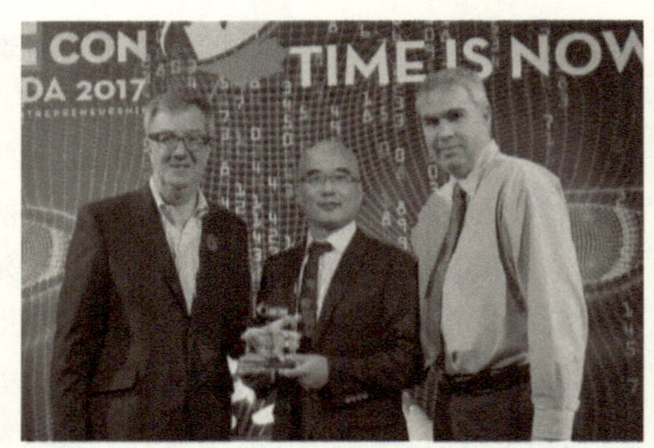

图片 203　沃森市长，张瑞文（Motion Pay CEO），
市议员 Riley Brockington（来源：新华侨网）

2016年，张瑞文加入角逐安大略省省议员（MPP）的行列，成为渥太华屈指可数的参政华人，是具有大陆技术新移民背景的第一人。他说希望通过参与竞选这样的方式将自己多年来坚持的"来自社区，服务社区"的理念再提高一个层次，力争为社区特别是华人社区谋取更多的切实利益。同时他也希望以实际行动来激励更多的华人参政议政，提高华人社区的政治地位和影响力[216]。

2016年11月5日，张瑞文在沃尔特·贝克体育中心召开了参选消息发布会，正式宣布角逐渥太华市尼平选区2018年安大略省省议员席位。后因安省保守党安排他担任其它职务，张瑞文退出了竞选。

2017年11月3日，渥太华市政府于 TiEcon 大会上隆重举行第六届"年度移民企业家"（Immigrant Entrepreneur Awards）颁奖仪式。张瑞文作为

Motion Pay 移动支付创始人，与其他三位获奖人接受了吉姆·沃森市长颁发的水晶奖牌。

## 加京华报（The Capital Chinese News）

根据安大略省的刊物登记信息，《加京华报》曾数次更换英文名。发行地点均为渥太华，语种均为中文，发行周期均为月刊。1977年创刊，几经改名，于1987年12月停刊。

表格 13 《加京华报》安省档案馆（Archives of Ontario）记录，微胶

| | | |
|---|---|---|
| 英文名称 | Ottawa Chinese Community Newsletter | |
| 注册日期 | 1977.07 - 1977.12 | |
| 变更来源 | National Capital Chinese Community Newsletter | |
| 发行期刊 | 1977.07.04 - 1977.12.05 | |
| 缩微胶卷 | N 504, Reel 1 | |
| 英文名称 | National Capital Chinese Community Newsletter | |
| 注册日期 | 1977 - | |
| 变更去向 | Ottawa Chinese Community Newsletter | |
| 变更来源 | Capital Chinese News | |
| 发行期刊 | 1978,02 - 1981.09.01 | |
| 缩微胶卷 | N 504, Reel 2 | |
| 英文名称 | Capital Chinese News | |
| 注册日期 | 1981,10 - 1987.12 | |
| 变更去向 | National Capital Chinese Community Newsletter | |
| 变更来源 | Capital Chinese News | |
| 发行期刊 | 1981.10 - 1987.12 | |
| 缩微胶卷 | 1981.10 - 1983.04 | N 504, Reel 2 |
| | 1983.05 - 1985.05 | N 504, Reel 3 |
| | 1985.06 - 1987,06 | N 504, Reel 4 |
| | 1987.07 - 1987.12 | N 504, Reel 5 |

《加京华报》是渥太华最早的正规中文报纸。前期完全靠手工出版，每月一期。该报内容翔实，包括很多本地的活动报导、人物专访及时事综述。并常有不同观点隔期辩论，十分贴近华人社区。

1977年7月4日出版的第一期报纸上，"创刊词"全文如下：

"近年来移居渥太华的华人逐渐增多，华人社区活动也日趋频繁，我们早已感到渥太华区急需一份华文刊物，藉以沟通华人社区消息，同时希望能为不谙英文的华人同胞服务，介绍加拿大的政治、经济及

文化。我们最大的目标是使加籍华裔人士更能全面享受加拿大的生活，为加拿大的多元文化社会做出更大的贡献，我们希望做到下列各点：

立场中肯，以事论事；

忠实报道本地华人社区新闻；

以简易的文字介绍分析加拿大政治、经济及风土人情；

宣扬中华文化。

这份刊物酝酿了很久，最近才获得充分人力及物力的支持，得以付印。我们并非渥太华第一份华文刊物，大概亦不会是最后一份。我们却希望能和其它刊物互相砥砺切磋，互相帮助，是大家的品质能同时改进，为渥太华华人社区做出更大贡献。"

创刊词中提到《加京华报》不是第一份中文刊物，但它确是传统意义上渥太华本地媒体面向社会定期发行（月刊）的第一份纸质报纸。尽管《明报》等报业集团也在渥太华出售报纸，但毕竟不是渥太华当地中文报。

《加京华报》由一群渥太华华裔知识分子创办，是加拿大渥太华一份非牟利性社区华文报刊，以沟通侨社消息，加强华人社区与加拿大政府联系，反映华裔同胞的心声为宗旨。该报每月月初出版，至1979年2月，每期出版4开纸5张20版。内容包括"要闻"、"中国新闻"、"加拿大新闻"、"国际新闻"、"社区消息"、"综合新闻"及"副刊"等。

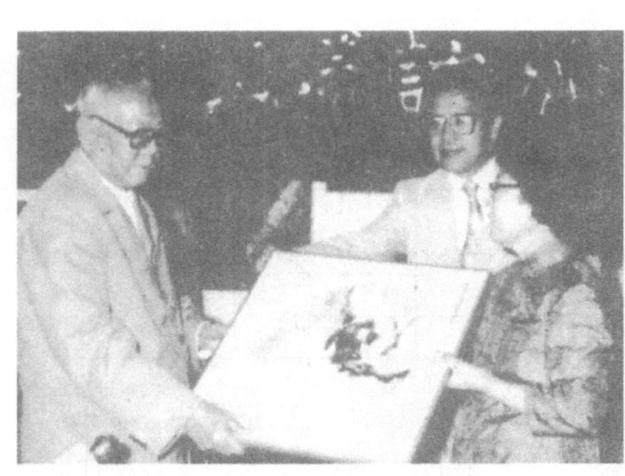

图片204 1985年7月15日中国国家主席李先念（左）访问渥太华，许金生（中）社长代表各界华人敬赠纪念品（来源：许金生）

陈松汉、许金生、赵炳炽等人曾先后担任过报社社长。办报头几年，每期都是手工抄写，当时有很多志愿者参与，人手一笔，各种手写体龙飞凤舞，还好抄报人书法功底大都不错，读者可以顺畅阅读。《加京华报》报社的义务工作者们，不但奉献时间，有时还要奉献金钱。兢兢业业维持一份无经费来源的报纸30多年，确实不是一件易事。

加京华报的经费一向捉襟见肘，除了支付正常的印刷费、打字费、房租和邮费外，连买个较好的复印机和计算机都一直不能如愿。然而就在这样的条件下，加京华报还经常赞助华人的社区活动。以1981年为例，"（1）为了鼓励华人从政，使华人将来在加拿大不致遭到像在东南亚地区一样的种族歧视和虐待，首先响应成立安省华人子弟攻读文法科系奖学金，并捐助加币1000元；（2）捐款300元襄助中国救灾运动；（3）捐款300元襄助加京中华会馆建厦筹款运动，（4）为了提倡体育，增进华人健康，促进华人团结，华报出资200余元举办乒乓球团体友谊赛。所以，一年中捐出了整个月的收入。[217]"

《加京华报》内容丰富、贴近生活、立场中正、观点客观，报道了许多发生在加中两国及国际上的重大历史事件，有时还刊登当地华人的看法与评论，丰富和活跃了当地华人的精神生活。每逢中国领导人访问加拿大，报纸均会及时报道，如1985年7月李先念主席访加、1997年4月江泽民主席访加、1999年4月朱镕基总理访加、2000年5月政协主席李瑞环访加等都曾见于报端。作加拿大政府和华人间的桥梁，针对有些老华侨不懂英文，华报便将加拿大政府有关华人的政策法规翻译成中文刊出，而华社反映给政府的意见则译为英文刊出。

## 加华侨报（Ottawa Chinese Community News）

《加华侨报》创刊于1979年7月20日，隶属渥太华中华会馆，是一份独立、非营利、非政党、非宗教报纸，服务加拿大首都广大华人。版面：每期出纸12版。主要内容有"渥太华社区新闻"、"加拿大新闻"、"中港台新闻"、"国际新闻"和"副刊"等。

《加华侨报》开始的装帧像一本杂志，由于是来自台湾的前报人主编，版式为繁体竖排。

1988年7月28日，《加华侨报》又在安大略省重新注册。《加华侨报》的社长传统上由中华会馆的一位副主席担任，一度被称为中华会馆的机关报。发行量每周6,000份，最初为月刊，也曾发行过双月刊，受经费等多种因素影响，2014年停刊。

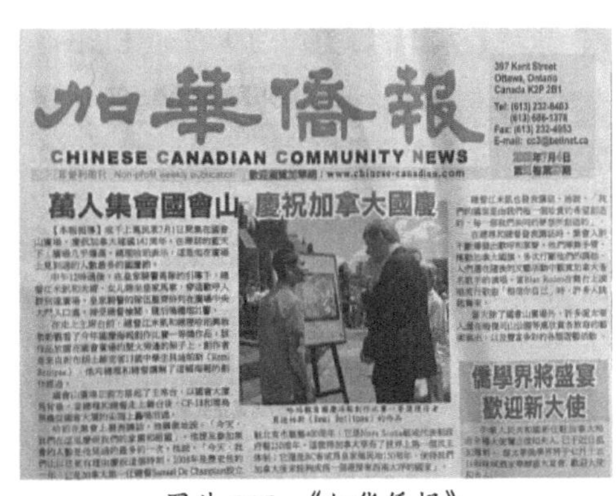

图片 205 《加华侨报》
2008年7月4日，
兰立俊大使履新消息，笑言提供

# 中华导报（Canada China News）

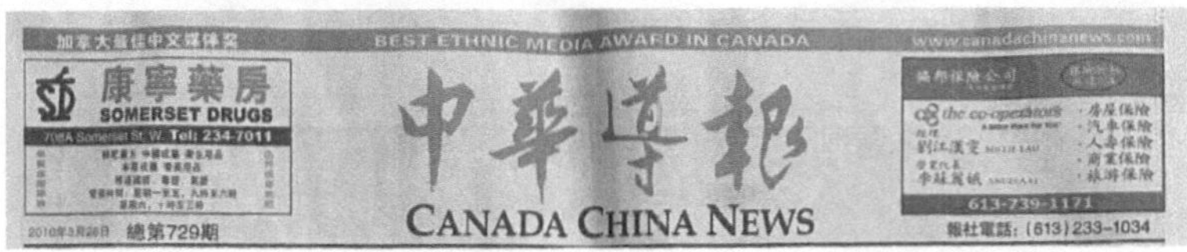

图片 206 《中华导报》2010年3月26日报头，笑言提供

　　《中华导报》创刊于1991年。据知情人讲，当年孟晶磊与姚锦清在学联刊物《枫华园》的基础上，合伙创办了《中华导报》，后孟晶磊退出。1995年起，姚锦清担任社长，直到2007年归国到上海外国语大学高级翻译学院任教授为止。2006年《中华导报》在全加拿大总数超过一百五十家媒体中脱颖而出，获颁最佳媒体奖，此奖项由"加拿大国家种族媒体协会"和加拿大安大略省政府联合颁发。这一称号用以表彰《中华导报》在其报道的广泛性、美工设计和排版的专业性以及对社区所作出的影响这三方面的突出成就。

　　作为一份商业报纸，《中华导报》曾数度易手，报纸的几位拥有人分别为姚锦清、叶欣、白刃刃和郑炳峰。

　　《中华导报》被公认为渥太华的中文综合性大报，创刊以来，积极推动各界华人在加拿大社会的多元发展，口碑极好。

　　作者在《中华导报》上发表了很多文章，中篇小说"蓝调·非卖品"于2018年在该报首发连载。

# 渥京周末（Ottawa Weekend）

　　《渥京周末》报创刊于1994年，风格有点像国内的小开本晚报，轻松活泼，娱乐为主，是渥太华最受欢迎的中文报纸之一。

　　2007年，《渥京周末》报推出在线电子版 www.ottawaweekend.ca。2014年，《渥京周末》报再次推出全新网站 www.wojing.ca，适合手机、iPad、电脑等方式。

　　2007年11月《渥京周末》曾连载作者的获奖小说"杀人游戏"。

　　从2019年3月8日起，《渥京周末》报改为《渥京周刊》报，并以精装版出版，《渥京周刊》报由《渥京周末》报的16个版面周报改为28个版面的双周刊形式杂志。

　　2020年3月1日，《渥京周刊》报因为疫情原因休刊，《渥京周末》网继续继续独立营运。2020年10月，《渥京周末》网改名《渥京新闻》网，www.wojing.ca 和 www.ottawaweekend.ca 合并，为加拿大万事通传媒集团属下媒体。

## 健康时报（Health Times）

《健康时报》（周报）于1998年12月创刊，总部设在加拿大多伦多，是在大温哥华地区发行的有关医疗健康方面的唯一中文周刊，也在蒙特利尔和渥太华发行。渥太华分社负责人为张志刚与黄菲。《健康时报》报如其名，重点是养身健体，贴近生活。

该报每周五出版，主要内容包括"中华医药"、"社会广角"、"养生之道"、"专家看诊"、"妇幼保健"、"心灵之窗"、"性与健康"、"美食天地"、"运动休闲"、"女性大世界"等。报社由张志刚等人负责经营，这份报纸已成为健康相关信息的可信来源。

作者的长篇小说《没有影子的行走》（当时名叫《落地》）曾在该报连载。

## 七天（Sept 七天 Days）

《七天》创刊于2006年7月7日，是一份以新闻为主的综合性周报。该报为对开简体大报，内容严谨、风格多样。《七天》的办报宗旨是：维护加拿大国家利益，团结华人并主张中国统一。其报道内容有：华人科学家、移民成功者、与华人关系密切的政界人士、华人弱势群体、本地的重大新闻事件等。其报道多被中新网、新华社和海外的华文媒体转载。

由于该报在加拿大法语区注册，根据语言保护法，所有招牌必须有法语名称，因此《七天》周报报头为：SEPT 七天 DAYS。由法文、中文、英文三种文字混合组成。

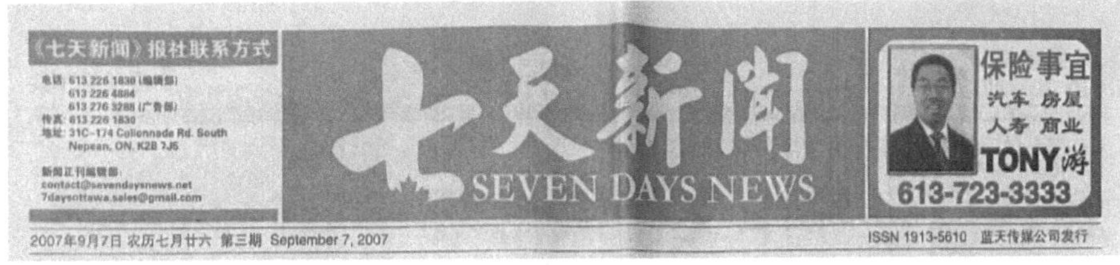


图片 207 《七天新闻》2007年9月7日报头，笑言提供

《七天》渥太华分社由高如东负责经营，后渥太华脱离《七天》周报，归属加拿大齐天国际传媒公司，自行创办了《七天新闻》，是渥太华唯一

一份使用简体字的中文报纸。

## 新华侨报（CFC News Weekly）

这是一份朝气蓬勃、自行采编部分新闻的报纸，可惜只发行了两年。2015年1月创刊，2017年1月停刊。

该报是由 CFC 中文综合网延伸的纸质报纸。经两年尝试，报社决定放弃纸媒回归网络。2017年1月6日，《新华侨报》在最后一期刊登了停刊启事：

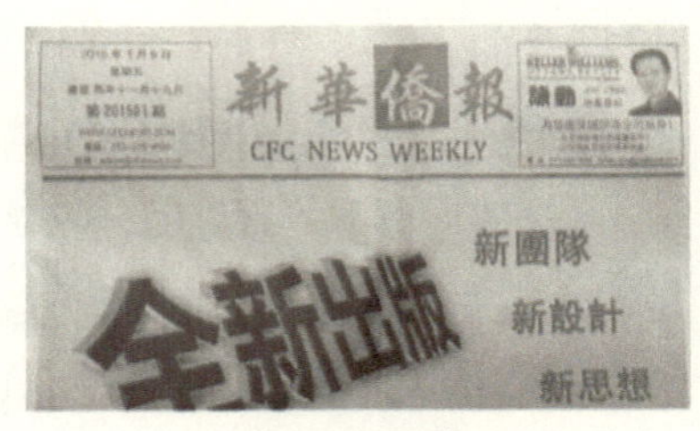


图片 208 《新华侨报》创刊号，2015年1月9日，笑言提供

"亲爱的读者：

这周是《新华侨报》的最后一期。伴着2017年第一周的到来，侨报要向您说再见了。从2015年1月《新华侨报》创刊，我们已经走过了两个年头。从创刊伊始，每一个周五，一份带着油墨清香的报纸会准时放到我们的各个报点。

感谢一直陪伴着我们的读者。你们的信任、支持和鼓励，鞭策着我们一路走到今天。

感谢所有的合作伙伴，我们相互促进，共同见证了彼此的成长。

今天，我们暂时告别一张报纸，但我们并没有远离。侨报团队将集中力量发展强化数字化媒体。CFC 新闻网、CFC 微信平台和 CFC 中文网，继续为广大读者服务。全新的综合媒体将承载所有侨报的版块与内容，发挥新媒体的优势，更快、更深、更好、更贴心地服务于渥太华的广大华人、华人社区及各个团体。"

## 中文学校家长集体阅报

渥太华所有出版发行过的报纸，除《七天新闻》之外，全部都采用繁体字，原因据称是为了照顾老华侨。早些年来渥太华的华人基本都是阅读繁体字的群体，大陆新移民大量来到渥太华时，互联网已相当普及，因此新移民更习惯于上网查看信息，不仅新闻及时，而且信息渠道多，英文中文可以随便看，报纸反而很少阅读。后来出于生存需要，中文报纸的版面逐渐被广告页所占据，有的报纸甚至整个首版的版面全都是广告。总体来说，2000年以后渥太华各中文报社自行采写或编译的新闻报道很少，最多有些本地作者写的休闲专栏，因此除了广告之外，报纸几乎没有地域性特点。有一段时间《中华导报》致力于本地化，内容上有许多自己的东西。《新华侨报》则后来居上，每期都刊登该报记者采写的新闻和图片新闻，还有人物专访及各种专栏。

除了老华侨保持着阅读中文报纸的习惯，还有一个地方可以称为中文报纸的公共阅览室，那就是各个中文学校。每逢周末，华人送孩子上中文学校，孩子上课，家长有的去参加各项体育运动及健身活动，更多的则坐在学校餐厅里等孩子放学，其中有打牌的、聊天的、出租录像带影碟的和卖自种蔬菜的。在欣华中文学校曾经还有一位名叫钱赛金的老太太（渥太华中国同学联谊会第16届主席张建运之母）经常义务帮人理发，老人家喜欢热闹，周末到中文学校会见老朋友，校长姚荣平与她关系也非常好，亲如一家。

家长们在几个小时的等待中，总能找到时间把每一份中文报纸从头翻到尾，而且还会带回家去让家人阅读。渥太华本地的中文报纸都是免费发放的，每个中文学校都是各中文报社重要的报纸投放点，当然，中餐馆与华人超市也必不可少。

# 渥太华中国校友会（1999）

## 缘起

1996年圣诞期节期间的一个夜晚，渥太华几位清华大学的校友在曾毅家中相聚，共度节日。聚会时他们谈到应该建立一个交流平台，凝聚更多的校友。于是大家推举王玳瑜牵头筹办清华大学校友会。随后王永智向筹备组推荐了卡尔顿大学（Carleton University）机械与航天系黄祖永教授。黄祖永已经在加拿大工作和生活了30年，对加拿大主流社会非常了解，他提出清华大学校友会一定要办成一个非营利性的、非政党性的独立组织。筹备组在黄祖永家中召开了筹备会议，确定了校友会的宗旨，讨论了成立校友会的细节。

1997年4月底的周六，清华大学校友会成立大会在得百利自助餐厅举行，预计70人到会，实际参加人数达到120多人。黄祖永当选首任会长，王玳瑜为常务副会长。

1998年初，清华大学校友会借用一家法语学校举办了一场大型春节联欢晚会。晚会分为三个部分：灯谜及舞会、国产新片电影晚会与儿童游戏。一些北大校友当面向清华校友会负责人提议两家校友联合组成一个新的校友会，这是在渥太华建立一个新的跨校校友会的动议。

1998年夏天，中国长江、松花江和嫩江等主要河流干支流发生了特大洪水。清华大学校友会立即发起募捐活动，清华大学校友会会员及当地华人纷纷响应，发展成全市性活动。通过加拿大红十字会积极向灾区捐款。当时大家深感需要全市性校友组织，协调各校校友的活动。清华大学校友会理事会经过研究，决定以此为契机联合更多学校的校友加入，于是他们开始筹划渥太华中国大专校友会。当时渥太华的中国学生学者越来越多，但处于各自独立学习、工作和生活的状态。很多人希望可以有一个团体将他们聚拢在一起，彼此帮助，共同参加一些活动。

王玳瑜、王新军、王永智、汪大培、曾毅等人着手筹划新的校友会。大家认为新的校友会应当最广泛地吸纳所有中国大专院校在渥太华的校友，一致推举德高望重的学者黄祖永教授为新校友会的会长候选人。

黄祖永1955年毕业于清华大学。1965年进入英国纽卡斯尔大学

（University of Newcastle-upon-Tyne），1967年获得博士学位（Ph.D.）。1968年应邀到加拿大首都渥太华的卡尔顿大学任教。1986年英国纽卡斯尔大学授予黄祖永科学博士学位（Doctor of Science）。

1978年，黄祖永的第一本书《地面车辆理论》（Theory of Ground Vehicles）由美国 John Wiley 出版社出版。此书后译成中文，由北京机械工业出版社于1985年出版发行。俄文译本由莫斯科 МАШИНОСТРОЕНИЕ 在1982年出版。原书第二、第三及第四版于1993、2001及2008年先后问世。另一本书（Terramechanics and Off-Road Vehicles）由荷兰 Elsevier 出版社在1989年发行。原书第二版于2010年问世。这两本书被业界认为是此领域之基本参考文献，并被广泛引用。

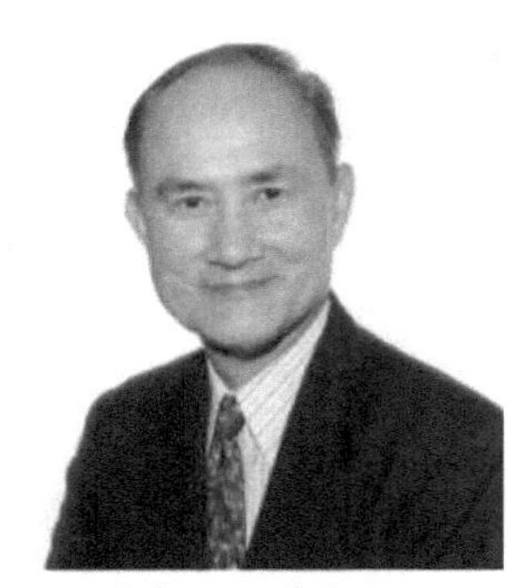

图片 209 黄祖永
（Jo Yung Wong）教授
卡尔顿大学简介中的照片

自二十世纪七十年代起，黄祖永先后当选英国机械工程师学会会士（Fellow）、美国机械工程师学会会士及加拿大机械工程学会会士。

在卡尔顿大学教学及科研31年后，黄祖永于1999年夏天退休。卡尔顿大学授予他荣休教授（Professor Emeritus）及杰出研究教授（Distinguished Research Professor）衔，并请他继续在校指导研究工作[218]。

黄祖永分别从1980和1990年代起至今在清华大学和卡尔顿大学设立了两项奖励研究生的奖学金。

## 成立

黄祖永推荐同在卡尔顿大学化学系工作的王植源教授一同加入新的校友会。

王植源本科毕业于北京大学，在蒙特利尔麦吉尔大学取得博士学位，任教于卡尔顿大学化学系，曾是卡尔顿大学第一位加拿大首席科学家（Canada Research Chair），是位有成就的化学家。他和加拿大环保部科学家王镇棣等人也参加了筹备工作。当时没有经济来源，每位理事捐出20加元作为启动经费。酝酿过程中，确定了章程和理事会成员。在《中华导报》等当地中文报纸刊登了成立大会通告。

1999年初，在卡尔顿大学机械与航天系的一个教室里，召开了校友会筹备会，黄祖永主持了会议，王玳瑜汇报了成立校友会的有关事宜。大家取得了共识。

1999年1月，上百名从中国20多所大学毕业并定居在渥太华的校友们聚集在扬明楼自助酒家，召开了渥太华中国大专校友会成立大会。会上选出中国大专校友会的第一届理事会。

会长：黄祖永
常务副会长：王玳瑜
副会长：黄兴中、王植源、王镇棣、赵启秋
秘书长：宋强
副秘书长：王新军、王永智、李大进
理事：陈越、姚锦清、胡军、葛方雯、匡莉等人

新的校友会定名为：渥太华中国大专校友会，英文名称为 Ottawa Association of Chinese-Canadian University Alumni（OACCUA）。校友会在安大略省正式注册，为独立的非营利、非宗教、不涉及政治的社团。其宗旨为通过组织文化、体育和教育活动，促进交流，加强社区精神以及与加拿大主流社会的联系。中国大专校友会是面向渥太华所有中国大专校友的独立团体，此前的清华大学校友会以及其它各校的校友会均各自独立存在。

这次成立大会除了理事会向会员汇报校友会筹备情况与规章制度及活动安排之外，还邀请杨丹女士和王植源先生分别介绍了他们的创业及学术研究中的经历与成功经验。

中国大专校友会成立以后，成功地吸引了渥太华众多的华人学术、科技界才俊及各界精英，包晓仪（加拿大科学院院士）、李先遥（加拿大皇家制币公司技术总监）、程颐浩（JDS技术总监）、薛金生等人均曾陆续加入理事会。

中国大专校友会十分注重与主流社会的融合及与加拿大政府的联系。校友会成立后，首先在1999年春举办了与华裔国会议员的大型恳谈会。当时的两名华裔国会议员梁陈明任（Sophia Ming Ren Leung, MP, CM）和麦鼎鸿（Inky Mark, MP）出席了恳谈会并成为渥太华中国校友会的名誉会员。他们发言介绍了加拿大政府的结构以及他们自己为什么进国会，又能在国会发挥什么作用等大家感兴趣的内容。他们所谈的，都是关系到加拿大整个华裔社会的问题，出席恳谈会的老华侨们感叹这是在加拿大几十年从未见过的令华裔振奋的事情[219]。

1999年，李宁玉博士带着反映早期华工修筑太平洋铁路的文献纪录片

《枫骨中华魂》来到渥太华，希望在渥太华举办该影片的首都首映式。大专校友会帮她邀请到渥太华的一些华工后代以及市议员，王植源在卡尔顿大学为此次活动借到大教室，王玳瑜主持了首映式[220]。2000年秋，李宁玉再次来到渥太华，带来了由云南人民出版社出版的大型同名画册，举行了画册首发式。校友会帮她联系了一些社会名流和大使馆官员，李宁玉这部具有历史价值的影片与画册，在多伦多及北京等地也都举办过首发式，颇具影响[221]。

2000年6月13日晚，大专校友会在扬子江中餐馆召开了会员年度晚餐会，并且邀请到加拿大华裔国会议员、联邦政府外交部负责亚太事务的国务部长陈卓愉（Raymond Chan, MP）参加[222]。陈卓愉1951年出生于香港，祖籍广东恩平。从1993年起，几度担任内阁部长，是加拿大联邦政府中难得一见的华裔部长，也是第一位担任如此要职的华裔加拿大人。作为亚太地区事务国务部长，陈卓愉多次访问中国及其它亚洲国家，积极促进这些国家与加拿大的商业与贸易发展。他在大会上讲话，鼓励华人在加拿大扮演更加活跃的角色，并对大专校友会的发展前景提出了期望。大专校友会还邀请了其它华人团体的代表参加了此次年会，会长黄祖永做了开场发言[223]。

至此，当时所有的三名华裔国会议员陈卓愉、梁陈明任与麦鼎鸿均与中国大专校友会会员有过见面交流。

## 换届制度与历届会长

创会伊始，渥太华中国大专校友会力求规范。理事会参考了加拿大本地类似组织的章程，也参照了清华大学校友会的章程，拟定出渥太华大专校友会的章程。时隔多年，作者2015年3月31日采访校友会前会长王永智先生的时候，他特别谈到章程中有关换届的内容，认为换届的规定非常重要。校友会章程规定，理事会两年一届，会长不得连任。这样，既保持了校友会的活力，又防止了以权谋私[224]。

表格 14 渥太华大专校友会历届会长

| 第一届 | 黄祖永 | 1999-2000（因故提前离职） |
|---|---|---|
| | 王玳瑜 | 2000-2001（代会长） |
| 第二届 | 黄兴中 | 2001-2003 |
| 第三届 | 王玳瑜 | 2003-2005 |
| 第四届 | 王植源 | 2005-2007 |
| 第五届 | 王伏虎 | 2008-2009 |

| 第六届 | 李世友 | 2010-2012 |
| 第七届 | 王永智 | 2012-2014 |
| 第八届 | 王耀平 | 2014-2016 |

## 国内与国际大事件

2000年加拿大高科技滑坡，渥太华许多华人失去了工作。他们在异国他乡无依无靠，生活出现了巨大困难，有的甚至酿成家庭悲剧。校友会及时邀请有经验的专家及心理医师举办各类讲座，讨论怎样寻找高科技工作、怎样应对面试以及怎样调节和疏导自己的心理。

2003年3月19日晚，渥太华580 CFRA 电台主持人约翰·康索尔（John Counsell）在节目中声称，"美国打击伊拉克是为了向伊朗、中国、朝鲜等恐怖主义地区发出警告。"渥太华华人立即在 CFC 中文网（comefromchina.com）展开讨论，希望华人社团出面抗议。校友会会长立即给580 CFRA 电台发去信抗议，要求电台与当事人道歉，但580 CFRA 电台未予理睬。随后校友们纷纷给电台打电话、发电子邮件抗议，并在 comefromchina.com 网站发起讨论，交流信息。一时间，580 CFRA 电台的电话与电子邮箱被打爆。同时，渥太华华人开始联系各区的议员表达自己的意见，从各个层面施加压力。

次日，2003年3月20日，中国驻加拿大大使馆就渥太华580 CFRA 电台的错误言论发表声明，对580 CFRA 电台提出强烈抗议，中国大使馆要求580 CFRA 电台立即纠正错误，公开道歉，消除上述言论造成的一切消极影响。

迫于各方压力，节目播出的第二天（3月20日）在580 CFRA 播出的"晚间康索尔（LATER NIGHT COUNSELL）"节目中，康索尔分别于当晚10点10分和11点整两次正式口头道歉（APOLOGIZE）。

这件事作者亲历，当晚有许多华人将电话打进直播室，在节目中直接质问主持人康索尔。

2003年3月起在中国广东省及香港地区非典（SARS）病毒大量爆发，此后，该病在全球各地广泛扩散，有超过8,000人染病，近800人死亡，其中中国（包括香港）的感染和死亡人数最多。在中国大陆，"非典型性肺炎"成为"SARS"的代名词，也有人音译为萨斯。

加拿大第一例非典发生在由香港返回多伦多的78岁华裔老人关水珠身上。3月12日，世界卫生组织发布了罕有的全球警报。5月初，由渥太华中国校友会发起，共16个华人社团组成的"渥太华各界华人抗 SARS 委员会"成立。委员会与政府公共医疗部门合作，及时通报情况，向公众宣传相关卫生知识，力图减轻不必要的恐慌以及对华人食品的误解，并积极声援中国人民抗非典的行动。

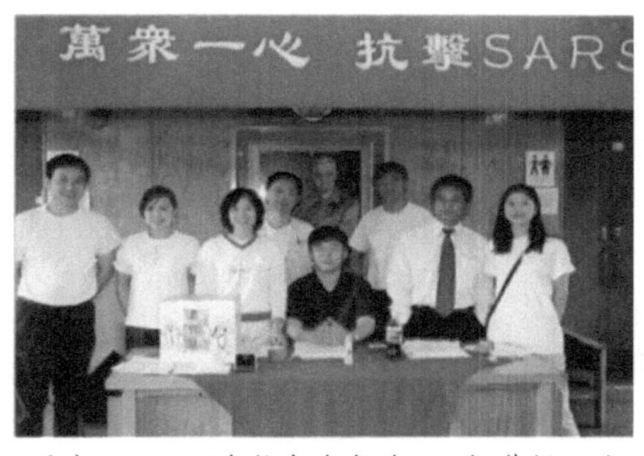


图片 210 2003年抗击非典（SARS）募捐活动
（OACCUA 提供）

委员会的16个团体为：渥太华中国大专校友会、渥太华清华大学校友会、中华导报、健康时报、comeformchina.com 中文网站、北国歌舞团、东方艺术团、渥太华医学专业人士论坛、欣华中文学校、卡尔顿大学中国同学会、中华文化中心、渥太华华人社团联合会、中华会馆、中华大厦、渥太华大学中国同学会、渥太华中国大学生联谊会。委员会联络人为：王玑瑜、王伏虎、宋东江和海子[225]。后来参与社团增加到20多个，包括台山同乡会、东北同乡会、潮州同乡会、龙冈亲义公所与老联会等。

当时李体茂夫妇、宋东江、王伏虎等天天与加拿大卫生部及北京方面联系，互通信息，紧密跟踪疫情。

在非典最猖獗的时刻，渥太华各界华人抗 SARS 委员会通过《人民日报》记者陈特安，将致中国政府和国内乡亲的公开信送到了国内，以表达渥太华华人的慰问和支持。这份公开信在中国中央电视台新闻联播节目中播出，并在屏幕下方打出字幕。

2003年6月7日，渥太华抗 SARS 委员会在卡尔顿大学剧场举办了"情系中华抗非典大型义演"。中国驻加拿大大使梅平与加拿大前财长马丁的代表以及渥太华各界华侨华人代表、学生学者500余人出席了义演。委员会总召集人王玑瑜在会上讲话并将1.2万加元的一张大支票现场交给了梅平大使。另有价值4,000多加元的物资已运往中国疫区[226]。

这些设备中包括北京当时最紧缺的口罩。后来抗 SARS 委员会募集到更多资金，精心选购了10套 Oxylator 急救呼吸机，价值7,000多加元，交付北京市抗非典医疗救治指挥中心。捐赠仪式上，北京市抗非典医疗救治指挥中心总指挥助理，同仁医院副院长王晨代表北京市医护战线接受了渥太华华人的设备捐赠。渥太华华人代表易春阳向王晨等介绍了渥太华华人在过去数月之中为抗 SARS 所做的工作，介绍了"为了中国白衣天使募捐"、"万众一心大型联合义演"和华人医学专业人士等活动，转交了渥太华抗 SARS 委员会总召集人王玳瑜致中国卫生部的亲笔信，信中祝贺中国抗击非典斗争所取得的重大胜利，转达了渥太华华人对中国医护工作者的深切问候[227]。

2003年，王玳瑜任第三届理事会会长期间，适逢渥太华中华会馆改选。校友会17名成员积极参选，从此大陆华人移民开始逐渐参与到中华会馆的工作中，为这个历史悠久的华人社团注入了新的活力，促进了新老华人的融合。

2005年中国大专校友会邀请陪同时任总理克里蒂安多次访华的梅平大使作了"加拿大团队访华及加中关系的进展"的报告。

大专校友会积极参与组织渥太华华人社区的活动。王植源会长和王伏虎会长分别在2006年和2008年，在国会议员梁陈明任的助理周畅的协调下，领导大专校友会主持了国会山的中国新年招待会。周畅也是校友会多年的理事，时任副会长[228]。

遇到大灾难时，校友会及时举行慈善义演音乐会等捐助活动。校友会于2005年发起"By Youth for Youth（BYFY）"青少年音乐才俊慈善音乐会，通过加拿大红十字会向遭受重大国际自然灾害的灾区捐款。如2005年初为南亚海啸灾区捐款4,000多加元，2008年为汶川地震灾区捐款7,000多加元。

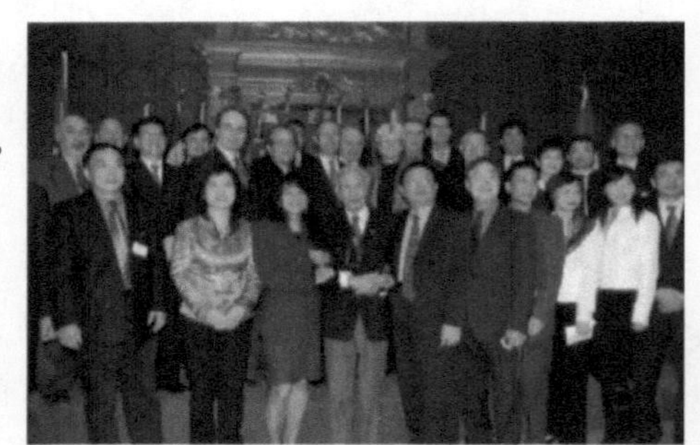

图片 211 2008年国会山中国新年招待会
（OACCUA 提供）

汶川地震时很多华人社团单独或联合组织募捐活动。2008年6月14日，"渥太华支援中国大地震赈灾委员会"组织了一场"众志成城，爱心奉献"大型赈灾义卖活动。地点在康斯特雷申街（Constellation Dr）100号附近的一块空地，数百华人前往参加活动，义卖家中闲置的物品。许多艺术家现场挥毫，出售自己的书法与绘画作品。作者也签售了自己刚出版的长篇小说《香火》20本，将所得400加元全部捐出。

校友会2010年为海地地震灾区捐款近9,000加元。2015年为运营多年的加拿大冬衣基金和若干本地慈善机构筹集善款4,000多加元[229]。

# 学术、生活、文娱、体育及其它社区活动

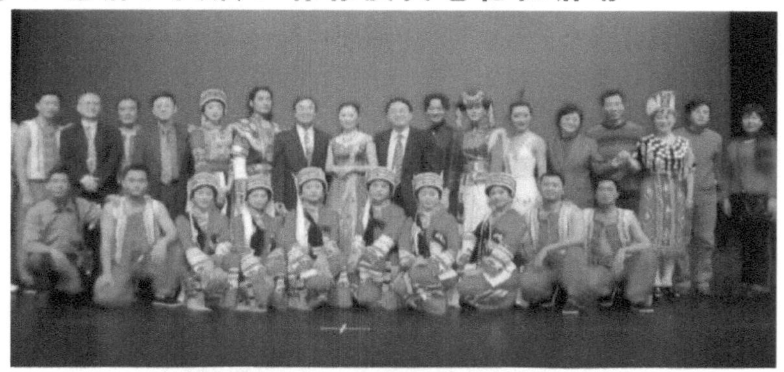

图片 212  2000年文艺汇演（OACCUA 提供）

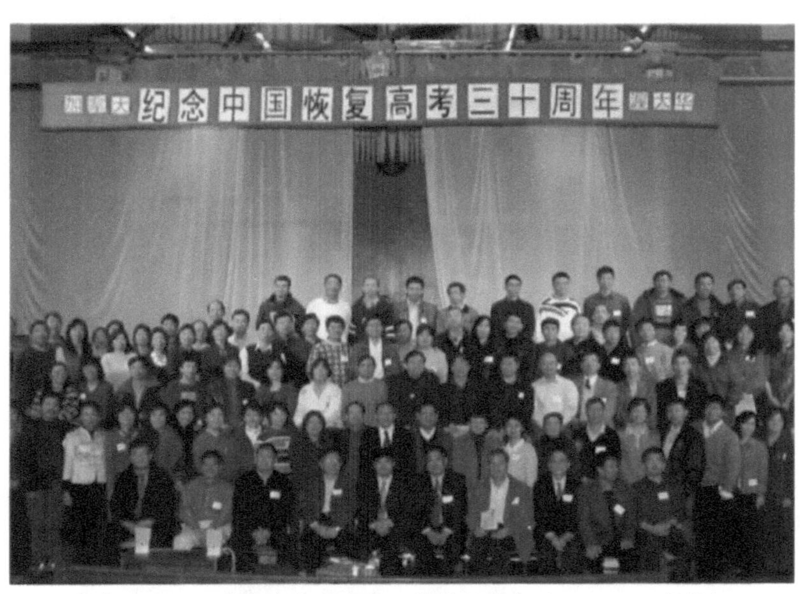


图片 213  2007年纪念恢复高考30周年研讨会（OACCUA 提供）

　　各届会长带领理事会成员，坚持团队精神和义工精神，通过广大校友及其它社团的大力支持和积极参与，在服务校友，丰富校友生活，改善社区面貌，维护华人利益和形象，促进加中友好等方面，做了不断的努力和尝试，取得了一定的成效和声望，也积累了一定的经验[230]。

　　校友会通过邀请大学教授及资深人士，为初来加拿大的留学生举办各

类讲座，介绍加拿大的教育系统，如何选课、如何选导师、如何适应环境等信息。校友会还在尼平运动中心（Nepean Sportsplex）举办过上千人的大型舞会，提供了广阔的华人与华人以及华人与本地人之间的交流平台。校友会还举办各种校友们关心和感兴趣的讲座、研讨会以及文娱体育活动，并配合其它团体，策划、组织、参与了许多社区活动。

自2000年起，校友会由曹红健、李大进和葛方雯等人组成免费报税小组，为华人免费申报年终所得税。这项活动坚持了很多年，为许多华人特别是一些老人和不熟悉财务及英语的华人解决了实际困难。

校友会自2000年起，主办一年一度的"加华杯"沙滩排球赛（7月）和两年一度的"加华杯"乒乓球赛（6月），已蔚为社区传统体育盛事。

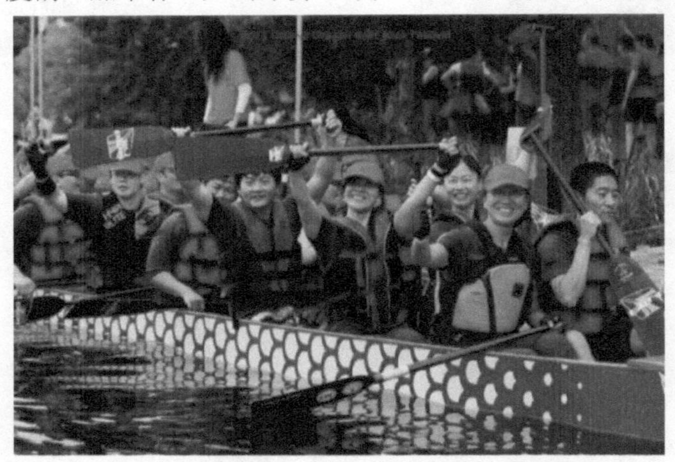

图片 214 2013年龙舟赛中的"联校龙舟队"（OACCUA 提供）

联校龙舟队由渥太华本地的各校友会联合组织，参加社区龙舟节，每年一次，始于2008年。中国校友会从2010年开始成为组织者之一。

校友会主办"渥太华杯"围棋锦标赛，每年四月，始于2014年。

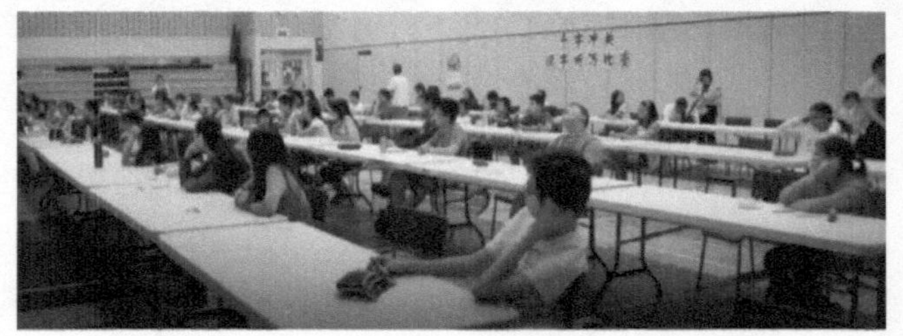

图片 215 2015年"千字冲关"汉字听写比赛现场（OACCUA 提供）

由渥太华中国校友会主办、CFC 中文网协办、天天中文学校承办的

2015年第一届"千字冲关"汉字听写比赛于5月30日在圣约瑟夫中学（St. Joseph High School）顺利进行。整个考试分上、下半场，共进行了两个小时，听写词组和成语共600字。赛前共有114人报名，在当天参赛的66名同学中，有28名的成绩在90%及以上。

文化交流方面，校友会除主办或协办国会山中国新年招待会外，还不定期举办讲座与各种研讨会，接待与组织中国各类文艺团体来渥太华演出。

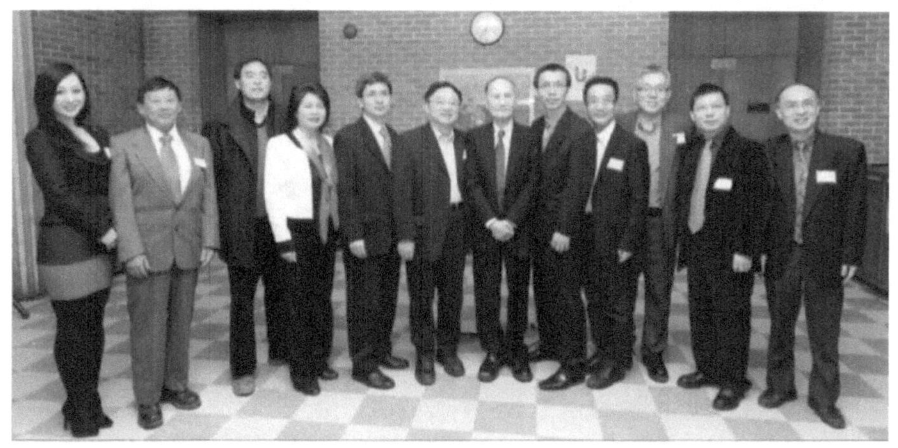

图片 216 2014年中国校友会成立15周年会庆，部分人员合影（OACCUA 提供）
左起：杨扬、周树邦、曹明、王艳灵、李体茂、王玑瑜、黄祖永、
王耀平、王永智、吴红雨、杨春生、程颐浩

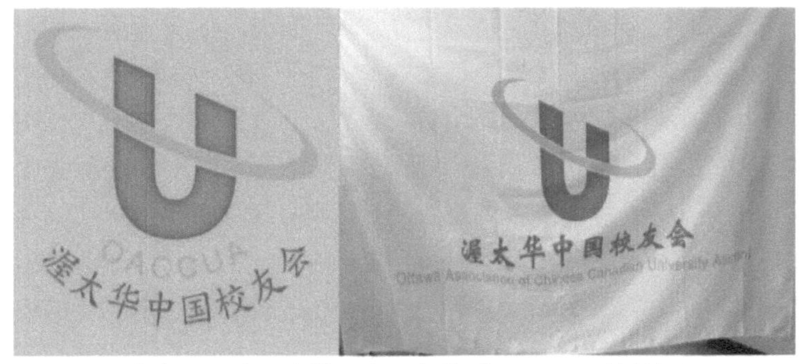

图片 217 左：会徽，右：会旗（OACCUA 提供）

2008年左右，基于中国国内对"大专"这个词的特定理解，为避免加中交流出现不必要的误会与解释，第五届理事会（会长王伏虎）决定将大专校友会更名为"渥太华中国校友会"，英文名称则维持原状。

2014年第八届理事会（会长王耀平）决定于2015年1月1日起，启用渥太华中国校友会新会徽。同年8月，确定并制作了校友会会旗。

# 渥太华简体字中文学校——欣华中文学校

## 开办简体字中文学校的愿望

渥太华的中文学校最早可以追溯到1903年在斯巴克思街上授课的早期华人创办的中文学校。这所中文学校与华人教会紧密相关，1920年，学校随教会搬迁到利斯伽街312-314号时，已具有相当规模。

1989年以后，许多大陆留学生作为移民留在加拿大，大陆华人的总体数量也逐渐增多。他们大多希望孩子能够继续学习中文，接受中华文化的熏陶。而渥太华原有的几家中文学校与大陆的教育体系不同，教繁体字，采用罗马拼音或注音符号，教材也不规范，各自为政，因此华人社区很多方面的有识之士都从不同角度积极推动成立以简体字普通话为基础的中文学校。

渥太华中国同学联谊会主办的刊物《联谊通讯》（ISSN 1195-1435）从1992年1月开始发行，到1996年底截止，一共发行了58期。在1993年5月15日总第17期《联谊通讯》上，当时的联谊会主席孟晶磊在"渥太华中国同学联谊会第三次执委全会扩大会召开"一文中提到"联谊会正在筹办一所中文学校，教简化字，用国内的课本。[231]"

在1993年10月15日出版的总第22期上，有一则中文学校筹备组组长潇渝关于"渥太华联谊会中文学校筹备进展"的消息，全文如下[232]：

"在上届与本届联谊会的支持协助下，联谊会中文学校的筹备工作正在加紧进行。九月二十日早九点，潇渝（中文学校筹备组长）、韩红菊（联谊会分管中文学校筹备事务的执委）及联谊会主席高立军同赴国会山庄，与中区议员会面，探讨中文学校筹备及今后发展趋向，基金来源等实际问题。中区议员 Mr．Mac Harb 对该设想及工作情况很感兴趣，并加以肯定，同意尽他的最大努力向下届联邦政府争取基金。

潇渝现正同联邦政府多元文化部祖语教育部门、省议员、省移民发展署等各级政府部门联系交涉，力求得到政府及教育局等多方面对大陆学生学者子女教育的特殊情况与要求的了解、认同及部分经济上的支持。

目前，渥市已有三家中文学校，但没有一家中文学校使用简化字与汉语拼音教学法，这对于渴望学习简化字的华人子女特别是联谊会会员子女们在教学、材料、辅导方面都不适合，这也是筹备组下一部（步）的主要目标：争取让各级教育部门及几家现有中文学校承认这种区别的存在和解决这个问题的必要性和紧迫性。

从师资角度来看，联谊会不乏人才，很多有教学经验的大陆同学正在这三家中文学校执教。从教学材料来源方面，已通过教育处的帮助同国家教委取得联系，将从（部分已从）大陆运来，然后根据此地的实际需要情况做相应的更改变动，希望能够搞出一系列适应海外华人及大陆同学的子女教育的教材。

中文学校筹备委员会希望各位家长能积极投入并提出建议，以加快筹备工作进展，尽快办起一所适应我们自己子女情况的学校。筹委会将及时知会各位家长，通报与各方交涉进展情况。"

但事情的进展并不顺利，简体字中文学校始终停留在纸面上。

## 学校在教育局注册成功

与此同时，另有三位华人在默默做着同样的工作。他们是何方淑清、梁思信与黄斌。何方淑清曾担任渥太华中文学校校长（1977年至1981年8月6日），早在1978年1月20日，《加京华报》[233]记者采访了当时新任校长的何方淑清。

何方淑清早年在北京长大，完成小学及中学教育，讲一口流利的普通话。抗战时期

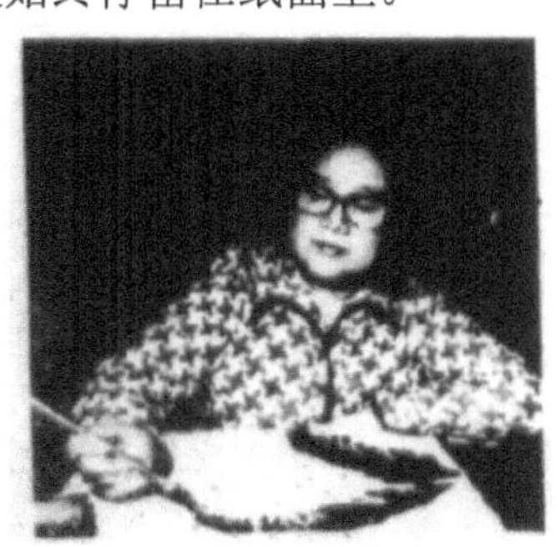

图片 218 方淑清挥毫作画，
（来源：《加京华报》
1977年11月1日）

就读于金陵女子大学，获体育学士。抗战胜利后举家迁居马来西亚的沙巴州，从事教学及绘画。1971年移民来到加拿大。

当时中文学校同时开普通话班与广东话班，但何方淑清提倡推行普通话，因为她认为普通话会是将来的主流。课时每周六早九时到中午，共上四节课。下午一点到两点半，主要是兴趣班。教材采用台湾小学课本，但内容及进度都不合适渥太华的孩子，老师挑课来教。从《加京华报》

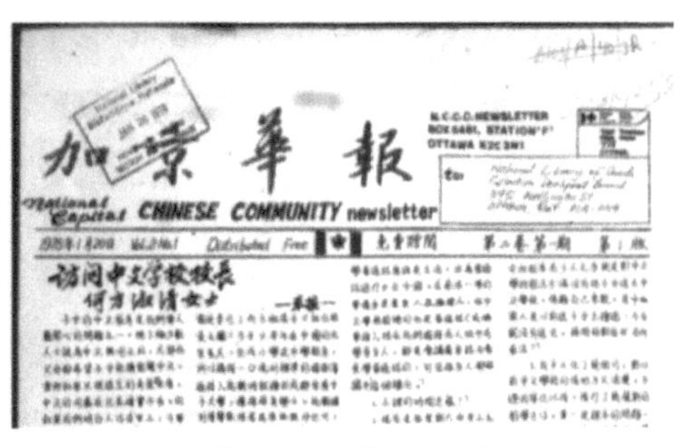

图片 219 《加京华报》1978年1月20日
采访何方淑清的文章

的文章中，不难看出家长对学校的教学并不满意，而何方淑清承诺上任后做出改进。

何方淑清1981年从渥太华中文学校辞去校长职务后，创办了一所"渥太华中华文艺学校"（Centre For Chinese Arts & Educaiton），1984年改名为"菁华中文学校"。前后算起来，渥太华的几所中文学校，几乎每一所都与她或多或少有点关系。

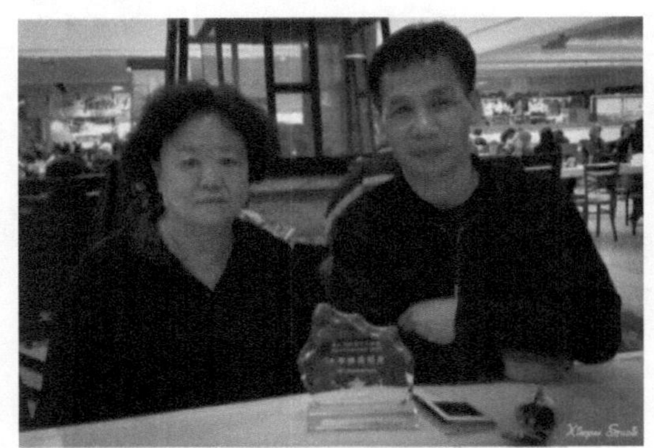

图片 220　作者采访梁思信（左）和黄斌
（笑言摄于2015年3月10日）

梁思信开着一家中国北京国际旅行社，组织过大量加拿大人去中国旅游。黄斌本科毕业于广西师范大学中文系，硕士毕业于麦吉尔大学哲学系。他们三人从1994年春天开始，在梁思信旅行社的办公室筹划成立中文学校。他们的目的很明确，建立一家教简体字和汉语拼音，面向大陆孩子的正规中文学校。何方淑清有办学经验，也熟悉教育局的办学流程，因此各种文件与手续由她负责。黄斌则负责制定各年级教学计划及结业要求。梁思信主要负责后勤工作，三人配合默契。

当何方淑清、梁思信和黄斌三人获悉渥太华中国同学联谊会也在筹办中文学校但尚无实质进展的消息后，主动邀请中文学校筹备组组长潇渝加入了董事会，潇渝随后参加了董事会的几次会议。此时学校的董事会成员有：何方淑清、梁思信、黄斌和潇渝。

1994年7月和8月，他们借用华人宣道会在萨默塞特西街的两处场所，办了两期暑期班。实际上是一边看孩子，一边教中文。尽管这十多个学生教得很辛苦，但这反而坚定了他们办学的信念。经过不懈努力，1994年12月，他们终于在渥太华天主教教育局注册成功，获得拨款，教师的工资也批了下来。

渥太华一共有四个教育局，分别为：

渥太华及卡尔顿地区教育局（Ottawa-Carleton District School Board）

安省东部法语公校教育局（Conseil des écoles publiques de l'Est

de l'Ontario）
渥太华天主教教育局（Ottawa Catholic School Board）
渥太华法语天主教教育局（Conseil des écoles catholiques du Centre-Est）

简单说，就是一个英语教育局，一个英语天主教教育局，一个法语教育局和一个法语天主教教育局。除了私人开办的学校，任何学校都必须归属于其中一个教育局。

这所中文学校取名为"华夏中文学校"，归属于渥太华天主教教育局，也就是华人们口中的英语天主教教育局。何方淑清任董事长兼校长，梁思信任副董事长，黄斌任副校长，负责教学管理。学校随即招聘了若干名教师为开课做准备。

1994年10月，梁思信在董事会提出邀请中华会馆理事郭玉秋加入董事会，以扩大学校在华人社区的知名度。何方淑清则推荐黄祖永担任董事。两项提议均获得董事会通过，于是董事会扩大为：董事长何方淑清、副董事长梁思信，董事黄斌、潇渝、郭玉秋和黄祖永。

## 华夏中文学校开学

1995年1月，华夏中文学校正式开学。在教育局安排下，使用圣尼古拉斯成人中学（St. Nicholas Adult High School, West）的校舍，地址在阿德莫若大道893号（893 Admiral Avenue, ON K1Z 7P4）。

中文学校这类语言学校的运行模式都是在教育局的安排下，使用当地一所常规学校的教室，利用周末授课，每周一次。

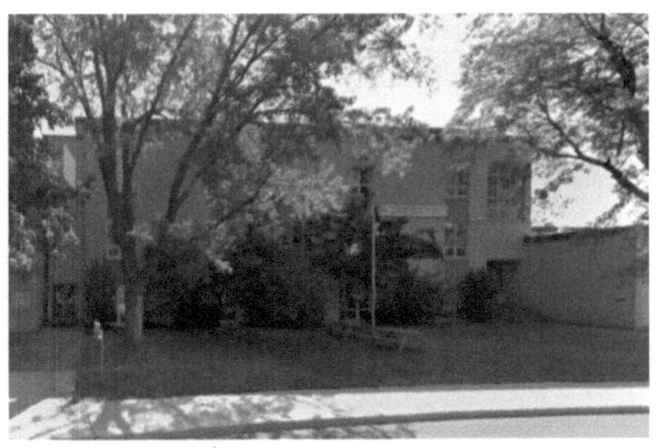

图片 221 华夏中文学校最初校址：
圣尼古拉斯成人中学
（St. Nicholas Adult High School）

开学当天，上课的学生超过100人。

1995年3月，董事会进行了改选，郭玉秋当选董事长。同年4月，梁思信和黄斌离开华夏中文学校。随后中文学校先后换了两处校址，最后定在了诺特丹姆中学（Nortre Dame High School），位于伯劳德沃尤大道710号（710 Broadview Avenue, Ottawa, Ontario  K2A 2M2）。

　　时年70多岁的何方淑清校长稍后也脱离了华夏中文学校，几年后移居温哥华。作者撰写此文时何方淑清女士已去世。

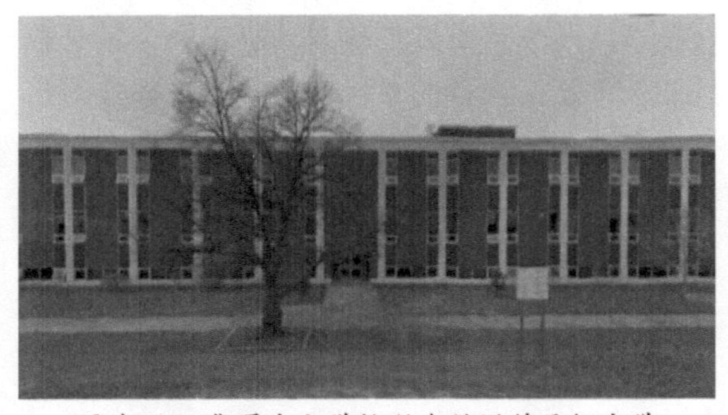

图片 222 华夏中文学校所在的诺特丹姆中学
（Nortre Dame High School）

1995年11月11日，渥太华华夏中文学校召开了大型家长会。与会家长听取了教育局国际语言和业余教育学校校长盖姆女士（Ms. Game）有关安省教育部对其他族裔在安省学习自己母语的权利与规定的讲解，并对家长们提出的涉及学校从属、管理、师资审核标准、校长聘请与任命、财务预算及使用方法等问题进行了细致的回答[234]。

　　在这之前，经过五名华夏中文学校现任教师的毛遂自荐和平等角逐，再由教育局和家长组成的资格审核小组根据他们考核成绩以及他们对华夏中文学校目前存在的实际问题的处理设想与方法，选举任命了热心教育工作并在海外有过两年多教学经验的姚荣平女士出任华夏中文学校校长。

　　姚荣平，南京人，1977年中国恢复高考后77级入学，毕业于安徽师范大学英国语言和文学系，在国内从事教育工作多年。她自幼出身于书香门第，热爱教育，高考填报志愿时全部填写了师范院校。1987年9月曾被公派到加拿大多伦多大学学习教育管理与课程设计，一年后按期回国。1992年再度自费来到加拿大继续深造，并获渥太华大学教育心理学硕士学位。姚荣平的就职演说极为简单，只有两句话：感谢家长们给了我这个机会，给了我信任。我呢，努力做好，不会让你们失望。

　　当时董事会直接介入学校的管理，但教育局不赞同学校设立董事会，于是董事会自动解散。根据安省教育部规定，在十一日的家长会上同时选举产生了新的家长理事会。家长理事会在学生和学校管理、教学方针、师资任聘、财务支出等方面参与意见，协助和监督各项条文的执行。家长理事会及时反映学生、家长的意见和建议，协助校长、教师和教育局共同办学，起到桥梁作用。事实上，这个家长理事会在日后学校的许多关键决策中起了极为重要的作用。

第一届华夏中文学校家长理事会由以下家长组成：主席朱清新、副主席梁路平、秘书王亚平、财务黄有勤及理事潇渝、周坚强和张光宇。

姚荣平就任校长后做出的第一项决策是调整师资，规范教材。她首先聘请了李继烈为副校长。选择教材时，学校获得中国大使馆的支持，各年级学生都用上了规范的中文课本。华夏中文学校1-6年级中文教材采用暨南大学所编《中文》。《中文》是针对北美、欧洲等英语语系的国家和地区的华人华侨子弟编写的一套教材，全套共12册，每册包括主教材、练习册和家庭作业各一本。

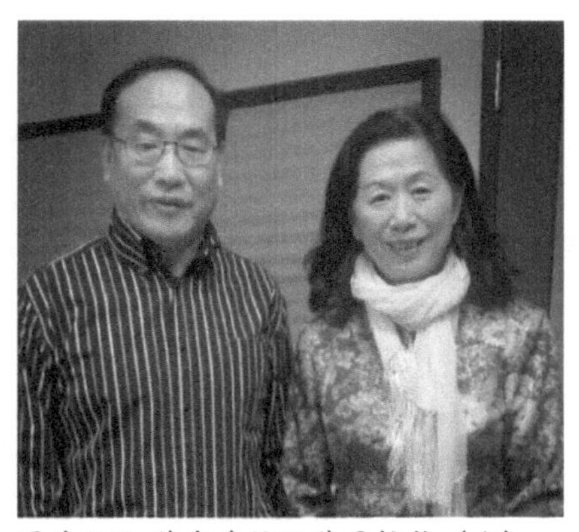

图片 223 作者采访姚荣平校长（右），2015年2月28日（常寿德摄）

学校那时便确定以教授中文、弘扬中华文化为宗旨，以中华五千年文化的代表人物孔子的教育理念及儒家的五常"仁、义、礼、智、信"为基础，"仁"为宽容、仁慈，"义"为道义、助人，"礼"为礼节、秩序，"智"为智慧、明世理、辨是非，"信"为言而有信，诚信不欺，来帮助学生树立正确的价值观和人生观。

华夏中文学校原先课时太长，从早9时到下午2时30分，学生家长普遍抱怨这样的课时将整个周末都占掉了。于是学校将课时精简为早上9时至12时。

当时学校家长的教育程度普遍很高，硕士博士乃至双学位的比比皆是。这些家长对子女的教育更为关心，对学校的未来期望也相当高。学期期末，家长理事会在家长范围内进行了一次有关学校教学状况的问卷调查。调查结果表明：家长们对师资、教材、进度及学校总的办学状况表示满意。各班级老师也和所在班级的学生家长举行了座谈。会上大家畅所欲言，提出了许多合理的办学建议。根据家长们提出的要求和建议，在新的学期，华夏中文学校依照儿童行为心理学的规律，在加强主课语文（汉语）教学的基础上，增设了一些与中华文化密切相关、对提高学生智力和全面发展有关的辅课，如中国绘画、书法、手工、刺绣、珠算、速算、民族舞蹈、音乐、成语、小说故事欣赏与棋类等。另外，学校还举办了中国历史和地理等知识讲座。

此时华夏中文学校师资力量雄厚，90%的教师受过大学以上的教育，多数具有坚实的汉语基础及教学经验。学校教授汉语拼音、简化字。学校还设有用广东话教国语，用英文教授国语的特殊班。学校除来自大陆的留学生子女外，还有一定数量的马来西亚华侨子女、越南华侨子女、老华侨子女和本地加拿大人子女[235]。

这些举措以及课时上的调整，不仅提高了学生的学习兴趣，也大大减轻了学生家长的负担。使得华夏中文学校声名鹊起，不断有新生慕名而来，学生人数迅速以百位数增加，最高峰时达到800人。

## 学校改名为欣华中文学校

姚荣平接手学校时，学校负债四千多加元。为了分清职责，彻底摆脱管理上的混乱局面，在教育局的建议与家长理事会的支持下，校委会决定更改校名。新校名经由全体教师与家长理事会讨论，最终姚荣平校长批准了"欣华"这个最先由家长理事会王亚平提出来的校名，并于1996年4月13日向全体家长公布。学校从此正式更名为欣华中文学校，英文名为Ottawa Xin Hua Chinese Language School。同时申报教育局（当时的名称为Ottawa Roman Catholic Separate School Board）备案注册。

中文学校更名启事强调："本校是教育局根据弘扬多元文化的宗旨而主办的一所非营利学校，由教育局提供校舍及办校基本资金。本校接受教育局直接领导，运作方式是校长负责、由全体家长民主选举而产生的家长理事会（School Council）协调进行。[236]"

学校的管理机构也随之加强，姚荣平先后聘请过五位副校长来协助她的工作，截至2010年，按先后次序为：李继烈（2011年离开），常寿德，刘杭（离开），郭建平（离开）与司马小维。其中常寿德1995年陪儿子进入欣华中文学校，其后不久担任兴趣课老师（绘画，雕塑，手工），2000年10月20日出任副校长。

欣华中文学校以这样可喜的势头发展到1999年。这年年底，姚荣平与她的团队精心策划，准备迎接2000年的到来。2000年是特殊的一年，既是一个千禧年，又是农历龙年。千禧年让全世界的计算机工作者忙于应对日期长度的潜在威胁，而龙年对中国人来讲又有着特殊的图腾意义。可是，姚荣平迎来的不是中国龙，却是一名教育局指定的不懂中文的非亚裔副校长。

## 形势严峻

　　教育局原先分管国际语言学校的老局长已退位。机构合并变革之后，新局长手下国际语言部的负责人也换了。这位负责人先是认为欣华中文学校规模过大，已拥有几百学生，应该将部分学生分流给其它生源不足的中文学校。校方则认为这是家长和学生的选择，学校不能拒绝学生。但教育局还是强行将几个幼儿班砍掉，导致一些家长去教育局请愿，但教育局坚持己见，不为所动。

　　1999年下半年，欣华所在学校的厕所使用受到限制而且开放不规律，六七百学生只给开两个厕所，教育局国际语言部的那位主管也不帮助解决问题，致使两个班级一度停课五周。后因家长联名写信给教育局董事会，问题才得到解决。

　　中文学校与教育局的矛盾日益增多，中文学校被告知，从这一年下学期开始，家长不再被允许在学校停留。而中文学校不仅仅是一个教学的地方，还是家长乃至华人社区的一个最大最频繁的活动平台。学校同时还被告知，以后开兴趣课需要向教育局缴费，甚至还要求校长向教育局解释"简体字普通话是怎么回事？教育局不承认你们只承认繁体字。"国际部主管公开在教育局会议上派发"中华民国儿童美术教育学会"的正式公文邀请函，这自然引发了欣华中文学校的不满和反对，校方认为这种做法违背了加拿大的外交政策。更为意外的是教育局对中文学校的教师忽然提出了很高的英语要求，而不看重其中文水平的高低与教学经验。

　　1999年年底，国际部主管意图强行安插一名不会说中文的非华裔人士到欣华中文学校担任副校长，取代当时的副校长李继烈。李继烈没有任何过失，毫无理由就将被解职。姚荣平校长反对无效，只好使出缓兵之计，对教育局说，本学期即将结束，要换副校长必须等新学期开始。教育局同意了这一要求。而当时教育局下属那么多国家的语言学校，唯独要免去中文学校的副校长，改由教育局选派，这让欣华中文学校更加不满。在此之前，中文学校对教育局一再忍让，但并不代表软弱可欺。这一事件也成为压倒骆驼的最后一根稻草。

## 做出抉择

　　校委会与家长理事会一致认为在这样的环境下，校方已经很难与英语天主教教育局正常沟通。学校要生存，要维护自己的尊严，要保证中文教学质量，不得不另谋出路。

欣华中文学校决定退出渥太华英语天主教教育局。经已退休的原教育局长穿针引线，欣华中文学校找到渥太华法语天主教教育局，法语天主教教育局欣然接受了欣华中文学校和其他五家有同样意愿的国际语言学校。

1999年12月18日校方向所有家长发出一封"致家长的信"，将学校面临的困境通报给家长，希望家长理解并带领孩子跟随学校到新的校址。形成巨大反差的是，渥太华法语天主教教育局热情欢迎了欣华中文学校，将属下最大的中学校舍无偿提供给中文学校，36个教室、礼堂、体育馆、饭厅和阶梯教室都对中文学校开放。这便是欣华中文学校后来一直使用的位于卡森路（Carson Road）704号的塞缪尔中学（Samuel-Genest High School）。

参与起草"致家长的信"的有姚荣平校长、李继烈副校长与家长理事会的萨宴会长、曾毅、罗毅（2007年病故）和贺连华等人，由16岁的中学生秘书刘睿遥执笔。

英语天主教教育局新的管理模式不仅给欣华中文学校造成了极大的困难，也激起其他族裔语言学校的不满。当时同属一个教育局的类似学校有30多家，其中5家随欣华中文学校同时于2000年1月退出了该教育局，这5家学校分别是意大利语、葡萄牙语、乌克兰语、俄罗斯语和阿拉伯语的语言学校。

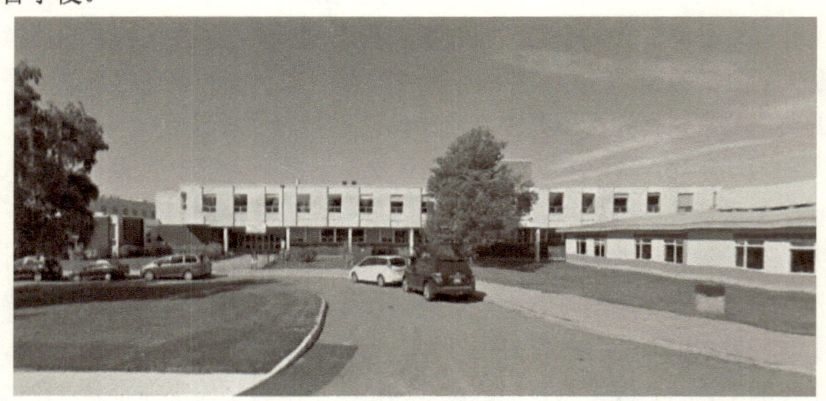

图片 224 欣华中文学校所在的塞缪尔中学（Samuel-Genest High School）

教育局得知欣华中文学校退出的消息十分震惊，也十分恼怒。国际语言部主管在搬迁前一周赶到中文学校，意图阻止欣华中文学校退出教育局，她给家长散发传单，并到办公室对校长姚荣平拍桌子。

姚荣平隐忍已久的不满终于在龙年来临之际爆发，也对主管拍了桌子。随后教育局长匆匆赶到中文学校，表示不同意中文学校退出。而家长们围站在办公室门外，支持校长。姚荣平冷静地对教育局长表示，脱离英语天主教教育局是校委会与家长理事会的集体决定，也是最终决定。

无功而返的教育局随后召开家长会，试图劝说家长将孩子留在中文学校，教育局将换派新校长继续办学。但会场有一位来自澳门的学生家长马上站起来打断了教育局领导的发言，指出这种情形完全是由教育局一意孤行造成的，跟着这样的教育局家长不放心。当年教育局砍掉幼儿班时，这位家长就曾联合学生家长上书教育局。这位家长指着主席台上教育局领导身旁的国际语言部主管说："我当时亲手将请愿书交到了她手中，可是教育局根本不予理睬。"

## 改换挂靠教育局，搬迁新址

2000年1月15日，欣华中文学校在当日的《加华侨报》[237]第12版整版刊登了"欣华中文学校为何搬迁——致欣华中文学校家长的信"，详细说明了事情的来龙去脉。最终绝大多数老师和学生选择跟随欣华中文学校到新校址上课，一小部分学生选择留下。教育局以留下的学生为基础，在原校址重新成立了首都中文学校。

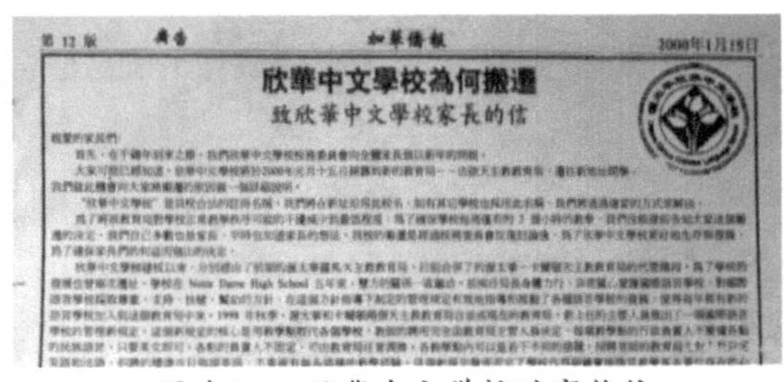

图片 225 欣华中文学校致家长信

中文学校与普通学校不同，这里通常聚集着三代人：学生、学生家长以及家长的家长。欣华中文学校尽最大努力，为家长争取活动的空间与设施，如体育馆和餐厅等。家长可以在等待孩子下课的时间里打篮球、排球、羽毛球、乒乓球和太极拳，也可以跳舞、健身、打牌、阅览中文报刊杂志。

中国大使馆教育处赠给欣华中文学校两部电影放映机，而且百余部电影拷贝随便借用。欣华中文学校便利用新校区的剧院，每星期六早十时开始放电影，到十二时结束，这样大概持续了一两年时间。后来家用录像机的普及，使得大家对电影的热情转移到录像带。教育处又及时为学校提供了数百套录像带资源。学校也相应成立了录像带管理小组，一时间借还录像带成为中文学校一项热闹非凡、兴趣盎然的活动项目。就是靠着这些5角或1元的门票和租借费等收入，集腋成裘，帮助欣华中文学校慢慢还清了当初的外债。

## 姚荣平被告上法庭

然而，退出事件并未就此终结。渥太华天主教教育局聘请了著名律师，声称要将欣华中文学校告上法庭。

教育局指控欣华中文学校姚荣平卷款离开，要求将财务交还教育局。并言称还有部分学生没有跟随欣华中文学校去新址，学校搬走损害到他们的利益，要求赔偿书本费等开支。

欣华中文学校被迫回应，聘请麦考·蒂勒（Michael Thiele）律师为自己辩护。校方的立场为：1、学校收入都是集体的，全部用于教学活动，工资由教育局直接发给教师，与校长无关。2、教育局从未在欣华中文学校设立帐目，不存在交还问题。3、教材由中国大使馆提供给学校，与教育局无关。

从控辩两位律师的书信来往中，可以看出当时控方律师的强硬立场。在双方大半年的交锋中，欣华中文学校得到了广大家长的支持，也得到中国大使馆的支持，当时黄屏参赞代表使馆出具了为欣华中文学校提供教材的证明信。

教育局聘请的律师在2000年9月8日给校方律师的信中写道："我的当事人已经指示我此时不再展开任何法律程序。（My client has instructed me not to commence any legal proceedings at this time.）"渥太华天主教教育局终于撤诉了。

2000年9月18日，欣华中文学校聘请的蒂勒律师写信给校长姚荣平，告知教育局不再直接针对她采取任何法律行动，此案终结。时隔15年之后，2015年2月28日，当姚荣平在接受作者采访时，对这段往事依然记忆犹新。她承认当时压力很大，感谢家长们一路的支持。她说：我只想为中国人争口气，中国人在国外要有骨气。

## 稳步发展

从那时起，欣华中文学校稳步发展，继常寿德、司马小维后又有三位副校长吴艺燕、包翠华和程钟加盟欣华的领导团队。二十年间，成千的华人子弟与当地热爱中文的学生在那里学习过中文，数不清的家长在学校的饭厅和体育馆相识，成为一生的朋友。当年的学生家长许多已经做了爷爷奶奶，而欣华中文学校也随着发展壮大，2003年在卡纳塔开了西区分校，2014年9月6日在巴黑文开了南区分校。欣华中文学校拥有一支实力雄厚的师资队伍。任教老师全部受过高等教育，并且都有在学校工作的丰富经验。这里不仅有来自大陆的执教几十年的国家级特级教师、全国优秀园丁、模范班主任、先进工作者，更有一批幼儿师范毕业、中文学校除教学工作外，一直积极参加社区的充满爱心的中青年专业教师。大部分教师都具备英语交流能力。

欣华中文学校的工作一直受到家长理事会和广大家长的热心支持。他们没有报酬，只有奉献，经常为学校的工作出谋划策，提供无偿帮助，并协助监督各项条文的执行。他们为自己的下一代做出了弘扬中华传统品德，促进加拿大多元文化发展的良好表率，是使欣华中文学校越办越好的巨大动力。到2010年止，欣华中文

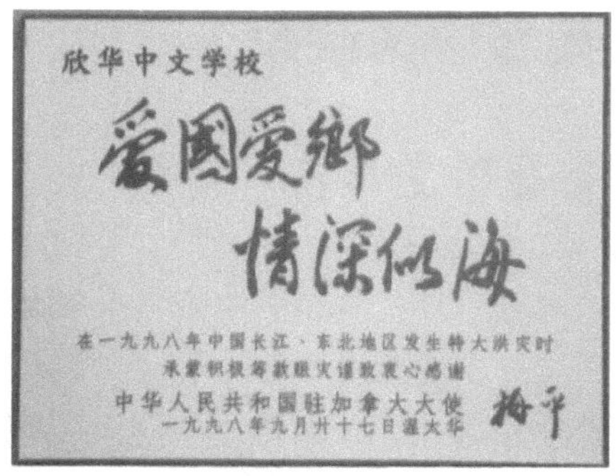


图片 226 梅平大使手书奖牌
（欣华中文学校提供）

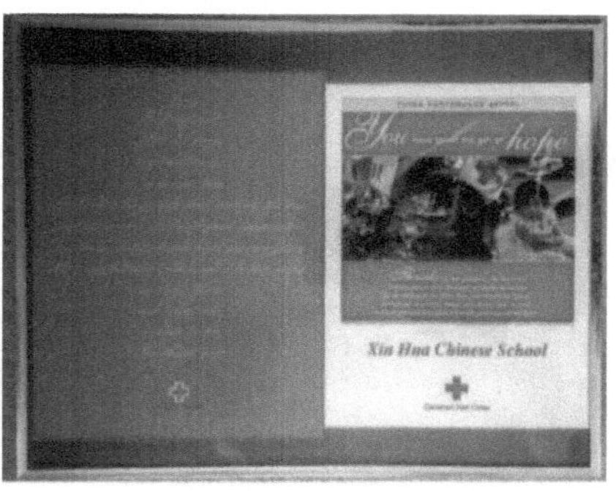

图片 227 加拿大红十字会奖牌
（欣华中文学校提供）

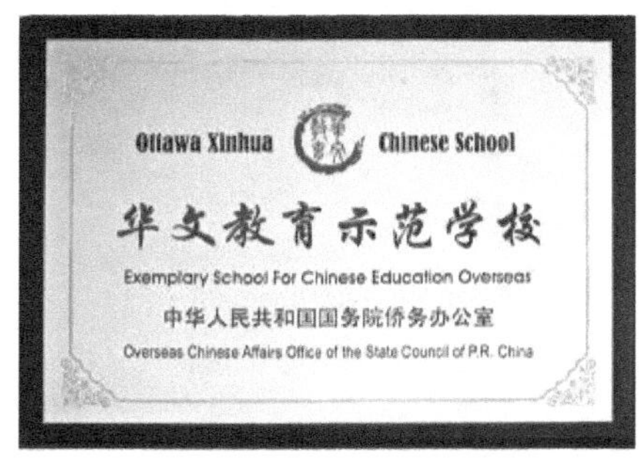


图片 228 华文教育示范学校证书
（欣华中文学校提供）

学校的历任家长理事会主席按先后次序为：朱清新、王亚平、梁路平、萨晏和曹红健。

欣华中文学校除教学工作外，一直积极参加社区的各类活动，特别是历次重大赈灾筹款活动。如1998年为中国长江、东北地区特大洪灾捐款，荣获梅平大使手书牌匾。2004年印尼海啸，学校全体师生家长捐款达6千多加元。其中一位不愿公开姓名的副校长个人捐出1千加元。2008年为中国汶川地震捐款2万4千多加元，获得加拿大红十字会大奖牌。

2011年10月，渥太华欣华中文学校被中国国侨办评为海外"华文教育示范学校"。

# 其它中文学校

## 首都中文学校

　　渥太华首都中文学校就是欣华中文学校离开后，在其原址上开办的中文学校。该校隶属于渥太华卡尔顿天主教教育局，师资强大，拥有学员逾千人。该校融合西方的语言交际教学法与传统的中文教学法于一体，根据学员的需求及中国语言的特点，设计独特的教学大纲对学员进行听说读写全方位的语言培训。

> 地址：710 BROADVIEW, OTTAWA
> 校长：苏耀华（加拿大执证教师和加拿大校长资格证书持有人）
> 电子邮件: vitus.so@ocsb.ca
> 电话：613-293-2129（周六9:30-12:30九月至六月）

## 天天中文学校

　　天天中文学校隶属于渥太华卡尔顿天主教英语教育局，坐落于华人居民相当集中的巴黑文（Barrhaven）地区。2006年9月正式开学。

> 地址：Mother Teresa High School
> 　　　440 Longfields Drive, Ottawa, Ontario K2J 4T1
> 校长：臧君宏

## 菁华中文学校

　　渥太华较早的一所中文学校，作者在欣华中文学校一章中曾经提到这所学校。

> 网址：www.chinghua.ca
> 地址：710 Broadview Ave, Ottawa, ON K2A 2M3

## 奥林斯中文学校

　　奥林斯中文学校属于渥太华天主教教育局领导的语言学校。位于渥太华东部奥林斯（Orleans）地区的中文学校。约2011年成立。

> 校长：冯永来
> 地址：2133 Gardenway Drive（St. Claire Catholic School）

## 阳光学校

> 校长：殷国梅

地址：中国驻加拿大大使馆

这是中国驻加拿大大使馆为外交人员子女办的一所中文学校。2011年5月17日正式成立。外交部驻外使领馆随居子女教育工作组顾问杨洁篪外长夫人乐爱妹参赞、外交部干部司副司长于福龙、北京市教委副主任罗洁等专程从北京赶来出席揭牌仪式。驻加阳光学校首任校长、章均赛大使夫人殷国梅主持了仪式[238]。

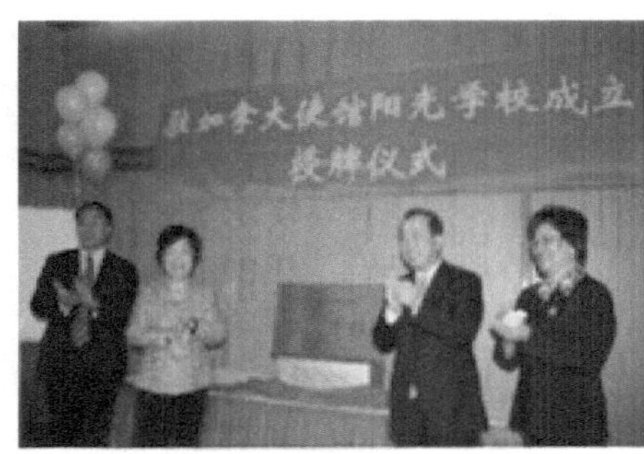

图片 229 授牌仪式（来源：中国大使馆）

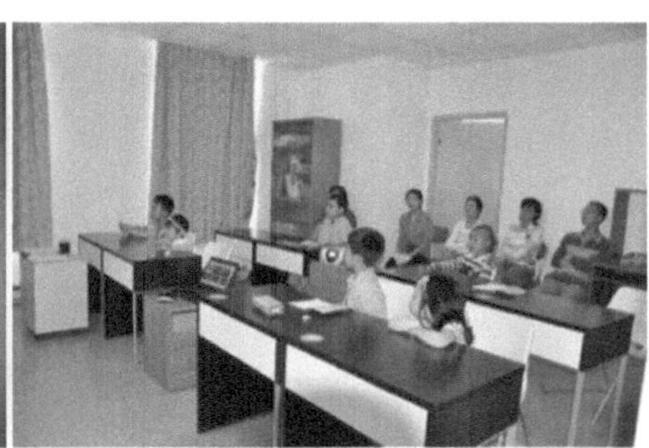

图片 230 阳光中文学校第一课

2011年6月10日，校长、驻加拿大大使夫人殷国梅女士亲自为小学员们讲授了第一课[239]。

# 专项型学校

华人社区还办有一些专项性学校，涵盖亲子、文艺、体育等领域。

### 青出于蓝渥太华绘本阅读中心

青出于蓝渥太华绘本阅读中心着眼于海外华裔儿童的早期母语阅读，同时面向本地学习中文的西人儿童。致力于推广中国绘本阅读研究中心出版的中文原创绘本，与当地巴黑文英迪戈书店（Barrhaven Indigo）及中图出版社合作，连续举办加拿大春节童书展。

阅读中心同时涉足中文分级阅读教育领域。精心选用教材并寻找国内知名合作方，提供丰富的中文学习教材及辅修读物，以提高孩子的学习兴趣及培养母语的阅读能力。

校长：唐洁
地址：Unit 207, 43 Roydon Place, Nepean

### 耿丽娟乒乓球学院

前乒乓球女子世界冠军耿丽娟和泛美冠军 Horatio Pintea 合办的乒乓球学院。

许多华人家长将孩子送到耿丽娟乒乓球学院。而乒乓球学院也为加拿大培养出很多高水平的乒乓球运动员。

## 路风美术教学中心

路风美术是路风老师于1997年在渥太华创办的美术教学中心。路风美术探索中西结合的教学方法，坚持扎实的基本功训练和创作相结合的办学道路，开创"创意在先，技巧训练在后"的灵活教学方式，致力于培养有创意头脑的各科人才。

路风美术自创立起，学生的习作便屡屡展出并见诸报端。2007年在渥太华"我爱奥运"儿童绘画比赛中，路风美术的学生荣获三个年龄组的全部冠军。在"2008和京奥一同飞翔"第6届《加拿大国际儿童艺术展》的角逐中摘取金、银、铜奖。2003年应加拿大国际儿童艺术展的邀请，路风美术率领学生参加艺术节、艺术展赛事。21年来获得金奖23个，银奖35个，铜奖51个，优秀奖91个。

路风老师于2011年11月接受加拿大广播电台专题采访，2016年8月被加拿大国际儿童艺术节颁发伯乐终身成就奖。

## 子婵国际艺术学院

杨子婵女士于2001年创立的综合类艺术教育学校。教授琴（古筝、古琴、钢琴、吉他等乐器）、棋、书、画、茶、诗、花、香、戏剧、瑜伽、身心灵等文化的传承。

## 大都学院

原名"大刀队学院"，2008年改为"大都学院"。广东话"大刀"与"大都"同音，这是一个以讲广东话为主的华人武术社团。经常能见到他们的学员在春节、庙会等中国传统节日上舞狮舞龙的身影。

# 伍冰枝出任加拿大第26任总督（1999年）

经加拿大总理克雷蒂安推荐，英国女王伊丽莎白二世于1999年9月8日正式委任阿德里安娜·克拉克森（Adrienne Clarkson，即伍冰枝）为加拿大第26任总督，并于当年10月7日宣誓就职。她是第二位女性、第一位非白人和第一位没有政治或军事背景的总督，任期至2005年9月[240]。

伍冰枝之所以能够进入总理和女王的视野，是因为她卓越的才华、独具亲和力的公众形象以及超越于党派之争的新闻人背景。在担任总督的五年里，她曾因标新立异的处事风格，多次被推上舆论的浪尖。

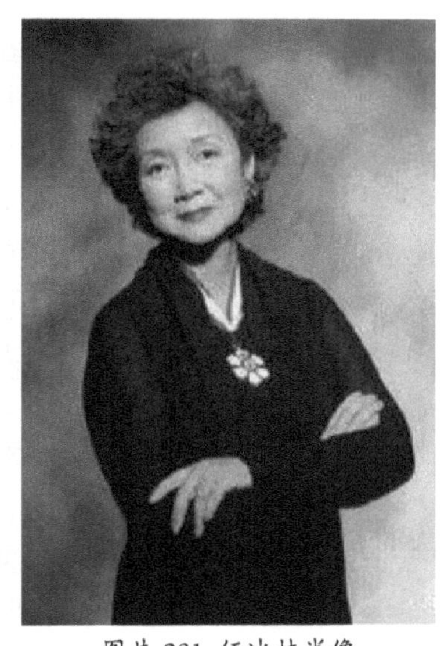

图片 231 伍冰枝肖像
（来源：伍冰枝总督官网）

由于香港在第二次世界大战期间被日本侵略军占领，伍冰枝于1942年以难民身份随家人来到加拿大。1949年获加拿大公民身份。曾就读于多伦多大学，获英国文学硕士学位。后到法国巴黎大学学习，能讲流利的英语和法语。在新闻、艺术和公益事业方面多有建树，1965年至1982 年和1988年至1998年在加拿大广播公司任职，做过多种节目主持人，编写并导演过电影，她的电视制作曾在美加获得过12项电视奖。1987年至1988年任一家出版社主编兼发行人。1988年任加拿大文明博物馆馆长。1982年起涉足政界，担任安大略省首任驻巴黎的全权代表。1999年10月至2005年9月任加拿大第26任总督。她是第二位担任该职的妇女，也是第一位担任该职的亚裔。她不会说中国话，但她喜欢中国的字画，喜欢中国饮食[241]。

1992年因其对加拿大广播事业作出的杰出贡献，伍冰枝获加拿大勋章。1999年7月，在两人共同生活15年后，她与著名哲学家、作家索尔（John Ralston Saul，曾于1996年获总督非小说类文学奖）正式结婚。她的哥哥伍卫权是一名医生，1999年获加拿大勋章，嫂子伍利德蕙是加拿大第一位华裔女参议员。2002年，伍冰枝被授予"台山市荣誉市民"称号。伍家被誉为"一门三杰，华裔之光"。

　　根据《加拿大宪法》，总督由政府总理提名，英联邦女王任命，任期一般为5年。1952年以前，加拿大总督均为英国人，此后始由加拿大人担任。而加国总督即是英国国王在加拿大的代表，也是加国国家元首，代表国家出席国内外的重大活动，并且象征国家的主权和统一。2004年，伍冰枝前往法国参与纪念盟国登陆诺曼第海滩的典礼。伍冰枝当时是以"加拿大元首"的身份出席，但英女皇伊丽莎白二世亦有同时出席，而女王才是真正的"加拿大元首"，所以伍冰枝出席典礼用的头衔在法理上出现了问题。伍冰枝在任期间很活跃，不停到加拿大每个角落会见加拿大的各阶层的人士。她曾到科索沃去会见当地的加拿大维持和平部队，也曾在驻波斯湾的加拿大驱逐舰上度过一个圣诞节。她也总是自己写自己的演讲稿。

　　不少人一提起伍冰枝，便习惯性地把焦点放在其华裔身份——加拿大电视台首位华人主持、加拿大首位华裔总督。说到华人身份，伍冰枝认为华人背景赋予她人生的深度与复杂性。她说："华人身份的确令我与别人不同，这是叫我喜欢的地方。但有些人强调我的华人身份，背后有些假设是我讨厌的。"从总督位置上卸任后，伍冰枝和丈夫移居多伦多，重新开始了普通人的生活。

# 华人技术移民登上历史舞台

华人技术移民在加拿大社会扮演着越来越重要的角色，这也改变了第一代华人大多从事低层服务行业的形象。

## 杨丹与她的 AFC 公司

2002年，一位出生于中国南京的知识女性杨丹在她三十岁那年，利用所学专业在加拿大渥太华创业成功，四年中净赚四千万美元，相当于三亿多人民币，成为真正的亿万富翁，也成为渥太华华人家喻户晓的风云人物。2002年10月，加拿大乃至全球的华人媒体大量报道了她的事迹。而早在1999年渥太华中国校友会成立之际，校友会理事会就曾邀请杨丹到会介绍其创业经验。

2000年前后，加拿大首都渥太华聚集了北电网络有限公司（Nortel）和捷迪讯光电有限公司（JDS Uniphase Corporation）等众多高科技公司，被称为"北方硅谷"。这几年也是中国大陆技术移民的猛增期。

杨丹毕业于南京大学声学专业。1987年她进入法国巴黎大学攻读光学和纤维光学，四年之内拿了硕士和博士学位。1991年26岁的杨丹在巴黎国家工艺学院任教。1993年初杨丹和丈夫到加拿大魁北克度假两周，他们认为在加拿大事业发展更有前途。同年夏天夫妻双双到蒙特利尔定居，并找到了本行工作。

杨丹进入 MPB 技术公司光学部之后很快熟悉了业务。她提出不少建议，但并未受到重视，她曾半开玩笑说："因为我是新手，是女人，是中国移民，谁都不想听我的意见。"杨丹认为公司研发的光信号海底传输技术和设备设计过于复杂，但还是没人理会她的意见。结果她一个人在实验室里按自己的思路设计成功，让老板和同仁开始对她刮目相看。她终于受到了尊重[242]。

1995年魁北克独立公民投票吓走了不少 MPB 公司的高科技人员，杨丹在公司挑起了大梁。不过她想发展自己的事业，着手创建一个研制光导纤维放大器的小公司。

此时杨丹的丈夫在渥太华原子能管理委员会（Atomic Engergy Control Board）找到一份数据库管理员的工作。原子能管理委员会是一个联邦政府部门，2000年5月31日更名为加拿大核安全委员会（Canadian Nuclear Safety Commission）。杨丹夫妇因此搬去渥太华居住。她在渥太华申请高科技产业资金未果，转而去渥太华河对岸的赫尔市游说。结果赫尔市相关部门认可了她的项目，为她的公司提供了一间二百平方英尺的工作室。

1997年杨丹带着两个样品到美国参加一个展销会，一家网络公司立即出价一万五千美元买了其中一个。杨丹回到渥太华就凭着这点资本，办起了自己的技术公司AFC，雇了几个人，开始批量生产。此后两年内公司的业务日益发展，营业收入从开办第一年的一百万美元上升到1999年的一千万美元。她又推出放大器新产品，这项技术比同行领先两年。在她准备集资扩大再生产规模时，有投资银行向她建议，把公司卖给一家有雄厚财力的大公司。杨丹接受建议，1999年8月把公司卖给了捷迪讯（JDS Uniphase），成为捷迪讯下面的一家公司，她自己则是这家公司的大股东。相信"生活就是竞赛"的杨丹，并没有满足于自己的成就，她加入了加拿大高科技人才流往美国的队伍，到美国硅谷去再创一家公司。她带着先进的科研成果，还带着四千万美元的雄厚资金[243]。

她的新公司取名道斯湖（Dowslake Microsystems Limited），业务遍及北美、南美、中国大陆及香港、欧洲、非洲、泛太平洋及中东地区。她在渥太华的住宅就在美丽的道斯湖畔，那里寄托着她对渥太华的感情。

杨丹是技术移民创业成功的典型。还有许许多多的技术移民以技术为本，踏踏实实在渥太华各大高科技公司工作。

# 风靡北美的 Instant Pot（饮尚宝）

### 缆车上的创业火花

一款智能电压力锅Instant Pot连续三年在亚马逊会员主销日成为最畅销产品，单日销售量达到了令人瞠目结舌的21万5千个（2016年）、25万个（2017年）和30万个（2018年）。

这锅不仅是亚马逊的畅销品，也是本地商场各种促销活动的宠儿。每逢黑色星期五或圣诞过后的礼盒节，Instant Pot必定是商家广告上最抢眼的卖品之一。渥太华不论华人还是西人，几乎家家买过一个，有的甚至还不止一个，因为厂家不停推出新款式，从5合1到11合1，从通用型到专业型，就像智能手机一样不停的更新换代，牢牢吸引着消费者。

这个家喻户晓的销售传奇是由渥太华三位华裔移民创造的。发明人Robert Wang本科在南京大学读计算机科学专业，在哈尔滨工业大学读研究生期间前往英国埃塞克斯大学（University of Essex）并取得博士学位。

1994年他移民渥太华，次年入职于著名的高科技公司北电网络（Nortel Networks Corporation）。1998年加入 Saraide Inc.，1999年 Saraide Inc.又被 InfoSpace Inc.收购。2000年他决定离开朝九晚五的公司自己创业，与朋友共同创办了无线信息公司 Taral Networks，2004年 Taral Networks 又与另一家公司合并，成立了 Airwide Solutions。

从这一连串令人眼花缭乱的职场变换，不难想象出 Robert 紧张而忙碌的生活场景。在北电网络工作的太太大部分时间也放在了工作上，所以他们家平常做饭多是凑合，给孩子们则是常常买点西式快餐了事。

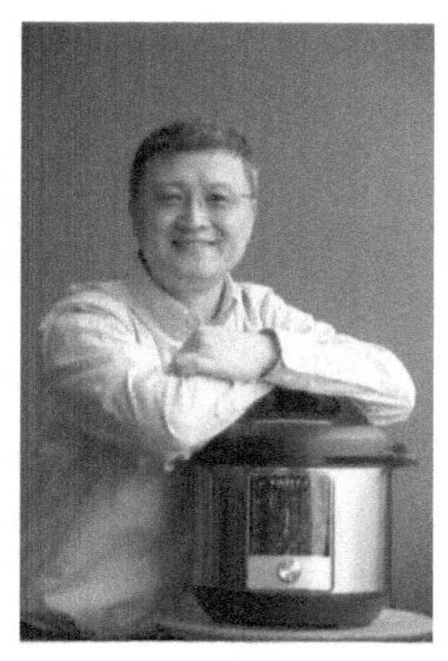

图片 232 Robert 和他的 Instant Pot，（Robert 提供）

2008年 Robert Wang 脱离了 Airwide 公司，他想发明一个千家万户都用得上的产品，让做饭变得又快、又好、又简单，把人们从烧饭的束缚中解放出来，特别是给双职工的家庭减轻家务负担。

当时市面上有一款 Crock Pot，也就是慢炖锅。1974年投入市场以来，已经进入约80%的美国家庭，但仍然每年售出1千多万个。但此锅功能单一，能做的菜肴有限。Robert 希望他的新锅能同时取代多个厨房小家电，这样不仅性价比高，同时也能给主厨们腾出更多的厨房操作台面。

经过调查北美市场并回国考察生产工厂，Robert Wang 提出了一个多功能电压力锅的概念，并尝试寻找合作伙伴。当年冬天，他与好友秦毅一起去滑雪时，在上山的缆车上他问秦毅对他的新产品是否感兴趣。秦毅是与 Robert 同时从哈尔滨工业大学前往英国留学的，他在曼彻斯特大学深造，博士毕业后又去牛津布鲁克斯大学（Oxford Brookes University）工作了两年。他和 Robert 是高中同学，并且是 Robert 结婚时的伴郎。两人又同一时间移民到渥太华，关系一直非常好。秦毅感觉 Robert 介绍的这个锅会有前途，于是爽快地接受了邀请。他们又成功拉来在北电网络和黑莓公司工作时的同事王东军成为合伙人，王东军是他们来渥太华以后认识的朋友。

### 程序生成的 Instant Pot 名字

这三人并没有寻找外部资金，而是自己凑钱开始了创业。Instant Pot 这个脍炙人口的产品名称是他们内部讨论的结果，他们认为"快"和"锅"是两个关键字。于是 Robert 编了一段程序，将"Fast"和"Cooker"的同义词找出来，然后进行排列组合，100多种组合中，"Instant"与"Pot"组合成一个很顺口、很响亮的名字，但是"Pot"这个词已经被英语中借用于吸食大麻，含有了不好的歧义。但最后他们仍然坚持使用"Pot"，让这个词回归它的本义，这其中未必不含有 Robert 想与 Crock Pot 一较高下的内心想法。

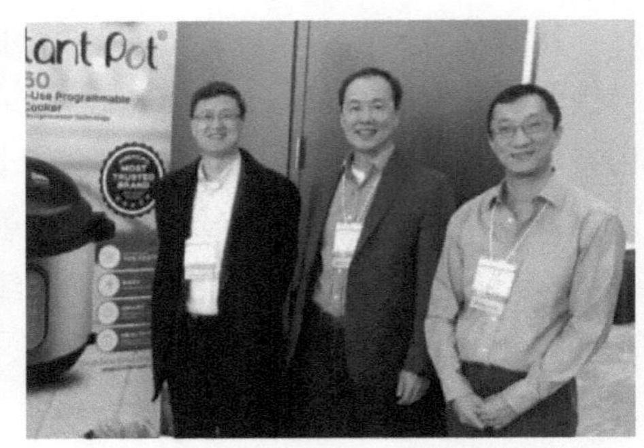

图片 233 三位创始人（秦毅提供）
左起：Robert、秦毅、王东军

有意思的是，秦毅后来为了好玩，去安大略省试图注册一个"Instapot"的汽车牌照时被驳回，理由是有使用药物的嫌疑。

经过艰苦的18个月，他们开发出第一口锅，将高压锅、慢炖锅、电饭锅、蒸锅和食物加热器集于一身。

Robert 写出了第一代产品设计书，在国内加工后他们迎来了第一个集装箱，内装1,700个锅。他们没租仓库，而是各家都把车停在户外，让车库里堆满了锅，就连地下室也被他们塞得满满当当。

2010年底，第一代 Instant Pot（CSG，5合1）开始投放市场。接受采访的时候，秦毅一再说要特别感谢华人社区，让他们最初的产品口口相传，收到许多反馈和改进意见，同时赢得口碑。

公司架构中 Robert Wang 担任首席执行官主导创业兼管市场推广，秦毅担任负责产品概念、定位以及研发的产品管理副总，王东军担任产品测试与客户服务的副总。这其实是后来的管理职能划分，创业初始阶段，三人不分彼此，几乎什么工作都一起干。

## 蛋黄创造的营销奇迹

他们没有遵循传统的营销模式在报纸和电视台上做广告，而是把营销渠道简单分为线下和线上两部分，所谓线下就是实体商店，线上就是亚马逊网上销售平台。

最初他们做线下销售，就是带着产品跑商店谈合作。他们是从大统华连锁超市开始的，当时 Robert 在渥太华的大统华超市站台当销售员，而秦毅与王东军则远赴多伦多的两个大统华超市分别站台销售。后来当 Instant Pot 在亚马逊获得巨大成功后，沃尔玛、好市多与加拿大轮胎等连锁超市开始主动联系他们进货。

318

线上销售就是通过亚马逊网上销售，刚上线的时候，Robert 在每天的例会上通报销售量，最初时每天只卖出一个、两个、五个、十个，每一个数字都揪着他们的心，很快，成功的喜悦伴随着数字的指数级增长迅速到来。

最初他们在亚马逊只是普通用户，有了订单他们要自行发货。近的地方就自己开车送，有一次 Robert 一车装了6、7个锅，甚至开到蒙特利尔市送货。

后来他们发现 Instant Pot 的用户很喜欢他们的产品，在脸书（Facebook）上自发地建了很多讨论群分享产品的使用体验。为了提供更好的用户体验，他们也建立起自己的用户群，逐渐形成了一个有320多万成员的官方群，成为脸书的10大用户群之一[244]。网上的各种用户反馈给了他们极大的鼓励和有用的信息，用户喜爱他们的产品，并及时提出期望功能以及可以改善的地方。这与他们的公司理念相向而行，那就是"产品一定要满足用户的需求[245]"。

在与用户良好的互动中，第二代产品 Instant Pot（Lux，6合1）于2012年2月发布。秦毅主导设计了这款产品，他们借助智能芯片和一系列传感器，实现了6合1的功能。一年后第三代产品 Instant Pot Duo（7合1）问世，利用低温控制，巧妙地增加了一个看上去与锅这种炊具风马牛不相及的酸奶机功能，实现了从30℃到200℃全温度段烹饪。Duo 成了 Instant Pot 最畅销产品，累计销售超过2,500万个。从此他们每年推出一代新产品，形成从低端到高端完整的产品线。除了增强功能，他们还强调了更快、更省事、更安全和绿色环保。所谓的省事就是开机定时以后，做饭的人可以去干别的事情，而不必一直守着锅台。

一个锅卖得如此之好，仅有硬件本身是远远不够的。接受作者采访时Robert 总结了 Instant Pot 成功的三大原因[246]："一是具有真正的使用价值，因为它极大地提高了做饭效率和稳定可复制的质量。二是具有很划算的金钱价值，比如一个9合1的 Instant Pot 就取代了9个传统小家电。三是具有情感和社交的价值。"说到这里，他还引用了一句意大利谚语："Food is an expression of love."即食物是爱的表达，而烹调食物的过程则是具体的爱的方式。脸书上几百万人的 Instant Pot 的用户群里，用户彼此热烈交流，分享使用经验、各种窍门和新的菜谱。有一个人写了一本 Instant Pot 的食谱，居然被纽约时报列为畅销书，卖出100多万本。很多食谱作家成书后都会联系他们，要求 Instant Pot 为其背书。

在他们的引导下，这个锅自问世以来，各式各样的开放式食谱便层出不穷，这便是用户在网上相互交流的结果。试想一天能卖出20多万个的锅，会产生多少用户美食家的创意？而 Instant Pot 强大的智能处理能力又恰好为用户提供了极大的创造可能性，比如它可以根据家中个人口味的不同而煮出各种蛋黄硬度的鸡蛋。关于这句貌似很科学的话，Robert 告诉作者，起因是他的女儿喜欢吃溏心蛋，于是他就测试各种不同的温度和时间，从而达到预期的效果。此外 Instant Pot 还可以做日本温泉蛋（蛋黄凝固而蛋白还是液体），韩国桑拿蛋（2小时高压引发美拉德反应，蛋白呈茶色且有烟熏味）。而且 Instant Pot 煮的鸡蛋一只手便可以轻松剥皮。类似的故事不胜枚举，各地用户创作出素食食谱、肉食食谱、减肥食谱、情人食谱……

蛋黄虽小，它所代表的用户体验却是 Instant Pot 决策者们极为重视的，因为从用户体验，可以延伸到产品质量、客户服务和客户对产品的情感依赖。

毫不夸张地说，Instant Pot 培养出了一批狂热用户。仅在脸书（Facebook）上就发展出近200个专题群组，粉丝超过340万人，自称"Pothead"。

这与 Instant Pot 团队的产品定位是分不开的。他们深入分析了北美市场的人口分布，以及不同族群的烹饪习惯，强调产品设计要满足跨族群的不同饮食要求。据统计，西班牙裔、华裔和印度裔是 Instant Pot 在北美最大的用户人群。2020年的调查数据表明，高达30%的美国家庭拥有 Instant Pot。而当初 Robert 曾经觉得遥不可及的 Crock Pot 慢炖锅，十年之后，作为改变美国人餐桌的发明，Instant Pot 已经与之肩并肩地陈列在了美国国家历史博物馆（National Museum of American History）。Robert 和他的伙伴们，用了十年时间，从零与一千万个的差距，拉平了二者的年销量。

"无论是华人用来煮粥，拉丁族裔用来煮豆子，还是爱尔兰族裔用来炖肉，或者辛辣食物爱好者用来做辣椒酱，喜爱健康的人用来做酸奶等，

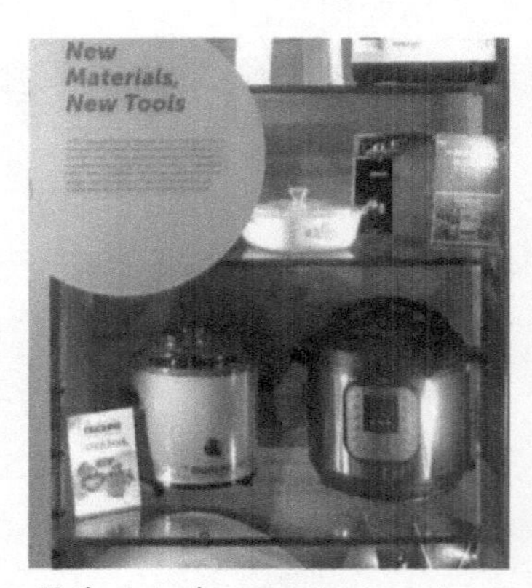


图片 234 左：Crock Pot，右：Instant Pot，美国历史博物馆，（Robert Wang 提供）

Instant Pot 都能解决。[247]"

2014年推出的新款增加了蓝牙功能，是最早的与手机联网的智能厨电。Instant Pot 始终秉承着技术领先、用户为先的理念。

王东军主要负责产品质量检测与客户服务，Instant Pot 以客户至上为宗旨，发现产品有问题立刻两次主动招回。

Instant Pot 品牌和质量深受用户信赖。时至今日，仍有不少用户使用着第一代产品。每年几位创始人都会回国两次去代工厂，认真检查产品质量并了解生产进度，以保证产品的质量与数量。

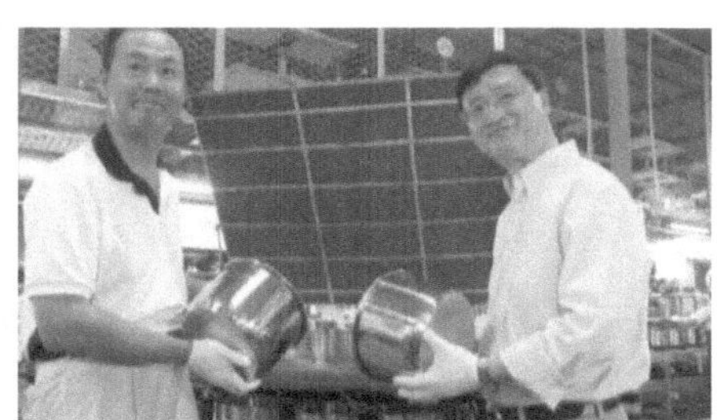

图片 235 Robert 与秦毅（左）
在中国生产厂家检查产品
（来源：CBC 2017-11-22）

## 与时代同步的营销方式

他们独辟蹊径的一系列营销运作与传统的市场营销方式有很大差别。后来很多媒体称 Instant Pot 为当今世界上的一匹营销黑马。亚马逊内部及一些大学的商学院把他们的营销策略列为教科书的范例，如女王大学的商学院（Smith School of Business at Queen's Unversity）。有人甚至形容他们的营销方式达到了恐怖的病毒扩散方式。

Instant Pot 在加拿大设计，在中国工厂生产制造，在美国亚马逊电商平台销售，具有非常典型的国际生产销售模式[248]。

Instant Pot 在亚马逊的销售经过了三个阶段，第一个阶段属于家庭作坊式的普通卖家，他们的产品从中国运抵温哥华，存入那里的仓库。发货时由公司人员贴标签，再找快递公司寄出。第二个阶段是在2012年，他们成功纳入了亚马逊物流（FBA），产品批量送到亚马逊，由亚马逊负责打包、标签并发货。当年销量翻倍。第三个阶段，2015年7月，亚马逊邀请他们加入了直接进口（Direct Import）计划，中国代工厂直接发货给亚马逊，Instant Pot 不再需要自己的仓库。当年销量再翻两倍。

亚马逊造就了 Instant Pot 的奇迹，而 Instant Pot 无疑也是亚马逊成功的一部分。

Instant Pot 在渥太华的第一间办公室在马驰路（March Rd）的 Mitel Building，第二个办公室在麦考·考普兰路（Michael Cowpland Dr），第三个办公室使用时间最长，位于马驰路495号。公司从最初的3人，发展到了120多人。

线下商店已发展到 Target、Walmart、Bestbuy、CanadianTire、Costco 与 Williams Sonoma 等美国和加拿大的主流商店。

Instant Pot 巨大的销量也为中国的代工厂带来巨大的出口额度，仅其中一家就达到20亿人民币。

2017年飓风哈维袭击美国的得克萨斯州和路易斯安那州，Instant Pot 捐助灾民，共计1000个智能电压力锅发往多处社区。用户群里感激声一片。

Instant Pot 也经常赞助渥太华本地社区的文化与体育活动。

2019年4月，Instant Pot 与私募股权公司 Cornell Capital 旗下的 Corelle Brands 合并，该公司旗下拥有 Pyrex、Corelle、Corningware、康宁玻璃锅和 SnapWare 等厨房品牌。合并后的公司沿用了原 Instant Brands 的名称。

## 并不完美的谢幕

2023年6月12日，Instant Brands 根据美国破产法第11章申请破产保护，原因是高利率和信贷渠道的减少影响了公司现金状况，致使债务难以为继。

英国分部 CEO 斯蒂文（Chris Stevens）离开公司告别时，Robert 在 LinkedIn 上回顾他们走过的路时说："确实，我们在厨房小电器和亚马逊主销日（美国和加拿大连续三年畅销第一）所取得的成就可能永远不会再重复。"

事实上，公司合并后，Robert、秦毅和王东军就已经提前退休了，只是在董事会中留个位置。新公司的决策与方向已经不是他们所能左右的。只是在合并之后仅仅4年，Instant Brands 就申请破产保护，还是给他们心中留下一些遗憾。

Instant Pot 还在北美热卖，是接下来几十年里在美国和加拿大人的生活中一个不可或缺的存在。而在中国市场，Instant Pot 使用的中文名称为"饮尚宝"，销量也很大。

Instant Pot 的团队是一群用一餐一餐改变了世界餐桌的人。

秦毅说："我渴望有更多的时间与家人和朋友在一起，因此我们创建这个企业来帮助所有忙碌的家庭特别是上班族美餐快做，而快餐从来不美（To cook the good food fast - fast food is never good）！"

Robert Wang 说："我相信人工智能就是未来。"

# 中华会馆实现新老华人融合（2004年）

中华会馆理事会每届主席的任期为两年。作为中华会馆的机关报，《加华侨报》于1993年6月1日第13版与第14版刊登了当年46位中华会馆理事候选人的附照简历及抱负简述，同时在第5版整版推荐了17位候选人[249]。这17位被《加华侨报》推荐的候选人，包括医生、律师、牧师、工程师、建筑设计师、科学家、公务员、社会工作者、家庭主妇、成功企业家等，可以说很大程度上代表了社区各个方面的华人。不过这些人多来自台港地区，而大陆背景的候选人并未在报上得到推荐。传统上中华会馆理事会由27名理事组成，如果能获得17票支持，那么任何提案都会顺利通过。

## 大陆移民开始进入中华会馆理事会

中华会馆自1958年由老一辈华人移民创立之后，随着时间的推移及受到全球重大事件的影响，其人员构成也在发生着变化。1990年前后，会馆理事会的老侨已经不多，会馆事务主要由港台移民主导，几乎没有大陆移民参与其中。1993年6月15日，渥太华中国同学联谊会主办的《联谊通讯》总第18期发文称："1993年6月13日，努力代表渥市全体华人的中华会馆理事会换届改选。随着本会过半数会员的移民定居，我们开始步入当地华人乃至加人政治。本次有三名联谊会会员角逐理事。"人口快速增长的大陆新移民开始关注中华会馆这个宗旨为服务渥太华全体华人的开放性社会团体，并主动参加理事竞选，其中郭玉秋已经在前一届理事会当选为理事。据当事人回忆，在随后的几届选举中，来自大陆的华人郭玉秋、薛金生、曹亚林、李建辉等人曾先后当选为理事。

1997年1月1日发行的《加华侨报》，头版头条"社长的话"发表了余日中写的"展望和回顾"。文中首先提到1997年是香港回归之年，百年之久的英国殖民统治终于一去不复返了。又提到本届中华会馆已到任期的最后六个月，"希望来届的新理事也像现届一样，不分党派、不分乡情和贵贱的以大局为重来接替本届的中华会馆理事。"同时也谈到了加华侨报自身的改革，不仅版头改变，还由月刊改为半月刊。

1999年，谭百洲当选中华会馆主席。理事会27名成员为：郑茂源、郭玉秋、谭连育夫人、丁慢俗、张爱林、妥瑞雪、董天培、朱芝雯、阎公展、吴经万、余玉豪、谭百洲、孙金泉、刘颖、梁剑玲、郭兆起、曹亚林、李建辉、关培林、周玉琴、邓家昌、邝少鸿、赵炳炽、薛金生、申志远、王文婉、陈民智。

中华会馆在经济上独立自主，完全靠理事会寻求社会赞助维持日常开支。当时的财政状况并不乐观，但中华会馆在这种情况下依然设法坚持正常工作。渥太华拜城博物馆（Bytown Museum）2000年4月至11月举办渥太华移民历史图片展览，向中华会馆发出邀请后，中华会馆决定由妥瑞雪负责联络并提供相应资料[250]。这次展览影响深远，渥太华华人移民的一些珍贵照片及主要移民事件的时间表得到确认[251]。本书开头写到的后来被误传的"渥太华最早五位华人"的展览其实就是这次展览。2000年中华会馆副主席郭玉秋兼任《加华侨报》社长，她也是渥太华东北同乡会主席。当时的中华会馆主席谭百洲经常在报上撰文，谈论社区时事[252]。

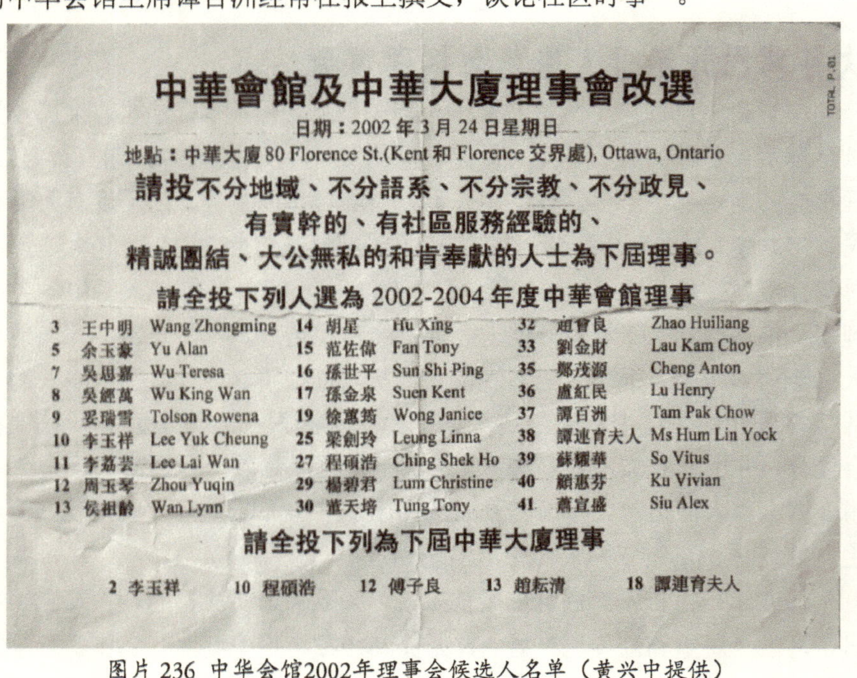

中華會館及中華大廈理事會改選

日期：2002 年 3 月 24 日星期日

地點：中華大廈 80 Florence St.(Kent 和 Florence 交界處), Ottawa, Ontario

請投不分地域、不分語系、不分宗教、不分政見、
有實幹的、有社區服務經驗的、
精誠團結、大公無私的和肯奉獻的人士為下屆理事。

請全投下列人選為 2002-2004 年度中華會館理事

| 3 | 王中明 | Wang Zhongming | 14 | 胡星 | Hu Xing | 32 | 趙會良 | Zhao Huiliang |
|---|---|---|---|---|---|---|---|---|
| 5 | 余玉豪 | Yu Alan | 15 | 范佐偉 | Fan Tony | 33 | 劉金財 | Lau Kam Choy |
| 7 | 吳恩嘉 | Wu Teresa | 16 | 孫世平 | Sun Shi Ping | 35 | 鄭茂源 | Cheng Anton |
| 8 | 吳鯉萬 | Wu King Wan | 17 | 孫金泉 | Suen Kent | 36 | 盧紅民 | Lu Henry |
| 9 | 妥瑞雪 | Tolson Rowena | 19 | 徐蕙筠 | Wong Janice | 37 | 譚百洲 | Tam Pak Chow |
| 10 | 李玉祥 | Lee Yuk Cheung | 25 | 梁劍玲 | Leung Linna | 38 | 譚連育夫人 | Ms Hum Lin Yock |
| 11 | 李嘉芸 | Lee Lai Wan | 27 | 程碩浩 | Ching Shek Ho | 39 | 蘇耀華 | So Vitus |
| 12 | 周玉琴 | Zhou Yuqin | 29 | 楊碧君 | Lum Christine | 40 | 顏惠芬 | Ku Vivian |
| 13 | 侯祖齡 | Wan Lynn | 30 | 董天培 | Tung Tony | 41 | 蕭宣盛 | Siu Alex |

請全投下列為下屆中華大廈理事

| 2 | 李玉祥 | 10 | 程碩浩 | 12 | 傅子良 | 13 | 趙耘清 | 18 | 譚連育夫人 |
|---|---|---|---|---|---|---|---|---|---|

图片 236 中华会馆2002年理事会候选人名单（黄兴中提供）

2002年，中华会馆理事会再次改选，选举公告公布了41名候选人名单，并提出口号："请投不分地域、不分语系、不分宗教、不分政见、有实干的、有社区服务经验的、精诚团结、大公无私的和肯奉献的人士为下届理事。"

2002至2004年中华会馆的主席仍然由谭百洲连任，这已是他第三次当选。这段时期与以往一样，大陆移民在理事会中始终占少数，话语权相对较弱，导致一些曾经热衷于服务华人社区的大陆移民不再竞选会馆理事，

324

转而成立了一些以大陆移民为主的团体。大陆新移民一般在中国都受过不同程度的教育，大部分受过高等教育，由于长期受中华文化的熏陶，他们与祖籍国有着切割不断的联系。为了传承中华文化，他们在海外创办中文学校，开办中文报刊，开设中医诊所、武术学校、歌舞团、艺术班等，也参与或创办各种华人团体。

# 2004年竞选

2004年6月27日是中华会馆2004至2006年理事会选举日。这届理事会的选举声势浩大，选前各方利用媒体大造舆论，投票当日人数众多，盛况空前。

到2004年，渥太华华人迅速发展到三万余人。随着大陆技术移民的大量到来，渥太华华人的整体素质也有了很大提高。数千华人活跃在加拿大主流社会的各个部门，政府、大学、国家研究院及高科技公司的不同领域均有华人的身影，同时约有两千名华人学子就读于渥太华的各个大专院校。华人社区呈现出一种新的格局。

前一届中华会馆理事会在谭百洲主席领导下，"和韩裔社区共同到日本大使馆抗议日本篡改中学历史教科书，登报呼吁台湾同胞在加拿大人口普查时以华裔身份而不是用台湾人身份填报，联同加拿大各地中华会馆声讨李登辉的卖国言论，联同渥京各社团发表反对台独，和平统一祖国的声明等工作（见首页），多不胜数。有些甚至得到主流华文大报刊登头条。最骄人者莫过于连续多年举办大型渥京中华会馆新春联欢庆祝，深得本地主流社会和华裔社区的赞赏。[253]"

但也有人批评"现有的中华会馆对华人社会中的重大事件麻木不仁，漠然视之。在1998年中国遭受特大洪水袭击时，在去年的渥太华华人声势浩大的抗 SARS 的斗争中，在去年本埠广大华人群情激愤，强烈抗议 CFRA 电台节目主持人康索尔诬蔑中国为恐怖活动的邪恶国家声讨中，均看不到中华会馆的影子，听不到中华会馆的声音。[254]"

中华会馆虽然一向声称自己秉承政治、宗教中立的原则，但事实上却很难做到完全没有政治倾向。阅读2004年之前的《加华侨报》不难发现，报上刊登的很多都是与中国台湾有关的新闻和活动，有时还有一些新兴宗教团体的广告，而中国大陆方面的消息却寥寥无几，其政治倾向一目了然。选举前夕，6月5日的《加华侨报》又特别推荐了几位来自台港的候选人。

2004年6月24日，中华会馆选举历史上首次出现了团队选举的形式。

本着鼓励大陆背景华人参加本地侨社活动与促进新老华人移民融合的初衷，二十位热心社区工作的各界华裔人士王玳瑜、王植源、薛金生、黄兴中、李体茂、王伏虎、王永智、刘少勇、王镇棣、李先遥等积极筹备竞选。筹备组由中国大专校友会会长王玳瑜担任竞选活动总协调，基于当时对参选理念的认同，他们推举黄兴中、薛金生、王镇棣等人组成了以大陆移民为主的竞选团队，并委任王永智作为代表参加中华会馆的选举组委会。

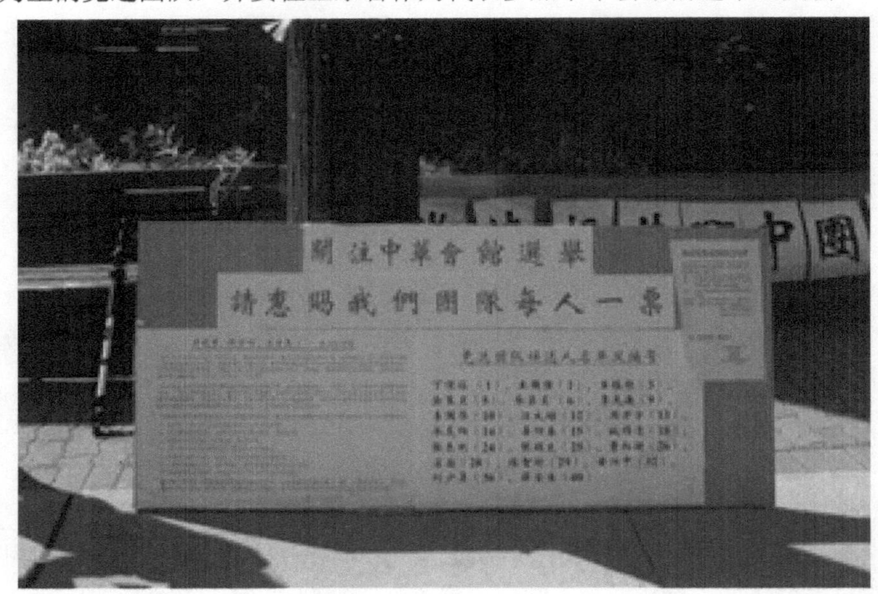


图片 237 黄兴中团队简介（来源：CFC 中文网）

该竞选团队获得了《中华导报》的舆论支持，并在 comefromchina.com 中文网上与本地华人互动，以争取最广泛的支持。在秉承独立、非政党、非宗教和非营利的会馆原则前提下，该团队的基本理念被概括为：办实事、促团结、求发展[255]。这也可以看作是大陆移民在中华会馆理事会长期只能占有少数席位，得不到有效话语权的一次强力反弹。该竞选团队的人员也吸纳了一些像洪门民治党元老余荣衮这样的老华侨[256]，因此，这个竞选团队不应简单称之为大陆移民竞选团队，这也与竞选团队"促进新老华人移民融合"的初衷不符，于是，当时人们多把这个竞选团队称为黄兴中竞选团队。

这届理事会报名竞选的候选人共有41名。除上述组成团队的20人外，中华会馆的台港理事也在积极活动，争取选票。理事会当届主席谭百洲曾发文阐述立场，声称："我中华会馆由始创开始，元老就订下本会馆是政治、宗教中立，团结我华裔。当我来加第一次接触会馆工作时，元老曾谆谆教导谓吾等族裔是从四面八方汇聚于渥京。居于此间，只要你是华裔，到我中华会馆，人员就会为你服务。元老更谓：为尊重不同地区来的华裔，为团结不同地区来的同胞，我会馆须坚守母国之政治中立，不得于会馆内张挂任何旗帜。"

一位港台候选人说："不论你来自台湾、香港还是大陆，我都会竭诚为你服务。"可见尽管各方竞争激烈，但全都认同并遵守中华会馆的基本宗旨。

6月27日选举当天，黄兴中竞选团队大张旗鼓，派出许多身穿统一服装的志愿者协助选民投票。由薛金生担任汽车总调度，安排城市四个方向的班车。卡纳塔方向的联系人为汤卫，奥林斯方向的联系人为李先遥，另外还有布朗森中心方向与卡尔顿大学方向。同时在卡尔顿大学贝尔剧场安排了免费电影《阳光天井》，全天重复放映三场。另外上午10时到12时，还在布朗森中心安排了老年人联谊茶话会。总之就是想法设法鼓励更多华人走出家门参加投票。

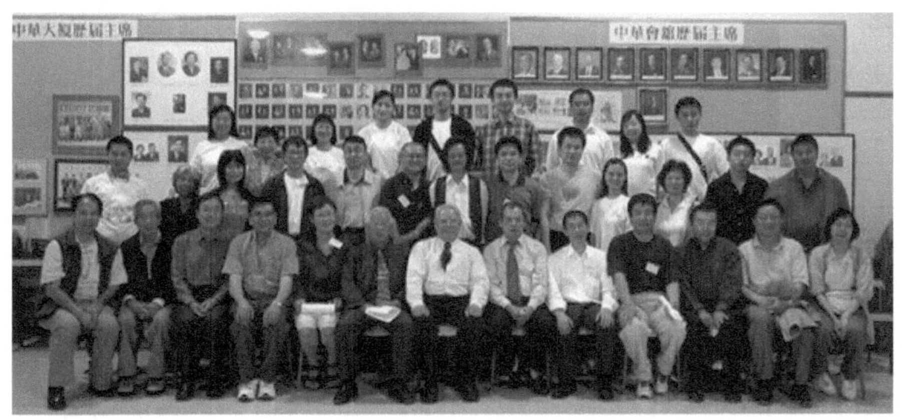


图片 238 志愿者、组委会工作人员与部分参选人员的合影（张瑞文摄影提供）

在上午10时至下午6时的投票时段，中华会馆迎来了上千名华人选民。据统计这届选举共有约1500张有效选票。投票前许多选民拿到了两个不同竞选团队分别散发的两张截然不同的候选人名单。两个竞选团队的名单只推荐自己团队的17名候选人。因此这两份名单刚好互补，涵盖了双方所有候选人。选民也大多目的明确，只投自己支持那份名单上的人。这种选择也体现在了最终的计票结果上，大陆方面候选人得票普遍在850票左右，而台港候选人得票在600票左右。

当时组委会设立了5个唱票小组。每组4人，1人唱票，2人监督，1人记票。由于工作量巨大，又完全是手工操作，所以直到次日凌晨才完成所有的投票统计。

2005年6月28日凌晨1时12分，张瑞文率先在 comefromchina.com 网站发出快讯："中华会馆2004换届选举揭晓。"

当选的27名理事按得票高低分别为：1、薛金生（905票），2、黄兴中（896票），3、王国强（896票），4、丁慢俗（890票），5、张志刚（887票），6、姚锦清（872票），7、余荣衮（870票），8、刘少勇（859票），9、余策兰（855票），10、张瑞文（853票），11、李国华（850票），12、周万方（850票），13、承昊阳（844票），14、汪大培（843票），15、庄岩（841票），16、王镇棣（840票），17、易阳春（840票），18、曹红健（832票），19、李先遥（830票），20、陈智琦（808票），21、妥瑞雪（638票），22、曾焕华（587票），23、林维宪（575票），24、苏耀华（568票），25、朱芝雯（565票），26、吴经万（564票），27、郑茂源（545票）。

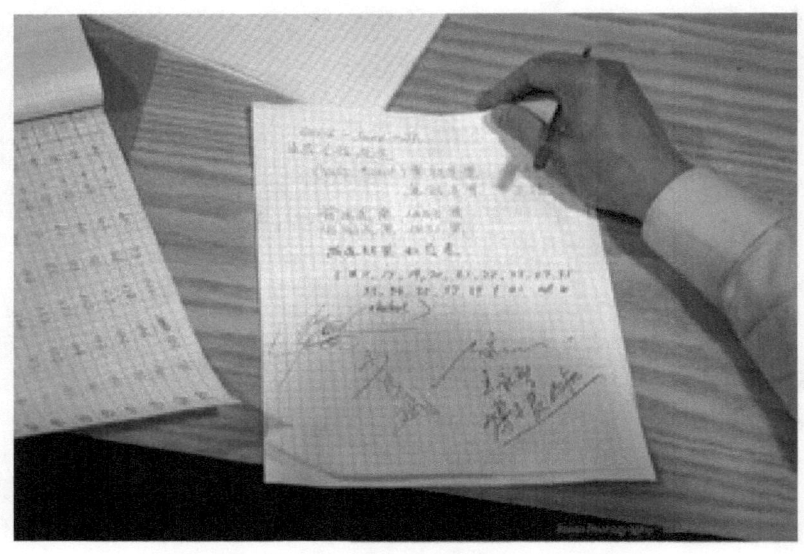

图片 239 李乃斌、王永智、傅子良等5位监票人
在2004年竞选结果上签字（张瑞文摄影提供）

## 首次大陆移民主导的理事会

根据当年的会议记录，2004年8月10日晚7:30在中华会馆的图书馆召开了新老理事会交接及分工会议。参加会议的有：丁慢俗、王国强、王镇

328

棣、朱芝雯（Jenny Wang）、余荣衮、吴经万（Kingwan Wu）、李先遥、李国华、Don Wang、承昊阳、林维宪（Raymond Lam）、姚锦清、张志刚、张瑞文、曹红健（Jack Cao）、陈智琦、曾焕华（Adison Tseng）、黄兴中、刘少勇、郑茂源（Anton Cheung）、薛金生、苏耀华（Vitus So）、裴文生（Peter Pay）、谭百洲（Pak Chow Tam）、Tony Fan、周玉琴，共26人。

会上上届主席谭百洲致欢迎词，欢迎新当选的理事会，并表示在近期将财务转交给新一届理事会。黄兴中希望在2004年8月21日前收到中华会馆前理事会的财务报表。

随后进行了新一届理事会内部分工选举。会上王镇棣提名由黄兴中担任主席，经理事表决通过。黄兴中是加拿大国家科学院首席科学家、美国航天航空学会及加拿大航天航空学会理事，他成为中华会馆历史上第一位具有大陆技术移民背景的主席。

首次由大陆移民主导的理事会诞生了：

主席：黄兴中
副主席兼《加华侨报》社长：薛金生
副主席：林维宪
秘书：王国强
财务：曹红健
中文电视：丁慢俗
中文网络：张瑞文
公共关系：张志刚
财务监督：王镇棣
老年顾问：郑茂源与余荣衮

领导班子确定以后，理事会安排了当年的工作，包括组织华人去菲利普湖郊游、申请慈善注册号、"金秋十月"邀请上海文艺团体赴渥太华演出等等。会议还确定了下次理事会的两个议题：《加华侨报》的交接与听取上届财务报告。

# 中华大厦归属与《加华侨报》等交接

中华大厦经历三届理事会（1978年至1982年）和所有会员的共同努力，终于在1982年4月18日落成，成为渥太华华人史上的一件大事。中华大厦也成为华人的一座地标性建筑。诚然，中华大厦从开始规划便与中华会馆有着千丝万缕的联系，但它并不属于中华会馆，而是由一个中华大厦管理委员会管理。依照惯例，中华会馆主席黄兴中也自动成为中华大厦管理委员的理事之一。

《加华侨报》报社的社长按惯例由中华会馆的副主席薛金生兼任，但前任社长以《加华侨报》长期独立运营为由，不愿交接。理事会就此召开会议，多数理事认为《加华侨报》自创办以来就是中华会馆的机关报，与中华会馆同呼吸共命运，是中华会馆不可分割的一部分，最后薛金生接手《加华侨报》，兼任社长。

作为一个非营利机构，中华会馆的财政状况并不乐观。2006年1月19日，一位名叫 Adam Auyeung 的人将中华会馆告上法庭（渥太华小额索赔法庭，卷宗号：06-SC-094512）。Auyeung 自2002年7月开始为中华会馆及《加华侨报》报社工作，是办公室的维修工人，月薪700加元。中华会馆理事会于2004年9月改选后，Auyeung 从上一届理事会拿到的支票被银行退回，随后被上一届理事会告知他的工资应由新一届理事会支付。但此后两年中，他为被拖欠的工资反复与现届及上届理事会交涉，始终得不到解决。无奈之下他将中华会馆告上法庭，中华会馆这届理事会不得不出庭应诉，并最终支付了他2,100加元的拖欠工资[266]。

"加华电视"由黄兴中和薛金生与罗杰士有线电视公司联系，安排丁慢俗与上届的妥瑞雪进行了交接。

2006年6月4日，中华会馆理事会再次改选。这一届理事会仍然由27位理事组成，黄兴中再次当选理事会主席。2006年，渥太华华人移民更多，多数来自中国大陆。根据当年人口普查数据，华语成为加拿大仅次于英法的第三通用语言，母语（Mother tongue）为华语者超过100万人，较1971年的不足10万人成长十倍以上。渥太华华人人口显著增长，但大多数华人在英语或法语环境工作。

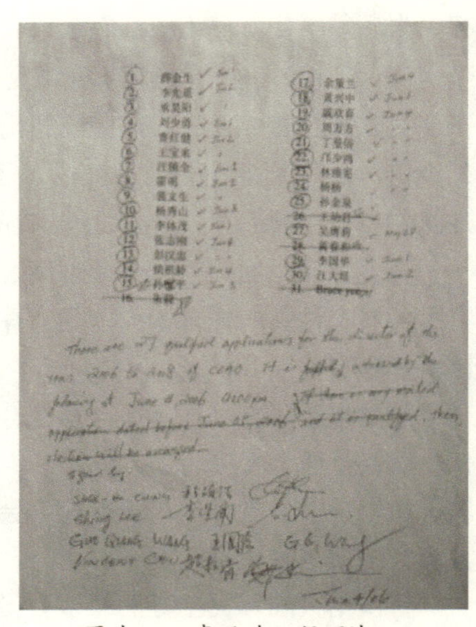

图片 240　李乃斌、程硕浩、李星南、王国强、赵耘清等监票人在2006年竞选结果上签字（黄兴中提供）

## 中华会馆换届（2008）

2008年，中华会馆理事会改选。黄兴中发表了题为"待到山花烂漫时，她在丛中笑"的工作汇报。报告回顾了中华会馆的历史，提到了中华会馆在倡建加华侨报、加华电视、中华大厦、华侨服务处等华人机构中所起的作用，总结了2006年至2008年中华会馆所做的工作。这一年黄兴中在连任两届主席（2004-2006，2006-2008）后，任满离职。

薛金生当选新一任主席。薛金生曾求学于南开大学、清华大学，1988年9月18日由河北煤炭建筑工程学院前来渥太华留学，获渥太华大学教育硕士学位。他多年热心于服务华人社团，是前两届中华会馆理事、副主席兼《加华侨报》社长，此前还于1996年担任过渥太华中国同学联谊会主席等职。

这届理事会的分工为[257]：

主席：薛金生
副主席：彭汉忠（第一副主席）
谭从政：社区服务（广东话）
林维宪：社区老人服务（广东话）
王宝来：社区体育服务（普通话）
张志刚：媒体
刘少勇：青年、公关、教育基金会
扈航：社区：老人服务、文艺
李体茂：公关、教育基金会
秘书：孙世平
财务：曹红健
加华侨报：黄兴中
加华电视：丁慢俗、丁兰
法律顾问：张裕荣、刘东
理事会全部27名成员为：丁慢俗、王宝来、朱毅、李先尧、李体茂、杜云生、林维宪、周万方、孙世平、孙金泉、黄兴中、彭丁兰、彭汉忠、曹红健、杨秀山、杨建华、张志刚、裴文生、谭从政、扈航、钟志鹏、薛金生、刘少勇、刘东、萧碧芬、邝少鸿、汪镇全。

这届理事会第一次会议除了确定理事分工，还提出了当年的工作计划，包括中华会馆成立50周年庆典、圣诞节旅游及春节联欢等。

## 加拿大华人篮球锦标赛

历年来中华会馆组织了很多体育活动，其中最有影响力的首推华人篮球比赛。2007年，由渥太华中华会馆和渥太华华人篮球协会联合主办的第二届加拿大华人篮球锦标赛于当年8月4日至6日，一连三天在渥太华举行。每个城市不限参赛队数，渥太华、多伦多、蒙特利尔等城市各自组织多支队伍，分别参加男、女、少儿、老年等不同类别的比赛，盛况空前。

加拿大总督米夏埃尔·让（Michaëlle Jean）、总理史蒂芬·哈珀、中国驻加拿大大使卢树民、安大略省长麦坚迪（Dalton McGuinty）、参议员哈伯（Mac Harb）、渥太华市长奥布莱恩（Larry O'Brien）、市议员及国会议员贝尔德（John Baird）、万锦市加华联会主席 Wilfred Lam 等政界名人均发来书面贺信贺词。

2009年5月16至17日两天，一年一度的"华人杯"篮球邀请于特蕾莎修女高中（Mother Teresa High School）举行。比赛由渥太华中华会馆主办，协办单位阵容庞大，分别为：渥太华华人篮球俱乐部、绿岸老虎（Greenbank Tigers）篮球俱乐部、卡纳塔湖人（Kanata Lakers）篮球俱乐部、朋友（Amigo 4）篮球俱乐部以及天天义工团。

本次比赛的组委会成员有黄斌、杨建华、庄严、尹燕碌、陈韬、茆永轶、张日崇和方海天等人。由于场地和时间限制，这届比赛只邀请了中年组的球友组队参赛（35及35岁以上）。

## 2008年中华会馆成立50周年大庆

2008年恰逢中华会馆成立50周年，理事会组织策划了盛大的系列庆祝活动。

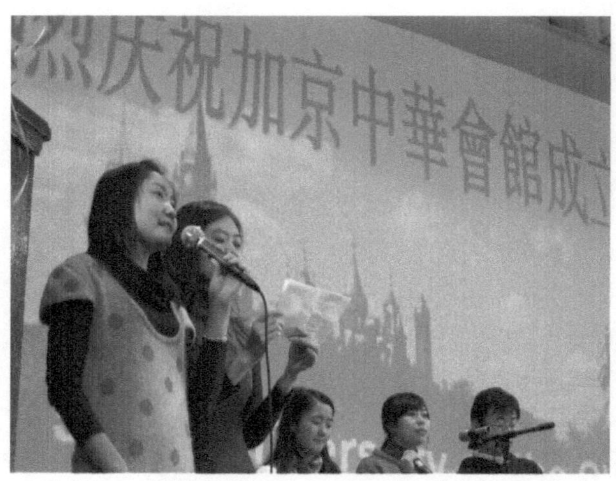

图片 241 中华会馆成立50周年大庆（薛金生提供）

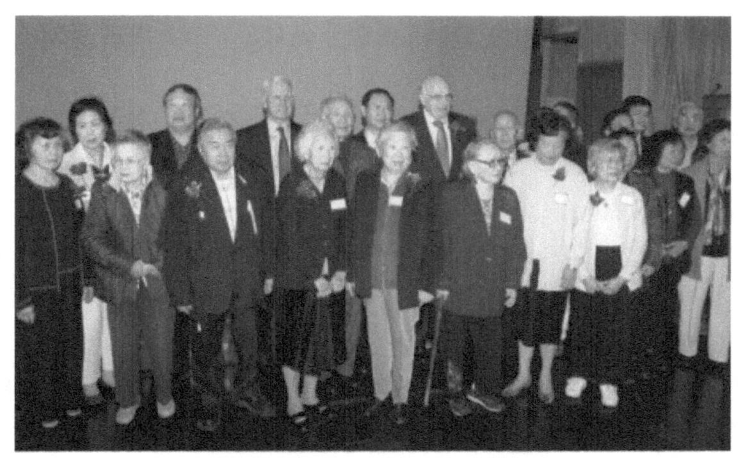

图片242 盛装出席的老侨（来源：中华会馆网站）

2008年10月26日晚6时，中华会馆50周年庆典系列活动在加华文化中心礼堂启动，这也是中华会馆新一届理事就职后的第一场大型活动。他们邀请了历届理事会主席与理事，邀请了加拿大政府官员，也邀请了中国驻加拿大使馆官员。

晚7时，中华会馆主席薛金生回顾了会馆50年的变迁，并将中华会馆过去的几位会长及现任顾问和理事请上台，介绍给现场观众。会馆第一副主席彭汉忠与副主席谭从政为元老以及为中华会馆做出过卓越贡献的人物戴花和颁奖，这些元老包括周强安、郑茂源、黄兴中及其他前任主席的代表、吴杰新老人的代表，以及其他接受褒奖的华人或亲属。

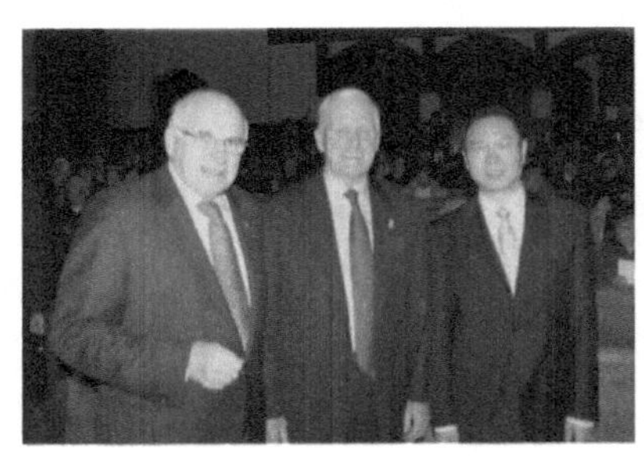

图片243 左起：伽利浦国会议员、戈登·奥康纳部长、张卫东公参（来源：中华会馆网站）

庆典仪式上，中华会馆向到场的历届主席颁发了荣誉证书，赞扬他们"服务社区，无尚奉献"，并向新一届领导成员薛金生等人颁发了任职证书。

中国驻加拿大使馆公使衔参赞张卫东代表兰立俊大使应邀出席大会并宣读了兰大使的贺信，贺信赞扬渥太华中华会馆成立以来，在加强华人社团之间的相互团结与合作、维护华人合法权益、繁荣加拿大经济等方面做了大量有益的工作。特别是近年来中华会馆关心和支持中国的现代化建设和国家统一大业，为弘扬中华优秀文化、促进中加友好关系做出了积极的贡献，深受各界赞誉。希望渥太华中华会馆再接再厉，继续为促进中加经济文化交流、增进两国人民之间的友谊，为创建和谐的华人社区做出新的更大贡献。

加拿大总督米歇尔·琼和总理斯蒂芬·哈珀分别为庆典活动发来贺信。加拿大税务部长戈登·奥康纳（Minister O'Connor）、国会议员伽利浦（Mr. Royal Galipeau）、渥太华市市长奥布莱恩（Mayor O'Brien）等政要均应邀出席了活动，并分别讲话。加方领导人在贺信和致辞中，充分肯定了华人自19世纪以来在加拿大建设和发展中所做贡献，高度赞扬中华优秀文化在加拿大多元文化中的作用。

晚会随后进行了文艺演出。渥太华侨学界40余个社团300余人出席了庆典活动。

## 庆祝中加建交40周年（2010）

1970年10月13日中国与加拿大正式建立了大使级外交关系。2010年两国建交40周年之际，渥太华中华会馆、加华文化基金会、中国校友会与华人社区服务中心等渥太华侨学界团体共同举办了"庆祝中加建交四十周年庆祝会"。2010年9月5日，来自渥太华、多伦多与蒙特利尔的中加政界、商界和学界代表近200人出席了在加蒂诺自助餐厅举办的招待会。

招待会共同主席中国校友会会长李世友对到场嘉宾表示了感谢，共同主席中华会馆主席薛金生在招待会上宣读了加拿大总理哈珀的贺词。前任渥太华市长、当届市长候选人吉姆·沃森在招待会上说："加中建交40周年之际，双方文化和商务往来频繁。中加旅游目的地协议的签署将吸引上万名中国游客来到加拿大，这将有利于加拿大经济发展和加中文化交流。"

中国驻加拿大大使馆公使衔参赞徐步说："中加建交40年来，两国关系取得长足发展，各方面交流不断扩大，经贸合作愈加深化。去年以来两国领导人的成功互访使两国关系进入新阶段。在两国政府和人民的共同努力下，中加关系会取得更大发展，两国间合作会更加深入。"

加华文化基金会共同主席王玳瑜说："我们特别缅怀当年以远见卓识开创加中关系新纪元的先驱者们，特别感激40年来为促进和维护加中关系作出了贡献的人们，他们和100多年前修建太平洋铁路的华工先驱者一样，在130万加拿大华人和两国广大人民心中，建立了一座不可磨灭的丰碑。"

无锡市对外文化交流中心姚国芳主任在招待会上表示："能在加拿大

和中加友好人士一起庆祝中加建交40周年感到很荣幸，中加友谊必将得到蓬勃发展。"同时中国无锡市书画院院长王洋、副院长梁元和著名画家许南惠等多名画家现场作画庆贺。

## 迎春庙会及其它活动

中华会馆举办迎春庙会已有几十年历史，一般由中华会馆主办，其它华人社团联合协办或承办，并得到加拿大政府及中国驻加拿大大使馆的支持，逐渐成为渥太华华人的重点大型文化活动。迎春庙会突出"中式"特点，兼具国际风情，集娱乐、购物、休闲、运动于一体，不仅有文艺表演，还有各式各样的传统小吃摊位，有的是餐馆参与，更多为个人设摊。还有许多民间工艺品、艺术品、日用品等小商品出售，红火热闹，深受当地广大华人欢迎。

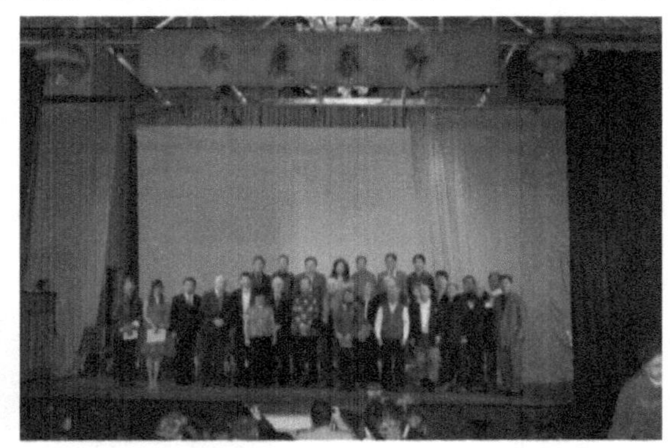

图片 244　2008鼠年春节晚会（薛金生提供）

中华会馆在2006狗年与2007猪年分别举办了春节联欢会。

2008鼠年，中华会馆主办、中华大厦与加华侨报协办了鼠年春节联欢会，节目更加丰富多彩，有少儿歌舞、传统民乐、广东音乐、中英文独唱合唱、京剧、粤剧、藏族舞、现代舞、爱尔兰舞、越南舞、印度舞、泰国舞、武术、家庭节目表演等。

出席中华会馆2008年春节庆祝活动的嘉宾有：中国大使卢树民、参议员哈博（Mac Harb）、国会议员卡利普（Royal Galipeau）、渥太华市长奥布莱恩、国家税务部长奥康纳（Gordon O'Connor）、国会议员鲍里夫（Pierre Poilievre）、国会议员杜瓦（Paul Dewar）、国会议员麦坚迪（David McGuinty）及夫人、安省议员麦克劳德（Lisa MacLeod）等。

2009牛年，中华会馆举办了春节庆祝晚会，邀请了渥太华市长奥布莱恩等贵宾。会馆还举办了富有民族特色的牛年新春联欢大庙会。同年2月，中华会馆接待了江苏民族舞剧院到渥太华的慈善义演。

2009牛年庙会由钟致鹏、丁兰、Moe Aijiarrah、Austin、何子祥、于北南主持，中华会馆主席薛金生与中国驻加拿大大使兰立俊等嘉宾讲了话。

2010虎年庙会由丁兰、于北南、安丽娜、何子祥、马双、江沐雪、王李想、苏帅主持，中华会馆主席薛金生、中国驻加使馆官员、加拿大三级政府官员及渥太华华人社区服务中心主席周畅等嘉宾讲了话。

2011兔年庙会2月13日于杜登大厅举行，并备有免费班车接送。2012龙年庙会2月5日在特特蕾莎修女高中举办，中华会馆主席薛金生向来宾拜年，中国驻加拿大大使馆公使衔参赞贺毅群向华侨华人祝贺新年，参议员哈伯、加拿大国会议员伽利普、省议员亚舍尔、省议员丽莎、市长沃森等也先后登台向人们祝贺新年。这一年主办者特别为孩子们准备了格外丰富的游艺项目。CFC中文网在庙会现场提供网站功能辅导，解答用户问题。

2013蛇年庙会2月24日在特蕾莎修女高中举办。由杨扬、黄春和、陈隆阳、马涛、马双主持，国会议员卡利普（Royal Galipeau）代表加拿大总理致辞、中华会馆主席刘少勇、中国驻加使馆公使贺毅群、渥太华副市长史蒂夫·德罗什（Steve Desroches）讲了话。

2014马年庙会2月16日依然在特蕾莎修女高中举办。据海报介绍，这已是渥太华中华会馆第56届春节大庙会，也就是说从1958年成立之日起，每年都举办一届。

2015羊年庙会于2月22日依然在特蕾莎修女高中举办，中华会馆刘少勇主席代表会馆给

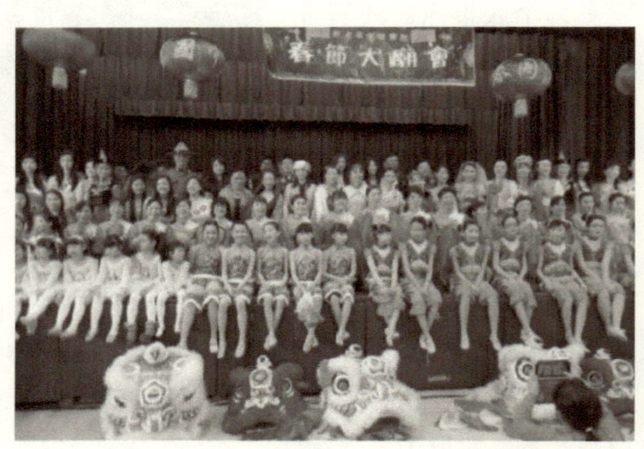


图片245 2014马年春节大庙会（张瑞文提供）

大家拜年。渥太华市长沃森代表市政府亲临祝贺，他用中文祝大家"恭喜发财"。贺毅群公使衔参赞代表中国大使馆致辞，他感谢中华会馆多年来一直举办春节庙会，并祝大家羊年幸福，生活美满。

"中华会馆新春大庙会"已成为渥太华华人社区的一个文化品牌。

除国会山晚宴与迎春庙会外，中华会馆还常常会同其它华人及亚裔团体，举办春节联欢会、音乐美食节等活动。在抗震救灾和援救海啸灾民等重大事件中，中华会馆也能站在第一线，与其它华人社团一道发起组织慈善活动。

## 加华侨报再起风波并最终停刊

从作者收集到的《加华侨报》来看，1979年创刊号并未标明"中华会馆机关报"字样。原因也很简单，报纸当时就是中华会馆创办的，经费由会馆出，社长由会馆任命，侨报属于会馆是不言而喻的事实，并无争议。在1979年后期，报头注明："发行者：柯京中华会馆，出版者：加华侨报社"。1982年5月号，报头注明"发行者：加京中华会馆，出版者：加华侨报社"，而1996年12月1日，报头用英文注明："为加京中华会馆官方非牟利半月刊（is the official non-profit bi-weekly publication of The Chinese Community Association of Ottawa）"。而在某些年代，特别是到2008年黄兴中担任社长后，这些说明就都没有了，只剩下"加华侨报社"字样。

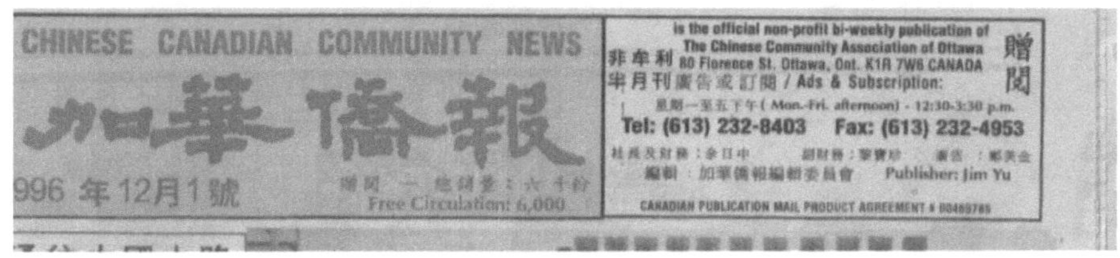


图片 246　《加华侨报》1996年12月1日报头（薛金生提供）

2009年1月15日，中华会馆2008-2010理事会在中华大厦图书馆召开了第4次理事会。到场理事有薛金生、黄兴中、扈航、杨秀山、孙金泉、谭从政、曹红健、杜云生、李体茂、李先遥、刘东、彭丁兰。彭汉忠、杨建华、萧碧芬、王宝来等理事用电子邮件参加了讨论。会议主题是"侨报发展"。

《加华侨报》广告不足，持续亏损。理事们一致认为办报艰难，但报纸不能停办，同时提出了一些建议，比如省去送报人每月240加元的开销，由理事亲自跑点送报或承担送报费用等。其实开这个会的主要目的并不是讨论报纸是否亏损，而是要明确加华侨报的归属。事情的起因缘于2009年1月9日《加华侨报》上刊登的一篇文章，文章的题目叫《开张告白——写在加华媒体集团太平洋出版社成立之时》。文中提到"媒体公司旗下的《加华侨报》、《加华网》已经走在前面，刚成立的出版社相信会带来新的滋味。"中华会馆主席薛金生等人看到这则消息后，认为加华侨报社长黄兴中未经中华会馆同意便将会馆的机关报私下转售给加华媒体集团。

从当天的会议记要[258]中可以看出，时任加华侨报主编代社长的黄兴中在会上先后四次提出要研究会馆和侨报的关系，他认为从法律角度上看，会馆章程中没有侨报字样，报纸有的时期写会馆发刊，有的时期写会馆机关报，并无定论。他问"现在主编代社长的情况下，报纸是否还属于会馆？"而其余所有理事均认为加华侨报的归属很清楚，就是中华会馆的机关报[259]。

当天会上李先遥发言说："报纸和会馆不可分割。"刘东说："会馆是侨报的脑袋。历史上一直都是会馆提供报社社长和经费。"一些未到会的理事也通过电子邮件表达了自己的看法，杨建华说："加华侨报一直属于会馆，加华侨报行政管理上不应该，也没有理由脱离会馆。"萧碧芬说："加华侨报的运营情况，应随时向会馆理事会通报。"刘少勇说："侨报从创办之日起就是会馆的一部分，是会馆的喉舌。记得几年前'黄兴中

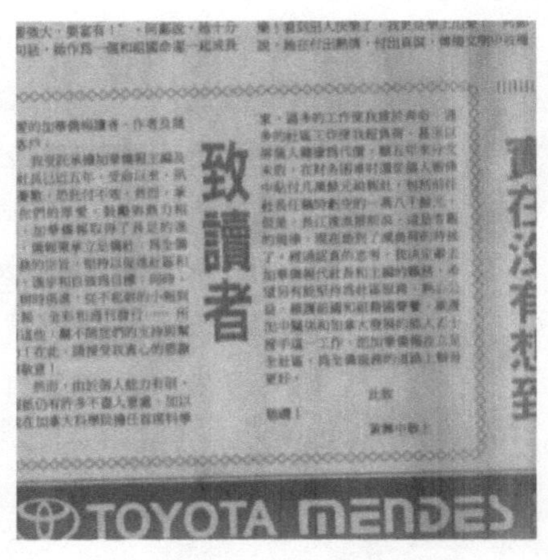

图片 247 黄兴中辞职致读者
（薛金生提供）

团队'接手会馆时就有人提出把侨报从会馆分出去，结果遭到大家的一致反对。侨报原来是，今天是而且将来还应该是会馆的一部分。"王宝来说："报纸自会馆成立以来一直是会馆的一部分。这是我们的前辈留下来的，谁都不应该改变它。"最终在众多理事的捍卫之下，《加华侨报》未能独立出中华会馆。

会后中华会馆接受了黄兴中辞去加华侨报社长的辞呈，由薛金生临时代理社长。薛金生于2009年3月17日在《加华侨报》发表"中华会馆主席致辞"，再次强调"加华侨报在过去的几十年来始终都是中华会馆的机关报。[260]"由于报纸之前一直处于亏欠状态，薛金生接手后马上面临支付出版费的问题，而中华会馆账上当时无钱可出，他只好自掏腰包支付印刷费，个人损失约4700加元。

黄兴中于2015年11月26日给作者的邮件中，这样写道；"我用自己的钱还了薛金生先生当社长时报纸欠的印刷费和我接手后又欠的印刷费共约三万余元后，辞去了报纸的一切职务。薛金生先生接手后，出了两期，没法继续，又来找我，希望我能坚持下去。当时，为了这份侨报能继续为社区服务，我几经犹豫，最后与薛金生先生、王玳瑜先生达成君子协议：我可继续接手，前提是《加华侨报》属于侨社，不再争论《加华侨报》与否归属中华会馆的问题。"关于黄兴中用自己的钱还印刷费这件事，也写

进了黄兴中发表在《加华侨报》的辞职信中。

薛金生、王玳瑜与刘少勇2015年11月27日与作者会谈时，也提到这个君子协议。据薛金生讲，当时由于双方各执己见无法达成一致，协商会还邀请了中国驻加拿大使馆的张卫东参赞、李桂喜总领事与刘春光秘书出面调停。薛金生、黄兴中和王玳瑜共同达成了一个承包式协议：一、维持加华侨报现状不变，明确侨报的法人，所有权为中华会馆。二、黄兴中继续主持侨报，自负盈亏，中华会馆不干预侨报的日常业务。

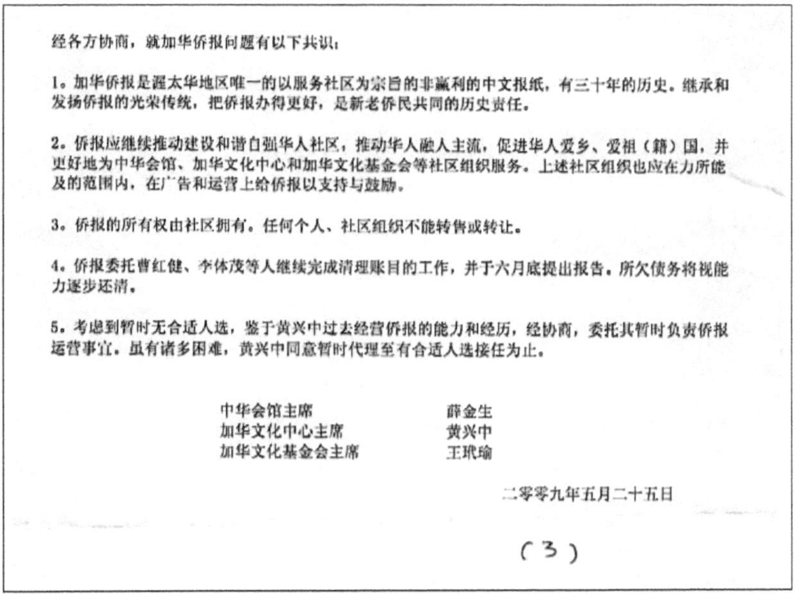

经各方协商，就加华侨报问题有以下共识：

1。加华侨报是渥太华地区唯一的以服务社区为宗旨的非赢利的中文报纸，有三十年的历史。继承和发扬侨报的光荣传统，把侨报办得更好，是新老侨民共同的历史责任。

2。侨报应继续推动建设和谐自强华人社区，推动华人融入主流，促进华人爱乡、爱祖（籍）国，并更好地为中华会馆、加华文化中心和加华文化基金会等社区组织服务。上述社区组织也应在力所能及的范围内，在广告和运营上给侨报以支持与鼓励。

3。侨报的所有权由社区拥有。任何个人、社区组织不能转售或转让。

4。侨报委托曹红健、李体茂等人继续完成清理账目的工作，并于六月底提出报告。所欠债务将视能力逐步还清。

5。考虑到暂时无合适人选，鉴于黄兴中过去经营侨报的能力和经历，经协商，委托其暂时负责侨报运营事宜。虽有诸多困难，黄兴中同意暂时代理至有合适人选接任为止。

| | |
|---|---|
| 中华会馆主席 | 薛金生 |
| 加华文化中心主席 | 黄兴中 |
| 加华文化基金会主席 | 王玳瑜 |

二零零九年五月二十五日

（3）

图片 248 协商共识（薛金生提供）

显然，双方对协商会的共识存在着不同解读。采访时薛金生向作者提供了当时的协商共识复印件，共识第3条写明"侨报的所有权由社区拥有"。在采访中，双方都对作者说过《加华侨报》属于侨社，而侨社是一个抽象概念，侨社如何能作为一个实体而拥有《加华侨报》？作者只能理解为这是当时双方妥协的说法。但共识第3条同时也明确了"任何个人、社区组织不能转售或转让（侨报）"。

这件事情原本可以告一段落了，然而2014年11月1日，中华会馆又发出一份"黄兴中侵权私售中华会馆所属《加华侨报》问题的报告"。报告指出"黄兴中擅自破坏协议，将几十年来中华会馆所拥有的社区报纸加华侨报非法据为己有，将加华侨报作为其个人财产私下出售，严重地损害了中华会馆的权益，中华会馆警告黄兴中立即停止私售加华侨报活动。否则，中华会馆将采取一切必要的行动，维护中华会馆的合法权益。黄兴中将承担由此产生的一切后果。"

黄兴中的解释是，他受邀作为中国的"千人计划"专家，大部分时间在中国，为了《加华侨报》更好地延续，并在保证侨报"为华人社区服务的宗旨不变，加华侨报的刊名不变"的前提下，他找到了愿意接手侨报的华人媒体。

最终的结果是，《加华侨报》未被转售，但很快就彻底停刊了。一份从1978年开始发行的中文报纸，也是渥太华历史上第二份中文报纸，就这样在36年后退出了历史舞台。

# 中华会馆换届选举（2012，2014）

渥太华中华会馆理事会每两年改选一次，理事会共由27位理事组成。但这一届理事会为得票最多的前23位候选人组成新一届理事会。并表明，若报名人数等于或少于23位则选举活动取消，由所有报名者自动组成新一届理事会[261]。

第 28 届渥太华中华会馆换届选举，原定于 2012 年 11 月 24 日在圣约瑟夫·卡若林中学（St. Joseph Caroline High School，3333 Greenbank St. Ottawa）举行，由于报名人数少于法定的 27 名，这一届理事会由报名的 25 位候选人自动组成。会馆内部选举则于 2012 年 12 月 6 号晚在位于麦迪卡夫街 55 号的黑南·布莱奇律师事务所（Heenan Blaikie Law Firm）会议室举行。

刘少勇当选为新一届中华会馆主席。刘少勇毕业于河北师院，1993年移居加拿大。多年来他积极参加华人社区服务，在中华会馆曾经多年担任理事，具有丰富的华人社区服务经验。

主席：刘少勇
常务副主席：薛金生
顾问：王玳瑜
副主席：扈航、杨秀山、李先遥、李体茂、张志刚、杨晓明
财务：曹红健
秘书：丁兰
理事：杜云生、裴文生、钟致鹏、吴艺燕、魏辉、汪镇全、杨扬、李重九、李遥、于康、于超、何明轩、王龙、王永熙、龙飞。
2014年12月20日，渥太华中华会馆在中华大厦会议室举行了中华会馆第29届理事会的选举大会。中华会馆第28届理事会理事和新报名参选的候

选人出席了选举活动。中华会馆的办公地点原本在中华大厦，后来加华文化中心成立，中华会馆办公室也随之搬了过去。据说在当年的搬迁过程中，遗失了不少历史文献和文物，殊为可惜。后来加华文化中心与中华会馆分立，中华会馆便失去了固定的办公地点。这一次中华会馆再次回到中华大厦开会，表明新老华人移民的关系得到了进一步改善。

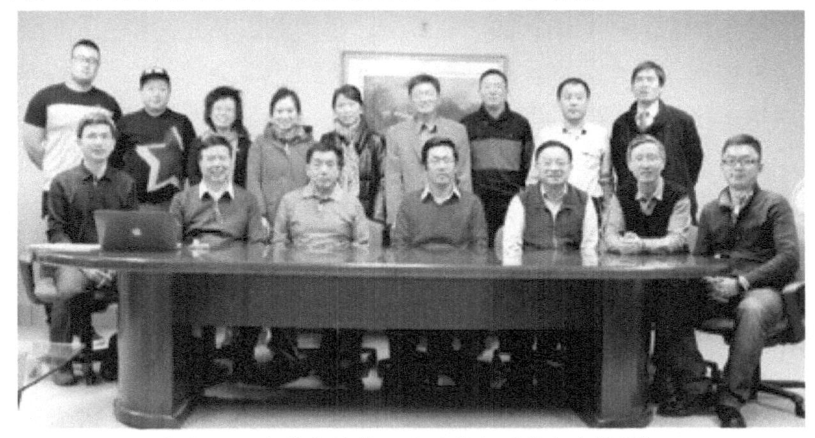

图片 249　中华会馆第29届理事会（薛金生提供）

　　新的理事会选举之前，上届理事会主席刘少勇汇报了理事会两年来的工作，对理事们积极投身社区公益事业，任劳任怨的义工精神表示赞赏，尤其对常务副主席薛金生始终如一的无私奉献表示感谢。第28届理事会在任期内每年申请基金给社区提供更好的休闲娱乐场所和用具，举办老人绘画班舞蹈班等，举办每年超过两千人的庙会，组织社区夏日烧烤，参与组织每年和国会议员一起迎春的联欢晚会，选派优秀青年义工回国参加活动等。此外，渥太华水龙公园在2013年落成后，迎来一对来自北京的石狮子。此外在处理2014年社区华人家庭应急事件中起了主导作用[262]。

　　第29届理事会组成如下：

主席：刘少勇

常务：薛金生

顾问：王玳瑜

副主席：杨秀山（老年）、曹红健（财务）、扈航（文艺）、张志刚（宣传）、李先遥（社区）、李体茂（公关）、彭丁兰（秘书）、杨扬（学生）、杨晓明（青年）、钟志鹏（文体）、李重九（体育）。

理事：裴文生、杜云生、魏辉、汪镇全、吴艺燕、孙小美、徐汉江、李遥、万雪清、何明轩、于超、王永熙、王凡、张斌坤。

　　刘少勇连任，理事人数恢复到27人，另加一位顾问。本次理事会构成来自各行业领域：投资理财、财会、工程、艺术、文化、医学、科技、银行、政府及汽车等，其中不乏80后新锐力量，为中华会馆注入了新鲜血液。

## 中华会馆回顾

渥太华中华会馆（CCAO）成立于1958年1月8日，是渥太华历史最悠久的，受到加拿大政府承认的，非政党、非营利、独立的华人民间组织。也是唯一由渥太华全体华人选举产生的华人组织。会馆致力于服务华裔，弘扬中华文化，增进华裔和其他族裔的友好关系，促进华裔融入主流社会。渥太华中华会馆的运作遵守《渥太华中华会馆章程》和渥太华地区相关法规。每两年改选一次，得票最多的前27位候选人组成新一届理事会。

1958年成立时，中华会馆是本地老华侨创立的一个生意人社会团体，会馆的骨干力量是早期华人移民留在唐人街发展的第二代与第三代，他们大多经营着华人传统生意，最关心的是当地华人的生计，相互介绍工作、设立互助基金、建立华人墓园以及每年公祭、建立老人院、筹建中华大厦等等，本着穷则独善其身，达则兼济天下的初衷，发展自己，造福社区。进入21世纪以后，随着加拿大华人地位的不断改善、华人专项社团不断涌现以及华人全面渗透到加拿大各行各业的现实，中华会馆的工作重点也逐渐转移到了在加拿大多元文化中积极弘扬中华文化，组织各种文化服务类活动。各种讲座、兴趣班、展览、演出、夏日烧烤、庙会、联欢会、艺术节、文化节层出不穷，有本地华人的，也有多伦多、蒙特利尔和其它周边城市的，还有来自中国的各种艺术团体。而配合市政将水龙公园建设成一个由石狮等中国元素体现中国特色的主题公园，再一次显示出中华会馆的实力与远见。

中华会馆理事会两年一度的改选，正是一个承前启后、继往开来的过程，流水不腐、户枢不蠹，历史在发展，中华会馆也在成长。而成长的过程中，也有令人遗憾的地方，比如加华电视的自我剥离、中华大厦的分道扬镳、加华侨报的曲折消亡以及文化中心的另立门户，看上去似乎不是创始人的初衷，但这些分散出去的机构，同样在为华人社区服务，中华文明的根系发展延伸，又何尝不是一件好事。

然而无论如何，从最早的老侨，到港台移民，再到大陆移民，五十多年间共有一千多人次的中华会馆理事投身于社区公益事业，任劳任怨无私奉献，令人感佩不已。而中华会馆创建或倡建的一些机构，也从不同侧面服务于渥太华华人社区。

# 同期发生的与华人相关的几件事

## 两名中国留学生遭枪杀案（2005）

2005年12月6日凌晨2时45分左右，渥太华发生一场悲剧，两名年仅20岁的中国留学生在唐人街一家酒吧内遭到枪击，其中一人当场遇难，另一人被送往医院后不治身亡。

当晚，来自青海在卡尔顿大学就读的田林海与来自内蒙在亚冈昆学院就读的刘泰郎与其他同学在唐人街的"福尔豪斯（Fullhouse）卡拉 OK"唱歌。"Fullhouse"直译就是"满房子"，取顾客盈门之意。但案发之后，不少中文媒体将它音译为"富豪酒吧"，"富豪"与凌晨、飙歌、酒吧、豪车、小留联系在一起，出现了不少负面猜测与评论。

福尔豪斯是几个中国留学生勤工俭学合伙经营的一家口碑很好的卡拉 OK，并非"不良场所"。渥太华的中文卡拉 OK 原本就只有两三家，还不在市中心，所以不少中国留学生喜欢前往唐人街的福尔豪斯舒缓学习和生活压力。这家酒吧平时大多是亚裔年轻人光顾，而渥太华的治安一向不错，之前并无负面新闻。

据目击者透露，当晚田林海使用卫生间时，一名越南裔男青年在外面砸门，致使田林海在出门时与之发生口角并有进一步的肢体接触。后经朋友劝说拉开，越南男子当即离开酒吧。三、五分钟后，该男子持枪返回，闯入中国留学生的包厢，朝坐在靠近门口的刘泰郎连开七枪，然后又抵住田林海面部连开两枪，导致田林海颅骨爆裂，当场死亡。刘泰郎送到医院后也不治身亡。

1978年加拿大接受了大批越南船民，渥太华华人组织如加京华侨服务处、中华会馆与华人联合教会都曾出面协助政府帮助安置越南难民。由于很多越南难民会讲粤语，他们很自然地选择了留在唐人街发展。越南人在唐人街上的生意很多，尽管那些年有时会发生一些越南人与华人之间的摩擦，但总体上相处还很融洽。据老侨讲，由于华人都是和气求财的生意人，在纠纷中力求站稳脚跟的越南新移民往往会占些上风，但严重的冲突并未发生过。

许多越南人会讲粤语，年轻的越南人也喜欢唱卡拉 OK，他们是福尔豪斯卡拉 OK 的常客，但这次的凶手是个生面孔。这一惨案在渥太华乃至整个加拿大华人和留学生中造成极大震撼。中华会馆等渥太华华人社团立即协助中国大使馆联系两位留学生的家人，并迅速联系市政府和警方。

12月9日，两名受害者家属共7人抵达渥太华。12月11日上午，中国驻加大使馆官员、渥太华市政厅、警局代表、中华会馆等华人社团以及校方代表和部分留学生会面。

当晚三百名渥太华华人社团代表和留学生在唐人街举行了烛光悼念活动。CFC中文网创办人张瑞文与学生代表商定活动口号时，还曾与作者电话沟通文字表达。最后渥太华留学生代表是这样送别昔日同窗的："泰郎、林海，我们的好朋友、好伙伴，你们的爸爸妈妈来接你们回家了。你们再也不会孤单寂寞了。好朋友也来送你们了，我们会永远想念你们。"

刘泰郎的父亲刘晓东在追悼会上代表两家家长讲话，感谢各方的关怀与协助。他说："感谢侨界、学界、商界等华人社团为孩子们组织各种悼念活动。那无言的泪水、摇曳的烛光，不但为孩子们照亮了通往天堂的路，也成为了我们家长继续勇敢地活下去的坚强理由。走出国门，我才真正知道作为一个中国人是多么的骄傲，我更要祝福在渥太华留学的更多的孩子们健康平安，祝全世界所有的华人平安幸福！"

12月12日，渥太华华人社团邀请市长鲍伯·基亚雷利与警察局长文斯·比万举行会谈。会上华人社团代表们督促警方早日将凶手缉拿归案，同时要求市政当局采取有效措施改善唐人街的治安状况，加强维护华侨华人和外国留学生的权益。

基亚雷利和比万在讲话中均对中国留学生刘泰郎和田林海的遇害深表遗憾，并对受害人家属表示慰问和悼念。基亚雷利说，他很理解所有中国人尤其是留学生父母们对这起不幸事件的强烈关注，"假如是两个加拿大年轻学生在国外遭此不幸，加拿大人会作出同样的反应。"何况现在中国的家庭基本都只有一个孩子。

基亚雷利表示，这次会谈的目的就是要听取华人社区的意见和建议，市政府希望在华人社区的配合下，改善唐人街乃至整个渥太华的治安状况，为外国留学生创造一个安全的学习环境。他指出，渥太华仍然是一个安全之都，也继续欢迎中国留学生来此深造。

警察局长比万在讲话中澄清了有关一些证人因害怕而拒绝配合警方调查的传言，称现场目击者为警方提供了一些非常有价值的线索，"我们有信心很快确定凶手的身份。"比万透露，案件发生后，警方派出了二、三十人组成的调查组，在案发现场提取了大量证据，并询问了很多目击者，但目前"还不适合向公众透露更多的调查情况"。

中华会馆主席黄兴中、渥太华华人社团联合会主席王文婉和渥太华中国大专校友会代表王伏虎等在随后的发言中都表示希望警方尽快破案，为遇害者伸张正义。为加强唐人街安全，他们还提出了严禁枪支、增加华语警力、加强巡逻以及增设警方与华人社区联络官等建议。市长和警察局长对建议表示赞赏，并承诺尽快就具体细节展开探讨[263]。

同日，中国驻加大使卢树民就凶杀案与渥太华市长进行了会谈。

警方于12月15日确定凶手为魏福国（Wei Pu Kwok，又名 Wei Jackie），27岁，身高5英尺7英寸，体重155磅，温哥华人，被控两项一级谋杀罪。虽然魏福国在加拿大没有犯罪记录，但却是温哥华警方所熟知的人物。魏福国系加拿大公民，经常出游在外，行程遍布全国各地。然而，警方并不清楚他这次来渥太华的目的，以及他在渥太华停留的时间。魏福国在渥太华地区并无亲属，但警方表示在调查取证过程中，已经接触并查询了魏福国的一些朋友和相关人员。警方发出全国通缉令，但凶犯在逃，始终未能归案。

# 加拿大政府向华人就征收"人头税"道歉（2006）

2006年6月22日，是整个北美华裔社群值得永远记住的历史性大日子。加拿大联邦政府就过去征收华裔"人头税"的道歉仪式在渥太华隆重举行。加拿大华裔心中伤痛了整整一个世纪的"人头税"冤屈，终于正式划上了句号。

这项专门针对华人移民的屈辱性税收，从1885年到1923年这38年的时间里，从华人身上收取了2300万加元，而广东台山地区华人是其中最主要的受害者，他们直到2006年才听到一声迟来的道歉。2006年6月22日，就过去对华人征收人头税及推行排华法案的问题，加拿大联邦政府总理哈珀在国会公开向全加拿大华人道歉。

虽然"人头税"于1923年停止征收，而排华法案也于1947年被废除，但加拿大政府和主流社会一直没有为之进行过任何道歉。上世纪80年代，忍耐已久的华人后裔发现，时机成熟了。星星之火从温哥华燃起，这里是太平洋铁路修建的起点，这里的华人比例多达26%，而其中48%来自广东。几十年间，从东岸到西岸，加拿大华人不停提出要求，但加拿大联邦政府一直采用拖延策略。

2001年华人社团的抗争达到了高潮。这一年，他们针对加政府种族主义立法行为进行集体诉讼，虽然最终败诉，但最高法院还是判定，这项种族主义法律虽合法，但在道德上是完全不正当的。与此同时，联合国也建议加政府就人头税道歉并对其受害家庭进行赔偿。尽管如此，加拿大政府还是拖到了2005年才对此事正面回应。当时的加拿大联邦自由党政府为了给选举增势，与全加华人联会等15个侨团代表就"人头税"解决问题签订原则性协议。在"不道歉、不赔偿"的前提下，联邦政府承诺拨款，用于支持华人社区"表彰、纪念和进行教育项目"，以确认加拿大华人对加拿大历史的贡献。

但是，这一解决方案引起华人社会的强烈抗议。华人社团以"不解决人头税问题就拒绝投票"来给议员们施压，迫使保守党领袖哈珀承诺，如果获得选举胜利，他将对华人人头税苦主及其家庭进行道歉，并且给予适当的赔偿[264]。

哈珀最终在大选中获得胜利，就任加拿大总理。他没有食言，2006年6月22日在渥太华正式代表加拿大政府就人头税向受害者及其家属道歉，同时也为"人头税"停征后实施的《排华法案》道歉。这个道歉距离那段悲伤的往事，已经整整过去了120年。更令人扼腕的是，在哈珀道歉的那一天，当年八万多名"苦主"，在世的已经不足20人。赔偿方案为给健在的"人头税"受害者和其他受害者配偶共约400人每人补偿2万加元，同时拨款2,400万加元，资助各少数族裔社区就历史问题开展教育活动，其中250万加元用在华人社区进行"人头税"问题的宣传。此外，加政府还将拨款1,000万加元，在全国范围内进行反种族歧视宣传。

当哈珀总理用广东话说出道歉的时候，许多年长的受过人头税之苦的加拿大华人不禁潸然泪下。

在刊登于2006年7月1日《渥太华公民报》的一封题为"总理的道歉还加拿大华人以自由"读者来信中，渥太华华人 Kam Wong 写道[265]：

> 一些人头税纳税人以及他们幸存的家庭成员从温哥华等地来到了渥太华。
>
> 我本人没有亲人受到人头税的影响，但我对早期的华人移民怀着深切的同情与崇敬，他们修建了链接整个国家的加拿大太平洋铁路。我的文化传承促使我支持他们，并与他们共同庆祝这一天的到来。
>
> 我坐在众议院公众席上，见证了这一历史时刻……当斯蒂芬·哈珀总理站起来发言时，会议厅里鸦雀无声。听众们坐直了身体，我可以感受到这些人头税付税人的激动，我看到其中许多老人泪流满面，

攥紧了亲人的手。我相信他们的记忆如昨日般清晰。我也看到他们的下一代、第三代甚至第四代在哈珀总理道歉后起立欢呼。对于他们，这是一场胜利，但比这更重要的是，这是这个国家对他们所做贡献的认可。当我站起来，与所有的议员和观众们一起鼓掌时，我的眼前也模糊了……

这是一个国家真正还加拿大华人以自由的时刻，也是一个加拿大公正平等理念闪亮的时刻。

（如果想接着阅读关于加拿大废除排华法案70周年纪念活动，请转第388页）

# 建成"加华文化中心"（2006）

2006年渥太华华人已经发展出几十个华人组织，如不同的宗亲会、同乡会、校友会、联合会、联谊会、会馆等。这些组织从各自不同的角度，发挥着联系华人、服务华人的作用，但渥太华的这些华人组织大多是热心人自发成立的公益性群众组织，没有固定的活动场所能长年累月坚持为华人服务，办公地址有的设在某个会员家中，有的干脆没有。加京华侨服务处创办时，就是在中华会馆吉尔莫街的旧址借了一张办公桌而已。吉尔莫街旧址原本只是一幢普通的民房，但相对于根本没有办公场所的诸多协会，已经是天壤之别。

中华会馆发起筹建中华大厦后，在大厦中有了自己的办公区域。然而大厦本身是一所居住公寓，尽管一楼设计了可供举办各类活动的大厅，但毕竟面积有限，功能不足，并不适合对外开放，开展活动受到不少制约。

2006年黄兴中担任中华会馆理事会主席期间，当他听到市中心有座教堂正在出售的消息时，便考虑组织华人社团将其购买下来为渥太华广大华人服务。他马上与该教堂的房产中介"第一实业地产公司"的黄周凤箫联系，同时积极联络渥太华其它华人社团，并获得普遍支持。大家一致认为，无论是多伦多、温哥华等居住着数十万华人的大城市，还是只有两万多华人的温尼伯格那样的偏远城市，都已建立起华人文化中心或文化宫，不仅弘扬了中华文化，丰富了当地华人的生活，也为促进加拿大的多元发展做出了贡献。作为拥有四万多华人的渥太华已经落后，建立渥太华华人文化中心应该提上议事日程了。

随后中华会馆理事会的黄兴中、薛金生、曹红健与李体茂等四人便开始着手筹建中华文化宫。当时黄兴中任中华会馆主席，薛金生任常务副会长，曹红健负责财务。薛金生请自己的一位客户帮忙起草了一份用于申请贷款的商业计划书（Grand Proposal），文化中心后来的建议书，就脱胎于这份商业计划书[266]。

在中国大陆，人们习惯了少年宫、工人文化宫、民族文化宫这类名称，因此中华会馆起初将此机构定名为"渥太华中华文化宫"。2006年7月14日下午，渥太华中华会馆在中华大厦举行了一个听证会。中华会馆黄兴中主席代表由中华会馆、华联会、大专校友会等社团领袖组成的12人文化宫筹建小组，向各华人社团领袖以及联邦议员和渥太华市政代表等详细汇报了有关未来文化宫的筹建目的、选址、融资、管理和风险控制的建议案。

此建议案由中华会馆发起，具体由曹红健、程硕浩、黄兴中、李体茂、林维宪、宋强、彭汉忠、谭从政、王玟瑜、王文婉、薛金生和周强安12人共同完成，在会上由黄兴中主讲。建议案从动机、背景、项目简介、项目时间表几方面入手，内容详实，图文并茂，很有说服力。

根据此建议案，建立文化宫的目的在于"让全加公民分享特有的中华传统文化；增进华人与其他族裔之间的了解和尊重，共享和谐与丰盛的生活；令更多国内外人士认识和了解加拿大文化特色；辅助华人认识自己族裔文化；向世界各地华人宣扬加拿大之成就及就业机会；藉文化中心沟通东西贸易及商业交流。[267]"建成后，文化宫作为一个非营利的独立机构，将由一个独立的无报酬管理委员会负责管理。

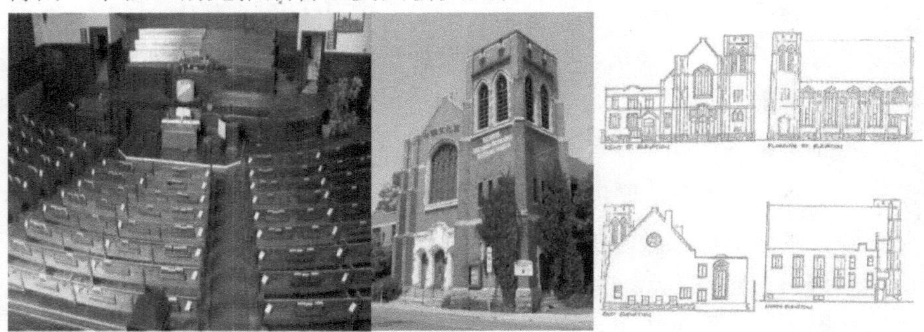

图片 250 "中华文化宫"总体介绍图（来源：建议书，王玟瑜提供）

文化宫将由位于市中心的渥太华第一联合教会（First United Church）的教堂改建而成，地址为肯特街397号。这座哥特式教堂气势宏伟，建有高耸的塔楼和尖顶，总面积达1.5万平方英尺（约1千4百平方米）。改建之后，文化宫将拥有一个可容纳350人的礼堂以及分别可接纳百人以上的体育馆和餐厅，另有2千平方英尺的办公面积。购置和装修费用约需100万加元，需要各华人社团群策群力，通过争取加拿大三级政府支持、各界人士捐助以及华团自筹等三种方式筹集。筹委会的设想是按照1比3的比例，自筹资金25万，向三级政府申请75万。如果一切顺利，文化宫将于2007年7月1日正式对外开放。

这个建议案得到了出席会议的近50位华人社团领袖的赞同。国粤语协会的邝少鸿老人说，老一辈的华侨集资捐资兴建了中华大厦，使他们这一代人受益匪浅。现在他们当然有责任团结一致，努力为下一代建设一个良好的文化活动场所[268]。事实上肯特街这座教堂与华人颇有渊源，早在1975年7月，渥太华华人联合教会曾经由利斯伽街312-314号迁往该教堂的副堂，并一直使用到华人联合教会购得班克街600号的教堂为止。

2006年11月底，中华文化宫进一步明确了宗旨和服务项目，成立了筹备组。当时的筹备组成员有：程硕浩、曹红健、朱毅、Michael Dagg、邝少鸿、谷俊杰、孙世平、常寿德、林维宪、黄兴中、刘锡森、王玳瑜、张重光、李体茂、谭从政、王文婉、吴灿坚、王植源、薛金生、周元、杨秀山、孙金泉、周万方、吴膺莉、何山、Katie Ng、扈航、彭汉忠、曹文广、萧徽哲、鱼文樱、马国杰、张志刚、卢红民、王伏虎、苏耀华、汪大培、裴文生、丁慢俗、刘东、王宝来等人[269]。

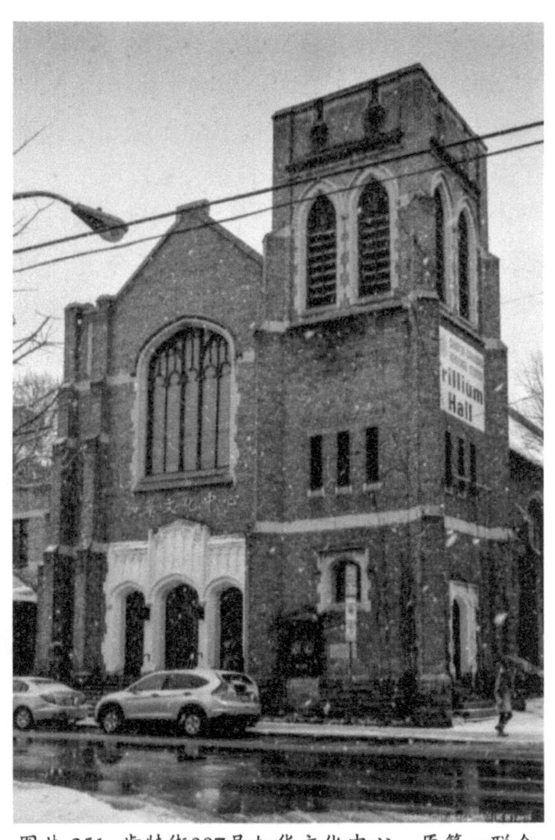

图片 251 肯特街397号加华文化中心，原第一联合教会教堂（笑言摄于2015年3月21日）

由于教堂年久失修，而且教堂的功能与文化宫也不相符，于是装修改造又花去一大笔费用。限于经费及其它原因，最初在正门加装中式拱门屋檐的设想未能实现。这期间由于许多港台同胞对"文化宫"叫法持有异议，后来综合广大华人的意愿，新的机构定名为"渥太华加华文化中心"。

各华人社团紧锣密鼓在华人社区集资之后，筹到约10万加元捐款，但这个数目仍然远远低于购买教堂所需费用。这时王玳瑜、李先遥、程硕浩、谭从政、王国强、曹红健、刘少勇、彭汉忠、李国华、吴膺莉、孙世平、邝少鸿、蔡敏等人每人又借给文化中心五千加元，而黄兴中则将自己的房产做为抵押，从银行按揭了60万加元，群策群力，终于在2007年3月底凑够钱完成购买合同，买下了这座教堂。

2007年8月14日，加华文化中心召开理事会，在渥太华的理事全部出席，加华文化基金会理事也参加了会议。会上做出了筹备文化中心开幕式的决议，还做出了改造中心建筑的若干决议，包括前门和侧门的石台阶、石狮子和中心名牌的安置，卫生间的扩建改造，舞台幕布和灯光的安置，入口走廊的改造和赞助榜的制作。

经过装修，这座具有百年历史的歌特式教堂正门上方终于加上"加华文化中心"六个醒目的金色汉字，门前也多了一对威风凛凛的石狮。文化中心把神坛扩展为舞台，把地下室改造为多功能厅，把钟楼变成了藏书馆。中华会馆的办公地点从中华大厦迁到了文化中心，《加华侨报》编辑部也迁入中心，还成立了艺术团……

古老的教堂焕发了青春，变身为堪称渥太华规模最大的华人活动场所。

2007年11月3日，加华文化中心在修葺一新的"教堂"宣告成立，加拿大总理哈珀发来贺信，并感谢华人社区对加拿大社会、经济和政治领域作出的巨大贡献。中国国务院侨办也赠书、赠物，给予支持。这个时候，加华文化中心事实上已经成为一个独立的注册机构，与中华会馆并无直接关系。文化中心有自己的法人、理事会、会员和章程。曹红健为加华文化中心和加华文化基金会分别申请到慈善号，这样个人捐款可以通过慈善号申请退税，从而鼓励华人为社区捐出更多款项，意义深远。

2008年1月29日，加华文化基金会在珠城酒楼举办筹款晚宴。基金会主席王玳瑜、副主席彭汉忠、谭从政等200余人出席，筹款一万零八十加元。2009年1月，加华文化基金会又在珠城酒楼举办了第二次筹款晚宴，又筹款万余元。两次筹款两万多加元全部用于支付文化中心活动所需费用。

2008年9月11日，文化中心筹备组举办了理事会，筹备拍卖筹款晚会。会上决定由薛金生起草为文化中心捐款的方案，并负责邮寄发送。由黄兴中、王玳瑜、彭汉忠与谭从政负责将文化中心的建筑与设施命名募捐。

关于命名费会议提出了如下建议：大厅十万加元、活动厅五万加元、图书馆五万加元、娱乐厅三万加元、正门三万加元、侧门两万加元、主办公室两万加元、第二办公室两万加元、走廊一万加元、厨房一万加元、大厅座椅每把五百加元，捐赠者的名牌将永久固定在这些设施合适的部位。这些措施很成功，华人捐款踊跃[270]。据说在后来的筹款会上，加拿大前总理让·克雷蒂安的秘书乐蓓尔（Denise Labelle）当场募捐了一把座椅的命名权，遗憾的是，名牌承诺最终并未兑现，那些椅子经过几次装修也已不知去向[266]。

会上还提到了文化中心的一些活动。如江苏艺术团将于2009年2月访问渥太华，艺术团负责旅费，文化中心负责渥太华的住宿。而北京灯笼艺术团与武术团愿意在秋季来访渥太华。

据薛金生回忆，在建设文化中心过程中，刘东曾经帮助文化中心申请到一笔安省的资金，用于更换地板，购置乒乓球台。萧碧芬也曾以中华会馆名义为文化中心申请到一笔两万五千加元的政府资金，用于装修地下室。地下室装好后，文化中心租给了一些兴趣班，因此获得一些收入用作日常维护支出。据黄兴中回忆，在文化中心的改造过程中，得到了很多华人的支持，有些人尽管收入微薄，却能慷慨解囊，当时的《加华侨报》每期都刊登为文化中心捐款的人名与金额。邝少鸿与周玉琴还曾拿着西瓜和食品前往现场慰问，当时华人同心协力，热情很高。

文化中心装修完成后对外开放，华人和其他族裔的人们在这里举办各种各样的活动，如打乒乓球、下棋、唱歌、跳舞、武术、扇舞、国画、猜谜、庆生，甚至还有婚姻介绍。每逢春节等中华民族的主要节日，这里更是成为展示中华文化、增进乡里乡情的好去处。尤其到了渥太华漫长的冬季，室内活动更多。文化中心开放第一年，人流量就近万人次，得到广大华人的认同和喜爱。加华文化中心也见证了当地华人参与的加中两国重要活动。2008年，中国汶川发生特大地震，加华文化中心组织了募捐和义演。同年，中国举办北京奥运会，火炬传递在一些国家遭到阻挠引起加拿大华人强烈不满。中华会馆、加华文化中心与其它华人社团一道，组织了声势浩大的全加拿大华人国会山集会，反对丑化中国破坏北京奥运会。

2009年，文化中心从安大略省延龄草基金会（The Ontario Trillium Foundation）申请到16.9万加元。但这笔拨款的前提是文化中心自身也要按一比一的比例出资16.9万加元，用于文化中心建设，如改造舞台、灯光、音响、座椅、内部装修和管风琴的维修以及砍掉建筑南边的两棵大树。

文化中心也成为渥太华华人的地标性建筑。2010年6月，中国国家主席胡锦涛访问加拿大，中华会馆组织当地华人在文化中心前集合，集体前往国会山欢迎胡锦涛主席。2011年5月，加拿大联邦大选，加华文化中心邀请主要政党在渥太华的议员竞选人来此辩论，让候选人了解华人社区，也为华人提供参政议政的机会。同年6月，加拿大联邦政府两位部长前往文化中心视察，称赞加华文化中心为加拿大多元文化的发展做出了贡献[271]。

## 支持北京奥运，国会山华人大集会（2008）

2008年，在奥运火炬传递的历史上，第一次出现奥运火炬在一些国家被有计划连续阻挠的情形。阻挠者打着西藏独立的旗号，对奥运圣火沿途围追堵截，引起了全球绝大多数华人的强烈不满。

中华会馆、加华文化中心和大专校友会等华人社团策划组织了全加拿大华人支持北京奥运、宣传西藏真相的声势浩大的集会。中华会馆副主席薛金生以渥太华加华中文化基金会（Foundation of Ottawa Chinese Canadian Heritage Centre）的名义，出面向"使用国会山委员会（Committee on the Use of Parliament Hill）"提出申请，使用委员会于2008年7月30日回信，同意华人组织在2008年7月24日上午11时至下午2时之间使用国会山广场[272]。

数以千计的加拿大华人于2008年4月13日聚集在首都渥太华，国会山前的广场上人头攒动，奥运五环旗、五星红旗与枫叶旗四处飘扬。其中来自多伦多的声援华人分乘数辆大客车前来参加集会。他们组织严密，每辆车上都安排了一名车长。蒙特利尔、金斯顿等东部周边城

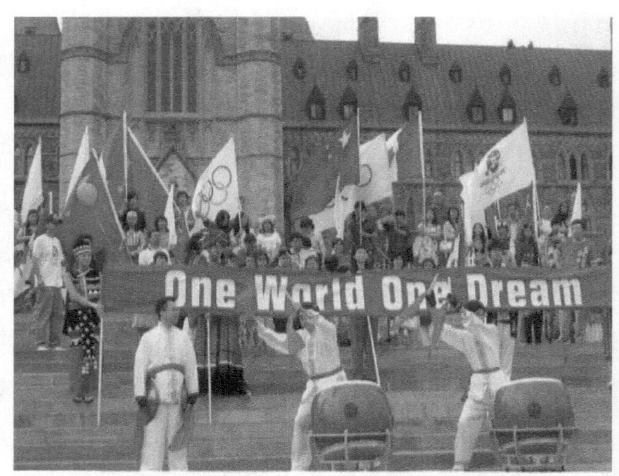



图片 252 奥运集会现场演出（薛金生提供）

市的上千华人也纷纷驱车前来声援，甚至还有专程从温哥华飞来助威的。这是加拿大华人首次在首都国会山前举行大型抗议集会，总人数突破

352

5,000人。在国会山前，华联会主席卢红民、中华会馆主席暨加华文化中心主席黄兴中发表了演讲。

几名支持藏独的西方人士，在会场外默立抗议。华人团体组织者维持秩序，请大家理性对待，双方并未发生冲突。这是一次和平的集会，华人艺术团体表演了歌舞节目，很多中文经典歌曲台上台下一起放声歌唱。虽然当天寒风阵阵，但参与者热情高涨。当时作者在现场亲眼见到一对操东北口音的老夫妇，蒸了几笼热气腾腾的肉包子，免费发给抗议的华人充饥。这次活动是渥太华华人社区有史以来组织过的规模最大的一次集会。

四个月后，2008年8月8日举世瞩目的北京奥运如期召开。渥太华华人侨学界向各族裔人士发出邀请，于8月10日（星期天）下午一点至三点在国会山举行庆祝游行，薛金生为此次游行活动的总指挥。游行队伍包括喜庆彩车、奥运吉祥物福娃、舞狮队、锣鼓队、秧歌队、腰鼓队、武术队、民族

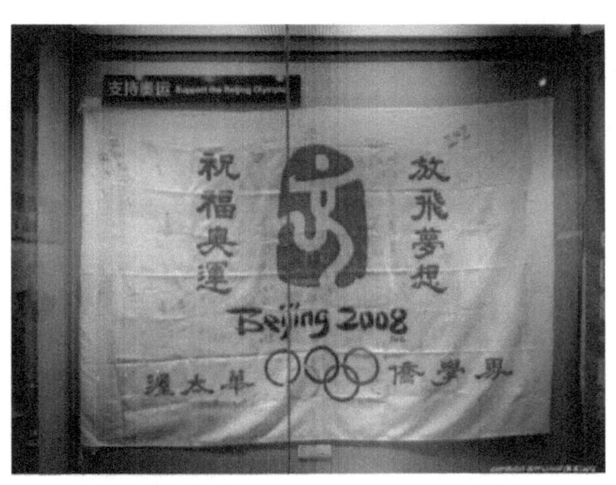


图片 253 珍藏在中国华侨历史博物馆的旗帜
（笑言2015年11月16日摄于北京）

服装队及各类体育队和舞蹈队等。除富于中华民族特色的游行队伍外，游行队伍中还有其他族裔儿童的艺术体操队和爱尔兰的风笛演奏手。交通部长贝尔德（John Baird）和加华文化基金会主席王玳瑜分别在集会上讲话，加拿大国家奥委会也派员参加了游行活动。遵循奥运远离政治的原则，游行禁止携带任何含有政治诉求的标语。

2015年11月16日，作者在北京参观中国华侨历史博物馆时，见到了一面写满渥太华侨学界集会者签名的祝福北京奥运的旗帜，倍感亲切。

# 中华大厦翻建（2011年）

2010年，中华大厦管理委员会改选，程硕浩当选主席。理事会成员有林维宪、谭百洲以及中华会馆主席薛金生等人。

中华大厦在2011年进行了一次大规模翻修，耗资200多万元。这笔庞

大的支出与当年建造该大厦的费用相比有增无减。

渥太华中华大厦是华人社区的地标之一，楼高8层，在1982年建造时，它是附近几条街道之内最高的建筑物，外墙上"中华大厦"四个硕大的金字很远就可以看到。30多年前的建造费用为193万元，其中的首期款13万元由中华会馆通过募捐筹得，中华大厦一直是华人社区的骄傲。这次由安省房屋维修计划实施的翻修工程主要是外墙的保暖和美化、窗户的更换以及将底楼改建为可供出租的商业单位。一家慈善机构与政府部门合作，为大厦新设了残疾人通道。

翻修工程从2010年4月开始，2011年4月完工。在工程即将结束时，大厦管理委员会举行了一个小型参观活动，向大家介绍这栋焕然一新的大楼。市长沃森、中华大厦所在选区的国会议员杜瓦和省议员乃克维、台北驻加经济文化代表处副代表周莉音，以及硕果仅存的几名仍在世的初建捐助人出席了活动。

沃森回忆说，在翻修计划由乃克维省议员提交到省政府时，他当时还在安省房屋部长任上，"在一长串翻修名单上，中华大厦排在前列。"而国会议员保罗·杜瓦的母亲马瑞安·杜瓦，正是当年建造中华大厦时的渥太华市长。在中华大厦落成时，大家为了纪念倾力支持建厦的女市长，将她的名字和募捐者的名字一起镌刻在铜牌上，镶嵌在大厦的入口处。杜瓦在参加介绍活动时，独自在镌刻有他母亲名字的铜牌前伫立良久，他后来说："我在怀念我的母亲。"

中华大厦管理委员会主席程硕浩表示，中华大厦一如过去，以出租居住单元为主，一楼的大会议室则经改建用以招商。当年好不容易争取下来的用于华人聚会的大礼堂完成了自己的历史使命，不复存在了。尽管中华会馆的每一届主席仍然还是中华大厦管理委员会的委员，但中华会馆与中华大厦从2004年起事实上已经各自独立运行。"青山遮不住，毕竟东流去。"曾经辉煌一时的中华会馆与中华大厦共存盛况，终将成为一段历史美谈。

## 国会山迎春晚宴

渥太华华人有一项传统，每逢春节都会申请在加拿大首都国会山举办大型迎春晚会。当地华人习惯上称之为"某年春节国会山晚宴"。早年的晚宴在国会大厦侧楼，后来改为在国会大厦对面的政府会议中心（Government Conference Centre）举行。

许多华人社团都曾出面在国会山举办过迎春晚会，如1999年由华联会主导，2006年与2008年则由渥太华中国校友会主持。2011年以后，中华会馆与加中议会协会及其它华人社团一道，组成庆祝中国春节委员会，连续在2011年的兔年、2012年的龙年、2013年的蛇年、2014年的马年和2015年的羊年，成功举办了春节国会山晚宴。中国新年也通过这一传统活动广为加拿大人所熟知，从而得到了加拿大政府包括政府领导人的重视。与许许多多的华人一样，作者也曾收到过哈珀总理寄来的全家福照片贺年卡，总理借此以全家的名义向加拿大华人拜年。

## 2012龙年国会山晚宴

2012年1月30日晚，加拿大侨界与加中议会协会一道在联邦政府会议大厦共同举办了"2012年龙年春节迎龙晚会"。50余名加拿大部长、国务秘书、国会议员、参议员等政要，300余位社会名流和各界朋友欢聚一堂，共同庆祝中国龙年春节。

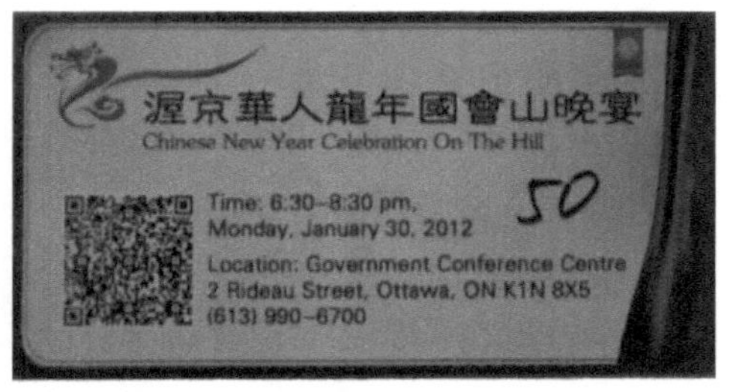


图片 254 2012龙年国会山晚宴入场券
（薛金生提供）

中国大使章均赛应邀率九名公使衔参赞和参赞以及四名秘书出席了晚宴。

中国驻加大使章均赛、加拿大联邦加中议会协会共同主席佩莱特参议员和卡利普议员先后讲话。加联邦政府老年事务国务部长黄陈小萍代表加拿大政府和哈珀总理出席并讲话，展示了哈珀总理发给晚会的贺函。晚宴共同主席王玳瑜代表华人社团致辞，以龙行虎步一词寄语哈珀总理的中国之行。

庆祝中国春节委员会共同主席有薛金生、王玳瑜、邓家昌、卢红民与王永智。出席晚宴的加拿大政要有：联邦政府老年事务部长黄陈小萍女士、国际合作部国务秘书布朗女士、外交部国务秘书狄切特和沃布赖先生、公共安全事务部国务秘书霍卜妮珥女士、财政和西部经济事务部国务秘书沙克顿先生、环境部国务秘书马克先生、妇女部国务秘书苏珊女士、卫生部国务秘书卡瑞尔先生。出席晚宴的华裔国会议员有：邹至蕙议员、庄文浩议员、刘舒云议员、杨萧慧仪议员。出席晚宴的中国大使馆贵宾是：章均赛大使、刘晋公参、贺毅群公参、江山公参、张兰春公参、王向阳参赞、林毅夫参赞、王启明参赞、吉宁峰参赞、尤文泽参赞、李庆国一秘、尹琦一秘、王国飞二秘与王剑随员。出席晚宴的各界人士和社会名流有：皇家银行地区副总裁齐森（Jason Sordi）、克里蒂安前总理秘书乐蓓尔、耿静惠、彭汉忠、谭从政、曹红健、黎宝珍、郑茂源、卢志杰医生夫妇、孙琼、王政律师、姚维文、徐汉江、曹明、许志强、赵炳炽、郭玉秋、林维宪、王耀平、李乃斌、李新南、Dr. Eddy Wong、Dr. Ben Tsang、Dr. Kwan Chan等。

多位华人艺术家还当场表演了中国书法、绘画艺术，演奏了中国古典乐器，为晚宴助兴。人民日报首席记者李学江及夫人、新华社首席记者张大成及夫人、健康时报社长张志刚、中华导报李克娜、罗杰士电视台、新时代电视台等媒体人员出席、采访并报道了晚宴。

## 2013蛇年国会山晚宴

2013年2月6日，由庆祝中国春节组委会和加中议会协会联合举办的国会山蛇年晚宴在加拿大政府会议中心举行。60余名国会议员、参议员、渥太华市长等政界人士，300余位各界朋友

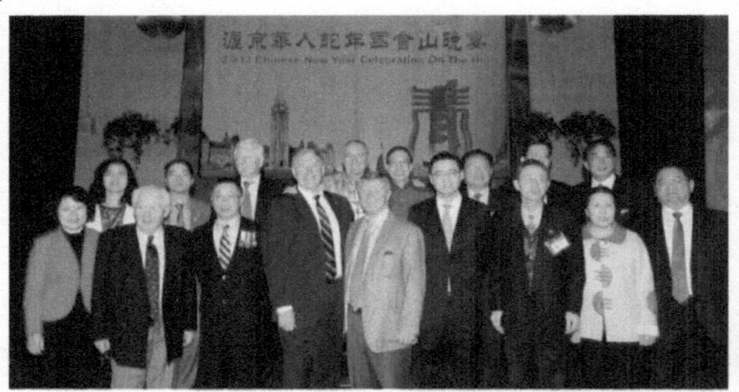

图片255 2013蛇年迎春国会山晚宴(王玳瑜提供)

欢聚一堂，共同庆祝中国蛇年春节。中国大使馆刘晋临时代办应邀率十三名中国外交官出席了晚宴。国会山庆祝中国春节组委会的共同主席有薛金生、王玳瑜、邓家昌、王文婉、李世友、卢红民与彭汉忠。

共同主席卡利普议员和佩莱特参议员先后讲话。刘晋代办在致辞中转达了章均赛大使的新春祝福。国会山蛇年晚宴组委会共同主席邓家昌代表组委会致辞。

## 2014马年国会山晚宴，首届枫龙奖

与往年一样，2014年2月5日，由庆祝中国春节委员会和加中议会协会联合举办的国会山马年晚宴在加拿大政府会议中心举行。

加拿大国贸部长法斯特、文化遗产部长格洛弗、加中议会协会共同主席佩莱特参议员、杨萧慧仪众议员及其他50余名国会议员、参议员、渥太华市长等政界人士参加了晚宴。他们中的许多人兴致勃勃地穿上了对襟中国唐装，给晚宴增添了一道独特的风景。中国大使章均赛应邀率20名中国

外交官出席了晚宴，与中外朋友共渡新春佳节。

加拿大联邦贸易部长法斯特在讲话中赞扬了加中关系的强劲"马力"。章均赛大使在致辞中积极评价了侨界与加中议会协会连续数年在国会山举办的春节庆祝活动。

晚宴组委会颁布了首届枫龙奖。法斯特部长、章均赛大使、组委会共同主席王玟瑜和薛金生分别向加中议会协会前任主席戴伊和现任主席普莱特颁发了奖牌和奖品，以表彰他们在促进加中两国间的了解交流与友好合作方面所做出的努力与贡献。加中议会协会两位共同主席普莱特参议员和杨萧慧仪众议员先后致辞。共同主席彭汉中致辞回顾了加拿大华人华侨在加拿大社会发展中所做出的重要贡献。共同主席王文婉在答谢词中感谢了加中议会协会、赞助单位、演员和义工。共同主席邓家昌、卢红民和两百多名各界人士出席了晚宴。另有八十多位义工参与了晚宴的准备和服务工作。

### 2015羊年国会山晚宴

2015年2月27日晚，渥太华华人国会山羊年春节晚宴在加拿大政府会议中心举办。加拿大国贸部长法斯特、老年事务部长黄陈小萍、晚宴共同主席、参议员佩莱特、晚宴共同主席参议员约瑟夫·戴伊、加中议会协会共同主席胡子修参议员、杨萧慧仪众议员、加拿大第一位宇航员马克·伽诺众议员等20余名国会议员、参议员出席了晚宴。

中国大使罗照辉及夫人江亦丽参赞应邀率十多名中国外交官出席了晚宴。罗照辉大使在发言中积极评价加中两国关系全方位的发展，并乐见其良好的发展前景。共同主席佩莱特和加拿大国贸部长法斯特先后讲话，向华人祝贺春节，并赞扬了加中贸易强劲发展。晚宴共同主席刘少勇代表组委会欢迎所有参加聚会的朋友。老年事务部长黄陈小萍宣读了哈勃总理的贺信。

# 抗议日本"购买钓鱼岛"（2012）

2012年9月11日，日本当局不顾中国政府的强烈反对，悍然"购买"中国固有领土钓鱼岛，严重恶化了中日两国的关系。

历史上，1931年9月18日，日军发动九一八事变，在100天内占领整个中国东北地区，拉开了全面侵略中国的序幕。9月18日，本来就是一个中国人民纪念抗击日本军国主义、反法西斯的日子。日本当局的"购岛"行径激起了全世界华人的义愤。加拿大首都地区的华人华侨以各种形式举行活动，强烈抗议日本政府购买钓鱼岛。

渥太华华人陵园基金会、龙冈亲义公所、台山同乡会、潮州会、中华大厦等诸多华人华侨团体在华文报纸上刊出"勿忘国耻，振兴中华"的大幅广告，严正抗议日本窃取中国领土钓鱼岛，标题大书："昔日东三省耻，今日钓鱼岛辱；姑息足以养奸，示弱终招国耻。[273]"

2012年9月19日渥太华有四百多名华人涌向日本大使馆。他们聚集在使馆门前的草坪上，向日本大使递交抗议信。

这次活动由加拿大首都地区中国和平统一促进会发起倡议并联合以下社团组织及媒体：加华文化中心、欣华中文学校、加华电视、广西同乡会、东北同乡会、加华艺术协会、东方舞蹈团、渥太华中医针灸联盟、健康时报、加华侨报、加拿大商报（原七天）、渥太华联谊社、卡纳塔华裔老人支助中心社交俱乐部、渥太华史维会。

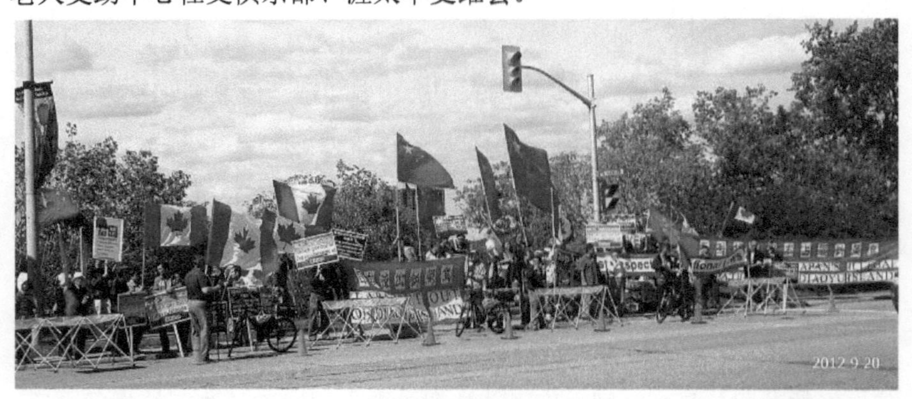

图片 256 渥太华侨学界在日本大使馆前举行保钓抗议集会（来源：CFC 中文网）

渥太华和统会的郭玉秋是这次大会的发起者，被推选为抗议大会的主席。她说："旧恨新仇令我们全世界的华人忍无可忍。今天的中国已不再是甲午战争时的北洋水师，已不再是军阀混战时的东亚病夫。我国的综合国力荣居世界第二，军事实力不断发展，也是核大国。我们有能力、有决心捍卫中国领土主权。如果日本不悬崖勒马，改邪归正，现在是让他们付出代价的时候了。"

加华文化中心副主席杨秀山说："在九一八事变后81周年的今天，沈阳警钟常鸣。今年是中日邦交正常化40周年，但日本政府无视历史，一意孤行，大搞'购买'钓鱼岛闹剧。这严重伤害了中国人民的感情。"

加华文化中心代主席王里柱说："日本政府将中国的钓鱼岛'国有化'，

这个举动荒唐之极、野蛮之极、可耻之极。它告诉中国人民、亚洲人民、全世界人民：日本政府侵略野心正在膨胀，日本军国主义正在死灰复燃，我们要高度警惕。"

渥太华史维会朱毅直接号召大家抵制日货。

两岸三地华人对待钓鱼岛的态度是一致的，许多香港、台湾人士也参加了集会，其中有渥太华国民党党部常委侯祖龄女士。

大会宣读了对日本政府的抗议信，对日本的"购岛"行为表示强烈抗议和谴责。信中还说，中华儿女绝对不会让日本政府对钓鱼岛主权的卑鄙窃取行为得逞，任何挑战中华民族尊严和中国主权的行为都必将以失败告终。日本大使馆闭门不出，拒绝接受抗议信。与会者在主持人白刃刃指挥下，高举中国国旗、加拿大国旗和用中英日三种语言书写的抗议标语，高呼口号，齐声高唱中国国歌"义勇军进行曲"等抗日歌曲[274]。

第二天2012年9月20日中午，又有渥太华侨学界十三个社团在日本驻加大使馆前举行了阵营宏大、声势激昂的抗议示威活动，强烈谴责日本政府阴谋将中国领土钓鱼岛及附属岛屿"国有化"的非法行径。十三个社团为：渥太华中华会馆、渥太华华人社团联合会、渥太华加华文化基金会、渥太华洪门民治党、东安省台山同乡会、渥太华潮州同乡会、渥太华中国校友会、渥太华陵园基金会、渥太华华联总会、渥太华龙岗亲义公所、渥太华北京大学校友会、渥太华清华大学校友会、渥太华复旦大学校友会。

中午12时，日本大使馆对面的示威场所上空，迎风飘扬着几十面加中两国国旗，布满了写着"日本滚出钓鱼岛"、"强烈抗议日本占领钓鱼岛"、"日本必须遵守国际法"、"钓鱼岛从来是中国的领土"、"防止日本军国主义复活"等口号的巨大的中英文横幅和标语牌。

抗议示威集会由王亚平和杨扬主持。首先由中华会馆代主席刘少勇和主持人杨扬女士分别宣读了十三团体共同签署的中英文抗议信。抗议信强烈抗议日本政府悍然宣布由日本政府出面"购买"钓鱼岛及其附属的岛屿，搞所谓的钓鱼岛"国有化"阴谋。强烈要求日本政府悬崖勒马，立即停止一切侵占中国领土钓鱼岛的非法行为。华联会主席吴膺莉女士、洪门民治党主席邓家昌、陵园基金会彭汉忠、台山同乡会会长陈森、潮州同乡会秘书长陈兴、中国校友会代会长王耀平先后发言。中华会馆主席薛金生刚从中国回来，不顾疲劳，也在集会上发言。他们异口同声，强烈谴责日本政府不顾全球华人华侨的强烈反对，一意孤行，公然冒天下之大不韪，阴谋侵占中国固有领土钓鱼岛的罪行。

这次示威活动在首都地区主流社会和华人社会影响很大，主流媒体CBC 电视台和渥太华公民报的记者进行了全程采访。多伦多新时代电视台采访组专程来渥太华进行了现场采访。人民日报和新华社记者也作了采访。有位参加抗议示威活动的不知姓名的群众对记者说。今天很痛快，发出了自己的心声。如果日本政府不改弦更张，继续搞侵占钓鱼岛的阴谋，我们还要继续来抗议示威，让他们知道全球华人不是好惹的。

这次抗议示威得到了许多义工的支持。卢红民、何明轩等不辞劳苦，制作横幅、标语，发通知到深夜。七十几岁的王金汝老人，刚参加完前一天的示威活动，又不顾年老和疲劳，参加了当天的活动，并保证了音响的正常工作。当天十几位皇家骑警前往现场维持秩序。

# 加华文化中心装修新剧场（2012）

2011年，加华文化中心运营四年，由加华文华中心管理委员会和加华文化基金会共同管理，成为渥太华华人举行活动的家园。文化中心毕竟是在一座具有百年历史的旧教堂基础上改建的，很多地方需要维护更新。

为装修文化中心申请政府贷款的过程中，加华文化基金会主席王玳瑜因不满加华文化中心主席黄兴中未经许可便使用王玳瑜的名义签署申请文件而引发矛盾。虽经多方调停但未起作用，王玳瑜最终选择退出基金会，由李先遥接任主席[275]。

这次装修进行了一年时间，主要目的是将原先的礼堂改建为一个真正的剧场。装修时更换了坐椅、加装了先进的音响与灯光设备、建成了活动舞台、增大了舞台面积。同时修复了具有百年历史的管风琴，还添置了编钟、编磬、筌篌和舞龙、舞狮等富有中华文化特征的标志性乐器和道具。

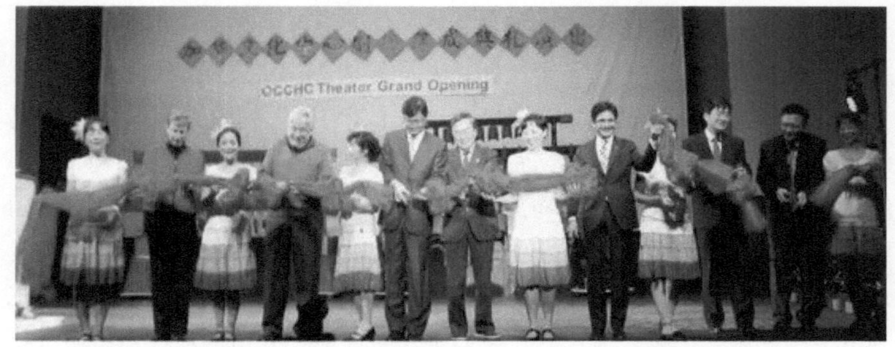


图片 257 加中官员与文化中心负责人共同剪彩（黄兴中提供）

2012年11月15日，剧场正式竣工，加华文化中心举行了隆重的新剧场竣工典礼。新剧场是在加拿大政府、中国驻加大使馆、中国国务院侨办以及社会各界的大力支持下改建完成的。

加华文化中心主席黄兴中在竣工仪式上致词时说：追忆历史，数百年前，西方人在中国盖教堂，宣扬西方文化。而如今华人则将西方的一所旧教堂改造成弘扬中华文化，促进各族裔文化交流的平台……这一历史的变迁令我们华人华侨无不感到鼓舞和自豪。新剧场将作为首都地区第一个华人自已的剧场而载入史册，成为华人华侨建设和谐社区的新的起点。

出席竣工典礼的有安大略省和渥太华市议员，安省旅游部长发来了贺信。中国驻加拿大使馆刘晋和贺毅群两位公使衔参赞出席了典礼。刘公参代表章均赛大使对新剧场的建成表示热烈祝贺。他说：加华文化中心业已成为华人华侨及其他族裔开展文化娱乐活动的汇聚之地，新剧场的建成更是渥太华侨界的一件喜事，它不仅为华人社区开展丰富多彩的文华活动提供良好的平台，同时也将成为中加文化友好交流的重要场所。

加华文化中心成立五年来为加拿大多元文化的繁荣，为加中两国的文化交流作出了自已的贡献。文化中心的艺术团是加拿大首都地区规模最大、实力最雄厚、演出最活跃的艺术团队之一，每年都要在加中各种节日活动中演出数十场。文化中心图书馆则是大渥太华地区收藏中文图书与资料最多的单位。中心的文体俱乐部和新成立的长者乐园则为社区提供了锻炼养生、学习交流的场地与机会。庆祝仪式在喜庆热闹的气氛中展开，加华中心艺术团表演了传统的中国歌舞，渥太华的各族裔艺术家们则奉献了街舞、西洋歌剧和精彩的大提琴独奏，为新剧场的建成助兴[276]。

根据渥太华加华文化中心章程规定，文化中心理事会的理事任期为四年，任期已满者可重新参选。候选人可由现任理事推荐、自荐或在会员中产生。参选条件为：1、年满十八岁的加拿大公民及永久居民，热心社区工作，有一定的社区工作经历；2、心向文化中心，主动热心为文化中心和社区服务；3、无犯罪记录；4、除中文外，有一定英语能力者优先；5、具有法律、社工等方面专业背景者优先。

加华文化基金会负责管理文化中心的资金运作，包括政府拨款及社会捐助。但事实上基金会可支配的资金极其有限，文化中心的运营越来越艰难。到2015年，文化中心钟楼的一段外墙出现剥离趋势，甚至有危及行人的可能。中心的建筑是百年老房，外墙、窗户、房顶、暖气、下水道、厕所都需要重建或维修，而文化中心的财力又不允许进行彻底的翻修维护。加华文化中心管理委员会与加华文化基金会多次开会研究，在无力继续维护的情况下据说有将文化中心出售的打算。

## 水龙公园（2013）

2011年11月8日，渥太华副市长史蒂夫·德罗什（Steve Desroches）向市政府递交了一份提案，建议将在建的 Chapman Mills Drive Park 命名为水龙公园（Water Dragon Park）。他提到的几个要点为：1、Chapman Mills Drive Park 将于2012年完工；2、2012年为龙年；3、2012年的元素为水；4、公园已经设计了龙形玩乐结构及喷水坛；5、巴黑文地区以丽都河（Rideau River）与乔克河（Jock River）为界；6、公园坐落在密集的华人居民区中。

为了给公园增添更多的中国元素，德罗什副市长于2012年1月24日亲自给中国驻加拿大大使章均赛去信：

"大使阁下：

我谨代表吉姆·沃森市长，向您表达我们对中国新年龙年最热烈的问候。

作为渥太华市的副市长，我有幸代表广大的加拿大华裔居民。南尼平（South Nepean）是一个持续成长的地区，许多公园和学校正在兴建中。这种增长也为我们提供了独一无二的与华人社区建立特殊伙伴关系的机会。巴黑文的 Chapman Mills 社区刚好处于我的选区，那里有一座以水和龙为主题建成的公园。

考虑到这个公园建在一个华人非常集中的居民区，而2012年又是中国的龙年，我已经提出将该公园命名为水龙公园。我们打算通过种植中国树木及修建中式景观来为公园带来更多的中国元素。

我与渥太华中华会馆一起为这个项目工作，并一致认同这项计划。我也就这个项目与沃森市长进行过讨论，他也给予了全力支持。

如果北京市可以考虑为公园提供一对傲然挺立的石狮，我们将不胜感激。公园如能拥有一个由我们的姐妹城市北京市赠送的元素，那该多么美妙。你们的贡献将被记载于纪念铭牌及所有文献中。[277]"


中国大使馆随后由张海云一秘与北京市外办进行了联系。2013年3月11日，西城区外办国际交流科的汪辉回信，称西城区考虑赠送一对石狮并提出要进一步了解渥太华南尼平区的信息，以便建立友好关系。

在此之前，2012年9月23日，中华会馆与首都华人高尔夫球会联合举办了"巴黑文水龙公园慈善募款高尔夫邀请赛"。这次慈善活动的目的是为水龙公园募集资金，帮助市政府支付一部分建设费用，如公园中的树木、长椅、石狮基座等。慈善比赛进行得非常成功，最终募集到善款5,000加元。

中华会馆主席薛金生先生与凯利（Jason Kelly）先生同为水龙公园社区文化委员会（Water Dragon Park Community Cultural Committee）的共同主席。在水龙公园的建设中，他们与当地华人居民及本地加拿大居民，同心协力，共同打造出一个富有鲜明中国特色的主题公园。德罗什副市长曾特别写信给薛金生，感谢他作为中华会馆主席为建设水龙公园所做出的巨大努力，并在竣工典礼上称赞他在整个建设项目中扮演了关键角色。

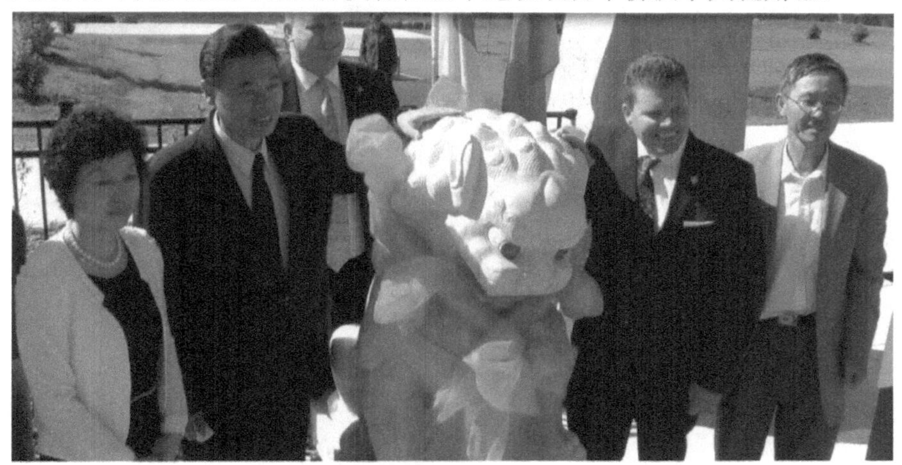

图片 258 水龙公园竣工典礼（薛金生提供）
左起：张冬梅、李文东、杰森·凯利、史蒂夫·德罗什、薛金生

2013年6月，石狮从北京运抵渥太华后，水龙公园举行了竣工典礼。当天天气晴朗，很多居民到现场参加活动，整个庆典活动进行得轻松、热烈而喜庆。

渥太华副市长德罗什、中国大使馆公使衔文化参赞李东文、北京市西城区官员张冬梅、中华会馆主席薛金生分别在典礼上讲了话。

# 其它华人社团

许多渥太华华人社团在不同历史阶段出现过不同的中文名称。1949年以前，当地华人称渥太华为"柯京"，因此前期的华人社团名称便多以"柯京"二字开头，例如"柯京中华会馆"、"柯京华人联合教会"等。加拿大的中文名称确定后，团体的名称前缀便又改为"加京"二字，如上面两个组织的名称在1990年代便改为"加京中华会馆"和"加京华人联合教会"。

到2000年前后，随着中国大陆移民大量涌入，华人团体包括公司名称趋向于使用"渥太华"作为前缀。上述二组织又更名为"渥太华中华会馆"和"渥太华华人联合教会"。加京华侨服务处也更名为渥太华华人社区服务中心。仍然有人喜欢使用"京"字代表首都，例如"渥京周末报"、"渥京大排档"等。华人团体的中文名称总是不那么确定，似乎所有的华人社团都在不停地改名。渥太华中国大专校友会也改名为渥太华中国校友会，还曾有人提议将其改为渥太华中国高校校友会。有意思的是，各个华人团体的英文名称却几乎从来不需要变更，这似乎也从侧面反应了相对于稳定的英语环境，中国却在不断发生着波及海外的变化。

# 渥太华华人联谊会（1970）

华人联谊会是渥太华地区二十世纪七十年代一个较为活跃的华人社团，简称华联会。

华人联谊会于1970年10月开始筹划，12月底在国家图书馆放映电影《东方红》时，正式向侨界宣布成立。当时加拿大与中国刚刚建交，这个团体是为增加加中两国文化交流，让加拿大人更了解中国文化，并丰富渥太华本地华人的文娱活动而成立的[278]。

1977年关煜彬担任主席，华联会开始更加关心一些移民的实际生活问题。比如在一 次接受采访时，华联会常委吴国焕讲，一些老华侨花钱把亲属从大陆申请到渥太华，便将自己视为救世主，对新来者呼来喝去，甚至不顺意就打骂。华联会派人对新移民家访，解决纠纷。

1978年4月16日华联会在国家图书馆进行了改选，选出万津等17人为1978-1979年度理事。他们分别为：万津、关煜彬、司徒立、吴国焕、陆达专、陈松汉、吴经万、赵炳炽、陈炳枢、谭英强、林小英、李耀华、荣亚英、林清辉、周光锦、梁锦运、方锦波。这17人包括了各行各业的人士，除了餐馆及华人杂货行从业者之外，还有摄影家、医生、大学教授、中学教师、工程师、技术人员、保险业人员以及公务员。万津当选主席，关煜彬为副主席，李耀华为秘书，方锦波为财政。会后放映了电影《烈火中永生》，到场观众近300人。

# 渥太华华商会（1983）

华商会由渥太华具有经济实力的华商组成，因而他们的决定和行动举足轻重，往往直接影响着华人社区的发展。

1987年，华商会首届理事会主席张重光回忆说[279]："记得在十多年前，我刚刚来到渥太华，心中总以为作为加拿大的首都，应该有一个象样的唐人街，但实际却令我很失望。因为那时全市的华人人口很少，从商的人士更寥寥可数。而森玛锡西街

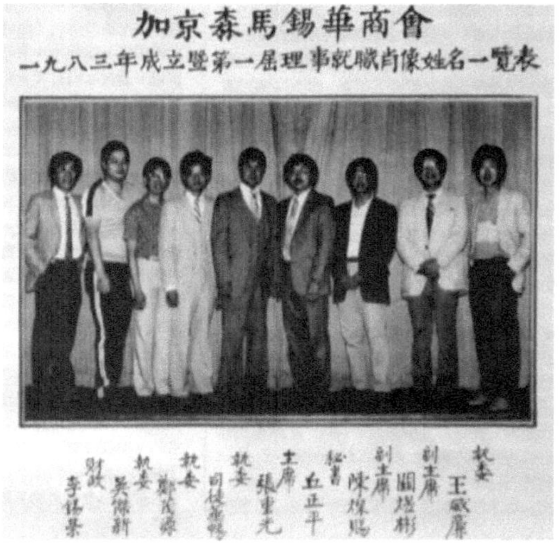

图片 259 1983年华商会第一届理事会
（来源：《华商会通讯录》1987年1月第1期）

则只有三数间商店。但在最近这五六年，华人的商店好像雨后春笋，一下子发展到今天的四五十间，森玛锡西街从帕西街到罗切斯特街这一段可以说是华人的天下了。"

华商数量增多固然是好事，但若不组织起来，各自为战，难免产生恶性竞争。"加京森马锡华商会"应运而生，一年后改名为"渥太华华商会"。目的是成立一个有代表性的华商团体与各级政府联络，并推动华人在本地的商业发展。

华商会1983年第一届理事会成员：
主席：张重光
副主席：关煜彬、陈灿赐
秘书：丘正平
执委：吴杰新、郑茂源、司徒华畅、王威廉
财政：李锡荣
1986年理事会改选，并决定创刊发行《渥太华华商会通讯录》。

华商会1986-88理事会成员：
主席：方良炎
副主席：张重光、陈灿赐、李锡荣
书记：吴经万
中文秘书：任李荔芸
英文秘书：张裕荣
公关：谭锦照、郑茂源
执委：关煜彬、李黄少筠、万津、张子良、吴杰新、司徒华畅、谈志坚、吴仲觊、任均
财政：胡谟朝
副财政：彭汉忠

## 加拿大加华艺术协会（1990）

加拿大加华艺术协会是1990年经加拿大联邦政府批准成立的非营利性社会艺术团体，是加拿大首都地区唯一的华人书画艺术团体。

协会自创立开始，历任四名会长：
黄炳麟，1990年至2010年
陈克辉，2010年至2013年
曲永仲，2013年至2024年
贺连华，2024年——

2024加华艺术协会理事会名单：
陈克辉（终身荣誉会长）、曲永仲（终身荣誉会长）、王幼君、贺连华（会长）、贾原、吴经万、姚文奎、郑嘉仪、王金花、王玉芝、陈祖涓、秦佑镇、侯迎、陈彦伶、陈苑华、毕云来、张新伟、赵晔
协会吸收了百余位华人书画家和书画爱好者入会，致力于加拿大首都地区的华人书画艺术活动，举办全国和首都地区的书画展览、比赛、义卖、艺术教育、文化交流和示范辅导等活动，以活跃渥太华地区的华人文化生活。既为书画艺术家和爱好者们提供了相互学习和交流的平台，又能帮助他们提高鉴赏和创作水平。

## 老联会、和统会（1993）

申丽珠在《枫华园》1994年8月1日第28期中，介绍了"渥太华中国大陆新移民和来访者老人联谊会（老联会）"的发展近况。该会于1993年10月17日成立。起初"老联会"隶属于渥太华中国同学联谊会社会生活部，因为那时的老人多为随子女出国生活的留学生父母。老联会的宗旨是帮助

来加老人克服语言障碍、发挥专长、融于加拿大社会。当时的联系人为耿瑞林（电话：613-829-6643）。

成立四年后，老联会于1997年7月14日在安大略省正式注册，主席先后有郭慎、周万方、杨秀山等人。

此协会2006年6月18日发展为加拿大首都地区中国和平统一促进会。周万方当选为主席，林维宪为常务副主席，吴膺莉女士为副主席兼秘书长，副主席还包括王文婉、何山等9人。

# 渥太华华人社团联合会（1996）

2000年前后，渥太华综合性的华人社团主要有中华会馆（中华大厦、加华文化中心）、渥太华中国大专校友会及渥太华华人社团联合会。而渥太华华人社团联合会是渥太华较大的华人联合社团，包含了60多家不同的华人社团。自1996年成立以来，通过各届理事会的共同努力，在团结其它华人社团、促进加中关系、活跃华人社区、宣传中华传统文化等方面发挥了积极作用。渥太华华人社团联合会简称"华联会"。

第四届（2003-2005年度）"加京华人社团联合会"的成员社团有：中华生命科技学会（吴膺莉）、中华导引养生功学会（耿瑞林）、中华导报（姚锦清）、北国歌舞团（王亚平）、东方舞蹈团（丁桃）、东北同乡会（宋光远）、东安省台山同乡会（余荣衮）、加华艺术协会（黄炳麟）、加华高新科技交流协会（吕谦安）、加京华报（赵炳炽）、加京华人联谊会（周元）、枫华会（曹亚林）、欣华中文学校（姚荣平）、浦江之友社（鱼文樱）、健康时报（张志刚）、渥太华山东同乡会（韩发彬）、渥太华中国老人联谊会（周万方）、渥太华龙冈亲义公所（张重光）、渥太华东方艺术团（罗毅）、渥太华华人科技协会（凌秀华）、渥太华健康与文化中心（何山）。括号内为社团负责人。

由上述名单可以看出渥太华华人社团数量很多、种类也多。第四届"华联会"的理事会由26人组成，赵炳炽与曹亚林为共同主席，邓家昌为名誉主席。

2008年4月23日，渥太华华人社团联合会第七届理事会在加拿大国家图书档案馆举行就职仪式。中国驻加拿大大使卢树民及部分加拿大国会议员等200余人应邀出席，卢大使衷心希望渥太华华人社团联合会在新一届理事会的带领下，继续发扬优良传统，团结侨社，在促进中加友好，传播中华文化、建设和谐社区等方面做出新贡献[280]。

2010年，"华联会"发展到第八届，王文婉任理事会主席。新添加的社团有：首都舞蹈学院（王文婉）、加中商贸文化科技交流中心（宋蕊）、渥京周末（陈诗慧）、天津大学校友会（姜婧）、复旦大学校友会（王亚平）、南京大学校友会（陈智琦）、浙江大学校友会（冯永来）、暨南大学校友会（许杰菁）、倾城姝艺苑（黄春和）、中加卫生交流促进会（赵以强）、卡纳塔中文学校（徐永革）、首都中文学校（苏跃华）、蓝天全加留学生服务中心（高如东）、多元文化联盟（潘海清）、大都学院（袁德安）、妇女联合会（徐平）、Mandarin Circle（游欣蓓）、渥太华华人农业科技协会（何山）、中华戏曲社（王金汝）、川渝同乡会（吴伟）、中华文化俱乐部（吕佩玲）。

山西同乡会（赵燕滨）后来也加入了华联会。

# 渥太华华人高尔夫球协会（2010）

2009年12月28日，穆宏超、秦文泽、魏辉、张建运和笑言在穆宏超家中聚会，筹划成立渥太华华人高尔夫球协会。到会五人组成理事会，笑言当选为首任会长。

理事会构成：

主席：笑言

副主席：穆宏超

理事：秦文泽、魏辉、张建运

接下来的筹备工作中，理事会通过了协会章程、提交了年度工作方案、制定了财务计划，并于2010年在安省正式注册为非营利机构。此外他们还开发了自己的网站 oc-ga.org，2024年起域名变更为 ottawachinesegolf.ca。

协会于第二年开始组织华人高尔夫球活动。2010年6月6日在松景高尔夫球场（Pine View Golf Course）举办了"CFC 渥太华华人高尔夫球联赛"的预赛（资格赛）。

首场比赛天公却不作美，一直下着小雨，气温大概在10度左右，冷飕飕的。但40多名选手情绪高昂、兴致不减，毕竟这是渥太华第一次举办如此大规模的华人高尔夫球比赛。

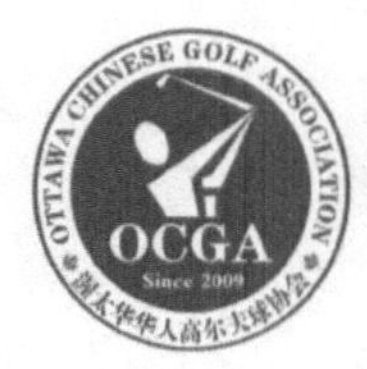

图片 260 笑言2009年设计的会徽，（笑言提供）

《渥太华公民报》的体育记者高德·侯德尔（Gord Holder）进行了现场采访，并于2010年6月14日在《渥太华公民报》刊登了题为 *A unifying game, in any language* 的访谈消息，从多元文化的角度诠释了华人高尔夫球比赛的

368

意义。

2010年7月24日、25日在草甸高尔夫球场（The Meadows Golf & Country Club）举行了决赛，籍传翔获冠军。

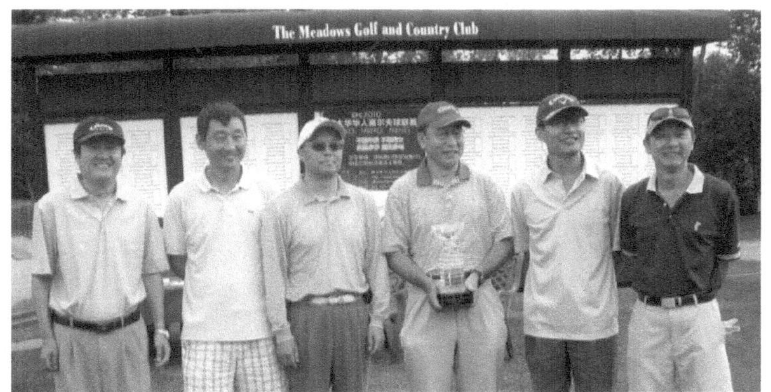

图片 261 渥太华华人高尔夫球协会创会理事会成员
左起：秦文泽、穆宏超、颁奖嘉宾兰立俊大使、笑言、魏辉、张建运
（摄于2010年7月25日，笑言提供）

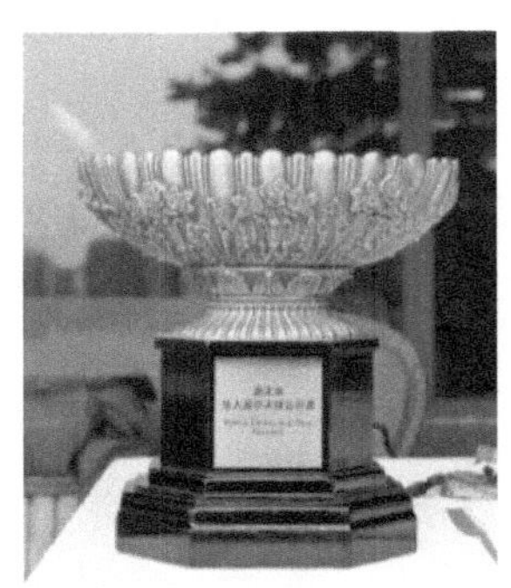

图片 262 OCGO 冠军杯
（OCGA 提供）

此后每年6月的第2个周末，协会都会举办年度大赛。自2011年起，这项赛事更名为"渥太华华人高尔夫球公开赛（Ottawa Chinese Golf Open）"，设流动 OCGO 冠军杯。

2016年10月13日，理事会改选。穆宏超当选理事会新一任主席。秦文泽、彭晖、张建运、段玲、魏辉任理事。

除2020年因新冠疫情严重被迫停办一届外，公开赛年年举办，未曾中断。

穆宏超、段玲夫妇自协会创办之始便年年资助协会，以保证协会的日常运转及每年的公开赛部分开销。CFC 中文网（comefromchina.com）2010年至2019年间，每年冠名赞助公开赛。另有多家企业、银行和个人也慷慨赞助协会的赛事，如 Otto's BMW（一杆进洞奖）、BMO 银行、Desjardins 银行、薛氏理财、缤纷假期、豪尔威酒、人生财富、德明会计事务所、北海道拉面、丁巍先生、郑玉荣先生等。

渥太华华人高尔夫球协会对推动渥太华地区的华人高尔夫球运动起到了非常积极的作用。此外还有其它一些华人高尔夫球团体活跃在球场上，如刘春林、陈戟、邱其、肖建军、江波等人组织的"高尔夫小分队"，魏辉、孙卫东、薛慧等人组织的草甸"周末勇士队"，简先达、阮社民、邹卫等人组织的"小黑屋"冬季室内模拟器活动等。每年9月间，中华会馆薛金生、魏辉等人主导举行面向公众的大型高尔夫球年度活动。

# 渥太华中文作家协会（2007，2020）

### 文以抒怀，诗以寄情

文学历来是远离故乡的人们寄托情思的最好途径。从早期的《加京华报》、《联谊通讯》与《枫华园》，到后来的《加华侨报》、《中华导报》与《渥京周末》，再到后来的 CFC 中文网，经常能读到华人的文学作品。

《北方的湖》（潇渝）："静寂辽阔的北方湖面／一串伸向未知的足印……／深埋久藏的感应于是苏醒／扯来漫天白雪抚平我们的画纸／在这张无限大的洁白上／画天画地画圆周／画属于我们的世界／画净化了的原始心灵"（《联谊通讯》1993年2月15日第14期）。

类似于这种抒发情怀的诗文常见于华人报刊，仅以《联谊通讯》为例，第14期刊登了江遇荷的短文《秋日的思绪》、第17期有赵慧泉的诗歌《寻找丝雨》与潇渝的短文《一封寄不出的信》、第21期有余霞的短文《石榴》等。《加京华报》上有更早的前辈作品，如许金生、叶天颂和弓木等人。

2002年10月，笑言在中国时代文艺出版社出版了长篇小说《没有影子的行走》[281]，被普遍认为是第一部反映渥太华华人新移民生活的长篇作品。在此之前，该小说已在加拿大和美国的中文报纸上以《落地》为标题连载。

### 文学沙龙，有朋远至

2007年，一群志同道合的文学爱好者聚集在一起，以文学沙龙的形式开始有规律地进行文学活动。第一次正式活动在笑言家中举行，时间是2007年10月14日。聚会以"百乐餐"方式进行，即每人带一个菜大家聚在一起分享。本来是一次严肃的文学活动，但由于各家带的菜太好吃，导致文学活动迟迟不能开始。

当日的来宾及携带的美味菜肴包括：

1）开喜/老冒：酱牛肉，中国糖果
2）薛文：烤鱼虾
3）楚天舒：肉丝苦瓜
4）书生：酱牛肉，豆丝，石库门酒
5）杜杜：炒田螺，年糕
6）雨中花：寿司，瓜子

7）胖蹄：水果（黄西瓜及大量其它水果）

8）Susan：烧排骨，酒

9）张瑞文：米酒

10）何涛：上海月饼

11）Wesley：凉粉，海带丝

12）笑言夫妇：烤排骨、烤盘肠、炒苦瓜、土鸡汤、红豆西米露、鲜烤面包等。

饱食之后大家终于想起了正事。所有来宾都读了一小段文学作品，或者是自己写的，或者是别人写的。这都不重要，重要的是他们从此给自己贴上了文学的标签。文学社的活动轮流坐庄，后来还有文枯娃、小马哥、依碟、岳欣、萧晶（《中华导报》编辑）、张志刚（《健康时报》渥太华分部社长）等人参加。中华会馆的黄兴中主席及太太蔡慧娟也曾应邀光临过一次，黄主席还朗诵交流了自己写的一首诗。可惜年代久远，那首诗没有妥善留存。

2008年7月13日，文学社邀请到西安大略大学休伦大学学院的吴华副教授和多伦多约克大学的徐学清副教授座谈。当时两位副教授正在渥太华加拿大图书档案馆做研究，查阅早期《大汉公报》的微缩胶片。

笑言等人介绍了渥太华华人文学的创作现状。吴华、徐学清介绍了加拿大华人文学、华人作家的情况，并回答了渥太华文友的提问：加拿大文学在世界文坛的地位如何、中国作家与欧美作家的差距、小说发展的潮流与方向，以及东西方文化的融会贯通。讨论热烈友好，宾主尽欢。

文学社的活动延续了近两年，在此期间大家坚持写作，笑言天涯文学网（xiaoyan.com，1998-2010）和 CFC 中文网（comefromchina.com）的"似水流年"栏目是他们发表作品的大本营。不断有人开始在纸媒发表文章，有人开始在各类文学活动中获奖。

杜杜出版了《青草地》（2008，ISBN 978-0-9809489-2-9）、《玻璃墙里的四季歌》（2008，ISBN 978-0-9809489-4-3）和《杜杜在天涯》（2008，ISBN 978-7-203-06296-7）。

笑言出版了《香火》（2008，ISBN 978-0-9809489-0-5）。

此后大家各自忙于生活，有几人还离开了渥太华，于是这个文学社便销声匿迹了。

## 作协成立，成绩斐然

2017年底，笑言藉着为美国加州《中国日报》组稿的机会，重拾荆火，与泰华（张世斌）和瘦灯（常寿德）等人，再次聚拢起渥太华的一些文学爱好者。2018年1月18日，《中国日报》刊登了渥太华作者群发出的第一篇稿件——瘦灯的《魁北克的雪》。自此以后，报社与渥太华作者保持了良好的联系，每个月都会发表他们的几篇文章。

2018年9月，杜杜发表长篇小说《中国湖》（上下卷）， ISBN 978-1775128847、ISBN 1775128849。

2019年，参与供稿的作者们将自己已出版的稿件汇集成册，同时决定成立渥太华中文作家协会（Ottawa Chinese Writers Association）。

作协于2020年4月26日正式成立，笑言当选会长，瘦灯、空谷、一尘任副会长，夏晨任秘书长，共同组成理事会。

2020年5月，作协出版了第一本文集《渥太华中文作家协会文选》（ISBN 978-0-9809489-9-8），收入一尘、木子、关尔、杏花春雨、叔丁、空谷、泰华、笑言、夏晨、路风和瘦灯共11位作者的104篇作品。2022年4月，作协出版了第二本文集《渥太华中文作家协会文选（第二辑）》（ISBN 978-1-7781413-0-0），收入瘦灯、路风、夏晨、笑言、泰华、空谷、叔丁、若寒、江风、木子和一尘共11位作者的75篇作品。

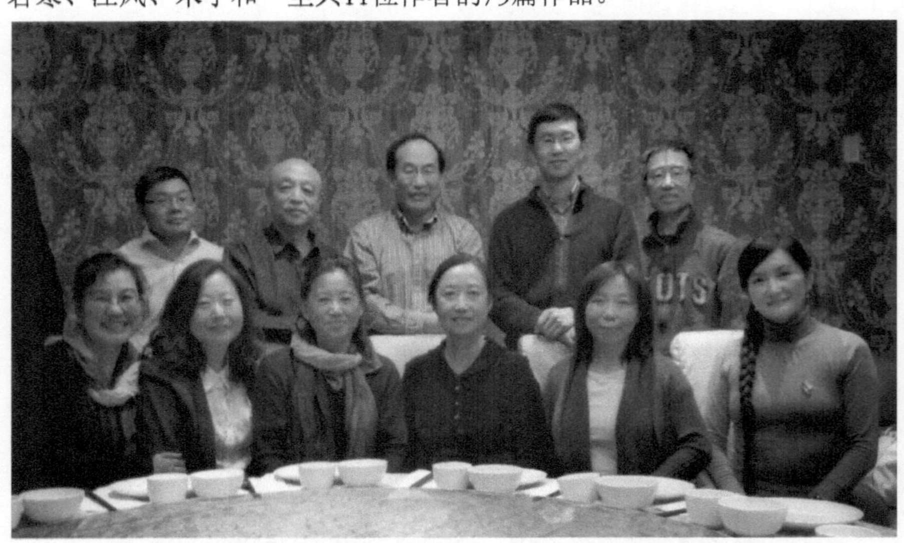

图片 263 渥太华中文作家协会成员合影，四海一佳餐馆，2019年3月28日
后排左起：文枯娃、瘦灯、笑言、木子、夏晨
前排左起：空谷、关尔、一尘、路风、叔丁、杜杜

数年间，作协成员笔耕不辍，先后发表了数百篇作品。许多会员在各类征文中获奖，如2021年12月的加中笔会征文比赛中，叔丁的《母亲的传

承》获一等奖、李光的《黎明前的落叶》获二等奖、瘦灯的《老乔的感恩节》获三等奖。

笑言的中篇小说《匏壶》获2023年美国第16届《新语丝》网络文学奖二等奖（一等奖空缺）。这是他第二次在《新语丝》获奖，第一次是在2008年第8届以《新相亲时代》获得三等奖。

渥太华中文作家协会的会员全部加入了多伦多加中笔会。2023年2月，由加中笔会会长孙博主编的《加拿大中国笔会作品精选集——鸟巢动迁》（ISBN 978-1-68372-518-3）一书中，收录了渥太华作者的多篇作品。小说类：《一杆进洞》（笑言）、《口水》（杜杜）、《苦根儿》（瘦灯）、《本心》（李慧奇）、《安妮路911号》（空谷）、《宜室宜家》（关尔）、《接口》（若寒）、《太行剑魂》（一尘）和《人棋》（李光）。散文类：《母亲的传承》（叔丁）、《偶遇》（江风）、《初雪遥思恩师》（夏晨）和《看一眼敦煌》（路风）、《丽都河畔猪背园》（黄未原）。诗歌类：《五彩滩思绪》（泰华）。

2020年新冠疫情爆发后，渥太华中文作家协会与中华会馆（魏辉副主席）合作，多次举办网上文学讲座：《如何展开历史的画卷——漫谈非虚构作品的写作》（笑言，2020年12月15日）、《创作杂谈》（瘦灯，2021年1月16日）、《浅谈海外中文创作体验》（杜杜，2021年2月15日）、《化茧为蝶。吸水成虹》（杏花春雨，2021年3月15日）、《我为冰雪与河湖代言》（叔丁，2021年4月15日）。

### 渥水之畔，四季皆诗

渥太华除中文作家协会外，还有诗歌爱好者创办的四季诗社，他们同时出版大型文学网刊《渥水》。四季诗社（Four Seasons Poetry Society，简称 FSPS）致力于为诗歌（文学）创作及评论、朗诵与演讲、舞台表演等艺术实践提供具有专业化水准的平台。

植根于加拿大首都渥太华的四季诗社，于2014年2月由陈蜀丽、石静、侍子文、王坚、姚承文、张海燕、朱丽颖七位发起人创建。

四季诗社现任理事会成员包括常寿德、楚红秋、李光、李锡麟、马晓韬、姜漪、石静、侍子文、王寂宁、姚承文、张海燕、张世斌、周晓冬、朱丽颖（以姓名拼音字母为序）。由侍子文先生担任社长。

除上述文学社团之外，CFC 中文网的海外原创论坛一直有人坚持文学创作。个人创作者也不在少数，时闻文友著作成书。

# 渥太华唐人街牌楼（2010）

　　世界各地唐人街最常见的标志便是一座中式牌楼，但自1890年谭华钿等华人初次踏上渥太华的土地以来，直到2010年之前，渥太华唐人街始终缺少这样一个标志，牌楼成为渥太华华人一个超过百年的夙愿。

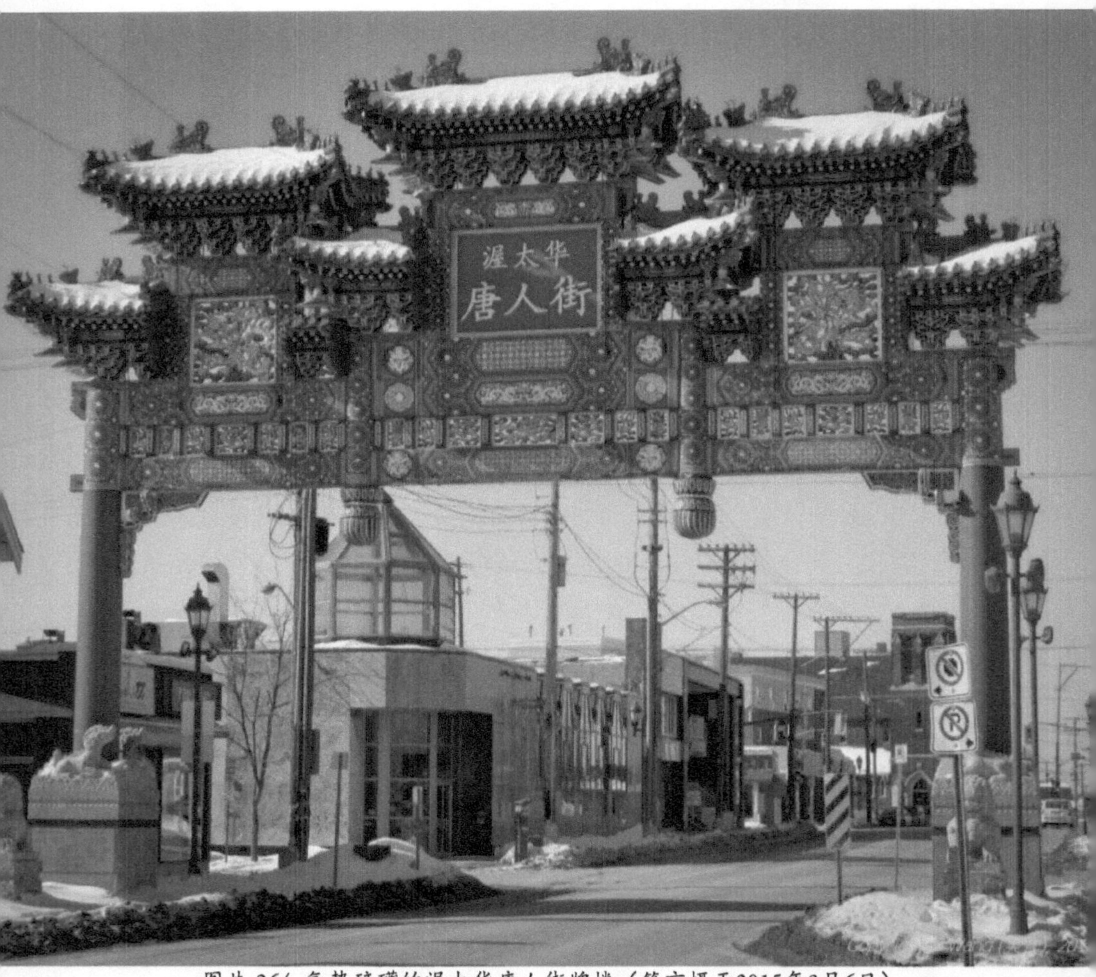


图片 264　气势磅礴的渥太华唐人街牌楼（笑言摄于2015年3月6日）

　　每隔几年，总有华人社团旧事重提，谋划建一个牌楼。1990年代，当地华人再次认真酝酿建造一座中华牌楼。据老华侨讲，渥太华洪门民治党原主席邓家昌曾经几次返回故乡广东江门寻求当地政府的支持，侨界社团也曾多次与渥太华及安省政府接触，甚至发起捐款设立牌楼基金，然而由于种种原因，渥太华华人的这个梦想始终未能实现。

374

## "世纪园"与牌楼

2005年前后，几个华人社团计划在唐人街修建一座"世纪园"。世纪园由李志彦设计规划，由范佐伟推动向侨社筹款。尽管不少华人对于在唐人街构建什么样的建筑更能体现中华文化还有一些议论，但众多华人认为无论如何应该建造一个唐人街的地标，于是纷纷慷慨解囊，筹款总数达到了两万加元。当时谭夏帼珍等人是主要捐款人，但由于资金缺口太大，也未能获得更多方面的广泛支持，"世纪园"仅仅在唐人街的一个街口留下一个小小的标记便无疾而终了。

相比之下，华人社区修建牌楼的呼声日益增高。牌楼项目终于列入萨默塞特唐人街商业发展区（Somerset Chinatown Business Improvement Area，简称 BIA）发展计划，特别是辛雪（Grace Xin）担任 BIA 行政总监期间，更是积极推动牌楼项目。

## 牌楼委员会

2006年10月3日，牌楼筹款委员会成立，负责牌楼的筹款、立项和筹建。委员会由 BIA 行政总监芦宝珠（Marilla Lo）担任主席，由杰森·凯利（Jason Kelly）、李永华（Lawrence Lee）担任共同主席。芦宝珠不久离职，由辛雪继任 BIA 行政总监。李永华是渥太华华人狮子会的主席，他邀请同在狮子会服务的周树邦加入了筹款委员会。狮子会并不是一个舞狮会，而是一个全球性的历史悠久的慈善组织，主要致力于建立眼球库与从事防治视力方面疾病的工作。参与牌楼筹款委员会的渥太华社团包括：萨默塞特唐人街商业发展区、华人狮子会、中华会馆、龙冈公所和华联会，此外还包括其他一些亚裔社区代表。利德蕙参议员为牌楼荣誉赞助人[282]。

后来"牌楼筹款委员会"被"牌楼项目委员会"（Project Committee，此后简称"牌楼委员会"）所取代，官方公布的成员名单为[283]：

表格 15 牌楼项目委员会成员名单

| Peter Yeung 杨武发 | Co-Chair Steering Committee<br>指导委员会共同主席 |
| --- | --- |
| Larry Lee 李永华 | Co-Chair Steering Committee<br>指导委员会共同主席 |
| Angie Kwan 李爱贞 | Co-Chair Fundraising Committee<br>筹款委员会共同主席 |

| Jason Kelly 杰森·凯利 | Co-Chair Fundraising Committee<br>筹款委员会共同主席 |
|---|---|
| Katie Ng 黎宝珍 | Co-Chair Fundraiser Committee<br>筹款委员会共同主席 |
| Dr. Shu Pang Chou 周树邦 | Executive Director 理事 |
| Albert Tang 邓家昌 | Executive Director 理事 |
| Theresa Yan 甄黄丽明 | Treasurer 财务 |
| Gus Este 盖斯·伊斯特 | Co-Chair PR/Publicity<br>公共关系共同主席 |
| Christopher Tan 陈晓君 | Legal Advisor 法律顾问 |
| Alan Tang 邓 | Secretary 秘书 |
| Jason Zhang 张志刚 | Member at large 委员 |

辛雪作为萨默塞特唐人街商业发展区行政总监，负责并指导牌楼委员会的工作，但未列入上述名单。

2006年11月，奥布莱恩（Larry O'Brian）当选渥太华市长，倾力支持唐人街牌楼计划。2007年6月27日，渥太华市审议通过牌楼项目计划书，并批准牌楼项目捐助人可以获得捐款免税证明。奥布莱恩市长表示，牌楼是华人社区与加拿大社会衔接的一个具体桥梁、具体榜样，它体现了华人社区对渥太华的意义，也体现了渥太华乃至加拿大人对华人社区的尊重与接纳。牌楼委员会从渥太华市政府得到启动资金后，开始向安省和联邦政府申请资助。此项申请也得到了联邦议员保罗·杜瓦（Paul Dewar）的大力支持。保罗·杜瓦的母亲马瑞安·杜瓦曾担任渥太华市长，对华人社区一向友好，在任期间对中华大厦的建成起到了关键作用。

## 北京参与同建

牌楼项目在市议会通过之后，黎宝珍、李爱贞、甄黄丽明、周树邦等人与其他理事展开了各项筹款活动。而在与渥太华市政府的接触中，市长奥布莱恩提出北京与渥太华是友好城市，能否考虑从北京获得一些帮助，比如牌楼的设计与技术指导等等。

2008年8月，牌楼委员会通过举办慈善高尔夫球邀请赛继续筹款。李永华与周树邦通过李桂喜参赞兼总领事正式邀请兰立俊大使参加活动，兰大使接受了邀请，并在活动中听取了李永华等关于牌楼筹备情况的介绍。这是牌楼委员会第一次与中方正式接触，成为牌楼建设中一个重要的里程碑。

2008年10月17日，牌楼委员会主席李永华、邓家昌及其他几位理事与市长奥布莱恩在市政厅会晤了中国驻加拿大大使兰立俊，共同商讨牌楼项目的实施细节。考虑到渥太华和北京（当时郭金龙任北京市市长）是友好城市，而2010年又恰逢加中两国建交40周年，共建牌楼可以进一步加深两市乃至两国人民的友好情谊。双方商定由兰立俊大使帮助联系北京市政府，请北京市负责设计牌楼、捐助建材并提供建筑咨询和专业技术人员，而渥太华负责提供土地并为中方施工队提供食宿。

在兰立俊大使领导下，使馆人员很快与北京方面取得了联系。李桂喜总领事回到北京，在北京市人民政府外事办公室田雁女士的安排协调下，由北京市古代建筑设计所设计出两套备选方案。牌楼委员会最终选择了具有皇家气派的两柱九层琉璃瓦样式，按照设计，牌楼宽12.8米、高12.63米，门柱前蹲守一对石狮。

2009年11月，牌楼委员会召开筹款晚宴，兰立俊大使和加拿大三级政要出席了活动。在这个共同项目中，北京市政府提供价值100万元人民币的建筑材料及施工人员。

作为加拿大经济行动计划的一部分，当时政府拨出40亿加元的基础设施激励基金为全国近4000个基础设施项目提供资金。牌楼项目从这个基金中申请到总额达60万加元的资助，其中联邦政府和安大略省政府各提供12.5万加元，总额为25万加元，BIA 提供35万加元。BIA 还提供了另外8万加元以完成该项目所需的额外费用。在 BIA 的总捐款中，企业和个人捐款近33万加元。渥太华市免费提供了建造牌楼所需的空间，以及用于容纳和完成该建筑的道路工程和其它修改所需的29万加元。北京市捐助的价值100万人民币的实物与服务被估算为30万加元[284]。

当时华人捐款踊跃，各尽所能。共有近50位华人及企业捐款金额超过五千加元，还有近10家社团捐款超过一千八百加元。金额超过两万五千加元的白金级捐款个人与企业有周强安与郑同夫妇、汤姆林森有限公司（R. W. Tomlinson Ltd.，牌楼承建商）、吴仲觊夫妇以及谭辅仪与谭夏帼珍夫妇[285]。

牌楼项目从此进入了实质性建设阶段。

当年年底至2010年1月，北京市文物古建工程公司的徐雄鹰副总经理和王辛来到渥太华先期考察。他们在牌楼委员会协助下，确定施工地点、制定施工计划及安全防范措施等。作为唐人街商业发展区的主要负责人，辛雪全程参与了各项工作。这些工作包括联系渥太华市政部门为建造牌楼更改地下水管道、施工封路以及提供相应的临时道路等事项，并以80万加元与汤姆林森公司签下承包合约，由汤姆林森公司承建基础及框架工程。

## 中方施工队第一批工人到位

2010年1月，中方组建施工队，选拔工人，准备建筑材料、模具、脚手架等施工工具和设备。考虑到渥太华冬季的严寒，中方施工部门还与加方特别研究了水泥构件的抗冻配方。

渥太华方面由牌楼委员会接待中方工程人员，负责安排他们在渥太华的居住与生活。牌楼委员会为中方施工队在唐人街羊城小馆旁边找到了离施工现场很近的一幢民居，委员会租下一层楼作为施工队队部，一共是两个居室加厨房和会议室。另外又租了附近的两个一居室，工人们被分别安置进这三所住处。为支持牌楼建设，房东们只收取了象征性费用[286]。

牌楼委员会的杰森·凯利理事经营旅馆，他为工人提供了全套被褥。周树邦理事则从华人教堂搬来一些闲置的炊具，又去商店买了餐具和其它日用品。就这样，委员们东拼西凑，将生活必需品全部准备停当。

工人入住之前，牌楼委员会特意邀请使馆李桂喜总领事前往住地参观，李桂喜认为条件适宜，对牌楼委员会的安排表示满意。

2010年4月30日，第一批中国工程队成员到达渥太华。辛雪亲自烧了红烧肉和其它中国饭菜，然后半夜时分到机场迎接他们。

5月1日上午9时，汤姆林森公司派员向工人们讲授加拿大施工的安全课程。几天后，渥太华三级政府均派出官员参加了隆重的开工破土仪式。

第一批到达的中方施工队员共16人，全部来自河南。年过六旬的领队马振武经验丰富，曾主持过天安门金水桥的维修工作，也曾带队前往泰国施工，被工人们尊称为"马爷"。施工队另一位年轻的负责人名叫李博，为北京市文物古建工程公司总经理助理，曾留学新西兰攻读建筑学，也有带队出国施工的经验。全队中只有他讲英语，在6个月的施工期间，李博与工人同吃同住，负责施工队财务及一切对外事务，包括办理出入境手续，订购机票等等。

牌楼委员会为工人制定了每人每天15加元的生活标准，由周树邦义务驾车带领李博或马振武每隔两日去超市买菜。工人一致反映伙食比国内好，对生活安排也很满意。由于精打细算，施工队还从伙食费中节省出了旅游费用。5月的长周末，工人们到魁北克市和蒙特利尔市集体旅游了一次。

牌楼委员会还为工人们买了医疗保险，有几次工人感到身体不适，由周树邦带去"森马锡社区健康中心"就诊。

施工期间，市政府封闭了萨默塞特西街相关路段。根据渥太华的气候特点，牌楼设计一定程度上改变了传统的全木制工艺，采用了水泥构件。施工队借用扬子江酒楼后面的空地作为工场，用灌浆模具制作水泥件。施工队采用发电机自行发电，水源则从杨武发（Peter Yeung，牌楼委员会副主席之一）的 Sushi 88 寿司店接出，寿司店在扬子江对面，水管拉过马路将水引入工地[287]。

## 奥布莱恩市长访华，胡锦涛主席访加

2010年4月，渥太华市长奥布莱恩访问了北京等四个中国城市，北京外事办承担了大量的接待工作。从中国归来后，奥布莱恩市长在当地报纸发文称"中国是通向繁荣的牌楼。"辛雪在繁忙的工地接受记者采访时回应道："借市长的吉言，但愿这个牌楼也能使唐人街走向繁荣！[288]"当时，中加两国工程技术人员正在抓紧时间施工，以确保能在10月13日中加建交日前竣工。

2010年6月23日下午1点41分41秒，加拿大中部发生了里氏5级地震。这是加拿大渥太华首都地区65年来最强的一次地震。

地震发生时，工人们正在安装牌楼最大的匾牌水泥铸件，就是铸有"渥太华唐人街"字样的那一块。当时大家都很紧张，辛雪等人也从办公室跑出来察看，结果地震过后，牌楼安好。据说当时工人们相信遇到了神话中的天龙下凡，降福牌楼，于是纷纷跪地祈福[289]。

2010年6月23日至27日，中国国家主席胡锦涛访问加拿大，在渥太华分别会见了加拿大总督米夏埃尔·让与总理斯蒂芬·哈珀，两国政府的有关部门和企业签署了若干合作协议。20国集团领导人第四次峰会6月26日至27日在多伦多举行，胡锦涛在峰会上发表了题为《同心协力，共创未来》的主题讲话。

胡锦涛主席访问渥太华期间，为加强安全保障，经中国大使馆李桂喜总领事和武官处安排，牌楼工人在威斯汀酒店（Western Hotel）与丽都中心（Redeau Centre）入口连接处站了两天岗。工人们都以能为胡锦涛主席的安全做出贡献而骄傲，认为是值得纪念的经历，大使馆也为此致信北京市文物古建工程公司以示表彰。李博与马振武代表牌楼工人参加了胡锦涛主席接见渥太华华人的活动，并合影留念。

到7月的第三周，水泥构件已全部就绪，汤姆林森公司用工程车将水泥件和其它支撑构件吊装完毕。第一批施工队的工人圆满完成了自己的任务，由李博带队经由多伦多回国。而领队马振武与刻石郑师傅留守渥太华照看工地，为二期工程做准备，同时还为第二批工人清洗了被褥。留守期间周树邦夫妇带领他们去蒙特利尔旅游。一周之后，周树邦又为他们准备了西服，带领他们前往中国大使馆，参加了使馆举办的八一建军节招待会。

## 中方施工队第二批工人到位

第二批工人于2010年7月底入境，也是16人。这16人为画师，文化高、经验多、技术好。领队的刘师傅是资深画师，其父为复古油彩界的顶尖人物。入境时，刘师傅将牌楼用的一盒金箔一直捧在手上，生怕出了差错。这些能工巧匠带来了精湛的中国传统制造工艺，斗拱、彩画、油漆、贴金，都是地地道道的手工绝活，这些世代相传的制作工艺大都属于非物质文化遗产的范畴。

唐人街商业发展区负责人辛雪说："牌楼施工使用的是传统工艺，对材料有特殊要求，当地不易找到，加上渥太华气候寒冷，所找材料还需符合气候条件的要求，难度非常大。"原本按照中国传统配方，油彩要加猪血，但考虑到加拿大的材料标准，配方进行了适当调整。后来牌楼有些地方出现油漆脱落，古建公司认为是由于修改后的配方尚不完善而引起的。

北京市文物古建工程公司总经理助理兼项目负责人李博说："今年9月份以来，渥太华经常下雨，正好赶上这一时期我们需要油漆彩画。为了赶工期，辛雪买来了吹风机进行风干。画垂头的时候，由于架子的位置问题，工人只能躺着画，经常是刚下完雨就画，衣服全都湿了。"

## 《牌楼下的华人》

在牌楼即将完工之际，北京市文物古建工程公司委派电视编导及制作人傅琼[290]来到渥太华，收集资料，采访当事人，记录施工过程，走访老华侨，拍摄了一部名为《牌楼下的华人》的记录片。

除了牌楼建造的场面外，傅琼还拍摄了渥太华的市容、普通华人的生活以及华人教会的活动，并经辛雪联系，采访了支持牌楼工程的渥太华市政官员。又经周树邦引见，采访了周强安与吴仲觊两位在华人社区德高望重的老先生。两位老先生惯用英语，而傅琼曾在英国留学，因此交流十分顺畅愉快。两位老人用清晰的记忆和珍贵的文献资料介绍了许多渥太华华人的历史和掌故，而这些都被傅琼拍摄在她的记录片中。这部记录片已经成为渥太华华人的重要史料之一。

牌楼建成四年之后，2014年1月周树邦在北京再次见到了北京市文物古建工程公司李彦成总经理，并由他安排会见了北京市文物局局长于平、古建公司的徐鹏飞、王辛、李博以及拍摄《牌楼下的华人》纪录片的傅琼。

李彦成说北京市文物古建工程公司在世界多个城市都建造过牌楼，而渥太华牌楼对他们来说是最顺利、最愉快的。除了两国政府的支持外，渥太华广大华人特别是牌楼委员会的出色工作，是工程成功的重要条件。

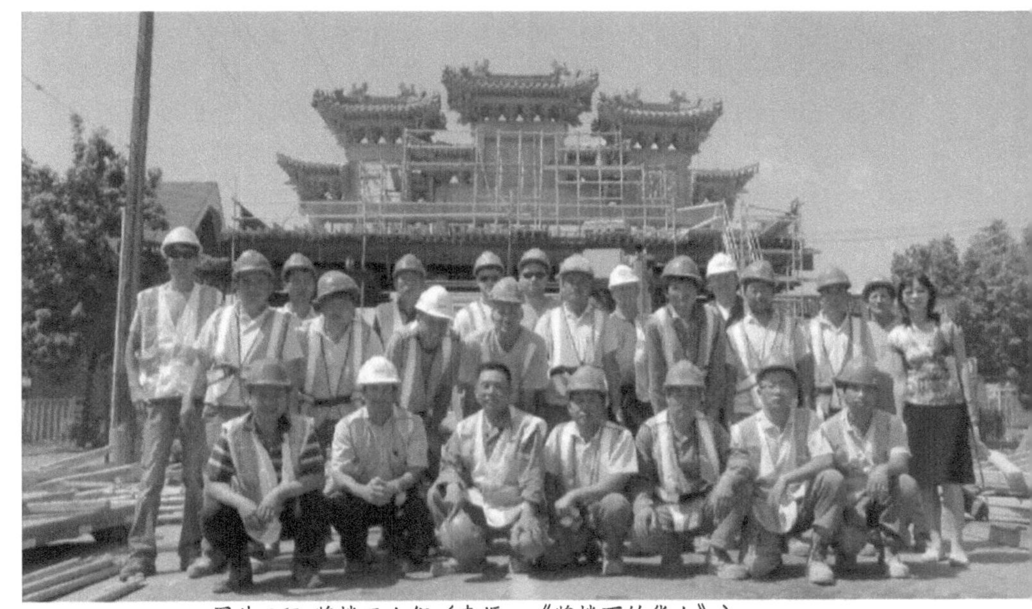

图片 265 牌楼工人们（来源：《牌楼下的华人》）

## 紧锣密鼓，按期完工

竣工日期定在9月30日，而2010年渥太华受大西洋飓风影响，9月份阴雨连绵。油漆要上很多层，还要贴上金箔，工艺相当复杂，耗时也长，画师们常常要在大塑料布的遮盖下彩绘。而此时，郑师傅也开始一个字一个字地凿刻碑文。在彩绘、油漆、贴金、镶币、刻碑这一道道工序终于完成之后，在拆除脚手架和工作平台之前，牌楼委员会邀请了中国大使馆张伟才公参与李桂喜总领事登台参观了刚刚落成的牌楼[291]。

牌楼蕴含着丰富的中华文化密码，龙代表皇家，九重琉璃瓦体现至尊，每一种花鸟图案、每一种动物甚至每一种纹饰都被赋予了特殊的含义。由五种金属制成的五枚钱币和五彩金属线，镶嵌在牌楼的顶部，寓意五谷丰登，国泰民安，这也是牌楼最后最重要的工序，由马振武和李博亲手操作。正因为牌楼集中承载了如此众多的中华文化元素，海外华人才不约而同将它作为首选，当做唐人街的标志。

从动工的那一天起，牌楼就不断吸引着关注和好奇的眼光。不少当地居民前来参观，有一位名叫 Karoly Szalai 的白人，常给工人们买咖啡慰问。他会用简单的中文招呼脚手架上的工人们"下来！下来！"大家都亲切地称呼他查理。后来了解到，他是加华艺术中心书法家贺连华女士的丈夫。

当地的一位白人居民说："到这里驻足观看是我每天散步的重要部分。"他每天都从不同角度拍摄几张施工照片，半年之后，工程收尾，他拿着厚厚一沓洗印出来的照片送给了施工队的师傅。据他讲，他前前后后拍了1,200多张照片，拍下了所有工人的劳作身姿，没有漏掉其中任何一位。第一张照片拍摄于4月底牌楼动工之前，照片上是牌楼的地基位置[292]。

2010年9月30日，北京市文物古建工程公司李彦成总经理和徐雄鹰副总经理飞抵渥太华，视察牌楼工程完成情况，慰问工人。次日两人带领工人们离开了渥太华。

## 牌楼落成，隆重庆典

2010年10月7日，在加中建交40周年之际，渥太华市与北京市的重要合作项目"渥太华唐人街牌楼"落成，渥太华市政府在唐人街举办了隆重的牌楼落成大典。

中国驻加拿大大使兰立俊、北京市政府代表——北京市委常委、市总工会主席梁伟以及加拿大联邦政府众议院领袖约翰·贝尔德、安大略省议会议员亚西尔·纳可维、渥太华市长拉里·奥布莱恩等出席致辞并为牌楼剪彩。加拿大联邦参议员戴伊、利德惠、哈伯、众议员杜瓦、伽利浦及渥太华市议员、官员、华人华侨代表共600余人出席了仪式。

兰立俊大使在致辞中表示，渥太华中国城牌楼的建成是标志北京、渥太华两市友好往来和合作的重要里程碑，也是中加友谊的象征。在双方政府、有关组织和个人的大力支持下，牌楼将成为渥太华的重要地标，为今年庆祝两国建交40周年献上了一份大礼。

梁伟主席在讲话中代表郭金龙市长、北京市政府和北京人民祝贺牌楼落成，并表示，此次北京市捐赠给加拿大人民的牌楼是中国皇家牌楼中等级最高、最为华丽的。北京市派出了最优秀的工匠，与加拿大工程人员和社会各界人士并肩工作了6个月的时间，终于建成了这座牌楼。这是京、渥两市乃至中加两国间友谊的结晶。

贝尔德发言说："这座牌楼是渥太华居民和游客了解中国文化传统的窗口，也是渥太华与北京姊妹情深的象征。渥太华唐人街是不同文化、不同社区在加拿大首都生根发芽、蓬勃发展的光辉典范。"奥布赖恩说："这座壮观的牌楼象征着渥太华华人社区的成功，以及对首都经济繁荣和文化发展所作的重要贡献。华人社区多年的梦想终于实现了。"加中双方均表示，牌楼建成是加拿大三级政府、渥太华华人社团与北京市政府、中国驻加使馆密切合作的结果，牌楼在中加建交40周年之际落成尤具特殊意义。他们共同祝愿加中战略伙伴关系进一步深化发展。

华人移居渥太华地区一百二十多年来，为当地社区的发展做出了重要贡献，唐人街牌楼就是一块光荣的历史纪念碑，同时它也成为渥太华多元文化的又一重要标志与实地景观。

典礼在中加两国国歌中开始，渥太华华人社团表演的舞狮为庆典增添了浓烈的节日气氛。典礼后，与会宾客又前往渥太华市政厅出席了奥布莱恩市长举行的庆祝中加建交40周年、牌楼落成和北京市"魅力北京"纪念图片展开幕的招待会。

《人民日报》、新华社及当地《渥太华公民报》、《世界日报》、新时代电视台等媒体均对落成典礼进行了报道，兰大使在现场还接受了上述媒体的采访[293]。

揭去盖在石狮身上红布的还有社区代表，他们是周强安、吴仲觌、Diane Holmes、李永华、苏锦堂、杨武发、Ron Tomlinson 与谭夏幅珍等人。渥太华市长奥布莱恩和北京市总工会主席梁伟为狮子点睛，即用清水为两尊狮子洗眼，象征双狮觉醒，开始尽责守护渥太华唐人街的牌楼。面对眼前这座崭新的牌楼，在场的华侨华人感慨良多。八十多岁高龄的画家周玉琴老太太坐着轮椅来到典礼现场，她对记者说："真是太令人激动了！牌楼能建起来很不容易，全靠政府和大使馆，这里的华人很多也都捐了款，大家联合起来力量是很大的。"

这座由北京市古代建筑研究所设计的牌楼位于渥太华唐人街的东口，宽12.8米，高12.63米，为两柱九楼结构，门前面东蹲一对大石狮。牌楼正中书写"渥太华唐人街"六个大字，牌楼两侧柱脚处各有四只水兽站在群山之巅，寓意"兽（寿）比山高"。整个建筑宏伟、高雅，饱含中国古典皇家建筑的风韵[294]。

2010年11月2日，兰立俊大使出席了牌楼委员会的庆功晚宴，并给每位委员颁发了纪念牌。工程队回国后，北京市文物古建工程公司也为牌楼工人举行了一次晚宴，晚宴上宣读了北京市政府的贺信。

牌楼项目2010年4月30日开工，同年9月30日完成主体工程，总工期6个月。先后由北京送来两批能工巧匠，每批16人。施工期间，萨马赛特商业促进会（BIA）、牌楼委员会与渥太华当地华人及华人团体都十分关心牌楼建设，并尽可能为施工工人提供帮助。

牌楼委员会委员杰森·凯利在国际劳动节（5月1日）和加拿大劳工节（9月6日）分别请先后到达的两批工人去他经营的旅馆 Montary Inn 餐厅享用经典的西餐。湄江（Mekong）餐馆的业主陆杰志在每批工人到达后也都在餐馆设宴招待。加华文化中心与华联会也曾邀请过工人用餐。

牌楼建成后交由"萨默塞特唐人街商业发展区（Somerset Chinatown Business Improvement Area）"管理维护。为预防自然界灾害如地震、强风等可能引发的意外，管理方借2011年布朗森道封路维修之机，请人为牌楼安装钢筋加固，以保障公众安全。

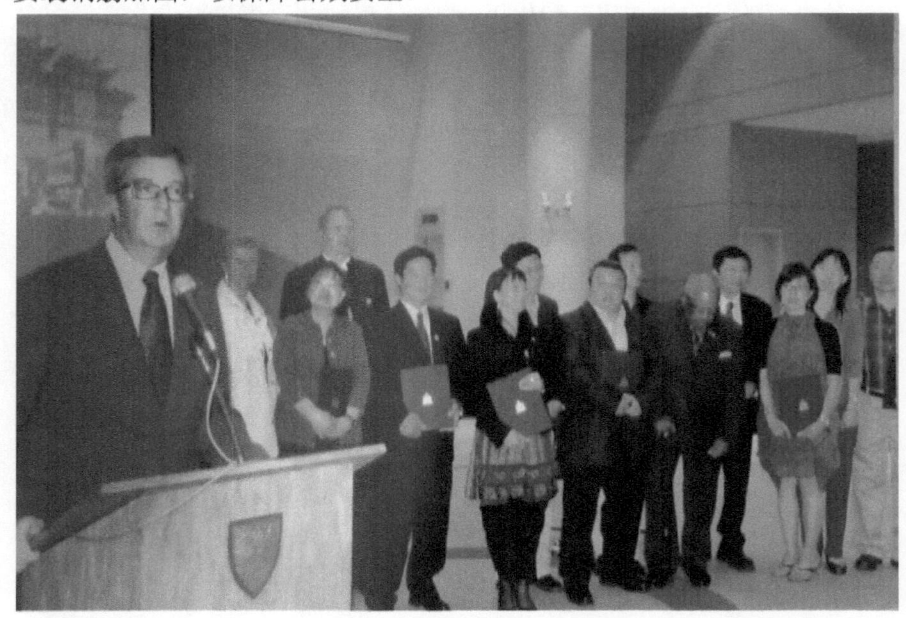

图片 266　2011年6月市长沃森为牌楼委员会委员颁发荣誉证书（周树邦提供）
左起：沃森（市长）、Dian Holms（市议员）、甄黄丽明、杰森·凯利、
杨武发、黎宝珍、张志刚、苏锦堂（BIA）、陆杰志（BIA）、
Gus Este、周树邦、李爱贞、辛雪、邓家昌

　　新任市长吉姆·沃森于2011年6月为牌楼委员会委员颁发荣誉证书。渥太华唐人街牌楼获得了北美公共建筑协会2011年度公共建筑工程奖，北京市文物古建工程公司派代表参加了在美国丹佛举行的颁奖仪式。

　　2013年5月1日，加拿大邮政局发行了以加拿大渥太华、多伦多、温哥华等8个城市的唐人街牌楼为原型的国内版永久邮票和纪念邮票。邮票和首日封与一本彩色纪念册同时发行。牌楼是中国特有的门洞式建筑，也是公认的中国文化标识之一，以唐人街牌楼为主题发行邮票，在世界上尚属首次。

　　在采写牌楼这段历史时，得到了周树邦先生一如既往的协助。周先生作为当年牌楼委员会的理事，亲历牌楼建设的全过程，并联系其他当事人，为作者提供了大量详尽的资料。他回顾往事，说有幸参与牌楼建设是自己一生中最有意义的经历。他认为牌楼建设为海外华人社区发展和服务也摸索出一些经验，首先要善用加中两国的公共资源；其次要建立一支团结的团队，而团队成员与项目的目标和运作不应存在利益关系；第三需要一位有能力的领袖，知人善任；再有就是要对加拿大三级政府、中国政府及全体华人负责。

　　无疑，渥太华唐人街这座极富中国古典建筑神韵的牌楼已经成为渥太华市的一个新地标。而对于华人，这座牌楼就是中华文明和民族精神的一个缩影。

# 在参议院关于排华法案的发言——代结语

  渥太华华人正在谱写着愈来愈灿烂的新篇章。渥太华唐人街牌楼落成于2010年，本书内容也将结束于这一辉煌的时刻。

  一年之后，加拿大进行了2011年人口普查。加拿大首次进行人口普查是在1666年，塔隆（Jean Talong）在新法兰西（New France）逐户调查，共搜集到3,215人的资料。而目前加拿大每五年进行一次人口普查。2011年5月进行的全国人口普查显示加拿大人口已经达到3,350万人。加拿大移民比例显著增长，人口中有680万名国民出生在国外，占总人口的20.6%。其中华裔族源（Ethnic Origin, Chinese）人数为149万，较2006年人口普查增加了14万人。渥太华首都地区人口1,236,324人，继多伦多、蒙特利尔与温哥华之后，排位全国第四。

  渥太华华人已经渗透到餐饮之外的各行各业，包括高科技、教育、信息、金融、商业、旅游、房地产、制造业……并开始进入政坛，深度融入自己选择的国家。他们脚踏实地努力工作，充分发挥自己的智慧与才能，与加拿大各种族各民族的人民一道，携手共建美好家园、共创美好未来。

## 感谢与感悟

  写这个结语，时间已经来到2024年的早春四月。借此机会，衷心感谢张瑞文先生九年前给我创造了开始写这本书的契机，这是他的心愿，也是我的心愿，更是许多渥太华老华人的心愿。感谢周树邦先生自始至终帮助我联系各界华人特别是那些令人敬佩的前辈，让我有机会获取珍贵的第一手资料。这本书的写作离不开渥太华众多华人与社团的鼎力相助，在此一并致谢！其实你们就在书中记录的一个个故事或事件中，相信很多人都能在这本书中找到自己或家人的名字，甚至看到自己的照片。我为你们骄傲，你们创造了历史！

  特别感谢加拿大联邦参议员胡子修先生（The Honourable Senator Victor Oh）对本书的肯定并为之作序，感谢参议员助理 Bonita Zhu 女士的大力协助。你们让我有机会近距离了解加拿大的国会运作，了解加拿大多元文化的包容与开放，同时感受到这个国家旺盛的生命力。

  感谢常年一起笔耕的夏晨先生牺牲自己的宝贵时间认真细致校对本书，感谢他严谨的勘误、查证与建议，特别是传授宗教方面的相关知识，提供正确的词语及表达方式。

非常感谢资深翻译家申慧辉女士，她规范而功底深厚的润色使我的英文发言稿变得清晰准确而更具力量。

感谢渥太华加华艺术协会会长著名书法家曲永仲先生为本书题写书名。他遒劲沧桑的书法特别契合本书的内容，同时展现了来自渥太华华人的艺术魅力。

我对渥太华华人历史抱有浓厚的兴趣，然而学识有限、经历有限、所涉猎的范围有限、所接触的各界人士有限，所以这本书难免以偏概全，疏漏掉重要的人物和事件，甚至出现错误，敬请各界有识之士不吝指正并多多包涵。如有新的史实与线索，欢迎联系我，让我们一同将渥太华华人的历史记录下来。这本书侧重于2010年唐人街牌楼建成之前的历史，由于历史的延续性，也顺带写了一部分其后发生的事情。我真诚期待更多的人来一起描绘2010年之后的渥太华华人生活图景。

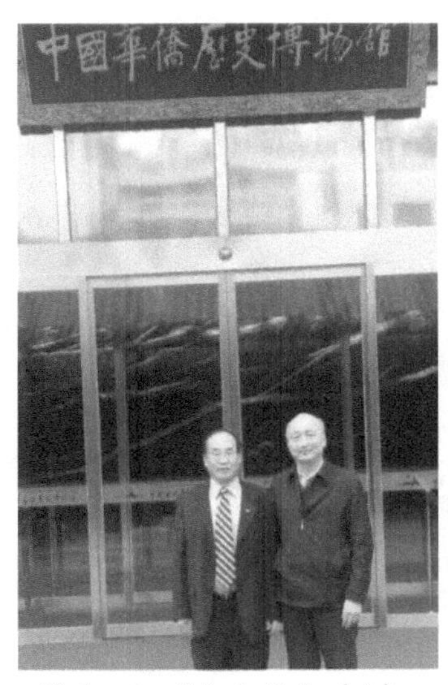

图片 267 黄纪凯馆长（右）与作者在博物馆门前合影，2018年1月28日，笑言提供

2018年1月28日，我借回国探亲之机，向中国华侨历史博物馆捐赠了一些自己整理的关于渥太华华人的文献资料。黄纪凯馆长热情接待了我，并希望海外华人能捐赠一些具有历史价值的实物，以保留历史的原貌。

在编写这本书的过程中，我一边埋头于故纸堆中，在浩瀚的资料中寻找渥太华华人零星的历史踪迹，一边又生活在当下的现实环境中，去华人超市买菜、去中餐馆吃饭、拜访健在的华人前辈、在斑驳的墓碑上辨别亡者的姓名……时空恍若错位，有一种穿越的感觉。

今日之新闻，即后人之史实。历史延伸进今天的生活，而今天的生活又必将为后人所追溯。

每当写到那些让人感动的故事、那些令人骄傲的成就时，我往往感觉自己仿佛也身临其境，真切地体会着那份成功的喜悦与荣耀，不禁拍案叫好！

而另一方面，在这本书中，"去世"绝对是一个高频词。写作时我常常心情沉重，往往非常简单的事实，便具有锤击人心的力量。由于加拿大的排华法案、由于日本对中国发动的侵略战争，种种阻隔使得华人先驱无法与家人团聚。很多人孤老终身，就像开篇的朱汤姆那样孤零零地埋骨他乡。而回国娶妻的，妻子却无法随之前往加拿大，只能留在中国独守空房。就像林焕再回故乡时，从未踏上加拿大国土的妻子已经不在人世，只能阴阳两隔空余憾，悲对孤冢，泪洒黄土。

生生不息，坚忍不拔，是中华民族屹立自强的高贵品质。华夏文明不仅滋润中华大地，也飘洋过海，播撒世界。渥太华从最初的五家华人，到如今超过五万华人，发生了沧海桑田的巨变。海外华人百年来自强拼搏赢得公平与正义本身，也证明了排华反华终将是徒劳的，和谐共存才是人间正道。

## 参加纪念废除排华法案70周年活动

1923年至1947年，加拿大历史上的排华法案造成无数加拿大华人家庭被阻隔在太平洋两岸长达24年之久。曾经有老华人满腔愤懑地说，24年在加拿大连死刑犯都从监狱里放出来了。

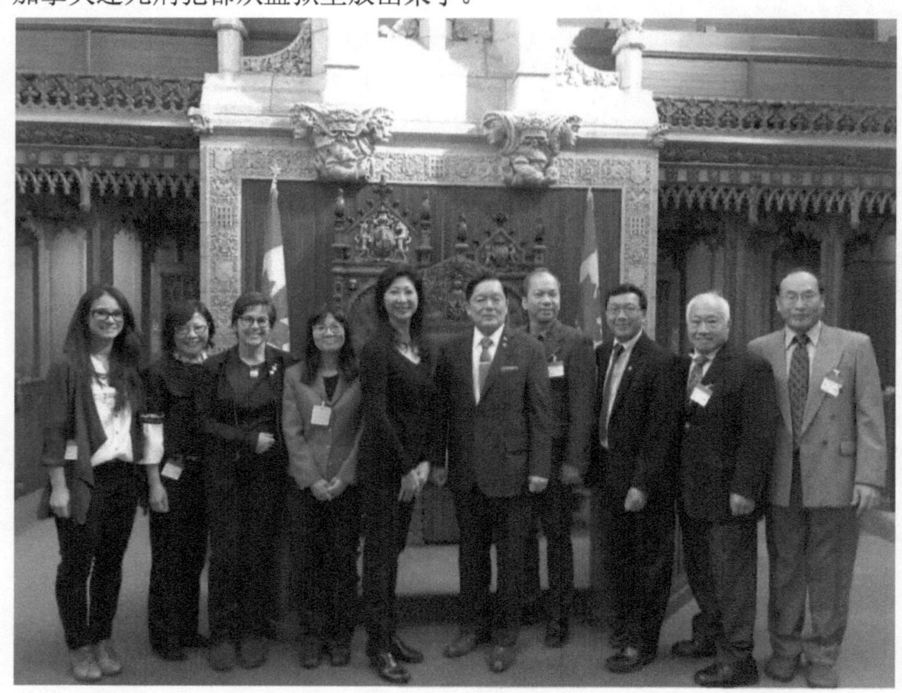

图片 268 废除排华法案70周年纪念日在加拿大国会参议院，2017年5月9日
左起：(缺名), Amy Go, (缺名), Avvy Yao-Yao Go, Susan Eng, Senator Oh (胡参议员),
Keith Wong, Robert Yip, Yew Lee, Jeff Wang (笑言)

这样一个特别针对华人的歧视性法案，经过几代加拿大华人的不懈努

力，终于在1947年5月14日被加拿大政府废除了。2017年，是加拿大建立联邦国家150周年，是一个喜庆祥和的年份。而这一年，又恰逢加拿大政府废除排华法案70周年。

2017年年初，加拿大参议院胡子修、莉莉安·迪克与胡元豹三位华裔参议员开始筹划关于废除排华法案70周年的官方纪念活动。2017年5月9日，由胡子修参议员依照程序在参议院会议大厅提出动议，举办纪念废除排华法案70周年活动。作者有幸应邀与其他资深华裔权益活动家列席旁听。

胡参议员发言时表彰了争取加拿大华人权益的人士，他念出了旁听席上我们的名字。我们一同起立致意并接受掌声。胡参议员在当晚活动结束后的推特中说："Today, I recognized various activists who successfully lobbied the Government to apologize for Canada's anti-Chinese immigration policies.（今天，我表彰了几位活动人士，他们成功地游说加拿大政府就排华法案道歉。）"

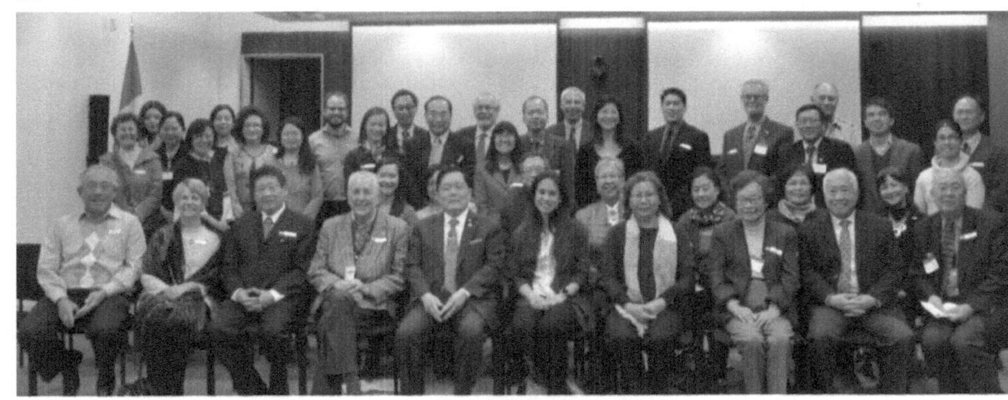

图片 269 2017年5月9日纪念活动结束后合影留念
（笑言提供）

当晚，加拿大参议院胡子修参议员（Senator Oh，安省）、迪克参议员（Senator Lillian Dyck，萨省，华裔）和胡元豹参议员（Senator Yuen Paul Woo，BC 省）在渥太华共同主持了纪念废除排华法案70周年的纪念活动。

作者作为五位主讲人（Panel Speaker）之一做了活动的主题发言。以下为发言整理稿：

# Endeavors of the Ottawa Chinese Immigrants during the Time of the Chinese Exclusion Act

Presented by Jeff Wang (笑言)

**Background**

In 1923, the Chinese Immigration Act was passed in order to further restrict Chinese immigration. "The legislation virtually restricted all Chinese immigration to Canada by narrowly defining the acceptable categories of Chinese immigrants."[295] Although described as "narrowly", in fact this act almost completely closed the door to Chinese immigration to Canada.

In 1907, the Chinese Consul Yang Shuwen presented to the Canadian government a "gentlemen's agreement", similar to the Canada-Japan gentlemen's agreement, yet it was not taken seriously or perhaps intentionally ignored due to China's poverty and low international status at the time.

During the summer of 1922, the Canadian government was negotiating a new treaty with China. With the encouragement of the Chinese Consul-General Chilien Tsur, the Chinese communities across Canada organized a petition to the Canadian government requesting the new Canada-China treaty to accommodate Chinese immigrants' sentiments.

**"Humiliation Day"**

The Chinese Exclusion Act was passed into law on July 1st, 1923, coinciding with the Dominion Day of Canadian Confederation. The Chinese communities referred to this day as "Humiliation Day" and refused to participate in the Dominion Day celebrations for many years to come.

**Story of Joe's Family – The last lucky person**

Mr. Bill Joe is well known in the Ottawa Chinese community not only because of his success in business, but also because of his legendary family history in Ottawa. Bill's father Joe Shung opened Joe's Laundry & Cleaners at Slater Street sometime between 1915 and 1916. In 1919, Joe went back to China and married Kai-voon Zhang. However, she could not return to Canada with him and had to remain in Guangdong because the voyage was quite expensive. After a great effort, Mrs. Joe was able to arrive in Ottawa in 1922 just before the act took effect, thus became the last lucky Chinese.

## The Beechwood Cemetery and the Chinese Benevolent Association

During the 1920s, as long as it was affordable, the Chinese wished to have their bodies sent back to China after they passed away. When the Chinese Exclusion Act was in force, the Chinese families decreased in number. More and more Chinese died without money to have their bodies carried back to China or even buried locally. The Ottawa Chinese gathered together and helped each other with joint efforts. In 1925, the Hum Mong and Hum Quon brothers, Joe Shung and Sue Wong, together with some others, raised funds to designate an area as the Chinese section at the Beechwood Cemetery. Twelve years later, in 1937, after the outbreak of the war in China resisting the Japanese invasion, civilian transportation across the Pacific Ocean was cut off, so the Ottawa Chinese Consolidated Benevolent Association made a second major purchase of another 50 more lots at Beechwood.

In 1993, the Ottawa Chinese community raised funds and erected a memorial pavilion Huaiyuan Ting (怀远亭) at Beechwood.

When I visited the cemetery in 2015, there were about a hundred Chinese graves. In the Chinese tradition, people are buried in small mounds with a standing tombstone at the front. These graves were, however, underground and all tombstones were set flat on the ground. The tombstones were so close to each other that I mistook them as stepping stones at first glance.

## Supporting the War against Japan

Of all the periods in the history of the Canadian Chinese immigrants, 1937 to 1947 was the most active and momentous decade when the Chinese communities in Canada achieved the greatest solidarity they had ever demonstrated.

Fund raising activities were widely organized in Ottawa and the surrounding areas. In 1940, the Chinese government issued state-owned bonds, which Ottawa Chinese responded to positively. In 2015, Mrs. Susan Lee and Mr. Bill Joe showed me the bonds that they had kept until today.

On November 18, 1941, the Chinese Government formally signed an agreement with the Canadian government to elevate the diplomatic relations between the two countries from the consular level to the ambassador level. Mr. Liu Shih Shun was appointed as the first Chinese ambassador to Canada. He worked very hard to build a positive image of China by giving public speeches and meeting Canadians at all levels.

## Stories about the Flying Tigers

Apart from various fund raising, some Chinese directly returned to China to join the Chinese army in the front line. Some of them lost their lives in the battle fields for their motherland.

A Chinese Canadian, Dan Wong, married Mary Fong from Ottawa and ran a business between Montreal and Ottawa. Around 1943, he bought an airplane with his own hard-earned money and flew back to China to join the Flying Tigers of the Chinese Air Force in fighting against the Japanese invaders.

Albert, together with his brother Cederic Mah, also joined the Flying Tigers and left behind many stories, especially about the famous "hump route", according to the memoir written by Joe Hum, a former president of the Chinese Community Association of Ottawa.

## The First Lady of China visited Canada

On February 17, 1943, the First Lady of the Republic of China, Mrs. Chiang, also known as Madame Song Meiling, was invited by the US President Franklin Roosevelt to visit the White House. Canadian prime minister Mackenzie King made a special trip to New York and invited her to visit Canada. On June 14 of the same year, Mrs. Chiang travelled from New York to Ottawa for a three-day visit. She gave a speech at Canada's Parliament Hill.

## Repeal of the Chinese Exclusion Act

During the Second World War, Canada and China became allies. This ameliorated the Chinese Canadians' support for both Canada and China. This wartime joint effort significantly improved the other Canadians' attitudes towards the Chinese Canadians. Back in the 1880s, the Chinese labourers made great contribution to the construction of the Canadian Pacific Railway (CPR). In the subsequent decades, although Chinese were restricted to work in a limited number of business and services, their important contributions still gained the recognition from other Canadians. The Chinese in Vancouver, Toronto, Ottawa and other places repeatedly pleaded to the federal government to repeal the act of prejudice.

On May 14, 1947, the Canadian government finally repealed the Chinese Exclusion Act. Huge celebrations took place in the Chinese communities across Canada. Thousands of Chinese family reunion ensued in the following years. Twenty four years of families kept apart finally ended. Nowadays, after the great efforts made by generations of the Chinese immigrants in Canada, the Chinese have gained the same legal rights as all other Canadians do. We are grateful to the pioneering Chinese immigrants. and we are also grateful to those Canadians who have supported this redress movement.

# 附录

## 渥太华及周边部分地名及街道中英文对照

| 英文名称 | 中文译名 | 旧称、别称/备注 |
| --- | --- | --- |
| Admiral Avenue | 阿德莫若大道 | |
| Albert Street | 阿尔伯特街 | |
| Arthur Street | 阿瑟街 | |
| Aylmer | 艾尔默地区 | |
| Bank Street | 班克街 | 银行街 |
| Barrhaven | 巴黑文区 | |
| Baseline Road | 贝斯莱路 | |
| Bay Street | 贝街 | |
| Bayshore | 贝绍区 | |
| Beaufort Drive | 博福特路 | |
| Beechwood Cemetery, The | 比奇伍德公墓 | 必治活坟场 |
| Bells Coners | 贝尔角 | |
| Bell Street | 贝尔街 | |
| Bridge Street | 布瑞治街 | 改名艾迪街 Eddy St |
| Britannia Area | 不列颠区 | |
| Broadview Avenue | 伯劳德沃尤大道 | |
| Brockville | 布鲁克维尔镇 | |
| Bronson Avenue | 布朗森大道 | |
| Bytown | 拜城 | 1854年前渥太华旧称 |
| Byward Market | 拜沃德市场 | |
| Cambridge Street North | 剑桥北街 | |
| Canal Lane | 运河街 | |
| Carleton Place | 卡尔顿之地镇 | |
| Carling Avenue | 卡林大道 | |
| Carp | 卡尔普镇 | |
| Carson Road | 卡森路 | |
| Cathay House | 国泰酒家 | |
| Champlain Bridge | 尚普兰大桥 | |
| Civic Centre | 市民中心 | 现 Lansdowne Park |
| Clarence Street | 克拉伦斯街 | |
| Constellation Drive | 康斯特雷申 | |
| Cooper Street | 库珀街 | |
| Dalhousie Street | 戴豪斯街 | |
| Dupont Street (Hull) | 杜邦街 | |
| Eddy Street | 艾迪街 | 前 Bridge Street |
| Elgin Street | 艾尔根街 | |
| Florence Street | 佛罗伦斯街 | |
| Frank Street | 法兰克街 | |
| Gatineau | 加蒂诺 | |

| Gilmour Street | 吉尔莫街 | 基磨街、纪磨街 |
| Golden Palace | 金殿餐馆 | |
| Gloucester | 格劳斯特区 | |
| Gloucester Street | 格劳斯特街 | |
| Grove Street | 格鲁伍街 | |
| Heron Road | 赫荣路 | |
| Holland Avenue | 荷兰大道 | |
| Hunt Club Road | 亨特克拉布路 | |
| Hintonburg | 辛顿堡区 | |
| Island Park Drive | 爱兰德帕克路 | |
| Kanata | 卡纳塔区 | |
| Kent Street | 肯特街 | |
| King Edward Avenue | 埃德沃德国王大道 | |
| Laurier Avenue W. | 劳瑞尔西街 | |
| Lansdowne Park | 兰斯顿公园 | |
| Lester Rd | 斯莱特路 | |
| Lisgar Street | 利斯伽街 | |
| Maclaren Street | 麦克拉伦街 | |
| Main Street | 主街 | 各城镇都有主街 |
| March Road | 马驰路 | |
| Merivale Road | 麦瑞维尔路 | |
| Metcalfe Street | 麦特卡夫街 | |
| Michael Cowpland Dr | 麦考·考普兰路 | |
| Montreal Road | 蒙特利尔路 | |
| Murray Street | 莫瑞街 | |
| Nepean | 尼平区 | |
| Northside Road | 诺斯赛德路 | |
| Nortre Dame High School | 诺特丹姆中学 | |
| O'Connor Street | 奥康纳街 | |
| Ogilvie Road | 奥吉尔维路 | |
| Orleans | 奥林斯区 | |
| Osgoode Street | 奥斯古德街 | |
| Ottawa | 渥太华 | 渥京、加京、坎京、柯京 |
| Parkdale Avenue | 帕克代尔大道 | |
| Percy Street | 帕西街 | |
| Perth | 珀斯镇 | |
| Preston Street | 普拉斯顿街 | 意大利街 |
| Prince Of Wales Drive | 威尔士王子路 | |
| Queen Street | 奎恩街 | 皇后大街 |
| Richmond Road | 瑞奇芒德路 | |
| Rockliffe Airport | 罗克利夫机场 | |
| Rideau Street | 丽都街 | 里多街 |
| Rochester Street | 罗切斯特街 | |
| Saint Laurent Boulevard | 圣洛朗林荫大道 | 圣拉让 |
| Samuel-Genest High School | 塞缪尔中学 | |

| | | |
|---|---|---|
| Slater Street | 斯莱特街 | |
| Smith's Falls | 史密斯瀑布镇 | |
| Sparks Street | 斯巴克思街 | |
| Somerset Street West | **唐人街**，萨默塞特西街 | 森玛锡西街、三文锡西街 |
| Rue Saint-Étienne | 圣艾蒂安街 | |
| St. Joseph Boulevard | 圣约瑟夫大道 | |
| St. Joseph Caroline High School | 圣约瑟夫·卡若林中学 | |
| St. Laurent Boulevard | 圣拉让林荫大道 | |
| St. Nicholas Adult High School | 圣尼古拉斯成人中学 | |
| St. Patrick Street | 圣帕特里克街 | |
| Ste Anne Ave | 圣安妮道 | |
| Sussex Drive | 苏塞克斯街 | |
| Vanier | 瓦尼尔区 | |
| Waverley Street | 维沃里街 | |
| Wellington Street | 威灵顿街 | |
| Westboro | 万斯特伯鲁 | |
| Willow Street | 维露街 | |
| York Street | 约克街 | |

## 刊物媒体中英文对照

| 英文名称 | 中文译名 | 语种 |
|---|---|---|
| Chinese Times | 大汉公报 | 中文 |
| Canada China News | 中华导报 | 中文 |
| Capital Chinese News, The | 加京华报 | 中文 |
| comefromchina.com | CFC 中文网 | 中文 |
| Ottawa Citizen | 渥太华公民报 | 英文 |
| Ottawa Journal | 渥太华新闻报 | 英文 |
| Ottawa Chinese Community News | 加华侨报 | 中文 |
| Ottawa Weekend | 渥京周末 | 中文 |
| Health Times | 健康时报 | 中文 |
| Montreal Gazette | 蒙特利尔公报 | 英文 |
| Sept 七天 Days | Sept 七天 Days | 中文 |

## 历任中国驻加拿大最高外交使节[296]

清廷于光绪卅四年（1908年）十二月十八日批准在英属加拿大设总领事。

### 大清驻加拿大总领事（1909年－1911年）

| 姓名 | 任命 | 任命中历 | 离任 | 离任中历 | 职务 |
|---|---|---|---|---|---|
| 龚心钊 | 1901.01 | 光绪卅四年十二月 | 1910.07 | 宣统二年六月 | 总领事 |
| 王斯沅 | 1910.07 | 宣统二年六月 | 1913.02[注] | 宣统五年，民国二年 | 总领事 |

[注] 已公开资料中，王斯沅离任时间多为1911年，宣统三年。实际上应为1913年2月14日，宣统五年，民国二年[297]。

## 中华民国驻加拿大（渥太华）总领事（1913年－1941年）

中华民国成立后，在英属加拿大设置总领事馆。1931年《威斯特敏斯特法》通过后加拿大成为主权国家，中国与加拿大遂正式建立领事级外交关系。1932年，驻加拿大总领事馆改称驻渥太华总领事馆。

| 姓名 | 任命 | 到任 | 离任 | 衔级 | 外交职务 |
|---|---|---|---|---|---|
| 杨书雯 | 1913年8月11日 | | 1921年6月13日 | 领事 | 总领事 |
| 徐善庆 | 1921年6月13日 | | 1921年8月18日 | 领事 | 总领事 |
| 周启濂 | 1921年6月14日[注] | | 1923年11月13日 | 领事 | 总领事 |
| 罗昌 | 1923年11月13日 | | 1925年1月6日 | 领事 | 总领事 |
| 周国贤 | 1925年1月6日 | | 1929年 | 领事 | 总领事 |
| 李骏 | 1929年12月31日 | | 1934年6月12日 | 领事 | 总领事 |
| 周熙岐 | 1934年6月12日 | | 1939年2月9日 | 领事 | 总领事 |
| 时昭瀛 | 1939年2月28日 | | 1942年2月9日 | 领事 | 总领事 |
| 刘师舜 | 1941年11月18日 | 1942年2月18日 | （升任大使） | 公使 | 特命全权公使 |
| 刘师舜 | 1944年2月17日 | 1944年2月17日 | 1947年3月28日 | 大使 | 特命全权大使 |
| 刘锴 | 1947年5月29日 | 1947年6月6日 | 1962年7月30日 | 大使 | 特命全权大使 |
| 徐淑希 | 1962年12月19日 | 1963年2月26日 | 1967年3月1日 | 大使 | 特命全权大使 |
| 薛毓麒 | 1967年3月1日 | 1967年4月2日 | 1970年10月13日 | 大使 | 特命全权大使 |

[注] 已公开资料中，周启濂于1922年4月5日接任总理事，但在《渥太华新闻报》的报道中，1921年6月14日前任杨书雯在渥太华去世时，周启濂便是继任总领事[298]。另有资料称周启濂为代总领事。1941年8月29日，中华民国与加拿大商定互派公使。

1944年2月17日中华民国驻加拿大公使馆升格为大使馆后，公使刘师舜升任大使。1970年10月13日，中华民国与加拿大断交。

## 中华人民共和国驻加拿大大使（1971年－2024年）

1970年10月13日，中华人民共和国与加拿大正式建交后，于1971年开始派遣驻加拿大大使。

| 姓名 | 到任 | 离任 | 外交衔级 | 外交职务 |
|---|---|---|---|---|
| 徐中夫 | 1971年2月1日 | 1971年7月 | 参赞 | 临时代办（筹备开馆） |
| 黄华 | 1971年7月23日 | 1971年7月27日 | 大使 | 特命全权大使 |
| 姚广 | 1972年3月9日 | 1973年9月7日 | 大使 | 特命全权大使 |
| 章文晋 | 1973年9月17日 | 1976年12月20日 | 大使 | 特命全权大使 |
| 王栋 | 1973年9月17日 | 1983年2月 | 大使 | 特命全权大使 |
| 余湛 | 1983年9月26日 | 1986年10月24日 | 大使 | 特命全权大使 |
| 张文朴 | 1986年12月 | 1990年7月6日 | 大使 | 特命全权大使 |
| 温业湛 | 1990年9月 | 1992年11月 | 大使 | 特命全权大使 |
| 张毅君 | 1992年12月 | 1997年2月 | 大使 | 特命全权大使 |
| 查培新 | 1997年2月 | 1998年6月 | 大使 | 特命全权大使 |

| 梅平 | 1998年8月 | 2005年3月 | 大使 | 特命全权大使 |
|---|---|---|---|---|
| 卢树民 | 2005年3月17日 | 2008年5月 | 大使 | 特命全权大使 |
| 兰立俊 | 2008年6月 | 2010年11月 | 大使 | 特命全权大使 |
| 章均赛 | 2010年11月19日 | 2014年5月2日 | 大使 | 特命全权大使 |
| 罗照辉 | 2014年5月8日 | 2016年9月26日 | 大使 | 特命全权大使 |
| 卢沙野 | 2017年2月28日 | 2019年6月 | 大使 | 特命全权大使 |
| 丛培武 | 2019年9月22日 | | 大使 | 特命全权大使 |

# 参考文献


1 Martin Gregory, The lonely grave of Tom Chu, Blog Counter-cultured, 2012-04-19，
  https://martinnestor.wordpress.com

2 Len Chester, OGS Research, Email reply to Tom Chu's Grave, 2015-03-31

3 Denise Chong (郑霭玲), Lives of the Family - Stories of Fate and Circumstance, 2013,
  Random House Canada, ISBN 978-0-307-36123-3, hardcover, 222 pages.
  http://www.bytown.net/chinese.htm

4 Hon. Vivienne Poy (利德蕙), Debates of the Senate (Hansard) 1st Session, 36th Parliament,
  Vol. 137，Tuesday, February 2, 1999

5 John Meares, Wikipedia, http://en.wikipedia.org/wiki/John_Meares

6 Debates of the Senate (Hansard) 1st Session, 36th Parliament, Vol. 137 Tuesday,
  February 2, 1999

7 布莱恩·艾文斯( Brain Evans)，"加拿大、中国关系的过去、现在与未来"（录音整理），
  "日知论坛"（十六），http://sohac.nenu.edu.cn/kyss/asia/bbs/baogao/16(Evans).htm

8 Beyond the Railway Narrative: Exclusion and Agency in Chinese Canadian History before
  1947, P39, Diane Christine Oliver, A Thesis Submitted to Saint Mary's University,
  2021-12-21

9 Canada's Governments and the "Chinese Problem", from "Kootenay: an exploration of
  Historic Prejudice and Intolerance",
  http://web.archive.org/web/20040316180406/collections.ic.gc.ca/kootenay/ethnic/governme
  nt.asp

10 Tax On Chinese Totals $233,500, Page 1, Ottawa Journal, 1909-11-01

11 Crisis Coming in China, Page 7, Ottawa Journal, 1900-06-05

12 梁启超，《新大陆游记》（三），1903年

13 Chronology, Website of Canada-China Friendship Society,
   http://www.ccfso.org/chronology-canada-china-relations

14 Assault Case Ends with Fine, Page 9, Ottawa Journal, 1910-04-06

15 Chinese Consul Arrives To-day, Page 1, Ottawa Journal, 1910-10-14

16 陈鹏翔、张静二合编，《从影响研究到中国文学：施友忠教授九十寿庆论文集》，
   P222（"信、雅、达"新诠，罗青），ISBN 957-586-246-5, 台北市书林1992年出版

17 Diamond Ring Was Stolen, P1, Ottawa Journal, 1913-02-15

18 Chinese Consul., P1, Ottawa Journal, 1913-02-25

19 Impressive Service For Former Consul, P18, Ottawa Journal, 1921-11-25

20 Cartoon on Chinese immigration in Saturday Sunset, 1907. VPL 39046,
   http://www.vpl.ca/bcsaturdaysunset/

21 邓书杰、李梅、吴晓莉、苏继红，《新潮涌动（1910-1919）》，青苹果数据中心，
   2013年12月18日

22 Elected An Ottawa Man, Page 3, Ottawa Journal, 1910-08-17

23 王起鹍，"孙中山先生的华侨情——纪念孙中山先生诞辰140周年"，2006年10月3日

24 Senator Dyck, Senator Oh and Senator Woo: Chinese-Canadians' resilience

25 弓木，"渥太华华人百年史(1)"，《渥京周末》，2000年12月8日

26 Jean-Guy Daigle, From Survival to Success: The Chinese in Twentieth Century Ottawa, Department of History, University of Ottawa，原文为法文，有英译本

27 弓木，"渥太华华人百年史(2)"，《渥京周末》，2000年12月15日

28 The Chinese of Ottawa, P16, Ottawa Journal, 1910-04-02

29 谭锦照，《渥太华中文学校》校刊，1985年10月第8期，The Ottawa Chinese Language School: Its Infancy and Now

30 Library and Archives Canada, AMICUS No. 26189035, Qiang Li, Ethnic Minority Churches: The Case of the Canadian Chinese Christian Churches in Ottawa, ISBN 0-612-58288-4, Page 123

31 加京早期华人史略中文摘要，东安省泰山同乡会黄树尧
http://ccs.library.ubc.ca/trim/s/attachments/EOHSA2.pdf

32 Stephen Fisher, Changing Patterns of Social Organization among the Chinese in Ottawa: A Story of Internal and External Determinants, Thesis for Ph. D., Carleton University, 1979-09-14. P143

33 Jiwu Wang, "His Dominion" and the "Yellow Peril": Protestant Missions to Chinese Immigrants in Canada, 1859-1967

34 《加京华人联合教会》会刊，1984年10月

35 谭夏帼珍，采访，谭宅，2015年7月11日

36 Back from China, P7, Ottawa Journal, 1900-05-26

37 Chinese Company Will Work Farm Near Britannia, P1, Ottawa Journal, 1913-04-30

38 Harry Con, Ronald J. Con, Graham Johnson, Edgar Wickberg, William E. Willmott, From China to Canada: A History of the Chinese Communities in Canada, P143

39 Imposing Tribute Pioneer Member Chinese Colony, P17, Ottawa Journal, 1929-04-15

40 《加华侨报》，第2版，2006年8月18日

41 黄美龄夫妇，采访，渥太华"大统华"超市旁星巴克咖啡店，2015年8月27日

42 Sue Wong, Lives of the Family, livesofthefamily.com/sue-wong

43 Joe Sim, Lives of the Family, livesofthefamily.com/joe-sim

44 周彩琼，采访，渥太华滕王阁大酒楼，2015年7月10日

45 Traffic Court, Ottawa Journal, 1937-05-31

46 Harry Sim, The Boys Had To Slug It Out, Interviewer: Denise Chong, youtube.com/watch?v=3BU7PWJHk58

47 Withholds Decision On Bate Island Restaurant Site, P26, Ottawa Journal, 1946-06-21

48 $25,000 Restaurant For Bate Island, P3, Ottawa Journal, 1947-05-06

49 Allowed to Operate On 24-Hour Schedule, Ottawa Journal, 1949-03-15

50 $5,000 Damage Caused by Fire in Hull Apartment, P9, Ottawa Journal, 1949-06-17

51 Mr. and Mrs. J. Sim Mark Anniversary, P22, Ottawa Journal, 1958-10-08

52 Rene Pellerin, $50,000 Ont. Grant For Tourism Bureau, Ottawa Journal, 1971-04-23

53 "周日洪逝世"，《加京华报》，1983年1月1日

54 周强安夫妇，访谈，四海一佳中餐馆，2015年6月1日

55 Impressive Tribute To Joe-Shung, 63, Chinese Leader, P4, Ottawa Journal, 1956-08-08

56 William Joe, Speech, Early Chinese Settlers to Ottawa: From Marginalized to Mainstream, 2015-05-26

57 谭仕汉，访谈，谭宅，2015年6月21日

58 Jean-Guy Daigle, From Survival to Success: The Chinese in Twentieth Century Ottawa, Department of History, University of Ottawa, P8

59 Melina Young, The Lims live in Ottawa [video recording], 1996，AMICUS No. 24961257.SAW Video Media Art Centre's website at the following link: https://www.sawvideo.com/mediatheque/video/lims-live-ottawa

60 Joe Hum, Memoir, unpublished, P1

61 谭锦照，回忆录（未出版），第3至7页

62 李再思，《那些年、那些事》，《新华侨报》，2015年第12、14、15期

63 Ben Seng Hoe（何万成）, Enduring hardship: Chinese Hand Laundry in Canada, 1973

64 Chinese Family's Happy Reunion, Ottawa Journal, Page 37, April 18,1949

65 Lin Ho Garden full page ad, Ottawa Journal, Page 37, January 6,1977

66 Dave Allston, The "Chinese Laundry": A Hintonburg institution worth remembering, Kitchissippi Museum, 2016-01-19

67 ARCHIVED - The Early Chinese Canadians 1858-1947, https://www.collectionscanada.gc.ca/chinese-canadians/021022-1300-e.html

68 The Chinese Laundries, Ottawa Journal, 1895-07-06

69 No Use for the Chinee, Ottawa Journal, 1895-09-26

70 Complain of Ill Treatment, P3, Ottawa Journal, 1909-05-04

71 加拿大东安省台山同乡会，A Historical Brief of Chinese Canadians in Ottawa Ontario Canada（加京早期华人史略）, P32

72 Laundrymen's Dispute Has Court Sequel, Ottawa Journal, July 20, 1938

73 Paula McLaughlin, No more irons in the fire for Mr. Lin-Chong Ho, Ottawa Journal, March 22, 1976

74 Mustn't Spray the Clothes – Chinese Mouth-spray is Unsanitary, Ottawa Journal, May 9, 1912

75 J. Mc., Letter to the Journal, How's this, Sparks Street? Ottawa Journal, February 13, 1911

76 Paul Yee, Chinatown, James Loeimer & Company Ltd., Publishers, Toronto, P91

77 Library and Archives Canada, AMICUS No. 26189035, Qiang Li, Ethnic Minority Churches: The Case of the Canadian Chinese Christian Churches in Ottawa, ISBN 0-612-58288-4, Page 139-151, University of Ottawa

78 Day, J. R. 1922. "The Beginning and Growth of Chinese Work in Ottawa," in the Missionary Outlook, PP. 258-9. vol. 42, No.1 (January) 1922

79 Chinese Hosts in Knox Church, P6, Ottawa Journal, 1902-02-18

80 周树邦，采访，2015年4月3日

81 Leaflet of Chinese Mission and Christian Association,1926

82 《加京华人联合教会》会刊，1984年10月

83 Mah, Alice. 1987. "The Birth of the Church," in Ottawa Chinese United Church: The 25th Anniversary Commemorative Issue. P6

84 James R. Day Heads Chinese Mission, Ottawa Journal, P2, 1940-10-26

85 All-Chinese Hockey Team Makes First Appearance Here, P17, 1942-01-13

86 Chinese Mission Elects Officers At Annual Meeting, Ottawa Journal, 1942-11-02

87 Rev. Ian Burnett Addresses Mission, Ottawa Journal, 1943-10-29

88 J. M. Wyatt Heads Ottawa Chinese Mission, P10, Ottawa Journal, 1944-11-01

89 J. M. Wyatt Heads Chinese Mission, P12, Ottawa Journal, 1945-10-29

90 张云台，采访，2015年3月21日，渥太华华人联合教堂，班克街600号

91 周素品，采访，渥太华中文学校，2015年4月18日

92 《渥京周末》，"加京华人陵园基金会2015全侨扫墓"，2015年9月24日

93 Monday was Decoration Day, P10, Ottawa Journal, 1910-08-10

94 林维宪，采访，比奇伍德公共墓园，2015年6月27日

95 Jean-Guy Daigle, From Survival to Success: The Chinese in Twentieth Century Ottawa, Department of History, University of Ottawa，P8

96 胡博，《国民革命军将官总揽》

97 Peter Ward, White Canada Forever: Popular Attitudes and Public Policy toward Orientals in British Columbia (Montreal: McGill-Queen's University Press, 1978), 132.

98 Harry Con et al., From China to Canada: A History of the Chinese Communities in Canada (Toronto: McClelland and Stewart Limited, 1982), 131, 137-138

99 Patricia Roy, The Oriental Question: Consolidating a White Man's Province, 1914-1941 (Vancouver: University of British Columbia Press, 2003), 57; Con et al., 136

100 Ken Adachi, The Enemy that Never Was: A History of Japanese Canadians (Toronto: McClelland & Stewart Inc., 1991), 81-82

101 Harry Con, Ronald J. Con, Graham Johnson, Edgar Wickberg, William E. Willmott, From China to Canada: A History of the Chinese Communities in Canada, P138-140

102 陈美东、陈凯歌，《朱文鑫——纪念中国现代天文学家朱文鑫诞辰120周年》，群言出版社，2008年9月第1版

103 Arrives here for Wedding, Ottawa Journal, P2, 1928-03-17

104 瓢虫的家，《梁思顺与林徽因》，新浪博客 blog.sina.com.cn/s/blog_a254c89e01018lhf.html

105 陈学勇，《莲灯微光里的梦——林徽因的一生》，ISBN: 7020065562，人民文学出版社，2008年8月

106 Miss Lin to wear a unique dress, Ottawa Journal, P8, 1928-03-21

107 Miss Phyllis Lin and Dainty Bride in Pretty and Unique Ceremony, Ottawa Journal, P8, 1928-03-22

108 Asking Major Protect Local Chinese Cafes, P32, The Ottawa Journal, P2, 1928-12-29

109 石建国，《刘师舜:中国首任驻加拿大公使》，全刊杂志赏析网，http://doc.qkzz.net/article/7bdc561d-962a-4c63-ba2b-8db061b6e15e.htm

110 桑宜川：纪念抗战时期中国首任驻加大使刘师舜 https://www.365nettv.com/2012-08-12-20-36-48/84-2012-07-08-17-11-16/61784-2021-03-15-21-35-22

111 李黄雪琼（Susan Lee），采访，黄雪琼宅，2015年7月11日

112 杨美珠，采访，渥太华，2015年7月8日

113 日沈閣主，《美加华人史话：第二章 美加华侨青年壮志凌云(2)》 http://mysunsetpavilion.com/index_files/Page386.htm

114 刘小童，《驼峰航线》，广西师范大学出版社，2010，第225页

115 Albert Mah, Chinese Canadian Military Museum Society, http://www.ccmms.ca/veteran-stories/air-force/albert-mah/

116 Noreen Shanahan, Fearless airman braved the Himalayas to support troops fighting Japan, The Globe and Mail, 2011-06-11

[117] Fighting for Canada – Chinese and Japanese Canadian in Military Service, Dennis McLaughlin and Leslie McLaughlin, National Defence Canada, ISBN 0-662-69131-8,2003

[118] 陶短房，《加中建交前史略》（之二），http://taoduanfang.blog.caixin.com/archives/21193

[119] Clara Thomas (Books in Canada), Book review on Adrienne Clarkson, Heart Matters, Penguin Canada (Oct. 9 2007), ISBN-10: 0143056697

[120] "从难民到总督：伍冰枝的传奇人生"，《加拿大都市报》，2010年4月4日

[121] Mme. Chiang Warns of China's Great Need, Ottawa Journal, P1, 1943-06-16

[122] Bill Gladstone, Obits: Kew Dock Yip (1906-2001) & Irving Himel (1915-2001), First appeared in the Globe and Mail in 2001.

[123] Local Chinese Sunday School Holds Annual, Ottawa Citizen, P7, 1949-02-05

[124] Successful Year For Chinese Mission, Ottawa Journal, P35, 1951-02-09

[125] J. R. MacGregor Again President Of Chinese Mission, Ottawa Journal, P24, 1952-02-12

[126] Toy, Norman. 1987. "In Memory of Mr. James R. Macgregor," in Ottawa Chinese United Church: The 25th Anniversary Commemorative Issue (1962-1987) P5.

[127] The United Churc of Canada, A Brief History on-line.

[128] Toy, Norman. 1984. "A Brief History of the Ottawa Chinese United Church," in The Annual Report of the Ottawa Chinese United Church of 1984. pp. 22-23.

[129] Law, Tim, 1987. "The Church Facing the Challenges, 1982-1987," in Ottawa Chinese United Church: The 25th Anniversary Commemorative Issue. P65-67.

[130] Orr, Winson. 1987. "Period of Change," in Ottawa Chinese United Church: The 25th Anniversary Commemorative Issue. P63-65.

[131] 朱东芹，"中国大陆学者有关新移民问题的研究"，http://www.law.osaka-u.ac.jp/c-forum/symposium/0611zhudongqin.htm

[132] Lui Sang (Kathy) (née Hum) Wong, Lives of the Family,

[133] Lives of the Family, Brides, http://livesofthefamily.com/brides/

[134] 廖若轩林慧爱夫妇，采访，廖宅，2015年7月25日

[135] Obituary of Lewis Hong CHOW, The Ottawa Citizen, 2015-06-27 http://www.legacy.com/obituaries/ottawacitizen/obituary.aspx?pid=175171180

[136] David Helwig, Lewis Hong Chow: a great Canadian , sootoday.com

[137] Dr. Lewis Hong Chow, Canadian Bushplane Heritage Centre, http://www.bushplane.com/index.php?id=lewis-chow

[138] 200,000 Bang Salute Marks Coronation for Chinese, Ottawa Journal, P8, 1953-06-03

[139] 关煜彬，"新旧唐人街面面观"，《渥太华华商会通讯》，第7页，1987年5月第2期

[140] Chinamen Found Not Guilty of Gambling, P6, The *Ottawa Journal*, Tue, Jan 10,1905

[141] Surrounded by Chinese, Ottawa Journal, 1911-10-24

[142] Hum Quon Out On Bail, P1, Ottawa Journal,1912-10-22

[143] Much Hangs On Indictment, P1 & P14, Ottawa Journal,1912-10-23

[144] R. C.M. P. Claim Opium Sold In City, Ottawa Journal, P10, 1928-08-10

[145] Allan Rowe, The Surveillance Of The Chinese In Canada During The Great War, University of British Columbia, P7, 1994

[146] Jean-Guy Daigle, From Survival to Success: The Chinese in Twentieth Century Ottawa, Department of History, University of Ottawa，P22

[147] 吴经万，"也谈渥太华华侨社会"，《加京华报》，第4版，1977年10月1日

148 "森马锡西街发展计划——访问吴仲贶先生"，《渥太华华商会通讯》，1987年1月第一期创刊号

149 Ned Lathrop, Report to Corporate Services and Economic Development Committee, 2005-01-27, Ref N°: ACS2005-DEV-BUS-0002, http://ottawa.ca/calendar/ottawa/citycouncil/csedc/2005/02-15/ACS2005-DEV-BUS-0002.htm

150 For Chinese Restaurant - Hum Juon Secures License at Police Station, P7, Ottawa Journal, 1904-09-15

151 Trouble On O'Connor Street, P7, Ottawa Journal, 1904-10-24

152 Local Manchu In Trouble, P1, Ottawa Journal, 1912-01-16

153 Joe Hum, Memoir, unpublished, P26

154 Jean-Guy Daigle, From Survival to Success: The Chinese in Twentieth Century Ottawa, Department of History, University of Ottawa，P10

155 Chinese Restaurant Owner Is Fined, Ottawa Journal, 1947-03-07

156 Ottawa Restaurants Plan Big Month, Ottawa Journal, 1965-10-02

157 Two Soldiers Held After Chase Down Bank Street, Ottawa Journal, 1941-06-24

158 广东餐室照片，https://livesofthefamilies.files.wordpress.com/2012/04/cantoninn-sign-from-ottawa-archives.jpg?w=717

159 Stanley Wong Canton Inn Owner Dies in Hospital, Ottawa Journal, P5, 1957-07-09

160 Bruce Deachman, Elephants, pandas and pigs, oh my! An illustrated history of Lansdowne Park，Ottawa Citizen, 2014-07-31

161 Doung Williams, Room for an inn? Ottawa Journal, P6, 1974-06-04

162 Eileen Turcotte, Ottawa Diners Getting Nimble with Chopsticks, Ottawa Journal, P33, 1956-01-14

163 Two Years In the Planning…, Ottawa Journal, P22, 1964-03-19

164 Tum Tip's Teapot Taken, Ottawa Journal, 1957-11-01

165 Restaurant's $700 Payroll Stolen, Ottawa Journal, P22, 1961-05-02

166 吴杰新，"创业难，守业更难"，《渥太华华商会通讯》，1987年1月第一期创刊号

167 "热烈祝贺吴仲贶、赵炳炽、邓家昌、吴杰新荣获加拿大建国125周年纪念勋章"，《加华侨报》，第21版，1993年4月1日

168 Jean-Guy Daigle, From Survival to Success: The Chinese in Twentieth Century Ottawa, Department of History, University of Ottawa，P13-14

169 《加京华报》，第1-2版，1977年10月1日

170 "服务社区36年，华人家庭医生夫妻今年光荣退休"，《中华导报》，2011年11月25日

171 Stephen Frederick Fisher, Changing Patterns of Social Organization among the Chinese in Ottawa: A study of internal and external discriminants, Carleton University, P318, 1979-09

172 Chinese Mission Teacher Re-appointed, Ottawa Journal, P19, 1947-08-01

173 佘静明原作，潘岳雄意译，"渥太华中文学校之成长"，《渥太华中文学校40周年校庆校刊》，第31页，2013年编印

174 弓木，《渥京周末》，"渥太华华人百年史(8)"，2001年2月9日

175 《加京华报》，"温哥华中华会馆上诉失败"，第6版，1978年6月7日

176 《加京华报》，"访问中华会馆秘书余辉时先生"，第一卷第六期第1版，1977年12月5日

177 Jean-Guy Daigle, From Survival to Success: The Chinese in Twentieth Century Ottawa, Department of History, University of Ottawa, P20

178 《新乡杂志》，"台山市长陈卓俊应邀主持升旗仪式"，1992(4)，第18页

179 Paul Yee, Chinatown, James Loeimer & Company Ltd., Publishers, Toronto, P94

180 《纪念郑组文医生》，2004年10月

181 周树邦，采访，笑言家中，2015年10月30日

182 陈炳良，《渥太华中文学校40周年校庆校刊》，"渥太华中文学校校董事会的诞生"，第35页，2013年编印

183 《加京华报》，"中文学校消息"，第16版，1979年6月1日

184 《加京华报》，"中文学校校长辞职"，第19版，1981年9月1日

185 洛水，《加华侨报》，"中文学校校长——陆陈式薇女士"，第12页，1984年11月

186 《加京华报》，"中文学校开设学分班"，第23版，1984年1月1日

187 《加京华报》，"全加中文教育会议在渥太华举行"，第24版，1984年9月1日

188 茅扬，《加华侨报》，"商业中学暂不关闭，中文学校继续上课"，第1页，1984年3月1日

189 周强安，电子邮件，提供加京华侨服务处创办人员英文姓名，2015年11月2日

190 《加京华报》，"加华侨服务处简介"，第3版，1977年8月1日

191 《加京华报》，"华侨服务处"，第7版，1978年1月20日

192 《宗旨,价值观念和历史》，渥太华华人社区服务中心简介，occsc.org

193 《加京华报》，"国家艺术馆馆长——时学颜博士访问记"，1977年8月1日

194 Hsio-Yen Shih, Archives of Asian Art, Vol. 53, (2002/2003), pp. 105-107, Published by: University of Hawaii Press

195 Hsio-Yen Shih,Discoveries of a New Director, Annual Bulletin 1, 1977-1978, National Gallery of Canada Bulletin & Annual Bulletin, 1963-1985, National Gallery of Canada Library and Archives

196 《加京华报》，"时学颜谈加中文化交流"，第19版，1981年3月1日

197 余辉时，《加华侨报》，"中华会馆工作四年回顾"，1982年5月第4卷第5期第8版

198 《加京华报》，"中华大厦破土礼"，1981年5月1日，第5卷、第5期

199 《加华侨报》，"中华大厦落成开幕誌盛"，1982年5月第4卷第5期第4版

200 吴经万，《加京华报》，"难民支援会报告"，第4版，1979年12月1日

201 《加京华报》，"越南难民招待会"，第三卷第一期第2版，1979年1月1日

202 《渥太华华人社区服务中心月刊》，"渥太华华人社区服务中心纪念回顾其安顿难民的巨大贡献"，第148期，2015年10月

203 Coded Racism and Community Resistance in the Anti-W5 Movement
https://open.library.ubc.ca/media/stream/pdf/52966/1.0397411/2

204 Fighting Fake News then and now – lessons from a watershed moment for Chinese Canadians 40 years ago
https://ihrp.law.utoronto.ca/events/fighting-fake-news-then-and-now-lessons-watershed-moment-chinese-canadians-40-years-ago

205 李跃，《联谊通讯》，"渥太华联谊会简历"，1993年6月15日，总第18期

206 薛金生、张建运，采访，薛金生家中，2015年3月2日

207 《联谊通讯》，1993年5月15日总第17期

208 高立军，《联谊通讯》，"渥太华新一届联谊会组成（1993-1994）"，1993年9月15日总第21期

209 寒冬，《联谊通讯》，"渥太华中国同学联谊会换届改选"，1994年9月25日，总第32期

210 "《枫华园》《联谊通讯》联合启事"，《联谊通讯》，1996年9月15日总第58期

211 "Ethnic Origin (247), Single and Multiple Ethnic Origin Responses (3) and Sex (3) for the Population of Canada, Provinces, Territories, Census Metropolitan Areas and Census Agglomerations, 2006 Census - 20% Sample Data"

212 陈鸿瑜，《近二十年中国大陆海外移民潮之原因与影响》，华协会总会，2011年，ocah.org.tw

213 徐新汉、黄运荣：加拿大华文传媒发展综述，2010-02-20，http://blog.udn.com/cwacan/3788974

214 木然，《加拿大个性中文网站逐个捉》，无忧网，info.51.ca/m/news/canada/2006-07/22722.html

215 Philip T Kotler etc., Principles of Marketing, Pearson Canada, 9th Edition, ISBN-10: 0133257835, Feb 1, 2013

216 张瑞文，《Riven 寻求社区支持参加安省保守党候选人竞选》，CFC 中文网，2016年10月15日

217 许金生，"加京义务办报20年"，《济南文史》，2001年第1期

218 黄祖永，书面确认该简介，2015年8月8日

219 王玣瑜，书面修改意见，2015年8月7日

220 王玣瑜、王耀平，采访，王玣瑜家中，2015年8月9日

221 连锦添、王平，《人民日报海外版》，"李宁玉——痴心勾画《枫骨中华魂》"，2000年9月4日

222 黄祖永致陈卓瑜及其秘书 Theresa Lorrain 关于参加年会的电子邮件，2000年4月13日，6月19日

223 黄祖永，大会发言，2000年6月13日

224 王永智，采访，280 Slater St, Ottawa，2015年3月31日

225 《世界日报》，"华人抗 SARS 委员会，广获社区响应"，2003年5月9日

226 陈特安，《人民日报》，"四海心连心——加拿大情系中华抗非典义演记"，2003年6月10日第三版

227 "渥太华华人医疗器械捐赠仪式在北京举行"，渥太华各界华人抗 SARS 委员会善后工作组供稿，2003年8月12日

228 渥太华大专校友会宣传视频，https://www.youtube.com/watch?v=CK6xOKy9ikw

229 吴红雨，电子邮件修改意见，2015年9月11日

230 《中华导报》，"继往开来, 再作奉献——渥太华中国校友会换届通告"，2012年7月6日

231 孟晶磊，《联谊通讯》，"渥太华中国同学联谊会第三次执委全会扩大会召开"，1993年5月15日总第17期

232 潇渝，《联谊通讯》，"渥太华联谊会中文学校筹备进展"，1993年10月15日，总第22期

233 《加京华报》，1978年1月20日，第1版、第2版

234 《联谊通讯》，"渥太华华夏中文学校的新起步"，1995年11月15日，总第48期

235 《联谊通讯》，"华夏中文学校新面貌"，1996年3月15日，总第52期

236 《联谊通讯》，"'华夏中文学校'今日起更名为'欣华中文学校'"，1996年4月15日，总第53期

237 《加华侨报》，"欣华中文学校为何搬迁——致欣华中文学校家长的信"，2000年1月15日，第12版

238 李学江，《中国驻加拿大大使馆阳光学校成立正式揭牌》，2011年5月19日 http://www.hwjyw.com/info/content/2011/05/19/18178.shtml

239 李学江，《中国驻加拿大使馆"阳光学校"在渥太华开课》，2011年6月16日 http://www.hwjyw.com/info/content/2011/06/16/18967.shtml

240 [加]伍冰枝著，赵彦华译，《心事》，中国民主法制出版社，ISBN: 978-7-5162-0274-6，2013年5月

241 百度百科：阿德里安娜·克拉克森（伍冰枝）

242 《杨丹：渥太华华人的骄傲》，加国无忧网(51.ca)，2002年10月3日

243 蒲力，《渥太华首位华裔亿万富翁（人物）——记"北方硅谷"女博士杨丹》，人民网，2000年11月15日，http://www.people.com.cn/GB/paper39/1949/313408.html

244 脸书，List of the 71 biggest Facebook groups，https://blog.oneupapp.io/largest-fb-groups/

245 秦毅访谈，Royal Oak Pub，2024-03-23

246 Robert Wang, Telephone interview, 2024-03-23

247 乔志强，《这只不花钱做广告的电压力锅「Instant Pot」"有毒"》 https://xueqiu.com/6624950669/110243860

248 'Cult-like worshippers' turn Canadian-invented Instant Pot into a phenomenon, 2017-11-27

249 《加华侨报》，1993年6月1日，第5、13-14版

250 中华会馆99-01年度理事会会议记录，中华会馆加华侨报社，1999年12月14日星期二下午7时

251 Bytown Museum Exhibit 2000, Time-Line for the Chinese in Canada, Ottawa Archive, Reference Code: MG110-HOST 34/31

252 谭柏洲，《加华侨报》，"争夺多利，分裂侨社——国会新年晚会告吹"，2000年1月15日

253 赤剪?血，"[转贴] 现中华会馆谭百洲主席的话"，2004年6月16日， http://bbs.comefromchina.com/threads/252049/

254 侨欣，"中华会馆选举有感"，2004年6月16日， http://bbs.comefromchina.com/threads/251933/

255 黄兴中，采访，Eclipse Asian Cuisine, 2015年10月1日

256 海子，"办实事，促团结，求发展！请支持黄兴中团队"，comeformchina.com，2004年6月24日，http://bbs.comefromchina.com/threads/254690/

257 中华会馆2008-2010理事会，第1次会议记录，中华大厦会议室，2008年10月9日

258 中华会馆2008-2010理事会，第4次会议记录，中华大厦图书馆，2009年1月15日

259 刘少勇口述，刘少勇、王玳瑜、薛金生，采访，四海一佳中餐馆，5号包间，2015年11月27日

260 薛金生，《加华侨报》，"中华会馆主席致辞"，2009年3月20日

261 "传承中华文化构建和谐侨社——中华会馆2012换届选举通告"，comefromchina.com,2012年10月29日

262 《中华导报》，"中华会馆第二十九届理事会成立"，2015年1月7日

263 《华声报》，"渥太华市政当局承诺采有力措施保护当地华侨华人"，2005年12月13日

264 张军，《羊城晚报》，"抗争换回迟来道歉，加华人不堪回首人头税血泪史"，2008年11月11日

265 Kam Wong, PM's Apology set Chinese-Canadians free, The Ottawa Citizen, P19, 2006-07-01

266 薛金生口述，刘少勇、王玳瑜、薛金生，采访录，四海一佳中餐馆，5号包间，2015年11月27日

267 "渥太华中华文化宫商业建议书"，2006年7月13日

268 中国新闻网，"加渥太华首座华人文化活动中心将明年七月开放"，2006年7月14日

269 《健康时报》，"渥太华华人社团关于渥太华中华文化宫的建议（草案）"，2006年11月24日

270 Ottawa Chinese-Canadian Heritage Centre/Foundation Joint Meeting of Directors, 397 Kent Street, Ottawa, 2008-09-11

271 张大成、石莉，新华网，"充满中华文化气息的'教堂'，渥太华加华文化中心"，2007年7月22日

272 Andrée Saint-Louis, Committee on the Use of Parliament Hill, Letter to confirm the use of Parliament Hill

273 李学江，加拿大渥太华华人以多种形式抗议日本"购岛"，中国新闻网，2012年9月18日

274 亓鑫铭，"正义之声"，CFC 中文网，2012年9月23日，http://bbs.comefromchina.com/threads/1146620/

275 王玳瑜口述，刘少勇、王玳瑜、薛金生，采访，四海一佳中餐馆，5号包间，2015年11月27日

276 李学江，"渥太华华人有了自己的新剧场"，人民网，2012年11月15日，http://news.12371.cn/2012/11/15/ARTI1352908811579757.shtml

277 Steve Desroches, Deputy Mayor of Ottawa, Letter to Ambassador Zhang Junsai, Embassy of the People's Republic of China to Canada

278 《加京华报》，"访问华联会主席关煜彬先生"，第一卷第六期第1版，1977年12月5日

279 张重光，《华商会创办的经过》，刊于《渥太华华商会通讯录》第5页，1987年1月创刊号。

280 驻加拿大卢树民大使出席渥太华华联会第七届理事会就职仪式(2008)，中国驻加拿大大使馆网站，2001年4月30日

281 笑言，《没有影子的行走》，时代文艺出版社，2002年10月出版，ISBN 7-5387-1705-6

282 黎全恩，《渥太华唐人街1931-2014》，加拿大唐人街系列，西门菲沙大学林思齐国际交流中心

283 Chinatown Arch Project Committee, 渥太华唐人街官网：
ottawachinatown.ca/category/chinatown-arch/

284 Infrastructure Canada, ARCHIVED - Ottawa's Chinatown Celebrates Completion of New Gateway, infrastructure.gc.ca/media/news-nouvelles/2010/20101007ottawa-eng.html

285 Chinatown Arch Project Donors, 渥太华唐人街官网：
http://ottawachinatown.ca/ottawa-chinatown-gateway-donors/

286 周树邦，《渥太华牌楼》，号角（月刊），加拿大版，2010年10月

287 周树邦，"杨武发与周树邦电话纪要"，渥太华，2016年10月26日

288 张大成、石莉，《一条充满东方风情的小街——渥太华唐人街印象》，新华网，2010年5月10日

289 周树邦，"黎宝珍与周树邦面谈记录"，2016年11月3日

290 傅琼，互动百科，
http://www.baike.com/wiki/%E5%82%85%E7%90%BC&prd=button_doc_entry

291 周树邦，"渥太华唐人街牌楼回顾（北京方面）"，书面回忆，2015年10月

292 纪录片《牌楼下的华人》，傅琼编导，李彦成监制，北京市文物古建工程公司出品

293 "驻加拿大大使兰立俊出席渥太华'中国城牌楼'落成典礼暨中加建交40周年招待会"，驻加拿大使馆官网，2010年10月10日，
http://ca.china-embassy.org/chn/xwdt/t759818.htm

294 石莉，张大成，《加拿大首都渥太华首座中国牌楼举行落成典礼》，欧华网，2010年10月9日 http://news.ouhua.info/chinese/2010/10/09/1428194.html

295 Chinese Immigration Act, 1923,
https://pier21.ca/research/immigration-history/chinese-immigration-act-1923

296 中国驻加拿大大使列表，维基百科

297 Chinese Consul., P12, Ottawa Journal, 1913-02-25

298 Impressive Service For Former Consul, P18, Ottawa Journal, 1921-11-25

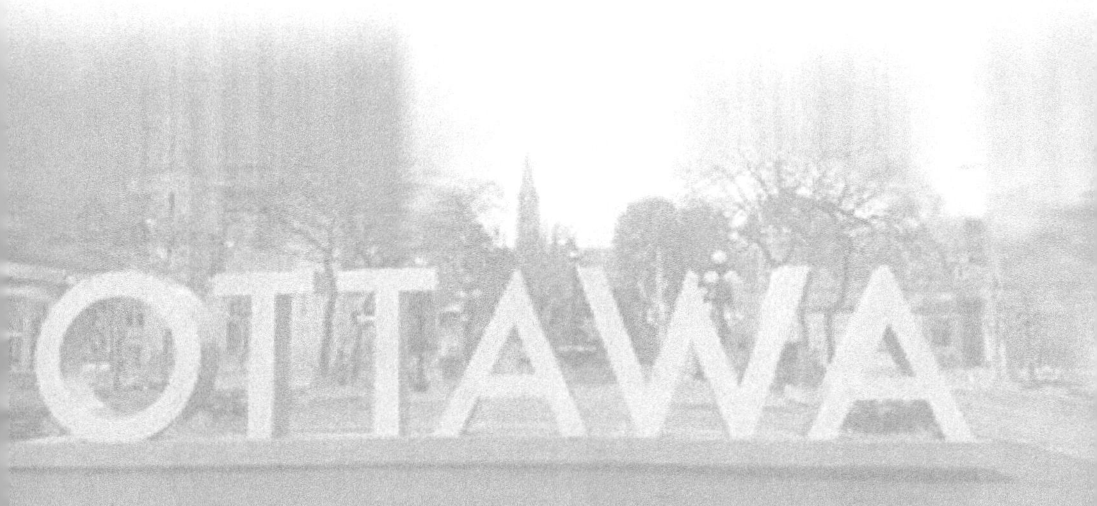

一座世紀牌樓的誕生

永仲題